Uetrecht/Frey/Walz

Das große Elektro-Heimwerkerbuch

Jens Uetrecht/Horst Frey/Georg Walz

Das große ELEKTRO HEIMWERKERBUCH

Teil 1
Haushalts-Elektrik selbst installieren und reparieren

Teil 2
Elektro-Großgeräte erfolgreich selbst reparieren

Teil 3
Elektro-Kleingeräte erfolgreich selbst reparieren

Teil 4
ISDN selbst anschließen und einrichten

Teil 5
So bauen Sie Auto-HiFi-Anlagen selbst ein

Teil 6
Lautsprecherboxen erfolgreich selbst bauen

Mit 559 Abbildungen

Franzis'

Bibliografische Information der Deutschen Bibliothek
Die Deutsche Bibliothek verzeichnet diese Publikation
in der Deutschen Nationalbibliografie: detaillierte bibliografische Daten
sind im Internet über http//dnb.ddb.de abrufbar

Satz: Fotosatz Pfeifer, 82166 Gräfelfing
Druck: Legoprint S.p.A, Lavis (Italia)
Printed in Italy

ISBN 3-7723-5200-6

Teil 1

Jens Uetrecht

Haushalts-Elektrik
selbst installieren und reparieren

Sicherheitshinweise und Vorschiften
Installationsanleitungen
Reparaturtips

Mit 110 Abbildungen und 7 Tabellen

Franzis'

Vorwort zu Teil 1

Do it yourself heißt Mach' es selbst. Doch an Strom traut sich so schnell keiner heran. Das ist eigentlich auch gut so.
Man sieht nicht, was vor sich geht, weiß aber genau, daß irgendwo der Stromschlag lauert, wenn man an der falschen Stelle anfaßt. Aber andererseits sind so viele kleine Elektroarbeiten auszuführen, wie zum Beispiel Leuchten anschließen, Stecker und Kabel austauschen, oder auswechseln von Steckdosen oder Schaltern.
Für die meisten dieser kleinen Reparaturen dürfte es nicht nötig sein, extra einen Handwerker zu rufen. Also nehme man dieses Buch und schlage nach, wie diese oder jene Sache ausgeführt wird.
Darüber hinaus sollen hier die Kenntnisse vermittelt werden, wie die Elektroinstallation in einem modernen Haus aussieht, wie soetwas geplant und installiert wird und worauf zu achten ist. Das hilft dem Haus- oder Wohnungsbesitzer, sich in seiner Elektrik gut zurechtzufinden, Fehlerquellen zu vermeiden oder schnell beseitigen zu können.

Übrigens wünsche ich Ihnen zwar keine Angst, aber gehörigen Respekt vorm elektrischen Strom.

Achtung!

Lesen und befolgen Sie in Ihrem eigenen Interesse unbedingt alle Sicherheits- und Schutzhinweise!

Ich möchte an dieser Stelle die Gelegenheit wahrnehmen, den netten Menschen vom Franzis-Verlag meinen Dank auszusprechen, die an der Erstellung dieses Buchteils beteiligt waren. Mein Dank gilt auch Frau Monika Schmidt von der Firma Conrad Electronic, Herrn Peter Heins von der Firma Spelsberg und Frau Brune' von der Firma Benning für die freundliche Hilfe in Sachen Hardware.
Gewidmet ist dieses Buch allen aktiven und werdenden Häuslebauern.

Jens Uetrecht

Inhalt

1

Wie funktioniert Elektrizität?

Zu den wichtigsten Voraussetzungen für den sicheren Umgang mit Strom gehören einige physikalische Grundkenntnisse und das Verständnis der damit verbundenen Fachausdrücke. Ein Abstecher in die Atomphysik soll Ihnen verdeutlichen, wie Strom und Spannung entstehen. Die dadurch erklärten Grundgrößen und Formeln der Elektrotechnik versetzen Sie in die Lage, einfache, aber lebenswichtige Berechnungen anzustellen, die Ihnen dabei helfen, festzustellen, ob Ihre Anlage oder Ihr Gerät die richtigen Betriebsdaten aufweist.

1.1 Atome und Elektronen

Zerlegt man ein Stück Metall, zum Beispiel Kupfer, in seine Einzelteile, so findet man einzelne Kristalle. Teilt man diese immer weiter, so schälen sich einzelne Moleküle heraus. Nach weiterem Teilen, erhält man am Ende das Atom. *(griech. unteilbar)*. Erst in der Neuzeit konnte durch Versuche der Nachweis erbracht werden, daß auch das Atom aus Teilen zusammengesetzt ist. Aus vielen Versuchsergebnissen zogen geniale Physiker wie der Brite Ernest Rutherford 1871-1937 und der Däne Niels Bohr 1885-1962 den Schluß, daß ein Atom ähnlich aufgebaut sein muß, wie unser Sonnensystem. Nach dem Bohrschen Atommodell besteht ein Atom aus einer Sonne, (dem Atomkern) und aus den um diesen Kern auf kreisförmigen oder elliptischen Bahnen kreisenden Planeten (den Elektronen). Diese Bahnen umgeben den Kern schalenförmig in mehreren Etagen und bilden die sogenannten *Elektronenschalen.* Die Elektronen der äußersten Schale nennt man Valenzelektronen. *(Valenz = lat. Wertigkeit)* Sie sind vom Kern am weitesten entfernt und daher am leichtesten von außen zu beeinflussen. Sie bestimmen das chemische und elektrische Verhalten des Atoms.

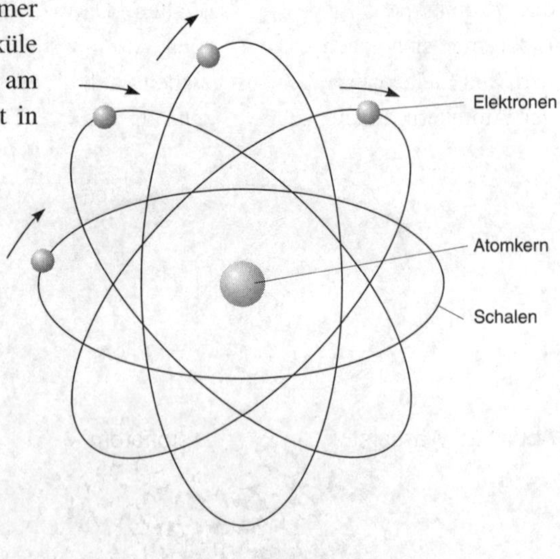

Abb.1.1: Atommodell ▶

1.2 Elektrische Ladung

Die Elektronen umkreisen den Kern mit einer sehr hohen Geschwindigkeit. So entstehen trotz des relativ kleinen Elektronengewichtes enorme Fliehkräfte, die die Elektronen aus der Bahn werfen würden. Es müssen also Kräfte vorhanden sein, die das Herausschleudern verhindern, nämlich elektrische Kräfte. Der Nachweis elektrischer Kräfte läßt sich durch Reibung von Bernstein oder Kunststoff mit einem Wolltuch erbringen. Diese Stoffe üben eine Anziehungskraft aus, zum Beispiel auf Papier. Wer von Ihnen hat nicht schon einmal den seltsamen Effekt kennengelernt, wenn im dunklen Zimmer der Pullover über den Kopf gezogen wird und damit ein kleines Feuerwerk produziert wurde? Das Elektron hat die Eigenschaft, auf den Kern eine elektrische Kraft auszuüben, besitzt also elektrische Ladung. Da der Atomkern ebenfalls eine elektrische Kraft ausübt, ist auch er ein Ladungsträger. Es wurde der Nachweis erbracht, daß sich Elektronen nicht anziehen, sondern abstoßen und daß Atomkerne sich ebenso verhalten. Da Elektronen sich gegenseitig abstoßen, Atomkern und Elektronen sich aber anziehen, muß der Atomkern anders geladen sein, als das Elektron. Die Ladung des Atomkerns wird als positiv und die des Elektrons als *negativ* bezeichnet. Damit gilt für elektrische Ladungen der Lehrsatz: **Gleichnamige Ladungen stoßen sich ab, ungleichnamige Ladungen ziehen sich an.**

1.3 Atomaufbau

Das Wasserstoffatom hat den simpelsten Aufbau. Es setzt sich zusammen aus einem Proton, das den Kern bildet und einem Elektron. Das Elektron trägt die kleinste vorkommende elektrische Ladung, die sogenannte *negative* Elementarladung. Das Proton, das das Elektron auf seiner Bahn festhält besitzt die entgegengesetzte *positive* Ladung, sodaß sich die Kräfte gegeneinander genau aufheben. Das Atom ist nach außen elektrisch neutral. Ein weiteres Beispiel bildet das Kohlenstoffatom. Es besitzt sechs Elektronen und daher auch sechs Protonen. Außerdem befinden sich im Kern noch elektrisch neutrale

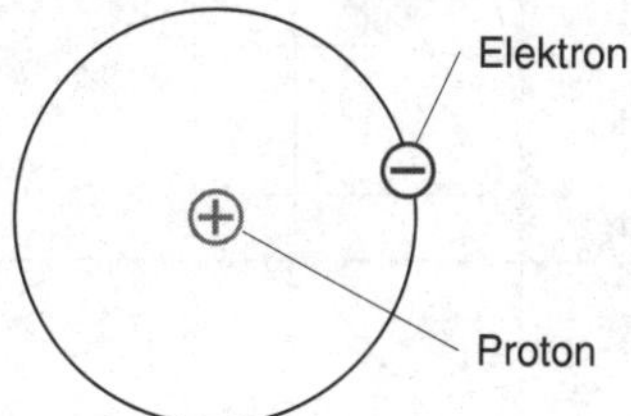

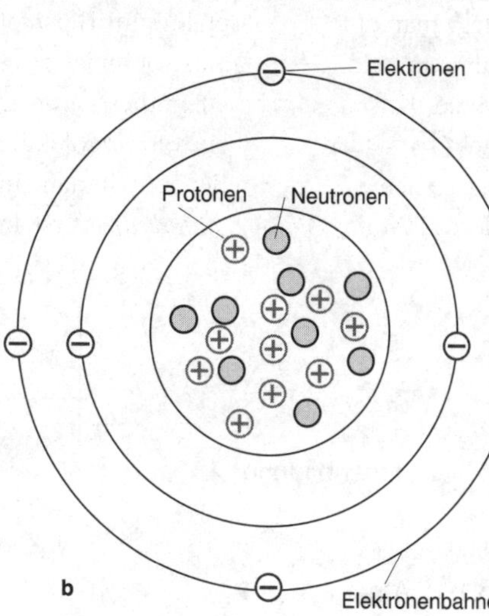

Abb. 1.2: Wasserstoff- und Kohlenstoffatom

Teilchen, die Neutronen. Die Anzahl der Protonen und Neutronen bestimmt das Gewicht des jeweiligen Atoms.

1.4 Ionen

Verliert ein Atom Elektronen, so besitzt es mehr positive Ladungen als negative. Das Atom ist nun positiv geladen und übt daher nach außen eine elektrische Wirkung aus, indem es negative Ladungen anzieht. Wird einem Atom ein zusätzliches Elektron zugeführt, wird es negativ geladen und zieht positive Ladungen an. Solche geladenen Atome können also durch entsprechende Gegenladungen angezogen oder abgestoßen werden, wobei eine Bewegung entsteht. Diese sich bewegenden Atome nennt man Ionen. (*Ion= griech. der Wandernde*)

1.5 Elektrischer Strom

Als elektrischer Strom wird die gerichtete Bewegung von Ladungen bezeichnet. Die Ladungsträger können Elektronen oder Ionen sein. Ein elektrischer Strom kann nur in einem Stoff fließen, in dem genügend frei bewegliche Ladungsträger vorhanden sind. Elektrische Leiter wie zum Beispiel Kupfer, Aluminium, Silber, Gold, Eisen und Kohle verfügen nun über viele solcher Atome, die miteinander eine Bindung eingegangen sind, indem sie alle ihre Valenzelektronen abgegeben haben und somit zu positiven Atomionen wurden. Die Ionen nehmen

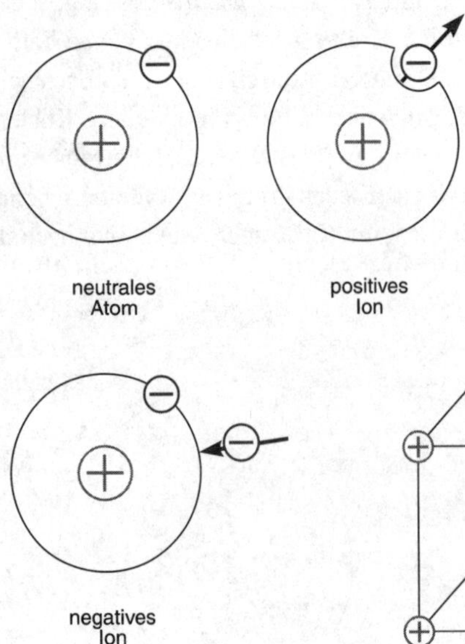

Abb. 1.3: Ionenbildung ▲

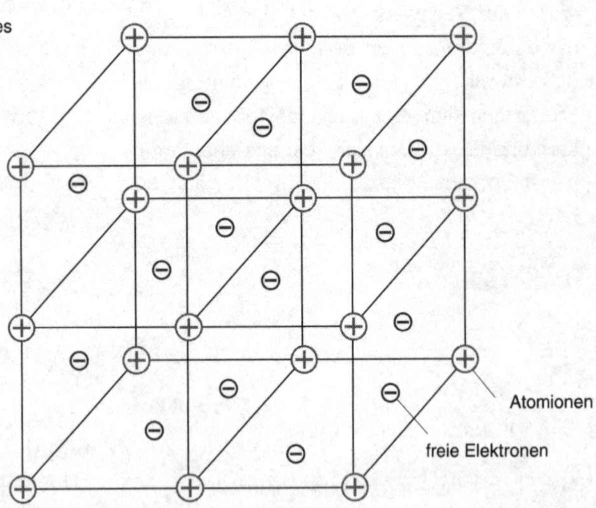

Abb. 1.4: Raumgitter ▶

einen kraftaufhebenden Abstand zueinander ein und bilden ein sogenanntes Raumgitter. Die Elektronen bewegen sich zwischen den fest verankerten Ionen wie eine Wolke oder ein Gas und sind deshalb innerhalb des Raumgitters beweglich. Man nennt sie freie Elektronen. Die negativ geladenen Elektronen halten die positiv geladenen Atomionen in ihrer Position.

1.6 Elektrische Spannung

Durch elektrischen Druck in eine bestimmte Richtung, den man Spannung nennt, werden die freien Elektronen des Leiters durch das Gitter getrieben. Man erhält einen Elektronenstrom. Sie kennen doch bestimmt die sechs Kugeln, die an Nylonfäden in einer Reihe aufgehängt sind. Läßt man die erste Kugel auf die zweite auftreffen, setzt sich die Bewegung augenblicklich bis zur letzten fort und läßt diese springen. Einen ähnlichen Impuls übt die elektrische Spannung aus. Dieser Impuls setzt sich annähernd mit Lichtgeschwindigkeit fort, das sind 300 000 km/s. Dieser Impuls bewirkt ein Wandern der freien Ladungsträger im Leitermaterial mit einer Geschwindigkeit von ca. 3 m/s. Die Einheit der elektrischen Spannung ist benannt nach dem italienischen Physiker Alessandro Volta, 1745–1827.

Die elektrische Spannung wird in Volt gemessen. Sie hat das Formelzeichen U und das Einheitenzeichen V.

1.7 Stromkreis

Elektrische Verbraucher werden mit dem Spannungserzeuger durch zwei Leitungen verbunden, den Hin- und den Rückleiter. Die durch den Spannungserzeuger verursachte Strömung der freien Elektronen legt einen in sich geschlossenen Weg zurück, den man Stromkreis nennt. **Der elektrische Strom kann nur in einem geschlossenen Kreis fließen.** Eine gewollte Unterbrechung des Stromkreises bezeichnet man als Schalter.

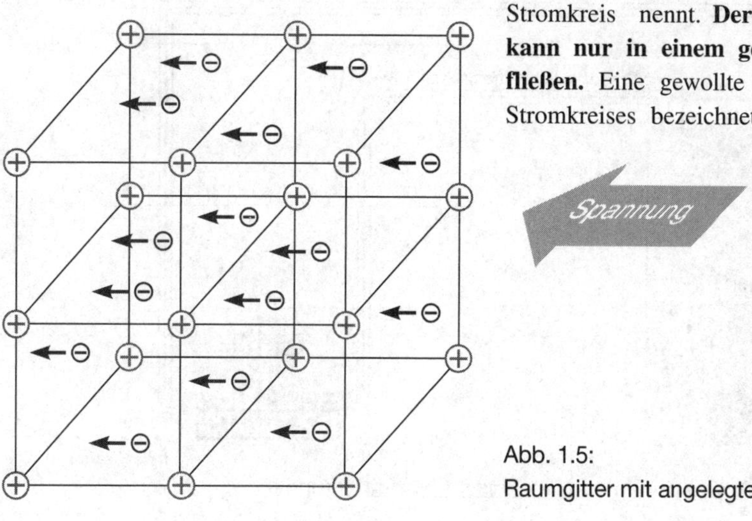

Abb. 1.5:
Raumgitter mit angelegter Spannung

Abb. 1.6:
Stromkreis

Mit diesem kann der Strom beliebig ein- oder ausgeschaltet werden.

Stromrichtung

In einem geschlossenen Stromkreis bewegen sich die freien Elektronen vom negativen Pol des Spannungserzeugers über den Verbraucher zum positiven Pol. Sie hinterlassen bei ihrer Wanderung sogenannte Elektronenlöcher, die sich in entgegengesetzter Richtung bewegen. Man hat sich darauf geeinigt, diese Richtung, also vom positiven Pol des Spannungserzeugers über den Verbraucher zurück zum negativen Pol, als Richtung des elektrischen Stroms zu bezeichnen. **Alle Strompfeile in elektrischen Schaltplänen geben diese technische Stromrichtung von Plus (+) nach Minus (–) an.**

Stromstärke

Je mehr Elektronen einen Leiter pro Sekunde durchfließen, umso größer ist die Stärke des

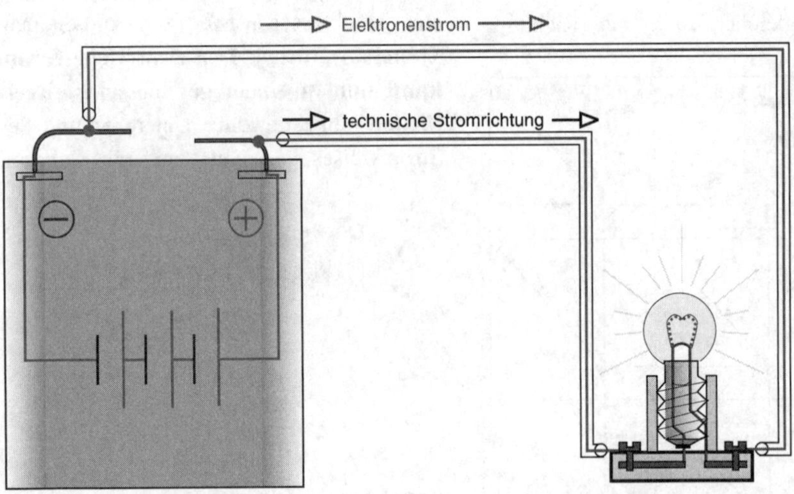

Abb. 1.7: Stromkreis Elektronen- und technische Stromrichtung

elektrischen Stromes, die *Stromstärke.* Durchströmen 6,3 Trillionen Elektronen je Sekunde einen Leiter, so ist 1 Ampere erreicht. Die Einheit des elektrischen Stromes ist benannt nach dem französischen Naturforscher André-Marie Ampère, 1775–1836.

Die Stromstärke wird in Ampere gemessen. Sie hat das Formelzeichen I und das Einheitenzeichen A.

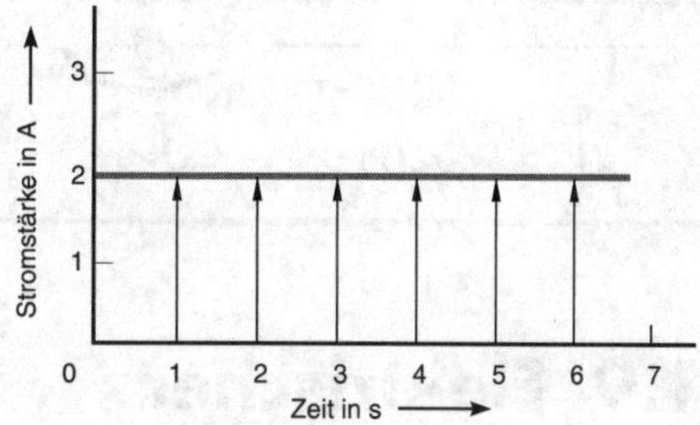

Abb. 1.8: Gleichstrom-Diagramm

Stromarten

Wirkt eine Spannung in einem geschlossenen Stromkreis immer in der gleichen Richtung, so fließt der Strom ebenfalls immer in die gleiche Richtung. Der einfachste Vertreter eines Gleichstromkreises ist die Taschenlampe. Der Strom fließt vom Pluspol der Spannungsquelle (Batterie) über einen Schalter zum Verbraucher (Glühlampe) und von dort zurück zum Minuspol der Spannungsquelle. Man spricht von *Gleichstrom.*

Wechselt die Spannung in einem Stromkreis periodisch ihre Richtung, so wechselt auch der Strom in gleicher Weise seine Richtung und Stärke. In unser Netz wird ein *Wechselstrom* eingespeist, der seine Richtung genau 50 mal pro Sekunde wechselt.

1.8 Potential

Spannungen zwischen einem geladenen Körper und der Erde nennt man Potential.

Unser Wechselstromnetz liegt mit dem Null- oder Neutralleiter auf dem Erdpotential und jede der drei Phasen führt ein Potential von 220 V gegen Erde. **Somit erklärt sich, daß das Berühren der Phasen für Mensch und Tier gefährlich ist, da wir uns ständig mit unserem Körper auf Erdpotential befinden.**

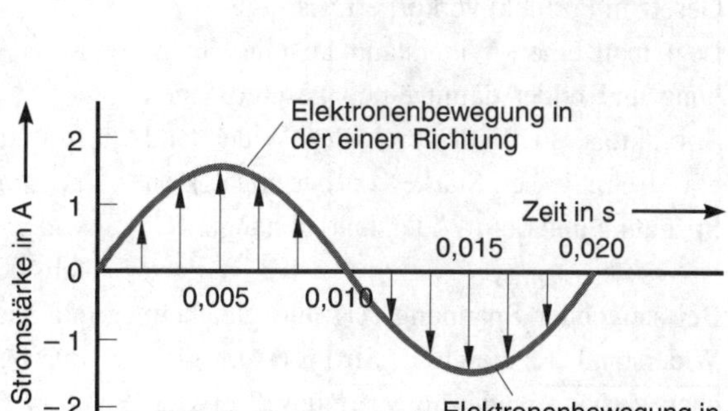

Abb. 1.9 Wechselstrom-Diagramm

1

Abb. 1.10:
Gefährliches Potential

1.9 Elektrischer Widerstand

Die Bewegung der freien Ladungsträger in einem Leiter wird durch dauernde Zusammenstöße mit den Atomen des Leitermaterials gebremst. Diese Bremswirkung auf den Elektronenstrom nennt man elektrischen Widerstand. Die Einheit des elektrischen Widerstandes ist benannt nach dem deutschen Physiker Georg Simon Ohm 1787–1854.
Der elektrische Widerstand wird in Ohm gemessen. Sein Formelzeichen ist R und das Einheitenzeichen ist das Omega.

Das Ohmsche Gesetz

Drei wichtige Basisgrößen der Elektrotechnik, Strom ,Spannung und Widerstand sind Ihnen nun bekannt, deren unmittelbare Abhängigkeit voneinander das Ohmsche Gesetz in Formeln verkörpert. Es sagt:
Legt man einen Widerstand an eine Spannung und bildet damit einen geschlossenen Stromkreis, so fließt durch den Widerstand ein Strom, dessen Stärke von der angelegten Spannung und dem Widerstand abhängt.

Bei steigender Spannung (U) und gleichem Widerstand (R) steigt der Strom (I) im gleichen Verhältnis wie die Spannung. Bei gleicher Spannung (U) und steigendem Widerstand (R) sinkt der Strom (I) umgekehrt proportional zu dem Widerstand.
Als Formel zusammengefaßt ergibt diese Erkenntnis:

$$\text{Stromstärke (I)} = \frac{\text{Spannung (U)}}{\text{Widerstand (R)}}$$

Durch Umstellen der Formel erhält man zwei weitere Formeln des Ohmschen Gesetzes:

$$\text{Spannung (U)} = \text{Widerstand (R)} \times \text{Stromstarke (I)}$$

$$\text{Widerstand (R)} = \frac{\text{Spannung (U)}}{\text{Stromstärke (I)}}$$

Als Beispiel soll hier eine Warmhalteplatte dienen:
Sie wird mit einer Spannung von 220 V betrieben und nimmt im Normalfall einen Strom von 3,6 A auf. Um einen Defekt des Heizwiderstandes zu ermitteln, benötigen Sie den Widerstandswert. Sie rechnen:

$$R = \frac{U}{I} = \frac{220\ \text{V}}{3{,}6\ \text{A}} = 61\ \Omega$$

Mit einem Widerstandsmeßgerät müßte jetzt zwischen den beiden Anschlüssen des Heizwiderstandes ein Widerstandswert von ungefähr 60 Ω zu messen sein. Liegt der Wert um ein Vielfaches höher, ist der Heizwiderstand durchgebrannt. Stimmt der Messwert mit Ihrer Berechnung überein, liegt der Fehler in der Verdrahtung des Gerätes.

1.10 Elektrische Arbeit und Leistung

Der elektrische Strom ist in der Lage, Arbeit zu verrichten, indem er Wärme produziert, eine Hebe- oder Drehbewegung erzeugt. Elektrische Arbeit errechnet sich aus:

Elektrische Arbeit =
Spannung × Stromstärke × Zeit

Setzt man in diese Gleichung U in Volt, I in Ampere und t in Sekunden ein, so erhält man als Produkt die Voltamperesekunde (VAs). In der Praxis wird für Voltampere das Watt eingesetzt, da $1V \times 1A = 1W$ ergibt.

Läßt man den Zeitfaktor einmal außer acht, erhält man eine Formel für die Berechnung der elektrischen Leistung (P).

Elektrische Leistung (P)=
Spannung (U) × Stromstärke (I)

Die Einheit ist benannt nach dem englischen Ingenieur James Watt 1736–1819.

Die elektrische Leistung wird in Watt gemessen. Sie hat das Formelzeichen P und das Einheitenzeichen W.

Diese Leistungsformel gibt Ihnen die Möglichkeit, sehr wichtige Berechnungen für die Installation einer elektrischen Anlage oder die Inbetriebnahme eines elektrischen Gerätes vorzunehmen.

Ein paar einfache Beispiele aus der Praxis:

1) Unsere Warmhalteplatte aus dem vorangegangenen Rechenbeispiel hat eine Betriebsspannung von 220 V und nimmt 3,6 A Strom auf. Die Leistung errechnet sich so:

$U \times I = P \qquad 220\,V \times 3{,}6\,A = 792\,W$

Rechnet man Toleranzen des Materials und der Meßwerte ein, sind das 800 W.

2) Ein neuer Wäschetrockner wird angeschafft. Auf dem Typenschild ist die geforderte Versorgungsspannung mit 220 V und die aufgenommene Leistung mit 2200 W angegeben. Sie können jetzt mit der Formel $P = U \times I$ durch Umstellung nach

$$\frac{P}{U} = I \qquad \frac{2200\,W}{220\,V} = 10\,A$$

herausfinden, daß der Stromkreis und die vorgeschaltete Sicherung auf mindestens 10 A ausgelegt sein muß, um das neue Gerät betreiben zu können.

3) Sie haben in der Küche eines Junggesellenhaushalts eine Doppelsteckdose an einer Zuleitung, die mit 10 A abgesichert ist. Sie möchten eine Mikrowelle und eine Kochplatte daran anschließen. Die Mikrowelle nimmt 1500 W auf und die Kochplatte 1000 W.
Sie errechnen in folgender Weise:

$1500\,W + 1000\,W = 2500\,W.$

$$\frac{P}{U} = I \qquad \frac{2500\,W}{220\,V} = 11{,}8\,A$$

Das ist beim gleichzeitigen Einschalten der beiden Geräte viel zu viel für diese Steckdose und bedeutet das Aus für die Sicherung. Sie müssen folglich mit einem der Geräte an einen anderen Stromkreis gehen.

Ich hoffe, ich konnte Ihnen beweisen, wie unkompliziert doch eigentlich solche Berechnungen ablaufen, wie wichtig diese aber auch sind. Alle Elektroarbeiten werden von diesen Formeln begleitet und sie müssen immer wieder angewendet werden.

2

Sicherheit ist erstes Gebot !

Darum geht's

Sicherheitsregeln und Vorschriften
Werkzeuge und Meßgeräte
Wie handhabe ich Prüf- und Meßgeräte

2.1 Dreizehn Sicherheitsregeln

Beim Wechselstromnetz liegen Null- bzw. Neutralleiter und Schutzleiter auf Erdpotential. Je nach Beschaffenheit des Untergrundes befinden Sie sich auf demselben Potential. **Somit ist das Berühren einer stromführenden Phase gefährlich.**

1. **Schalten Sie immer den Stromkreis frei, an dem Sie arbeiten.** Durch Herausdrehen der Sicherung oder Ausschalten des LS-Schalters.
2. **Verhindern Sie das Wiedereinschalten durch andere Personen.** Indem Sie alle Sicherungen mitnehmen, oder den Bedienhebel des LS-Schalters mit einem Draht sichern. Durch das Aufhängen eines Warnschildes gut sichtbar an der Sicherungstafel.
3. **Tragen Sie bei allen Arbeiten gutes Schuhwerk mit Gummi- oder Plastiksohle.**
4. **Sorgen Sie für trockene Füße und Hände. Körperschweiß ist ein guter Leiter.**
5. **In Kellern und feuchten Räumen nur auf einer trockenen Gummimatte stehen.**
6. **Halten Sie Kinder und Haustiere von der Arbeitsstelle fern.**
7. **Vor dem Berühren einer Leitung diese mit dem Phasenprüfer auf Spannungsfreiheit prüfen.**
8. **Arbeiten Sie nur bei Messungen und Tests, und dann so kurz wie möglich bei eingeschaltetem Stromkreis.**
9. **Benutzen Sie nur zugelassenes und unbeschädigtes Werkzeug.**
10. **Hinterlassen Sie keine unfertigen Arbeiten.**
11. **Wenn Sie Ihre Arbeitsstelle verlassen, müssen die Abdeckungen aller Dosen und Geräte vorschriftsmäßig geschlossen sein oder die Spannungsfreiheit der Anlage für die Dauer Ihrer Abwesenheit absolut gewährleistet sein.**
12. **Arbeiten Sie ruhig, verantwortungsbewußt und ohne Eile.**
13. **Wenden Sie sich auch bei dem geringsten Zweifel an der Richtigkeit Ihres Tuns an einen Elektromeister Ihres Vertrauens.**

Achtung!

Beachten Sie immer die Sicherheitshinweise!

2.2 Wer trägt die Verantwortung ?

Bei jeder Installation oder Veränderung einer Elektroanlage sind grundsätzlich die VDE-Vorschriften einzuhalten. Für die Hausinstallation ist die Vorschrift VDE 0100 zuständig. Über diese Vorschriften hat sich jeder, egal ob Elektriker oder Heimwerker, zu informieren und diese strikt einzuhalten.

Bei Elektro-Unfällen wird derjenige zur Rechenschaft gezogen, der zuletzt an der Anlage, oder dem betreffenden Anlagenteil gearbeitet hat. Das gilt auch für die Reparatur von Elektrogeräten.

Da der Heimwerker wohl kaum die Möglichkeit hat, die gesamte Schriftenreihe der VDE-Vorschriften einzusehen, sollte er im Zweifelsfalle den Rat eines Elektrikers einholen. Umfangreichere Anlagen sollten auf jeden Fall von einem Elektromeister überprüft und an die Stromversorgung angeschlossen werden.

2.3 Kleine Werkzeugkunde

Bei der Auswahl der Werkzeuge für die Elektroinstallation sollten Sie sehr gewissenhaft sein. Sie benötigen:

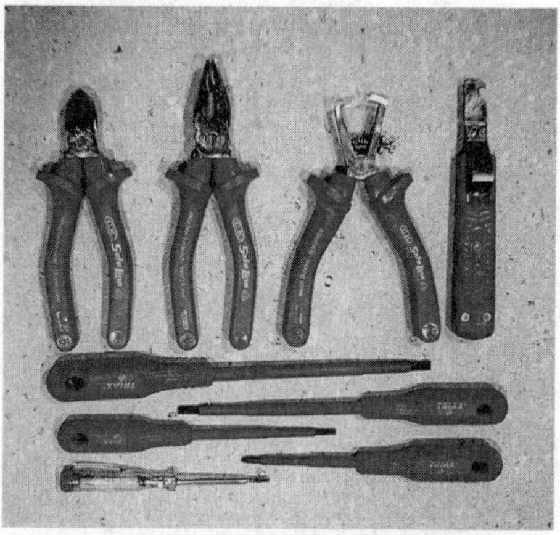

Abb. 2.1: Werkzeuggrundausstattung

Mehrere Schraubenzieher in verschiedenen Größen. Die Isolierung sollte möglichst vollständig bis zur Klinge reichen.
Eine Kombizange schutzisoliert
Einen Seitenschneider schutzisoliert
Eine Abisolierzange
Ein Kabelmesser oder Rundkabelentmantler
Einen funktionierenden Phasenprüfer

Alle Werkzeuge sollten den Aufdruck 1000 V geprüft, das VDE-Zeichen und das TÜV-GS-Zeichen tragen. Diese Isolierung sollte vor jeder Arbeit auf ihre Vollständigkeit und Unversehrtheit überprüft werden. Kaum etwas ist ekelhafter als unvermutet – von hinten durch die kalte Küche – über das Werkzeug einen durch die Knochen zu kriegen.
Aber das wird Ihnen nicht passieren. Denn Sie versprechen mir, Sie arbeiten nur an freigeschalteten Stromkreisen !

2

2.4 Meß- und Prüfgeräte für Ihre Sicherheit

Wollen Sie gewissenhaft an die Reparatur und Installation Ihrer Hauselektrik gehen, sollten Sie das Wort Sicherheit groß schreiben und bei der Auswahl der Meß- und Prüfgeräte nicht knauserig sein. Hier stelle ich Ihnen die Palette der Geräte vor, die Ihnen helfen können, für Sicherheit zu sorgen.

Meßtechnik im Wechselstromnetz

Um die nötigen Messungen durchzuführen, benötigt man keinen großen Meßgerätepark. Man kommt in der Regel mit relativ einfachen Mitteln auch zum Ziel. Natürlich steht es Ihnen frei, auch Ihr teures Digitalmultimeter im Wechselstromnetz einzusetzen. Sehen Sie sich an, welche Wege zu korrekten Meßergebnissen führen, die für Ihre Sicherheit und die Ihrer Mitmenschen so wichtig sein können.

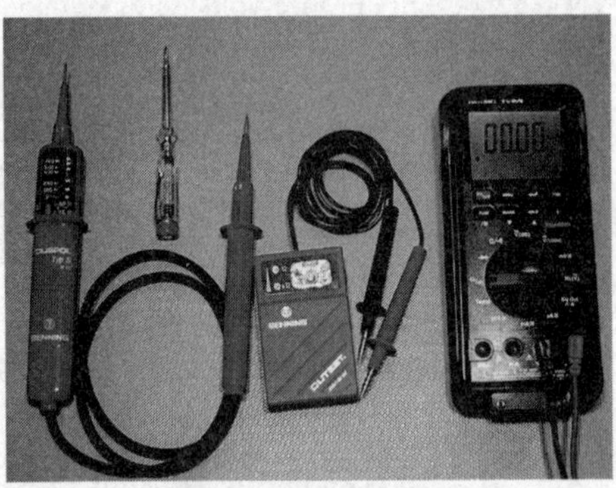

Abb. 2.2: Meß- und Prüfgeräte

Der Phasenprüfer

Er sieht aus wie ein kleiner Schraubenzieher (ist auch einer) und hat innerhalb seines Griffs eine kleine Leuchte mit Vorwiderstand eingebaut. Es besteht eine leitende Verbindung von der Klinge über die Birne, den Widerstand und eine kleine Druckfeder zur Metallkappe am oberen Griffteil. Setzt man nun die Klinge an einer Schraube oder an einem Steckdosenkontakt an, *der eine Phase führt* und tippt mit dem Finger auf die Metallkappe des Phasenprüfers, erzeugt man einen winzigkleinen Fehlerstrom, der das kleine Lämpchen aufleuchten läßt. Der kleine Strom fließt nämlich über den Körper zur Erde.

Keine Angst, der Phasenprüfer ist so gebaut, daß der Strom nur Mykroampere beträgt und von Ihnen nicht einmal wahrgenommen wird.

Tippt man nun mit der freien Hand auf den Gabelkontakt für den Schutzleiter, so leuchtet das Lämpchen stärker auf, da man seine Erdung verbessert hat.

Setzt man den Prüfer auf den Null- oder den Schutzleiter, bleibt das Lämpchen dunkel.

Beim gelbgrünen Schutzleiter darf er auf keinen Fall aufleuchten, sonst ist die Steckdose falsch angeschlossen.

Eine kleine Ausnahme gibt es bei der Phasenprüfer-Methode. Es kommt vor, daß *unbenutzte Adern* auf längeren Strecken parallel zu anderen stromführenden Adern verlaufen. Dadurch wird ein Magnetfeld in die unbenutzte Ader übertragen und dadurch

Abb. 2.3: Prüfen an der Phase, Prüfer leuchtet

Abb. 2.4: Prüfen am Null, Prüfer leuchtet nicht

Abb. 2.5: Prüfen am Schutzleiter, Prüfer leuchtet nicht

eine kleine Spannung induziert. Dies kann zur Folge haben, daß der Phasenprüfer ein ganz klein wenig glimmt. Im Reparaturteil lesen Sie mehr über die möglichen Schlüsse, die man daraus ziehen kann.

Der Spannungsprüfer

Zweipolige Spannungsprüfer, die Elektriker nennen sie Klapperschlange, bestehen aus zwei Griffteilen, verbunden durch eine flexible Leitung. Im größeren der beiden Griffe ist ein Meßgerät eingebaut. Je nach Ausführung zeigt eine Leuchtdiodenkette und/oder ein Meßinstrument (das klappert bei Wechselspannung) die Höhe der gemessenen Spannung an. Eine zusätzliche Leuchte zeigt die Phasenlage an, also an welchem Griff die Phase anliegt.

Führt man den Spannungsprüfer in die beiden Öffnungen einer Steckdose ein, so sollte er eine Spannung von 220 V anzeigen. Er zeigt ebenfalls an, welcher der beiden Kontakte die Phase führt. Bleibt man mit der einen Spannungsprüferspitze auf der so ermittelten Phase und geht mit der anderen Spitze auf den großen Gabelkontakt für den Schutzleiter, werden ebenfalls 220 V angezeigt. Wechselt man nun von der Phase zum Null, darf keine Spannung zum Schutzleiter angezeigt werden.

Auch bei der Messung mit dem Spannungsprüfer gibt es eine Besonderheit. Es wurde bereits über den „kleinen Fehlerstrom“ berichtet. Beim zweipoligen Spannungsprüfer fließt dieser Fehlerstrom von der einen Prüfspitze über das Meßgerät und das Verbindungskabel zur anderen Prüfspitze. Prüft man nun zwischen Phase und Schutzleiter und ist dem Stromkreis ein FI-Schalter mit einem Ansprechstrom von 30 mA vorgeschaltet, löst dieser unter Umständen aus, da der Meßstrom der Klapperschlange die 30 mA übersteigt. Also keine Panik, auf diese Art weiß man, daß der FI-Schalter und die Schutzleiterfunktion top in Ordnung sind.

Abb. 2.6: Prüfen Phase-Null 220 V wird angezeigt

Abb. 2.7: Prüfen Phase-Schutzleiter 220 V wird angezeigt

Abb. 2.8: Prüfen Null-Schutzleiter, es wird keine Spannung angezeigt

Ein robuster und präziser Spannungsprüfer, ist der DUSPOL von BENNING. Den gibt es bei Conrad electronic unter der Bestellnummer 13 43 09 für 74.50 DM. Elektriker schwören auf den DUSPOL, meine Wenigkeit eingeschlossen. Als ich vor fast 30 Jahren als Elektrostift begann, war die erste Amtshandlung meines Gesellen, mir den Umgang mit der Klapperschlange zu erklären und seitdem hat mir der DUSPOL unzählige Male die Haut gerettet.

Durchgangs- und Leitungsprüfer

Bei der Neuinstallation kann man mit Phasen- und Spannungsprüfer nichts anfangen, da die Kabel ja noch keine Spannung führen. Hier kann man einen Durchgangs- und Leitungsprüfer einsetzen. Auch bei der Reparatur vorhandener Anlagen im stromlosen oder ausgeschalteten Zustand kann er gute Dienste leisten. Mit diesem Gerät kann man überprüfen, ob Stromkreise richtig verdrahtet sind, man kann Durchgangsprüfungen durchführen oder Unterbrechungen aufspüren. Der Durchgangsprüfer hat eine eigene Stromversorgung durch eingesetzte Batterien. Für die Durchgangsprüfung ist ein Piezosummer eingebaut und zwei Leuchtdioden zeigen an, ob der Stromkreis einen hohen oder niedrigen Widerstand hat. Zusätzlich hat das Gerät eine Taschenlampenfunktion. Den DUTEST von BENNING gibt es bei Conrad electronic unter der Nummer 13 21 52 für 39,95 DM.

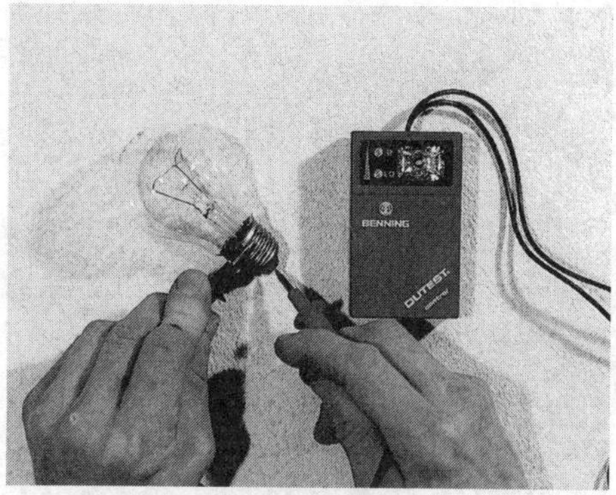

Abb. 2.9: Glühlampentest mit dem Durchgangsprüfer

Angenommen, Sie haben ein 5-adriges NYM-Kabel verlegt und möchten feststellen, welche der beiden schwarzen Adern identisch ist mit welcher am anderen Ende. Sie arbeiten selbstverständlich spannungslos. Setzen Sie an einem Ende des Kabels die beiden schwarzen und die blaue Ader ab. Setzen Sie am anderen Ende nur eine schwarze und die blaue Ader ab. Hängen Sie hier den DUTEST zwischen die beiden abgesetzten Adern. Dies geschieht durch Durchstecken der blanken Enden durch die kleine Bohrung in jeder Prüfspitze. Wenn Sie nun die schwarzen Adern der Gegenseite nacheinander an die blaue halten, ertönt beim Kontakt mit der richtigen ein Signal vom DUTEST. Knipsen Sie nun mit dem Seitenschneider das blanke Ende der Ader ab, die es nicht war, dann bleiben nur noch die Enden der gefundenen schwarzen Ader abgesetzt. Diese können dann anderweitig gekennzeichnet werden.

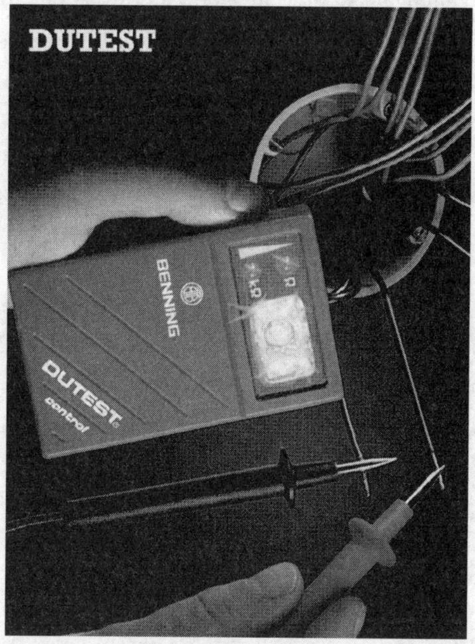

Abb. 2.10: Durchgangsprüfung

Angenommen, Sie haben eine Wechselschaltung installiert und wissen nach dem Verputzen nicht mehr, welche der beiden Schalterleitungen welche ist. Hängen Sie den

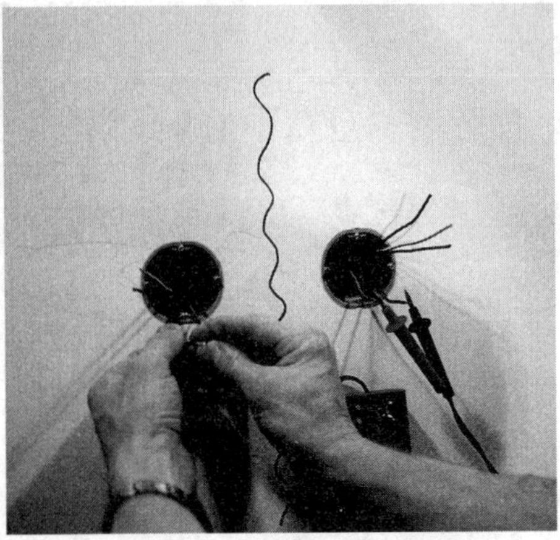

Abb. 2.11: DUTEST an der Schalterdose

Durchgangsprüfer an zwei Adern des einen Wechselschalters und halten Sie die Adern gleicher Farbe in der Abzweigdose nacheinander zusammen. Sie bekommen schnell und präzise per Hupton mitgeteilt, welche die Richtigen sind.

Multimeter

Sämtliche bisher beschriebenen Messungen können natürlich auch mit einem Multimeter durchgeführt werden. Besondere Vorsicht ist dabei aber bei Spannungs- und Strommessungen im 220 V-Netz geboten. Da die Meßstrippen bei einfachen Multimetern meist nur mit Bananensteckern am Gerät angeschlossen sind, können diese, wenn das Meßgerät zum Beispiel umkippt, aus der Buchse herausgezogen werden und dann haben Sie einen zuckenden Stecker mit 220 V-Potential in der Gegend hängen, der sich als ganz schön bissig erweisen kann. Da lohnt es schon, etwas mehr für die Sicherheit zu investieren. Das hier gezeigte Digitalmultimeter besitzt Sicherheitsstecker mit Berührungsschutz. Es ist unter der Nummer 12 54 07 bei Conrad-electronic erhältlich.

Zusätzliche Sicherheit bietet auch ein Meßadapter, der wie ein Zwischenstecker in die Steckdose gesteckt wird und der die Möglichkeit bietet, einen oder mehrere der drei Leiter durch Entfernen von Steckbrücken zu unterbrechen und dort das Meßgerät einzuschleifen. Mit diesem Gerät kann man allerdings nur ortsveränderliche Verbraucher austesten. Den Meßadapter gibt es unter der Nr. 13 17 76 bei Conrad-electronic. Für die Widerstandsmessung, die immer im spannungslosen Zustand erfolgt ist das Multimeter hervorragend geeignet. Da liefert es die präzisesten Werte.

Wie die Spannungs-, Strom- und Widerstandsmessungen durchgeführt werden, zeigen die folgenden Bilder.

Abb. 2.12: Strommessung, der Adapter liegt in Reihe zum Verbraucher

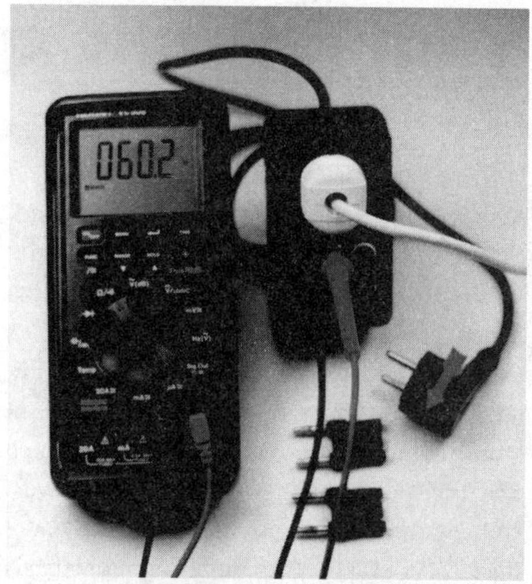

Abb. 2.13: Widerstandsmessung, man beachte, der Stecker ist herausgezogen

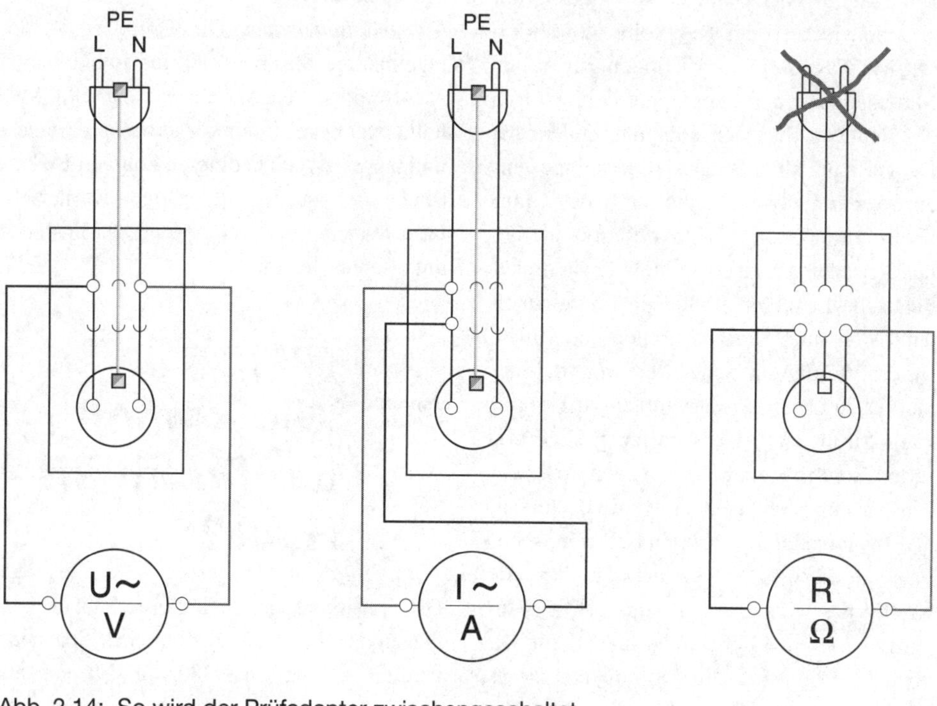

Abb. 2.14: So wird der Prüfadapter zwischengeschaltet

3 Vom E-Werk zur Steckdose

Um unsere Republik flächendeckend mit Strom zu versorgen, betreiben die Energieversorgungsunternehmen – kurz EVU genannt – ihre Kraftwerke; überall dort, wo es sich unter wirtschaftlichen Aspekten als günstig erwiesen hat, also nicht zu weit entfernt von Ballungszentren und Industriegebieten und transporttechnisch günstig für die Versorgung mit fossilen Brennstoffen. So findet man Wärmekraftwerke auf Braunkohlebasis dort, wo sie im Tagebau gefördert wird, zum Beispiel am Niederrhein und in der Lausitz. Kohlekraftwerke stehen überall dort, wo per Binnenschiff oder Bahn die Versorgung mit skandinavischer oder Ruhrkohle gewährleistet ist. Wasserkraftwerke finden wir in den Mittelgebirgen und den Alpen, dort wo sich der Bau von Stauseen anbietet. Zudem hat fast jedes der alten Bundesländer mindestens ein Kernkraftwerk, das die Kraft des Urans als Brennstoff nutzt. Windkraftparks in Niedersachsen und Schleswig-Holstein komplettieren die Liste der möglichen Energiequellen. Doch jedes Kraftwerk allein kann nicht für die Versorgung seiner Region geradestehen. Dazu ist die Sache einfach zu kompliziert. Strom ist keine lagerfähige Energieform, sondern muß im Augenblick der Einspeisung auch genutzt werden. Um auf alle Eventualitäten vorbereitet zu sein, schuf man ein riesiges Verbundnetz, in das alle Kraftwerke eingebunden sind. Hochspannungsmasten und Überlandleitungen, die wir überall sehen, sind die Monumente dieses Jahrhundertbauwerkes, das über unsere Grenzen hinaus von Skandinavien bis Sizilien reicht. Komplexe wirtschaftliche Verträge machen dies möglich. Jedes Kraftwerk kann in dieses Verbundnetz nach vorheriger Synchronisation innerhalb kürzester Zeit die von ihm produzierte Energie einspeisen und wenn Wartungs- und Instandsetzungsarbeiten anstehen, wird die entstehende Lücke von anderen Kraftwerken gefüllt. So können sich die EVU gemeinsam bei der Stromerzeugung auf einen ständig schwankenden Bedarf einstellen, sich sozusagen gegenseitig aushelfen. Die Fachleute teilen den Energiebedarf in drei Gruppen ein. in *Grund-, Mittel- und Spitzenlast.* Die Grundlast ist der regelmäßige Strombedarf, der zum Beispiel nachts und an den Wochenenden anfällt. Mittellast nennt man den vorhersehbaren tages- und jahreszeitlich bedingten höheren Bedarf. Spitzenlast ist der oft völlig unvorhersehbare, kurzfristig, durch besondere Umstände auftretende Bedarf.

3.1 Wie kommt der Strom ins Haus?

Die Kraftwerke speisen ihre Energie in die Leitungen des Verbundnetzes mit einer Spannung von 380 kV, das sind 380.000 Volt, ein und transportieren sie zu regionalen Umspannwerken, die diese *Höchstspannung* auf 220 kV oder 110 kV *Hochspannung* heruntertransformieren. Nach weiteren Verzweigungen wird in lokalen Umspannwerken auf eine *Mittelspannung* von 10–20 kV transformiert. Mit dieser Spannung werden zum Beispiel Industriebetriebe versorgt, die dann über eigene Transformatorstationen verfügen. Auch die örtliche Verteilung wird in diesem Mittelspannungsbereich vorgenommen. In den Städten liegt ein unterirdisches Netz von miteinander verbundenen Ringleitungen, die dann Straßenzugweise in den Trafohäuschen auf die *Niederspannung* von 220/380 V bzw. 240/400 V gebracht werden. In den Häusern befinden sich am Übergabepunkt vom EVU an den Endverbraucher die Hausanschlußkästen, die gut verplombt meist an der Kelleraußenwand zur Straße hin zu finden sind.

Deutsches Verbundnetz Stand: 1.1.1995

17300 km 380-kV-Stromkreise
23200 km 220-kV-Stromkreise

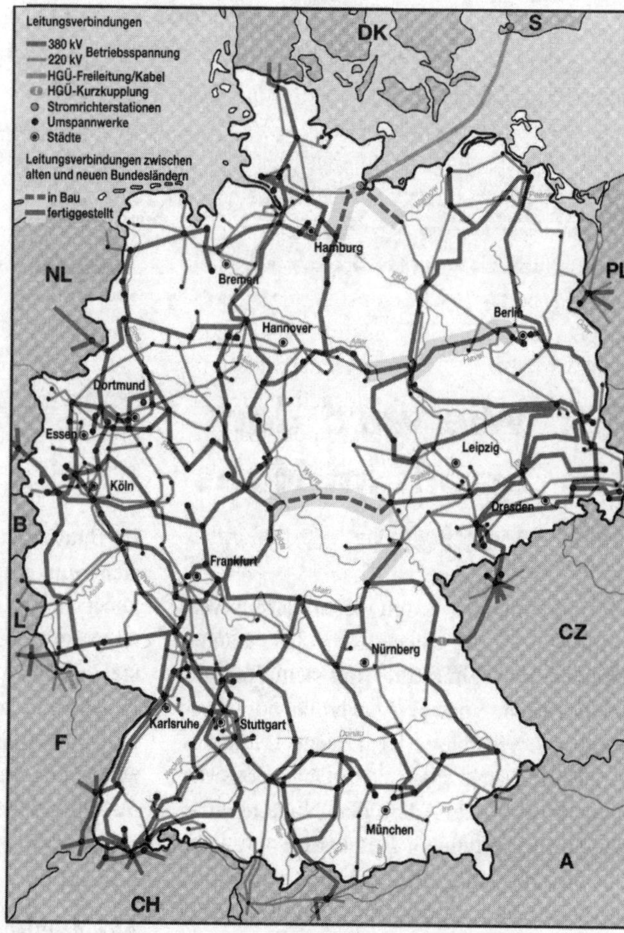

Abb. 3.1: Verbundnetz in Deutschland Quelle: IZE

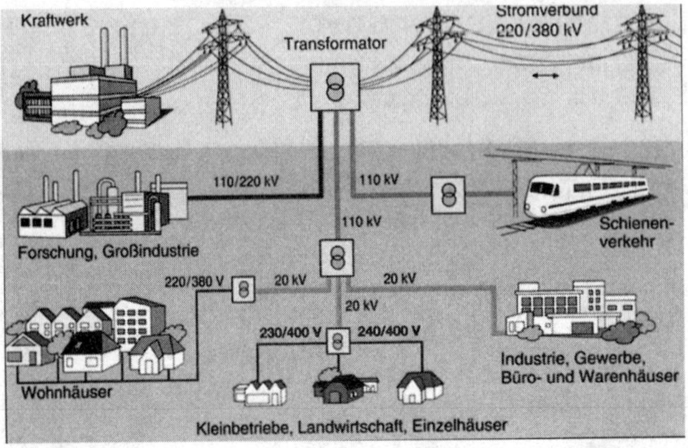

Abb. 3.2:
Vom E-Werk ins Haus
Quelle: IZE

3.2 Wie wird der Strom im Haus verteilt?

Im Hause muß der Strom weiter verteilt werden, bis er die Steckdose oder Lampe erreicht. Es beginnt alles mit dem Hausanschlußkasten. Vom EVU werden normalerweise die drei Phasen L1, L2 und L3 in diesen Kasten eingespeist. Als Gegenpotential dient eine vierte Ader, der Nulleiter, der gleichzeitig mit einem Tiefenerder oder Fundamenterder unter dem Gebäude verbunden ist. Der Treffpunkt des Null- und der Erdleiters ist eine sogenannte Potentialausgleichsschiene. Das ist Bezugspunkt und Anschlußklemme für wichtige Schutzleiter im Hause. Ebenso sind dort die Gas- und Wasserleitungen des Hauses durch dicke, grüngelbe Einzeladern auf das Erdpotential gelegt. Über die Aufgabe des Schutzleiters später mehr. Zwischen den drei Phasen besteht je ein Spannungsunterschied von 380 V und jede einzelne Phase führt eine Spannung von 220 V gegen den Nulleiter und somit auch zum Erdpotential.

Im Hausanschlußkasten sind auch die Hauptsicherungen für das Gebäude untergebracht. Diese sind in der Regel für einen Strom von 50–63 A ausgelegt. Vom Hauptanschlußkasten geht eine vieradrige Leitung mit großem Querschnitt zur Zählertafel. Dort wird im unteren Bereich der Tafel noch einmal jede Phase abgesichert, mit der Stärke 35 oder 50 A. Dann setzen die drei Phasen ihren Weg in den Zähler fort.

Stromzähler

Der Dreiphasen-Wechselstromzähler (Drehstromzähler) ist ein Meßgerät, das auf einfache Weise den Strom mißt, der durch jede einzelne Phase fließt und dieses tut er zeitgleich.

Man muß sich das so vorstellen: Drei Elektromagneten, für jede Phase einer, werden von Strom durchflossen und bauen ein

Magnetfeld auf. Diese Elektromagneten schieben jeder eine Metallscheibe in eine bestimmte Richtung. Alle drei Scheiben sind auf einer gemeinsamen Achse befestigt. Je mehr Elektronen durch die Leiter fließen, desto höher wird das Magnetfeld, das die Scheiben antreibt. Die Magnetfelder der drei Phasen addieren sich also. So kann am Ende der Scheibenachse ein Getriebe angeflanscht werden, das die Rotationsbewegung auf ein Zählwerk überträgt. Diese Zählwerke sind amtlich geeicht und versiegelt, so daß Manipulationen fast gänzlich ausgeschlossen sind.

Bei einem Einphasen-Wechselstromzähler sieht das eigentlich genauso aus, mit nur einer Scheibe und nur einem Elektromagneten. Das System ist gleich. Die Plomben, die das Aufschrauben des Zählergehäuses verhindern sollen, dürfen auf keinen Fall aufgebrochen werden. Das ist allein Sache eines E-Werkers oder eines autorisierten Elektromeisters nach vorheriger Antragstellung beim Versorgungsunternehmen. Zuwiderhandlungen werden rigoros geahndet und sind für den Betreffenden ein sehr teurer Spaß.

Hauptschalter

Oberhalb des Zählers ist ein Hauptschalter in die Tafel eingebaut, mit dem die gesamte nachgeschaltete Elektroanlage abgeschaltet werden kann. Alle drei Phasen L1, L2 und L3, müssen diesen Schalter passieren. Der Nulleiter und der Schutzleiter ist nicht geschaltet.

Abb. 3.3: Potentialausgleichsschiene

Sicherungstafel

Vom Hauptschalter führt der Weg weiter zur Sicherungstafel, die je nach Bauart neben oder über der Zählertafel angebracht ist. Hier werden die drei Phasen möglichst gleichmäßig auf alle Sicherungen verteilt, so daß die angeschlossenen Stromkreise und die Belastung der einzelnen Phasen möglichst gleich sind.
Es gibt prinzipiell zwei Arten der Phasenverteilung:

Einphasen- und Dreiphasenschienen

Die Sicherungen sind in drei übereinander angeordneten Reihen eingebaut und jede

Abb. 3.4: moderne Automatentafel.

Reihe ist mit einer Kupferschiene querverbunden. An jede der drei Kupferschienen wird dann eine Phase angeschlossen. Dieses Verteilungssystem ist in der Regel bei Tafeln älteren Datums zu finden.

In modernen Automatentafeln sind die Leitungsschutzschalter (kurz LS-Schalter) der Reihe nach mit neuartigen Phasenschienen bestückt, die aus drei übereinander gepackten Kupferschienen bestehen, die gegeneinander durch ein Kunststoffprofil isoliert sind. Die erste der drei Kupferschienen hat genau abgestimmt auf die genormte Einbaubreite der LS-Schalter herausragende Gabeln, für den Anschluß des 1., 4., 7. und 10. Schalters. Die Schiene Nr. 2 versorgt die Schalter 2,5,8 und 11. Die Schiene Nr. 3 ist für die Schalter 3,6,9 und 12 zuständig. Es sind in der Regel in jeder Reihe eine durch drei teilbare Anzahl von LS-Schaltern eingebaut, je nach Anlagengröße bis zu maximal 12 Schalter pro Reihe. Auf diese Art hat man eine bedeutende Platzersparnis in den Tafeln erreicht. Der Berührungsschutz der stromführenden Teile ist durch die neue Technik stark verbessert worden. **Der Berührungsschutz hat absolute Priorität. Immerhin liegen bei dieser Schienenart jeweils 380 V enger als 1 cm nebeneinander.**

Abb. 3.5: Zähler

Nulleiter- und Schutzleiterschienen

Der Nulleiter, der ja den Hauptschalter umgangen hat, ist ohne Unterbrechung direkt auf eine Nulleiterschiene geklemmt. Bei modernen Tafeln ist diese Schiene zweigeteilt bzw. doppelt vorhanden, eine für die Nulleiter und eine für die Schutzleiter.

Achtung!

An diesen Einrichtungen darf nur ein Elektriker Arbeiten vornehmen!

3.3 Wie funktionieren Sicherungen und LS-Schalter?

Eine Sicherung ist in gewollter Weise immer die schwächste Stelle eines Stromkreises. Mit einer Sicherung bezweckt man zweierlei Schutzfunktionen.
Sie soll einerseits durch ihr Ausschalten im Falle einer Überlastung oder eines Kurzschlusses den fehlerhaften oder überlasteten Stromkreis von der Versorgung abtrennen, um größeren Schaden, wie Kabel- oder Gerätebrände zu verhindern. Sie soll aber auch die vorgeschalteten Elemente der Versorgung davor bewahren, durch den erhöhten Stromfluß etwa im Kurzschlußfalle in Mitleidenschaft gezogen zu werden.

Schmelzsicherungen

Sie bestehen aus einem Hohlkörper genormter Größe aus Keramik, der an Kopf und Fuß mit einer Metallkappe verschlossen ist. Kopf- und Fußkappe sind innerhalb des Hohlkörpers durch einen Metallstreifen verbunden, dessen Querschnitt genau auf den Nennstrom ausgelegt ist, für den die betreffende Sicherung eingestellt ist. Als Funkenschutz ist der Hohlkörper mit Quarzsand aufgefüllt. Diese Sicherungspatrone wird in eine Fassung eingesetzt, die eingangsseitig mit der Phasenschiene verbunden ist. Im unteren Teil der Fassung ist eine Paßschraube eingesetzt, deren Durchmesser nur den Einsatz der richtigen Patrone erlaubt. Eine zu starke Sicherung paßt dort nicht hinein. Die Schraubkappe besteht aus einem Gegengewinde aus Metall, das gegen Berührung durch einen Keramikmantel geschützt ist. Am Frontende des Keramikgriffs befindet sich ein kleines rundes Glasfenster, durch das hindurch man auf ein Signalplättchen schauen kann, das in der Fußkappe der Sicherungspatone angebracht ist. Dieses Plättchen ist mit einem federbelasteten Drähtchen an der elektrischen Sollbruchstelle der Patrone befestigt. Brennt die Sicherung durch, wird auch das Drähtchen zerstört, das Signalplättchen springt heraus und zeigt an, daß diese Sicherung angesprochen hat. Dieses Signalplättchen hat aber noch eine Nebenfunktion. Ein Lackpunkt und dessen Farbe sagt etwas

Abb. 3.6: Schmelzsicherungen

Tabelle 3.1 Kennfarben für Sicherungen und Paßschrauben.

Grün	6 A	Lichtkreise
Rot	10 A	Steckdosen und Licht
Grau	16 A	Trockner, Spülmaschine, Waschmaschine
Blau	20 A	E-Herd, Boiler
Gelb	25 A	Durchlauferhitzer, Boiler, Hauptsicherung
Schwarz	35 A	Durchlauferhitzer, Hauptsicherung
Weiß	50 A	Hauptsicherung
Kupfer	63 A	Hauptsicherung

aus über den Nennstrom der Sicherung aus. Jede Amperezahl hat seine Kennfarbe.

Leitungsschutzschalter

LS-Schalter arbeiten mit einem Bimetall, das sich bei einem normalen Stromfluß, das heißt unterhalb des Grenzwertes, in Ruhestellung befindet. Erwärmt es sich durch eine Überlastung des Stromkreises, so wird eine federbelastete Mechanik ausgelöst, deren Schaltkontakt den Stromkreis vom Netz trennt. Bei einem Kurzschluß sorgt ein eingebauter Elektromagnet für schnellstmögliche Abschaltung. Im Gegensatz zu Schmelzsicherungen, die nach dem Auslösen unbrauchbar geworden sind, kann ein LS-Schalter nach Abkühlung des Bimetalles und/oder nach Beseitigung des Kurzschlusses, wieder eingeschaltet werden. **Dies sollte aber nur getan werden, wenn wirklich die Ursache der Überlastung oder des Kurzschlusses beseitigt wurde,** da sonst beim Wiedereinschalten die Kontakte des LS-Schalters Scha-

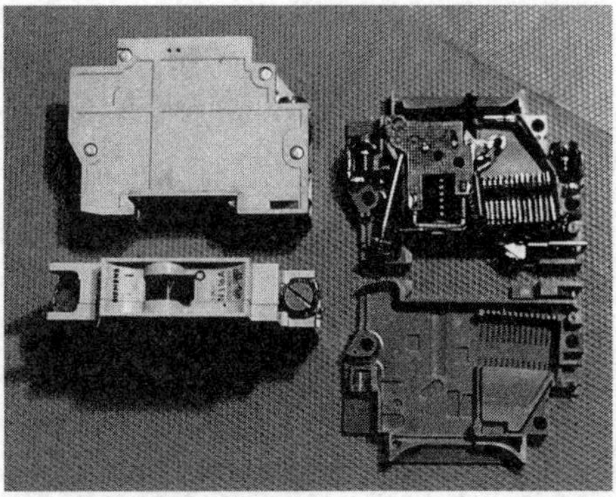

Abb. 3.7: LS-Schalter

den nehmen und der Austausch eines solchen Automaten ist viel komplizierter und teurer als der Schmelzsicherungswechsel.
Die Nennströme und Betriebsdaten sind bei Automaten immer im Klartext auf der Vorderseite über oder unter dem Bedienhebel aufgedruckt.

3.4 Was ist ein Fehlerstromschalter?

Eine besondere Art der Sicherung stellt der Fehlerstromschalter (kurz FI-Schalter) dar. Es gibt diese Schalter als einphasige (zweipolige) und dreiphasige (vierpolige) Version. Das Grundprinzip ist denkbar einfach. Unsere Regel sagt: In einem geschlossenen Stromkreis müssen alle Elektronen, die zum Verbraucher fließen, auch wieder zur Spannungsquelle zurückfließen. Beim Wechselstromnetz muß also der auf der Phase fließende Strom gleich dem auf dem Nulleiter sein. Der FI-Schalter fragt nun ab, ob diese Forderung jederzeit erfüllt ist. Er macht das mit Hilfe von Magnetfeldern. Um die Phase/Phasen ist eine Spule gelegt und um den Nulleiter ebenso. Bei gleichem Strom in Hin- und Rückleitern heben sich die magnetischen Kräfte gegeneinander auf. Ist der nachgeschaltete Stromkreis irgendwo defekt und der Strom nimmt einen anderen Weg zur Erde, so entsteht ein Fehlerstrom. Dadurch werden die Magnetfelder im FI-Schalter different und ein Schaltmechanismus trennt den Stromkreis sofort vom Netz. **Er läßt sich nur wieder einschalten, wenn die Ursache für den Fehlerstrom vorher behoben wurde.**

Mit einer Prüftaste kann man jederzeit die einwandfreie Funktion des FI-Schalters kontrollieren.

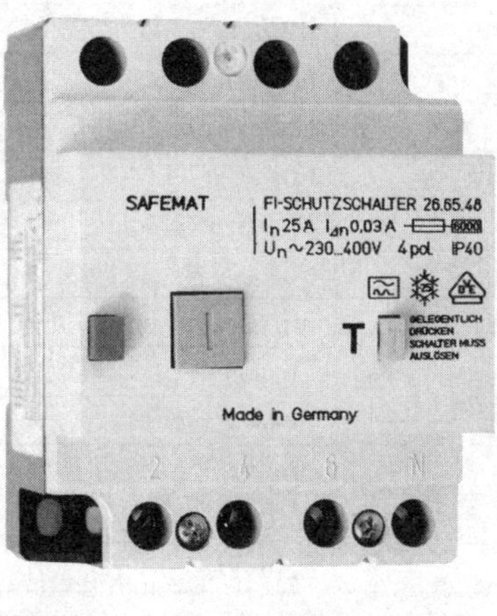

Abb. 3.8: Fehlerstromschalter

3.5 Die Leiter und ihre Aufgaben

Alle Kabel im Haus verfolgen einen gemeinsamen Zweck, nämlich die einzelnen Räume, Stromkreise und Verbraucher mit der Sicherungstafel zu verbinden. Dazu benötigt man jeweils drei Adern. Eine für die Phase, eine für den Null- und eine für den Schutzleiter. Die Farben der Aderisolierung tragen jede eine Farbe, die Auskunft über Ihren Zweck gibt. **Die Farbgebung ist in den VDE-Vorschriften festgelegt und darf unter gar keinen Umständen anders erfolgen.** In der folgenden Tabelle ist dargestellt, welche Farbe welche Funktion hat. Zu beachten ist dabei, daß es bei Installationen älteren Baujahres noch keinen Schutzleiter gab, also nur zwei Adern, eine schwarze und eine graue vorhanden sind.

> **Achtung!**
> Vor Berührung blanker Aderenden gleich welcher Farbe sei ausdrücklich gewarnt. Immer zuerst messen, ob die Ader Spannung führt.

3.6 Kabel und Leitungen

Für die verschiedenen Aufgaben und Verwendungszwecke gibt es auch dafür vorgeschriebene Kabel und Leitungen. Das strikte Einhalten dieser Vorschriften ist oberstes Gebot, genauso wie bei den Aderfarben. Die folgende Tabelle gibt Auskunft über die Kabel und ihre Einsatzgebiete.

Tabelle 3.2: Aderfarben und dazugehörige Aufgabe

Farbe	**Aufgabe**
gelbgrün	**immer** Schutzleiter
blau	Nulleiter
blau	Phase geschaltet (kommt oft vor !)
schwarz	Phase
schwarz	Phase geschaltet
schwarz	Phase – *Bei älteren Anlagen mit klassischer Nullung*
schwarz	immer Phase bei Drehstrom
braun	Phase
braun	Phase geschaltet
braun	immer Phase bei Drehstrom
grau	Nulleiter – *bei älteren Anlagen*
rot	Schutzleiter – *bei sehr alten Anlagen*
andere Farbe	nicht festgelegt, meist geschaltete Phase – *in alten Rohrinstallationen*

Abb. 3.9:
Kabel und Leitungen

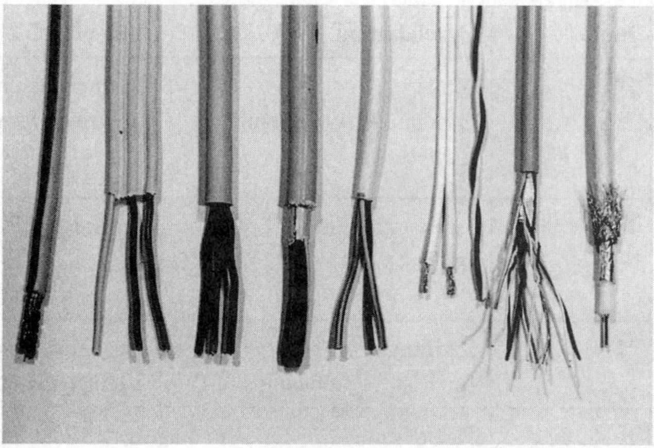

Tabelle 3.3: Kabel und Leitungen

Name	Bezeichnung	Einsatzgebiet
NYM-J	Feuchtraumkabel mehradrig mit Schutzleiter	feste Verlegung auf und unter Putz in trockenen und feuchten Räumen, in Kabelkanälen und in Kunststoffpanzerrohr
NYM-O	Feuchtraumkabel mehradrig ohne Schutzleiter	wie NYM-J, nur als Schalterleitung
NYIF-J	flache Impuleitung mehradrig mit Schutzleiter	feste Verlegung in trockenen Räumen in und unter Putz. nicht auf Holz
H07V-U auch NYA	PVC-Aderleitung eindrähtig farbig codiert	In trockenen Räumen für feste Verlegung in Rohr auf und unter Putz
H03VV-F	leichte PVC-Schlauchleitung feindrähtig flexibel	In trockenen Räumen zum Anschluss ortsveränderlicher Verbraucher bei geringen mechanischen Beanspruchungen
H05RR-F	leichte Gummischlauchleitung feindrähtig flexibel	In trockenen Räumen für leichte Handgeräte und Elektrowärmegeräte

Name	Bezeichnung	Einsatzgebiet
H07RN-F	schwere Gummischlauchleitung flexibel	In trockenen und feuchten Räumen sowie im Freien für schwere Geräte
NYY-J	kunststoffisoliertes Erdkabel Im Erdreich	Im Erdreich
NYFAZ	Zwillingslitze feindrähtig einfach isoliert	Anschluß von schutzisolierten Klein- und Kleinstgeräten und als Lautsprecherleitung.
RG59B/U	Koaxleitung HF-Kabel 75 Ohm	Unter Putz im Rillrohr und frei verlegt
J-FY YR	Klingelstegleitung Klingelleitung	Für Kleinspannung in und unter Putz
IY (St)Y	Telefonleitung	Auf Putz und unter Putz im Rohr

3.7 Leiterquerschnitte

Für die maximale Belastung eines Kabels oder einer Leitung ist der Leiterquerschnitt ausschlaggebend. Tabelle 3.4 gibt Aufschluß über die verwendeten Querschnitte starrer und flexibler Leitungen und deren maximaler Absicherung.

Tabelle 3.4: Kabel und Leitungen

Querschnitt starr (mm^2)	flexibel (mm^2)	max. Sicherung (A)
1,0	0,75	6
1,5	1,0	10
2,5	1,5	16
4,0	2,5	20
6,0	4,0	25
10,0	6,0	35
16,0	10,0	50
25,0	16,0	63

4 Hausinstallation planen, Vorschriften beachten

4

4.1 Die Ausstattungsqualität

Je nach den Ansprüchen, die Sie stellen, wird die Elektroanlage Ihres Hauses mehr oder weniger umfangreich veranschlagt. Anhand der Tabellen nach RAL können Sie sich orientieren, wieviele Beleuchtungskörper, Steckdosen und sonstige Einrichtungen für die verschiedenen Ausstattungsqualitäten veranschlagt werden.

Diese Richtlinien werden herausgegeben vom Deutschen Institut für Gütesicherung und Kennzeichnung e.V. in Sankt Augustin.

Tabelle 4.1: Normalausstattung nach RAL-RG 678

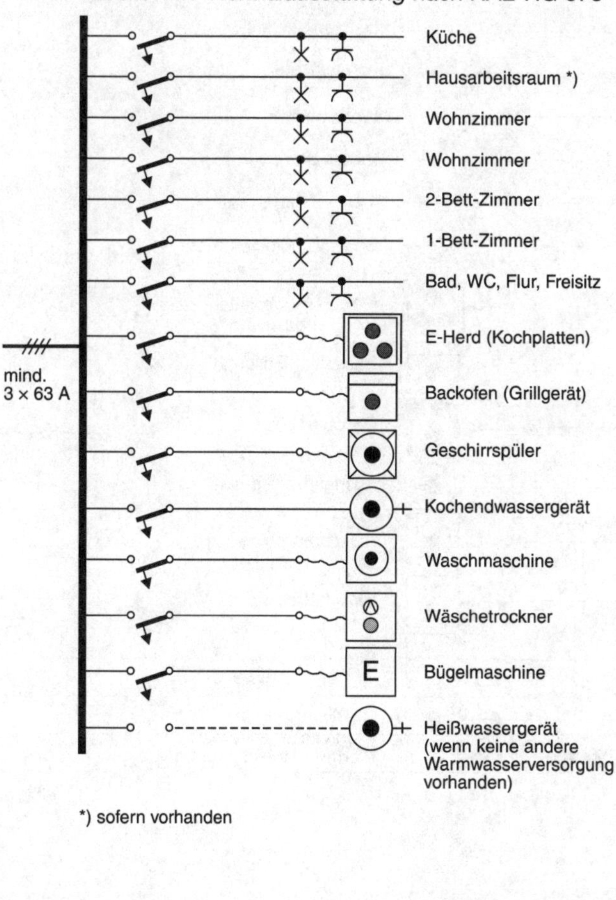

*) sofern vorhanden

Darum geht's

Drei- oder Zwei-Sterne-Ausstattung?
Wie wird eine Installation geplant
Pläne und Zeichnungen erstellen
Besondere Vorschriften für Bad und Dusche
Küche und Hauswirtschaftsräume
Wohnräume
Büro und Arbeitsraum
Garage und Garten

Tabelle 4.2: Gehobene Ausstattung nach RAL-RG 678

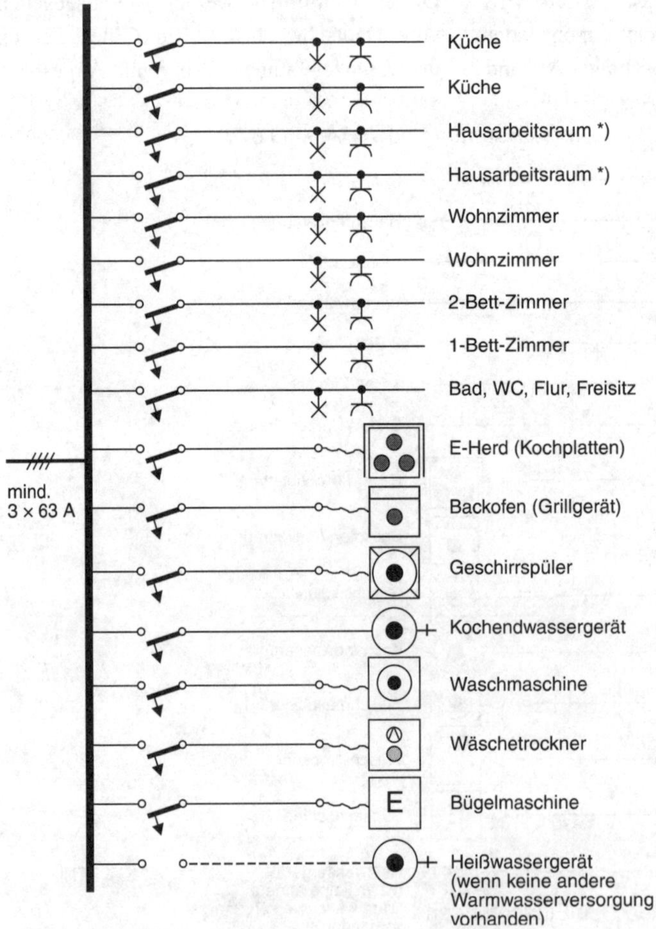

4.2 Der Wohnungsgrundriß mit den elektrischen Einrichtungen

Plant man eine Elektroanlage, benötigt man zuerst einmal den **Grundriß des Hauses** oder der Wohnung. Dann legt man fest, wo welche Möbel stehen sollen (so ungefähr) und wo welche Elektrogeräte zum Einsatz kommen sollen. Dann setzt man in den Plan überall dort, wo es nötig ist, das Symbol für eine Steckdose hin. An den Staubsauger und dessen begrenzte Leitungsreichweite sollten Sie denken und auch an den Toaster, dessen Leitung nicht im Wege hängen darf, beim Frühstück, und und und... Schalter mit verschiedenen Funktionen werden eingezeichnet überall an den Türen (auf der Seite, wo die Klinke ist) und auch an der Terrassentür und besser auch noch in Reichweite der Fernseh-Couch. Ehrlich! Ein Schalter mehr, kostet nicht viel im Vergleich zum täglichen Licht-an-Licht-aus-Marathon über viele Lebensjahre in diesem Haus.

An Decken und Wänden werden Lichtquellen eingezeichnet und in dieses System gehört auch die Beleuchtung der Küchenar-

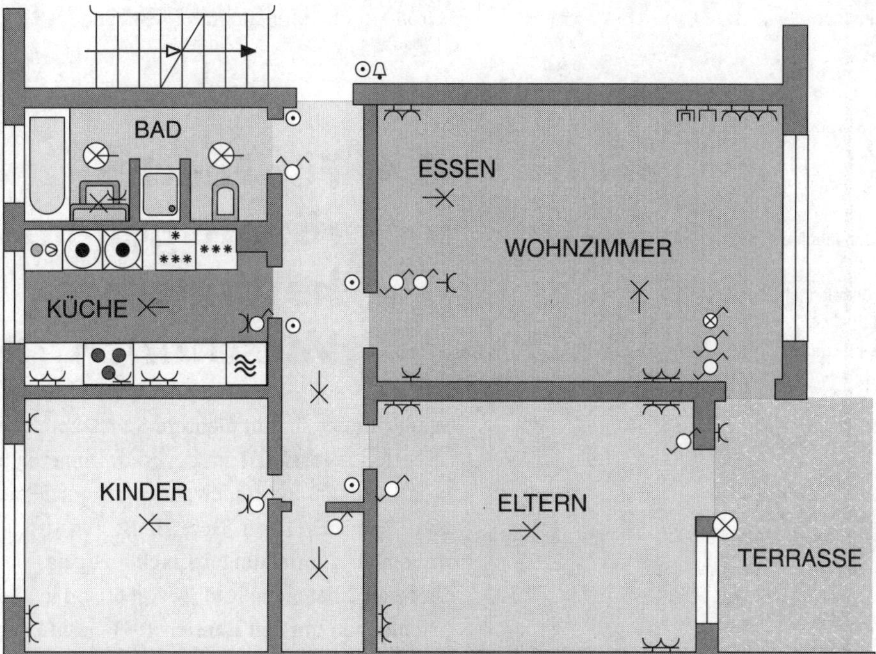

Abb. 4.1 Grundriß mit elektrischen Einrichtungen

beitsplatte und die der Schrankwand im Wohnzimmer. Was noch fehlt, sind die Anschlüsse für festinstallierte Verbraucher, wie zum Beispiel Durchlauferhitzer, Boiler, Heizkessel und Ablüfter.

Tabelle 4.3: Symbole für die E-Installation

Erdung / Schutzleiterklemme	
Sicherung	
Widerstand	
Spule	
Leitung oder Ader	
Klemme offen	
Klemme mit Verbindung	
Ausschalter	
Serienschalter	
Wechselschalter	
Kreuzschalter	
Taster	
Dimmer	
Schukosteckdose	
Leuchte	
Antennensteckdose	
Kommunikationsanschlußdose	

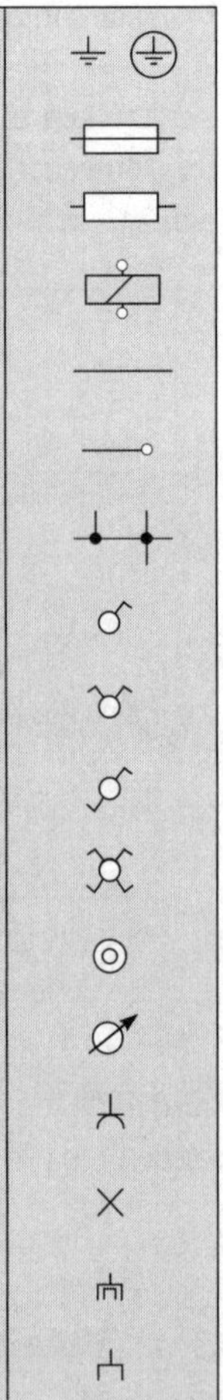

4.3 Zeichnungen und Pläne sind wichtig

Mit der Vorgabe des Grundrißplans machen Sie sich nun an die Ausfertigung eines Leitungsplans. Mit diesem **Leitungsplan** können Sie festlegen, in welchen Raum welche Kabel führen müssen, um alle Aufgaben erfüllen zu können. Für jedes Zimmer eine Steckdosen- und eine Lichtzuleitung. Es sei denn, der Raum ist zu klein (Abstellraum) und kann deshalb an einem anderen dranhängen. Für jedes Küchengerät eine Zuleitung, für die Garage und die Terrasse eine, usw. Nun können Sie ganz eindeutig feststellen, wieviele Sicherungen Sie benötigen und somit die Größe Ihrer Automatentafel festlegen.

4.4 Für Feuchträume gelten besondere Vorschriften

Badezimmer sind in mehrere Schutzbereiche eingeteilt. **Bereich 1** ist der Raum innerhalb von Duschen und Badewannen bis zur Höhe von 2,25 m. Dieser Bereich ist für stromführende Einrichtungen nicht zugelassen. **Bereich 2** hat einen Radius von 60 cm in alle Richtungen um den Bereich 1. Hier sind nur fest installierte Warmwassergeräte, Lüfter oder spritzwassergeschützte Leuchten zuge-

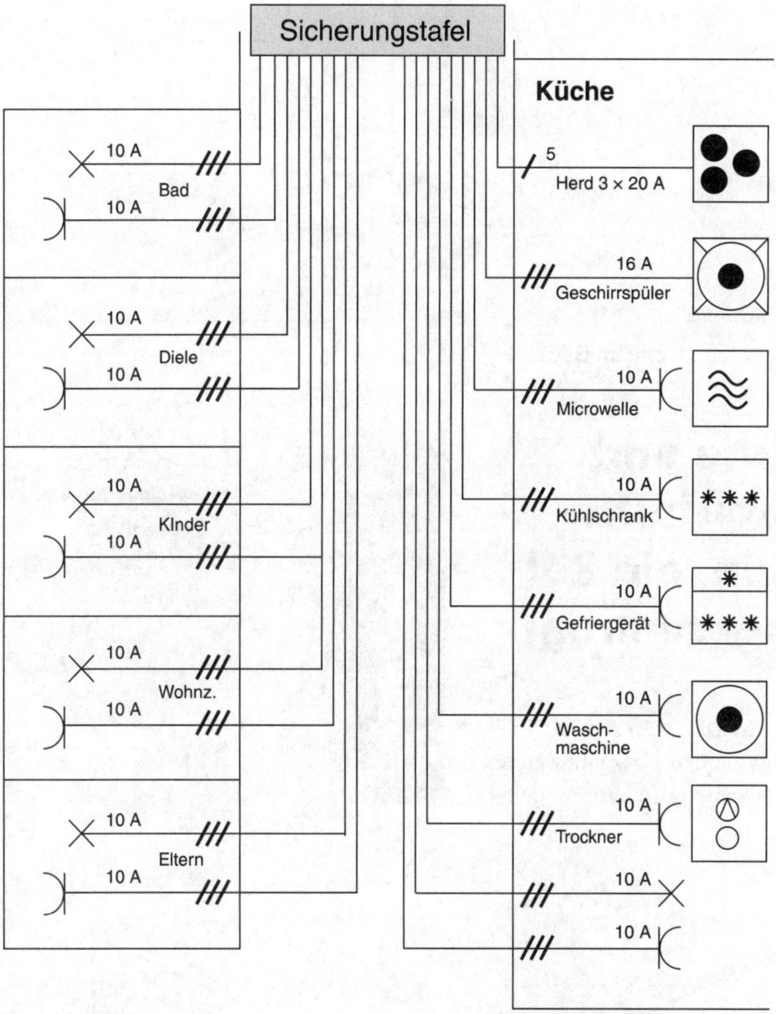

Abb. 4.2: Der Kabelplan mit eingetragenen Stromstärken

lassen. Zuleitungskabel dürfen nur Rundmantelkabel sein und nur oberhalb einer Höhe von 2,25 m über dem Boden waagerecht verlaufen und senkrecht nur direkt zum Gerät führen. Der **Bereich 3** schließt sich an der 60 cm-Marke an. Dort sind spritzwassergeschützte Steckdosen und Schalter zugelassen.

Achtung!

Die Zuleitung zum Badezimmer muß zusätzlich durch einen FI-Schalter abgesichert sein.

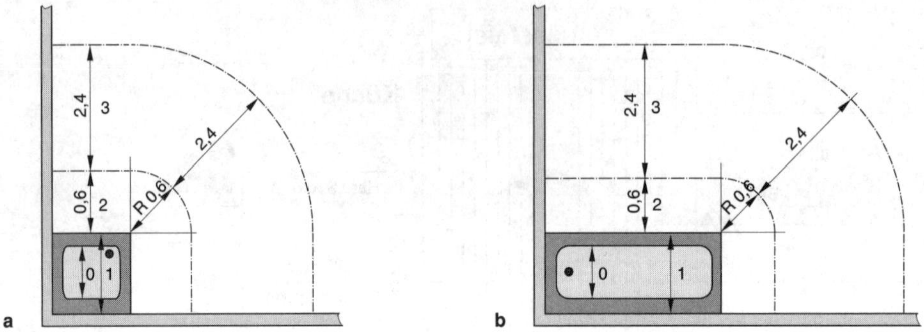

Abb. 4.3: Die Schutzbereiche im Bad

4.5 Küche und Wirtschaftsraum, ein Ballungszentrum

Achtung!

Für die Herdanschlußdose gilt die besondere Einbauhöhe von 50 cm über dem Boden.

In Küche und Wirtschaftsraum stehen all die Geräte mit relativ hohen Anschlußwerten. Geräte wie Kühlschrank, Gefrierschrank,

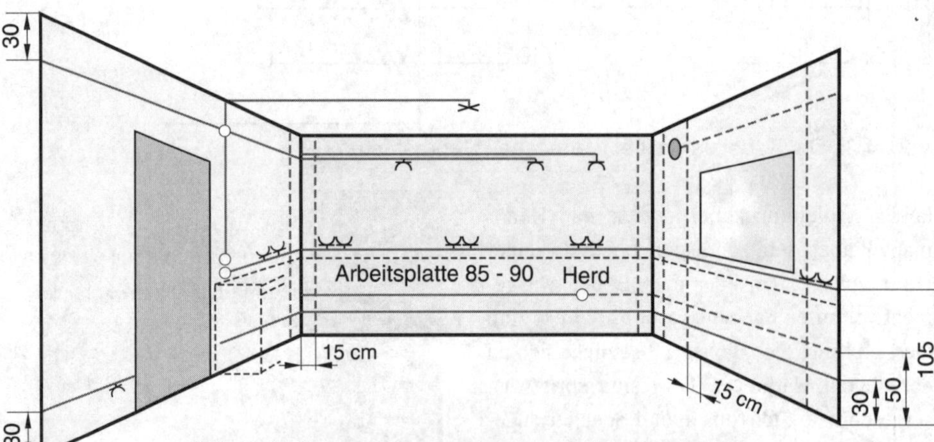

Abb. 4.4: Schema einer typischen Kücheninstallation

Untertischspeicher, Geschirrspüler, Backofen, Waschmaschine und Trockner sollten jedes eine eigene 3 x 2,5 mm^2 Zuleitung bekommen, jeweils abgesichert mit 16 A. Der E-Herd sollte mit einer 5 x 4,0 mm^2 Zuleitung versorgt werden, die mit 3 x 20 A abgesichert ist.

4.6 Wohnräume, Licht und Steckdosen

Die Lichtzuleitungen für die Wohnräume führen normalerweise zur Abzweigdose, die etwa 15 cm neben der Tür und ca. 30 cm unterhalb der Decke eingesetzt sind. Auch die Lichtschalter liegen 15 cm neben dem Türrahmen. Schalter- und Abzweigdose sollten möglichst lotrecht übereinander angebracht sein. Von der Abzweigdose gehen auch die Lampenleitungen ab. Führen mehrere Türen in den Raum, wiederholen sich die Abzweigdosen je Tür und sind miteinander waagrecht durch Leitungen verbunden. Wie das alles geht, erklärt das Kapitel Schaltungstechnik. Lichtstromkreise werden mit dem Leiterquerschnitt von 1,5 mm^2 angeschlossen und mit 10 A abgesichert.

Steckdosenkreise sind so aufgebaut, daß je Raum eine Zuleitung zur ersten Steckdose führt und von dort eine Ringleitung zu weiteren Steckdosen weiterführt. Diese Ringleitung kann in Steckdosenhöhe, also 30 cm über dem Boden, verlaufen.

Der Vorteil von getrennten Licht- und Steckdosenkreisen ist ganz leicht erklärt. Verursacht ein ortsveränderlicher Verbraucher am Steckdosenkreis einen Kurzschluß, so bleibt die Beleuchtung des Raums erhalten und zum Schrecken kommt nicht auch noch die plötzliche Dunkelheit hinzu. Fällt die Deckenleuchte aus, bleibt einem wenigsten noch die Leselampe, um sich zurechtzufinden.

Steckdosenkreise werden normalerweise mit 3 x 1,5 mm^2 verkabelt und mit 10 A abgesichert. Ist ein Raum zu groß oder sollen viele Geräte aufgestellt werden, sollte man deren

Abb. 4.5 Schema einer Wohnrauminstallation

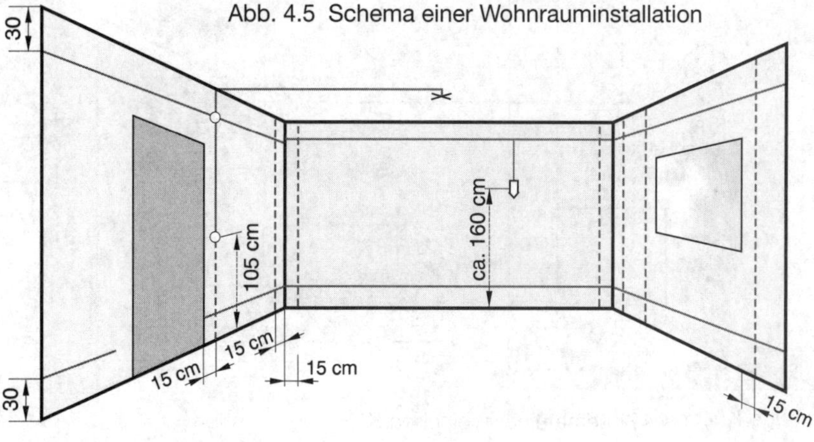

Gesamtanschlußwert ermitteln und bei Übersteigen der 10 A-Grenze einen oder mehrere zusätzlichen Kreise einplanen.

4.7 Wo gearbeitet wird, wird Licht gebraucht

Tageslicht steht nicht immer zur Verfügung wenn gearbeitet wird und deshalb muß eine künstliche Beleuchtung die Lücke füllen. Bei der Arbeitsflächenbeleuchtung darf kein Schatten entstehen, um Ermüdungserscheinungen und Unfälle zu vermeiden.

In der Küche sollte eine Deckenbeleuchtung für ausreichende Grundbeleuchtung sorgen. Die Küchenarbeitsplatte sollte durch eine zusätzliche Reflektorleuchte, die seitlich von oben auf das Arbeitsfeld gerichtet ist, angestrahlt werden.

Im Hobbykeller sollten Deckenstrahler, wie zum Beispiel Leuchtstoffleuchten, so über die Decke verteilt werden, daß, egal wo man sich aufhält, kein Schatten entsteht. Falsch wäre es, Leuchten anzubringen, die so tief installiert sind, daß sie eine Blendwirkung haben.

Für Schreibtische gilt: Bei Rechtshändern kommt das Licht von der linken und bei Linkshändern von der rechten Seite. Niemals mittig von vorn, dann wird nämlich das Licht von der meist hellen Arbeitsunterlage reflektiert und blendet. Falsch wäre auch eine Lichtquelle in Augenhöhe (Wandleuchte ohne Reflektor), deren Lichtstrahl direkt auf die Person gerichtet ist.

Abb. 4.6 Richtige Küchenbeleuchtung

Abb. 4.7:
Beleuchtung
in Hobbyraum
oder Werkstatt

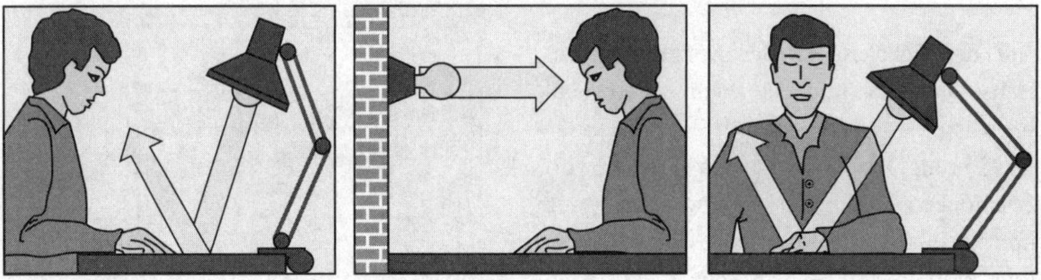

Falsch Falsch Richtig

Abb. 4.8: Schreibtischbeleuchtung falsch und richtig

4.8 Draußen, wo Feuchtigkeit oder Benzindämpfe lauern

Beleuchtungen in **Garage und Carport** müssen immer in Feuchtraumausführung installiert werden. Bei der Auswahl von Schalter und Leuchte sollten Sie auf jeden

Tabelle 4.4:
Die Symbole für Wasserschutz

Tropfwasserschutz	1 Tropfen
Spritzwasserschutz	1 Tropfen in einem Dreieck
Strahlwasserschutz	2 Dreiecke mit Tropfen
Wasserdichtes Gerät	2 Tropfen

Fall darauf achten, daß eines der folgenden Symbole auf dem Gerät aufgeprägt ist.

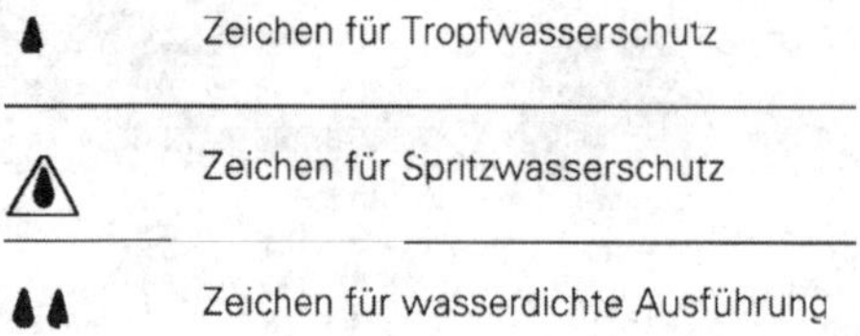

Abb. 4.9: Spritzwasser-Schutzsymbole

Für die Kabel nimmt man immer NYM. Ist die Garage nicht direkt ans Haus gebaut, so daß man nur durch die Mauer zu bohren braucht, ist ein Erdkabel als Zuleitung gefordert.

Auf der Terrasse an der Außenwand des Hauses angebrachte Steckdosen sollten ebenso wassergeschützt sein, in einer stabilen Ausführung. Als Kabel ist immer NYM vorgeschrieben. Die Stromversorgung muß immer innerhalb des Hauses abschaltbar sein, möglichst mit einem Schalter mit Kontrolleuchte. Für einen Einbrecher gibt es nichts arbeitserleichterndes als eine funktionierende Steckdose gleich neben der Terrassentür für den Betrieb seiner Bohrmaschine. Für Terrassenleuchten gilt das gleiche.

Im Garten werden freistehende Steckdosen und Leuchten immer über Erdkabel versorgt und sollten aus Sicherheitsgründen ebenso abschaltbar sein. Sie sollten möglichst an einem FI-Schalter angeschlossen sein. Irgendwann erwischt es das Rasenmäherkabel ja doch!

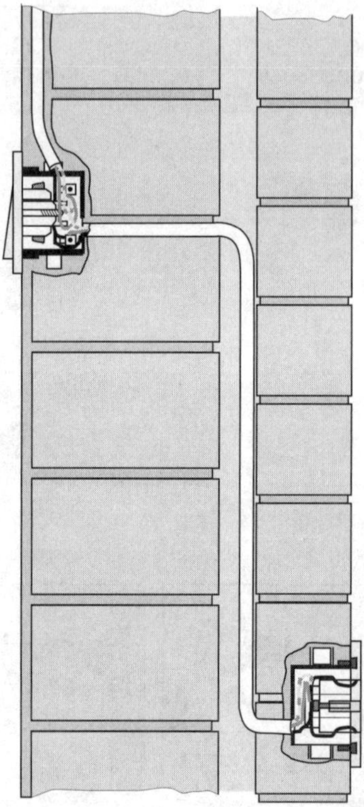

Abb. 4.10:
Querschnitt durch die Terrassenwand

Wichtig!

Die Stromversorgung für Außensteckdosen muß immer von innerhalb des Hauses abschaltbar sein!

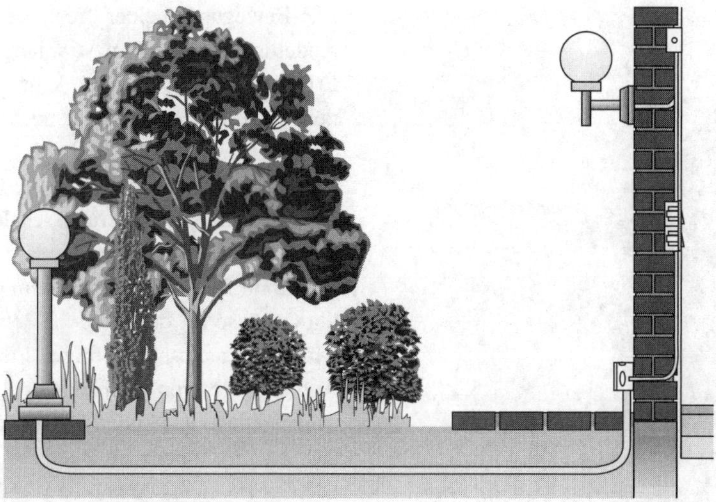

Abb.: 4.11 Garteninstallation

4.9 An die Sicherheit denken, Dämmerungsschalter und IR-Melder einplanen

Sicherheit hat viele Gesichter. Denken Sie daran, die nächtliche Dunkelheit in Ihrer Einfahrt und den Weg vom Auto zur Haustür zu erhellen. Dies wird automatisch durch Dämmerungsschalter gesteuert.
Auch an die Abschreckung von ungebetenen Gästen sollte gedacht und durch den Einsatz von Infrarotmeldern die Möglichkeit geraubt werden, unbeobachtet ums Haus zu schleichen. Dieses unvermittelt aufflammende Licht schreckt die meisten Langfinger schon ab.

Ein Dämmerungsschalter ist in der Regel mit einem Photosensor ausgerüstet, der mit einer Schaltelektronik gekoppelt ist. Der Schwellwert kann stufenlos eingestellt und so genau bestimmt werden, bei welchen Lichtverhältnissen er das Licht einschaltet. Eine integrierte Verzögerungsschaltung verhindert, daß bei kurzfristiger Verdunkelung des Himmels, zum Beispiel durch Gewitterwolken, ein Schaltvorgang ausgelöst wird.
Eingesetzt werden Dämmerungsschalter an der Außenhaut des Hauses. Sie funktionieren aber auch im Innern, unter Lichtkuppeln oder an Fenstern.
Schauen Sie sich im Kapitel 6 die Schaltpläne für Dämmerungsschalter an.

Abb. 4.12: Dämmerungsschalter

PIR-Bewegungsmelder reagieren auf die Änderung von Wärmestrahlung in ihrem Erfassungsbereich. Diese kann von Personen, Kraftfahrzeugen, aber auch von Tieren ausgehen.

Gekoppelt sind die meisten Bewegungsmelder mit einem Dämmerungsschalter, der das Schalten am Tage unterbindet. Die ganze Elektronik befindet sich in einem wasserdichten Gehäuse für den Outdoor-Betrieb. Dieses wird an strategisch wichtigen Stellen an der Außenmauer von Gebäuden plaziert. Die Montagehöhe ist bei den meisten Geräten mit 2,0 bis 2,2 m über dem Boden angegeben. Je nach Erfassungswinkel der Melder und Gebäudeform kann mit wenigen Geräten eine komplette Außenhaut gesichert werden.

Es gibt auch Geräte, die zu einer Schalterserie passen und die im Indoor-Betrieb einen normalen Ausschalter ersetzen können.

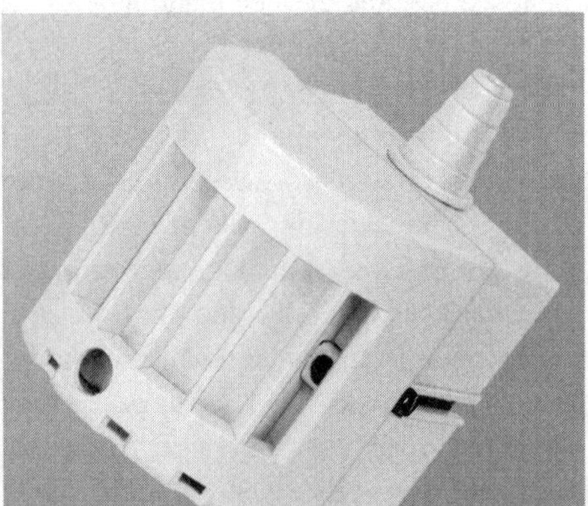

Abb. 4.13: PIR-Melder

Bewegungsmelder arbeiten nach dem Passiv-Infrarot-Prinzip. Sie werden daher oft auch als PIR-Schalter bezeichnet. Passiv bedeutet hierbei, daß sie selbst keine Strahlen aussenden, sondern als Empfänger arbeiten.

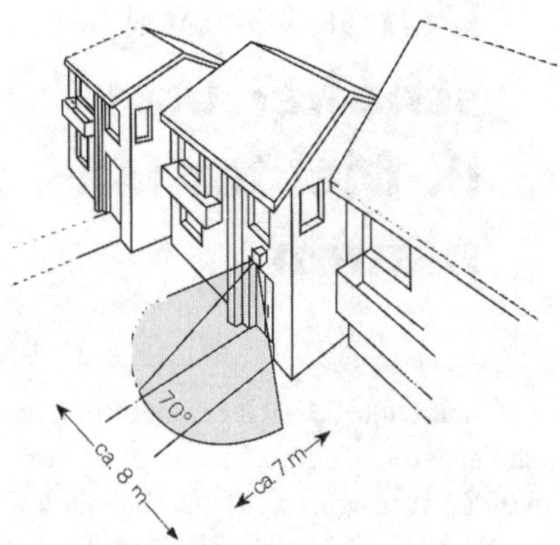

Abb. 4.14: Beispiel für den horizontalen Erfassungswinkel 70°

Über die Schaltpläne können Sie sich im Kapitel 6 informieren.

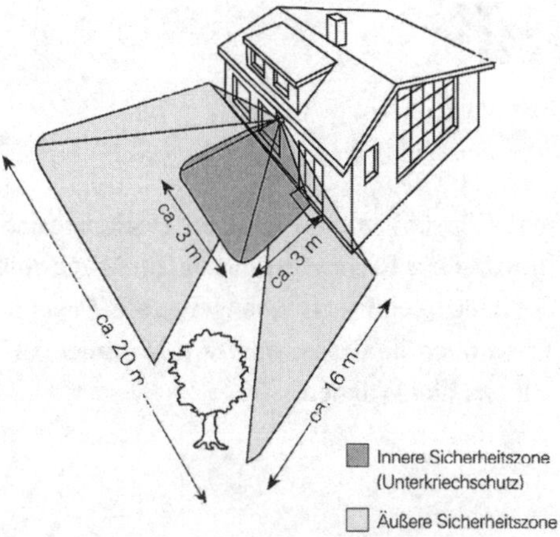

Abb. 4.15: Beispiel für den horizontalen Erfassungswinkel 180°

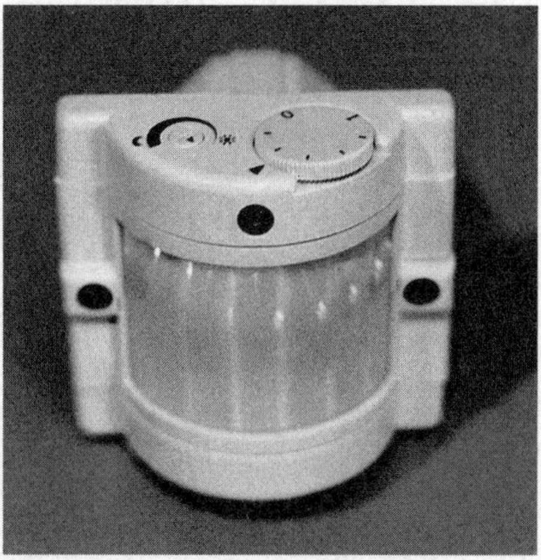

Abb. 4.17: Indoor-PIR-Schalter

Abb. 4.16: Beispiel für den vertikalen Erfassungswinkel

5 Installationstechnik

In diesem Kapitel möchte ich Ihnen zuerst zeigen, wie Kabel richtig verlegt werden, das heißt, welchen Weg sie nehmen müssen von der einen zur anderen Dose und zu den Anschlüssen der Verbraucher. Ein wichtiges Thema ist die Herstellung von Klemmverbindungen in Abzweigdosen und an Lampen.

5.1 Kabel richtig verlegen

Für die Verlegung von Kabeln gelten ganz einleuchtende Regeln. Diese Regeln sollen Klarheit und Übersichtlichkeit in Hausinstallationen bewahren und damit das Unfallrisiko mindern. Denken Sie an Bildernägel, Wandregale, oder das Gewürzbord. Wenn alle Leitungen des Hauses nach einem einheitlichen Schema verlegt sind, können Sie auch ohne hellseherische Fähigkeiten sagen, da oder dort darf ich nicht bohren, denn dort liegt eine Leitung.

Noch einmal die Grundregeln:
Waagrecht ca. 30 cm unterhalb der Decke.
Waagrecht ca. 30 cm über dem Boden.
Senkrecht ca. 15 cm vom Türrahmen.
Senkrecht ca. 15 cm von Raumecken.

Vom Deckenauslaß in gerader Linie zu der Wand mit der zugehörigen Abzweigdose. Bei mehreren Lampen (z.B. Wohnzimmertisch und Eßtisch) vom jeweiligen Deckenauslaß in logischer Richtungsführung zur Wand mit der dazugehörigen Abzweigdose. Kurze Wege über die Decke wählen und immer parallel zu den Wänden.

Profitip!

Vermeiden Sie es Telefonkabel und Netzstromkabel eng nebeneinander verlaufen zu lassen, um Störungen durch Induktion zu vermeiden. Halten Sie mit den Leitungen Abstand zu Gas-, Wasser- und Heizungsrohren.

Klemmverbindungen

Ein wichtiger Teil einer jeden Installation ist die Verbindung der Drähte miteinander. Diese Verbindungen müssen sehr sauber ausgeführt werden.
In jeder Abzweigdose, egal ob auf oder unter Putz, immer sind Klemmen drin. Jede Leuchte, ob Wand-, Pendel- oder Nurglas – immer sind sie durch Lüsterklemmen mit dem Stromkreis verbunden. Klemmen überall! Beim Anbringen von Schraubklemmen muß immer darauf geachtet werden, daß alle Adern möglichst gleich lang abisoliert sind und nur dieser Teil der Ader in der Klemme

steckt. **Alle Adern immer nur von einer Seite in die Klemme führen!** Zu weit herausragende blanke Adern müssen gekürzt werden **(Berührungsschutz!).** Die Schraube sollte nicht zu fest angezogen werden, um das Abscheren einer oder mehrerer Adern zu vermeiden, dennoch fest genug, um einwandfreien Kontakt zu gewährleisten. Besonderes Augenmerk sollte auf Dosenklemmen mit nur zwei oder drei Adern gelegt werden. Die müssen immer mittig unter der Schraube und wirklich eng aneinander liegen, sonst wird die Klemme nach einiger Zeit (meist an Weihnachten beim Fondue) locker und es *brieselt* ganz gewaltig in der Dose.

Sehr praktisch sind die neuen schraubenlosen Klemmen. Sie bestehen aus einem Kunststoffkörper, in dessen Innern sich eine Krallenleiste befindet. Durch die Löcher im Kunststoffteil werden die abisolierten Adern eingeschoben und verhakeln sich mit gutem Kontakt an den Krallen. Nur wenn einmal eine Ader wieder herausgenommen werden soll, dann muß man viel daran drehen und zerren. Unter Umständen müssen alle Adern an dieser Klemme bündig abgeschnitten, neu abisoliert werden und in eine neue Klemme gesteckt werden.

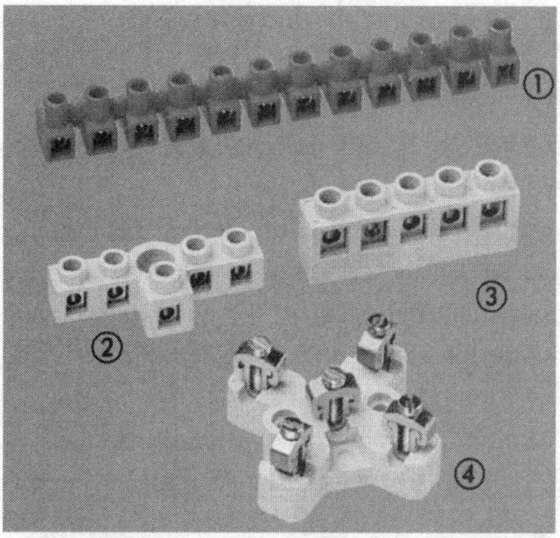

Abb. 5.1: Klemmen 1) Dosen-Abzweigklemmen, 2) Klemmstein 5-pol. $2{,}5^2$, 3) Klemmstein 5-pol. 4^2, 4) Klemmstein 5-pol. 6^2

Bei der Lüsterklemme handelt es sich um eine doppelseitige Klemme. Für einen Lampenanschluß werden meist drei zusammenhängende benötigt. Die aus dem Deckenauslaß kommenden Adern werden auf der einen Seite und die zur Lampe führenden auf der Gegenseite Farbe auf Farbe angeklemmt.

Abb. 5.2: Unterputz-Dosenmaterial ▶

Unterputz-Installation mit NYM

Die Unterputz-Installation mit Rundmantelkabel hat den Vorteil, daß diese Kabel einen doppelten Schutz gegen mechanische Beschädigungen aufweisen. Auf ihrer Verlegestrecke dürfen sie auch Hohlräume, wie Versorgungsschächte, durchlaufen. Sie benötigen auch schmalere Schlitze als Stegleitung und sind auf jedem Untergrund zugelassen.
Für die Unterputz-Installation werden Schalter- und Abzweigdosen benötigt, die aus leichtem, schwer entflammbaren Kunststoff gefertigt und die zum Eingipsen in der Wand bestimmt sind. Die Schalterdosen haben einen Durchmesser von 61 mm. Es gibt sie in zwei Einbautiefen. Sie sind meistens zusammensteckbar für den normgerechten Einbau von Schalterkombinationen. Gute Schalterdosen haben in ihrem Kragen zwei Schrauben eingesetzt für die Befestigung der Schaltereinsätze. Abzweigdosen haben einen etwas größeren Durchmesser. Für Schalter- und Abzweigdosen gibt es Klammerdeckel, die so flach sind, daß sie unter Tapeten kaum auffallen. Für Wandlampenauslässe gibt es Minidosen, die aussehen wie ein kleines Boot. Hierin kann die Lüsterklemme für die Wandlampe verschwinden. Sie kann zur Not auch als Abzweigdose zu einer weiteren Wandlampe dienen. Die VDE-Vorschrift verlangt für jeden Wandlampenauslaß eine solche Dose.
Das Rundmantelkabel NYM kennen Sie aus dem Kapitel 3.
Zeichnen Sie zuerst die Schalterdose und die Abzweigdose mit dem Bleistift auf dem Putz an. Mit Hilfe der Wasserwaage können Sie nun die Leitungswege anzeichnen. Nehmen Sie sich ein Stück Rundmantelkabel als Muster für Tiefe und Breite der Schlitze. Das Kabel sollte an jeder Stelle mindestens 5mm unter der Putzoberfläche liegen.

Darum geht's

- Welches Werkzeug wird gebraucht
- Dosen setzen und eingipsen
- Kabel verlegen unter Putz
- Schalter anschließen und einbauen
- Abzweigdose verdrahten

NYM absetzen

Mit dem Rundkabelentmanteler geht es fast automatisch. Das ist ein Messer mit Haltehaken und einer eingebauten, in sich drehbaren Klinge. Sie haken das Werkzeug an der richtigen Stelle über das Kabel und lassen es einschnappen. Jetzt drehen Sie den Entmanteler einmal um das Kabel herum (zweimal geht auch) und ziehen dann das Ganze zum Kabelende hin. Die drehbare Klinge folgt Ihrer Bewegung, schlitzt den Mantel der Länge nach auf und Sie können das abgesetzte Ende ganz leicht abpellen. Eine Besonderheit hat dieses Werkzeug. Die drehbare Klinge ist über eine Schraube im Griffende einstellbar und wenn sie zu weit herausgedreht ist, ist die Isolierung der inneren Adern auch zersäbelt. Also Klinge vorher auf Mantelstärke einstellen.

Für die Herstellung der Dosenlöcher gibt es mehrere Möglichkeiten. Schauen Sie sich vorher Stärke und Beschaffenheit des Mauerwerkes an und entscheiden Sie, welche mechanischen Kräfte Sie ausüben dürfen. Sie vermeiden damit böse Überraschungen im Nebenzimmer. Die eleganteste Variante ist das Ausbohren mit der Bohrkrone. Eine zweite ist der Bohrlochkranz. Für die dritte nimmt man nur Hammer und Meißel. Die Dosenlöcher sollten so groß und so tief sein, daß die Schalterdose problemlos darin verschwindet. Ausreichend Platz für den Gips muß auch gelassen werden. Die Kabeleinführungen müssen frei zugänglich bleiben.

Vor dem Doseneingipsen sollten Sie das Mauerwerk im Dosenloch gut anfeuchten. sonst hält der Gips nicht. Rühren Sie nun nicht zu flüssigen Gips an und geben Sie einen Klecks in das Dosenloch, gerade soviel, daß die Schalterdose mit ihrem Boden den Gips verdrängt und damit seitlichen Halt findet. Nehmen Sie Ihre Wasserwaage und prüfen Sie nach, ob die Dose tief genug eingesetzt ist. Ein paar Millimeter tiefer als der Putz ist nicht schlecht. Bündig ist am besten.

Die Kabelverlegung beginnt mit dem Abmessen der richtigen Länge. Denken Sie daran: Kabelstrecke plus Absetzlänge an beiden Enden plus „Angstzuschlag“. Sorgen Sie dafür, daß das Kabel nicht verwurschtelt ist, sonst wird es sich später beharrlich weigern, im Schlitz zu bleiben. Vor dem Einführen des Kabels sollte dieses abgesetzt werden. 20–25 cm Absetzlänge sind richtig, dann die vorgestanzte Öffnung der Dose vorsichtig herausbrechen, das Kabel ohne Gewalt einführen, das provisorische Gipspflaster hält nur bedingt. Nun muß das Kabel noch in der Wand befestigt werden.

Wichtig!

Auf keinen Fall sollte eine Dose hervorstehen! Damit handeln Sie sich eine Menge Streß ein. Erstens geht das Verputzen der Schlitze nicht richtig, weil der Dosenkragen im Wege ist. Zweitens läßt sich der Schalter oder Dosendeckel nicht wandbündig montieren und sieht somit immer häßlich aus.
Der schönste und teuerste Schalter „verliert sein Gesicht“ durch falsche Montage.

Dies geschieht nach den neuen Vorschriften mit Nagelschellen, genau wie bei der Aufputzverlegung. Sorgen Sie dafür, daß Kabel und Schellen tief genug unter dem Putz liegen. Das Anschließen der Schalter und die Abzweigdosenverdrahtung erfolgen besser nach dem Verputzen der Schlitze. Stellen Sie sicher, mit dem Wissen aus dem Kapitel

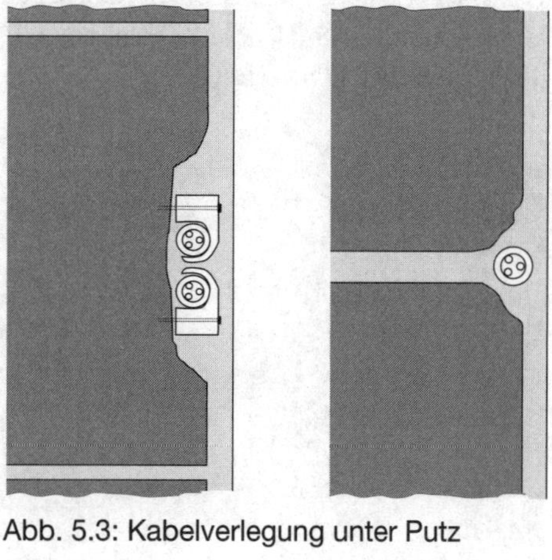

Abb. 5.3: Kabelverlegung unter Putz

5

Schaltungstechnik, daß alle benötigten Adern vorhanden sind. Wenn Sie vorher verdrahten, müssen Sie die Schalter auf jeden Fall wieder abgenommen haben, weil sie die Maurerarbeiten nicht schadlos überstehen würden. Dann müssen Sie die Phase in der offenen Schalterdose gegen Berührung schützen oder besser den Stromkreis freischalten!

Imputz-Installation mit NYIF

Imputz-Installationen werden überall dort eingesetzt, wo die Putzdecke nicht so dick ist, um Rundmantelkabel aufzunehmen und wo keine Hohlräume vorhanden sind, in denen das Leitungsmaterial vorzeitig altern und brüchig würde. Die Stegleitung darf keinesfalls auf Holz verlegt werden oder irgendwo freiliegen. Stegleitungen müssen immer mindestens 5 mm unter dem Putz liegen.

Für die Installation mit Stegleitung wird das gleiche Dosenmaterial benutzt wie bei der Unterputz-Installation. Die Herstellung der Dosenlöcher erfolgt auch wie oben beschrieben. Für Deckenauslässe gibt es spezielle Nylonhalterungen, die das Stegleitungsende gegen Herausreißen sichern. Sie werden mit dem Deckenhaken befestigt.

Rollen sie die benötigte Leitungslänge gerade ab. Spiralig aus der Rolle gezogene Stegleitung bekommen Sie kaum wieder in Form. Die Verlegung der Leitungen erfolgt mit Impu-Nägeln. Das sind Stahlnägel mit einer Isolierscheibe am Kopf, die der Stegleitung den nötigen Halt gibt, ohne sie zu verletzen. Die Impu-Nägel werden möglichst genau an der feinen Kerbe in der Außenisolierung zwischen den Einzelleitungen angesetzt und vorsichtig eingeschlagen.

Verletzen Sie bitte nicht die Isolierung. Die Leitung ist sonst unbrauchbar.

Setzen Sie die Nägel mal in die eine, mal in die andere Kerbe, dann liegt die Stegleitung glatter. Vermeiden Sie, daß die Leitung hohl liegt. Das gibt sonst beim Verputzen Probleme. Sorgen Sie dafür, daß die Leitung an jeder Stelle tief genug im Putz verschwindet. Verlegen Sie erst die Leitungen und führen Sie sie erst später in die Dosen ein. Dann können Sie die Absetzlänge besser kontrollieren.
Soll die Leitung einen 90°-Bogen verfolgen, so muß der Schlitz an dieser Stelle etwas großzügiger ausfallen. Zwei Arten der Stegleitungsumlenkung gibt es. Entweder Sie falten die Leitung einmal, dann muß der Schlitz

Darum geht's

Welches Werkzeug wird gebraucht
Welches Material ist richtig
Stegleitung verlegen
Spezielle Stegleitungseingänge der Dosen

Wichtig!

Das Verlegen von Stegleitungen übereinander ist verboten!
Stegleitung darf nicht auf Holz verlegt werden!
Vermeiden Sie unnötige Kreuzungen.
Stegleitung muß von mindestens 5 mm Putzschicht bedeckt sein.

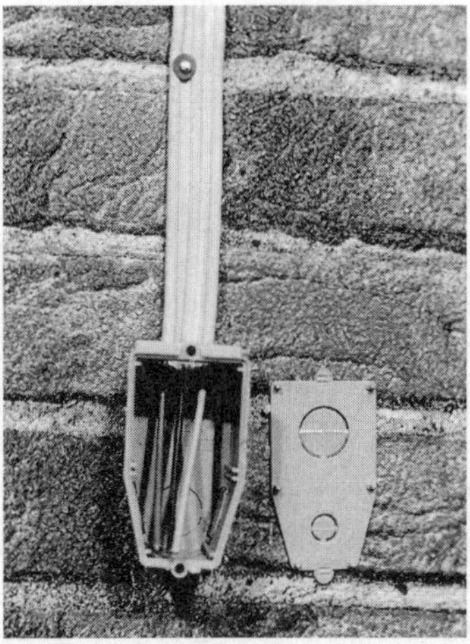

Abb. 5.4:
Wandauslaßdose

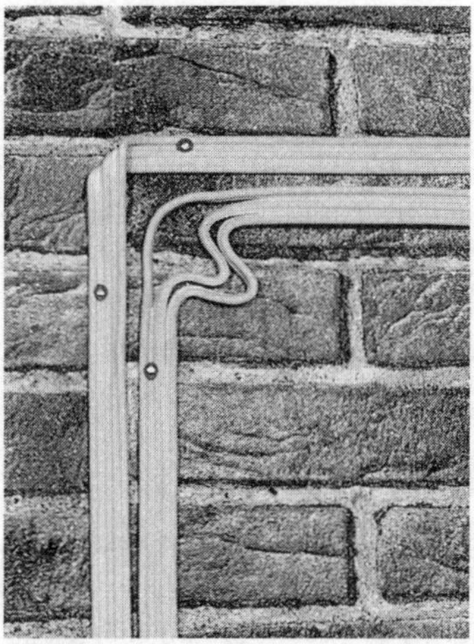

Abb. 5.5:
Die zwei Arten eines 90-Grad-Bogens der Stegleitung

etwas tiefer sein, damit das doppellagige Stück ausreichend tief im Putz liegt. Die zweite Möglichkeit ist das Auftrennen der Leitung an den Stegen und das Auseinanderbiegen der natürlich noch voll isolierten Einzelleiter. Dafür muß der Schlitz dann breiter sein.

Für die Einführung der Leitung in die Dosen, gibt es extra dafür vorgesehene vorgestanzte Öffnungen, die sich vorsichtig mit dem Messer herausbrechen lassen. Absetzlänge ist wieder 20–25 cm.

Abb. 5.6:
Doseneinführungen für Stegleitung

NYIF absetzen

Die Stegleitung wird abisoliert, in dem man zuerst die Adern mit der Doppelisolierung an den Stegen voneinander trennt. Nur so weit, wie abgesetzt werden soll. Dann werden mit den Fingernägeln oder mit dem Seitenschneider die äußeren Kautschuk-Schutzmäntel aufgekniffen. Ganz vorsichtig, daß der Aderisolierung nichts geschieht. Dank Talkum in der Zwischenlage lassen sich die Isoliermäntel leicht abziehen.

5

Aufputz-Installation mit Nagelschellen

Die Installation mit Nagelschellen wird überall dort verwandt, wo es nicht darauf ankommt, Leitungen zu verstecken und auf Untergründen, die eine Unterputz-Verlegung nicht erlauben, die aber geeignet sind, die Nägel aufzunehmen und festzuhalten.

Für die Aufputz-Installation benötigen Sie:
Aufputz-Schalter und -Abzweigdose
Rundmantelkabel NYM
Nagelschellen und Stahlnägel.
6 mm Nylondübel und 4 mm Schrauben.

Zeichnen Sie sich die Positionen von Abzweigdose, Schalter und Lampe an. Vermeiden Sie Kreuzungen der Kabel. Zeichnen Sie sich möglichst mit Hilfe der Wasserwaage die Kabelwege an. Wenn Sie sich nach diesen Markierungen richten, ergibt Ihre Installation später ein schönes Bild. Zuerst werden der Schalter und die Abzweigdose mit ihren Einführungen passend zu den angezeichneten Kabelwegen montiert. Zeichnen Sie die Montagelöcher an, bohren Sie mit einem 6 mm Steinbohrer die Dübellöcher und schrauben Sie die Unterteile fest. Die Deckenleuchte wird ebenfalls schon vorher montiert.

Darum geht's

Welches Werkzeug wird gebraucht
Welches Material ist richtig?
Kabel verlegen
Dosen und Leuchten anbauen

Tip

Für die Kabeleinführungen der Abzweigdosen gibt es bei den Markenherstellern beigepackt ein kleines Schneidwerkzeug.

Bevor Sie an das Kabelverlegen gehen, schauen Sie sich die Beschaffenheit des Untergrundes an. Danach entscheiden Sie sich für die nötige Nagellänge. Das Rundmantelkabel sollte sauber von der Rolle abgenommen werden. Von innen heraus spiralig abgewickeltes Kabel bekommen Sie nie wieder gerade. Besorgen Sie sich eventuell Hilfsmittel für das Hochhalten des Kabels oder besser noch, bitten Sie eine zweite Person hinzu. Zu zweit gehts besser. Beginnend an der Abzweigdose, wird zuerst das Kabel

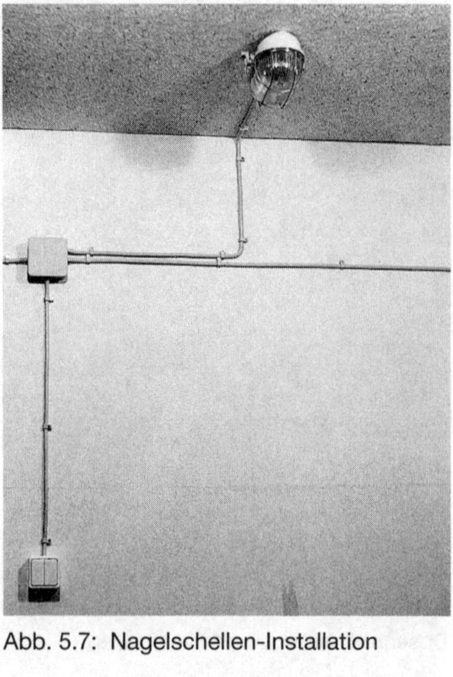

Abb. 5.7: Nagelschellen-Installation

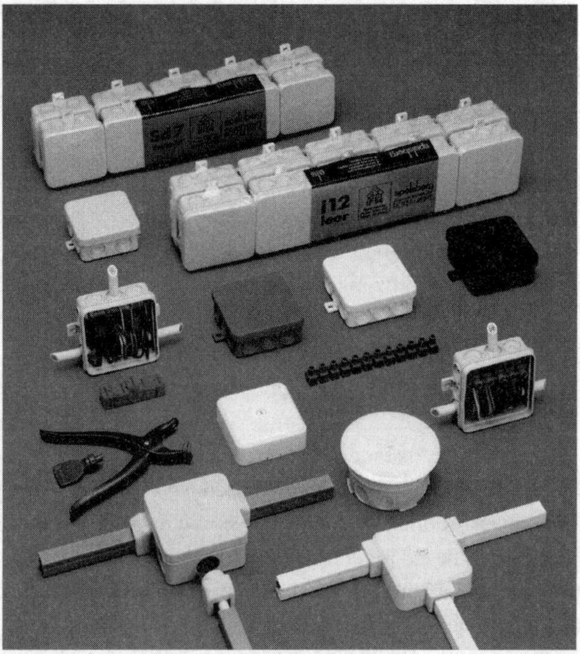

Abb. 5.8:
Material für die Installation auf Putz und mit Mini-Kanälen

abgesetzt und in die Dose eingeführt, so daß der Außenmantel durch die Einführungs-Öffnung bis in die Dose reicht. Dann wird das Kabel genau auf die angezeichnete Linie gehalten und die erste Schelle etwa 10 cm von der Dose entfernt gesetzt und dann ca. 30–40 cm weiter die nächste.

Sorgen Sie dafür, daß das Schellenbild so ausgewogen wird, daß nicht am Ende entweder ein zu kleiner oder ein zu großer Abstand entsteht. Die Länge Ihres Schlosserhammers ergibt eine prima Meßlatte für den Schellenabstand.
Beschreibt ein Kabel einen 90-Grad-Bogen, dann sollte der Biegeradius nicht zu eng ausfallen. Die letzte Schelle vor und die erste Schelle nach dem Bogen sollte etwa 7 cm entfernt sein.

Überputz-Installation mit Abstandsschellen

Die Abstandsschellen-Installation findet überall dort Verwendung, wo Nagelschellen aufgrund des harten oder unebenen Untergrundes nicht in Frage kommen.

Darum geht's

Welches Werkzeug wird gebraucht
Welches Material ist richtig
Anzeichnen und Dosen setzen
Löcher und Schellen bohren
Schellen setzen und Kabel verlegen

Für die Überputz-Installation benötigen Sie: Abstandsschellen, Dübel und Schrauben. Als Kabel ist NYM vorgeschrieben. Für das Schalter- und Dosenmaterial nehmen Sie Aufputz,wassergeschützt.
Zeichnen Sie sich Schalter, Abzweigdose und Lampe an und befestigen Sie die Unterteile an ihrem Einbauort. Vermeiden Sie im voraus Kabel-Kreuzungen. Zeichnen Sie mit Hilfe der Wasserwaage die Leitungswege an und ermitteln Sie die Schellenabstände. Es gilt wieder: 1. Schelle 10 cm Abstand zur Dose oder Lampe.
Gleichmäßige Abstände der Schellen voneinander, 30–40 cm. Nach dem Anzeichnen der Schellenpositionen werden mit der Schlagbohrmaschine und einem 6 mm Steinbohrer sämtliche Löcher für die Schellen gebohrt. Dann werden die Schellenunterteile angeschraubt, immer geradlinig zur angezeichneten Kabelführung. Die Kabelverlegung geht folgendermaßen vonstatten: Kabel absetzen und in die Abzweigdose einführen. Dann das erste Schellenoberteil fest auf das Unterteil drücken. Kabel mittig an der tiefsten Stelle ins Unterteil halten. Die weitere Verlegung ist sehr viel einfacher als bei Nagelschellen, da die Abstandsschellen das Kabel festhalten und Sie das nächste Teilstück des Kabels straff ziehen können, bevor die nächste Schelle geschlossen wird. Bevor die letzte Schelle vor der nächsten Dose geschlossen wird, muß das Kabel in passender Länge abgeschnitten, abgesetzt und eingeführt werden. Macht das Kabel einen 90-Grad-Bogen, sollte die letzte Schelle vor und die erste nach dem Bogen auch ca. 10 cm Abstand haben. Ebenso beim Sprung von der Wand auf die Decke. Biegen Sie das Kabel über beide Daumen in einem nicht zu engen Radius vor und legen Sie es erst dann in die beiden Eckschellen.

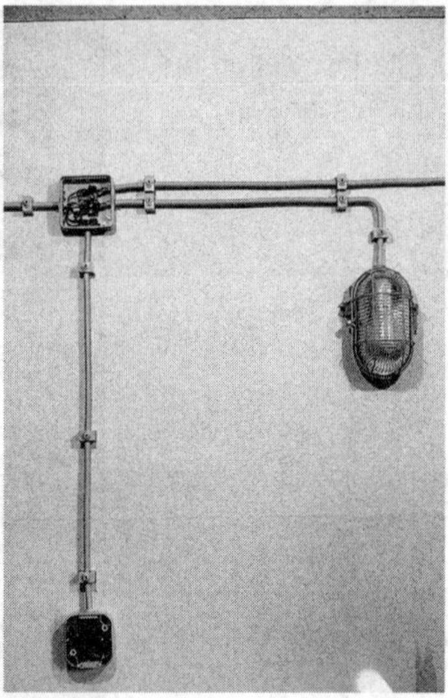

Abb. 5.9: Abstandsschellen-Installation

Profitip

In wassergeschützten Schaltern ist in einer Gehäuseecke eine Klemme angebracht. Führt die Schalterleitung eine grüngelbe Ader mit, muß diese eingangsseitig angeschlossen und auf diese Klemme aufgelegt werden.

Überputz-Installation im Rohr

Die Überputz-Rohr-Installation wird überall dort gewählt, wo im rauhen Betrieb die Kabel einen zusätzlichen Schutz benötigen oder auf Untergründen, wie Beton, Klinker

Darum geht's

Welches Werkzeug wird gebraucht
Welches Material ist richtig
Anzeichnen und Schellen setzen
Dosen setzen
Rohre und Kabel verlegen

Tip

Parallel verlaufende Rohre können durch Zusammenstecken der Schellen auf exakten Abstand zueinander gebracht werden. Bei mehreren zusammengeklipsten Schellen kann man Dübel und Schrauben sparen.

oder mit besonderen Unebenheiten, die für Nagelschellen ungeeignet sind.

Für die Überputz-Installation benötigen Sie Kunststoff-Panzerrohr in verschiedenen Querschnitten mit entsprechenden Quickschellen. Das Kabel muß NYM sein und als Schalter- und Dosenmaterial nehmen Sie Aufputz, wassergeschützt, 6 mm Dübel und 4 mm Schrauben

Zeichnen Sie sich die Kabelführung auf der Wand auf. Wieder gilt: die letzte Schelle vor der Dose oder Lampe ca. 10 cm Abstand. Das Rohr sollte 5–7 cm davor enden. Dies gilt auch für die Raumecken und Wand-Decken-Übergänge. Bohren Sie die Dübellöcher für Dose, Schalter und Lampen und montieren Sie die Unterteile. Rechnen Sie beim Anzeichnen der Schellen für kurze Stücke wie zwischen Abzweigdose und Schalter nur zwei Schellen. Für längere Strecken rechnen Sie einen Schellenabstand von 50–70 cm. Fertigen Sie nach diesen Regeln die Bohrlöcher für die Schellen. Schrauben Sie alle Schellen an. Dann legen Sie sich das Rohrmaterial zurecht und sägen mit einer Puksäge die einzelnen Längen ab. Klipsen Sie probehalber die Rohrenden in die Schellen, dann sehen Sie, wie weit Sie sind. Schauen Sie vor dem Sägen des nächsten Segments, ob Sie ein passendes Reststück haben. Jede Lieferlänge Rohr hat an einem Ende eine vorgefertigte Muffe. Schauen Sie, ob eine Kombination von zwei Reststücken zusammengesteckt ein neues Segment ergibt. So halten Sie den Verschnitt in Grenzen.

Abb. 5.10: So werden die Schellen zusammengesteckt

Bei parallel verlaufenden Kabeln kann ein Rohrsegment mit größerem Durchmesser und entsprechenden Schellen eingefügt werden. Beide Kabel werden dann auf der entsprechenden Strecke gemeinsam durch das Rohr geschoben. Hat man nur Rohre eines Querschnitts zur Verfügung, klipst man zwei Quickschellen zusammen und legt auf diese

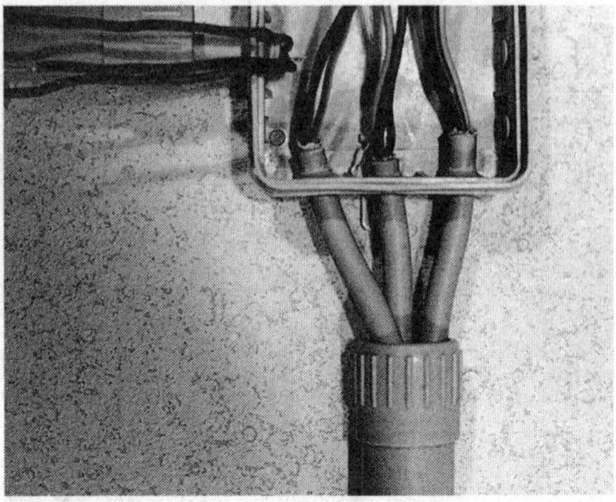

Abb. 5.11: Parallelkabel im Rohr

Art zwei Rohre nebeneinander. Beim Anzeichnen sollte man diese Strecken wegen der Übergänge besonders beachten. Sind alle Rohrsegmente gesägt, kann das Kabellegen losgehen. Bei den kurzen Strecken lösen Sie die Rohre aus den Schellen, schneiden das Kabel auf Länge plus je 25 cm Absetzlänge, schieben es in das Rohr, führen das Kabel in die Dose ein und klemmen das Rohr wieder in die Schellen.
Bei den Schalterunterteilen können die Einführungstüllen herausgenommen und nach

Abb. 5.12: Parallel verlegte Rohre

dem Durchführen des Kabels in das Schaltergehäuse zurückgesteckt werden. Bei langen Strecken wird das Rohr an der Seite, von der das Kabel geschoben wird, aus den ersten beiden Schellen herausgezogen und an der Dose vorbei das Kabel durchgeschoben, bis es am anderen Ende erscheint. Dann kann von der Gegenseite gezogen werden. Geht die Strecke nach einem Bogen noch weiter, die entsprechende Länge durchziehen. Aber immer darauf achten, daß das kürzer werdende, andere Ende das aus den Schellen gelöste Rohr nicht zu sehr verbiegt oder sogar knickt. Das Rohr nach dem Bogen wird dann aus den Schellen gelöst, über das Kabel geschoben und danach wieder eingesetzt. Nach dem Absetzen und Einführen in die erste Dose kann das Kabel straff gezogen werden und der Bogen sauber ausgeformt werden.

5.2 Hohlwand-Installation

Immer öfter finden Leichtbauwände aus Gipskartonplatten Verwendung. Die Elektroinstallation in solchen Wänden ist die problemloseste überhaupt. Die Kabel werden hierbei nicht fest verlegt, sondern einfach in der Tragekonstruktion aufgehängt.
Für die Hohlwand-Installation benötigen Sie spezielle Hohlwand-Schalter- und Abzweigdosen. Das sind zähelastische Kunststoffdosen mit selbstsichernden Kabeleinführungen und zwei Befestigungsklammern, die hinter die Gipsplatte greifen und mit langen Gewindeschrauben festgezogen werden.

Darum geht's

- Welches Werkzeug wird gebraucht
- Welches Material ist richtig
- Kabel verlegen
- Dosenlöcher bohren
- Dosen montieren
- Kabel in Dosen einführen
- Dosenkombinationen

Abzweigdosen und Schalterdosen haben den gleichen Durchmesser. Nur die Tiefe kann variieren. Die Unterputz-Einbaugeräte werden mit zwei weiteren Senkkopfschrauben in der Dose befestigt. Als Kabel ist nur NYM zugelassen.

Das Kabelverlegen erfolgt im Gegensatz zu anderen Installationstechniken vor der Schalter- und Abzweigdosenmontage. Die Leichtbauwand ist ja zu diesem Zeitpunkt noch ohne Gipskarton-Hülle.

Zuerst wird grob angezeichnet, wo die Schalterdosen hingehören. Dann werden die Kabelverbindungen großzügig abgelängt und in die Tragekonstruktion eingezogen. Die Kabelenden werden dann an den Stellen so befestigt, daß sie durch die späteren Dosenöffnungen herausgeangelt werden können. Schreiben Sie mit einem Filzstift auf jedes Kabelende dessen Bestimmung auf, damit später nicht die Sucherei losgeht. Nach den Isolierarbeiten wird die Wand geschlossen und es können die Dosen gebohrt werden. Sie sollten beim Kauf der Kaiserdosen bei dem Elektromeister Ihres Vertrauens nach dem dazugehörigen Bohrer fragen und sich dieses Lochsägewerkzeug über das Wochenende ausleihen. Ebenso gibt es eine Leere für das Anzeichnen von Kombinationen, das die Herstellerfirma den Elektrikern zur Verfügung stellt. An dieser Leere befinden sich Markierungen für den exakten Lochabstand, damit später die Einbaugeräte auch passen. Lassen Sie Ihre Bohrmaschine beim Dosenbohren nicht zu schnell laufen, sonst wird die Lochsäge zu heiß oder verkantet sogar. Das fügt ihr Schaden zu. Dann ziehen Sie die Kabelenden aus den Dosenöffnungen. Nehmen Sie die Hohlwanddose und brechen Sie vorsichtig mit dem kleinen Schraubenzieher die Einführungsöffnung mit dem richtigen Durchmesser heraus. Schauen Sie vorher, welche Öffnung in die richtige Richtung zeigt und nehmen Sie diese. Setzen Sie das Kabel ab und schieben Sie es soweit durch die Einführungsöffnung, bis der äußere Mantel in die Dose reicht. Wenn Sie jetzt das Kabel zurückziehen, werden Sie merken, daß es sich festgehakt hat. Drücken Sie die Dose in die Bohröffnung, bis der Kragen auf dem Gipskarton aufliegt. Richten Sie durch sanftes Drehen während des Hineinschiebens die

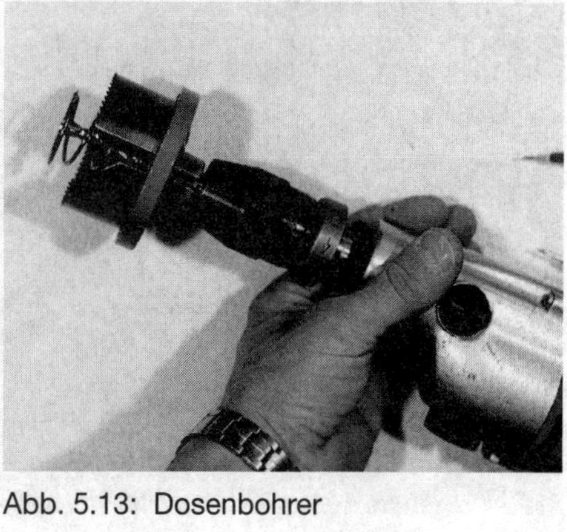

Abb. 5.13: Dosenbohrer

5

Dose so aus, daß die Befestigungsschrauben entweder genau in waagerechter oder senkrechter Position angeordnet sind. Schrauben Sie nach dem Ausrichten die Spindelschrauben fest (die mit dem Kreuzschlitz), bis Sie den Widerstand der Klammer hinter dem Gips spüren.

Profitip!

Die Klammern für die Dosenbefestigung sollten bei einer Kombination mehrerer Dosen immer nach außen zeigen und nicht auf dem schmalen Gipssteg zwischen den Dosen. Sie können dann die Dosen nicht exakt ausrichten, da die Klammern sich gegenseitig stören.

5.3 Sicht-Installation mit Minikanälen

Kabelkanäle werden überall dort eingesetzt, wo eine Unterputz-Installation durch Sichtbeton, Klinker oder Holz unmöglich ist.
Bei der Sichtinstallation wird lediglich die Rauminstallation mit Kanälen ausgeführt und die Leitungen verlaufen in den ganz normalen Decken-, Wand- und Türabständen, nur eben im Kanal. Für diese Art der Installation liefern die Hersteller Kabelkanäle mit den Maßen 15 x 15 mm in 2 m-Längen, die über die Farben grau und weiß hinaus auch in anderen, exakt zu den Schaltern und Steckdosen passenden Farbtönen erhältlich sind.

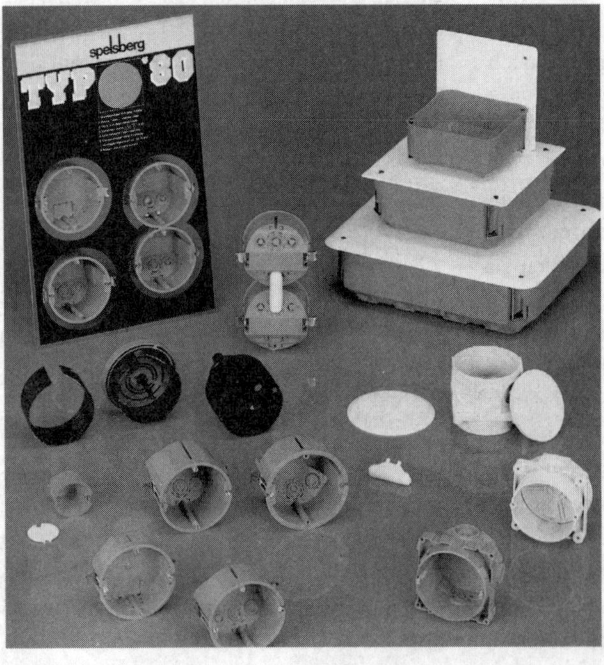

Abb. 5.14: Hohlwand-Dosenmaterial

Die Sicht-Installation kann durchaus ihre architektonischen Reize haben, bedenkt man die Möglichkeiten der Kombination von
a. Schaltern und Steckdosen
b. Minikanälen
c. Türgriffen in Nylon
d. Garderoben- und Spiegel-Elementen
und alles im gleichen RAL-Farbton

Darum geht's

- Welches Material ist richtig
- Kanäle anzeichnen
- Kanäle montieren
- Kabel verlegen
- Dosen für die Kanalinstallation

Abb. 5.16: Minikanal-Installation

Abb. 5.17: Auf den Hintergrund angepaßter Übergang von braunem auf weißen Kanal

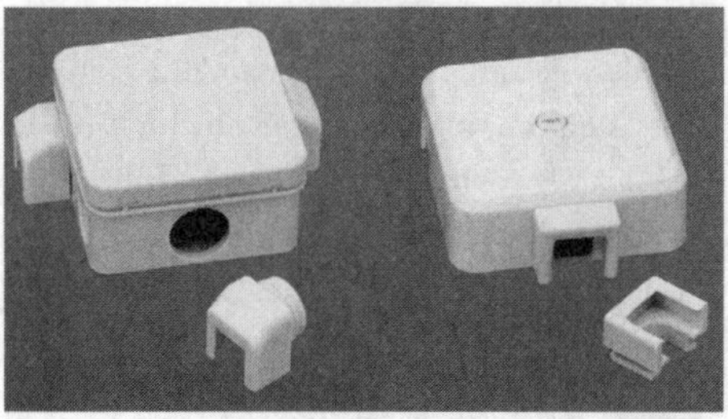

Abb. 5.15: Abzweigdosen mit Kanaladapter

Für die Sicht-Installation mit Kabelkanälen benötigen Sie Kanäle im Querschnitt 15 x 15 mm, Abzweigdosen und Schalter, Dübel und Schrauben. Als Kabel kommt nur NYM in Frage. Für die Abzweigdosen und Aufputzschalter gibt es spezielle Leitungseinführungen, passend zu den Kanälen, sowie Bodenplatten als Feuerschutz auf brennbaren Untergründen. Dort sind sie vorgeschrieben. Auf die Einführungen können Sie auch verzichten, die sind nicht vorgeschrieben.

Abb. 5.18: Zweifarbig, auch an Wand und Decke

Zeichnen Sie die Abzweigdose, die Schalter und die Kanäle an. Achten Sie dabei darauf, wo die Kanaleinführungen an der Dose angebracht sind. Die Kanäle sollen exakt waage- und lotrecht verlaufen. Nach der Montage der Gehäuseunterteile nehmen Sie die Deckel von den Kanälen ab und setzen das erste Kanalteil an der Doseneinführung an, zum Anzeichnen der Bohrlöcher. Beginnen Sie mit dem Teilstück zum Schalter. Sägen Sie das Kanalsegment auf genaue Länge ab, so daß der Kanal in die Kanaleinführungen reicht. Sägen Sie den Deckel ebenfalls auf Länge. Die waagerechten Strecken sind meist länger als ein Kanalstück. Am Stoß zu einem anderen Kanalteil können Sie den Deckelrest vom ersten Segment nehmen, ihn über den Stoß klipsen und die beiden Kanalsegmente damit deckungsgleich halten, für das Anzeichnen. Beschreibt ein Kanalsegment einen 90°-Bogen, haben Sie zwei Möglichkeiten, diesen auszuführen. Entweder Sie sägen die beiden zusammenstoßenden Kanalstücke auf Gehrung, oder Sie bauen eine Abzeigdose zusätzlich ein, auch wenn dort keine Klemmen untergebracht sind, sondern das Kabel nur durchläuft. Diese zweite Lösung ist zwar etwas teurer, sieht aber bedeutend profihafter aus und ermöglicht darüber hinaus jederzeit eine Erweiterung der Anlage. Sind alle Kanalsegmente montiert, können Sie die Kabel auf Länge schneiden, absetzen und in die Kanäle legen. Zwei parallel verlaufende Kabel finden in den 15 x 15 mm-Kanälen Platz genug. Sie sollten sich aber möglichst nicht kreuzen.

5.4 Installation mit Standard-Kabelkanälen

Bei der Installation mit Standard-Kanälen geht es darum, in einem waagerechten Kanal eine größere Menge Kabel unterzubringen, die zum Beispiel bei herkömmlicher Installationsart nebeneinander verlegt 30-40 cm der

Darum geht's

- Welches Werkzeug wird gebraucht
- Wo sind solche Kanäle sinnvoll
- Kanäle und Dosen

Wand bedecken würden. Die kriegt man locker in einen 100er Kanal untergebracht.

Bei einem Einfamilienhaus können in solchen Kanälen zum Beispiel die gesamten, quer und längs durchs Haus laufenden Zuleitungen zu den einzelnen Räumen durch den Keller gelegt werden und die Wände der Wohnräume bleiben bedingt querverbindungsfrei.

Das System ist ganz einfach.

Unterhalb der Kellerdecke laufen Kanäle größeren Querschnitts den Wänden folgend durchs Haus. Von den Kanälen hinauf in die Wohnung führen Leerrohre zu den Steckdosen und Abzweigdosen. Durch diese hindurch erfolgt die Installation immer vom Keller aus. Das NYM wird durch die Rohre geschoben.

Vorteil: Gibt es Änderungen oder Erweiterungen, zum Beispiel in der Steckdoseninstallation, braucht man lediglich eine Bohrung durch die Kellerdecke, eine Dosenbohrung, einen senkrechten Leerrohrschlitz von 30 cm Länge und das Kabel wird von unten nachgeschoben. Im gleichen Kanal laufen natürlich die Kabel der Kellerinstallation mit. Das spart auf Dauer gesehen eine Menge Material.

Ich habe mit Vorliebe zweistöckige Häuser installiert, bei denen das Erdgeschoß vom Keller aus und der erste Stock über einen Versorgungsschacht vom Dachboden aus versorgt wird und alle Abzweigdosen sich frei zugänglich im Keller oder auf dem Boden befinden . Das heißt: Beim Abzweigdosenöffnen bleibt zumindest im Obergeschoß die Tapete heil!

Die Feuchtraum-Abzweigdosen im Keller und im Dachboden können zudem auf dem Deckel sauber mit säurefestem Filzstift beschriftet werden und somit ihre Aufgabe signalisieren.

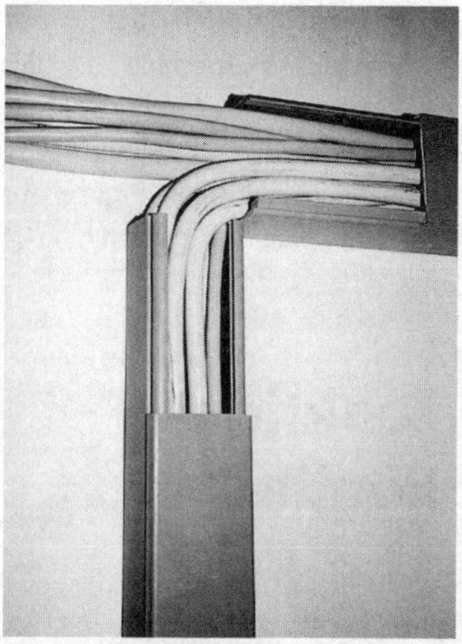

Abb. 5.19: Kanalabzweigung

Abb. 5.20: Kabelkanal mit Abzweigdose

Dieses System ist allerdings von der Industrie entlehnt, bei deren Elektroanlagen es in erster Linie auf Übersichtlichkeit ankommt und auf maximale Geschwindigkeit bei der Fehlerfindung und -beseitigung.

Ein kleiner Nachteil dieser Installationsart, ich will ihn nicht verschweigen, ist der Kabelaufwand. Es werden durch den Etagensprung wesentlich mehr Leitungslängen nötig sein. Bei den derzeitigen Preisen für NYM lohnt sich die Sache aber immer.

5.5 Funktionskanäle

Die Installation mit Funktionskanälen hat als Grundprinzip die Kabelführung in Arbeitshöhe. Hier nehmen spezielle Kanäle alle Kabel und auch alle Einbaugeräte wie Steckdosen, Schalter, Spezialdosen der Nachrichtentechnik und Datenverarbeitung auf. Diese Funktionskanäle gibt es in den verrücktesten Farbgebungen, passend zu jeder Einrichtung und zu den Farben der Einbaugeräte.

Funktionskanäle bieten sich an:
Am Computerarbeitsplatz
Im Büro, steuerlich abgesetzt
Am Bügeltisch
Im Hauswirtschaftsraum

Darum geht's

Welches Werkzeug wird gebraucht
Wo sind solche Kanäle sinnvoll
Kanäle und Dosen

Frage: Haben Sie sich nicht schon oft über den Strippenwirrwarr hinter dem Computer aufgeregt?
Frage: Sind die Strippen von Telefon, Faxgerät, Modem und Schreibtischleuchte dauernd im Weg?
Frage: Die Bügeleisenschnur kommt von 30 cm über Boden, ist das nicht lästig?
Frage: Wäre es nicht sinnvoll, alle Steckdosen für Waschmaschine, Trockner und andere Geräte, ähnlich wie in der Küche, auf 90 cm über dem Boden anzuheben?
Die Antwort liefert der Funktionskanal.
Was in Großraumbüros schon seit Jahren Standard ist, kann auch in Ihrem Haus Einzug halten. Und das in jedem Bereich, wo Sie es für nötig erachten. Machen Sie es sich einfach, Funktionskanäle bieten Ihnen die Möglichkeit, alle möglichen Anschlüsse an jede Stelle des Arbeitsraums zu legen. Der Telefonanschluß oder das Babyphon direkt neben der Bügeleisensteckdose? Kein Problem!
Die Steckdosen für den Rechner und seine Peripherie gleich neben der TAE-Dose, ein Parallelanschluß für den Drucker in der gegenüberliegenden Raumecke und ein Serial-Anschluß für den Meßplatz 2m daneben und zusätzlich noch eine Kabelfernsehanschlußdose sind in einem Funktionskanal keine Utopie.
Es soll Zeitgenossen geben, die in ihrem Funktionskanal noch zusätzlich eine elektronische Wetterstation und die 10-Kanal Halogenlicht-Steuerung untergebracht haben. – Ich glaube, zu denen gehöre ich auch!
Natürlich unterliegt auch diese Installationsart gewissen Regeln.
So muß jeder Anschluß innerhalb des Kanals eine eigene Einbaudose haben. Hierin müssen die Leitungen elektrisch sicher einge-

Abb. 5.21: Funktionskanäle mit den vorgeschriebenen Kanaldosen

führt sein. Der Abstand zwischen Netzspannung führenden Geräten und daten- oder nachrichtentechnischen Einrichtungen darf 80 mm nicht unterschreiten. Aber was sind schon 80 mm, wenn ich eine ganze Wand zur Verfügung habe.

Die Installation ist total einfach. Legen Sie die Montagehöhe fest. Montieren Sie den Funktionskanal waagerecht an der Wand.

Sorgen Sie für die ordnungsgemäßen Zuleitungen zum Kanal.

Legen Sie das entsprechende Kabel zur ersten Dose der betreffenden Kategorie. Verbinden Sie dann weiter zu weiteren Dosen. Solange die Dose noch nicht festgezogen ist, läßt sie sich noch so verschieben, daß sie mit dem Deckelausschnitt deckungsgleich ist.

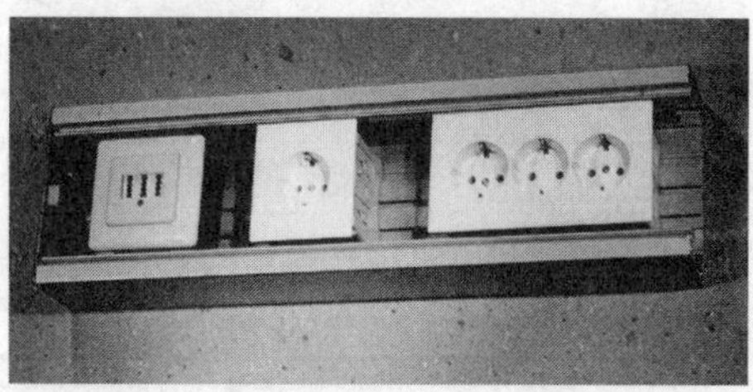

Abb. 5.22: Funktionskanäle gibt es auch in eloxiertem Alu

Nach dem Anschluß der Dosen wird der Deckel auf das Kanalunterteil gesetzt und die Dosen justiert und endgültig festgeschraubt. Mit den Abdeckungen der Einbaugeräte wird der Deckel gegen Öffnen gesichert.

Schaltungstechnik

6.1 Die Ausschaltung

Bei der Ausschaltung muß eine Phase von der Zuleitung zum Schalter geführt werden und von diesem weitergegeben werden zur Lampe. Der Null- und der Schutzleiter gehen, ohne die Schalterdose zu passieren, direkt von der Abzweigdose zum Verbraucher.

Seit einigen Jahren bauen die Elektrogerätehersteller keine Ausschalter mehr. Also wird immer ein Wechselschalter mit einem unbenutzten Ausgang genommen.

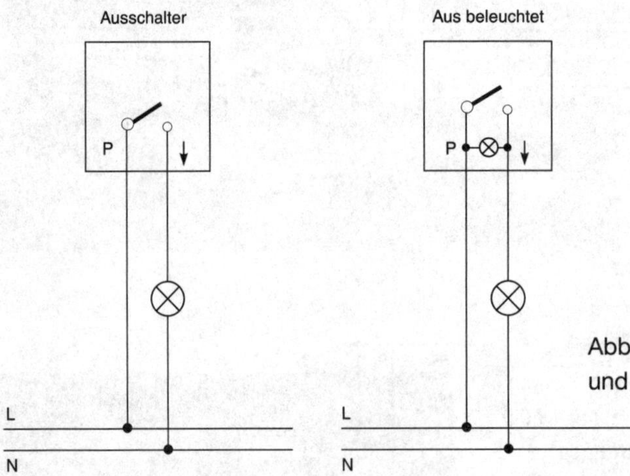

Voraussetzung:

1. Zuleitung 3 × 1,5 J
2. Schalterleitung 3 × 1,5 J
3. Lampenleitung 3 × 1,5 J.

Abb. 6.1: Schaltbild Ausschalter und Ausschalter beleuchtet

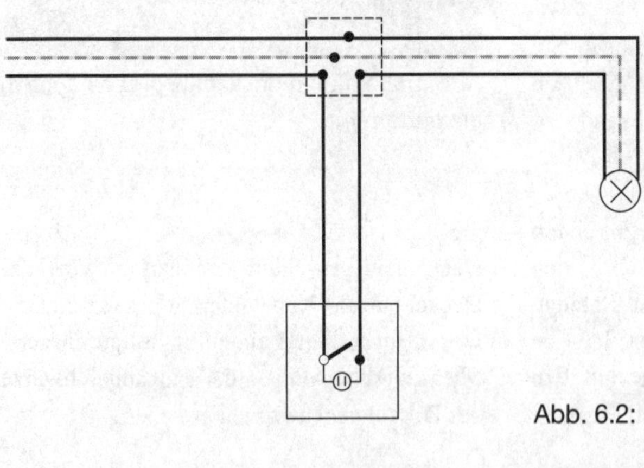

Abb. 6.2: Wirkschaltplan Ausschaltung

1. Die Phase (schwarz) wird an die Klemme P des Schalters angeschlossen
2. Der Schaltdraht (blau) an die Klemme mit dem Pfeil. In der Abzweigdose kommen drei Adern der Zuleitung an: schwarz, blau und grüngelb.
3. Verbinden Sie die schwarze Ader der Zuleitung mit der schwarzen Ader zum Schalter.
4. Verbinden Sie die blaue Ader der Zuleitung mit der blauen Ader zur Lampe.
5. Verbinden Sie die grüngelbe Ader der Zuleitung mit der grüngelben Ader zur Lampe
6. Verbinden Sie die blaue Ader der Schalterleitung mit der schwarzen Ader der Lampenleitung.
7. Legen Sie die grüngelbe Ader der Schalterleitung durch eine Dosenklemme isoliert an beiden Enden tot, das heißt, ganz platt an den Boden der Abzweig- und der Schalterdose legen.

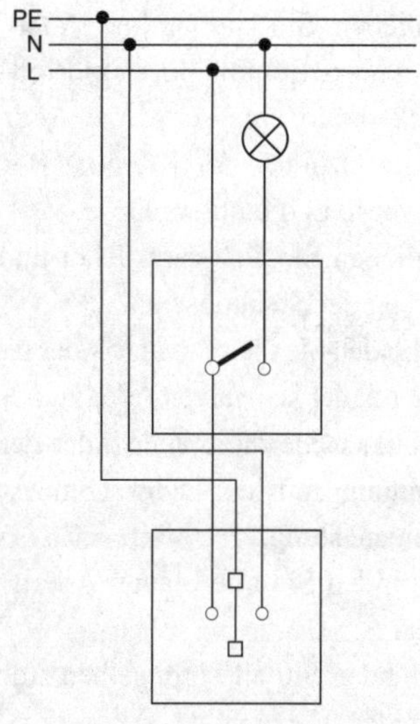

Abb. 6.3: Schaltbild

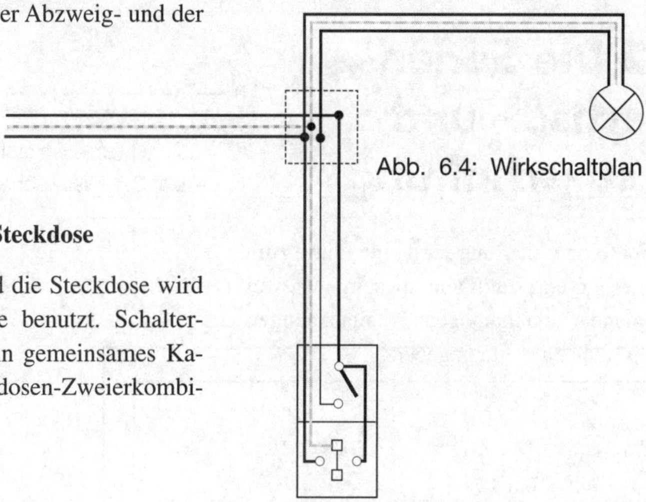

Abb. 6.4: Wirkschaltplan

Die Ausschaltung mit Steckdose

Für den Ausschalter und die Steckdose wird eine gemeinsame Phase benutzt. Schalter- und Steckdose haben ein gemeinsames Kabel, sowie eine Schalterdosen-Zweierkombination.

Voraussetzung:

1. Zuleitung 3 × 1,5 J,
2. Lampenleitung 3 × 1,5 J,
3. Schalterleitung 4 × 1,5 J.

1. Setzen Sie eine Lüsterklemme auf den Lampenauslaß.
2. Verbindungsflansch in die untere Dose.
3. Schließen Sie am Schalter die schwarze Ader an der Klemme P an.

4. Schließen Sie die braune Ader an die Ausgangs-Klemme mit dem Pfeil an.
5. Stecken Sie eine schwarze Ader in die zweite Öffnung der Klemme P und ziehen diese in die untere Dose.
6. Schließen Sie Schwarz, Blau und Grüngelb an der Steckdose an.
7. Verbinden Sie die schwarze Ader der Zuleitung mit der schwarzen Ader zum Schalter.
8. Verbinden Sie die braune Ader der Schalterleitung mit der schwarzen Ader der Lampenleitung.
9. Verbinden Sie alle blauen Adern miteinander.
10. Verbinden Sie alle grüngelben Adern miteinander.

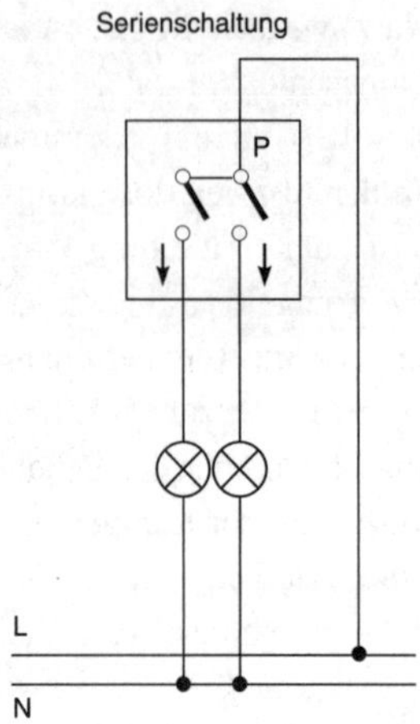

Abb. 6.5: Schaltbild

6.2 Die Serien-, Wechsel- und Kreuzschaltung

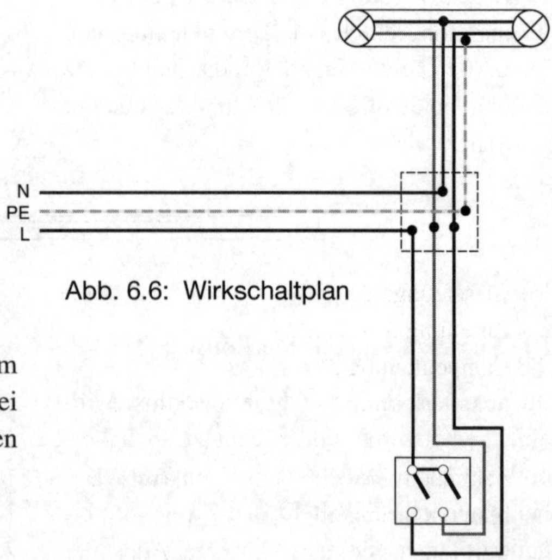

Abb. 6.6: Wirkschaltplan

Bei der Serienschaltung wird eine Phase zum Schalter geführt und von diesem an zwei voneinander unabhängigen Schaltausgängen zu den Lampen weitergegeben.

Voraussetzung:

1. Zuleitung 3 × 1,5 J,
2. Lampenleitung 3 × 1,5 J,
3. Schalterleitung 4 × 1,5 J oder 3 × 1,5 O.

1. Schließen Sie am Schalter die schwarze Ader auf P an, die braune auf den ersten und die blaue auf den zweiten Schaltausgang. (Hier ist eine Schaltader blau).
2. Schließen Sie an den Lampen Schwarz, Blau und Grüngelb an.
3. Verbinden Sie die schwarze Ader der Zuleitung mit der schwarzen Ader der Schalterleitung.

4. Verbinden Sie die blaue Ader der Zuleitung mit den beiden blauen Adern der Lampen.
5. Verbinden Sie alle grüngelben Adern miteinander.
6. Verbinden Sie die braune Ader der Schalterleitung mit der schwarzen Ader der ersten Lampe.
7. Verbinden Sie die blaue Ader der Schalterleitung mit der schwarzen Ader der zweiten Lampe.

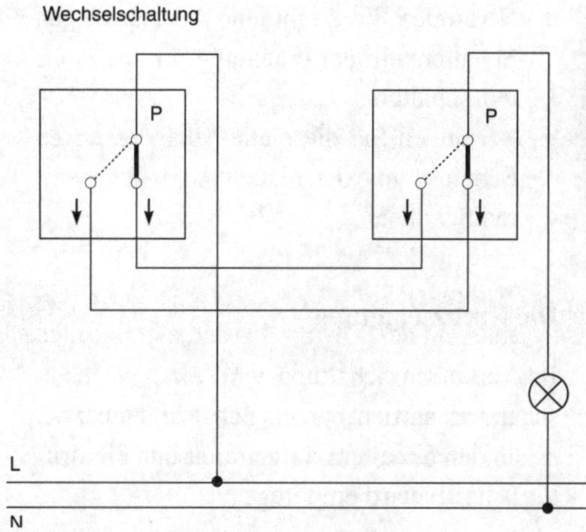

Abb. 6.7: Schaltbild

Die Wechselschaltung

Bei der Wechselschaltung wird eine Phase zum ersten Schalter geführt, von diesem führen zwei Schaltdrähte zum zweiten Schalter und von hier führt wieder eine Ader zur Lampe. Zwischen den zwei Schaltdrähten kann nun ein Wechsel stattfinden.

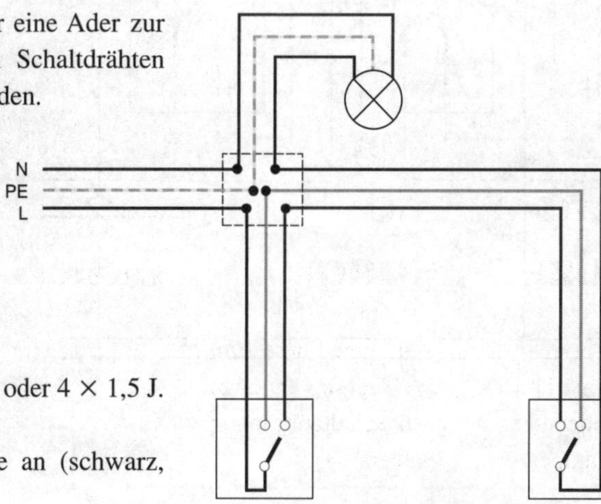

Abb. 6.8: Wirkschaltplan

Voraussetzung:
1. Zuleitung 3 × 1,5 J,
2. Lampenleitung 3 × 1,5 J,
3. Schalterleitung 3 × 1,5 O oder 4 × 1,5 J.

1. Schließen Sie die Lampe an (schwarz, blau und grüngelb).
2. Verbinden Sie die schwarze Ader der Schalterleitung mit der Klemme P des Wechselschalters.
3. Verbinden Sie die braune Ader mit der 1. Ausgangsklemme.
4. Verbinden Sie die blaue Ader mit der 2. Ausgangsklemme.
5. Den zweiten Schalter schließen Sie in gleicher Weise an.
6. Verbinden Sie die schwarze Ader der Zuleitung mit der schwarzen Ader des ersten Wechselschalters.
7. Verbinden Sie die schwarze Ader der Lampenleitung mit der schwarzen Ader des zweiten Wechselschalters.

8. Verbinden Sie die braune Ader des esten Schalters mit der braunen Ader des zweiten Schalters.
9. Verbinden Sie die blaue Ader des ersten Schalters mit der blauen Ader des zweiten Schalters.
10. Verbinden Sie die blaue Ader der Zuleitung mit der blauen Ader der Lampenleitung.
11. Verbinden Sie alle grüngelben Adern miteinander.

Die Kreuzschaltung

Bei der Kreuzschaltung wird eine Wechselschaltung an den beiden Schaltdrähten zwischen den Schaltern aufgetrennt und ein dritter Schalter wird eingefügt.

Voraussetzung:

1. Zuleitung 3 × 1,5 J,
2. Lampenleitung 3 × 1,5 J,
3. Wechselschalterleitungen 3 × 1,5 O oder 4 × 1,5 J,
4. Kreuzschalterleitung 5 × 1,5 J oder 4 × 1,5 O.

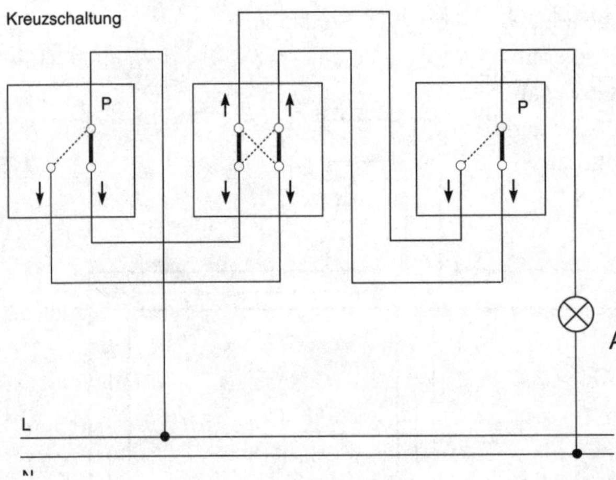

Abb. 6.9: Schaltbild

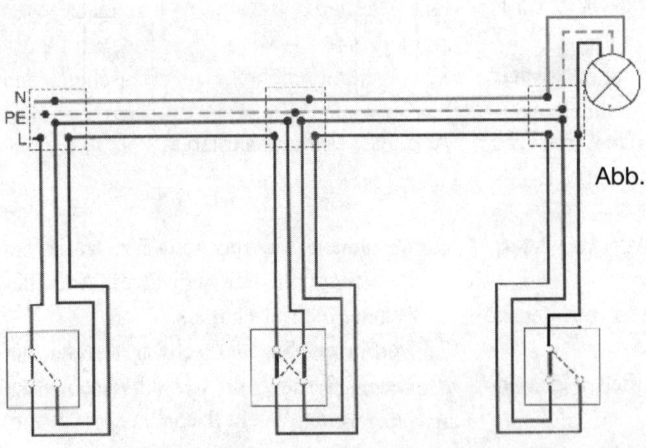

Abb. 6.10: Wirkschaltplan

1. Klemmen Sie die schwarze Ader der ersten Schalterleitung an die Klemme P des Wechselschalters.
2. Klemmen Sie die blaue Ader auf den 1. Schaltausgang.
3. Klemmen Sie die braune Ader auf 2. Schaltausgang.
4. Verfahren Sie mit dem zweiten Wechselschalter ebenso.
5. Klemmen Sie die blaue Ader der Kreuzschalterleitung auf die Klemme mit dem Pfeil, der in den Schalter hineinzeigt.
6. Klemmen Sie die braune Ader auf die zweite Klemme mit dem Pfeil, der in den Schalter hineinzeigt.
7. Klemmen Sie die beiden schwarzen Adern an die Klemmen, deren Symbole aus dem Schalter hinauszeigen.
8. Schließen Sie Blau, Schwarz und Grüngelb an der Lampe an.
9. Verbinden Sie die schwarze Ader der Zuleitung mit der schwarzen Ader des ersten Wechselschalters.
10. Verbinden Sie die schwarze Ader des zweiten Wechselschalters mit der schwarzen Ader der Lampenleitung.
11. Verbinden Sie die blaue Ader der Zuleitung mit der blauen Ader zur Lampe.
12. Verbinden Sie die braune Ader des ersten Wechselschalters mit der braunen Ader der Kreuzschalterleitung.
13. Verbinden Sie die blaue Ader des ersten Wechselschalters mit der blauen Ader des Kreuzschalters.
14. Verbinden Sie die blaue Ader des zweiten Wechselschalters mit einer der schwarzen Ader des Kreuzschalters,
15. Verbinden Sie die braune Ader des zweiten Wechselschalters mit der anderen schwarzen Ader des Kreuzschalters.
16. Verbinden Sie alle grüngelben Adern miteinander.
17. Mitgeführte grüngelbe Adern in den Schalterleitungen auf die Gehäuseklemme auflegen.

6.3 Die Tasterschaltung

Tasterschaltungen werden vornehmlich in Räumen mit vielen Türen, wie Diele, Fluren und Kellergängen eingesetzt. Sie haben den Vorteil, daß ohne großen Verdrahtungsaufwand beliebig viele Schaltstellen eingerichtet werden können. Allerdings wird ein zentrales Schaltgerät benötigt, das in seiner Größe aber so bemessen ist, daß es problemlos in einer Abzweigdose Platz findet.

Zwei Möglichkeiten der Installationsausführung gibt es. Die Version mit einer Abzweigdose dort, wo sich alle Leitungen treffen. Hierbei sollte in Erwägung gezogen werden, eine zweite Abzweigdose nur für das Schaltgerät an die erste anzuflanschen, denn bei so vielen Klemmen wird es eng. Die zweite Version ist da erheblich eleganter. Bei der Mehrdosen-Anlage sitzt an jedem Abzweig von der waagerechten Verbindungsleitung zum jeweiligen Taster eine Dose. In dieser wird die Verbindung zu einer Haupt-Tasterleitung hergestellt, die ringförmig den ganzen Raum durchläuft. So werden die Klemmen für die Taster aus der Hauptdose ausgelagert.

Abb. 6.12: Wirkschaltplan

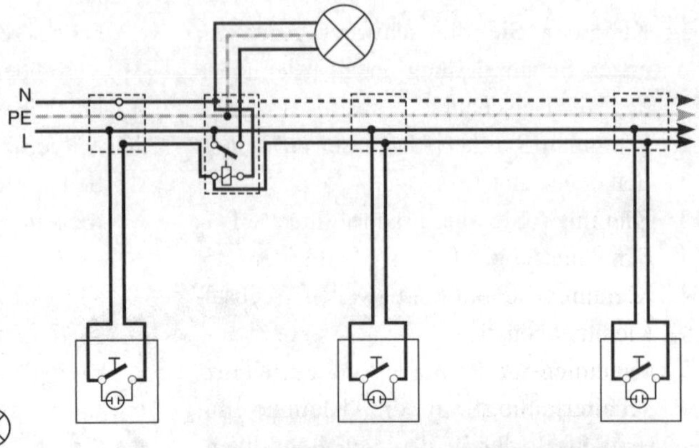

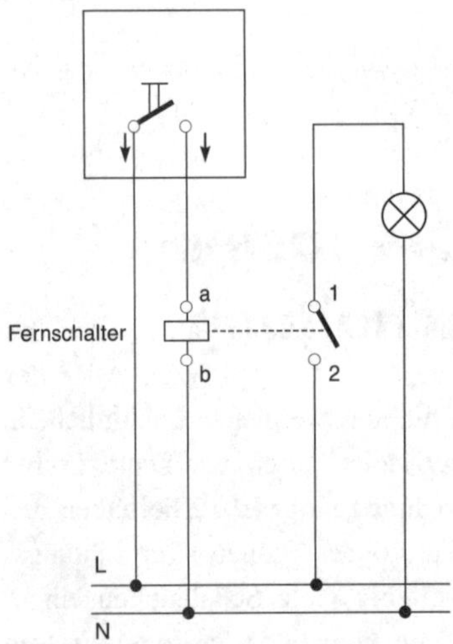

Abb. 6.11: Schaltbild

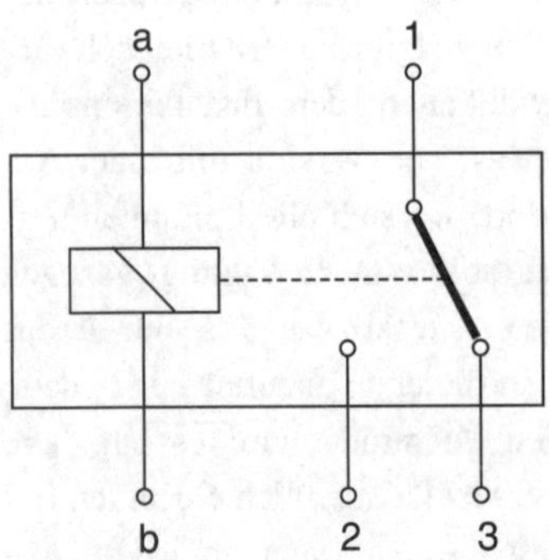

Abb. 6.13: Schaltbild des Stromstoßrelais

Voraussetzung:

1. Zuleitung 3 × 1,5 J,
2. Lampenleitung 3 × 1,5 J,
3. Tasterleitungen 3 × 1,5 J oder 3 × 1,5 O.

Abb. 6.14: Das Stromstoßrelais paßt in jede normale Abzweigdose

1. Schließen Sie Schwarz, Blau und Grüngelb an der Lampe an.
2. Klemmen Sie die schwarze Ader an die Klemme P des Tasters.
3. Klemmen Sie die blaue Ader an die Klemme des Tasters mit dem Pfeil.
4. Verfahren Sie mit allen anderen Tastern ebenso.
5. Verbinden Sie alle blauen Tasteradern miteinander und einer Hilfsader zur Klemme a des Relais.

6. Verbinden Sie die schwarze Ader der Zuleitung mit den schwarzen Adern aller Tasterleitungen und einer schwarzen Hilfsader zur Klemme 1 des Relais.
7. Verbinden Sie die blaue Ader der Zuleitung mit der blauen Ader der Lampenleitung und einer blauen Hilfsader zur Klemme b des Relais.
8. Klemmen Sie die schwarze Ader der Lampenleitung auf die Klemme 2 des Relais.
9. Verbinden Sie alle grüngelben Adern miteinander.
10. In den Tasterleitungen mitgeführte grüngelbe Adern müssen mit einer Dosenklemme gegen Berührung gesichert werden.

6.4 Die Dimmer-Wechselschaltung

Das Grundprinzip gleicht der normalen Wechselschaltung aufs Haar, nur daß statt des einen Wechselschalters ein Dimmereinsatz eingebaut wird.

Voraussetzung:

1. Zuleitung 3 × 1,5 J,
2. Lampenleitung 3 × 1,5 J,
3. Dimmer- und Schalterleitung 3 × 1,5 O.

Schließen Sie die Lampe an.

1. Klemmen Sie die schwarze Ader auf die Klemme P am Dimmereinsatz.
2. Klemmen Sie die blaue Ader auf die erste Ausgangsklemme.
3. Klemmen Sie die braune Ader auf die zweite Ausgangsklemme.
4. Klemmen Sie die schwarze Ader auf die Klemme P am Wechselschalter.
5. Klemmen Sie die blaue Ader auf die erste Ausgangsklemme.
6. Klemmen Sie die braune Ader auf die zweite Ausgangsklemme.
7. Verbinden Sie die schwarze Ader der Zuleitung mit der schwarzen Ader der Dimmerleitung.
8. Verbinden Sie die braune Ader der Dimmerleitung mit der braunen Ader der Wechselschalterleitung.
9. Verbinden Sie die blaue Ader der Dimmerleitung mit der blauen Ader der Wechselschalterleitung.
10. Verbinden Sie die schwarze Ader der Wechselschalterleitung mit der schwarzen Ader der Lampenleitung.

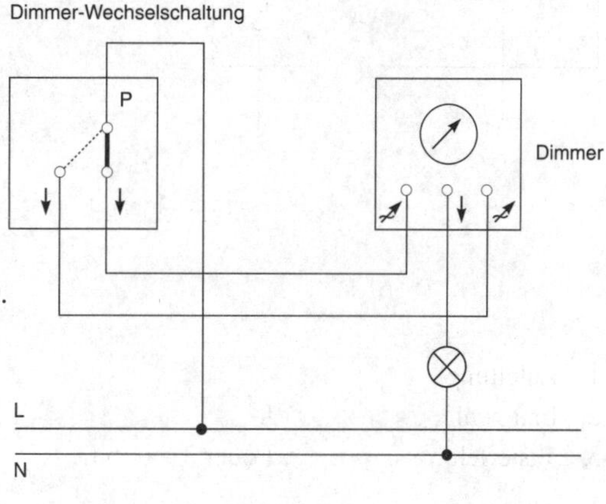

Abb. 6.15: Schaltbild

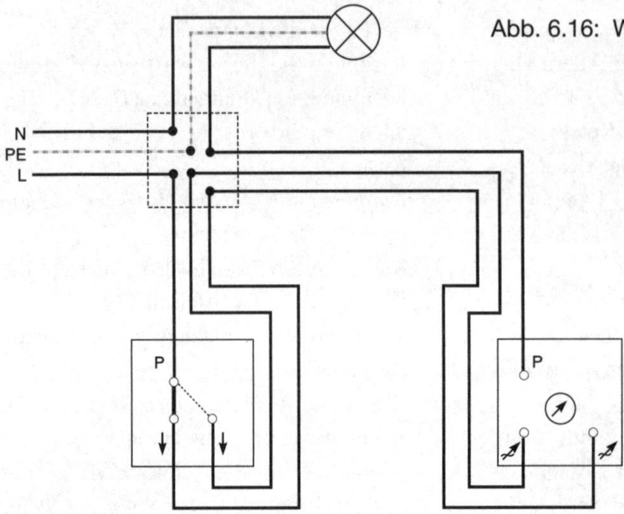

Abb. 6.16: Wirkschaltplan

11. Verbinden Sie die blaue Ader der Zuleitung mit der blauen Ader der Lampenleitung.
12. Verbinden Sie alle grüngelben Adern miteinander.
13. Alle nicht benutzten Adern durch Dosenklemmen sichern.

6.5 Pflanzenbeleuchtung mit automatischer Zeitsteuerung

Darum geht's

- Welches Material ist richtig
- Kabel verlegen
- Leuchten montieren
- Zeitschaltuhr einbauen
- Anschlußarbeiten

In sehr tiefen Räumen kann es vorkommen, daß das Sonnenlicht für das Wachstum der Zimmerpflanzen nicht ausreicht. Dann muß man mit ein wenig künstlicher Sonne nachhelfen. Eine Zeitschaltuhr übernimmt die Steuerung der 14 Stunden Beleuchtung. Energiesparlampen in der Lichtfarbe Tageslichtweiß sind das perfekte Sonnen-Imitat.

Für die Realisierung der Anlage werden benötigt:

1. Eine Pflanzenleuchte mit Energiesparlampe. Beim Einsatz einer Leuchte nehmen Sie eine 18 W Lampe, bei zwei parallelen Leuchten reicht je eine 11 W Lampe. Das entspricht der erforderlichen Lichtmenge und ersetzt eine herkömmliche 100 W Glühlampe.
2. Eine 24 Stunden-Schaltuhr. Die gibt es als Schalttafel-Einbaugerät.
3. Für die betreffenden Räume geeignetes Kabel.

Nun zu Verkabelung und Schaltungsaufbau.

Abb. 6.17: Pflanzenleuchten

Abb. 6.18: Schaltuhren

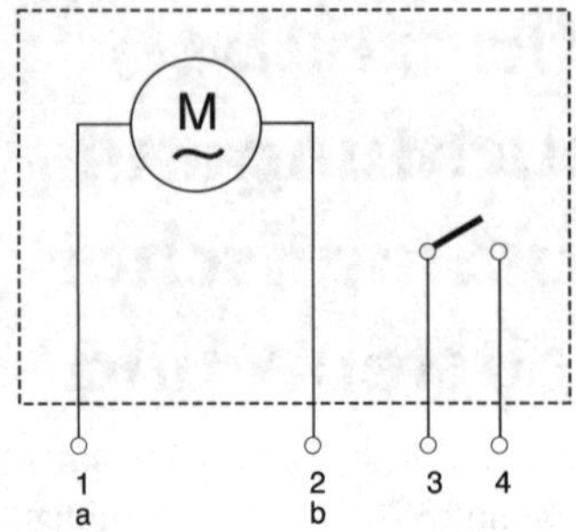

Abb. 6.19: Schaltbild der Uhr

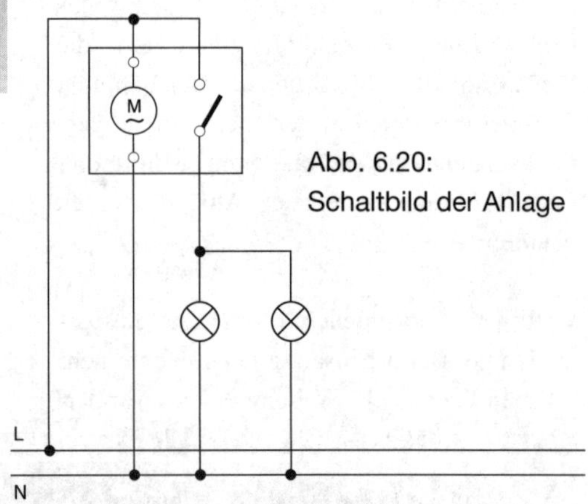

Abb. 6.20:
Schaltbild der Anlage

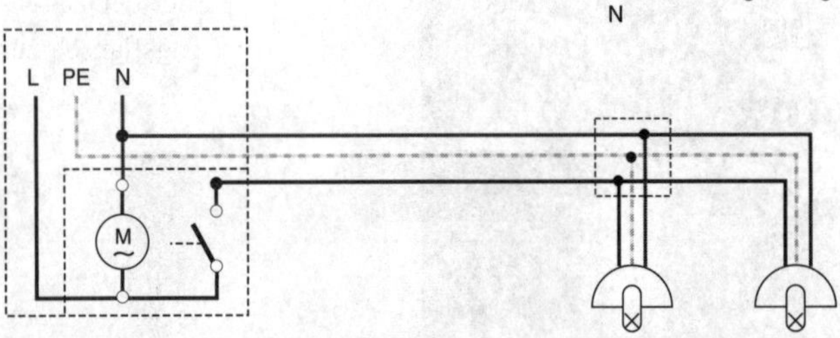

Abb. 6.21: Wirkschaltplan

1. Legen Sie ein Kabel 3 × 1,5 J von der Automatentafel direkt zum Deckenauslaß der Pflanzenleuchte.
2. Hängen Sie die Leuchte auf und schließen Sie diese an.
3. Schalten Sie den Hauptschalter der Automatentafel ab.
4. Nehmen Sie die Abdeckung der Automatentafel ab.
5. Setzen Sie die Uhr auf die Automatenschiene auf.
6. Verbinden Sie die Ausgangsklemme eines freien LS-Schalters mit der Klemme 1 der Schaltuhr.

7. Legen Sie eine Brücke von der Klemme 1 zur Klemme 3 der Schaltuhr.
8. Legen Sie eine blaue Ader von der Nullschiene zur Klemme 2 der Schaltuhr.
9. Setzen Sie das Kabel lang genug ab und führen Sie es in die Tafel ein.
10. Schneiden Sie die blaue und die grüngelbe Ader auf Länge ab und klemmen Sie die blaue auf die Null- und die grüngelbe auf die Erdungsschiene.
11. Klemmen Sie die schwarze Ader der Lampenleitung auf die Klemme 4 der Uhr.
12. Verschließen Sie die Tafel wieder vorschriftsmäßig.
13. Schalten Sie den Hauptschalter und den Automaten ein.
14. Programmieren Sie die Uhr nach der Gebrauchsanleitung.

6.6 Die Aquarium-Lichtsteuerung mit Unterputz-Schaltuhr

Darum geht's

- Welches Material ist richtig
- Kabel verlegen
- Zeitschaltuhr einbauen
- Anschlußarbeiten

Für die Versorgung des Aquariums würde ich zwei Steckdosen mit Dauerstrom, für Pumpe und Heizung und eine Steckdose für das Licht, geschaltet über die Uhr, vorschlagen. Das ganze in einer Dreierkombination hinter dem Aquarium mit der Uhr in Lichtschalterhöhe.

1. Sorgen Sie dafür, daß die Steckdosen-Dreierkombination an einem Ende eine Schalterdose extratiefer Bauart beinhaltet.
2. Setzen Sie senkrecht über dieser, in geeigneter Höhe, die Schalterdose für die Uhr.
3. Legen Sie eine Zuleitung 3 × 1,5 für die Dauerstromsteckdosen.
4. Legen Sie eine dreiadrige Schalterleitung von der Uhrendose zur extratiefen Schalterdose. Hier setzen Sie das Kabel etwa 20 cm lang ab.
5. Ziehen Sie Brücken für Null und Schutzleiter von der angrenzenden Dauerstromsteckdose in die extratiefe Dose und schließen Sie sie direkt an der Lichtsteckdose an.
6. Ziehen Sie die schwarze Ader der Uhrenleitung durch den Verbindungsflansch zur

Abb. 6.22: Unterputz-Schaltuhr

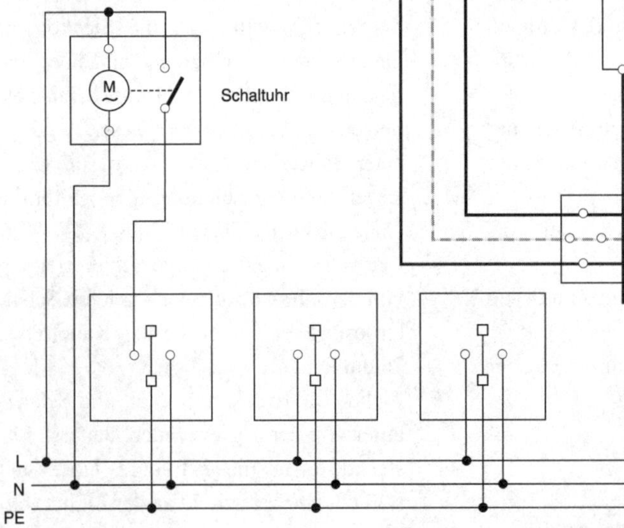

Abb. 6.24: Wirkschaltplan

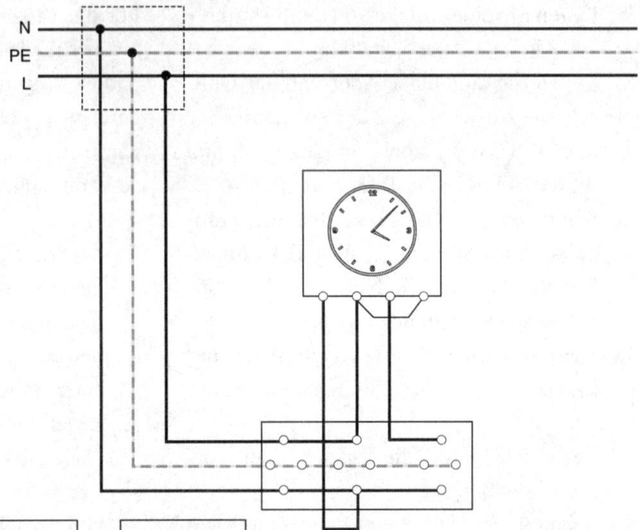

Abb. 6.23: Schaltbild

Dauerstromsteckdose und klemmen Sie sie auf deren Phasenklemme.

7. Klemmen Sie das andere Ende an die Klemme L der Schaltuhr an.
8. Schließen Sie die braune Ader der Uhrenleitung an den Schaltausgang der Uhr an und das andere Ende an die Phasenklemme der Lichtsteckdose.
9. Schließen Sie die blaue Ader der Uhrenleitung an den Null der Lichtsteckdose an und an die Klemme N der Schaltuhr.
10. Setzen Sie den Uhreneinsatz in die Schalterdose, schrauben Sie ihn fest und setzen Sie den Abdeckrahmen auf die Uhr.
11. Programmieren Sie die Uhr nach der Gebrauchsanweisung.

6.7 Dämmerungsschalter

Darum geht's

- Wie funktioniert das
- Schaltermontage
- Anschlußarbeiten
- Schwellwerteinstellung

Dämmerungsschalter

Dämmerungsschalter werden mit einer Phase und einem Null versorgt, damit die Elektronik arbeiten kann. Die Phase gibt der Schalter nach dem Ansprechen weiter an einen Verbraucher. Sinnvoll ist es, die von ihm geschaltete Lampe nicht in seinem Meßbereich aufzuhängen, damit er durch diese nicht beeinflußt wird.

1. Von der Abzweigdose zur Lampe wird eine dreiadrige Leitung mit den Farben, schwarz, blau, grüngelb gelegt.

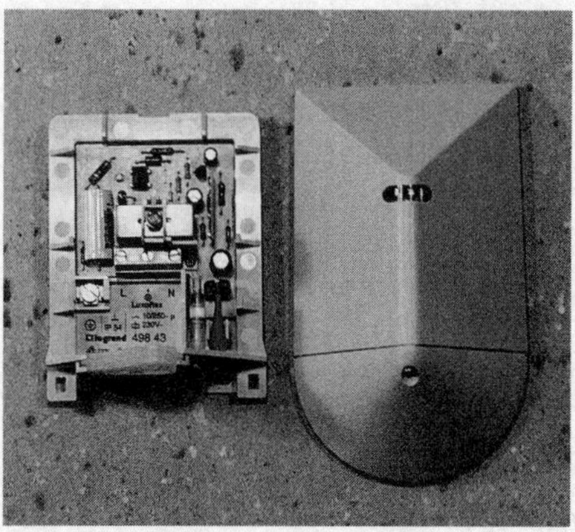

Abb. 6.25: Dämmerungsschalter

2. Die Abzweigdose hat eine Zuleitung mit schwarz, blau und grüngelb.
3. Von der Abzweigdose wird eine dreiadrige Leitung mit den Farben schwarz, blau, braun zum Einbauort des Dämmerungsschalters gelegt.
4. Die Leitung wird abgesetzt und in das Unterteil des Dämmerungsschalters eingeführt.
5. Das Unterteil wird waagerecht an der Wand angebracht.
6. Die schwarze Ader wird an die Klemme P des Dämmerungsschalters geklemmt.
7. Die blaue Ader wird an die Klemme N geklemmt.
8. Die braune Ader wird an den Schaltausgang geklemmt.
9. Das Gehäuse kann nun zugeschraubt werden.
10. Die schwarzen Adern von Zuleitung und Dämmerungschalter werden verbunden.
11. Die blauen Adern von Zuleitung, Dämmerungschalter und Lampenleitung werden verbunden.
12. Die braune Ader vom Dämmerungsschalter wird auf die schwarze Ader der Lampenleitung geklemmt.

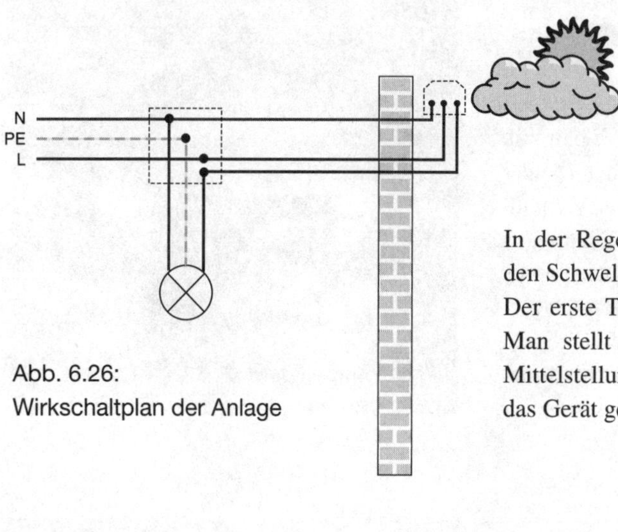

Abb. 6.26:
Wirkschaltplan der Anlage

In der Regel ist die Einstellmöglichkeit für den Schwellwert von außen zugänglich.
Der erste Test kann bei Helligkeit erfolgen. Man stellt den Empfindlichkeitsregler auf Mittelstellung, nimmt den Karton, in dem das Gerät geliefert wurde und stülpt ihn über

Abb. 6.27: Dämmerungsschalter mit vorgeschalteter Uhr

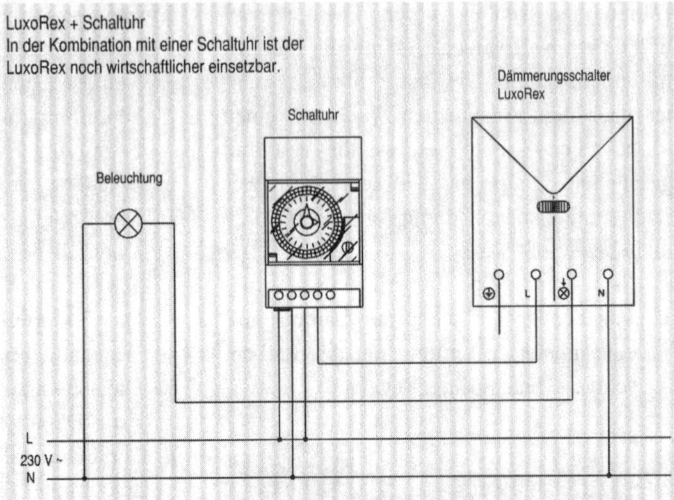

den Dämmerungsschalter. Nach der vorgesehenen Verzögerungszeit muß nun das Gerät anspringen.
Die endgültige Einstellung wird zu dem Zeitpunkt vorgenommen, an dem die Dämmerung oder Dunkelheit den von Ihnen gewünschten Wert erreicht hat.

Darum geht's

- Wie funktioniert das
- Melder montieren
- Anschlußarbeiten
- Anlage justieren

6.8 PIR-Melder

PIR-Melder werden mit einer Phase und einem Null versorgt, damit die Elektronik arbeiten kann. Die Phase gibt der Melder über einen Schaltkontakt an einen Verbraucher weiter. Auch bei diesem Gerät ist es wichtig, die von ihm geschaltete Lampe nicht in seinem Meßbereich aufzuhängen, damit er durch deren Wärmestrahlung nicht beeinflußt wird. Ebenso sollte er nicht direkter Sonneneinstrahlung ausgesetzt sein. Er

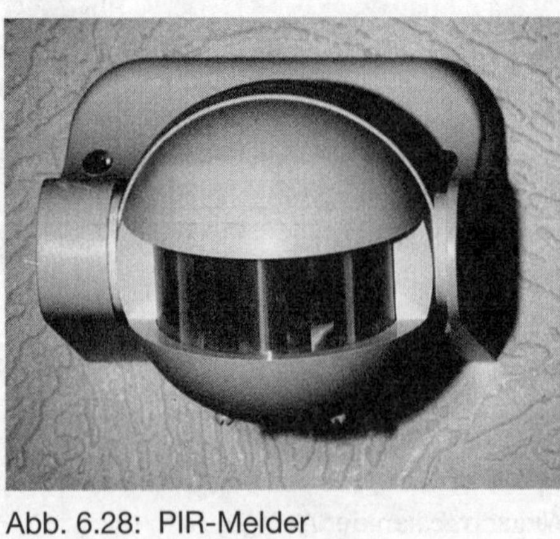

Abb. 6.28: PIR-Melder

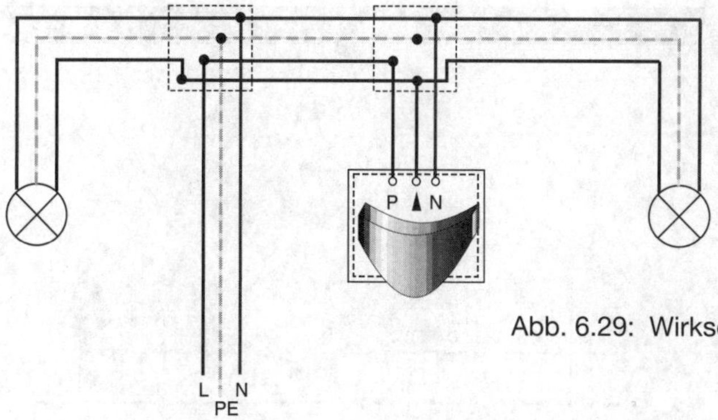

Abb. 6.29: Wirkschaltplan der Anlage

sollte auch so angebracht sein, daß der Erfassungsbereich überwiegend quer von etwaigen Objekten gekreuzt wird.

Die Montage und der Anschluß sind ganz einfach.

1. Von der Abzweigdose zur Lampe wird eine dreiadrige Leitung mit den Farben schwarz, blau, grüngelb gelegt.
2. Zur Abzweigdose führt eine Zuleitung mit den Farben schwarz, blau und grüngelb.
3. Von der Abzweigdose wird eine dreiadrige Leitung mit den Farben schwarz, blau, braun zum Einbauort des PIR-Melders gelegt.
4. Das Unterteil wird waagerecht, in der vom Hersteller empfohlenen Höhe an der Wand angebracht.
5. Die Leitung wird abgesetzt und in das Unterteil des PIR-Melders eingeführt.
6. Die schwarze Ader wird an die Klemme P des PIR-Melders geklemmt.
7. Die blaue Ader wird an die Klemme N geklemmt.
8. Die braune Ader wird an den Schaltausgang geklemmt.
9. Dann wird das Oberteil mit der Linse auf das Unterteil geschraubt.
10. Die schwarzen Adern von Zuleitung und PIR-Melder werden verbunden.
11. Die blauen Adern von Zuleitung, PIR-Melder und Lampenleitung werden verbunden.
12. Die braune Ader vom PIR-Melder wird auf die schwarze Ader der Lampenleitung geklemmt.

Eine wirklich präzise Einstellung des PIR-Melders nimmt oft viel Zeit in Anspruch. Die sicherste Methode ist mit zwei Personen realisierbar. Eine Person für die Erfassungsbereich-Begehung und eine Person zum Justieren des Melders.

Die Änderung des Erfassungsbereichs wird durch die horizontale und vertikale Neigung der Linseneinheit erreicht.

Zuerst wird der kleine Drehschalter am Meldergehäuse auf TEST gestellt.

Die Zeiteinstellung wird auf Minus eingestellt.

Dann wird die Linseneinheit auf Mittelstellung gebracht.

Nun geht man über 12 m vom PIR-Melder weg und wartet auf das Ausschalten des Gerätes.

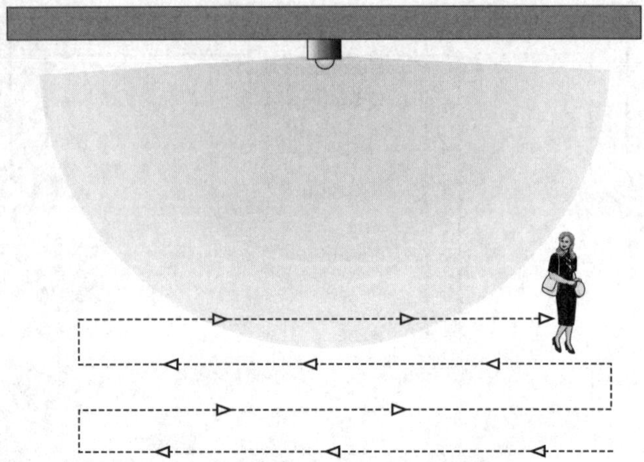

Abb. 6.30: Erfassungsbereich überprüfen mit der Gehprobe

Danach kann man sich langsam in einem sehr scharfen Zickzack auf den Melder zubewegen und so feststellen, wo der am weitesten entfernte Erfassungspunkt ist. Man bewegt sich dabei mehr quer zum Melder als auf ihn zu.

6.9 Lüfter-Nachlaufsteuerung

Eine Lüfter-Nachlaufsteuerung ist oftmals eine feine Sache. Sie findet ihren Einsatz in innenliegenden Räumen wie zum Beispiel Badezimmern. Die Nachlaufsteuerung hat die Aufgabe, Abluft abzuführen in Abhängigkeit der Raumbeleuchtungsdauer. Die Schaltung arbeitet vollautomatisch und ist so klein und kompakt, daß sie im Lüftergehäuse oder in der Abzweigdose Platz hat.

Die Nachlaufsteuerung wird mit einer Phase und dem Null versorgt, damit die Elektronik arbeiten kann. Sie gibt diese Phase und den Null an den Lüfter weiter, wenn ihr über einen weiteren Eingang eine Phase geliefert wird, nämlich die von der Raumbeleuchtung. Beide Phaseneingänge müssen dieselbe Phase führen.

Bleibt das Licht über eine gewisse Zeit eingeschaltet, läuft der Lüfter nach einer festgelegten Verzögerung an und wird dann abhän-

Darum geht's

Wie funktioniert das
Lüftermontage
Nachlaufsteuerung einbauen
Anschlußarbeiten

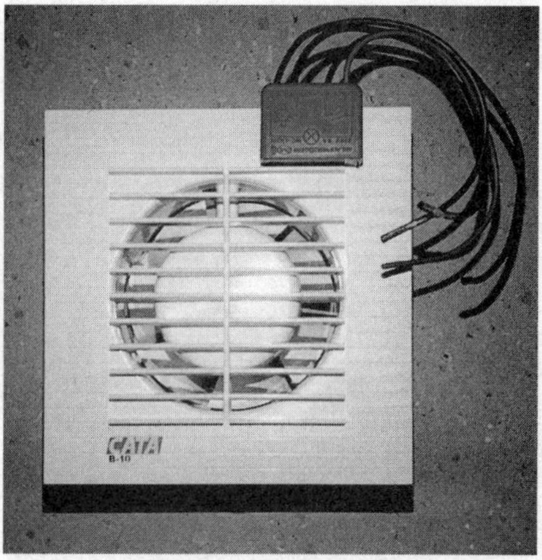

Abb. 6.31: Lüfter und Steuermodul

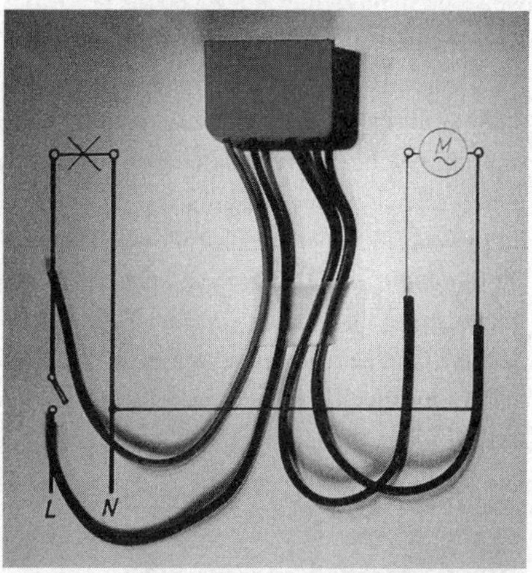

Abb. 6.33: Schaltplan der Anlage

gig von der Einschaltzeit des Lichts auch nach dessen Ausschalten weiter betrieben.

Von der Abzweigdose wird ein dreiadriges Kabel zum Einbauort des Lüfters gelegt. Das Unterteil des Lüfters wird an einen Abluftschacht oder an ein Abluftrohr durch die

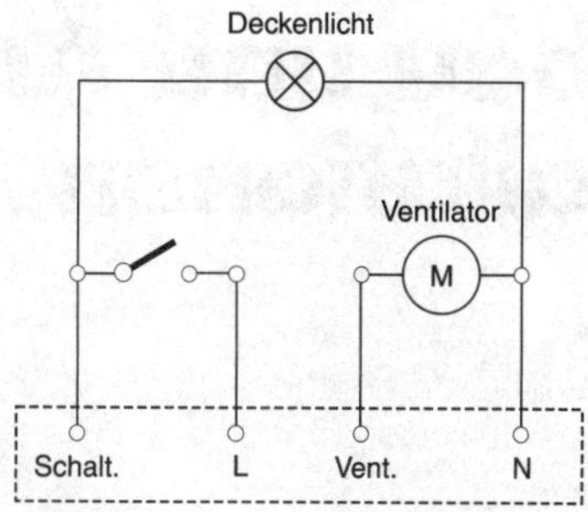

Abb. 6.32: Schaltbild Steuerelektronik

Außenwand angeflanscht und mit den mitgelieferten Schrauben und Dübeln luftdicht mit der Wand verschraubt. Nach Anschluß der Leitung kann das Schutzgitter auf das Unterteil aufgesetzt und mit der Schraube arretiert werden.

In der Abzweigdose wird folgende Verdrahtung vorgenommen:

1. Schalten Sie den Stromkreis frei.
2. Klemmen Sie den Nulleiter des Steuermoduls und an den Nulleiter der Zuleitung des Lichtstromkreises.
3. Klemmen Sie den Nulleiter zum Lüfter an den Nulleiter der Zuleitung.
4. Klemmen Sie den Phasenausgang des Moduls an die Phase zum Lüfter.
5. Klemmen Sie den Dauerphaseneingang des Moduls an die Phase der Zuleitung.
6. Klemmen Sie den Steuereingang des Moduls an die Phasenklemme für die Beleuchtung, die vom Schalter zurückkommt.

7 Umbau und Änderungen von Installationen

7.1 Schlitze stemmen

Das Stemmen der Schlitze ist recht problemlos. Zeichnen Sie die Leitungswege auf dem Putz an. Nehmen Sie einen Schlosserhammer, dessen Finne etwa so breit ist wie die Stegleitung und picken Sie mit der Finne den Putz entlang ihres Bleistiftstriches auf. Je enger die Schläge sitzen, desto besser. Ist der Feinputz erst einmal aufgeschlagen, können Sie durch stetiges Schieben und Ziehen des Hammers den Putz aufraspeln bis hinunter auf den Stein. Sorgen Sie für geradlinige Schlitze. Eine Stegleitung mag keine Bögen. Sollen mehrere Stegleitungen den gleichen Weg nehmen, muß der Schlitz so breit sein, daß die Leitungen nebeneinander Platz haben. Durch geschickte Wahl der Einführungen in die Dosen lassen sich Kreuzungen vermeiden. Schlitze für Rundmantelkabel und Rillrohr sind etwas aufwendiger herzustellen. Nachdem Sie den Putz von den Steinen abgeschlagen haben, suchen Sie sich möglichst eine Fuge aus und stemmen die Oberkante der unteren und die Unterkante der oberen Steinreihe weg. Normalerweise ist dann genug Platz und Tiefe für das Rundmantelkabel oder das Rohr. Beim senkrecht verlaufenden Schlitz bleibt Ihnen nichts anderes übrig, als den Schlitz mitten durch die meisten Steine zu schlagen. Wenn Sie sich eine große Staubentwicklung leisten können, dann nehmen Sie einen Einhandwinkelschleifer mit einer Scheibe für Stein oder einer Diamantscheibe und schneiden damit die Schlitze vor. Glauben Sie mir, das geht schnell, aber es macht eine Riesensauerei und Sie sollten auf jeden Fall Schutzbrille und Staubmaske tragen.

Darum geht's

Vor dem Stemmen sollten Sie sich immer erst über die Lage etwa vorhandener Leitungen im Klaren sein.
Benutzen Sie den Leitungssucher!

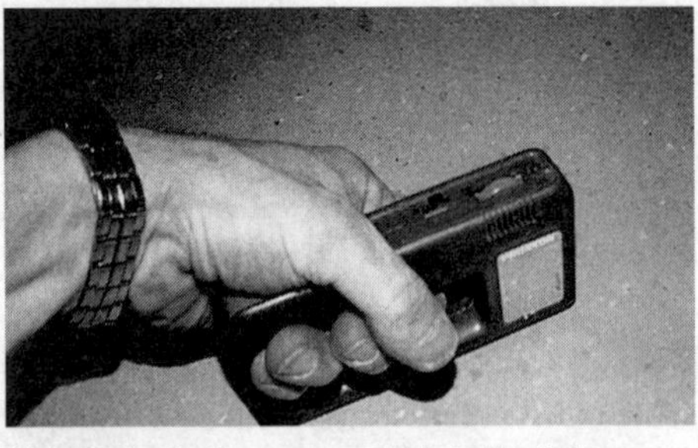

Abb. 7.1: Leitungs- und Metalldetektor

7.2 Erweiterung eines Steckdosenkreises

Es kommt vor, daß durch Neukauf oder Umplazierung von zum Beispiel HiFi-Anlage oder Fernsehgerät die Steckdosen nicht mehr an der richtigen Stelle sitzen.
Beim Steckdosenkreis mit Ringleitung ist die Erweiterung kein Problem.

Man kann an beliebiger Stelle der Ringleitung eine Steckdose einfügen
Man benötigt dazu eine Zweierkombination Steckdosen, passend zum vorhandenen Geräteprogramm, und zwei zusammengeflanschte Unterputzdosen.
Noch besser funktioniert es mit einer Dreierkombination wegen der nötigen Anschlußlänge von Zu- und Ableitung.

1. Zuerst wird mit dem Leitungssucher die genaue Lage der Ringleitung geortet, danach wird der Steckdosenkreis freigeschaltet.
2. Dann wird die Tapete an der gewünschten Stelle vorsichtig geöffnet und der Putz über der Leitung auf Kombinationsbreite entfernt.
3. Nun wird die Leitung genau in der Mitte der späteren Kombination aufgetrennt und nach rechts und links zur Seite gebogen, so daß sie nicht vom Dosenbohrer verletzt werden kann. Bei einer Zweierkombi haben Sie je 5 cm Anschlußlänge. Bei einer Dreierkombi sind es je 7,5 cm.
4. Nun werden die Löcher für die Schalterdosen gebohrt und mit Hammer und Meißel die Zwischenräume für die Flansche erweitert. Die beiden Endflansche werden mit der Puksäge gekürzt.
5. Passen die Dosen einwandfrei in die Maueröffnung, dann wird erst einmal das Mauerwerk gewässert und Gips angerührt.

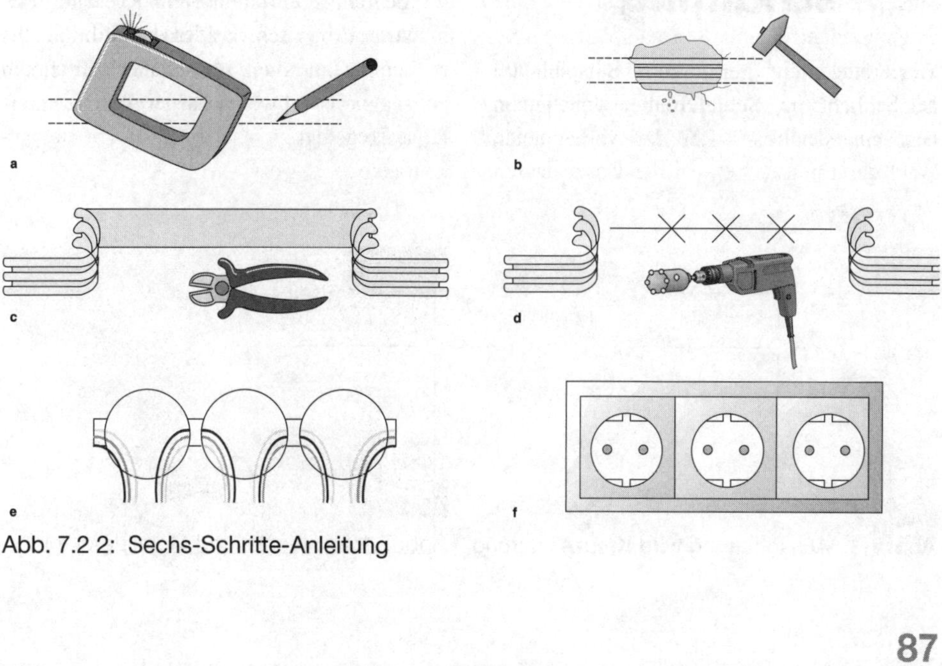

Abb. 7.2 2: Sechs-Schritte-Anleitung

6. Nun werden die Leitungsenden in die Dosen eingeführt und nach dem Einbringen der Gipsmasse die Dosen unter ständigem wechselseitigen Nachziehen der Leitungen in die Maueröffnung eingesetzt, so daß die Kombination wandbündig sitzt.
7. Nach dem endgültigen Verputzen um die neuen Dosen herum wird die Tapete wieder angeklebt und an den Dosen ausgeschnitten.
8 Beim Einbau der Steckdosen werden Brücken durch die Verbindungsflansche gelegt, so daß später die ganze Kombination wieder die Ringleitung verbindet.

7.3 Änderung einer Ausschaltung in eine Kreuzschaltung

Wer hätte nicht gerne zum Beispiel das Deckenlicht im Schlafzimmer von jedem Bett aus schaltbar? Bei der vorhandenen Ausschaltung liegt nur leider eine Ader zu wenig vom Schalter zur Abzweigdose. Man kann sich aber das Aufstemmen der Wand bis zur Abzweigdose hinauf und von dort oben herum sparen.
Hier die Lösung:

1. Die Schalterdose wird auf der Unterseite zugänglich gemacht und ein Schlitz bis auf 30 cm über dem Boden gestemmt.
2. Dann geht es weiter, waagerecht bis zum zweiten Nachtschränkchen.
3. Dann hinauf bis in geeignete Schalterhöhe.
4. Beim ersten Nachtschränkchen wird ein Schlitz für zwei Leitungen vom waagerechten Schlitz zum Schalter hinauf geschlagen.
5. Dann werden die beiden Löcher für die Schalterdosen mit dem Kronenbohrer hergestellt.
6. Nach dem Eingipsen der Dosen, die Einführungen bleiben frei, werden die Leitungen verlegt.
7. Legen Sie ein dreiadriges Kabel mit den Aderfarben schwarz, blau und braun. Es wird vom alten Ausschalter zur ersten und von dort weiter zur zweiten Schalterdose gelegt.

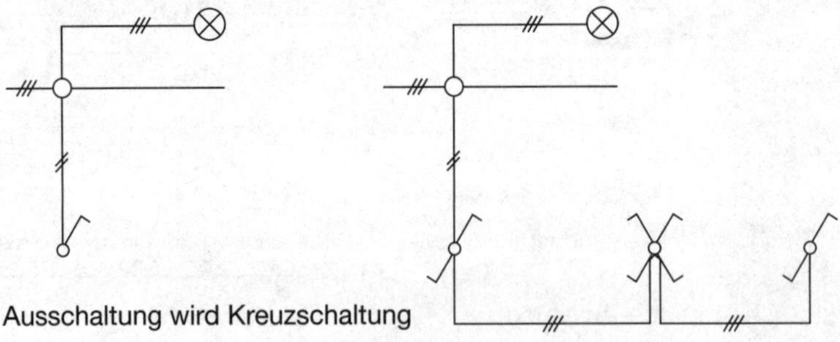

Abb. 7.3: Ausschaltung wird Kreuzschaltung

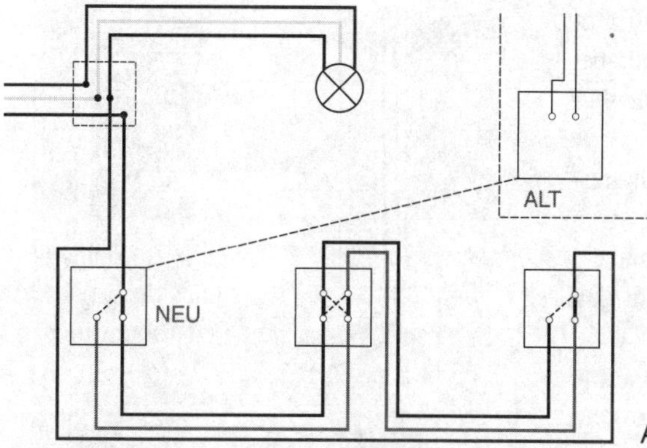

Abb. 7.4: Wirkschaltplan

8. Verbinden Sie mit einer Dosenklemme den Schaltdraht vom Ausschalter (meist blau) mit der blauen Ader der Leitung zur ersten neuen Schalterdose und verbinden Sie diese mit der blauen Ader zur zweiten Schalterdose.
9. Klemmen Sie die blaue Ader auf die Klemme P des Wechselschalters.
10. Klemmen Sie die braune und die schwarze Ader auf die beiden Ausgangsklemmen des Wechselschalters.
11. Klemmen Sie am Kreuzschalter die jeweils zusammengehörigen Adern an die Eingangs- und Ausgangsklemmen an.
12. Klemmen Sie die braune und die schwarze Ader an die Ausgangsklemmen des Wechselschalters an, der den alten Ausschalter ersetzt.
13. Klemmen Sie die schwarze Ader an die Klemme P des Wechselschalters.
14. Nach dem Kontrollieren aller Verbindungen und Anschlüsse können die Schaltereinsätze eingebaut werden.

7.4 Erweiterung einer alten Rohranlage

Bei der Modernisierung einer alten Rohranlage ist es meist nötig, die Leitungen von der alten Einbauhöhe der Schalter und Steckdosen auf die neuen Normen zu verlängern. Gleichzeitig sollten die alten Aderdrähte erneuert werden. Diese Arbeiten sollte man besser zu zweit durchführen.

1. Hierzu werden zuerst nach Freischalten der Anlage die alten Schalter und Steckdosen ausgebaut und die Abzweigdosen geöffnet.
2. Dann werden die Blech-Schalterdosen mit dem Meißel in sich zusammengedrückt und aus der Öffnung gehebelt. Man kann sie auch mit der Kombizange in sich zusammenknicken. Nun liegen die Enden der Rohre frei.

3. Nun müssen von den alten Dosenöffnungen die Schlitze für das Rundmantelkabel gestemmt und die neuen Dosenlöcher gebohrt werden.
4. Nach dem Eingipsen der neuen Schalterdosen, die Einführungen bleiben frei, geht es an die Leitungsverbindungen.
5. Die Schrauben der Klemmsteine in den Abzweigdosen werden gelöst.
6. Die alten Aderleitungen werden bis auf je eine aus den Rohren herausgezogen.
7. Nun werden die neuen Aderleitungen eingezogen. Dazu werden die verschiedenfarbigen NYA abgesetzt, etwa 5-6 cm lang.
8. An das Ende einer der verbliebenen alten Adern wird nach dem Absetzen vorsichtig mit der Kombizange eine Öse gedreht.
9. Die abgesetzten NYA-Enden werden alle jeweils bis zur Isolierung durch die Öse geführt und umgeknickt.
10. Nun werden die neuen Adern mit der alten durch das Rohr gezogen.
11. Bei der Verlängerung über das Ende eines Rohres hinaus nimmt man NYM.
12. Vom Rohrende der alten Schalterdose her wird das Kabel in Richtung Abzweigdose gelegt. Das Kabel wird mit Mantel durch das Rohr geschoben, bis es über die Abzweigdose hinausragt, dann genügend lang abgesetzt und ein Stück zurückgezogen, damit der Mantel nicht in der Dose stört.
13. Auf der anderen Seite wird das NYM zur neuen Schalterdose gelegt, abgesetzt und eingeführt.

    Ist das Rohr zu eng oder macht es einen zu engen Bogen, kann es nötig sein, das Kabel über die gesamte Rohrlänge von seinem Mantel zu befreien, und mit einer alten Ader durchzuziehen. Hierfür kann man auch NYIF verwenden.

    An der Stelle, wo das Kabel das Rohr verläßt, muß es mit seiner unbeschädigten Außenisolierung genügend weit im Rohr verbleiben.
14. Zuletzt werden die Dosenverbindungen gefertigt und die Schalter und Steckdosen eingebaut.

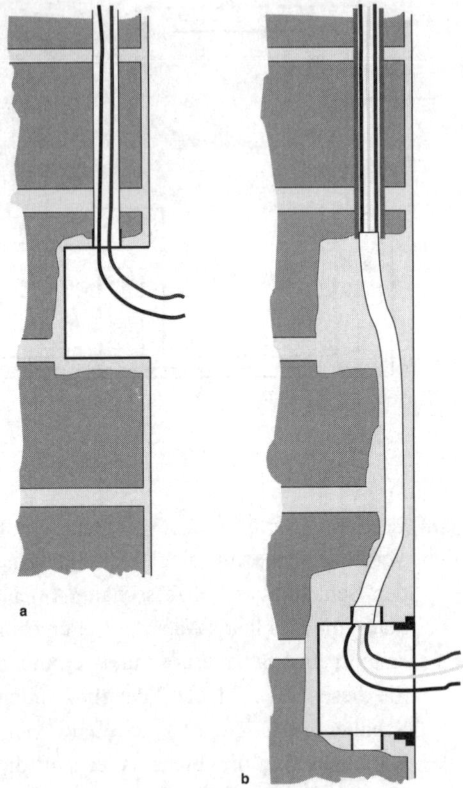

Abb. 7.5: Schnitt durch die Mauer
a) alte Dose b) Verlängerung

Die methodische Fehlersuche und Reparatur

8

Mit dem Wissen aus den vergangenen Kapiteln sind Sie bestens gerüstet, elektrische Krisensituationen diverser Art zu meistern.

Fehler kündigen sich oftmals an durch:

Öfteres Auslösen einer Sicherung.

Im Stromkreis ist ein Isolationsschaden mit Phasenbeteiligung.

Sporadisches Auslösen des FI-Schalters.

Ein möglicher Isolationsschaden mit Schutzleiterbeteiligung.

Flackerndes Licht.

Eine lose Klemmverbindung im Lichtstromkreis.

Von Zeit zu Zeit ausfallende ortveränderliche Verbraucher

Wackelkontakt in Steckdose oder Kabelbruch.

Kurz auftretende, winzige weiße Punkte im Fernsehbild, begleitet von Kinstern im Fernsehton.

Lose Klemmverbindung im Kreis derselben Phase.

Radiostörungen, die nicht durch eine Meldung der Sendeanstalt entschuldigt werden.

Lose Klemmverbindung in diesem oder angrenzendem Raum

und ganz brenzlig wird's, wenn der Geruch von brennendem Kunststoff in der Luft liegt, oder ein Brieseln aus der Abzweig-, Schalter- oder Steckdose zu hören ist.

Fehler können auch Folge sein von Arbeiten im Haus wie:

Aufhängen von Regalen, Hängeschränken, Bildern und ... Gewürzborden.

Dann haben Sie eine Ader getroffen.

Arbeiten am Licht- oder Steckdosenkreis angrenzender Räume.

Eine Ader in der Abzweigdose kam nicht wieder an ihre Klemme.

Anschluß neuer Geräte, erst recht von Second-Hand-Geräten.

Neue Geräte können zuviel Strom ziehen (trotz ÖKO-Aufdruck) oder einen Garantieschaden haben. Gebrauchte Geräte können alle möglichen Macken haben, die man nun mit übernommen hat.

Das kürzliche Einschalten eines LS-Schalters durch einen Kurzschluß, der sich aber wieder einschalten ließ.

Dadurch kann der Automat einen Spätschaden erlitten haben.

Häufige Fehlerursachen sind:

Oxydation, Verbrennung und Versinterung von Kontakten und Klemmen in Abzweigdosen, Schaltern, Steckdosen und den Klemmen von Verbrauchern.

Schuld daran sind oft Altersschwäche, dauernde Überlastung, oder schlecht ausgeführte Klemmverbindungen an Dosenklemmen, Lüsterklemmen oder in Steckern ohne Kupp-

8

lungen, Isolationsfehler durch hohe mechanische Beanspruchung der Bauteile.
Unterbrechungen durch Bohren, Quetschen, Abrieb, Knicken oder zu hohe Zugkräfte.
Materialschäden bei Schaltgliedern, Kunststoffpreßteilen in Schaltern, schwindende Federkräfte bei Kontakten.
Die Kombination zweier Materialen, die in der chemischen Kette zuweit auseinanderliegen unter Einfluß von Feuchtigkeit und des elektrischen Stromes. Das heißt auf deutsch, die gammeln schneller weg als sie produziert wurden.

Darum geht's

Wo mit der Suche anfangen? Sicherung heil?
Beim Verbraucher Sicherung durch! Dann die Überlastung suchen, Fehler einkreisen im Steckdosenkreis.

8.1 Fehlersuche im Steckdosenkreis

Es gibt zwei Wege, dem Fehler auf die Spur zu kommen. Diese werden durch folgende Voraussetzungen bestimmt: Wenn alle Sicherungen heil und in Ordnung sind, beginnen Sie mit der Suche beim Verbraucher. Ist der Verbraucher ortsveränderlich, gehen Sie mit ihm an einen Stromkreis, der mit Sicherheit intakt ist, oder, wenn das Gerät zu schwer ist, geben Sie ihm Spannung via Verlängerungskabel.

Funktioniert der Verbraucher jetzt, nehmen Sie sich seine Steckdose vor.

Schauen Sie nach:
Ist die betreffende Steckdose ein Einzelgänger?
Sind noch mehr Steckdosen im Raum oder am selben Kreis?
Liegt die betreffende Steckdose vielleicht am Ende eines größeren Steckdosenkreises und die anderen funktionieren?
Überlegen Sie:
Wie ist die Leitungsführung?
Von wo sollte der Strom eigentlich kommen?
Ist ein Schalter in der Zuleitung?
Sind Abzweigdosen in der Zuleitung?
Diese Informationen bringen Sie sehr schnell an die Stelle der Unterbrechung.
Ist die betreffende Steckdose ein Einzelgänger oder sind die Abzweigdosen oder Schalter mit im Spiel, wird es schwieriger, denn Sie haben ja sozusagen keine Referenz.
Messen Sie mit dem Spannungsprüfer die drei Pole nach.
Zeigt der Spannungsprüfer nirgends etwas an, fehlt die Phase garantiert.
Zeigt der Prüfer, Phase gegen den Schutzleiter gemessen, etwas an, gegen den Null aber nichts, fehlt eben der Null.
Wird überhaupt nichts angezeigt, nehmen Sie sich das Verlängerungskabel an einem anderen Stromkreis angeschlossen zur Hilfe und suchen sich an der Kupplung die Phase. Hier lassen Sie den einen Pol des Spannungsprüfers und können nun mit Hilfe der Fremd-Phase Null und Schutzleiter überprüfen. Wird jetzt immer noch gar nichts angezeigt, können Sie auf den Totalschaden der Zuleitung schließen. Wurde etwas angezeigt, müssen Sie weiter vorn im Stromkreis nach der ver-

schwundenen Phase forschen. Was liegt auf dem Weg von der spannungslosen Steckdose zur Einspeisung? Ist es eine Abzweigdose, überprüfen Sie diese. Hier müssen bei reinen Steckdosenkreisen nur die Farbe auf Farbe-Klemmverbindungen auf korrekten Kontakt gemessen und geprüft werden. Im Prinzip kann nur dort eine Unterbrechung vorliegen. Fehlt dort schon etwas, geht das Ganze mit der nächst vorgeschalteten Dose weiter.

8.2 Fehlersuche im Lichtstromkreis

Überprüfen Sie:
Zuerst das Leuchtmittel.
Dann die zugehörige Fassung.
Verfolgen Sie:
Was liegt auf dem Weg vom Verbraucher zur Sicherung? Sicher ist, daß ein oder mehrere Schalter dazwischenliegen, wo die Phase nicht mehr weitergegeben wird. Oftmals kann man schon fühlen, ob ein Schalter arbeitet, oder ob er aufgrund von Materialermüdung beschädigt ist. Geht die Wippe so weit wie früher? Macht er das gleiche Geräusch wie sonst? Bewegt sich die Wippe schwerer als vormals? All das können Indikatoren für einen Defekt sein. Bevor Sie also die Tapete beschädigen und in der Abzweigdose suchen, schrauben Sie lieber den Schalter auf und messen nach, ob die Phase vor und hinter dem Schalter vorhanden ist. Das geht zur Not mit dem Hilfs-Null vom Verlängerungskabel. Ist dort vor dem Schalter schon nichts zu messen, dann weiter zur nächsten vorgeschalteten Abzweigdose, usw.

8.3 Steckdose auswechseln

Steckdosen und Schalter haben zwei Befestigungsmöglichkeiten in der Schalterdose. Entweder sie sind mit ihren Spreizkrallen in der Dose festgehalten oder an ihrem Einbauring mit zwei Kragenschrauben an der Dose befestigt. Zuerst muß also die Steckdose aus der Schalterdose gelöst und dann herausgezogen werden, bis die Anschlußdrähte freiliegen. Die Adern werden nun von den Anschlußklemmen gelöst und beiseite gebogen. Nun schaut man sich die neue Steckdose an und wird wahrscheinlich feststellen, daß sie etwas moderner aussieht als die alte. Die Anschlußschrauben

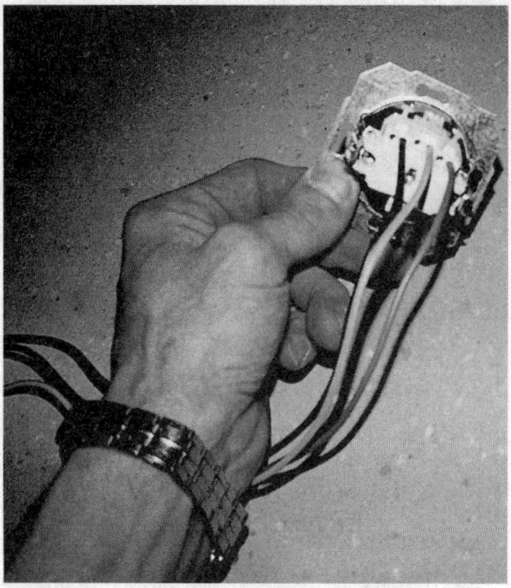

Abb. 8.1: Anschluß einer Steckdose

fehlen und statt dessen sind auf der Hinterseite des Dosenkörpers für jeden Pol zwei kleine Trichteröffnungen zum Einführen der Adern. Darunter verbergen sich die Stahlzungen, mit denen die Adern festgehalten werden. Man muß die Adern in der vorgesehenen Länge absetzen und kann sie nun vorsichtig bis zum Anschlag in die neuen Anschlußklemmen einführen. Danach wird die Steckdose in die Schalterdose eingesetzt und auf die gleiche Art befestigt wie ihr Vorgänger.

8.4 Steckdose mit klassischer Nullung

Es kann vorkommen, daß in alten Anlagen eine Steckdose nach der klassischen Nullung angeklemmt ist. Man erkennt solche Anlagen meist an den Aderfarben schwarz/Phase und grau/Null und am Fehlen des Schutzleiters. In einem solchen Fall ist für die Schutzleiterfunktion eine Brücke vom Null zur Schutzleiterklemme gelegt. Beim Auswechseln einer Steckdose darf diese Brücke später auf keine Fall fehlen. Sie muß bei der neuen Steckdose wieder genauso eingebaut werden.

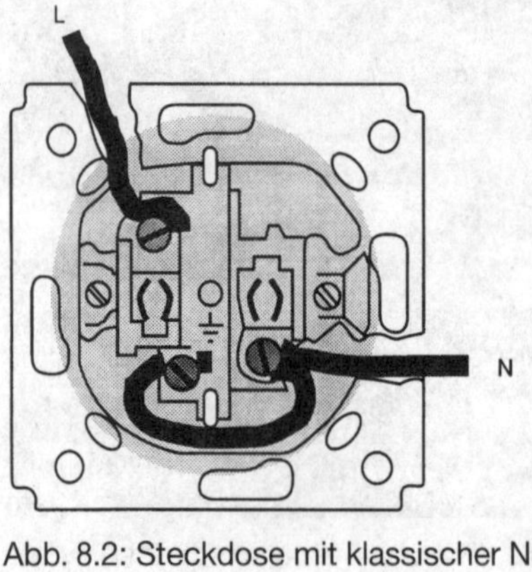

Abb. 8.2: Steckdose mit klassischer Nullung

8.5 Schalter austauschen

Beim Austauschen eines Schalters kommt es besonders darauf an, daß der neue Schalter genau dieselbe Funktion ausführt wie der alte. Schauen Sie sich also nach dem Ausbau, vor dem Lösen der Anschlußdrähte, genau an, welcher Schalter mit welcher Funktion als Ersatz benötigt wird. Merken Sie sich, an welcher Klemme des alten Schalters welche Aderfarbe klemmte, setzen Sie die Adern neu ab und klemmen Sie sie sinngemäß auf die Klemmen des neuen Einbaugerätes. Dann wird der neue Schalter mit der gleichen Befestigungsart in die Schalterdose eingebaut.

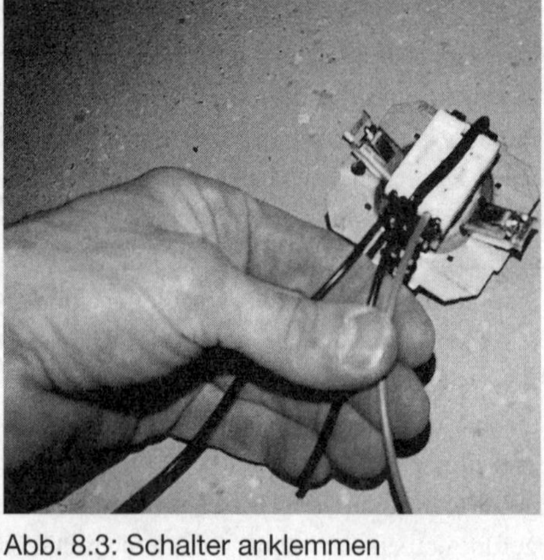

Abb. 8.3: Schalter anklemmen

Sachverzeichnis zu Teil 1

Sachverzeichnis zu Teil 1

TEIL 2

Jens Uetrecht

Elektro-Großgeräte

erfolgreich selbst reparieren

So reparieren Sie Waschmaschinen, Wäschetrockner, Spülmaschinen, Elektroherde, Dunstabzugshauben, Kühlschränke, Mikrowellenherde

Mit 36 Abbildungen und 9 Tabellen

Franzis'

Vorwort

Regelmäßige Wartung ist die beste Garantie für ständige Funktionssicherheit aller technischen Geräte. Werden Fehler rechtzeitig erkannt und behoben, lassen sich oftmals kostspielige Folgeschäden vermeiden. Elektrische Hausgeräte sehen meist komplizierter aus, als sie sind. Äußern sie einmal ihren Unwillen, ihren Dienst zu tun, liegt es meist nur an einer kleinen Ursache, der jeder Heimwerker mit ein wenig Geschick und dem Wissen über die Funktionsweise des Gerätes auf die Spur kommen kann.
Aber, da ist noch die Sache mit dem Know how.
Lesen Sie hier, wie Wasch-, Trocken-, Spülgeräte und Herde aufgebaut sind und wie sie funktionieren und machen Sie sich ein Bild davon, welche Bauelemente in diesen Geräten eingebaut sind und was sie bewirken und erkennen Sie mit diesem Wissen, wie häufig auftretende Fehler behoben werden können, ohne extra den Kundendiensttechniker rufen zu müssen, der dann nach endloser Anfahrt einen Handgriff ausführt, den – hätten Sie es gewußt – Sie auch gekonnt hätten.
Die hier vorgestellten Geräte dienen jeweils als Beispiel für eine ganze Gerätefamilie, denn die Erfahrung hat gezeigt, daß verschiedene Hersteller nur kleine Unterschiede in Design und Funktionsumfang ausmachen. Das Grundprinzip ist immer dasselbe. Aus den im Fototeil erscheinenden Geräten, Firmenzeichen und Markennamen sollten Sie auf keinen Fall ihre Störanfälligkeit ableiten. Diese gezeigten Geräte sind allesamt entweder neu oder gebraucht, aber top in Ordnung und lauffähig. Beschriebene Fehler sind simuliert oder bewußt herbeigeführt.

Jens Uetrecht

Inhalt

1 Bevor Sie loslegen

Darum geht's

Sicherheitsregeln und Vorschriften
Werkzeuge und Meßgeräte
Wie der Arbeitsplatz ausgerüstet sein sollte
Wie ich MEeß- und Prüfgeräte handhabe

1.1 Sicherheit

Achtung !

Bitte beachten Sie im eigenen Interesse unbedingt alle Sicherheits- und Schutzhinweise!

Elf Sicherheitsregeln:

1. **Arbeiten Sie bei Messungen grundsätzlich nur mit vorgeschaltetem FI-Personenschutz-Adapter.**
2. **Verhindern Sie, daß andere Personen ohne Ihr Wissen etwas an dieser Konstellation ändern.**
3. **Halten Sie Kinder und Haustiere von Ihrer Arbeit fern.**
4. **Sorgen Sie für gute Beleuchtung bei Ihrer Arbeit.**
5. **Vor dem Berühren eines blanken Drahtes oder Kontaktes, diesen mit einem geeigneten Meßgerät auf Spannungsfreiheit prüfen.**
6. **Arbeiten Sie nur bei Messungen und Tests – und dann so kurz wie möglich – bei eingeschaltetem Strom.**
7. **Benutzen Sie nur zugelassenes und unbeschädigtes Werkzeug.**
8. **Hinterlassen Sie keine unfertigen Arbeiten.**
9. **Wenn Sie Ihre Arbeit doch zwischendurch verlassen, muß die Spannungsfreiheit des geöffneten Gerätes für die Dauer Ihrer Abwesenheit absolut gewährleistet sein.**
10. **Arbeiten Sie ruhig, verantwortungsbewußt und ohne Eile.**

Wenden Sie sich auch bei dem geringsten Zweifel an der Richtigkeit Ihres Tun an einen Elektromeister Ihres Vertrauens oder den Reparaturservice des Geräteherstellers (Adressen im Anhang).

Achtung !

Beim Wechselstromnetz liegen Null- bzw. Neutralleiter und Schutzleiter auf Erdpotential. Je nach Beschaffenheit des Untergrundes befinden Sie sich auf demselben Potential. Somit ist das Berühren einer stromführenden Phase gefährlich!

Wer trägt die Verantwortung?

Bei jeder Arbeit und Reparatur an elektrischen Geräten sind grundsätzlich die VDE-Vorschriften einzuhalten. Über diese Vorschriften hat sich jeder, egal ob Elektriker oder Heimwerker, zu informieren und diese strikt einzuhalten. Bei Elektro-Unfällen wird derjenige zur Rechenschaft gezogen, der zuletzt an dem betreffenden Elektrogerät gearbeitet hat. Da der Heimwerker wohl kaum die Möglichkeit hat, die gesamte Schriftenreihe der VDE-Vorschriften einzusehen, sollte er ***im Zweifelsfalle immer!*** den Rat eines Elektrikers einholen.

1.2 Kleine Werkzeugkunde

Bei der Auswahl der Werkzeuge für die Elektrogerätereparatur, sollten Sie sehr gewissenhaft sein. Sie benötigen:

1. *Mehrere Schlitz- und Kreuzschlitzschraubendreher in verschiedenen Größen. Die Isolierung sollte möglichst vollständig bis zur Klinge reichen.*
2. *Eine Kombizange schutzisoliert*
3. *Einen Seitenschneider schutzisoliert*
4. *Eine Telefonzange oder Spitzzange*
5. *Eine Abisolierzange*
6. *Eine Aderendhülsenzange*
7. *Eine Crimpzange für Kabelschuhe*
8. *Ein scharfes Messer*

Alle Werkzeuge für die Elektroarbeiten sollten den Aufdruck 1000 V geprüft, das VDE-Zeichen und das TÜV-GS-Zeichen tragen. Diese Isolierung sollte vor jeder Arbeit auf ihre Vollständigkeit und Unversehrtheit überprüft werden. Kaum etwas ist ekelhafter, als unvermutet über das Werkzeug einen elektrischen Schlag durch die Knochen zu kriegen. Für die Gehäuse- oder Komponentendemontage benötigte Werkzeuge, wie z.B. *Ringschlüssel oder Gabelschlüssel, Knarrensatz, Wasserpumpenzange, Sprengringzange,* **immer nur am spannungsfreien Gerät benutzen, da diese Werkzeuge ja nicht isoliert sind!**

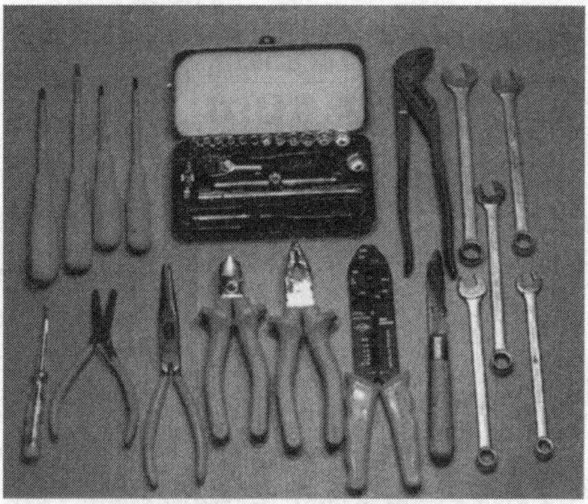

Abb. 1.1: Werkzeuggrundausstattung

Achtung Kondensatoren!

Die Motoren der hier behandelten Maschinen besitzen fast alle als Anlaufkondensatoren sogenannte ELKO´s (Elektrolytkondensatoren). Diese werden mit einer Spannung von 230 Volt aufgeladen und können diese für eine gewisse Zeit speichern. Auch wenn der Stecker herausgezogen ist. Berühren Sie niemals die Anschlüsse dieser Kondensatoren! Sie können dann einen elektrischen Schlag bekommen. Elkos müssen zuvor entladen werden.
Das Entladen solcher Kondensatoren geschieht durch Überbrücken der Anschlußklemmen mit einem isolierten Draht. Natürlich beim zuvor vom Netz getrennten Gerät !

1

1.3 Der Arbeitsplatz, Platz zum Arbeiten

Für Ihren Arbeitsplatz benötigen Sie:

1. ***Genügend Freiraum*** *um das zu reparierende Gerät.*
2. ***Gute Beleuchtung****, schwenkbare Arbeitsleuchte, oder Kabellampe.*
3. *Eine* ***sichere Ablagefläche*** *für das Werkzeug.*
4. *Eine* ***Ablageschale*** *für demontierte Schräubchen*
5. *Auf jeden Fall ist ein* ***Fehlerstrom-Personenschutz-Adapter*** *vorzuschalten.*
6. ***Holzklötze*** *zum Aufbocken und Sichern der Geräte.*

1.4 Meß- und Prüfgeräte

Um die nötigen Messungen durchzuführen, benötigen Sie keinen großen Meßgerätepark. Sie kommen in der Regel mit relativ einfachen Mitteln auch zum Ziel. Sehen Sie sich an, welche Wege zu korrekten Meßergebnissen führen.

Achtung !

Beim Wechselstromnetz liegen Null- bzw. Neutralleiter und Schutzleiter auf Erdpotential. Je nach Beschaffenheit des Untergrundes befinden Sie sich auf demselben Potential. Somit ist das Berühren einer stromführenden Phase gefährlich.

Stichwort „Fehlerstrom-Personenschutz-Adapter"

Ein Gerät, das Leben retten kann!
Dieser Adapter besteht aus einem Steckergehäuse mit eingebauter Steckdose. Er beinhaltet einen Fehlerstromschalter (FI-Schalter), der bei einem Fehlerstrom von 30 mA sofort abschaltet. Das Prinzip ist folgendes: In einem geschlossenen Stromkreis müssen alle Elektronen, die zum Verbraucher fließen, auch wieder zur Spannungsquelle zurückfließen. Beim Wechselstromnetz muß also der auf der Phase fließende Strom gleich dem auf dem Nulleiter sein. Der FI-Schalter fragt nun ab, ob diese Forderung jederzeit erfüllt ist. Er macht das mit Hilfe von Magnetfeldern. Um die Phase ist eine Spule gelegt und um den Nulleiter ebenso. Bei gleichem Strom in Hin- und Rückleiter heben sich die magnetischen Kräfte gegeneinander auf. Ist der nachgeschaltete Stromkreis irgendwo defekt und der Strom nimmt einen anderen Weg zur Erde, so entsteht ein Fehlerstrom. Dadurch werden die Magnetfelder im FI-Schalter different und ein Schaltmechanismus trennt den Stromkreis sofort vom Netz. Er läßt sich nur wieder einschalten, wenn die Ursache für den Fehlerstrom vorher behoben wurde. Den Adapter gibt es bei Conrad-Electronic, Best.-Nr. 61 85 27 für 79,90 DM

Der Spannungsprüfer

Spannungsprüfer benutzt man hauptsächlich, um Messungen an der Hausinstallation durchzuführen. Im Vorfeld der Hausgerätereparatur kann er aber auch gute Dienste leisten. Zweipolige Spannungsprüfer bestehen aus zwei Griffteilen, verbunden durch eine flexible Leitung. Im größeren der beiden Griffe ist ein Meßgerät eingebaut. Je nach Ausführung zeigt eine Leuchtdiodenkette und/oder ein Meßinstrument die Höhe der gemessenen Spannung an. Eine zusätzliche Leuchte zeigt die Phasenlage an, also an welchem Griff die Phase anliegt.

Zwischen Phase und Nulleiter zeigt er 230 V an. Zwischen Null- und Schutzleiter darf er nichts anzeigen und zwischen Phase und Schutzleiter liegt der Meßwert auch bei 230 V.

Mit diesem Gerät prüfen Sie am sichersten, ob die Steckdose in Ordnung ist, an der Sie Ihr Gerät anschließen möchten, oder ob die Netzklemmen im Gerät Spannung führen.

Ein robuster und präziser Spannungsprüfer, ist der DUSPOL von BENNING. Den gibt es bei Conrad electronic unter der Bestellnummer 13 43 09 für 74.50 DM.

Multimeter

Das Trumpfass bei der Elektrogerätereparatur ist das Multimeter. Mit diesem können nicht nur alle zuvor beschriebenen Messungen durchgeführt werden, sondern zusätzlich noch zum Beispiel Frequenzen, pulsende Gleichströme und Temperaturen gemessen

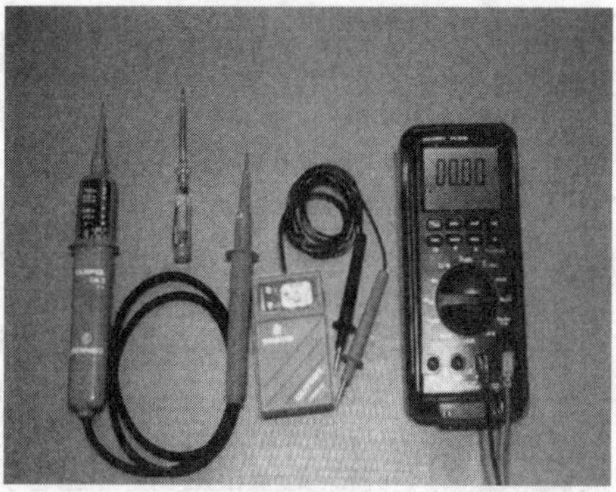

Abb. 1.2: Meß- und Prüfgeräte

werden. Hochwertige Digitalmultimeter erlauben auch das komfortable Messen an Kondensatoren, Spulen und Digitalbausteinen.Multimeter gibt es in vielen Varianten, als Zeigerinstrument mit und ohne Spiegelskala (Man hat den richtigen Blickwinkel, wenn Zeiger und Spiegelbild deckungsgleich sind.) Zu warnen ist allerdings vor den Mini-Billig-Dingern aus dem Baumarkt oder vom Wühltisch. Die sind echt gefährlich bei 230 V. Da lohnt es schon, etwas mehr für die Sicherheit zu investieren. Das hier gezeigte Digitalmultimeter besitzt Sicherheitsstecker mit Berührungsschutz. Es ist unter der Nummer 12 54 07 bei Conrad-electronic erhältlich.

Das ECO-Line VC 222

Ist ein handliches Digitalmultimeter mit automatischer Bereichswahl. Das Meßwerk ist in ein Griffteil eingebaut. Eine zweite Spitze mit fester Meßleitung bildet den Gegenpol. Mit diesem Gerät können Sie aber nur Gleich- und Wechselspannungen sowie Widerstände messen. Unabhängig von der

Meßart darf dieses Multimeter nur in Stromkreisen eingesetzt werden, welche maximal mit 16A abgesichert sind und eine maximale Leistung von 4000 VA haben. Die maximalen Eingangsgrößen dürfen nicht überschritten werden. Sie betragen bei der Spannungsmessung 500V Gleich- oder 500V Effektivwechselspannung. Zu beachten ist, daß bei der Widerstandsmessung, Dioden- und Durchgangstests die zu messende Schaltung keine Spannung führen darf.Das VC-222 gibt es bei Conrad unter der Nummer 10 77 00

Vorsicht !

Besondere Vorsicht ist bei Spannungs- und Strommessungen bei 230 V geboten. Da die Meßleitungen bei einfachen Multimetern meist nur mit Bananensteckern am Gerät angeschlossen sind, können diese, wenn das Meßgerät zum Beispiel umkippt, aus der Buchse herausgezogen werden und dann haben Sie unter Umständen einen zuckenden Stecker mit 230 V-Potential in der Gegend hängen, der sich als ganz schön bissig erweisen kann

Spannungsmessung

Elektrische Spannung teilt man grob in zwei Gruppen ein:
Die Gleichspannung, die in einem Stromkreis immer in dieselbe Richtung wirkt.Die Wechselspannung, die, wie sie unser Versorgungsnetz bereitstellt, 50 mal in der Sekunde seine Wirkrichtung wechselt. Man spricht von einer 50 Hertz-Frequenz. Die elektrische Spannung wird in Volt gemessen. Sie hat das Formelzeichen U und das Einheitenzeichen V.

Der Spannungsmesser oder das Spannungsmeßgerät wird immer parallel zu der zu messenden Spannung angelegt. Beim Messen mit dem Multimeter immer auf die Bereichswahl achten, damit die gemessene Spannung nicht höher ist als der Meßbereich. Ebensowichtig ist die richtige Einstellung des Gleich- oder Wechselspannungsbereichs.

Bei der Gleichspannungsmessung mit dem Multimeter muß die **rote** Meßleitung immer an **Plus** und die **schwarze** Meßleitung an **Minus** angeklemmt sein.

Strommessung

Der elektrische Strom fließt in einem Stromkreis, getrieben von der Spannung entweder als:
Gleichstrom, immer in die gleiche Richtung oder als
Wechselstrom, 50 mal in der Sekunde seine Richtung wechselnd.
Die elektrische Stromstärke wird in Ampere gemessen. Sie hat das Formelzeichen I und das Einheitenzeichen A. Das Amperemeter oder Strommeßgerät wird immer in Reihe zum Verbraucher angeschlossen, das heißt, der Strom fließt im Stromkreis von der Stromquelle durch das Meßgerät zum Verbraucher, durch ihn hindurch zurück zur Stromquelle. Bei der Strommessung ist die richtige Meßbereichseinstellung sehr wichtig. Übersteigt der Meßstrom den Meßbereich, kann das Meßgerät Schaden nehmen. Genauso wichtig für korrekte Meßwerte ist

die Einstellung des Gleich- oder Wechselstrombereichs.

Bei der **Gleichstrommessung** mit dem Multimeter muß **die rote Meßleitung immer am höheren Potential** liegen als die schwarze, das heißt mehr zum Pluspol der Stromquelle hin, sonst schlägt der Zeiger zur falschen Seite aus und das Meßwert nimmt Schaden. Bei der **Wechselstrommessung** spielt die Meßleitungsreihenfolge eigentlich keine Rolle. Aus Gründen der Übersichtlichkeit sollte man aber die rote Leitung für die ankommende Phase benutzen.

Widerstandsmessung

Die Widerstandsmessung geschieht **immer spannungslos**, sonst wird das Meßwerk zerstört. Die Referenzstromquelle ist als Batterie in das Meßgerät eingesetzt. Bei Zeigerinstrumenten wird vor der Messung der Meßbereich eingestellt und dann die Meßleitungen kurzgeschlossen, damit der Zeigerausschlag mittels Drehregler auf den Nullpunkt der Skala geeicht werden kann. Je niedriger der Meßbereich gewählt wird, desto größer wird die Abweichung bei Nichteichung.

Hinweis !

Bevor Sie den Fehler im Elektrogerät suchen, überprüfen Sie mit dem Phasen- oder Spannungsprüfer, ob die Steckdose und die dazugehörige Sicherung intakt sind.

1.5 Unfallverhütung

Beim Auseinandernehmen gleich welchen Gerätes, sollten Sie immer an die damit verbundenen Unfallgefahren denken.

Die Metallprofile in den Geräten können nicht entgratet sein, also ist Vorsicht geboten beim Ab- und Anschrauben von Baugruppen. Rutscht man mit dem Werkzeug ab, kann das Verletzungen verursachen.

Schlauchklemmen von Abwasserschläuchen können, gerade beim Wiedereinsetzen von der Zange abrutschen und zu „Hochgeschwindigkeitsgeschossen“ werden. Bei Wasch- und Spülmaschinen ist immer Restwasser mit im Spiel. Das macht den Fußboden um das Gerät herum extrem unsicher. Sorgen Sie dringend dafür, daß Sie selbst und das Gerät nicht ausrutschen.

Sichern Sie jedes Gerät, das gekippt werden muß, gegen Verrutschen und Umfallen. Denken Sie immer daran, daß Sie nicht nur sich selbst, sondern auch Ihre Familienmitglieder, einschließlich Hund und Katze in Gefahr bringen können. Die meisten Waschmaschinen wiegen mehr als ein ausgewachsener Mann mit normaler Statur.

Das sind nur ein paar kurz angerissene Unfallverhütungstips.

Also immer vorher überlegen, das schont Nerven, Knochen und Hausapotheke.

1

1.6 Methodische Fehlersuche

Technische Geräte sind als Einheit mehrerer Baugruppen anzusehen, die alle einen Zweck erfüllen, um gemeinsam ein bestimmtes Ziel zu erreichen.Es gibt Baugruppen, die produzieren:

1. Wärme: Heizstäbe, Rohrheizkörper, Kochplatten.
2. Bewegung: Antriebs-, Pumpen-, Gebläse-Motoren, Kompressoren,

Und Baugruppen, die messen und schalten:
Zeit: Schaltuhren, Programmer
Druck: Druckwächter, Füllstandsmesser-
Temperatur: Thermofühler, Thermostaten,
Die Zusammenarbeit dieser Baugruppen kann aus einem Wirken bestehen:

1. Hintereinander / nacheinander / wechselseitig
2. Gemeinsam / gleichzeitig
3. Einzeln oder gemeinsam, abhängig von einer oder mehreren Meßgrößen.

TIP

Die Möglichkeit das an einem Gerät zwei Fehler zur gleichen Zeit auftreten, die miteinander nicht im Zusammenhang stehen, ist nahezu ausgeschlossen. Ein Defekt kann aber mehrere Fehlerbilder an verschiedenen Stellen verursachen. Hier muß der Zusammenhang gesucht werden.

Nehmen Sie ein neues Gerät in Betrieb, lernen Sie es kennen.

Achten sie darauf:
Was macht es für Geräusche im Normalzustand inklusive Schalter und Drehregler? Wie sind die Zeitabläufe während des Betriebes?
Wie riecht das Gerät, nachdem der Geruch nach „Neu“ verflogen ist?
Wann macht das Gerät während des Betriebes welche Schwingungen, Vibrationen und Bewegungen?
Durch diese Beobachtungen sind Sie in der Lage, schon bei der kleinsten Unregelmäßigkeit zu reagieren und Ursachenforschung zu betreiben.

Kreisen Sie einen Defekt anhand logischer Zusammenhänge ein.

Hier ein paar Beispiele:
Die Trommel eines Trockners läuft nicht, das Geräusch des leerlaufenden Motors ist aber zu hören. Folgerung: Das Verbindungsglied Keilriemen ist unterbrochen.Die Waschmaschine läuft nicht los, obwohl eingeschaltet. Das Wassereinlaßventil klickt laut hörbar. Folgerung: Die Wasserversorgung ist unterbrochen.

Der Backofen und die beiden vorderen Platten des Herdes lassen sich nicht aufheizen. Folgerung: Die Koch-Automatik verhindert dieses, entweder durch einen Bedienfehler oder wenn dieser nicht vorliegt, durch Defekt der Schaltuhr.

Bekämpfen Sie die Ursache, nicht die Wirkung.

Verschleißt ein Keilriemen schneller als üblich, muß das nicht unbedingt an ihm selbst liegen, sondern wird als Ursache ein schwerlaufendes Trommellager haben. Wird diese eigentliche Ursache nicht bekämpft, wird auch nach Ersatz des Keilriemens nicht nur dieser, sondern auch der Antriebsmotor, der ja viel mehr als normal schaffen muß, weiterhin in Mitleidenschaft gezogen.

TIP

Sie haben einen Defekt gefunden und repariert. Bevor Sie das Gerät wieder zusammenbauen, überlegen Sie ob dieser Defekt ursächlicher Natur war, oder eine Folgeerscheinung. Wo sie sowieso schon im Eingemachten rühren, begutachten Sie alle Baugruppen, die im Zusammenhang mit dem gewechselten Teil stehen.

1.7 Arbeiten mit Netzschnüren und Zuleitungen

Welche Netzkabel sind zugelassen?

Beim Austausch der Netzkabel an den hier beschriebenen Geräten sind nur die Typen H05VV-F und H05RR-F zugelassenVergleichen Sie beim Austausch den Ersatz immer mit dem Original.

Werden feindrähtige Adern an Klemmen angeschlossen, müssen diese vorher mit je einer Aderendhülse versehen werden. Dazu wird nach dem Abisolieren der Ader die dazu passende Hülse über das blanke Ende gefädelt und mit der Endhülsenzange festgecrimpt, dazu legt man die Ader mit der Hülse in diejenige Kerbe der Zange, die mit dem Querschnitt übereinstimmt (ist auf die Zange aufgedruckt) und drückt die Zangenbacken fest zusammen

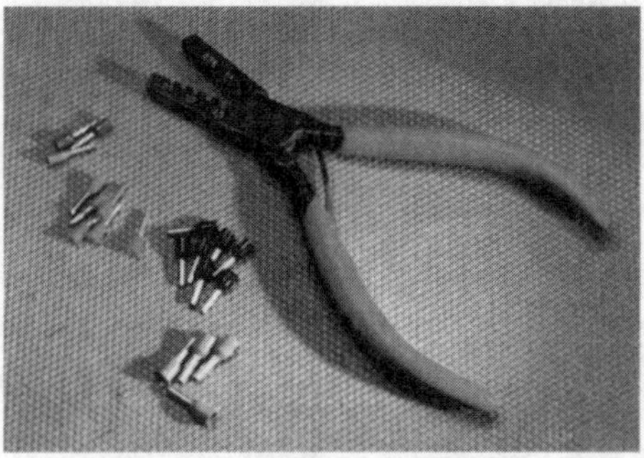

Abb. 1.3: Endhülsen und Endhülsenzange

Tabelle 1.2 Farbzuordnung Aderquerschnitt/Hülse

blau	0,75 mm²
rot	1,00 mm²
schwarz	1,50 mm²
grau	2.50 mm²

Flachstecker für geräteinterne Verbindungen

Ganz ähnlich wie Endhülsen werden die Flachstecker verarbeitet, die nötig sind, um die Aderverbindungen in den Geräten zwischen den einzelnen Baugruppen herzustellen. Nur die Zange sieht ein wenig anders aus. Man unterscheidet zwischen isolierten und nicht isolierten Flachsteckern. Beim

Crimpen wird dann der Stecker in eine entsprechende Aussparung der Zange gelegt, die entmantelte Ader eingeführt und die Zange bis zum Anschlag zugedrückt. Bei diesem Vorgang werden dann die Laschen des Flachsteckers um die Ader verschlossen und sorgen für eine einwandfreie elektrische Verbindung.

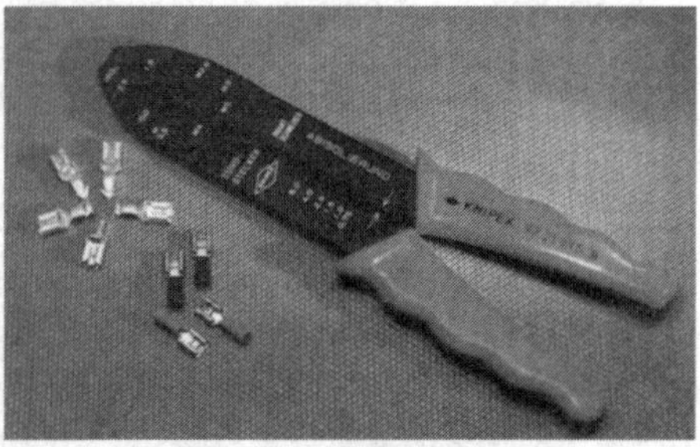

Abb. 1.4: Flachstecker und Crimpzange

Schlauchleitung absetzen

Hier ist besondere Sorgfalt geboten ! Da keine Kautschukeinlage unter dem Mantel vorhanden ist, muß man mit Messer oder Seitenschneider sehr vorsichtig zu Werke gehen. Sie müssen den äußeren Mantel ganz vorsichtig einkerben und immer wieder an der Kerbstelle aufbiegen, um zu sehen ob die farbigen Adern sichtbar sind. Nur nicht die Aderisolierung verletzen. Sind alle drei Adern freigelegt, kann der Mantel abgezogen werden, bis die noch übrigen Außenmantelreste zwischen den Adern reißen.

Netzkabel wechseln

Bei der Fertigung eines Netzkabels für Ersatzzwecke muß genau darauf geachtet werden, daß Ausführung und Leiterquerschnitt von Alt und Neu übereinstimmen. Beim Entmanteln der Leitung immer die Adern etwas länger freilegen als später nötig. Dann die Adern so kürzen, daß der Schutzleiter mindestens einen Zentimeter länger ist als die anderen Adern. Nach dem Abisolieren der Adern diese mit Endhülsen versehen. Beim Befestigen im Stecker oder Gerät auf elektrisch einwandfreie Klemmverbindung achten und guten Sitz der Zugentlastung.

1.8 Ganz wichtig! Schutzmaßnahmen

Alle großen Elektrogeräte besitzen ein Metallgehäuse und dieses ist natürlich mit den Trägern und Aufnahmen für die diversen elektrischen Baugruppen vernietet oder verschraubt, das heißt elektrisch leitend verbunden. Aus diesem Grunde schreibt der VDE eine gesicherte und dauerhafte Schutzleiterverbindung zu allen Gehäuseteilen zwingend vor. Dies soll den Bediener der Geräte vor der gefährlichen Berührungsspannung schützen, die bei einem entsprechenden Defekt einer Baugruppe auftreten kann. Entsteht zum Beispiel durch die Magnesiumverkalkung eines Waschmaschinenheizstabes und dessen Aufplatzen ein Körperschluß zum Waschbottich, so wird dieses das Ausschalten des Sicherungsautomaten zur Folge haben. Ist ein Fehlerstromschalter in der Elektroanlage eingebaut, löst dieser schon bei einem Fehlerstrom von 30 Milliampere aus, was sich extrem lebensverlängernd auf den Benutzer auswirkt.

Aber das ist nur bei intakter Verbindung des Maschinengehäuses mit dem gelbgrünen Draht zur Nulleiter- oder Schutzleiterklemme der Zählertafel möglich. Dieser gelbgrüne Draht sollte bei allen Aktionen an solchen Geräten die wichtigste Rolle spielen, obwohl er für den eigentlichen Betrieb des Gerätes von untergeordneter Bedeutung ist, da er ja im Normalfalle keinen Strom führt. **Trotzdem ist er der Wichtigste von allen. Für Ihr Leben !**

Siehe auch Bd.10 dieser Reihe, Seite 29 - 33 und Bd.15 Seite 25

Achtung !

Bitte beachten Sie im eigenen Interesse unbedingt alle Sicherheits- und Schutzhinweise!

2 Funktionsbeschreibungen und Reparaturanleitungen

Darum geht's

- Geräte kennenlernen
- Ihre Funktionen erklärt bekommen
- Kausale Zusammenhänge deuten
- Fehler finden
- Fehler beheben
- Werkzeuge richtig einsetzen
- Minimierung der Ersatzteilkosten

Wäsche-trockner

Wäsche, die gewaschen wurde, muß auch wieder getrocknet werden. Seit uralten Zeiten benutzte man hierzu die Kraft des Windes und die Energie der Sonne. In der Zeit der fortschreitenden Industrialisierung wurde immer mehr Wohnraum für die arbeitende Bevölkerung in Arbeitsplatznähe benötigt. Wo viele Menschen auf engem Raum miteinander leben, gibt es hohe Häuser und viele Mauern, also wenig Freiraum für eine ausladende Wäscheleine. Und da ist noch die zunehmende Luftverschmutzung anzuführen. Man erfand daher den Wäschetrockner, einen Minikosmos mit künstlicher Sonnenkraft und künstlichem Wind, der auch in der dunkelsten Wohnung funktioniert, immer dann, wenn man es mag. Dieses Wunderwerk der Ingenieurkunst wurde in den letzten 25 Jahren immer mehr verbessert. Hauptsächlich wurde einerseits daran gearbeitet, das Trockenergebnis der Leinentrocknung so nahe zu bringen wie möglich, andererseits muß bei steigenden Energiekosten die Trocknung der Wäsche so ökonomisch wie möglich ablaufen. Auch bei zunehmender Miniaturisierung der Steuereinheiten solcher Geräte hat sich das Grundprinzip der Arbeitsweise in den Jahren nicht geändert. Die Physik ändert eben ihre Gesetze nicht.

Bei Wäschetrocknern unterscheidet man im wesentlichen zwei Bauarten. Abluft- bzw. Umluftrockner und Kondensationstrockner. Beide Bauformen besitzen, der Waschmaschine ähnlich, eine drehbare Trommel, die von elektrisch aufgeheizter trockener Luft durchströmt wird und der Wäsche die Feuchtigkeit entzieht. Umlufttrockner heizen die angesaugte Raumluft auf, treiben sie durch die Wäsche und blasen sie nach Passieren eines Flusensiebes wieder in den Raum zurück. Solche Trockner haben unter Umständen den Nachteil, nicht überall einsetzbar zu sein. Die feuchtigkeitsgeladene Abluft muß irgendwo bleiben. In einem Raum mit kaltem Mauerwerk und schlechter Belüftung, würde das Wasser an Wand und Boden kondensieren und könnte hier zum Problemfall werden. Zudem würde das Ansaugen von bereits feuchter Luft den Wirkungsgrad des Gerätes herabsetzen. Deshalb werden von allen Herstellern Kanal-, Rohr- oder Schlauchsysteme mit der Nennweite 100 mm empfohlen, die die Abluft aus dem Hause hin-

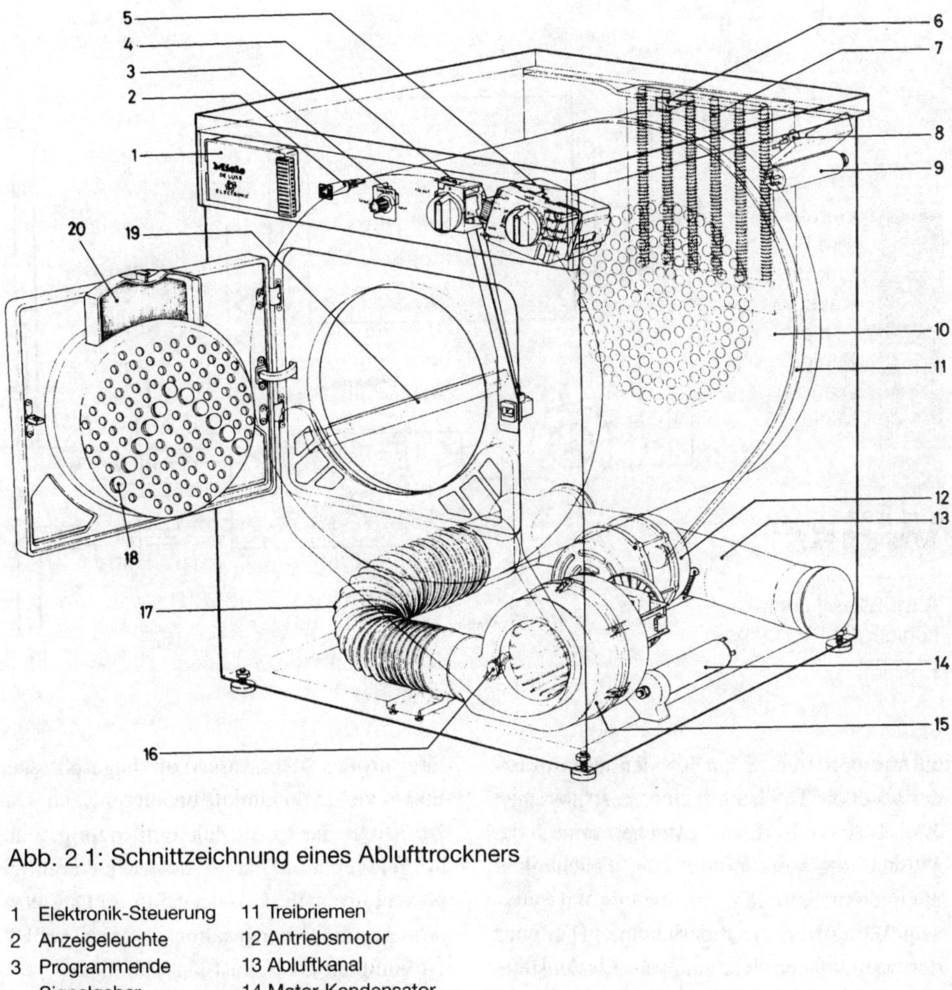

Abb. 2.1: Schnittzeichnung eines Ablufttrockners

1 Elektronik-Steuerung
2 Anzeigeleuchte
3 Programmende Signalgeber
4 Türverriegelungsschalter
5 Programmschaltwerk
6 Temperaturbegrenzer
7 Heizregister
8 Netzklemmen
9 Entstörkondensator
10 Trommel
11 Treibriemen
12 Antriebsmotor
13 Abluftkanal
14 Motor-Kondensator
15 Gebläse mit Motor
16 Thermostat
17 Abluftschlauch
18 Feuchtigkeitssensoren
19 Trommelrippe
20 Flusensieb

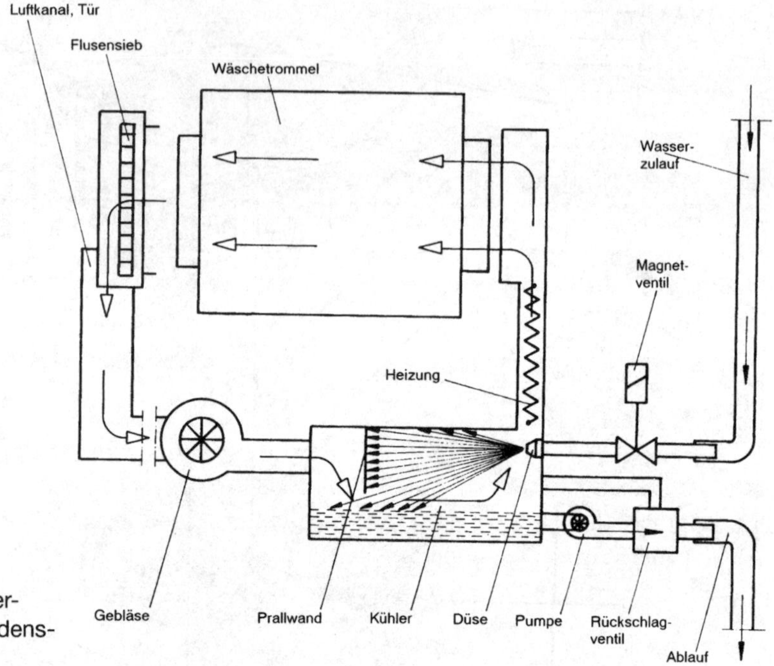

Abb. 2.2: Wasserkühlung im Kondenstrockner

austransportieren. Beim Kondensationstrockner bildet die Trockenluft einen geschlossenen Kreislauf. Die Luft wird aufgeheizt, durch die Wäsche geblasen, nimmt dort Feuchtigkeit auf und durchströmt dann eine luft- oder wassergekühlte Kondensationskammer. Hier wird der Taupunkt erreicht und das kondensierte Wasser wird in einem Tank aufgefangen oder über eine Abwasserleitung der Kanalisation zugeführt. Die entwässerte Luft wird nun wieder aufgeheizt und der Wäsche erneut zugeführt. Bei der Luftkühlung wird über ein zweites Gebläse trockene Raumluft angesaugt und nachher auch wieder trocken abgegeben.

Bei der Wasserkühlung wird das Gerät wie eine Waschmaschine zusätzlich zum Stromnetz an das Trinkwassernetz angeschlossen und bezieht von hier die benötigte Kälte. Das ist in der heutigen Zeit eine richtig teure Angelegenheit, da Wasser bekanntlich wesentlich mehr kostet als Strom. Das Wasser, das die Kondensationskammer verläßt, ist komplett als Verlust abzuschreiben.

Kondensationstrockner mit Luftkühlung haben den Nachteil, daß sie nicht in engen, schlecht belüfteten Räumen betrieben werden sollten, da sich die immer wärmer werdende Raumluft negativ auf den Wirkungsgrad auswirkt. Wassergekühlte Trockner haben aufgrund der zwei benötigten Versorgungsanschlüsse eine begrenzte Standortwahl zur Folge.

2.1 Wie funktioniert ein zeitgesteuer-ter Trockner?

Rein zeitgesteuerte Trockner gehören zur ersten Generation dieser Geräteart und es handelt sich durchweg um Ablufttrockner. Wie arbeitet nun solch ein Gerät?

Durch die Türöffnung wird die Trommel mit der feuchten Wäsche beschickt. Erst bei wieder geschlossener Tür, durch das damit verbundene Schließen eines elektrischen Kontaktes, ist das Gerät betriebsbereit. Je nach Art und Menge der eingebrachten Wäsche wird am Zeitwähler die Trockenzeit vorgegeben und an einem oder zwei daneben angebrachten Wippschaltern die Heizleistung eingestellt. Meist ist das bei Stufe 1 ca. 2 kW und bei Stufe 2,3 kW Heizleistung.

Mit dem Drücken des Hauptschalters (Signallampe brennt) ist das Gerät eingeschaltet und der Trockenprozeß läuft ohne weitere äußere Maßnahmen nach den vorher eingestellten Bedingungen ab.
Der Gebläse-Trockner in meinem Beispiel trocknet nach dem Längsstromprinzip, das heißt, das Radialgebläse saugt Luft längs, also in Richtung Trommelachse, durch die Trommel. Der Strömungspfad der Luft ist in der Prinzipzeichnung gezeigt. Im Innern der Ummantelung wird die Luft mit relativ geringer Strömungsgeschwindigkeit vom Boden her angesaugt und erwärmt sich teilweise schon durch Nutzung der Abstrahlungswärme beim Umspülen der Trommel. Durch Schlitze im oberen Teil des Heizkastens strömt die Luft durch diesen nach unten und erwärmt sich am Heizregister. Die warme Luft gelangt nun durch den gelochten Boden in das Innere der Trommel und wird durch das Flusensieb und den sich anschließenden Abluftkanal über das Gebläse in die Abluft-Leitung geführt.

Der Antriebsmotor läßt über einen Riemenantrieb die Trommel rotieren und somit wird die zu trocknende Wäsche im warmen Luftstrom bewegt. Entsprechend der anstehenden Lufttemperatur in der Trommel verdampft das in der Wäsche gebundene Wasser, das heißt, jedes Kilogramm durchflutender Luft wird mit einigen Gramm Wasser beladen und durch das Gebläse nach außen geführt. Mit zunehmender Trockenzeit wird der Feuchtigkeitsgehalt in der Wäsche immer geringer. Folglich wird die zum Verdampfen des Rest-

Querstrom- und Längsstrom-Trockner

Trommeltrockner haben sich als die in der Praxis brauchbarsten Konstruktionen erwiesen, nicht zuletzt, weil sie sich in Aussehen und Abmessungen den stirnbeschickten Waschautomaten angleichen lassen. Nach der Art der Luftführung unterscheiden sich zwei Typen: Querstrom- und Längsstrom-Trockner. Bei der erstgenannten Konstruktion ist der Trommelmantel gelocht. Dagegen sind beim Längsstrom-Trockner die Stirnseiten der Trommel bzw. die Bullaugentür gelocht, so daß die warme Luft achsial durch die Trommel strömen kann. Alle Geräte auf dem deutschen Markt sind nach diesem Prinzip konstruiert worden.

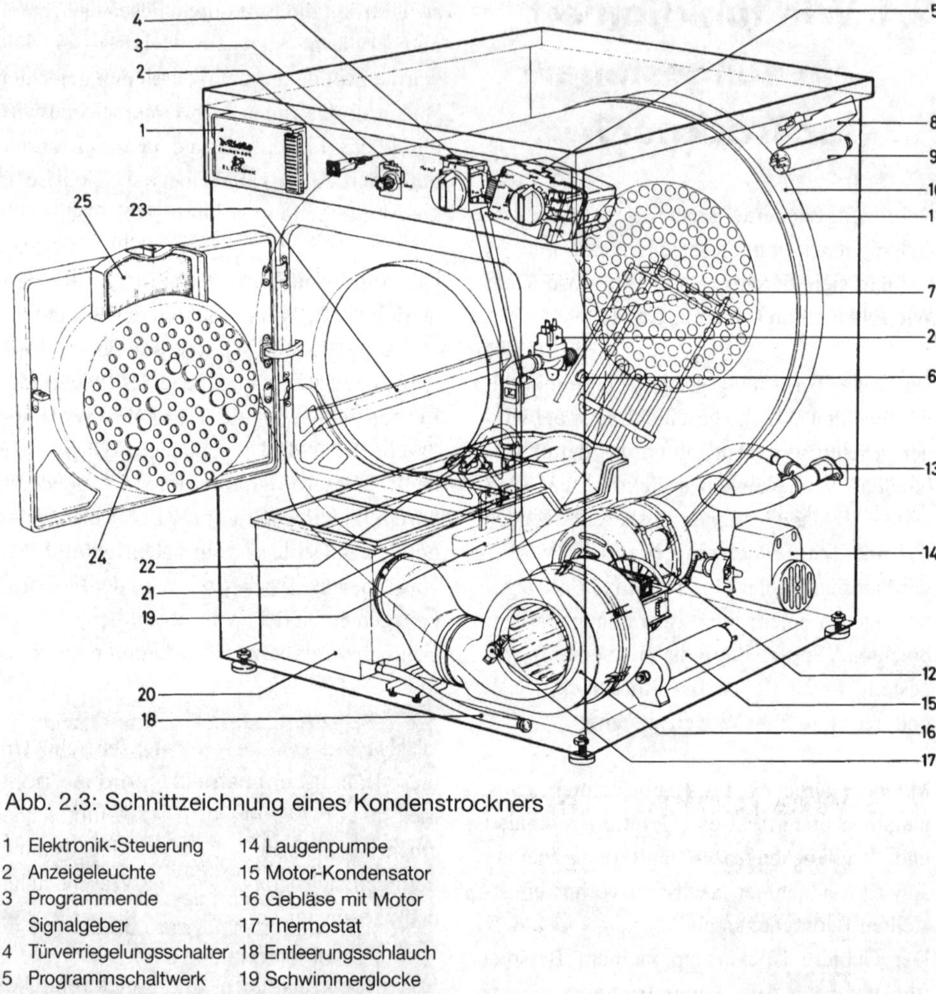

Abb. 2.3: Schnittzeichnung eines Kondenstrockners

1 Elektronik-Steuerung
2 Anzeigeleuchte
3 Programmende Signalgeber
4 Türverriegelungsschalter
5 Programmschaltwerk
6 Temperaturbegrenzer
7 Rohrheizkörper
8 Netzklemmen
9 Entstörkondensator
10 Trommel
11 Antriebsriemen
12 Antriebsmotor
13 Rückschlagventil
14 Laugenpumpe
15 Motor-Kondensator
16 Gebläse mit Motor
17 Thermostat
18 Entleerungsschlauch
19 Schwimmerglocke
20 Kondenskasten
21 Mikroschalter
22 Sicherheitsthermostat
23 Trommelrippe
24 Wäschesensoren
25 Flusensieb
26 Wasserzulaufventil

wassers notwendige Wärmemenge ebenfalls kleiner, so daß bei konstanter Wärmezufuhr die Ablufttemperatur steigt. Bei Überschreitung der Grenztemperatur von ca. 50° C im Abluftkanal schaltet ein Temperaturbegrenzer die Heizung ab, alle anderen Funktionen laufen von der Zeituhr gesteuert weiter.

Der Zeitwähler bestimmt nach der Größe des Einstellwinkels die Dauer des Trockenprozesses und zwar wird nach Ablauf der vorgewählten Zeit zuerst die Heizung abgeschaltet und nach weiteren 5 Minuten, einer sogenannten Abkühlzeit, schaltet der Trockner selbsttätig aus, (Signallampe erlischt). Drückt man den Hauptschalter in die Nullstellung, ist das Gerät allpolig vom Netz getrennt. Der Temperaturwächter dient als Sicherheitsthermostat und wirkt bei Überhitzung (z. B. verstopftes Flusensieb) unmittelbar auf die Heizung.

2.2 Wie funktioniert ein elektronisch gesteuerter Trockner?

Die Verwendung elektronischer Steuerungen für Wäschetrockner macht die Bedienung einfacher und präzisiert den Trocknungsvorgang ungemein. Bei diesen Geräten ist es möglich, die Wäsche mit speziellen Programmen, wie zum Beispiel mangeltrocken, bügeltrocken oder schranktrocken auf die eventuell benötigte Restfeuchte zu bringen, um sie dann weiter zu bearbeiten.

Fragen wir zunächst, wie das funktioniert. Wie wird erreicht, daß der Trockner auch wirklich dann zu arbeiten aufhört, wenn die Wäsche den vorgewählten Trocknungsgrad erreicht hat?

Die Trommel wird beladen. Die Restfeuchte der Wäsche sollte 70 – 80% nicht überschreiten, um die Laufzeit nicht unnötig zu verlängern. Nach Schließen des Türkontaktes ist das Gerät betriebsbereit. Diese Sicherheitseinrichtung verhindert, daß man bei geöffneter Tür in die sich drehende Trommel fassen kann. Der Wahlschalter wird auf den gewünschten Trocknungsgrad gestellt und der Trockenvorgang läuft vollautomatisch ab.

Auf dem Weg durch die Trommel nimmt die Luft Wasserdampf auf. Im Interesse einer schnellen und wirtschaftlichen Trocknung muß das Trockengut dem warmen Luftstrom voll ausgesetzt werden. Zusammengeballte Wäsche trocknet bekanntlich schlecht. Um diese Ballung zu verhindern, wird die Trommel ständig von einem Antriebsmotor über einen Riementrieb gedreht. In der Trommel befinden sich Rippen, die die Wäsche anheben und sie auflockern.

Erst nach einem Signal der elektronischen Steuereinheit dreht sich der Knebel des Wahlschalters schrittweise der Endposition entgegen. Ein paar Minuten vor Programmende wird die Heizung ausgeschaltet, der Wahlschalter durchläuft den entsprechenden Bereich der Skala und die Abkühlphase wird eingeleitet, um die Wäsche vor Knitterfalten zu schützen. Überdies müssen sich nach der Abschaltung der Heizung auch die Berührungsflächen des Trockners (Innenteile der Tür, Trommel usw.) abkühlen. Nach der Abkühlzeit ist der Trockenvorgang beendet, die Wäsche kann entnommen werden.

Geschieht dies nicht und die Tür wird nicht gleich geöffnet, fährt der Trockner automatisch einen „Knitterschutz-Intervall-Betrieb“, das heißt, er wird in Abständen von einer halben Minute für einige Sekunden lang ohne Heizung betrieben. Gleichzeitig ertönt ein akustisches Signal.

Funktionen der elektronischen Steuereinheit

Die elektronische Steuereinheit in Verbindung mit einem Timer steuert den Programmablauf, welcher sich in 4 Schaltstufen aufteilt:Stromversorgung, Wäschesensor, Anpassungsstufe und Kippstufe.

Stromversorgung

Ein Transformator (m1), ein Brückengleichrichter (n 1) und ein Glättungskondensator (C1) bilden die Stromversorgung. Der Transformator spannt die Netzspannung auf ca. 21,5 V um. Mit dem Brückengleichrichter und einem Elektrolytkondensator wird sie gleichgerichtet und geglättet.

Wäschesensor

In einer der Rippen in der Trommel befindet sich ein Kondensator (C4), dessen zwei Kontakte in die Trommel zeigend auf der Rippe angebracht sind. Zwei Fühlerkontakte sind außen auf die Trommel geführt. Durch die Drehbewegung der Trommel werden die feuchte Wäsche und der Kondensator in der Rippe während jedes Umlaufs über die Fühler und Doppelkontakte dem Kondensator (C3) in der Anpassungsstufe parallelgeschaltet. Er entlädt sich, solange die feuchte Wäsche einen genügend kleinen Widerstand hat. Mit zunehmendem Trocknungsgrad der Wäsche wird ihr Leitwert schlechter, sie wird hochohmiger. Das hat zur Folge, daß von einem bestimmten Zeitpunkt an keine Entladung an dem Kondensator C4 in der Rippe und dem Kondensator C3 mehr stattfindet. Der Kondensator in der Rippe sorgt nun dafür, daß C3 bei jeder Umdrehung einen zusätzlichen Ladungsstoß erhält, da er während jeder Umdrehung zunächst die Schleifkontakte der Versorgungsspannung berührt, sich hier auflädt und dann der Wäsche und dem Kondensator C3 parallelgeschaltet wird. Fällt die Entladung beider Kondensatoren durch feuchte Wäsche fort, bewirkt der C4 in der Rippe, daß der Kondensator C3 voll bleibt.

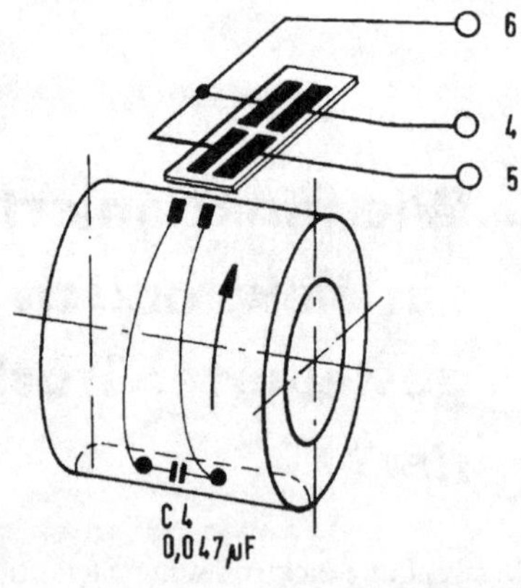

Abb. 2.4: Die Beschaltung der Trommelrippe

Anpassungsstufe

Über diese Stufe wird eine Anpassung vom Sensor an die Kippstufe erreicht. Der Transistor T1 (npn Typ BC-109 C) ist in einer Kollektor-Emitter-Strecke zunächst niederohmig

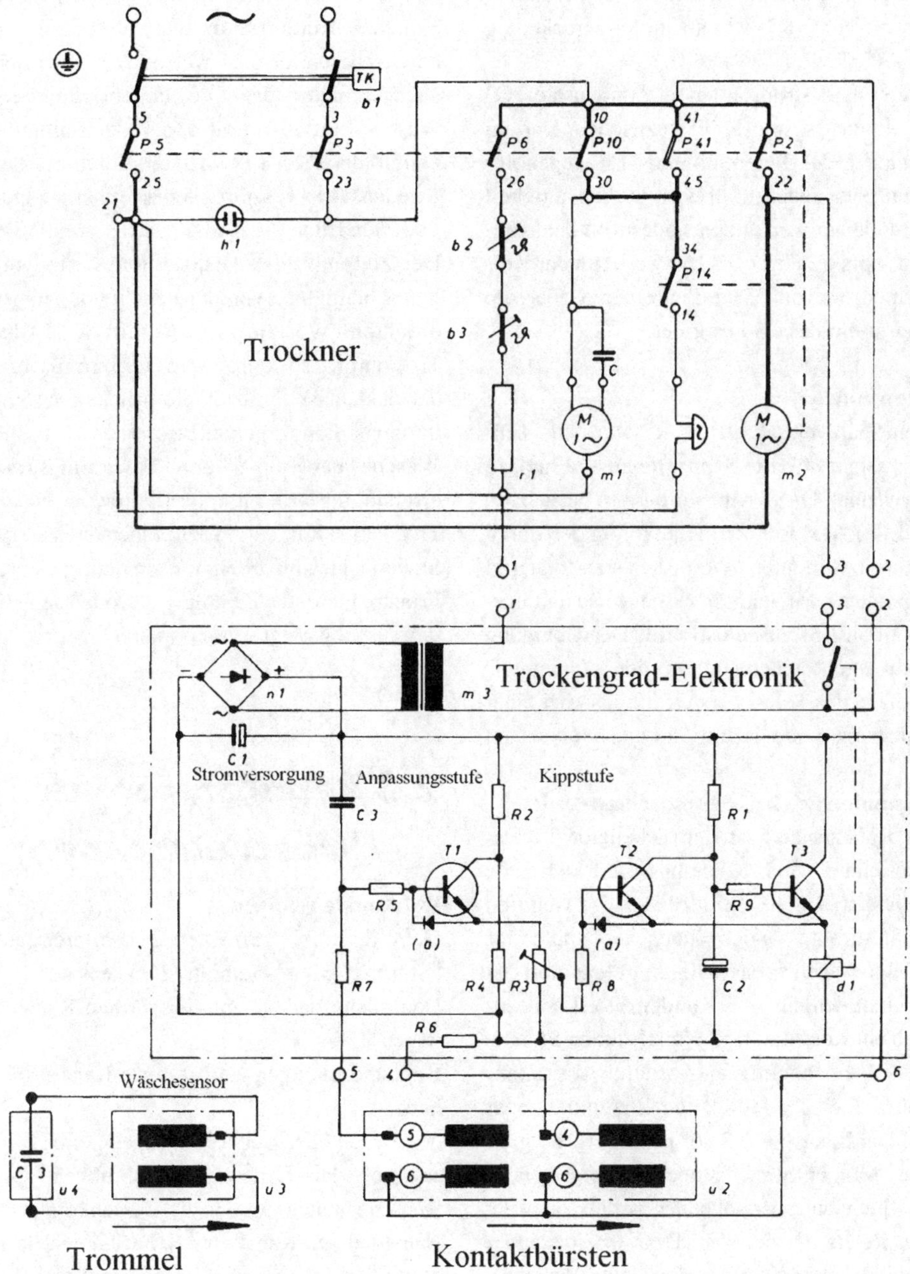

Abb. 2.5: Die Trockengrad-Elektronik

(leitend), da ein Ladestrom auf den Kondensator C3 über R3 -Basis-Emitter-Strecke von T1 -R5 fließt.
Dieser Ladestrom auf den Kondensator C3 ist als Basisstrom für T1 anzusehen. Der am Schleifer des Potentiometers R3 abgenommene Spannungsabfall wird in Abhängigkeit vom kleiner werdenden Ladestrom des Kondensators C3 ebenfalls kleiner, denn der Kollektorstrom von T1 wird in seiner Größe vom Ladestrom des C3 bestimmt.

Kippstufe
Der Spannungsabfall an R3 wird als Eingangssignal für die Kippstufe aus T2 und T3 verwendet. Diese Kippstufe ist so aufgebaut, daß das Auslösen des Kippvorganges durch einen bestimmten Wert der sich dauernd ändernden Eingangsspannung (Spannungsabfall an R3) ausgelöst wird. Der Übergang vom „nicht leitenden" in den „leitenden" Zustand des Transistors erfolgt also bei einer Spannungsherabsetzung.

Zusammenwirken der einzelnen Stufen
Im Ruhezustand ist der Transistor T2 leitend und T3 sperrt. Daran ändert sich auch nichts, wenn die Emitter der Transistoren nicht direkt, sondern über die Spule des Relais d1 an Masse (Minus) gelegt sind. Ist der Ladevorgang am Kondensator C3 beendet, ist auch die Kollektor-Emitter-Strecke an T1 hochohmig geworden. Am Spannungsteiler R3 fällt keine Spannung mehr ab. Die Basis von T2 wird gesperrt. Im gleichen Moment wird T3 über R1 aufgesteuert. Es fließt ein ausreichender Kollektorstrom, das Relais d1 zieht an. Der Arbeitskontakt des Relais wirkt auf den Timermotor m^2. Von nun an durchläuft der Knebel des Wahlschalters den angewählten Winkel auf der Scala bis zum Knitterschutz-Intervall-Betrieb in bereits beschriebener Weise. Wie wird nun aber erreicht, daß die Feuchtigkeit der Wäsche Einfluß auf die Trockenzeit nimmt?
Durch den Sensor wird die Ladezeit des Kondensators C3 durch jedes Waschgut entsprechend der eigenen Feuchte beeinflußt. Der Zeitpunkt der Auslösung des Kippvorgangs hängt also von der Feuchte der eingebrachten Wäsche ab. Somit wird der Trockenprozeß durch die Elektronik und den sich anschließenden zeitlichen Ablauf in seiner Länge genau bestimmt wird. Die Wäsche hat immer den Trocknungsgrad erreicht, der programmiert wurde.
Trockner mit in den Programmer integrierter Steuerelektronik arbeiten nach dem gleichen Prinzip, nur daß die Fühlerelektroden auch in die Tür eingesetzt sein können.

2.3 Reparaturen an Wäschetrocknern

Luftkanäle reinigen
Geht der Ablufttrockner des öfteren auf „Störung" trotz gereinigtem Flusensieb?
Dann kann das an staubüberfüllten Kanälen liegen.
Blindabdeckungen der „toten" Kanäle öffnen.
Mit Besen oder Bürste die abgelagerten Flusen von den Kanalwänden abrubbeln. Sie werden staunen, was da zusammenkommt.
Eventuell den Kanal vom Schneckengehäuse der Lüftereinheit zum Verteilerkanal abbauen und separat reinigen.

Möglichst alle Kunststoffteile des Kanalsystems mit warmer Lauge reinigen.
Remontage im umgekehrten Sinne der Demontage.
Vor Montage der Blindabdeckungen Gerät ohne Wäsche einmal frei durchatmen lassen. Der Programmer läuft dann in ein paar Sekunden einmal herum.

Trommellager fetten
Gerät von der Rückseite zugänglich machen.
Rückwand abnehmen, wenn Trommellager nicht in der Rückwand eingebaut ist.
Trommellagerabdeckung, meist von oben angebracht, durch Herausklipsen einer Rastnase oder durch Lösen einer Blechschraube öffnen.
Eventuell verharztes Maschinenfett entfernen.
Gutes Depotfett um die Achslagerkugel verteilen, dabei Trommel von Hand drehen.
Remontage im umgekehrten Sinne.

Antriebsriemen wechseln
Gerät vom Netz und anderen Anschlüssen trennen.
Deckel abbauen, entweder durch entfernen von Schrauben oder Klammern an der Rückwand oder durch Eindrücken einer oder mehrerer Klammern über den Spalt zwischen Bedienblende und Maschinendeckel (Malerspachtel kann dienen).
Rückwand abschrauben. Achtung ! Bei manchen Geräten hängt das Trommellager an der Rückwand! Dann muß vorher das Lager gelöst werden. Ist eine Riemenspannrolle vorhanden, haken Sie deren Feder mit Kombizange und/oder Schraubenzieher **vorsichtig!** aus. Achtung Verletzungsgefahr!
Ist der Riemen durch Motorgewicht oder Motorlagerfeder gespannt, diese Vorrichtung entlasten.
Antriebsriemen vom Antriebsrad des Motors abnehmen.
Neuen Antriebsriemen über die Trommel legen und auf Riemenspur des alten plazieren.
Remontage im umgekehrten Sinne.
Dabei auf präzise Riemenführung achten, sonst läuft er von der Spannrolle.

Antriebsmotor wechseln
Gerät vom Netz und anderen Anschlüssen trennen.
Maschine auf die Seite legen, dabei Teppichrest oder Decke als Schutz unterlegen.
Ist eine Treibriemenspannrolle vorhanden, haken Sie deren Feder **vorsichtig!** aus.
Treibriemen vom Antriebsrad des Motors abnehmen.
Einzelne Flachstecker oder Kombistecker vom Motor abziehen, dabei Rastnasen nicht abbrechen. Bei Einzelsteckern deren Position anhand der Aderfarben vorher aufschreiben oder Zeichnung anfertigen.
Motor vom Motorlager abmontieren.
Remontage im umgekehrten Sinne, dabei auf präzise Riemenführung achten, sonst läuft er von der Spannrolle. Spannrolle kann nachjustiert werden.

Gebläsemotor wechseln
Gerät vom Netz und anderen Anschlüssen trennen.
Maschine auf die Seite legen, dabei Teppichrest oder Decke als Schutz unterlegen.Gebläsemotor auf Zugänglichkeit checken. Muß der Antriebsmotor vorher raus?
Luftkanäle vom Schneckengehäuse der Lüftereinheit trennen.
Entweder vorher oder nachher Schneckengehäuse vom Träger abschrauben.

Stecker vom Motor trennen. Dabei gilt das gleiche wie beim Antriebsmotor.
Remontage im umgekehrten Sinne.

Motorkondensator wechseln
Der Anlaufkondensator ist meist nahe am Motor eingebaut.
Gerät vom Netz und anderen Anschlüssen trennen.
Maschine auf die Seite legen, dabei Teppichrest oder Decke als Schutz unterlegen.
Ist der Kondensator gefunden, erst mit Drahtbrücke oder isolierter Zange entladen.
Befestigungsmutter vom Kondensator abschrauben. Federring nicht verlieren.
Flachstecker vom Kondensator abziehen. Anschlußfolge merken.
Remontage im umgekehrten Sinne.

Abb. 2.6: Kondensatoren, links MP-Kondensator, rechts Entstörkondensator

Entstörkondensator wechseln
Der Entstörkondensator sitzt meist nahe am Netzanschluß.
Gerät vom Netz und anderen Anschlüssen trennen.
Deckel abbauen.
Hat der Kondensator eine Staubschutzkappe, diese entfernen, oder den Kondensator aus ihr heraushebeln.
Steckanschlüsse abziehen.
Neuen Kondensator in umgekehrter Reihenfolge montieren.
Achtung! Drähte nicht verwechseln.
Achtung! Bei manchen Geräten befinden sich zusätzliche Entstörkondensatoren am Programmschaltwerk. In diesem Falle müssen die Arbeitsschritte *„Programmschaltwerk ausbauen“* vorher durchgeführt werden.

Programmschaltwerk wechseln
Gerät vom Netz und anderen Anschlüssen trennen.
Deckel abbauen.
Schaltknopf abziehen.
Halteschrauben entfernen.
Wenn vorhanden, Staubschutzkappe entfernen.
Wenn kein Schaltplan des Gerätes vorliegt, Belegplan des Schaltwerks anfertigen. Immer Klemmennummer mit Aderfarbe zuordnen. (Beispiel: „Kl.34 – weiß/grau“)
Bei den Aderfarben steht die Hauptfarbe an erster und der Farbstreifen an zweiter Stelle.
Steckanschlüsse abziehen.
Remontage im umgekehrten Sinne, dabei Klemmfehler vermeiden.

Trockengrad-Elektronik wechseln
Die Elektronik ist nahe dem Programmer installiert.
Deckel abbauen.
Steckverbindungen zur Fühlereinheit abnehmen.
Steckverbindungen zum Programmer abnehmen.

Elektronik vom Träger abschrauben.
Remontage im umgekehrten Sinne, dabei Klemmfehler vermeiden.

Programmende-Signalgeber wechseln

Der ist meist an der Seiten- oder Frontwand im oberen Bereich montiert.
Deckel abbauen.
Steckverbindungen zum Signalgeber abnehmen.
Signalgeber abschrauben.
Remontage im umgekehrten Sinne, dabei Klemmfehler vermeiden.

Heizung wechseln

Heizungen bei Trocknern sind meist als Stabheizkörper, Rohrheizkörper oder Heizregister ausgelegt. Sie sind in der Regel im hinteren, oberen Bereich des Gerätes zu finden. Entweder muß eine Abdeckung von der Rückwand abgeschraubt werden, oder der Gerätedeckel abgenommen und dann ein darunter befindlicher Deckel zum Heizregister entfernt werden.
Zuerst Gerät vom Netz trennen.
Heizung zugänglich machen.
Steckanschlüsse vom Heizstab oder Register abziehen.Heizung herausziehen (diese beiden Arbeitsschritte können auch in umgekehrter Reihenfolge nötig sein).
Remontage im umgekehrten Sinne, dabei Klemmfehler vermeiden.

Thermostat, (Temperaturregler Abluft) wechseln

Dieser befindet sich meist am Lüftergehäuse, oder direkt dahinter am Luftkanal.
Gerät vom Netz und anderen Anschlüssen trennen.
Maschine auf die Seite legen.
Ist der Thermostat gefunden, diesen vom Abluftkanal abschrauben.
Flachstecker abziehen.
Neuen Temperaturregler mit gleichen Maßen und gleichem Arbeitspunkt einbauen.

Überhitzungsschutz

An den meisten Heizregistern ist ein Überhitzungsschutz angebaut, der bei Versagen des Temperaturreglers im Abluftsystem und der daraus resultierenden Überhitzung auslöst. Dieser legt die Heizung lahm und schaltet meist nicht wieder selbsttätig ein. Der Austausch darf nur gegen ein Originalersatzteil erfolgen.Da die Ursache beim Thermostaten liegt, muß zuvor dieser gewechselt werden.

Tabelle 2.1: Fehlertabelle Wäschetrockner

Fehlerbild	**möglicher Defekt**	**Abhilfe**
Keine Funktion	Sicherung oder Gerätesicherung hat ausgelöst Kabel gebrochen. Türschalter defekt, mechanisch oder elektrisch Zeitschalter defekt Steuerungselektronik Relais oder Transistor	Stromzuführung überprüfen, Sicherung wechseln; austauschen. Türschalter überprüfen Per Hand betätigen ggf. autauschen Kontakte auf Durchgang prüfen, reinigen oder Schalter ersetzen Funktion prüfen austauschen
Trommel dreht nicht, Gebläse arbeitet	Keilriemen gerissen Trommelmotor defekt	Keilriemen wechseln Spannung am Motor überprüfen
Trommel läuft unruhig	Keilriemen verschlissen Zuviel Wäsche	Riemen wechseln, Trommel entlasten
Trommel macht Schleifgeräusch	Trommellager schwergängig	Wartung ggf. Austausch
Gerät arbeitet, Wäsche trocknet schlecht oder gar nicht *Bei Kondensations trockner* *Bei Wasser-kühlung*	Flusensieb dicht (wird aber meist angezeigt) Thermostat verstellt oder defekt Heizung defekt Steuerelektronik defekt Kaltluftgebläse defekt oder Ansaugstelle blockiert Steht etwas davor? Wasserzulauf fehlt Magnetventil, Aquastop	reinigen Thermostat prüfen, ggf. wechseln Spannung an der Heizung prüfen Elektronik warten Ansaugstelle freimachen Zulauf prüfen, Wasserhahn,
Wasseraustritt *Bei Wasserkühlung*	Wasserbehälter übervoll Kondensationskammer verschmutzt Pumpe defekt	leeren Kammer reinigen Pumpe prüfen
Trockner läuft endlos	Steuerelektronik oder Zeitschalter defekt	überprüfen ggf. Austausch
Wäsche eingelaufen	Temperaturwahl falsch? sonst Thermostat defekt	Thermostat prüfen, ggf. wechseln

Wasch-maschinen

Von alters her war und ist Wäschewaschen eine mehr oder minder „vergnügliche" Tätigkeit der Frauen aller Völker und aller Länder. Es dient der Reinlichkeit und läßt Rückschlüsse auf die Entwicklungstufe der einzelnen Völker zu. Das Wäschewaschen am Flußufer oder auf dem Waschbrett gehört jedoch in unseren Breiten längst der Vergangenheit an. Reisebeschreibungen aus der Dritten Welt zeigen uns per TV aber immer wieder diese Bilder.

Der Weg zum Waschvollautomaten ging über die Holz- und Metallbottichwaschmaschine mit eingebautem Wäschebeweger zur zunächst teilautomatisch arbeitenden Trommelwaschmaschine. Sie wurde im Laufe der Zeit mit Programmschaltwerken versehen, die einen Waschablauf einschließlich Spülen und Schleudern vollautomatisch steuerten. Selbstverständlich sind die ersten Schaltwerke konstruktiv noch weiter verbessert worden, bis hin zum Einsatz komplexer Microcomputersysteme, wie zum Beispiel der Fuzzy-Logic. Hier baut sich aber langsam eine Grenze für den Selbermacher auf, an der die Prozessortechnik dem normal ausgerüsteten Hobby-Reparateur keinen Zugang mehr gewährt. Beschränken wir also unsere Betrachtungen auf die Geräte, die mit elektromechanischen Baugruppen ausgerüstet sind. Das sind sowieso die interessanteren Teile für uns, denn:

Eine Programmsteuerung, gleich welcher Generation, reagiert immer auf die gleichen vor- oder nebengeschalteten Baugruppen, wie Temperaturregler, Druckwächter, Zeitglieder, Ventile und elektrische Schalter, um den Kreis der Automatik zu schließen. Diese Baugruppen sind es in der Regel auch, die bei Fehlfunktion ein Programm stoppen oder durcheinanderbringen. Der Chef, der Controller, der Programmer sitzt meistens warm und trocken ganz oben im Gerät und geht in der Regel am seltensten kaputt, weil er am besten geschützt ist. Ausschließen kann man einen Defekt dennoch nicht.

Gerätebauformen

Waschmaschinen werden als Frontlader und als Toplader angeboten.

Bei *Frontladern* sind die technischen Einrichtungen so in das Gerät eingebaut. Daß sie von unten her, von oben durch Abnahme des Deckels oder von hinten durch Abnahme der Rückwand zugänglich sind.

Bei *Topladern* ist die Trommel seitlich rechts und links gelagert, so daß ein Gegengewicht hinter oder um das Trommellager unnötig ist. Die Zugänglichkeit der Baugruppen wird hierdurch aber nicht gerade erleichtert. Toplader sind ja bei Mitmenschen mit kleiner Wohnung gerade deshalb beliebt, weil ihre Maße unterhalb der Norm liegen. Hier kommt man von unten, oder durch Abnahme einer oder mehrerer Seitenwände an die Innereien heran. An Ablauf und Funktion des Ganzen ändert das aber nichts.

3

3.1 Wie funktioniert eine Waschmaschine?

Nach Einbringen des Waschgutes wird die Tür geschlossen und ein Türkontakt legt die Steuerung an die Versorgungsspannung. Das Waschmittel wird in die beiden Kammern des Einspülkastens gegeben und dieser wieder verschlossen. Nun kann die Waschtemperatur am Thermostatregler und das gewünschte Waschprogramm mittels Knebelschalter eingestellt werden und durch Herausziehen des Knebels beginnt das Programmwerk seine Arbeit. Zuerst wird auf das Magnetventil Nr.1 im Wasserzulauf an 230 V gelegt und der Bottich füllt sich mit Wasser, das über die Einspülkammer das Waschmittel mitreißt. Je nach dem eingestellten Programm meldet der Druckwächter das Erreichen des höchsten Wasserstandes und der Programmschalter läßt den Trommelmotor anlaufen. Nach 10 Minuten und dem Aufheizen der Lauge auf ca. 30° C wird der Heizvorgang gestoppt und die Laugenpumpe eingeschaltet. Die Vorwasch-

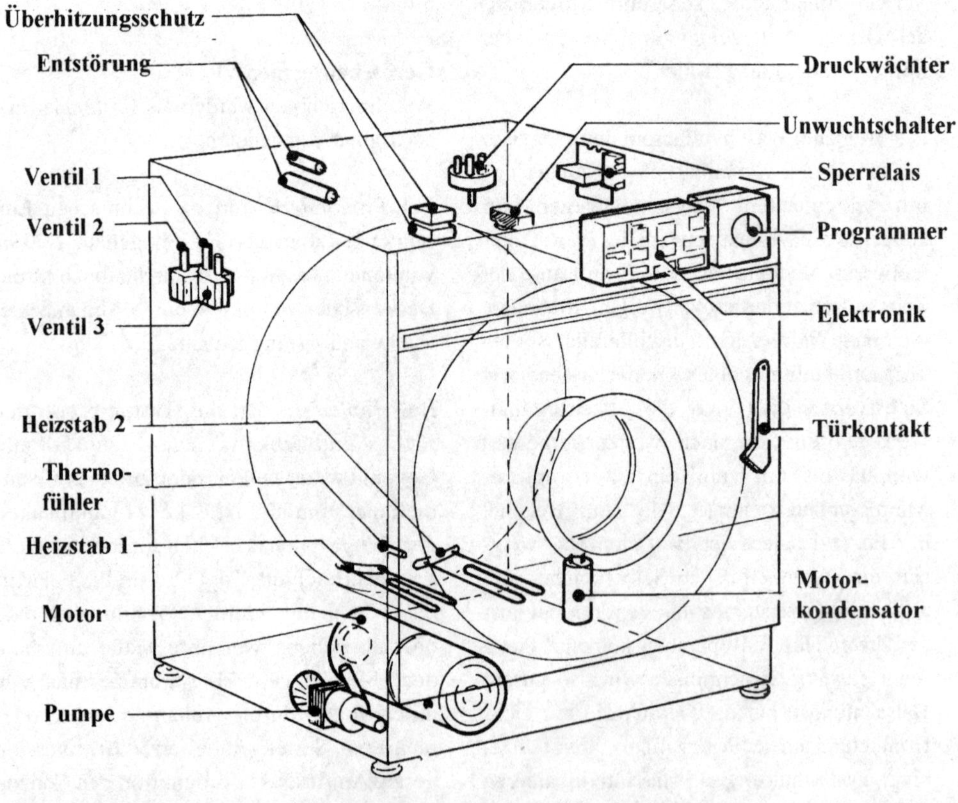

Abb. 3.1: Lage der elektrischen Baugruppen in einer Waschmaschine

lauge wird aus dem Bottich gepumpt und nach Erreichen des Rückschaltpunktes des Druckwächters wird die Pumpe abgeschaltet und im nächsten Schritt das Magnetventil Nr. 2 aufgesteuert. Der Wasserzulauf für den Hauptwaschgang erfolgt über die zweite Kammer des Einspülkastens, der Druckwächter tritt wieder in Aktion und der Thermostat schaltet den Heizstab an die Versorgungsspannung, während der Trommelmotor von der Schrittsteuerung in Intervallen auf Rechts- und Linkslauf umgesteuert wird. Nach erreichen der gewünschten Wassertemperatur schaltet der Thermostat die Heizung ab. Nach Durchlauf des Programmschalters durch den Hauptwaschgang, werden die Wicklungen des Waschmotors von der Spannung getrennt und die Laugenpumpe wird wieder eingeschaltet. Nach dem Rückschaltpunkt des Druckwächters werden die Wicklungen des Schleudermotors an Spannung gelegt und dieser bringt die Trommel meist auf die mittlere Schleuderdrehzahl. Nach Ausschalten des Schleudermotors beginnt die Klarspülphase mit entsprechendem Wasserzulauf über Kammer 2 des Einpülkastens und darauf folgt das Abpumpen, mit einigen Trommelumdrehungen zwischenzeitig. Die Spülphase ist ein hauptsächlich zeitgesteuerter Vorgang, der nur vom Druckwächter für den hohen Wasserstand beeinflußt wird. Abschließend, bei manchen Waschprogrammen auch zwischendurch wird der Schleudermotor in Betrieb genommen. Auch dieser Vorgang ist zeitgesteuert. Nachdem die Wäsche abschließend mit der höchsten Drehzahl geschleudert wurde, erreicht der Programmschalter seinen Ausgangspunkt wieder und ein akustisches Signal ertönt.

3.2 Der Programmschalter

In den gängigen Waschautomaten übernimmt das Programmschaltwerk wesentliche Steuerungsaufgaben. Es ist die Kombination eines Programmwerkes und eines Programmwahlschalters. Die Verbindung zu den übrigen Steuerungsteilen, wie zum Beispiel Druckwächter, Thermostat und anderen, wird über einen Kabelbaum hergestellt. In der Regel sind alle Leitungsenden mit Flachsteckern versehen, die auf die Steckfahnen der Baugruppen aufgeschoben sind.

Zum Programmspeicher gehören Steuermotor, Wendesteuerung, Zeit- und Schrittkontakt-System, Kontaktplatine und die Programmwerk-Kontakte. Dem Steuermotor ist ein Widerstand vorgeschaltet, dadurch liegt am Motor nicht die volle Steuerspannung von 230 V an, so daß der Schiebeanker des Steuermotors nicht voll in das Drehfeld gezogen ist, und damit in dieser Position keine Schaltfunktionen anfahren kann.

Eine mit dem Antriebsritzel des Steuermotors in Verbindung stehende Zahnradgruppe bewirkt das rhythmische Schalten der Wendesteuerung und des Feinwaschkontakts. Die Zeitkontakte werden nach 1 min bzw. 3 min ebenfalls geschlossen und nach jedem Schrittwechsel wieder geöffnet. Eine Programmfunktion übernehmen die Zeitkontakte allerdings nur in Verbindung mit Kontakten im Programmspeicher und Wahlschalter.
Kommt es durch die Zeitkontakte in Verbindung mit den dazu in Reihe liegenden Pro-

grammwerk-Kontakten zu einer Überbrückung des Vorwiderstandes, wird der Schiebeanker des Steuermotors voll ins Drehfeld gezogen. Eine Überbrückung des Vorwiderstandes kann auch durch die Kontaktplatine in Verbindung mit den dazu in Reihe liegenden Wahlschalterkontakten erfolgen.

Durch die hochgezogene Achse des Schiebeankers wird über einen Schalthebel eine Zahnradgruppe eingekuppelt. Dadurch schließt der Schrittkontakt. Die Schließdauer des Kontaktes beträgt 0,6 Sekunden pro Schritt. Der Schrittkontakt begrenzt in jedem Fall den Schaltschritt. Gleichzeitig überträgt sich die Drehbewegung des Steuermotors auf den äußeren Zahnkranz der Nockenscheibe des Programmspeichers. Auf diese Weise kommt die im Schließungsschema der Programmwerk-Kontakte festgelegte Kontaktgabe zustande.

Auf der Rückseite der Nockenscheibe sind die Schleifkontakte passend zur Kontaktplatine angebracht. Die Kontaktplatine ist in das Steuersystem des Programmspeichers so eingegliedert, daß von ihr Ströme weder ein- noch ausgeschaltet werden. Eine Zeigerscheibe auf der Bedienblende des Gerätes läuft synchron mit der Nockenscheibe des Programmspeichers und zeigt an, welche Phase des Programmablaufes das Schaltwerk jeweils ansteuert. Ein Schrittwechsel kann aber auch durch einen Fremdimpuls eingeleitet werden. Fremdimpulse können entweder von Thermostaten oder vom Druckwächter gegeben werden. Vom Thermostaten z.B. nach Erreichen der vorgegebenen Temperatur, vom Druckwächter z.B. nach Erreichen des vorgeschriebenen Wasserstandes.

Der Programmwahlschalter als Teil des Schaltwerkes hat je nach Hersteller und Modell 10 – 18 verschiedene Schalterpositionen. Er wird jeweils über zwei Rasthebel in einem Rasterstern arretiert. Stern und Programmnocken bilden ein Ganzes und sind aus einem Stück. Die Programme werden mit einem Schaltknopf gewählt, der auf der Achse des Programmschalters aufgesteckt ist.

Die Ein-Aus-Schaltung des Gerätes wird bei den meisten Maschinen durch Herausziehen oder Hineindrücken des Schaltknopfes bewirkt. In der 0-Stellung wird das Schaltwerk und damit das ganze Gerät allpolig vom Netz getrennt.

3.3 Der Druckwächter

Der Druckwächter ist in ein Bakelit-Gehäuse eingebettet, in dem die Kontakte und die Schnappschalter eingenietet sind. Das Gehäuse hat eine Metallabdeckung mit eingesetztem Düsen-Anschlußrohr. Zwischen Gehäuse und Abdeckung ist die Gummimembrane angeordnet. Gehäuse, Membrane und Abdeckung sind zusammengepreßt und die Metallabdeckung gebördelt. Dadurch entsteht zwischen Abdeckung und Membrane ein abgedichteter Raum mit nur einer Düsenöffnung im Anschlußrohr. Da beim Waschen und Spülen mit verschiedenen Wasserständen gearbeitet wird, sind je nach Hersteller in die Geräte entweder zwei Einzel- oder ein Doppel-Druckwächter eingesetzt. Der Grundaufbau und die Funktion des Einfach- und Doppel-Druckwächters sind identisch. Der Doppel-Druckwächter arbeitet mit zwei unabhängigen Schaltmechanismen, die von einer Membrane betätigt werden.Um die gewünschte Einschaltpunkt-Einstellung zu erreichen, wird die Federkraft durch eine Justierschraube genau eingestellt. Die Stellung des normalerweise offenen Kontaktes bestimmt den Druck, bei welchem der Schalter zurückschaltet. Diese Position wird durch eine zusätzliche Einstellschraube justiert.In der gesamten Steuerung übernimmt der Druckwächter das Ausschalten des Magnetventils. Eingeschaltet wird jeweils vom Programmschaltwerk. Erst nach dem Ausschalten des Magnetventils wird als nächster Programmschritt die Heizung angesteuert. Er bewirkt außerdem, daß nach Beendigung des Wassereinlaufs die Waschtrommel den Drehrhythmus aufnimmt

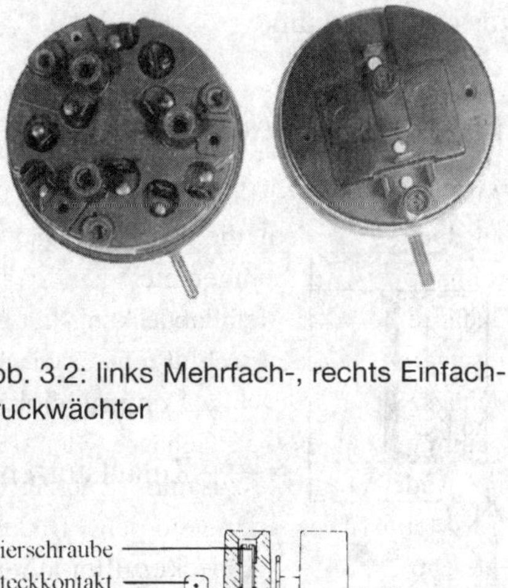

Abb. 3.2: links Mehrfach-, rechts Einfach-Druckwächter

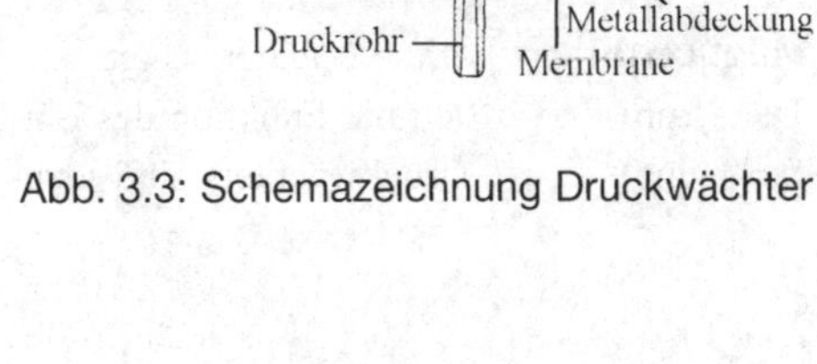

Abb. 3.3: Schemazeichnung Druckwächter

3.4 Das Magnetventil

Der Wassereinlauf zu den einzelnen Wasch- bzw. Spülgängen wird durch ein elektrisch gesteuertes Magnetventil freigegeben. Da das Waschmittel für Vor- und Hauptwäsche durch zwei voneinander getrennte Kammern im Einspülkasten mit dem einlaufenden Wasser in die Waschtrommel gespült wird, ist der Einsatz eines Doppelventils notwendig.

Diese bestehen im allgemeinen aus einem in Metall oder Kunststoff eingebetteten Magnetsystem mit Flach- oder Rundanker. Der eigentliche Ventilkörper umschließt den Wasserdruckraum mit Membrane. Im Einlaufstutzen befindet sich ein Schmutzsieb und eine „Constant-Flow-Scheibe" zur Regelung der gleichen Durchflußmenge bei verschiedenen Leitungsdrücken.

Der Arbeitsbereich liegt zwischen ca. 0,3 und 10 Bar Leitungsdruck. Die Steuerspannung der Magnetspule entspricht in der Regel der Netzspannung von 230 V. Bei geschlossenem Ventil ist der Wasserdruckraum gefüllt. Gleichzeitig strömt über eine Ausgleichsbohrung Wasser mit dem gleichen Druck auf den Ventilteller und drückt diesen mit der Membrane auf den Ventilsitz. Sobald an das Magnetsystem Spannung gelegt wird, entsteht ein Magnetfeld, welches den Anker

3

Abb. 3.4: Einfach-Magnetventil

nach unten zieht. Damit wird die zentrische Bohrung im Ventilteller geöffnet, so daß der auf dem Ventilteller lastende Druck spontan abgebaut wird. Da von der Wasserraumseite her jetzt ein höherer Druck auf der Membrane liegt, hebt sich diese vom Ventilsitz ab und läßt Wasser in das Gerät strömen.

Wenn das Ventil spannungslos wird, löst sich der Anker von der Magnetplatte und wird mittels Federkraft wieder auf die zentrische Bohrung gedrückt. Über die Ausgleichsbohrung baut sich jetzt wieder ein Überdruck unterhalb des Ventiltellers auf und dichtet den Ventilsitz mit einer gewissen Schließver-

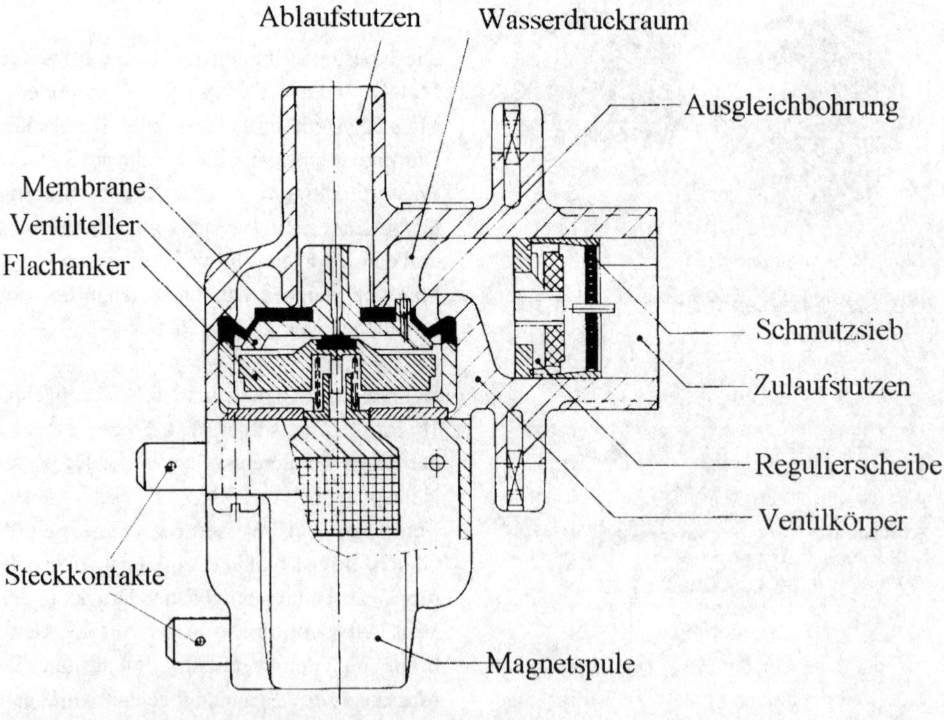

Abb. 3.5: Funktionsschema Magnetventil

zögerung ab.Dem Magnetventil vorgelagert ist im Wasseranschlußstutzen ein Sieb eingebaut, zum Schutz vor Verunreinigung.

3.5 Der Thermostat

Übernimmt in einem Waschautomaten die Steuerung der wäschegerechten Temperatur, das heißt, er verhindert den nächsten Schaltschritt solange, bis die zum gewählten Programm gehörende Temperatur erreicht ist. In der Regel kommen sogenannte Dreistufenthermostate zum Einsatz, die auf 30° C, 60° C und 95° C justiert sind.

Welche Schaltpunkte der Thermostat Ihres Gerätes einhält, können Sie an der Programmschalterblende oder im Handbuch zum Gerät erfahren.

Die Arbeitsweise der Thermostate ist den Druckwächtern ähnlich. Der für den Schnappschalter-Mechanismus erforderliche Schaltdruck wird hierbei jedoch nicht mit Luft- sondern mit Flüssigkeitsdruck erzeugt. Er wird durch sehr starke Volumenänderung bei Erwärmung einer im Wärmefühler des Thermostaten enthaltenen Flüssigkeit hervorgerufen. Über eine Kappilare wird der Druck auf eine Metallmembrane im Thermostatgehäuse übertragen, die sich ausdehnt und dabei den erforderlichen Schaltdruck erzeugt. Mit Hilfe von Justierschrauben können die Umschaltdrücke der drei Schnappschalter so eingestellt werden, daß bei jedem Erreichen einer jeweiligen Temperaturschwelle einer der ihr zugeordneten Kontakte schaltet.

3.6 Antriebsmotoren

Die bei Waschautomaten vorkommenden Antriebsmotoren sind allesamt Wechselstrommotoren. Es liegt auf der Hand, daß diese Motoren eine Besonderheit darstellen, da die Geräte ja zwei Geschwindigkeiten fahren, die zwischen Waschen und Schleudern erhebliche Drehzahlunterschiede aufweisen.Über ein Zahnradgetriebe ist so etwas nicht realisierbar, also kommt nur die rein elektrische Lösung über die Anker- und Ständerfelder der Motoren in Frage.

Drei unterschiedliche Varianten kommen, je nach Baujahr und Hersteller der Maschine, in Frage.

Wasch- und Schleudermotor sind jeder für sich ein kompletter Wechselstrom-Reihenschlußmotor. Beide sind über einen Riementrieb zu einem Tandem verbunden. Somit schleppt der Schleudermotor den Waschmotor mit und umgekehrt. Durch geschickte Wahl der Riemenscheibendurchmesser wird die Drehzahländerung von Waschen (ca. 50 U/min) zum Schleudern (500–700 U/min) an der Trommel erreicht (der Waschmotor hat eine und der Schleudermotor hat zwei Riemenscheiben).

Der Doppelmotor vereint in einem Gehäuse zwei Motoren unterschiedlicher Bauart, deren Anker auf einer Achse angebracht sind.

Diese Motoren haben ein sehr gutes Anlaufverhalten im Schleudergang und erhöhen somit die Standsicherheit der Maschine entscheidend im Vergleich zur oben beschriebenen Tandemlösung.

Die Waschdrehzahl liefert ein 12-poliger Kurzschlußläufermotor. Dieser Wechselstrominduktionsmotor benötigt zum Betrieb einen Kondensator.

Die Schleuderdrehzahl liefert ein Allstrom-Reihenschlußmotor, der in Verbindung mit einem Tachogenerator betrieben wird. Das Ständerfeld dieses Motors besitzt mehrere Anzapfungen, wodurch unterschiedlich feste Drehzahlen erreicht werden.

Die dritte Variante bildet der Universal-Reihenschlußmotor mit nur einem Anker und weiteren Ständerfeldanzapfungen, die über das Schaltwerk einzeln oder gemeinsam, je nach benötigter Drehzahl an die 230 V Spannung gelegt werden. Diese Motoren benötigen zum Anlauf einen oder mehrere Anlaufkondensatoren.

3.7 Die Laugenpumpe

Sie wird angetrieben von einem Spaltpolmotor, auch Kurzschlußläufermotor genannt. Der Anker (Rotor) besitzt keine Wicklungen, arbeitet daher verschleißfrei. Für den sicheren Anlauf besitzt er kurzgeschlossene Sekundärwicklungen, die eine Art Drehfeld erzeugen. Der Laugenpumpenmotor hat aufgrund seiner Bauart eine konstante Drehzahl von 3000 U/min. Die 230 V Spannung bekommt der Motor meist über einen AMP-Stecker (zwei Flachstecker, im Kunststoffgehäuse).

Auf das Blechpaket der Ständerwicklung ist ein gestanztes Trägerblech aufgeschraubt, mit dem einerseits die Pumpe im Gerät verschraubt wird und das andererseits den Träger für die Wellendichtung und das Pumpengehäuse bildet. Die Wellendichtung besitzt um die Motorachse herum oftmals ein Fettdepot (Spezialfett). Darüber ist eine Gummidichtung eingesetzt, die das Pumpengehäuse gegen den Motor abdichtet. Auf die Motorachse ist das Flügelrad aufgeschraubt. Auf der motorabgewandten Seite des Pumpengehäuses ist in der Regel das Flusensieb eingesetzt. Zur Belüftung der Motorwicklung ist auf dem hinteren Ende der Ankerwelle ein Flügelrad aus Kunststoff aufgepreßt.

3.8 Die Heizung

Im unteren Teil des Waschbottichs, meist in der Rückwand, ist eine ovale Durchführung angebracht in die der Heizstab mit einer Gummidichtung eingesetzt ist.

Eine Quetschvorrichtung, bestehend aus zwei kräftigen Blechen, die durch eine Zentralschraube gespannt wird, ermöglicht es, die Gummidichtung fest an die Bottichwand zu pressen, um die Durchführung hermetisch abzudichten. Auf diese Zentralschraube ist in der Regel ein Schutzleiteranschluß mit Kabelschuh gelegt.

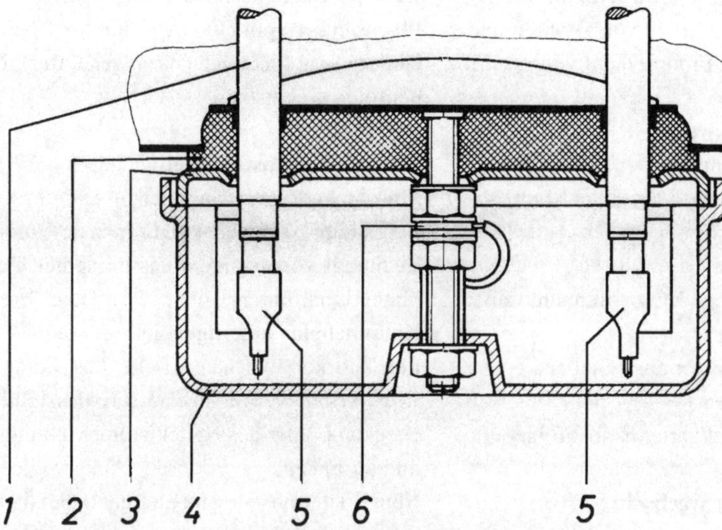

Abb. 3.6: Querschnitt Heizstab mit Druckflansch

3.9 Reparaturen an Waschmaschinen

Stoßdämpfer auswechseln

Der Laugenbehälter (Waschbottich) ist in der Maschine federnd gelagert und nach unten hin meist mit zwei Stoßdämpfern am Geräteträger oder Bodenteil befestigt.Rückwand abschrauben. Sind die Stoßdämpfer verbraucht, verliert die Maschine ihre Standsicherheit und beim Schleudern „wandert sie durch die Wohnung."Stoßdämpfer vom Laugenbehälter und von der Gegenseite abschrauben.
Neue Stoßdämpfer in umgekehrter Folge einbauen.

Magnetventil auswechseln

Gerät vom Netz trennen.
Wasser absperren und Druckschlauch abschrauben.
Maschinendeckel entfernen.
Schlauchanschluß vom Ventilausgang abnehmen, dabei Schlauchklemme vorsichtig mit Wasserpumpenzange aufdrücken und zum Schlauch hin vom Ventilstutzen abziehen.
Befestigungsschrauben des Ventils lösenVentil aus der Rückwandöffnung herausziehen.
Flachstecker vom Spulenkörper abziehen.
Vorher Anschlußfolge aufzeichnen!
Eventuell vorhandenen Erdungsdraht abklemmen.
Neues Ventil in umgekehrter Folge montieren.
Darauf achten, daß Einlaufsieb wieder eingesetzt ist und die innere Schlauchklemme stramm auf dem Ventilstutzen sitzt. Besser ist es, beide Teile gegen Neuteile zu ersetzen. Das sind Pfennigartikel, mit großer Bedeutung.

Beim Doppel- oder Dreifachventil, besonders auf die Anschlußfolge von Drähten und Schläuchen achten! Erdung nicht vergessen!

Antriebsmotor auswechseln
Gerät vom Netz trennen.
Wasser absperren und Druckschlauch abschrauben.
Rückwand abnehmen.
Anschlußstecker vom Motor trennen, dabei Rastnasen beachten.
Motor vom Motorträger abschrauben.
Motor herausnehmen.
Remontage in umgekehrter Reihenfolge.

Motorkondensator wechseln
Gerät vom Netz trennen.
Rückwand abnehmen.
Position des Kondensators ermitteln.
Maschine in die entsprechende Richtung kippen und mit Holzklotz sichern.
Haltemutter am Maschinenrahmen oder Maschinenboden abschrauben.
Kondensator hervorziehen.
Flachstecker vom Kondensator abziehen.
Anschlußfolge merken!
Neuen Kondensator anschließen und verschrauben.

Druckwächter austauschen
Gerät vom Netz trennen.
Maschinendeckel abnehmen.
Position des Druckwächters checken.
Luftschlauch vom Druckwächter abziehen.
Entweder ist der Druckwächter einzeln am Maschinenrahmen befestigt oder auf einer Tragplatte gemeinsam mit anderen Baugruppen montiert.
Dann Tragplatte demontieren und aus dem Gerät herauskippen.
Belegplan der Anschlüsse anfertigen.
Flachstecker vom Druckwächter abziehen.
Neuen Druckwächter in umgekehrter Reihenfolge einbauen.

Thermostat austauschen
Maschinendeckel abnehmen.
Befestigungsschrauben entfernen.
Eventuell vorher die Arbeiten mit der Tragplatte durchführen.
Klemmenplan anfertigen.
Flachstecker abziehen.
Kapillarrohr verfolgen und Sitz des Fühlers checken.Fühler aus Halteklammer o. ä. lösen und ausbauen.
Neuen Thermostaten montieren; dabei darauf achten, daß das Kapillarrohr spiralig zum Fühler führt und in keinem Fall das Ding knicken. Die spiralige Verlegung ist wichtig, um die Bottichbewegungen aufzufangen. Ein Knick im Kapillarrohr würde den neuen Thermostaten killen.
Elektrische Verbindungen wieder herstellen und restliche Remontage erledigen.

Programmschaltwerk auswechseln
Gerät vom Netz und anderen Anschlüssen trennen.
Deckel abbauen.
Schaltknopf abziehen.
Halteschrauben entfernen.Wenn vorhanden, Staubschutzkappe entfernen.
Wenn kein Schaltplan des Gerätes vorliegt, Belegplan des Schaltwerks anfertigen.
Steckanschlüsse abziehen.
Remontage im umgekehrten Sinne, dabei Klemmfehler vermeiden.

Elektrische Türentriegelung wechseln

Gerät vom Netz und anderen Anschlüssen trennen.

Deckel abbauen.

Tür mechanisch entriegeln (wie, steht in der Gebrauchsanleitung).

Den Entriegelungsmagneten abschrauben (meist zwei Schrauben von vorn).

Magnetspule von den Drähten abnehmen.

Ersatzteil elektrisch anschließen und im Gerät verschrauben.

Eventuell ist eine Nachjustierung auf Passung zum Türriegel nötig.

Laugenpumpe austauschen

Gerät vom Netz trennen.

Einbaulage der Pumpe checken.

Maschine kippen und durch Holzklotz sichern.

Eventuell Rückwand abschrauben.

Befestigungsschrauben herausdrehen.

Schlauchanschlüsse abnehmen.

Flachstecker vom Motor trennen.

Ersatz in umgekehrter Folge montieren.

Laugenpumpe instandsetzen

Pumpe wie oben beschrieben ausbauen.

Das Pumpengehäuse ist entweder durch mehrere ringförmig angeordnete Schrauben verschlossen oder durch einen Metallkragen, der mit zwei Gewindestangen nebst Muttern und Federringen gehalten ist.

Pumpengehäuse öffnen.

Falls vorhanden,vorsichtig mit dem O-Ring (Gehäusedichtring) umgehen.

Lüfterrad des Motors festhalten und Flügelrad links herum von der Welle abdrehen.

Wenn das Lüfterrad dabei durchdreht, Motoranker mit Schraubenzieher verkeilen.

Hinter dem Flügelrad befindliche Schleuderscheibe abnehmen.

Hintere Wellendichtung vom Motorträger abhebeln und von der Welle abziehen.Im Zentrum der Wellendichtung befindet sich eine Fettkammer. Das darin befindliche Depotfett verhindert das Aufreiben der Dichtlippen und den Wasseraustritt an der Motorwelle vorbei.

Pumpenwelle mit Sidol oder Stahlfix polieren.

Neue Wellendichtung nehmen und Fettkammer mit Fett füllen.

Dichtung einsetzen.

Flügelrad montieren, dabei Schleuderscheibe mit einbauen.

Pumpengehäuse zuschrauben.

Pumpe in die Maschine einbauen und auf korrekten Sitz der elektrischen und der Wasseranschlüsse achten. Schläuche vorn aufstecken von innen reinigen.

Fremdkörper aus dem Pumpengehäuse entfernen

Pumpe wie oben beschrieben ausbauen.

Pumpengehäuse öffnen.

Fremdkörper entfernen.

Auf richtigen Sitz des Flügelrades auf der Welle achten.

Zusammenbau in umgekehrter Reihenfolge

Heizkörper wechseln

Rückwand abnehmen.

Im unteren Bereich des Bottichs befindet sich oftmals eine, durch eine Zentralschraube gehaltene Abdeckung über den Heizstabanschlüssen.

Abdeckung abschrauben, Mutter und Federring nicht verlieren.

Schutzleiteranschluß und Anschlüsse der Stromversorgung von den Klemmen des Heizstabes abnehmen.

Spannschrauben der Dichtung lösen und Druckplatte abnehmen (vorher merken, wieviele Gewindegänge aus den Muttern herausschauen).

Heizkörper mit Gummidichtung aus dem Bottich herausziehen.

Neuen Heizkörper in neue Dichtung einschieben, dabei die innere Druckplatte korrekt mit einsetzen.

Wird die alte Dichtung wiederverwandt (nicht zu empfehlen), muß diese mit Glycerin besonders gepflegt werden.

Gummidichtung mit Seife oder Spülmittel „flutschig" machen, besonders die Nut.

Heizstab mit Gummidichtung in den Bottich einsetzen, dabei auf korrekten Sitz der umlaufenden Nut in der Bottichwand achten.

Vordere Druckplatte einsetzen und gleichmäßig festziehen (Muttern immer abwechselnd festziehen).

Elektrische Anschlüsse und Erdung wieder herstellen.

Schutzabdeckung und Rückwand montieren.

Türdichtung austauschen

Gerätedeckel abnehmen.

Tür mechanisch entriegeln.

Spannring vom Dichtungskragen des Maschinengehäuses abnehmen.

Schlauchschelle um die Öffnung des Bottichs lösen.Türdichtung durch die Türöffnung herausnehmen.

Neue Dichtung faltenfrei einsetzen und mit Spannring und Schlauchschelle befestigen.

Durch Bewegen des Bottichs von Hand feststellen, ob sich Querfalten in der Türdichtung bilden und wenn nötig Sitz der Schlauchschelle korrigieren.

Bullauge auswechseln.

Tabelle 3.1 Fehlertabelle Waschmaschinen

Fehlerbild	möglicher Defekt	Abhilfe
Keine Funktion Keine Anzeige	Sicherung hat ausgelöst Kabel gebrochen Türschalter defekt mechanisch oder elektrisch Zeitschalter defekt Steuerungselektronik Relais oder Transistor	Stromzuführung überprüfen, Sicherung wechseln Austauschen Türschalter überprüfen Per Hand betätigen ggf. austauschen. Kontakte auf Durchgang prüfen, reinigen oder Schalter ersetzen Funktion prüfen austauschen
Keine Funktion Anzeige leuchtet	Kein Wasserzulauf	Wasserversorgung prüfen
Keine Funktion Anzeige leuchtet Magnetventil summt leise	Sieb am Magnetventil verstopft Magnetventil verstopft Ventilschieber hängt fest	Sieb reinigen Ventil reinigen Ventil wechseln
Anzeige leuchtet sonst geht nichts keine Geräusche	Aquastop hat ausgelöst oder ist defekt Magnetventil schaltet nicht (elektrischer Defekt) Geräteinterne Stromzuführung zum Ventil unterbrochen	Druckschlauch überprüfen eventuell wechseln Spannung an der Wicklung messen, Wicklung durchmessen Bei Wechsel von Doppelventil auf Anschlußfolge achten
Wasserstand o.k. Motor läuft nicht	Programmer hängt Programmotor defekt Kontaktfehler Programmer	Strompfade vom und zum Programmer messen Programmer wechseln (ist teuer)
Wasserstand o.k. Heizung arbeitet Motor läuft nicht	Motor-Wendeschaltung defekt (mechanisch) oder Kontakt (elektrisch) Motor defekt	Wendeschaltung prüfen ggf. austauschen Motor überprüfen Stromversorgung Wicklung
Trommel dreht nicht, Wasserstand o.k.	Keilriemen gerissen Trommelmotor defekt	Keilriemen wechseln Spannung am Motor überprüfen

Fehlerbild	möglicher Defekt	Abhilfe
Trommel läuft unruhig	Keilriemen gerissen Trommelmotor defekt	Keilriemen wechseln Spannung am Motor überprüfen
Trommel macht Schleifgeräusch	Trommellager schwergängig Wäschestück zwischen Trommel und Bottich	Wartung ggf. Austausch entfernen
Motor brummt Trommel dreht nicht	Kondensator defekt	durchmessen ggf. wechseln
Trommel dreht nur in eine Richtung	Wendeschaltung defekt mechanisch elektrisch	warten ggf. wechseln Kontakte reinigen
Gerät arbeitet, Wasser wird nicht warm	Thermostat verstellt oder defekt Heizung defekt Steuerelektronik defekt	Thermostat prüfen, ggf. wechseln Spannung an der Heizung prüfen ggf. wechseln Elektronik warten
Maschine läuft endlos	Steuerelektronik oder Zeitschalter defekt Wasserablauf verstopft	überprüfen ggf. Austausch Ablauf freimachen Geldmünzen vor Ablauf-Ventil entfernen
Wasserzulauf endlos, bis zum Überlaufen	Magnetventil verkalkt oder Dichtung oder Sitz defekt	Magnetventil wechseln
Gerät heizt bis Dampfaustritt stattfindet, über Einspülkammer	Heizthermostat defekt schaltet Heizung nicht aus	überprüfen sicherheitshalber wechseln
Wäsche eingelaufen	Temperaturwahl falsch? sonst Thermostat defekt	Thermostat prüfen, ggf. wechseln
Wasseraustritt Frischwasser Lauge	Wasserweg zum Bottich undicht Abwasserweg oder Pumpengehäuse defekt	entsprechenden Schlauchteil erneuern Pumpengehäuse wechseln
Wasseraustritt Bullauge	Türdichtung porös oder gerissen	wechseln

Spülmaschinen

Ende der 20er Jahre dieses Jahrhundert bot die Fa. Miele die erste in Deutschland gebaute Geschirrspülmaschine an. Es war ein Gerät mit Flügelrad und hatte schon damals fast die gleichen Maße, wie sie heute als Norm gilt für Einbauküchengeräte.

4.1 Wie funktioniert eine Spülmaschine?

Das Spülergebnis eines Geschirrspülautomaten ist hauptsächlich von den folgenden vier Faktoren abhängig: Wasser, Mechanik, Spülmittel und Temperatur.Dem Wasser kommt bei der maschinellen Reinigung eine entscheidende Bedeutung zu, denn es überträgt die mechanische Energie und dient als Transportmittel für losgelöste Schmutzteilchen.

Für die Wassermenge und die Größe des Nutzraumes der Maschine gelten ungefähr die gleichen Faktoren, wie beim Waschautomaten. Es muß eine bestimmte Wassermenge pro Spülgang und ein entsprechend großer Nutzraum vorhanden sein.

Ebenso gilt für die Zahl der Spülgänge ein bestimmtes Mindestmaß. Es sollten nicht weniger als drei sein. Nach dem eigentlichen Reinigungsgang und vor dem Klarspülgang ist in der Regel ein Zwischenspülgang vorgesehen, der die Laugenverschleppung verhindern soll. Durch einen Vorspülgang kann das Ergebnis weiter verbessert werden, da lose anhaftende Schmutzteilchen dann schon vor den Reinigungsgang abgeschwemmt werden. Die Praxis zeigt, daß diese Programmfolge von den meisten Herstellern solcher Geräte, wenn auch in Variationen eingehalten werden.

1. Vorspülen (ein- oder zweimal) mit kaltem oder warmem Wasser
2. Reinigen mit warmem Wasser (55-65°C) unter Zusatz von Spülmitteln
3. Zwischenspülen mit kaltem oder warmem Wasser
4. Klarspülen mit heißem Wasser (60-70°C) unter Verwendung von Klarspülmitteln.

Im Anschluß an den Spülprozeß wird das Geschirr getrocknet, entweder durch Eigenwärme oder unter zusätzlicher Wärmezufuhr unter Zuhilfenahme eines Gebläses.
Beim Thema Trocknung taucht eines der schwierigsten Probleme des maschinellen Geschirrspülens auf. Bei Verwendung von hartem Wasser bleiben auf dem Geschirr Kalkschleier zurück. Der Einsatz von **Wasserenthärtern** nach dem Prinzip des Ionenaustauscher-Prinzips ist hier nötig.

Durch Austausch von Kalzium- und Magnesiumionen gegen Natriumionen entstehen aus den härtebildenden Bikarbonaten des Kalziums und Magnesiums Natriumkarbonate, die wasserlöslich sind und den Spülprozeß nicht negativ beeinflussen.

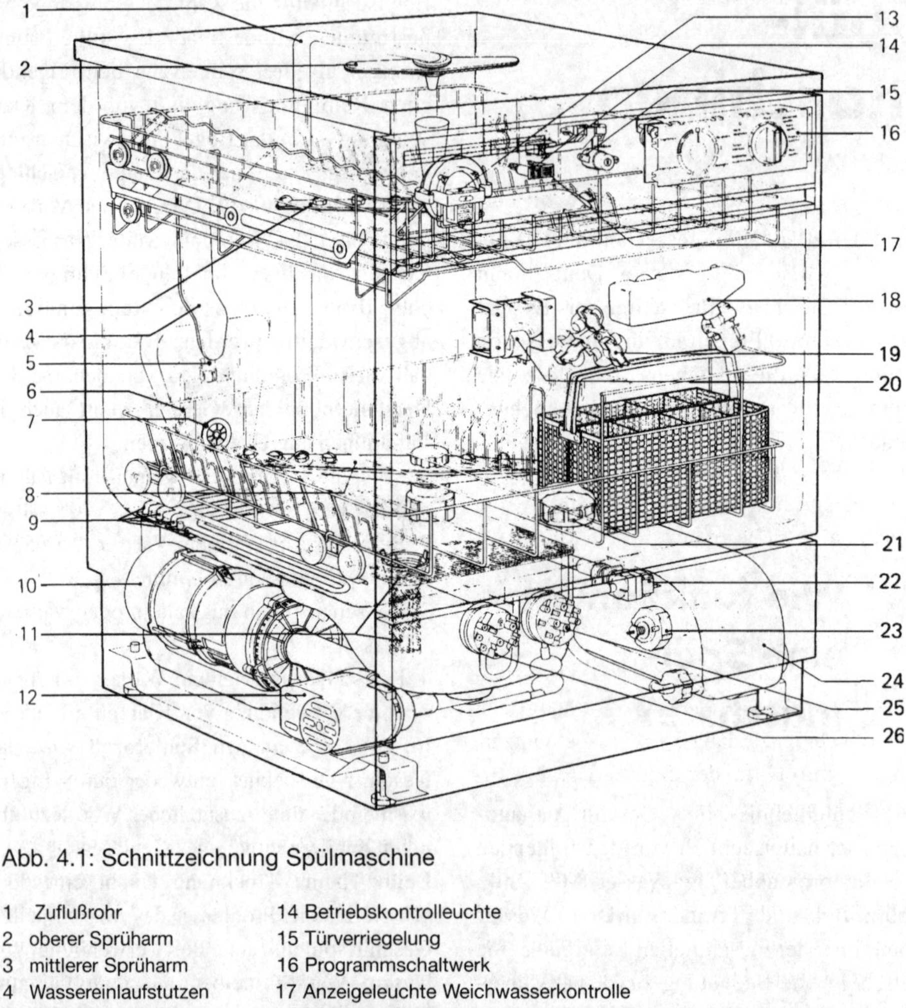

Abb. 4.1: Schnittzeichnung Spülmaschine

1 Zuflußrohr
2 oberer Sprüharm
3 mittlerer Sprüharm
4 Wassereinlaufstutzen
5 Rückflußverhinderer
6 Ablauf-Belüftung
7 Spülraum-Entlüftung
8 Unterer Sprüharm
9 Rohrheizkörper
10 Umwälzpumpe
11 Filtersystem
12 Ablaufpumpe
13 Umluftgebläse
14 Betriebskontrolleuchte
15 Türverriegelung
16 Programmschaltwerk
17 Anzeigeleuchte Weichwasserkontrolle
18 Klarspülmittel-Dosiergerät
19 Anlegethermostate
20 Spülmittelbehälter
21 Fülldeckel Salzbehälter
22 Magnetventil
23 Sensor Weichwasserkontrolle
24 wasserenthärteeinrichtung
25 Heizungsdruckwächter
26 Überlaufdruckwächter

Diese Enthärter müssen, wenn der Vorrat an Natriumionen erschöpft ist, mit Natriumchlorid (Kochsalz) regeneriert werden. Dazu wird ein Vorratsbehälter in der Maschine geöffnet, das Kochsalz eingefüllt und dieser wieder verschlossen. Über ein Leitungssystem ist dieser Behälter mit dem Wasserkreislauf der Maschine verbunden.

Beim Handspülen beruht der Spülerfolg im wesentlichen auf der **mechanischen Wirkung**, die durch Reibung mit Lappen oder Bürste ausgeübt wird. Beim maschinellen Spülen wird dieser Effekt dadurch erreicht, daß das Wasser unter Druck auf die Geschirrteile gesprüht wird. Nun könnte man schließen, je höher der Druck, desto besser das Spülergebnis. Doch hier sind Grenzen gesetzt. Die Energie der Wasserstrahlen darf nur so hoch sein, daß empfindliches Geschirr und Gläser nicht beschädigt werden können. Außerdem ist die mechanische Wirkung auch dadurch begrenzt, daß bestimmte Schmutzarten nur mit Hilfe der Spülmittel abgelöst werden können.

In der Praxis werden für die Bewegung des Wassers das Düsen-System, das Wirbler-System oder auch eine Kombination aus beiden verwandt. Die technisch einfachste Lösung ist das Wirbler-System. Dem Wasser wird dabei durch Schaufeln oder Propeller die nötige mechanische Energie verliehen.

Beim Düsen-System saugt eine Umwälzpumpe Wasser an der tiefsten Stelle der Bodenwanne über ein Filtersieb an und drückt es in die Sprühdüsen, die verschiedenartig angeordnet und geformt sein können. Auch hier gibt es wieder Varianten, wie feststehende oder rotierende Düsen. Am häufigsten findet man heute das System der rotierenden Sprüharme, deren Drehbewegung durch die Rückstoßkraft des versprühten Wassers erzeugt wird. Die Mechanik allein reicht jedoch nicht aus, um alle Speisereste zu entfernen. Es bedarf der Unterstützung durch die chemische Wirkung der **Spülmittel**. In der Praxis wird unterschieden zwischen **Reinigungsmitteln** und **Klarspülmitteln**. Ein Reinigungsmittel soll auf der einen Seite alle Geschirrteile von noch anhaftendem Schmutz befreien, auf der anderen Seite aber auch nicht scharf sein. Goldränder und Dekors sollten nicht angegriffen, Silber darf sich nicht verfärben. Das Klarspülmittel vermindert die Oberflächenspannung des Wassers, so daß es wie ein Film vom Geschirr abläuft, ohne Tropfen zu hinterlassen, die beim Trockenprozeß antrocknen würden.

Das manuelle Spülen erfolgt in der Regel bei Temperaturen, die zu Beginn des Spülvorganges bei 40 – 45°C liegen und dann rasch absinken. Die Temperaturen beim maschinellen Spülen können höher bemessen sein, nämlich 55 – 60°C im Reinigungsgang und 65 – 75°C im Klarspülgang. Gerade bei hohen Temperaturen erreichen Spülmittel ihre höchste chemische Wirksamkeit. Darüber hinaus ist auch die keimtötende Wirkung von Bedeutung. Maschinengespültes Geschirr ist in hygienischer Hinsicht handgespültem weit überlegen. Im Klarspülgang bewirkt die höhere Temperatur noch die Beschleunigung des anschließenden Trocknungsprozesses.

4

4.2 Programmer

Der Programmschalter sorgt mit seinen Nockenscheiben, die von einem Synchronmotor getrieben sind, für das Schließen und Öffnen der Kontakte, die je nach eingestelltem Programm die einzelnen Aggregate ansteuern.

Nach Einschalten des Hauptschalters, bei geschlossenem Türkontakt, beginnt der Motor Nockenwerk und Bedienknebel in Uhrzeigersinn zu bewegen.

Vorspülgang:

Abpumpen zur Beseitigung von Restwasser, zeitgesteuert.

Wasserzulauf über Magnetventil, druckwächtergesteuert.

Umwälzpumpe arbeitet zeitgesteuert ca. 5 Minuten.

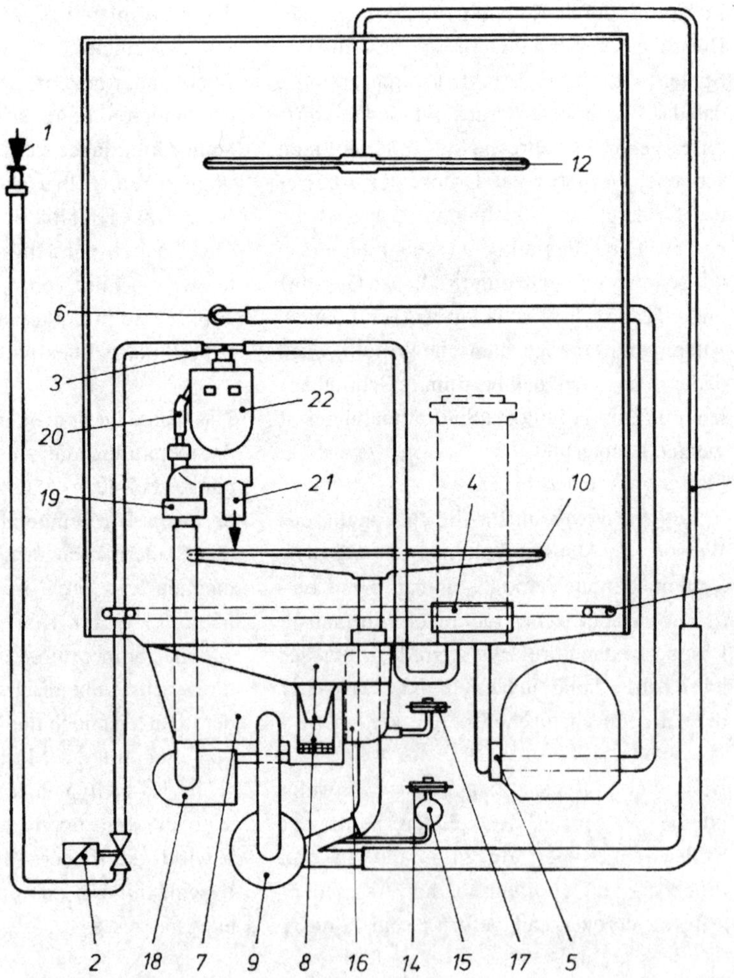

Abb. 4.2: Funktionsschema Spülmaschine

1 Wasserzulauf
2 Magnetventil
3 Rückflußverhinderer
4 Salzbehälter
5 Enthärter-Einrichtung
6 Wassereinlaufstutzen
7 Sammeltopf
8 Filtersiebsystem
9 Umwälzpumpe
10 Unterer Sprüharm
11 Zuflußrohr
12 Oberer Sprüharm
13 Rohrheizkörper
14 Heizungsdruckwächter
15 Luftfalle
16 Luftfalle
17 Überlaufdruckwächter
18 Ablaufpumpe
19 Rückschlagventil
20 Ablauf-Belüftung
21 Anschlußstutzen für Ablaufschlauch
22 Spülraum-Entlüftung

Abpumpen ca. 1 Minute, zeitgesteuert.
Pause zum Abtropfen des Wassers vom Geschirr.

Hauptspülgang:
Abpumpen zur Beseitigung des abgetropften Wassers, zeitgesteuert.Wasserzulauf über Magnetventil, druckwächtergesteuert.
Umwälzpumpe arbeitet zeitgesteuert ca. 5–7 Minuten. Heizung arbeitet temperaturgesteuert bis 30°C.
Abpumpen ca. 1 Minute, zeitgesteuert.
Wasserzulauf über Magnetventil, druckwächtergesteuert.
Auslösen des Magnetschalters zur Entriegelung des Reinigungsmittelbehälters. Aufheizen auf 65°C und Wasserumwälzung, zeit- und thermostatgesteuert.Abpumpen ca. 1 Minute, zeitgesteuert.
Ein oder mehrmaliges Spülen mit Wassereinlauf über Magnetventil abwechselnd mit Abpumpen, zeit- und druckwächtergesteuert.Auslösen des Magnetschalters der Klarspülmittel-Dosierung und Einschalten der Umwälzpumpe und der Heizung, zeit- und thermostatgesteuert bis 70°C.
Abpumpen ca. 2 Minuten, zeitgesteuert.
Je nach Ausführung und Ausstattung des Gerätes kann an dieser Stelle das Trocknen des Geschirrs durch ein Umluftgebläse erfolgen, zeitgesteuert. Programmende mit Bedienknopf auf Stellung „Null“.

4.3 Druckwächter

Spülmaschinendruckwächter sind identisch mit Waschmaschinendruckwächtern. Hierbei sind allerdings die Schaltpunkte als Überlauf- und Trockenlauf-Wächter in einem Doppeldruckwächter eingestellt.

4.4 Wassereinlaßventil

In Spülmaschinen findet ein Einfach-Magnetventil, mit den gleichen Eigenschaften wie bei der Waschmaschine Verwendung.

4.5 Thermostaten

Da beim Geschirrspüler entgegen der Waschmaschine mit festen Temperaturen gearbeitet wird, kommen hier Festtemperatur-Thermostaten zum Einsatz. Das sind gekapselte Bimetallschalter, die meist ohne eigene Verschraubung mit einer Gummidichtung in der Bodenwanne eingelassen sind.

4

4.6 Umwälzpumpe

Die Umwälzpumpe ist meist eine Kreiselpumpe, die ca. 200 Liter Wasser pro Minute mit einem Druck von fast 1 bar fördert. Sie wird von einem kräftigen Elektromotor mit ca. 500 W Anschlußwert angetrieben. Der Motor ist mit einem Kondensator zusammengeschaltet.

Abb. 4.3: Ablaufpumpe

4.7 Ablaufpumpe

Die Ablaufpumpe ist unterhalb des Siebsystems an einem Abwasserrohr in entgegengesetzter Richtung wie die Umwälzpumpe angebracht. Ihre Bauform entspricht der mit der Waschmaschine verwandten Laugenpumpe. Statt eines Flusensiebes ist in der Regel dem Pumpengehäuse ein Rückschlagventil anhängig.

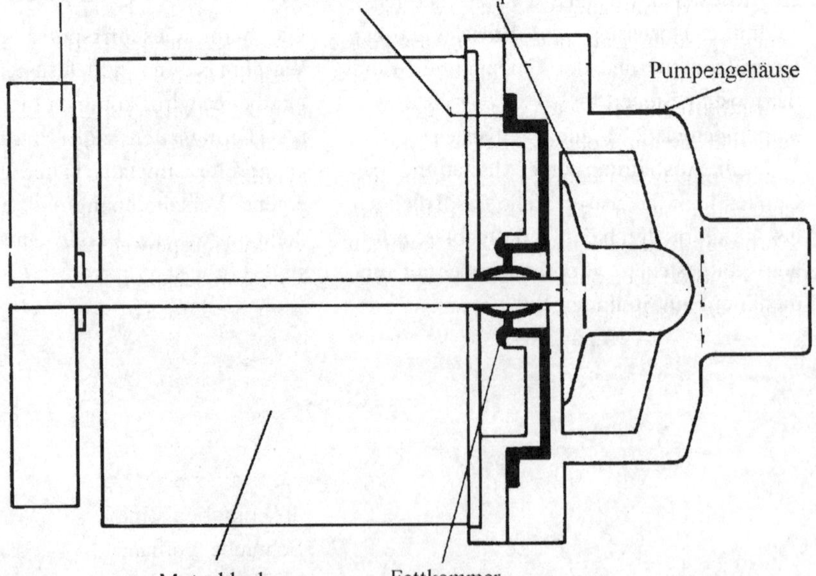

Abb. 4.4: Querschnitt der Pumpe, man beachte die Lage des Fettdepots

4.8 Siebsystem

Das Siebsystem im tiefsten Teil der Bodenwanne besteht in der Regel aus drei Sieben, die trichterförmig aufgebaut miteinander arbeiten. Das oben, mittig angebrachte Grobsieb läßt grobe Schmutzteilchen durch und diese werden am Laugenpumpenrohr gefangen. Das ringförmig um das Grobsieb angebrachte Feinsieb mit dem darunter angebrachten Mikrofilter läßt nur das gereinigte Wasser in den Pumpenkreislauf gelangen.

4.9 Heizung

Als Heizungssysteme für Spülautomaten sind hauptsächlich zwei Arten im Einsatz.
Rohrheizkörper, die waagerecht liegend in die Bodenwanne eingesetzt sind, direkt vergleichbar in Aufbau, Wirkung und elektrischer Leistung, mit denen der Waschmaschine.
Durchlauferhitzer bieten dagegen den Vorteil, daß sie im Rohrsystem der Umwälzpumpe hinter dem Feinsieb angebracht sind und somit nie in Berührung mit aus dem Korb gefallenen Kunststoffteilen kommen können. Sie haben auch einen besseren Wirkungsgrad als Rohrheizkörper.

4.10 Reparaturen an Spülmaschinen

Montageklappe Sockelblende abnehmen
Die meisten Spülmaschinen kommen als Unterbaugerät zum Einsatz. Deshalb haben die Konstrukteure die wichtigsten Baugruppen in den unteren Bereich der Geräte verlegt. Eine Montageklappe im Fußteil der Maschinen ermöglicht den Zugang meist im eingebauten Zustand. Montageklappen sind je nach Hersteller mit Schrauben fixiert und in Rastnasen aufgehängt, so kann man nach Lösen der Schrauben und Hochdrücken der Klappe diese vom Gerät abnehmen. Oftmals sind die Montageklappen auch durch Kunststoffklammern gehalten, die man vorsichtig entriegeln muß, um die Klappe zu entfernen. Da ist meist ein kleiner Trick bei. Nur vor dem Abbrechen der Klammern muß ich warnen. Lieber etwas ausführlicher tüfteln, als das Brecheisen ansetzen, dazu kann ich nur raten. Ein Erdungsdraht mit Flachstecker verbindet immer Hauptgehäuse und Klappe, der muß nach der Arbeit immer wieder aufgesteckt werden.

Ablaufpumpe wechseln
Gerät vom Netz trennen, Sicherung herausdrehen oder LS-Automaten ausschalten.
Montageklappe öffnen.
Einbauort der Pumpe und Zugänglichkeit prüfen.Eventuell muß ein anderes Bauteil vor der Pumpe ausgebaut und beiseitegelegt werden.Halteschraube vom Pumpenträger abschrauben (manchmal ist eine zweite Schraube vorhanden, die nur etwas gelöst werden muß).

Flachstecker vom Pumpenmotor abnehmen.
Pumpe aus der Halterung ziehen.
Schlauchklemmen jeweils zu den Schläuchen hin von den Pumpenflanschen abnehmen.
Lieferumfang des Ersatzteils checken und eventuell Teile, Halteblech, Pumpenträger etc. von der alten an die neue Pumpe montieren.
Schläuche reinigen und pflegen.
Remontage im umgekehrten Sinne vornehmen.

Magnetventil austauschen
Gerät vom Netz trennen, Sicherung herausdrehen oder LS-Automaten ausschalten.
Wasserleitung absperren.
Montageklappe öffnen.
Einbauort des Ventils auf Zugänglichkeit prüfen.Ventil abschrauben.
Schlauchanschluß vom Ventil abschrauben.
Anschlußfolge der Drähte aufzeichnen.
Flachstecker vom Spulenkörper abziehen.
Schlauchschelle vom Ventilausgang abnehmen und Schlauch abziehen.
Zusammenbau in umgekehrter Reihenfolge.

Umwälzpumpe auswechseln
Gerät vom Netz und vom Wasser trennen.
Eventuell Montageklappe abnehmen.Gerät auf die Seite legen. Teppich oder Decke als Schutz unterlegen.
Bei Einzelsteckern Anschlußfolge der Drähte aufzeichnen.
Stecker vom Motor abziehen.
Schläuche von der Saug- und der Druckseite abnehmen.
Schrauben vom Motorträger abschrauben (Vorsicht, das Ding ist schwer).
Remontage in umgekehrter Reihenfolge.
Druckwächter tauschen
Montageklappe abnehmen.
Druckwächter vom Halteblech abschrauben.Schlauchklemme lösen und Schlauch abziehen.
Anschlußfolge der Drähte aufzeichnen.
Flachstecker vom Druckwächter abziehen.
Remontage in umgekehrter Reihenfolge.

Festtemperatur-Thermostaten wechseln
Montageklappe abnehmen.
Lage des Thermostaten und Zugang checken.
Flachstecker abziehen, Anschlußfolge merken.

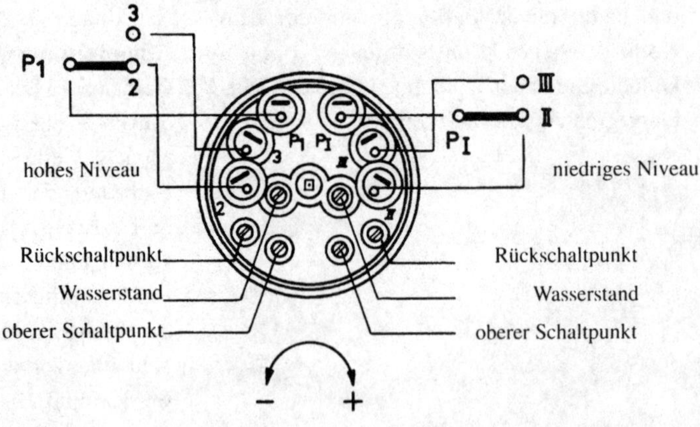

Abb. 4.5: Funktionsschema Druckwächterjustierung

Thermostaten ausbauen, entweder durch Lösen der Schrauben des Halteringes oder durch Verdrehen eines Bajonettverschlusses.
Thermostaten aus der Dichtung ziehen.
Dichtung reinigen und pflegen.
Ersatzteil in die Dichtung einsetzen.
Dichtung mit Spülmittel „flutschig" machen.
Thermostaten sauber wieder einpassen.

Abb. 4.6: Festtemperaturthermostaten (Anlegethermostaten)

Überhitzungsschutz wechseln

Gerät vom Netz und vom Wasser trennen.
Eventuell Montageklappe abnehmen.
Gerät auf die Seite legen. Teppich oder Decke als Schutz unterlegen.
Halterung des Überhitzungsthermostaten lösen.
Anschlußfolge der Drähte aufzeichnen.
Flachstecker abnehmen.
Neuen Überhitzungsschutz zuerst elektrisch anschließen.
War beim alten Überhitzungsschutz die Kontaktfläche mit einem weißen klebrigen Pastenfilm behaftet, muß auf das Neuteil auch wieder Wärmeleitpaste aufgetragen werden. (Gibt es im Elektronikhandel, man benutzt sie auch für Transistoren).
Überhitzungsschutz vorsichtig an seinen Platz bringen und wieder befestigen.

Heizkörper austauschen

Rohrheizkörper in Spülautomaten können eine Durchführungsdichtung, ähnlich wie bei Waschmaschinen aufweisen, allerdings etwas mehr in Leichtbauweise, weil der hohe Wasserdruck fehlt. In diesem Falle sollten Sie das entsprechende Kapitel studieren und auf die Gegebenheiten bei der Spülmaschine umsetzen.
In der Regel sind die Heizkörper aber mit Flachdichtungen eingebaut.
Gerät vom Netz und vom Wasser trennen.
Eventuell Montageklappe abnehmen.
Unterkorb entfernen.
Unteren Sprüharm durch Lösen der Zentralmutter abnehmen.
Ist der Heizstab mehrfach gehalten, diese Halterungen lösen.
Spannschraube am Dichtungsdeckel herausschrauben und herunterdrücken. Dabei löst sich die untere Halteplatte von der Dichtung.
Heizkörper aus der Gehäuseöffnung herausziehen.
Will der Heizstab nicht heraus, muß das Gummi wohl oder übel zerstört und eine neue Dichtung besorgt werden. Besser ist sowieso ein Neuteil.
Steckanschlüsse inklusive Erdungsklemme vom Heizstab entfernen.

Neuen Heizstab in die Dichtung einsetzen, elektrisch anschließen, in Gehäuseöffnung einpassen, untere Druckplatte positionieren und mit oberer Platte verschrauben. Achtung die Erdung nicht vergessen! Restliche Remontage in umgekehrter Reihefolge.
Alle losen Teile vor der Montage reinigen und pflegen.

Türverschluß auswechseln
Eventuell vorhandenen Dekorrahmen abbauen.
Schrauben im oberen Türbereich lösen, um Schalterblende abnehmen zu können.
Schalterblende nach vorn überkippen.
Türschloß abbauen (meist zwei Schrauben).
Remontage in umgekehrter Reihenfolge.

Programmschaltwerk tauschen
Schalterblende abbauen, wie oben beschrieben.
Schaltknopf abziehen, dabei eventuell vorhandene Stahlfeder gut aufbewahren.
Befestigungsschrauben entfernen.
Belegplan der Schaltwerkstecker anfertigen.
Stecker abziehen.
Neues Schaltwerk einbauen und elektrisch anschließen.
Restliche Remontage in umgekehrter Reihenfolge.

Türdichtung wechseln
Obere Dichtung am Gehäuse:
Alte Dichtung mittels Zange herausziehen.
Achtung! Es können Endzapfen unten in die Dichtung eingeschoben sein.
Dichtungsaufnahme sehr gut von Rückständen säubern.
Neue Dichtung mit Wasser anfeuchten.
Neue Dichtung zuerst mit den beiden oberen Ecken einsetzen.
Dann die beiden unteren Enden mit den Endzapfen bestücken und eindrücken.
Restliche Dichtung ohne Stauchung oder Streckung eindrücken.

Untere Türdichtung:
Um diese zu wechseln, muß meistens die Tür zerlegt werden.
Montageklappe abnehmen.
Tür öffnen und Schrauben entfernen.
Tür anheben und Außenhaut abnehmen.
Erdungsdraht abnehmen.
Metallschiene über Türdichtung abschrauben (Schrauben oder Muttern lösen).
Tür etwas öffnen, damit Sie an die Dichtung herankommen.
Gummidichtung abziehen und Fläche darunter gut reinigen.
Neue Dichtung mit Metallschiene deckungsgleich an Montageort anbringen.
Restliche Remontage in umgekehrter Reihenfolge durchführen.
Erdungsdraht nicht vergessen!

Tabelle 4.1: Fehlertabelle Spülmaschinen

Fehlerbild	möglicher Defekt	Abhilfe
Keine Funktion	Spannungsversorgung ist unterbrochen, Sicherung? Türschalter defekt mechanisch elektrisch	durchmessen Türschalter prüfen justieren Kabel und Schalter durchmessen ggf. wechseln
Keine Funktion Anzeige leuchtet kurzes Abpumpen Magnetventil summt leise	Kein Wasserzulauf Zulaufsieb verstopf Ventil defekt, hängt oder verstopft	Wasserversorgung herstellen reinigen überprüfen ggf. reinigen oder wechseln
Anzeige leuchtet eventuelle kurzes Abpumpen, danach geht nichts keine Geräusche	Aquastop hat ausgelöst oder ist defekt Magnetventil schaltet nicht (elektrischer Defekt) Geräteinterne Stromzuführung zum Ventil unterbrochen	Druckschlauch überprüfen eventuell wechseln Spannung an der Wicklung messen, Wicklung durchmessen Bei Wechsel von Doppelventil auf Anschlußfolge achten
Wasser ist eingelaufen, kein Umwälzpumpengeräusch	Programmer hängt Programmotor defekt Kontaktfehler Programmer Pumpenmotor defekt	Strompfade vom und zum Programmer messen Programmer wechseln (ist recht teuer) Motor überprüfen
Pumpenmotor brummt stark keine Umwälzung	Kondensator defekt	durchmessen ggf. wechseln
Umwälzung o.k. Spülvorgang endlos	Heizung defekt Festthermostat defekt Wasserablauf verstopft Ablaufpumpe defekt	Heizung überprüfen Stromversorgung messen Heizung durchmessen Thermostaten überprüfen Wasserablauf prüfen Ablaufpumpe prüfen
Umwälzung o.k. Ablaufpumpe knurrt Spülvorgang endlos	Ablaufpumpe blockiert Pumpenlager sitzt fest	Zahnstocher oder Rollmopspieker oder Kirschkern entfernen Pumpe demontieren Lager fetten

Fehlerbild	möglicher Defekt	Abhilfe
Gerät entwickelt stark Dampf	Thermostat schaltet Heizung nicht aus	überprüfen ggf. wechseln
Wasserzulauf endlos	magnetventil verkalkt oder Dichtung oder Sitz defekt Überlaufdruckwächter oder Rohr dorthin blockiert	Magnetventil wechseln Druckwächter prüfen Rohr freimachen
Programmablauf stoppt mittendrin Knebeldrehen von Hand bewirkt Fortlauf	evtl. Kabelbruch am Übergang von der Tür Gerät Programmer defekt	Verkabelung prüfen Kabelschlauch defekt? Dann meist auch Ader Verbindung erneuern Austausch (recht teuer)
Programmablauf stoppt nach Wassereinlauf Wasseraustritt am Boden Ablaufpumpe läuft ständig	Spülraum undicht evtl. Heizungsflansch, Wassereinlass Schwimmerschalter hat ausgelöst	Undichtigkeit beheben.
Wasseraustritt während des Betriebes	Türgummi, Schlauch, Verbinder, Dichtung Pumpendichtung defekt	überprüfen eindichten Pumpengehäuse wechseln

Elektroherde

Kein technisches Hausgerät wird in einer solchen Fülle von Typen und in so vielen Variationen angeboten wie der Herd. Das Angebot reicht vom einfachsten Kochgerät bis hin zum „Kochcomputer", der Programme gespeichert hat und nach Knopfdruck quasi selber kocht. Komfort- und Luxusausstattungen, die Bedienung und Pflege des Herdes erleichtern, gibt es ebenfalls in großer Auswahl.

5.1 Kochfelder – Die verschiedenen Typen

Rein äußerlich kann man die zwei Grundtypen gut voneinander unterscheiden. Massenkochfelder und Glaskeramikkochfelder. Technisch unterscheiden sie sich erheblich durch die Schalt- und Regelorgane, was an der Bedienlogik allerdings kaum etwas ändert.

5.2 Massenkochfelder

Sie sind aufgebaut aus vier oder fünf gußeisernen Heizplatten, die fest mit einer emaillierten oder Edelstahlkochmulde verbunden sind. Die Wärmeübertragung Kochplatte/Topf funktioniert nach dem Prinzip der Wärmeleitung.

Normalkochplatten:
Die runden Kochplatten haben die Durchmesser 14,5, 18 und 22 Zentimeter. Bei Einbaukochmulden findet man zuweilen auch rechteckige Kochplatten für Bräter in den Maßen 37 mal 17 Zentimeter. Die Leistungsaufnahme ist einheitlich bei:

14,5	Zentimeter Durchmesser	1000 Watt
18	Zentimeter Durchmesser	1500 Watt
22	Zentimeter Durchmesser	2000 Watt

Blitzkochplatten:
Auch Schnellkochplatten genannt, sind erkennbar an ihrem roten Punkt in der Mitte. Sie haben eine um 500 Watt höhere Leistungsaufnahme, bieten dadurch die Möglichkeit zu schnellerem Ankochen beziehungsweise Anbraten.

14,5	Zentimeter Durchmesser	1500 Watt
18	Zentimeter Durchmesser	2000 Watt

Normal- und Blitzkochplatten können entweder stufengeregelt werden oder stufenlos einstellbar sein. In die Kochplatten sind drei Heizwicklungen eingebaut, es lassen sich sieben verschiedene Leistungsstufen einstellen.

Automatikkochplatten:

14,5	Zentimeter Durchmesser	1500 Watt
18	Zentimeter Durchmesser	ca. 2000 Watt

Bei diesen stufenlos einstellbaren Kochplatten wird die Leistung über einen Energieregler gesteuert. Bei der höchsten Einstellung heizt die Platte ununterbrochen, bei den anderen Einstellungen werden längere oder kürzere Heizintervalle vom Regler einge-

Abb. 5.1: Funktionsschema einer Automatikplatte

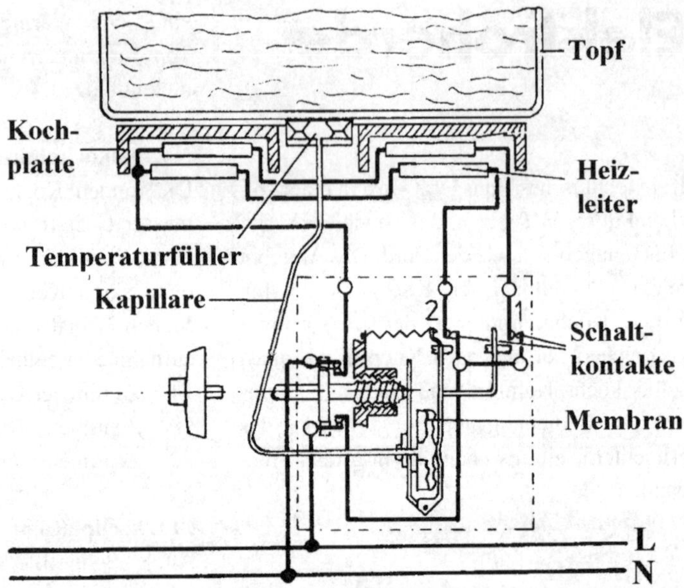

schaltet (Strompausenregelung). Wie bei der Stufenschaltung wird zum Ankochen die höchste Einstellung gewählt und dann zum Fortkochen und Garen entsprechend heruntergeschaltet. Dies geschieht zeitgesteuert automatisch.

5.3 Schalt- und Bedienelemente

Sind in der Regel auf der Vorderfront des Gerätes zu finden. Bei Sondermodellen kann es vorkommen, daß die Konstrukteure den Einbau neben die Kochmulde auf die Arbeitsplatte verlegt haben. Bei Edelküchen ist es üblich, daß Backofen und Kochfeld räumlich weit auseinander liegen, hier kommen Schaltkästen zum Einsatz, die nahe dem entsprechenden Geräteteil in die Küchenfronten eingebaut sind. Hierbei ändert sich nichts am Regelprinzip, lediglich die Leitungswege sind anders gewählt und zuweilen länger.

Siebentaktschalter:
Durch die Standardisierung der Massenkochplatten sind auch die Siebentaktschalter und deren Funktion vereinheitlicht. Rein theoretisch wäre es möglich, einen Schalter durch den eines anderen Herstellers auszutauschen.

Arbeitsweise:
Erklärt anhand einer Normalkochplatte (1500 Watt).Drei Heizwiderstände (850, 350, 300 W) sind so miteinander verbunden, daß ihre sechs Enden an vier Klemmen angeschlossen sind. Dadurch ergeben sich die in Abb. 5.2 dargestellten sieben Schaltstellungen.

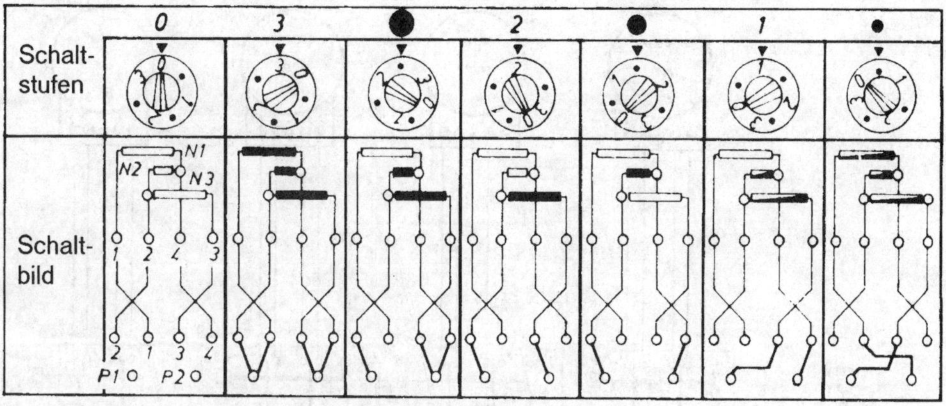

Abb. 5.2: Die sieben Stellungen des Siebentaktschalters

Automatikschalter:
Sind immer nur im Zusammenhang mit der zugehörigen Kochplatte zu sehen. Sie bilden gewissermaßen eine Arbeitseinheit.Die für den deutschen Markt hergestellten Systeme von Automatikkochplatten beschränkten sich auf drei Hersteller: Siemens, EGO und AEG. Sie arbeiten nach verschiedenen technischen Prinzipien, der Effekt ist im wesentlichen gleich. Die EGO- und Siemens-Automatikkochplatten sind temperaturabhängig geregelt. Ein temperaturabhängiges Regelorgan erfaßt die Temperatur am Topfboden und bewirkt, daß die Heizung teilweise oder ganz abgeschaltet bzw. zugeschaltet wird. Die Einstellung mit dem Schalter ist stufenlos mit Hilfe von Merkzahlen von 1–12.

Bei jeder Einstellung heizt die Kochplatte erst auf voller Leistung schnell bis zur gewünschten Temperatur. Ist diese erreicht, schaltet der Temperaturregler die Heizung aus und beim Unterschreiten wieder ein (Strompausenregelung). Die EGO-Automatikkochplatte ist an der federnd gelagerten Metalldose im Zentrum erkennbar. Die Temperaturregelung erfolgt über einen Flüssigkeitsregler, dessen Kappillarrohr mit dem Schalter verbunden ist und hier wirkt. Bei der Siemens-Automatikkochplatte sind ein Flüssigkeitsregler und ein Bimetallregler kombiniert. Erkennbar ist sie an dem Edelstahlblech im Kochplattenzentrum. Im Gegensatz zum EGO-System liegt der Temperaturfühler nicht sichtbar in der Kochplattenmitte, sondern unter einer geschlossenen Metalldecke. Er ist mit dem Schaltteil des Reglers, dem Bimetall, verbunden, das gleichzeitig mit der Kochplatte beheizt wird. Dehnt sich die Flüssigkeit bei Wärme aus, stößt sie über den Schalterhebel auf das Bimetall, der Kontakt öffnet sich, Bimetall und Kochplatte werden nicht mehr beheizt.

Die AEG-Kochplatte ist zeitabhängig gesteuert, sie unterscheidet sich rein

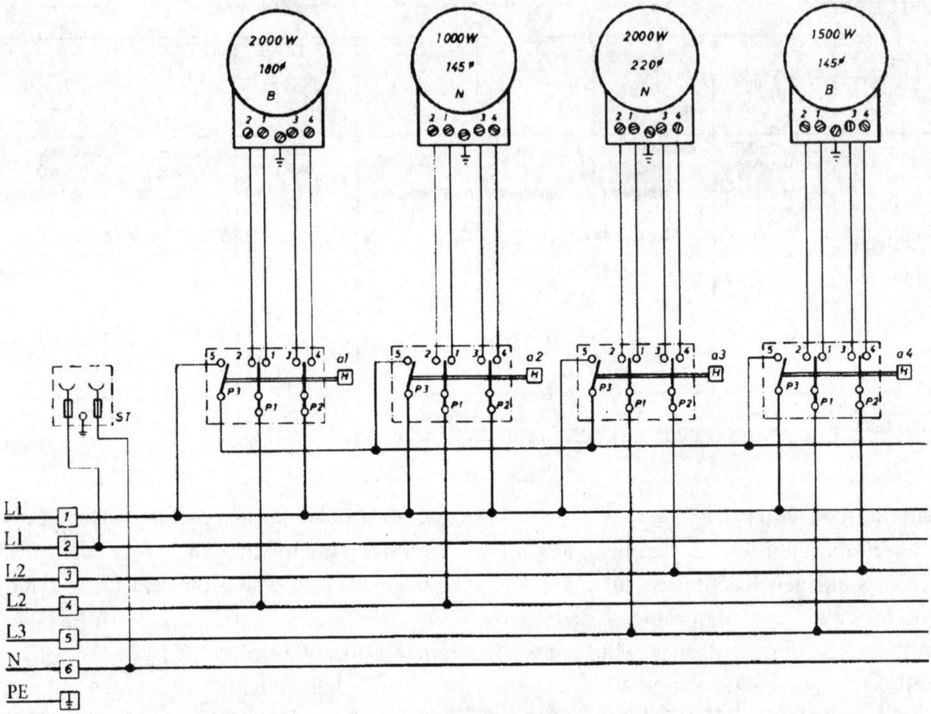

Abb. 5.3: Schaltplan Elektroherd ohne Backofenteil

äußerlich nicht von einer Blitzkochplatte. Zu erkennen ist dieses System an der Drucktaste in der Mitte des Schalterknebels. Ein beheiztes Bimetall ist parallel zur Kochplattenheizung geschaltet. Die Einstellung am Schalterknebel verändert die Taktintervalle des Bimetallschalters, erst bei Stufe 8 des Schalters fließt Strom auch über den großen Heizleiter; in den Stufen 1 bis 7 ist bei betätigter Drucktaste 9 Minuten lang die volle Heizleistung eingeschaltet (entspricht Stufe 8), dann springt die Drucktaste selbsttätig zurück und der große Heizleiter wird abgeschaltet, es wird nur mit der kleinen Heizleistung weitergekocht.

5.4 Ceran- oder Glaskeramik-Kochfelder

Moderne Glaskeramik-Kochplatteneinheiten, auch als Cerankochfelder bezeichnet, arbeiten gegenüber den Massenkochplatten primär nach dem Aufheizen durch Wärmestrahlung. Hier sind die Heizelemente unter einer glatten Fläche aus Glaskeramik (ein silikatischer Werkstoff) verborgen, ihre Position ist mit auf die Oberfläche aufgebrachten Ringen oder Strichen markiert. Wie auf Omas altem Eisenherd können die Kochtöpfe und Pfannen hin-

und hergeschoben werden. Das ist praktisch, wenn man den Kochvorgang unterbrechen will, dann kann der Topf schnell in die unbeheizte Zone geschoben werden, ohne daß er groß angehoben werden muß.

Restwärmeanzeige:
Da der Glaskeramikwerkstoff strahlungsdurchlässig (Licht und Wärme) ist, nutzen die Hersteller die Möglichkeit, gewisse Anzeigenleuchten (zum Beispiel Restwärmeanzeigen) mit unter dem Kochfeld (zwischen den beiden vorderen Kochzonen) einzubetten. So kann man zusätzlich zur Anzeige der Drehregler auf der Herdfront sofort sehen, welche Temperaturverhältnisse herrschen.

Funktion:
Sobald eine Kochzone eingeschaltet wird, liegt auch Spannung an der Restwärmeanzeige an und nach kurzer Zeit leuchtet eine Glimmlampe auf. Innerhalb der Fühlereinheit befindet sich ein Heißleiter und ein Scheibenthermostat. Durch die Erwärmung des Heißleiters und der Wärmeübertragung auf den Scheibenthermostaten schließt nach kurzer Zeit der Kontakt im Thermostat und die Glimmlampe leuchtet. Nach dem Ausschalten der Kochzone kühlt sich der gut isoliert untergebrachte Heißleiter langsam ab, der Kontakt des Thermostaten öffnet und die Glimmlampe erlischt. Da die Abkühlung des Heißleiters und der Glaskeramikplatte aufeinander abgestimmt sind, erlischt die Lampe erst dann, wenn die Oberflächentemperatur von (je nach Hersteller) 60–50°C unterschritten ist.

Energieregler:
Da bei den modernen Ceranfeldern zwischen Schaltkasten und Kochfeld nur elektrische Verbindungsleitungen eingesetzt sind, können auch nur Energieregler eingesetzt werden, bei denen die Kommunikation zwischen Heizung und Regler rein elektrisch funktioniert. Das setzt den Einsatz von elektronischen Sensoren und Aktoren voraus, die entweder in der unmittelbaren Nähe der Heizung oder im Schaltkasten eingebaut sind.

Zeitschaltautomatik:
Die Zeitschaltautomatik bietet die Möglichkeit, den Herd oder Backofen zu einem bestimmten Zeitpunkt einzuschalten oder auszuschalten. Eine Zeituhr mit entweder synchronmotorgeteuertem oder digitalem Uhrwerk, mit einer oder mehreren Schaltstufen gekoppelt, übernimmt diese Aufgabe. In der Regel werden die beiden vorderen Platten oder Kochzonen von der Zeitschaltautomatik beeinflußt.
Siehe auch Bratautomatik.

Achtung ! Gefahr!

Bei allen Arbeiten an Herd oder Backofen erst die drei Sicherungen herausschrauben oder die LS-Automaten ausschalten! Gegen unbefugtes Wiedereinschalten sichern!

5.5 Reparaturen am Elektroherd

Kochplatte wechseln
Unterbauteil aus dem Küchenmöbel herausziehen.
Steckteile aus der Klemmleiste ziehen.

Erdungsverbindung zum Kochfeld lösen.
Eventuell vorhandene Kapillardosen aus den Platten ziehen (Klammern lösen).
Unterbauteil ganz beiseiteschieben (soweit das Kabel reicht).
Eventuell muß das Kochfeld ausgebaut und angehoben werden.
Mutter und Federring vom Gewindestab der betreffenden Platte abnehmen.
Haltebügel abnehmen.
Platte nach oben herausdrücken, dabei die Richtung der E-Anschlüsse merken.
Plattensitz reinigen.
Neue Platte einbauen, in gleicher Ausrichtung, und Bügel mit Federring und Mutter befestigen.
Erdungsverbindung nicht vergessen!
Restliche Remontage in umgekehrter Reihenfolge durchführen.

Automatikkochplatte wechseln

Kochfeld wie oben beschrieben zugänglich machen.
Fühler durch Entriegeln der Krallen nach unten herausnehmen.
Achtung! Kapillare nicht knicken!
Platte wie oben beschrieben ausbauen.
Neue Platte einbauen und Fühler einsetzen.
Restliche Remontage in umgekehrter Reihenfolge durchführen.
Erdungsverbindung nicht vergessen!

Ceranfeld-Heizkörper wechseln

Unterbaugerät wie oben beschrieben ausbauen und vom Kochfeld trennen.
Sämtliche Haltekrallen unter der Arbeitsplatte lösen und verdrehem.
Kochfeld heraushebeln und an geeigneter Stelle „auf den Rücken drehen".
Bodenblech des Ceranfeldes abschrauben.
Haltebügel der defekten Platte abschrauben.
Genau beobachten, wie der Heizkörper eingepaßt ist.
Eventuell vorhandene Schrauben am Heizkörperkragen entfernen.
Heizkörper wechseln, dabei auf Unversehrtheit des Isolierrings achten.
Restliche Remontage in umgekehrter Reihenfolge durchführen.
Erdungsverbindung nicht vergessen!

Ceranfeld-Thermoregler wechseln

Vorarbeiten wie oben beschrieben inklusive Heizkörperausbau durchführen.
Thermoregler ausbauen, herausziehen, abklemmen.
Neuen Regler einsetzen und anschließen. Klemmfehler vermeiden.
Remontage in umgekehrter Reihenfolge durchführen.
Erdungsverbindung nicht vergessen!

Schalterblende demontieren

Die meisten Schalterblenden sind mit Schrauben gesichert, die nach Öffnen der Backofentür zugänglich sind.
Es gibt Geräte, bei denen befinden sich Rastfedern an ungefähr der gleichen Stelle, die mit einem kleinen Schraubenzieher eingedrückt werden können.
Beim Herauskippen der Schalterblende vorsichtig vorgehen, um das Abknicken von Leitungen und Kapillaren zu vermeiden.
Achtung! Bei der Demontage der Schalterblende ist bei manchen Geräten eine vorherige Demontage der Wrasenaustrittsblende nötig. Diese sehr vorsichtig behandeln, da sie aus Kunststoff gefertigt ist und über lange Zeit großer Hitze ausgesetzt war und daher ihre Weichmacher oder sonstige Moleküle verloren hat.

Siebentaktschalter wechseln

Schalterblende wie oben beschrieben abbauen.

Schaltknopf abziehen, auf Stahlfeder achten.

Zwei Befestigungsschrauben abschrauben.

Belegplan des Schalters anfertigen.

Flachstecker abziehen.

Neuen Schalter montieren.

Beim Anschluß der Flachstecker auf festen Sitz derselben achten. Wenn diese lose aufgesteckt werden, ist der Übergangswiderstand zu hoch und es kommt zu einer erhöhten Brandgefahr durch ausglühen des Steckers.

Restliche Remontage in umgekehrter Reihenfolge.

Automatikkochplattenregler wechseln

Schalterblende abbauen.

Schaltknopf abziehen, auf Stahlfeder achten.

Zwei Befestigungsschrauben abschrauben.

Belegplan des Schalters anfertigen.

Thermoelement aus der Platte ausrasten.

Flachstecker vom Regler abziehen.

Neuen Reglerer montieren, dabei auf Unversehrtheit der Kapillare achten.

Restliche Remontage in umgekehrter Reihenfolge.

Gerätesteckdose wechseln

Klappdeckel öffnen und Zentralschraube herausschrauben.

Vorderteil abnehmen.

Steckdosenunterteil hervorziehen (kann mit Klammerblechen verrastet sein).

Flachstecker abziehen, merken, welche Aderfarbe wohin geht.

Anschlüsse umstecken und neue Steckdose eindrücken (genau einpassen).

Deckel aufschrauben.

Feinsicherung in Gerätesteckdose wechseln

Klappdeckel öffnen und mit großem Schraubendreher Schraubkappen mit den Feinsicherungen herausdrehen.

Defekte Sicherung austauschen.

Schaltuhr wechseln

Schalterblende ausbauen.

Befestigungskrallen des Uhrengehäuses eindrücken und Uhr aus der Schalterblende drücken (manchmal ist auch ein Plastikrahmen hinter der Blende angebracht).

Belegplan anfertigen.

Flachstecker abziehen und neue Uhr identisch anschließen.Uhrengehäuse in Schalterblende verrasten.

Schalterblende wieder montieren.

Tabelle 5.1 Fehlertabelle Elektroherde

Fehlerbild	**möglicher Defekt**	**Abhilfe**
Keine Funktion	Stromausfall	Sicherungen einschalten
Heizplatte wird nach Einschalten nicht warm	Keine Spannung an der Zuleitung bzw. Phase für nicht funktionierende Platte nicht vorhanden Heizplatte defekt Siebentaktschalter defekt	Sicherungen in der Zuleitung kontrollieren. Kontrollieren, ob FI-Schalter eingeschaltet Defekte Sicherung erneuern bzw. FI-Schalter einschalten Heizplatte wechseln Siebentaktschalter wechseln
Automatikplatte wird nach Einschalten nicht warm	Regler defekt Nulleiter in der Schaltuhr unterbrochen oder Uhr falsch eingestellt Kontakt der Schaltuhr defekt	Regler erneuern Schaltuhr richtig einstellen Unterbrechung beseitigen Defekte Schaltuhr wechseln
Ceran-Kochfeld Heizkörper wird nach Einschalten nicht warm	Energieregler defekt Heizkörper defekt	Regler wechseln Heizkörper komplett mit Thermoregler wechseln Ist nur der Thermoregler defekt, diesen wechseln

5.6 Der Backofen

Ober- und Unterhitze:
Die Heizwiderstände für die Ober- und Unterhitze sind außen an Dach und Boden der Backmuffel angebracht. Ihre Anschlüsse sind meist nach Abnahme der Herdrückwand zugänglich. Die Heizwiderstände haben zusammen einen Anschlußwert von 2000 – 2400 Watt.

Infrarotgrill:
Grillschlangen sind an Klammern aufgehängte Rohrheizkörper, an der Decke der Backmuffel aufgehängt. Meist als Sonderausstattung erhältlich, werden sie in eine zweipolige Steckvorrichtung in der Backofenrückwand eingesteckt und sind somit betriebsbereit. Grillheizkörper haben eine Leistung von 2000 — 3000 Watt.

Heißluftgebläse:
Der Backofen mit Ventilator arbeitet nach einem Prinzip, das in Großküchen erprobt wurde und sich dort bewährte. Die Wärmeübertragung erfolgt nicht wie beim konventionellen Backofen durch Strahlung, sondern durch Luftbewegung. Ein eingebautes Gebläse verteilt heiße Luft im Backraum und wälzt sie um. An der Rückwand des Backofens ist ein Radialgebläse installiert, angetrieben von einem Spaltpolmotor. Dieses Gebläse ist von einem Rohrheizkörper ringförmig umgeben. Durch die Öffnungen eines Luftleitblechs, das Heizung und Ventilator zum Innenraum abschirmt, wird die Luft angesaugt und seitlich vorbei am Heizkörper wieder in den Backofen gedrückt. Die elektrische Leistung der Heizung beträgt 2400–2600 Watt, der des Gebläsemotors meist 50–60 Watt.

Eine andere Variante des Heißluftbackofens gibt es noch, die eigentlich als eine Mogelpackung anzusehen ist. Ein schwächerer Rohrheizkörper hinter der Backofenrückwand, dafür eine Unterhitze mit geringerer Leistung und ein Großflächengrill oben mit stark verminderter Leistung, die beide weitere Wärme zuführen, bilden gemeinsam auch ein Umluftsystem, das konstruktiv mit einem echten Umluftbackofen nicht vergleichbar ist, aber meist billiger in der Anschaffung ist.

Bratautomatik:
Hochwertige Elektroherde besitzen eine Bratautomatik, sie ist eine Kombination von Temperatur- und Zeitschaltautomatik. Einfache Systeme arbeiten rein zeitgesteuert, mit zuvor von Versuchsküchen ermittelten Richtwerten für die verschiedenen Bratgüter und Gerichte. Hochmoderne Bratautomatiken verfügen über ein Bratenthermometer als Zubehör. Über eine kleine elektrische Steckvorrichtung in der Backmuffel wird das Thermometer mit der Schaltautomatik verbunden und liefert die Kerntemperaturwerte aus dem Inneren des Bratgutes an die thermostatische Regelung für die Heizung.

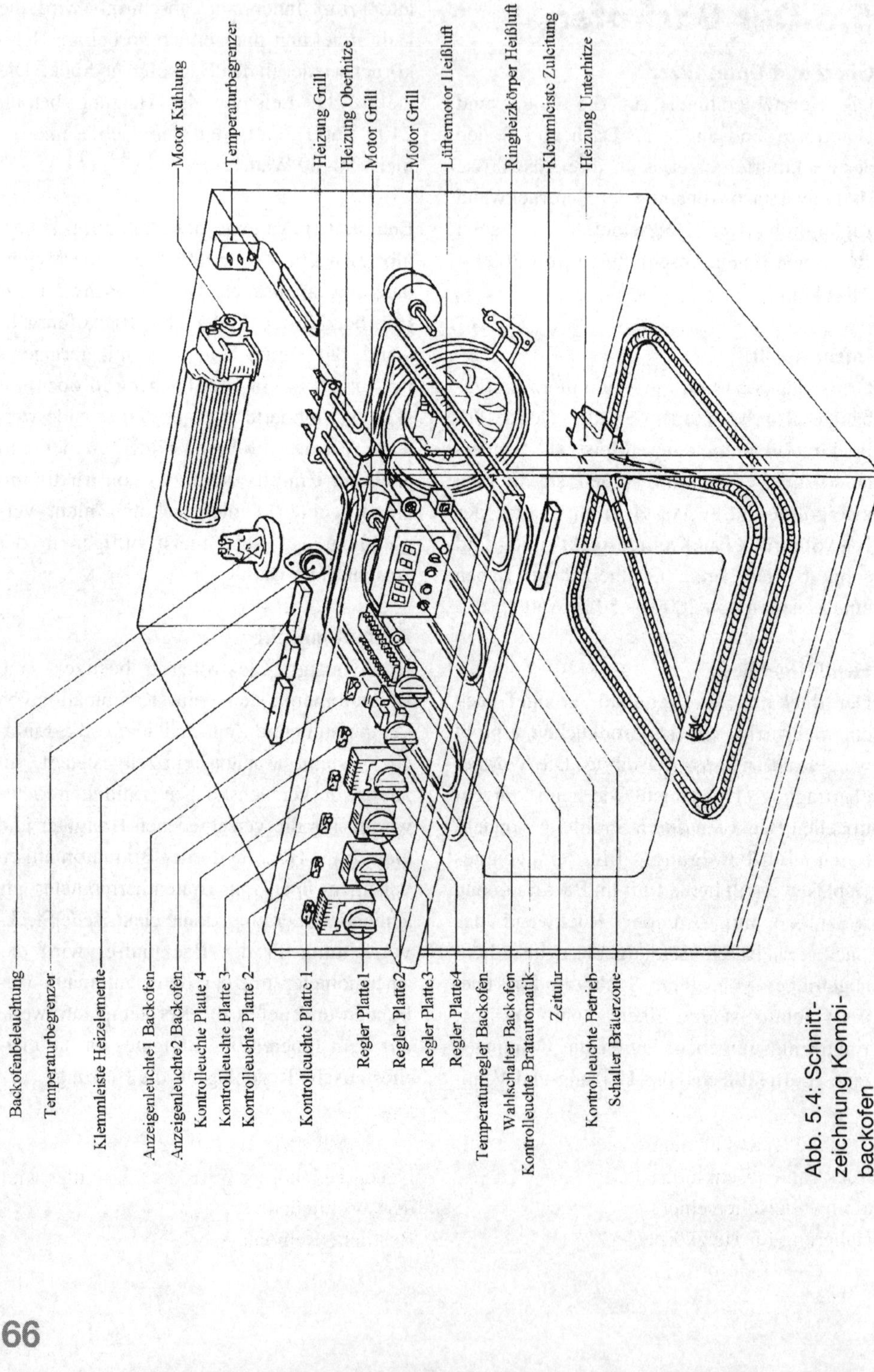

Abb. 5.4: Schnittzeichnung Kombibackofen

5.7 Reparaturen am Backofen

Backofenregler wechseln

Sicherungen ausschalten.
Gerät ausbauen, eventuell Kabel abklemmen.
Schalterblende abnehmen.
Schaltknebel abziehen.
Befestigungsschrauben entfernen.
Rückwand abschrauben.
Position des Fühlers ermitteln.
Belegplan vom Schalter anfertigen.
Flachstecker vom Schalter abziehen.
Schalter und Fühler herausnehmen.
Einbau im umgekehrten Sinne.
Dabei Kapillare nicht knicken!

Heizkörper oben wechseln

Sicherungen ausschalten.
Gerät ausbauen, eventuell Kabel abklemmen.
Rückwand abschrauben.
Eventuell störende Leitungen zum Lüfter oder Grillmotor beiseiteschieben oder sogar abklemmen. Immer Anschlußplan zeichnen.
Steinwolleisolierschicht anheben.
Halterung für Heizkörper lösen. Heizkörper abklemmen, dabei Anschlußfolge merken.
Neuen Heizkörper montieren und alles wieder anschließen.
Isolierung wieder richtig positionieren.
Restliche Remontage durchführen.

Heizkörper unten wechseln

Sicherungen ausschalten. Gerät ausbauen, eventuell Kabel abklemmen.
Rückwand abschrauben.
Steinwolleisolierschicht anheben.
Halterung für Heizkörper lösen.
Heizkörper abklemmen, dabei Anschlußfolge merken.
Neuen Heizkörper montieren und alles wieder anschließen.
Isolierung wieder richtig positionieren.
Restliche Remontage durchführen.

Ringheizkörper, Heißluft wechseln, von der Rückseite

Sicherungen ausschalten.
Gerät ausbauen, eventuell Kabel abklemmen.
Rückwand abschrauben.
Steinwolleisolierschicht anheben.
Heizkörperummantelung abschrauben.
Halterung für Heizkörper lösen.
Ringheizkörper abklemmen, dabei Anschlußfolge merken.
Eventuell hat der Ringheizkörper eine Keramiksteckvorrichtung, dann braucht er nur aus dieser herausgezogen werden.
Neuen Ringheizkörper montieren und alles wieder anschließen.
Isolierung wieder richtig positionieren.
Restliche Remontage durchführen.

Ringheizkörper, Heißluft wechseln, von der Vorderseite

Sicherungen ausschalten.
Backofen ausräumen, Bleche, Roste, etc.
Grillheizkörper ausbauen.
Backmuffelrückwand demontieren und aus dem Gerät nehmen.
Halterung für Heizkörper lösen.
Heizkörper abklemmen oder aus Steckvorrichtung ziehen.
Neuen Heizkörper montieren und alles wieder anschließen.
Restliche Remontage durchführen.

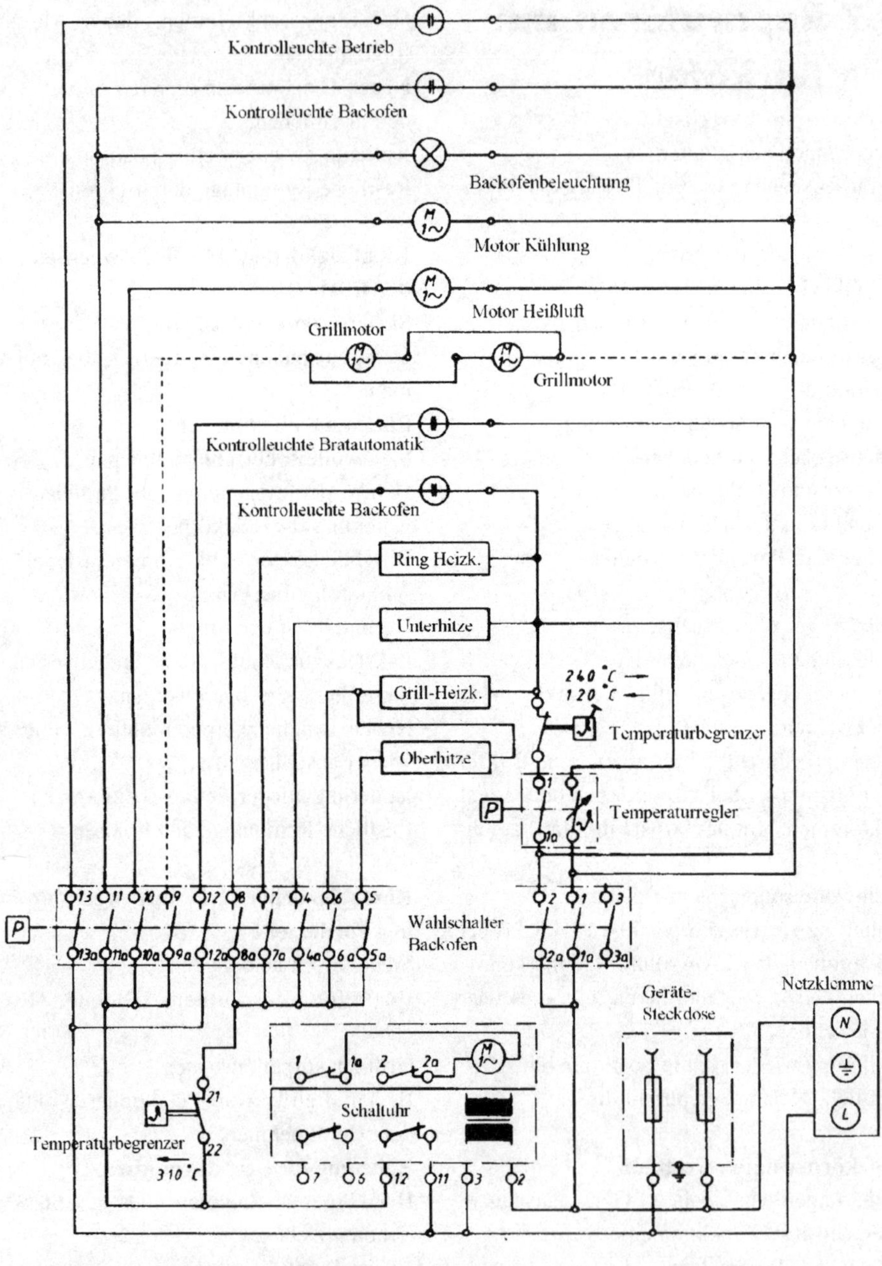

Abb. 5.5: Schaltplan Kombibackofen

Gebläsemotor, Heißluft wechseln, von der Rückseite

Sicherungen ausschalten.

Gerät ausbauen, eventuell Kabel abklemmen.

Rückwand abschrauben.

Steinwolleisolierschicht anheben.

Heizkörperummantelung abschrauben.

Eventuell muß der Heizkörper erst demontiert werden.

Dann Halterung für Heizkörper lösen.Ringheizkörper abklemmen, oder aus Steckvorrichtung ziehen.

Halterung für Gebläse abschrauben.

Gebläsemotor abklemmen, Anschlußfolge merken.

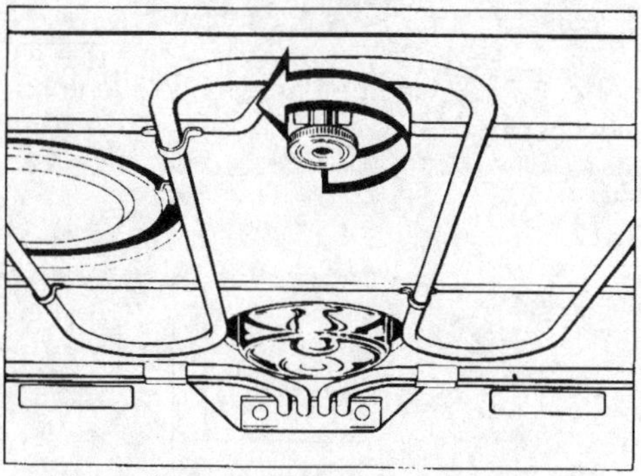

Halterung lösen
Heizkörper herunterklappen
aus der Steckvorrichtung ziehen

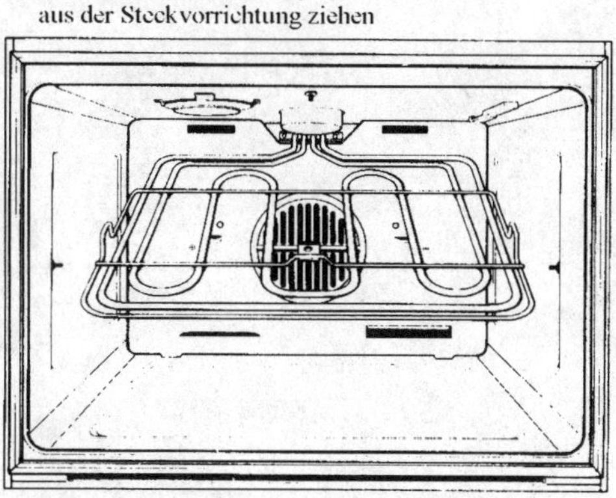

Abb. 5.6: Grillheizkörper ausbauen

Flügelrad vom alten an den neuen Motor bauen.

Ersatzteil montieren und alles wieder anschließen.

Restliche Remontage durchführen.

Isolierung wieder richtig positionieren.

Gebläsemotor Heißluft wechseln, von der Vorderseite

Sicherungen ausschalten.

Backofen ausräumen, Bleche, Roste, etc.

Grillheizkörper ausbauen.

Backmuffelrückwand demontieren und aus dem Gerät nehmen.

Halterung für Gebläse abschrauben.

Gebläsemotor abklemmen, Anschlußfolge merken.

Flügelrad vom alten an den neuen Motor bauen.

Ersatzteil montieren und alles wieder anschließen.

Restliche Remontage durchführen.

Grillheizkörper wechseln

Sicherungen ausschalten.

Backofen ausräumen, Bleche, Roste, etc.Vordere Halterung der Grillschlange lösen.

Ist die Backofenbeleuchtung im Wege, deren Glaskappe herausschrauben.

Grillschlange aus der elektrischen Steckvorrichtung ziehen.

Neuen Grillheizkörper in umgekehrter Reihenfolge montieren.

Grillmotor wechseln

Sicherungen ausschalten.

Gerät ausbauen, eventuell Kabel abklemmen.Rückwand abschrauben.

Grillmotor von der Backmuffelrückwand abschrauben.

Flachstecker abziehen, Anschlußfolge merken.

Neuen Motor festschrauben und anklemmen.
Restliche Remontage durchführen.

Kühlgebläse wechseln
Sicherungen ausschalten.
Gerät ausbauen, eventuell Kabel abklemmen.
Rückwand abschrauben.
Kühlgebläse von der Backmuffelrückwand abschrauben.
Flachstecker abziehen, Anschlußfolge merken.
Neues Gebläse festschrauben und anklemmen.
Restliche Remontage durchführen.

Backofenbeleuchtung wechseln
Glaskappe der Backofenbeleuchtung herausschrauben.
Glühlampe herausschrauben.
Achtung! Nur gegen eine Lampe ersetzen, die für eine Umgebungstemperatur von 300° C ausgelegt ist.
Glaskappe wieder einschrauben.

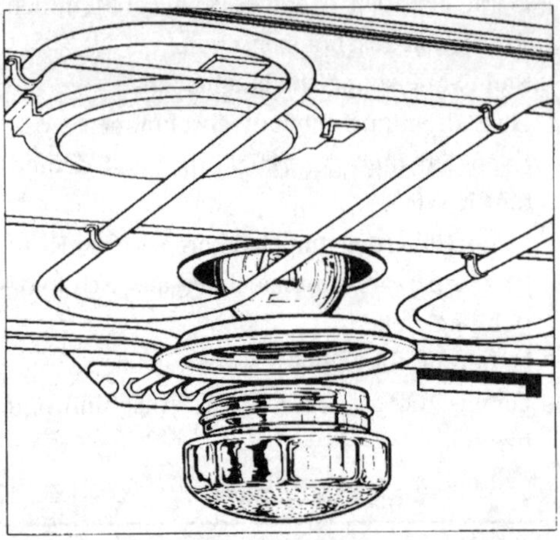

Abb. 5.7: Glühlampe Backofenbeleuchtung wechseln

Tabelle 5.2 Fehlertabelle Backofen

Fehlerbild	**möglicher Defekt**	**Abhilfe**
Backofenheizung funktioniert nicht, Schalterstellung für Temperatur und Heizart stimmt	Schaltuhr falsch eingestellt oder defekt Keine Spannung an der Zuleitung vorhanden bzw. Phase zur Backofenheizung am Herd oder Backofen ausgefallen Backofenregler defekt Rohrheizkörper defekt	Schaltuhr richitg einstellen Schaltuhr falls defekt, austauschen Sicherung einschalten Regler wechseln Heizkörper wechseln
Backergebnis nicht befriedigend	Backblech zu hoch oder zu niedrig eingeschoben Oberer oder unterer Heizkörper defekt Regler defekt	Bedienungsanleitung befragen Heizkörper wechseln s.o.
Grillheizkörper wird nicht warm	Läuft der Grillmotor ebenfalls nicht, Stromausfall oder Sicherung ausgefallen Schaltuhr falsch eingstellt Backofenregler Kontakt „Grillen“ defekt Läuft der Grillmotor, Heizkörper defekt	Sicherung einschalten Schaltuhr richtig einstellen Regler wechseln Heizkörper wechseln
Keine Spannung an der Gerätesteckdose	Feinsicherung defekt Kontakte beschödigt	Sicherung wechseln Steckdose wechseln
Kühlgebläse läuft bei Einschalten des Backofens nicht an	Backofenregler defekt Kühlgebläse defekt	Regler wechseln Gebläse wechseln
Backofenlampe brennt nicht	Lampe defekt	Lampe wechseln

6 Dunstabzugshauben

Sie sind aus der modernen Küche nicht mehr wegzudenken, da die Hängeschränke der Einbauküchen direkt an den Herd grenzen, oder diesen sogar überspannen. Die bei Kochen aufsteigenden Wrasen müssen also abgeführt werden, bevor sie die Möbel benetzen. Dunstabzugshauben können als Umluft- oder Abluftgeräte eingesetzt werden. Ist kein Mauerkasten vorhanden, an den ein Abluftkanal angeschlossen werden kann, wird der Abluftdeckel verschlossen und die Luft strömt durch einen Aktivkohlefilter gereinigt in den Raum zurück.

6.1 Verschiedene Systeme

Dunstabzugshauben gibt es als Unterbaugeräte, eine kompakte Geräteeinheit in Normmaßen, ca. 20 cm tiefer als die Möbel, die an der Wand oder am Oberschrank aufgehängt werden. Die erinnern dadurch immer daran, daß man sie einschaltet, nämlich dann, wenn man sich an ihnen den Kopf anschlägt. Einbaugeräte gibt es in zwei Varianten, bei beiden ist die Lüftereinheit in den Oberschrank eingebaut. Bei der einen Version wird durch Vorziehen einer oben aufgehängten Möbelfront einerseits der Wrasenfang erweitert und andererseits die Lüftung und eventuell auch eine Beleuchtung eingeschaltet. Die zweite, modernere Version ist fast komplett in einen speziellen Oberschrank integriert, bis auf eine relativ kleine Schublade, etwa 15 cm herausziehbar, die nicht nur alle Bedienelemente enthält, sondern auch einen Teil des Wrasenfilters.

6.2 Die Schaltungen

Die Lüfter von Dunstabzugshauben werden von Kurzschlußläufermotoren bzw. Außenläufermotoren angetrieben. Je nach Hersteller und Variante gibt es sie mit einem bis drei Lüftern und Motoren. Die Geschwindigkeitsregelung erfolgt bei Einfachgeräten über einen Mehrstufenschalter, meist als Tastenreihe ausgelegt, der die Feldwicklungen des Motors über Mittelanzapfungen an das Stromnetz legt.

Bei den Edelvarianten mit mehreren Motoren ist eine Steuerelektronik eingebaut, die von einer Folientastatur ihre Befehle erhält und Vorwiderstände durch Leistungstransistoren in den Motorkreis hinein- oder herausschaltet. Mit diesen Schaltungen erreicht man einen nahezu fließenden Übergang zwischen den Schaltstufen.

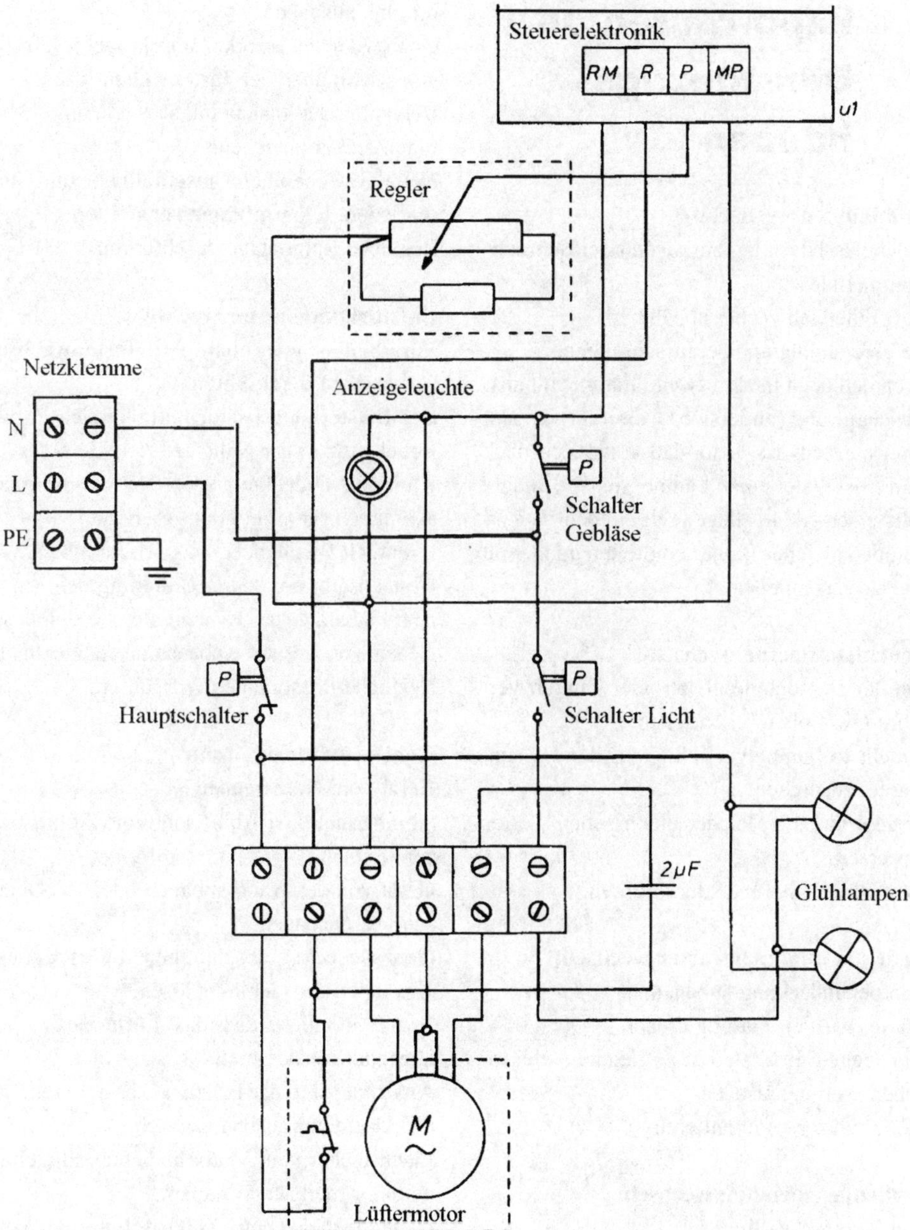

Abb. 6.1: Schaltplan Dunstabzugshaube

6

6.3 Reparaturen an Dunstabzugs-hauben

Glühlampen wechseln
Milchglasabdeckung aushaken oder Schraubklammern lösen.
Ggf. Filtersieb vorher abnehmen.
Defekte Glühlampe herausschrauben.
Eventuell noch intakte zweite Lampe mit austauschen und anderswo weiterverwenden, denn meistens ist es so, daß kurze Zeit nach dem Ausfall der einen Lampe, sich die andere solidarisch erklärt (liegt an der Lebensdauer).
Lampen gleicher Bauart eindrehen und Gerät wieder verschließen

Leuchtstofflampe wechseln
Bei der Demontage gleich oder ähnlich verfahren, wie oben beschrieben.
Leuchtstofflampe vorsichtig aus den Fassungen herausdrehen.
Neue Röhre mit gleichen elektrischen Werten einsetzen.
Restliche Remontage durchführen.

Leuchtstofflampenstarter wechseln
Lampenabdeckung abbauen.
Starter aus der Fassung drehen.
Nur gegen Ersatzteil mit gleichen elektrischen Werten tauschen.
Gerät wieder komplettieren.

Bedientasteneinheit wechseln
Gerät vom Netz trennen.
Abluftkanal oder Abluftroht vom Abluftstutzen trennen.
Gerät von der Wand abbauen oder aus Oberschrank ausbauen.
Oberen Gehäusedeckel abschraubenBefestigungsschrauben der Tasteneinheit lösen.
Belegplan der Tasteneinheit zeichnen.
Flachstecker abziehen.
Neue Tasteneinheit anschrauben und anschließen, **Klemmfehler vermeiden**.
Restliche Remontage durchführen.

Entstörkondensator wechseln
Vorarbeiten wie oben bei Tastenwechsel beschrieben durchführen.
Der Entstörkondensator befindet sich in der Regel ganz in der Nähe der Netzklemmen.
Kunststoffabdeckung des Netzanschlusses abnehmen (gerastet oder geschraubt).
Eventuell Blechabdeckung abschrauben.
Kondensator aus seiner Halterung nehmen.
Anschlußdrähte des Kondensators abklemmen.
Neuen Kondensator einbauen und anklemmen.
Restliche Remontage durchführen.

Gebläsemotor wechseln
Gerät vom Netz trennen.
Abluftkanal oder Abluftroht vom Abluftstutzen trennen.
Gerät von der Wand abbauen oder aus Oberschrank ausbauen.
Gehäusedeckel abschrauben Befestigungsschrauben des Gebläses lösen.
Es ist möglich, daß das Lüfterrad vorher abgebaut werden muß.
Anschlußfolge der Flachstecker notieren.
Gebläsemotor ausbauen.
Flachstecker vom Motor abziehen. Flügelrad an den neuen Motor bauen.
Neuen Gebläsemotor elektrisch anschließen.
Klemmfehler vermeiden.
Gebläse im Gehäuse festschrauben.
Restliche Remontage durchführen.

Tabelle 6.1 Fehlertabelle Dunstabzugshauben

Fehlerbild	**möglicher Defekt**	**Abhilfe**
Keine Funktion	Sicherung oder Gerätesicherung hat ausgelöst Kabel gebrochen Türschalter defekt mechanisch oder elektrisch Zeitschalter defekt Steuerungselektronik Relais oder Transistor	Stromzuführung überprüfen, Sicherung wechseln Austauschen Türschalter überprüfen Per Hand betätigen ggf. austauschen Kontakte auf Durchgang prüfen, reinigen oder Schalter ersetzen Funktion prüfen austauschen
Lüfter schafft die Wrasen nicht weg	Abluftleitung zu lang, zuviele 90° Bögen Filter dicht	Abluftleitung anders dimensionieren Filter wechseln
Nicht alle Stufen lassen sich schalten	Schiebeschalter oder Tastschalter defekt Unterbrechung am Vorwiderstand Motorwicklung defekt	Schalter wechseln Unterbrechung beseitigen Motor überprüfen ggf. wechseln

7 Kühl- und Gefriergeräte

Um Lebensmittel vor dem Verderb zu schützen, werden von alters her Konservierungsverfahren wie Sterilisieren, Trocknen, Pökeln und Räuchern angewandt. Alle haben das Ziel, das Wachstum der Mikroorganismen einzudämmen oder stillzulegen. Unter Mikroorganismen versteht man Bakterien, Hefen und Pilze, die für ihre Vermehrung neben der Temperatur und der Feuchtigkeit einen Nährboden benötigen, der in Lebensmitteln in Form von Wasser, Kohlenhydraten und Eiweiß vorhanden ist. Je schneller die Vermehrung vor sich geht, desto schneller sind die Lebensmittel verdorben. Durch Lagerung in Kühlschränken wird dieser Vorgang zwar nicht gestoppt, jedoch verlangsamt. Durch die Gefrierkonservierung ist es möglich, das Wachstum durch Unterschreiten der Vermehrungstemperatur völlig zum Stillstand zu bringen; darüber hinaus wird durch die Vereisung in den gefrorenen Lebensmitteln das Wasser entzogen, so daß auch kälteverträgliche Mikroorganismen sich nicht weiterentwickeln können.

Kühlgeräte

Für eine gute Erhaltung der Qualität von Lebensmitteln werden Kühlgeräte eingesetzt. Die Temperaturen liegen im Bereich von 0°C bis +10°C. Es ist nur eine kurzfristige Lagerung möglich.

Gefriergeräte

Bieten in jedem Fall einen Lagerraum für gefrorene Lebensmittel mit der erforderlichen Temperatur von -18°C und tiefer und in den meisten Fällen ein Vorgefrierfach.

No-Frost-Geräte

Sind zusätzlich zur Ausrüstung mit dem Kompressor-Kühlsystem mit einem Umluftsystem ausgerüstet, bei dem ein Ventilator die tiefgekühlte Innenluft im Gefriergerät in eine Konvektionsbewegung bringt. Durch den ständig herrschenden Wind in diesen Geräten setzt sich kein Reif auf den Wänden, Schubladen und den Verdampferrippen ab.

7.1 Kompressor und Absorber, was ist das?

Kompressionsverfahren: Die wesentlichen Teile des Kompressionssystems sind der Verdampfer, der Verdichter (Kompressor), der Verflüssiger (Kondensator)und das Drosselorgan (Kapillarrohr). Im Verdampfer, einem Behälter mit Rohrwindungen, verdampft das Kältemittel, die dafür erforderliche Wärme entzieht es dem Innenraum des Kühlgerätes und seinem Inhalt, es wird dort also kalt. Der Kompressor, eine Kolbenpumpe, die von einem Elektromotor angetrieben wird, saugt die Kältemitteldämpfe aus dem Verdampfer und verdichtet sie,

Abb. 7.1: Funktionsschema Kompressorkühlschrank

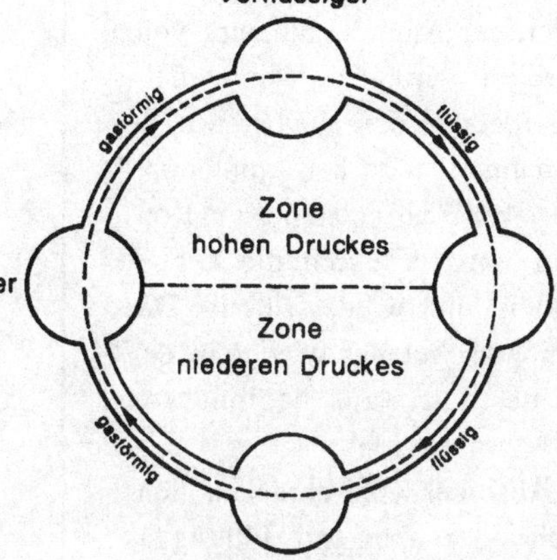

Abb. 7.2: Funktionsschema Absorberkühlschrank

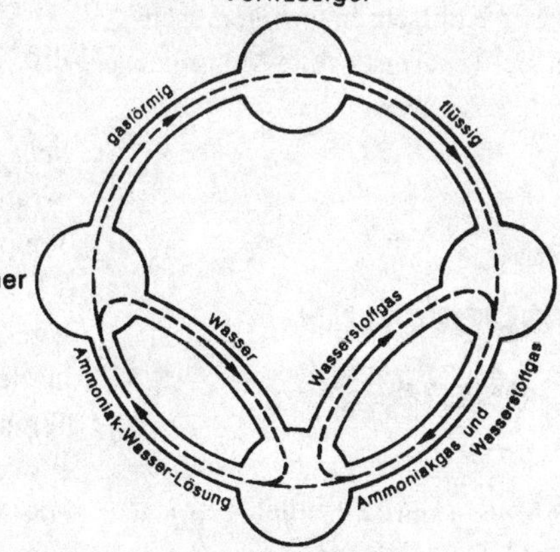

bringt sie unter Druck, wobei sie heiß werden. Vom Kondensator, eine Rohrschlange mit Kühlrippen, wird die Wärme an die Raumluft abgegeben, das Kältemittel wird wieder flüssig, weil die Temperatur sinkt. Durch das Drosselorgan gelangt das wieder flüssige Kältemittel wieder in den Verdampfer, der Kreislauf beginnt von neuem.

Absorptionsverfahren:
Die wesentlichen Teile des Absorptionsverfahrens sind der Verdampfer, der Absorber, der Kocher und der Kondensator. Im Verdampfer verdampft das Kältemittel (Ammoniak), die zum Verdampfen notwendige Wärme entzieht es dem Innenraum des Kühlgerätes. Der dampfförmige Ammoniak

gelangt in den Absorber, einen Behälter mit Wasser, in dem der Ammoniakdampf vom Wasser absorbiert wird. Die Ammoniak-Wasserlösung fließt in den Kocher, wo sie erhitzt wird, dadurch wird der Ammoniakdampf ausgetrieben und gelangt zum Kondensator. Dort wird er durch die Umgebungsluft gekühlt und wieder flüssig. Das flüssige Ammoniak gelangt wieder in den Verdampfer, der Kreislauf beginnt von neuem.
Kocher von Absorber-Kühlschränken können elektrisch oder aber mit Flüssiggas beheizt werden. Da kein Motor vorhanden ist, sind Absorber-Kühlschränke gegenüber den Kompressor-Kühlschränken geräuschlos, das macht sie für lärmsensible Menschen attraktiv.

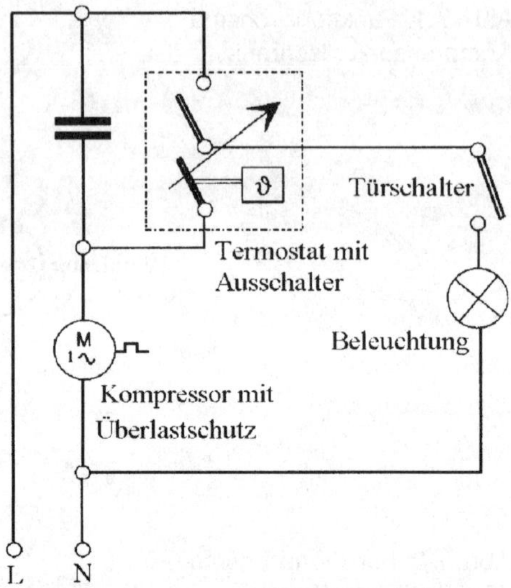

Abb. 7.3: Schaltplan Kühlgerät

Beim Gefriergerät: Bei elektronischer Temperaturregelung tasten flexible Fühler die Temperatur auch zwischen dem Gefriergut ab.

Um den Verdampfer von Eis freizuhalten, ist in der Regel eine Abtauautomatik an die Temperaturregelung gekoppelt. Hierbei wird entweder eine Elektroheizung periodisch für eine begrenzte Zeit eingeschaltet, die den Vedampfer aufheizt, bis der Eisbesatz abtaut, oder ein ausgeklügeltes Ventilsystem sorgt dafür, daß das heiße Kühlmittel, das sich im Verflüssiger befindet, auf kurzem Wege in den Verdampfer gelangt und diesen aufheizt.

7.2 Temperaturregelungen

Beim Kühlschrank: Temperaturfühler sorgen dafür, daß die selbst eingestellte oder die fest eingestellte Temperatur gehalten wird. Die Überwachung erfolgt entweder durch mechanische Thermostate oder aber elektronische Bauteile.

7.3 Reparaturen an Kühlgeräten

Glühlampe wechseln

Die Glühlampe ist meistens in das Schutzgehäuse der Thermostateinheit eingebaut. Zum Wechsel muß die lichtdurchlässige Abdeckung abgenommen werden.

Dazu eventuell den Reglerknopf abziehen, eine Schraube lösen, oder einfach nur herausklipsen.

Nach dem Lampenwechsel alles wieder zurückrüsten.

Türkontakt wechseln

Der Türkontakt ist ebenso in die Glasabdeckung für Thermostat und Beleuchtung eingebaut.

Also auch Abdeckung entfernen.

Türkontakt abschrauben, durch neuen ersetzen und alles wieder zusammenbauen.

Thermostat wechseln

Der Austausch eines Thermostaten ist etwas aufwendiger.

Achtung Kühlmittel!

Niemals sollten Sie das Kühlsystem, dessen Rohrleitungen und Aggregate beschädigen, da das darin enthaltene Kühlmittel unter hohem Druck sofort entweicht. Arbeiten am Kühlsystem können nur Kundendienstmonteure der Hersteller oder spezieller Fachbetriebe durchführen, da diese mit Spezialgeräten ausgerüstet sind.

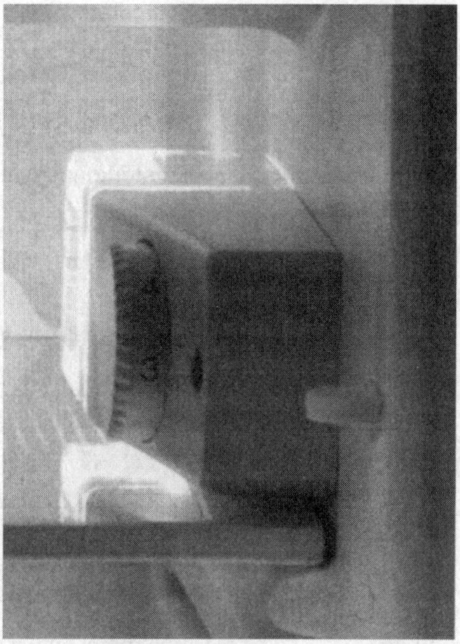

Abb. 7.4: Temperaturregler mit Leuchte und Türschalter

Gerät vom Netz trennen und vorziehen.

Einstellknopf abziehen und Thermostatabdeckung abnehmen.

Thermostaten abschrauben.

Weg der Kapillare zum Kältefühler verfolgen.

Kältefühler abbauen, dabei Isolierung nicht beschädigen.

Thermostaten abklemmen. Vorher Anschlußplan anfertigen.

Neuen Thermostaten genauso montieren, wie der alte eingebaut war.

Kapillare auf keinen Fall knicken. Isolierung nicht beschädigen.

Thermostaten elektrisch anschließen.

Restliche Remontage durchführen.

Tabelle 7.1 Fehlertabelle Kühlgeräte

Fehlerbild	**möglicher Defekt**	**Abhilfe**
Keine Funktion	Sicherung ausgefallen	Sicherung einschalten
Gerät erzeugt Kurzschluß	Entstörkondensator defekt	Kondensator wechseln
Gerät stört Rundfunkgeräte	Entstörkondensator defekt	Kondensator wechseln
Innenbeleuchtung ohne Funktion	Glühlampe defekt	Glühlampe wechseln
Kühlt nicht, Licht brennt aber	Thermostat verstellt oder defekt	Thermostateinstellung prüfen, ggf. Thermostaten austauschen
Kühlt schlecht	Rippenkörper des Kondensator extrem verstaubt	Rippenkörper reinigen
Motor läuft viel zu oft	Kühlaggregat defekt oder Kühlmittel entwichen	Reparatur nur durch Servicemonteur
Kühlt schlecht, Motor läuft sehr oft an und schaltet gleich wieder ab.	Motor defekt, Überlastschutz spricht an	Reparatur nur durch Servicemonteur
Kühlt zu stark	Thermostat verstellt oder defekt	Thermostateinstellung prüfen, ggf. Thermostaten austauschen
Taut schlecht ab Übermäßige Eisbildung	Abtauheizung defekt Abtauautomatik defekt	Austauschen Thermostaten wechseln

Mikrowellen-ofen

1945 wurde durch Zufall in der USA eine Möglichkeit, das Kochgut mittels Feldenergie zu erhitzen, entdeckt. Durch die Zuführung von Mikrowellenenergie wird das Kochgut durch die Molekularbewegung von innen heraus erhitzt, ganz im Gegensatz zur konventionellen Art, wo die Hitze durch die umgebende Luft auf das Kochgut von außen her übertragen wird.

Wenn ein Stein ins Wasser geworfen wird, bilden sich Wellen, die sich von dem Punkt ausbreiten, an dem der Stein auf die Wasseroberfläche auftraf. Es gibt andere Arten von Wellen, die wir nicht sehen, die aber trotzdem existieren, weil wir ihre Wirkung beobachten können. Diese Wellen breiten sich ebenfalls von einem Mittelpunkt gleichmäßig aus. Sie bewegen sich jedoch mit Lichtgeschwindigkeit und sie tragen kleine Energiebündel. Die Mikrowelle ist eine solche Welle und sie wird von Materialien mit hohem Feuchtigkeitsgehalt absorbiert, wobei sich diese Materialien erhitzen.

Bei Mikrowellengeräten findet diese Wirkung der Mikrowellenenergie Anwendung, die vom Magnetron, einer Mikrowellen-Schwingröhre ausgestrahlt wird. Alle Materialien bestehen aus Atomen, zusammengefaßt zu Molekülen. Einige dieser Moleküle sind elektrisch neutral, das heißt sie haben keine elektrische Ladung. Diese neutralen Materialien werden von den Mikrowellen durchdrungen, als ob sie nicht vorhanden währen. Die meisten Materialien sind jedoch nicht elektrisch neutral und sie können daher als kleine Induktions-Dipole betrachtet werden.

Wenn ein derartiges Material einem elektrischen Feld ausgesetzt ist, wird es gezwungen, seine Moleküle parallel zu den Linien des Feldes anzuordnen, genauso wie ein Magnet unter dem elektromagnetischen Feld. Wenn sich dieses elektrische Feld millionenmal pro Sekunde ändert, kann sich die molekulare Polarität, die eine asymmetrische Struktur aufweist, wenn kein elektrisches Feld vorhanden ist, nicht mehr in Übereinstimmung mit der Polarität des äußeren elektrischen Feldes drehen, wobei Reibung wegen der Drehung der Moleküle in Wärme umgewandelt wird. Die Mikrowellen ändern ihre Wirkrichtung 4.900.000.000 Mal pro Sekunde, so daß sie Speisen schnell und energiesparend erhitzen.

8.1 Wie funktioniert ein Mikrowellen-ofen?

Zur Erzeugung der Mikrowellenenergie wird eine evakuierte 2-Pol-Röhre, das Magnetron, verwendet. Der Name leitet sich daher ab, daß das konstante Magnetfeld, von (mindestens) 2 Magneten erzeugt wird. Die in Mikrowellengeräten verwendeten Magnetrons arbeiten mit einer international festgelegten Frequenz von 2450 MHz mit einer Toleranz von ± 50 MHz. Die Energieübertragung erfolgt durch ein von einer

Art Antenne abgestahltes magnetisches Feld und die gleichmäßige Wellenverteilung im Garraum.

8.2 Vorsicht bei Mikrowellen!

Achtung! Der Mensch ist nicht elektrisch neutral. Er darf niemals Mikrowellen in hohen Dosen ausgesetzt werden.
Benutzen Sie Ihren Mikrowellenofen während er arbeitet nicht als Fernseher, nach dem Motto: „Na, wann platzt die Bockwurst?“ Das ist nicht gut für Ihre Augen!

8.3 Reparaturen an Mikrowellengeräten

Bei Mikrowellenöfen sollten Sie sich nur an die Bauteile wagen, die wirklich nichts mit dem Magnetron-System zu tun haben, also die vor dem Trafo. Beschränken Sie die Reparaturarbeiten möglichst auf den Glühlampenwechsel oder Sicherungswechsel und tauschen Sie diese wirklich nur gegen solche, mit identischen elektrischen Werten aus.

Garraumbeleuchtung ersetzen
In der Bedienungsanleitung lesen, was der Hersteller zu diesem Thema aussagt.

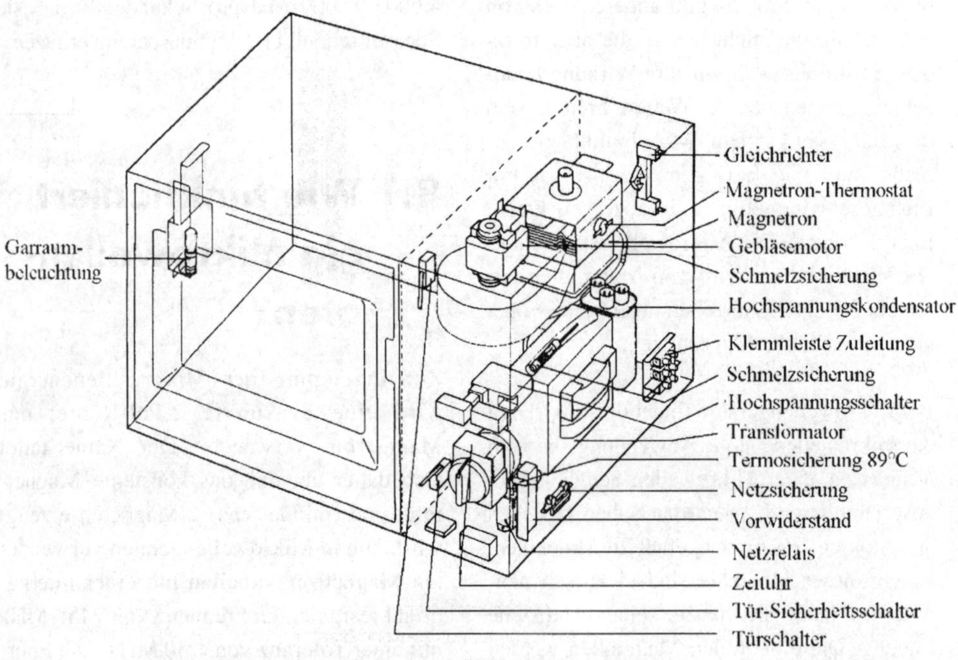

Abb. 8.1: Schnittzeichnung Mikrowellenofen

Warnung!

Wenn Sie nicht genau wissen was Sie tun, bei der kleinsten Unsicherheit, lassen Sie die Finger von den Innereien des Mikrowellenofens. Wenden Sie sich an den Service des Herstellers.

Gerätetür öffnen. Eventuell Drehteller entnehmen.
Gitterabdeckung abschrauben und Glasscheibe entnehmen.
Glühlampe herausschrauben.
Nur gegen Lampe austauschen mit identischen elektrischen und Wärmewerten.
Abdeckungen wieder exakt einsetzen und anschrauben.

Netzsicherung wechseln
Gerät vom Netz trennen.
Außengehäuse aufschrauben.
Sehr vorsichtig vorgehen.
Erdungsklammern und Massekrallen behutsam behandeln.
Lage der Netzsicherung checken.
Netzsicherungshalter öffnen und Sicherung entnehmen.
Nur gegen Sicherung mit gleichen elektrischen Werten ersetzen.
Remontage in umgekehrter Reihenfolge.

Zeitschalter austauschen
Gerät vom Netz trennen.
Außengehäuse aufschrauben. Sehr vorsichtig vorgehen.

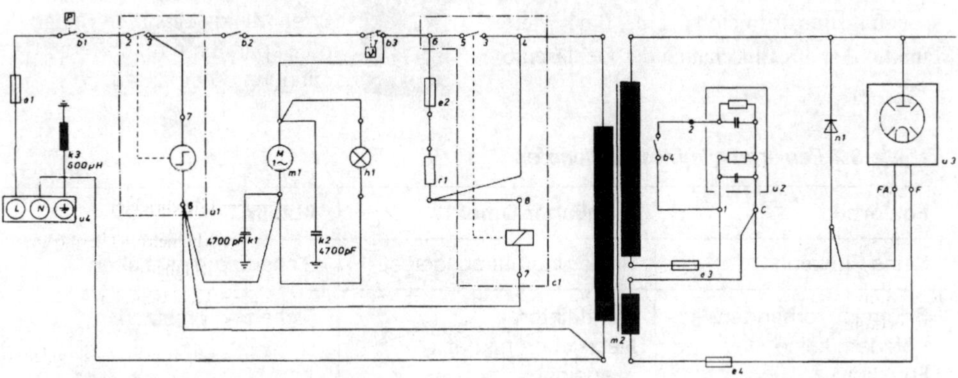

Abb. 8.2: Schaltplan Mikrowellenofen

b1 Türverriegelungs-Sicherheitsschalter
b2 Türschalter
b3 Magnetron Thermostat 122°C
b4 Hochspannungsschalter
c1 Netzrelais
e1 Netzsicherung 230V 6,3A
e2 Thermosicherung T 89° C
e3 Schmelzsicherung 5kV 0,6A
e4 Schmelzsicherung
h1 Garraum-Beleuchtung
k1 Entstörkondensator
k2 Entstörkondensator
k3 Entstör-Spule
m1 Gebläsemotor
m2 Transformator
n1 Gleichrichter
r1 Widerstand 25R 20 W
u1 Zeitschalter-Motor
u2 Hochspannungs-Kondensator
u3 Magnetron
u4 Netzklemmen

Erdungsklammern und Massekrallen behutsam behandeln.
Anschlußplan des Zeitschalters anfertigen.
Bedienknopf abziehen.
Montageschrauben abschrauben.
Schalter herausnehmen und abklemmen.
Neuen Schalter einbauen und anschließen.
Knopf aufsetzen.
Gehäuse wieder zusammenbauen.

Türschalter justieren, ersetzen

Beim Schließen der Tür werden ein oder mehrere Mikroschalter betätigt. Diese sorgen dafür, daß das Gerät nur in hermetisch abgeschlossenem Zustand arbeitet. Eine zweite Funktion ist das Einschalten der Garraumbeleuchtung. Eine dritte Funktion kann das zusätzliche Sicherheitseinschalten des Hochspannungstransformators sein. Eine vierte Funktion ist das Einschalten des Gebläsemotors.

Also bis zu vier Mikroschalter können im Gerät eingebaut sein.Nach Abbau des Gerätegehäuses Lage der Schalter checken.
Sind die Zungen für die Betätigung funktional?
Werden die Mikroschalter zur Justage oder zum Wechsel gelöst, später wieder durch Auftragen von Schraubensicherungslack auf die Befestigungsschrauben sichern.

Achtung! Lebensgefahr!

Große Teile des Mikrowellenofens werden mit einer Hochspannung von mehreren Kilovolt betrieben. Allerhöchste Vorsicht ist geboten! Nur vom Hersteller autorisierte Personen dürfen MIkrowellenöfen öffnen und Reparaturen an der Hochspannung durchführen.

Tabelle 8.1 Fehlertabelle Mikrowellenofen

Fehlerbild	**möglicher Defekt**	**Abhilfe**
Keine Funktion	Sicherung hat ausgelöst	Sicherung einschalten
Strom ist vorhanden, trotzdem keine Funktion	Geräteinterne Netzsicherung hat ausgelöst	Sicherung ersetzen
Beleuchtung geht, Gerät arbeitet nicht.	Sicherung für Netzrelais hat ausgelöst Türschalter dejustiert	Sicherung ersetzen Türschalter justieren
Beleuchtung geht, Lüfter läuft, sonst geht nichts	Sicherung für Hochspannung hat ausgelöst Türschalter dejustiert Zeitschalter defekt	 Türschalter justieren, die anderen dabei nicht verstellen Zeitschalter erneuern

Anhang

Ersatzteilbeschaffung

Ersatzteile sind meist schwierig zu bekommen. Die Hersteller machen es einem nicht gerade leicht. Vielfach lassen sich Originalersatzteile nur über Zwischenhändler oder Fachbetriebe beziehen, die dann Lager- und Portokosten in Rechnung stellen. Es kommt noch hinzu, daß sie sich mit der Bestellung meist sehr viel Zeit lassen. Nicht selten wird das Ersatzteil aber schon gar nicht mehr produziert oder man will dem Kunden die Selbstreparatur einfach unmöglich machen, um selbst die horrenden Reparaturkosten einzusacken oder einen Neukauf herbeizuführen.

Auf jeden Fall sollten Sie sich auf eine längere Vorarbeit mit den gelben Seiten oder dem Branchenbuch gefaßt machen.

Bevor Sie sich auf die Teilesuche machen, sollten Sie die genaue Bezeichnung, Bestellnummer oder Seriennummer des Bauteils herausfinden, da der Händler mit den Anschlußwerten allein oftmals nichts anfangen kann. Am besten, Sie notieren sich alles, was auf dem Typenschild Ihres Gerätes steht. Haben Sie das defekte Teil schon demontiert, nehmen Sie es zur Ansicht mit.
Eine gute Möglichkeit zur Ersatzteilbeschaffung nach dem Motto „Aus zwei mach eins" sind *Flohmärkte*, die *Elektrokiste auf den Recyclinghöfen* der örtlichen Entsorgungsbetriebe oder letztendlich eine *Kleinanzeigen-Zeitung*, die haben meist Namen wie, *„Rin & Rut"*, *„A bis Z"* oder *„Kurz und Fündig"* oder ähnlich.

Nachfolgend habe ich die wichtigsten Adressen der Hersteller aufgelistet. Wenn Sie nicht mehr weiterwissen, sollten Sie die betreffenden kontaktieren. Sie sollten nach den Konditionen für die Reparatur in der Zentralwerkstatt fragen. Oftmals erheben die Hersteller Festpreise, die recht günstig sind; die Rücklieferung erfolgt dann per Nachnahme.

Ersatz für Bauteile, wie Kondensatoren, Widerstände, Triacs, Thermoelemente, oder sogar kleine Baugruppen finden Sie mit Sicherheit bei Conrad Electronik in der nächstgelegenen Filiale oder direkt per Katalog.

9 Materialfundus

Folgendes Material finden Sie im Conrad-Katalog.

Bauteil	Warengruppe
Dioden	15, 16, 17
Gleichrichter	50
Transistoren	15, 16
Thyristoren	15, 18
Triacs	15, 18
Spannungsregler	17, 18
Widerstände	40, 41, 42
NTC-Widerstände	44
PTC-Widerstände	44
Poly-Switch-Sicherungen	53
Trafo-Überlastschutz	53
Varistoren	46
Funkentstörkondensatoren	45
MKP-Kondensatoren	47
Elkos	47,48
Feinsicherungen	53
US-Norm-Feinsicherungen	53
Temperatursicherungen	53
Anlegethermostaten	53
Flachstecker	73
Kabelschuhe, isoliert	73
Signalleuchten	72
Isolierband	60
Schrumpfschlauch	52, 53, 63
Netzschnüre	60
Mikroschalter	70
Prüfgeräte	13
Messgeräte	10, 12, 13
Weiterführende Literatur	90

Serviceadressen:

AEG Hausgeräte AG
Postfach 10 36
90327 Nürnberg
Tel. 09 11-3 23-0
Fax 09 11-3 23-22 93
Hausadresse
Muggenhofer Str. 135
90429 Nürnberg

Bauknecht Hausgeräte GmbH
Postfach 80 03 43
70503 Stuttgart
Tel. 07 11-7 88 60
Fax 07 11-7 88 61 03
Hausadresse
Am Wallgraben 99
70565 Stuttgart

Blomberg-Vertriebsges. mbH
Voltastraße 50
59229 Ahlen/Westf.
Tel. 0 23 82-7 80-0
Fax 0 23 82-7 80-3 32
Zentralkundendienst
Tel. 0 23 82- 7 80-2 46 und -2 87
Fax 0 23 82-7 80-2 13

Robert Bosch Hausgeräte GmbH
Kundendienstzentrale
Postfach 10 02 50
80076 München
Tel. 0 89-45 90 00
Fax 0 89-45 90-26 49

Zentral-Ersatzteillager
Postfach 23 18
D 90713 Fürth/Bay.
Tel. 09 11-30 02 -01
Fax 09 11-3002-2 44

Candy-Dime GmbH
Postfach 12 00 31
45311 Essen
Tel. 02 01-3 64 09-52
Fax 0201-3 64 09-37

Construkta - Neff Vertriebs-GmbH
Postfach 10 02 50
80076 München
Tel. 0 89-45 90-05
Fax 0 89-45 90-27 00
Hausadresse
Hochstraße 17
81669 München

Foron Hausgeräte GmbH
Arnsfelder Straße 40
95518 Niederschmiedeberg
Tel. 0 37 35-6 05-0
Fax 0 37 35-6 05-2 51 u. 1 52

Juno Vertrieb
Junostr. 1
35745 Herborn
Tel. 0 27 72-71-00
Fax 0 27 72-71-4 32
Btx *44177#

Liebherr Hausgeräte GmbH
Postfach 11 61
88411 Ochsenhausen
Tel. u. Fax 0 73 52-9 28-0
Hausadresse
Memminger Str. 77
88416 Ochsenhausen

Miele & Cie. GmbH & Co.
Postfach
33325 Gütersloh
Tel. 0 52 41-89-0
Fax 0 52 41-89-20 90
Hausadresse
Carl-Miele-Str. 29
33332 Gütersloh

Neff
-siehe Constructa-

Seppelfricke Heiz- und Küchentechnik GmbH & Co. KG
Postfach 10 24 45
45824 Gelsenkirchen
Tel. 02 09-94 00-0
Fax 02 09-94 00-490
Hausadresse
Am Stadthafen 16
45881 Gelsenkirchen

Zanker Hausgeräte Vertriebs GmbH
Postfach 11 49
35721 Herborn
Tel. 0 27 72-71-00
Fax 0 27 72-71-3 79
Hausadresse
Junostr.1
35745 Herborn

Sachverzeichnis zu Teil 2

9

TEIL 3

Jens Uetrecht

Elektro-Kleingeräte erfolgreich selbst reparieren

Sicherheitshinweise und Vorschiften

so reparieren Sie u.a.: Kaffeemaschinen, Wasserkocher, Fön, Elektromesser, Bügeleisen, Toaster, Mixer, Staubsauger

Mit 92 Abbildungen und 41 Tabellen

Franzis'

Vorwort zu Teil 3

Mal ehrlich, haben Sie sich nicht auch schon des öfteren gefragt, wie es zusammenpassen soll, daß wir Menschen einerseits mit den Rohstoffreserven schonend umgehen sollen, aber die vielen elektrischen Geräte im Haus, von denen wir Menschen uns abhängig machen lassen, bei einem Defekt allein schon aus Kostengründen weggeworfen werden. Ein Neukauf ist in der Regel billiger als die Reparatur bei einer Elektrofirma, deren Rechnung dann noch künstlich durch die Mehrwertsteuer aufgebläht wird. Ganz abgesehen von der Wartezeit, die wir einrechnen müssen für Ersatzteilbeschaffung und danach für die eigentliche Reparatur. Da sparen wir Selbermacher Zeit und Geld, gehen der Sache erst einmal selbst auf den Grund und versuchen, dem Fehler auf die Spur zu kommen, um diesen dann, wenn möglich, zu beheben.
Elektrische Kleingeräte sehen meist komplizierter aus, als sie sind. Platzmäßig gibt es auf dem Arbeitstisch auch kaum Probleme und die Ausrüstung für eine Reparatur ist auch nicht sehr umfangreich.
Aber, da ist noch die Sache mit dem Know-how. Lesen Sie hier, gezeigt an einer breiten Palette von Beispielen, wie man häufig auftretenden Fehlern auf die Spur kommt und wie diese behoben werden können.
Die hier vorgestellten Geräte dienen jeweils für eine ganze Gerätefamilie, denn die Erfahrung hat gezeigt, daß sich Geräte verschiedener Hersteller nur in Design und Funktionsumfang unterscheiden. Das Grundprinzip ist immer dasselbe. Aus den im Fototeil erscheinenden Geräten, Firmenzeichen und Markennamen sollten Sie auf keinen Fall ihre Störanfälligkeit ableiten. Diese Geräte sind allesamt entweder neu oder gebraucht, aber top in Ordnung und lauffähig. Gezeigte Fehler sind simuliert oder bewußt herbeigeführt.

Jens Uetrecht

Inhalt

Inhalt

1 Bevor Sie loslegen

Darum geht's

- Sicherheitsregeln und Vorschriften
- Werkzeuge und Meßgeräte
- Wie sollte der Arbeitsplatz ausgerüstet sein?
- Wie handhabe ich Meß- und Prüfgeräte?
- Kleine Lötschule

1.1 Sicherheit

Zehn Sicherheitsregeln:

1. Arbeiten Sie bei Messungen grundsätzlich nur mit vorgeschaltetem FI-Personenschutz-Adapter oder Trenntrafo.
2. Verhindern Sie, daß andere Personen ohne Ihr Wissen etwas an dieser Konstellation ändern.
3. Halten Sie Kinder und Haustiere von Ihrem Arbeitsplatz fern.
4. Sorgen Sie für gute Beleuchtung Ihres Arbeitsplatzes.
5. Vor dem Berühren eines blanken Drahtes oder Kontaktes diesen mit einem geeigneten Meßgerät auf Spannungsfreiheit prüfen.
6. Arbeiten Sie nur bei Messungen und Tests, und dann so kurz wie möglich bei eingeschaltetem Strom.
7. Benutzen Sie nur zugelassenes und unbeschädigtes Werkzeug.
8. Hinterlassen Sie keine unfertigen Arbeiten.
9. Wenn Sie Ihre Arbeit doch zwischendurch verlassen, muß die Spannungsfreiheit Ihres Arbeitsplatzes für die Dauer Ihrer Abwesenheit absolut gewährleistet sein.
10. Arbeiten Sie ruhig, verantwortungsbewußt und ohne Eile.

Achtung!

Bitte beachten Sie im eigenen Interesse unbedingt alle Sicherheits- und Schutzhinweise!

Wenden Sie sich *auch bei dem geringsten Zweifel* an der Richtigkeit Ihres Tuns an einen Elektromeister Ihres Vertrauens oder den Reparatur-Service des Geräteherstellers (Adressen im Anhang).

Achtung!

Beim Wechselstromnetz liegen Null- bzw. Neutralleiter und Schutzleiter auf Erdpotential. Je nach Beschaffenheit des Untergrundes befinden Sie sich auf demselben Potential. Somit ist das Berühren einer stromführenden Phase gefährlich.

Wer trägt die Verantwortung?

Bei jeder Arbeit und Reparatur an elektrischen Geräten sind grundsätzlich die VDE-Vorschriften einzuhalten.

Über diese Vorschriften hat sich jeder, egal ob Elektriker oder Heimwerker, zu informieren und diese strikt einzuhalten.
Bei Elektro-Unfällen wird derjenige zur Rechenschaft gezogen, der zuletzt an dem betreffenden Elektrogerät gearbeitet hat.
Da der Heimwerker wohl kaum die Möglichkeit hat, die gesamte Schriftenreihe der VDE-Vorschriften einzusehen, sollte er im Zweifelsfalle immer den Rat eines Elektrikers einholen.

1.2 Kleine Werkzeugkunde

Bei der Auswahl der Werkzeuge für die Kleingerätereparatur sollten Sie sehr gewissenhaft sein. Sie benötigen:

1. Mehrere Schlitz- und Kreuzschlitzschraubendreher in verschiedenen Größen. Die Isolierung sollte möglichst vollständig bis zur Klinge reichen.
2. Eine Kombizange schutzisoliert
3. Einen Seitenschneider schutzisoliert
4. Eine Telefonzange oder Spitzzange
5. Eine Abisolierzange
6. Eine Aderendhülsenzange
7. Eine Crimpzange für Kabelschuhe
8. Ein scharfes Messer
9. Lötwerkzeug

Alle Werkzeuge sollten den Aufdruck 1000 V geprüft, das VDE-Zeichen und das TÜV-GS-Zeichen tragen. Diese Isolierung sollte vor jeder Arbeit auf ihre Vollständigkeit und Unversehrtheit überprüft werden. Kaum etwas ist ekelhafter, als unvermutet über das Werkzeug einen durch die Knochen zu kriegen.
Alle über diese Grundausstattung hinausgehenden Werkzeuge werden jeweils in den Reparaturanleitungen beschrieben.

1.3 Der Arbeitsplatz

Für Ihren Arbeitsplatz benötigen Sie:

1. Einen festen, genügend großen Tisch,
2. Gute Beleuchtung, möglichst eine schwenkbare Arbeitsleuchte,

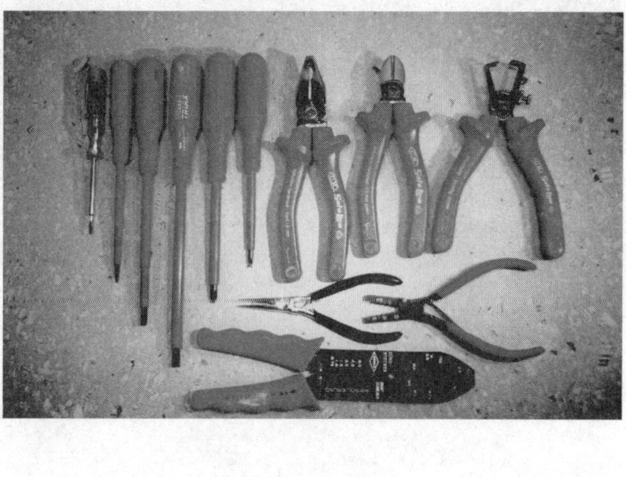

Abb. 1.1: Werkzeuggrundausstattung

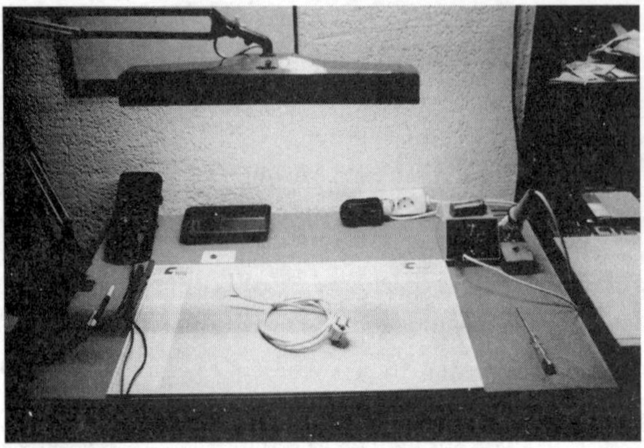

Abb. 1.2:
Der Arbeitstisch

3. Eine sichere Ablagefläche für das Werkzeug.
4. Eine Ablageschale für demontierte Schräubchen
5. Eine Dreifach-Tischsteckdose, um Leuchte, Lötstation und das zu reparierende Gerät mit Strom zu versorgen.
6. Auf jeden Fall ist ein Fehlerstrom-Personenschutz-Adapter vorzuschalten.

1.4 Meß- und Prüfgeräte

Um die nötigen Messungen durchzuführen, benötigen Sie keinen großen Meßgerätepark. Sie kommen in der Regel mit relativ einfachen Mitteln auch zum Ziel. Sehen Sie sich an, welche Wege zu korrekten Meßergebnissen führen.

Stichwort

„Fehlerstrom-Personenschutz-Adapter" – ein Gerät, das Leben retten kann!
Dieser Adapter besteht aus einem Steckergehäuse mit eingebauter Steckdose. Er beinhaltet einen Fehlerstromschalter (FI-Schalter), der bei einem Fehlerstrom von 30 mA sofort abschaltet. Das Prinzip ist folgendes: In einem geschlossenen Stromkreis müssen alle Elektronen, die zum Verbraucher fließen, auch wieder zur Spannungsquelle zurückfließen. Beim Wechselstromnetz muß also der auf der Phase fließende Strom gleich dem auf dem Nulleiter sein. Der FI-Schalter fragt nun ab, ob diese Forderung jederzeit erfüllt ist. Er macht das mit Hilfe von Magnetfeldern. Um die Phase ist eine Spule gelegt und um den Nulleiter ebenso. Bei gleichem Strom in Hin- und Rückleiter heben sich die magnetischen Kräfte gegeneinander auf. Ist der nachgeschaltete Stromkreis irgendwo defekt und der Strom nimmt einen anderen Weg zur Erde, so entsteht ein Fehlerstrom. Dadurch werden die Magnetfelder im FI-Schalter different und ein Schaltmechanismus trennt den Stromkreis sofort vom Netz. Er läßt sich nur wieder einschalten, wenn die Ursache für den Fehlerstrom vorher behoben wurde. Den Adapter gibt es bei Conrad-Electronic, Best.-Nr. 61 85 27 für 79,90 DM.

> **Tip!**
> Ein Stück Auslegeware oder eine Teppichfliese als Unterlage für Arbeiten an Geräten mit feiner Gehäuseoberfläche hilft meist, Kratzer auf derselben zu vermeiden.

Der Spannungsprüfer

Spannungsprüfer benutzt man hauptsächlich, um Messungen an der Hausinstallation durchzuführen. Im Vorfeld der Kleingerätereparatur kann er aber auch gute Dienste leisten. Zweipolige Spannungsprüfer bestehen aus zwei Griffteilen, verbunden durch eine flexible Leitung. Im größeren der beiden Griffe ist ein Meßgerät eingebaut. Je nach Ausführung zeigt eine Leuchtdiodenkette und/oder ein Meßinstrument die Höhe der gemessenen Spannung an. Eine zusätzliche Leuchte zeigt die Phasenlage an, also an welchem Griff die Phase anliegt.

Zwischen Phase und Nulleiter zeigt er 230 V an. Zwischen Null- und Schutzleiter darf er nichts anzeigen und zwischen Phase und Schutzleiter liegt der Meßwert ebenso bei 230 V.

Mit diesem Gerät prüfen Sie am sichersten, ob die Steckdose in Ordnung ist, an der Sie Ihr Kleingerät anschließen möchten.

Ein robuster und präziser Spannungsprüfer ist der DUSPOL von BENNING. Den gibt es bei Conrad electronic unter der Bestellnummer 13 43 09 für 74.50 DM.

Multimeter

Das Trumpfass bei der Kleingerätereparatur ist das Multimeter. Mit diesem können nicht nur alle zuvor beschriebenen Messungen durchgeführt werden, sondern zusätzlich zum Beispiel noch Frequenzen, pulsende

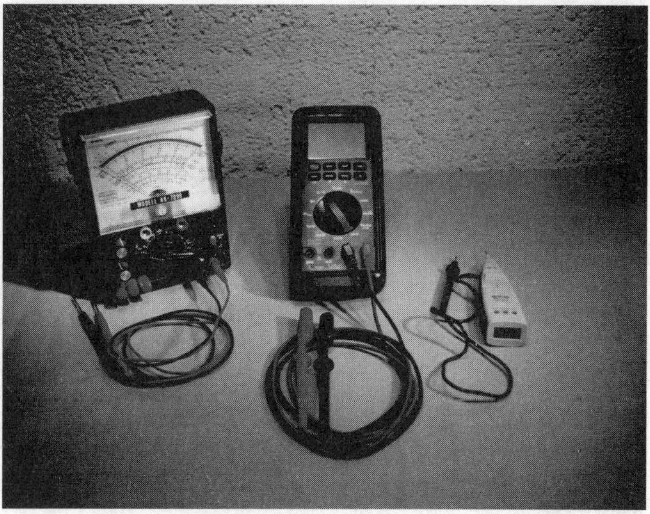

Abb. 1.3:
Meß- und Prüfgeräte

Gleichströme und Temperaturen gemessen werden. Hochwertige Digitalmultimeter erlauben auch das komfortable Messen an Kondensatoren, Spulen und Digitalbausteinen.

Multimeter gibt es in vielen Varianten, als Zeigerinstrument mit und ohne Spiegelskala (man hat den richtigen Blickwinkel, wenn Zeiger und Spiegelbild deckungsgleich sind). Zu warnen ist allerdings vor den Mini-Billig-Dingern aus dem Baumarkt oder vom Grabbeltisch. Die sind gefährlich bei 230 V.

Da lohnt es schon, etwas mehr für die Sicherheit zu investieren. Das hier gezeigte Digitalmultimeter besitzt Sicherheitsstecker mit Berührungsschutz. Es ist unter der Nummer 12 54 07 bei Conrad-electronic erhältlich.

Vorsicht!

Besondere Vorsicht ist bei Spannungs- und Strommessungen bei 230 V geboten.
Da die Meßleitungen bei einfachen Multimetern meist nur mit Bananensteckern am Gerät angeschlossen sind, können diese, wenn das Meßgerät zum Beispiel umkippt, aus der Buchse herausgezogen werden und dann haben Sie unter Umständen einen zuckenden Stecker mit 230 V-Potential vor sich, der sich als ganz schön bissig erweisen kann.

Das ECO-Line VC 222

Es ist ein handliches Digitalmultimeter mit automatischer Bereichswahl. Das Meßwerk ist in ein Griffteil eingebaut. Eine zweite Spitze mit fester Meßleitung bildet den Gegenpol. Mit diesem Gerät können Sie aber nur Gleich- und Wechselspannungen sowie Widerstände messen. Unabhängig von der Meßart darf dieses Multimeter nur in Strom-

Stichwort

„Spannungsmessung“
Elektrische Spannung teilt man grob in zwei Gruppen ein:
Die Gleichspannung, die in einem Stromkreis immer in dieselbe Richtung wirkt.
Die Wechselspannung, die, wie sie unser Versorgungsnetz bereitstellt, 50 mal in der Sekunde ihre Wirk-Richtung wechselt. Man spricht von einer 50 Hertz-Frequenz. Die elektrische Spannung wird in Volt gemessen. Sie hat das Formelzeichen U und das Einheitenzeichen V.
Der Spannungsmesser oder das Spannungsmeßgerät wird immer parallel zu der zu messenden Spannung angelegt. Beim Messen mit dem Multimeter muß immer auf die Bereichswahl geachtet werden, damit die gemessene Spannung nicht höher ist als der Meßbereich. Ebenso wichtig ist die richtige Einstellung des Gleich- oder Wechselspannungsbereichs.
Bei der Gleichspannungsmessung mit dem Multimeter muß die *rote* Meßleitung immer am *Plus* und die *schwarze* Meßleitung an *Minus* angeklemmt sein.

Stichwort

„Strommessung"
Der elektrische Strom fließt in einem Stromkreis, getrieben von der Spannung entweder als:
Gleichstrom, immer in die gleiche Richtung oder als Wechselstrom, 50 mal in der Sekunde seine Richtung wechselnd.
Die elektrische Stromstärke wird in Ampere gemessen. Sie hat das Formelzeichen I und das Einheitenzeichen A. Das Amperemeter oder Strommeßgerät wird immer in Reihe zum Verbraucher angeschlossen, das heißt, der Strom fließt im Stromkreis von der Stromquelle durch das Meßwerk zum Verbraucher, durch ihn hindurch zurück zur Stromquelle. Bei der Strommessung ist die richtige Meßbereichseinstellung sehr wichtig. Übersteigt der Meßstrom den Meßbereich, kann das Meßwerk Schaden nehmen. Genauso wichtig für korrekte Meßwerte ist die Einstellung des Gleich- oder Wechselstrombereichs.
Bei der Gleichstrommessung mit dem Multimeter muß die rote Meßleitung immer am höheren Potential liegen als die schwarze, das heißt mehr zum Pluspol der Stromquelle hin, sonst schlägt der Zeiger zur falschen Seite aus und das Meßwerk nimmt Schaden.

Stichwort

„Widerstandsmessung"
Die Widerstandsmessung geschieht immer spannungslos, sonst wird das Meßwerk zerstört. Die Referenzstromquelle ist als Batterie in das Meßgerät eingesetzt. Bei Zeigerinstrumenten wird vor der Messung der Meßbereich eingestellt und dann die Meßleitungen kurzgeschlossen, damit der Zeigerausschlag mittels Drehregler auf den Nullpunkt der Skala geeicht werden kann. Je niedriger der Meßbereich gewählt wird, desto größer wird die Abweichung bei Nichteichung.

kreisen eingesetzt werden, welche maximal mit 16 A abgesichert sind und eine maximale Leistung von 4000 VA haben. Die maximalen Eingangsgrößen dürfen nicht überschritten werden. Sie betragen bei der Spannungsmessung 500 V Gleich- oder 500 V Effektivwechselspannung. Zu beachten ist, daß bei Widerstandsmessung, Dioden und Durchgangstest die zu messende Schaltung keine Spannung führen darf.
Das VC-222 gibt es bei Conrad unter der Nummer 10 77 00.

Meß- und Prüfadapter

Zusätzliche Sicherheit bietet ein Meßadapter, der wie ein Zwischenstecker in die Steckdose gesteckt wird und der die Möglichkeit bietet, einen oder mehrere der drei Leiter durch Entfernen von Steckbrücken zu unterbrechen und dort das Meßgerät einzuschleifen. Den Meßadapter gibt es unter der Nr. 13 17 76 bei Conrad-electronic.

Wie die Spannungs-, Strom- und Widerstandsmessungen mit Hilfe des Adapters durchgeführt werden, zeigen die folgenden Bilder.

Abb. 1.4: Spannungsmessung, der Adapter liegt parallel zum Verbraucher

Abb. 1.5: Strommessung, der Adapter liegt in Reihe zum Verbraucher

Abb. 1.6: Widerstandsmessung – man beachte, der Stecker ist herausgezogen

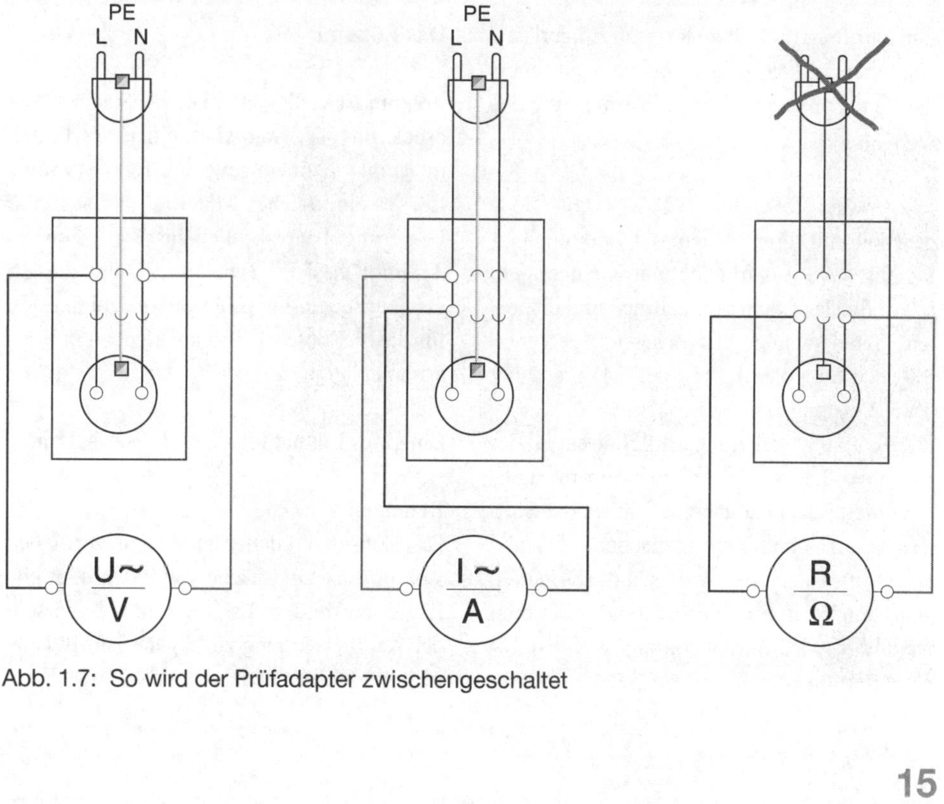

Abb. 1.7: So wird der Prüfadapter zwischengeschaltet

1.5 Kleine Lötschule

Verschiedene Lötgeräte

Grundsätzlich unterscheidet man zwei Typen von Lötgeräten: Lötkolben und Lötpistolen. Lötkolben sind in einem Leistungsbereich von 15 bis 250 Watt erhältlich. Bei der Auswahl sollten Sie darauf achten, daß sich die Lötspitze zwar austauschen läßt, aber sich auf keinen Fall von selbst lockern kann. Sie sollte auch gegen Verzundern geschützt sein. Die Leistung des Lötkolbens sollte auf die jeweilige Lötarbeit abgestimmt werden.

Ein 120 W-Lötkolben mit 10–12 mm Klinge ist für größere, ein 40-W-Kolben oder weniger ist mit einer Lötspitze von 6,5 oder 4,5 mm Durchmesser nur für kleine, feine Lötarbeiten gut.
Für sehr feine Lötarbeiten ist ein Lötgerät zu empfehlen, das von einer Lötstation gesteuert wird und somit sehr präzise Wärmewerte liefert.

Die Weller Lötstation WTCP-S von CooperTools mit ihrem Magnastat Lötkolben ist für fast alle Lötarbeiten an Kleingeräten, sowie für das Löten von Platinen und diskreten Bauelementen hervorragend geeignet. Sie arbeitet potentialfrei mit 24V und hat 50 W Leistung.
Die Temperaturregelung erfolgt direkt an der Lötspitze. Jede Spitze hat eine ferromagnetische Metallkappe, die bei Erreichen der Solltemperatur ihren magnetischen Zustand ändert und den Heizwiderstand abschaltet. Wird nun Wärme an ein zu lötendes Material abgeführt, wird dies schon an der Lötspitze registriert und das Regelwerk setzt ein.

Die Lötspitzen sind auswechselbar und neben verschiedenen Formen können vier Temperaturen durch die Auswahl der Spitze eingestellt werden, 260 °C, 370 °C, 310 °C und 425 °C.
Die Station ist bei Conrad electronik unter der Nummer 81 24 12 erhältlich.
Die Lötpistole ist da mehr fürs Grobe. Sie hat bei manchen Anwendungen den Vorteil, daß die mit ca. 200 Watt betriebene Lötspitze in weniger als zehn Sekunden die Löttemperatur erreicht, nachdem der Schalter betätigt wurde. In der Regel sind Lötpistolen für die Elektronik unbrauchbar, für Materialien und größere Bauteile, die viel Wärme ziehen, aber eine tolle Sache. Nur mit dem Lot muß aufgepaßt werden, bei full Power verdampft das meiste.

Das Lötzinn

Lötzinn ist vielleicht ein etwas falscher Ausdruck für das, was wir meinen. Es besteht meist nur zu einem gewissen Teil aus Zinn.
Lot ist ein weiches Material, das aus einer Legierung, hauptsächlich aus Blei, Zinn und Antimon besteht. *Tabelle 1.1* zeigt die Zusammensetzung und die Schmelzpunkte der für die hier beschriebenen Aufgaben in Frage kommenden Lote.

Ein gutes Lot hat folgende Eigenschaften:

Benetzen
Das Lot soll auf dem Metall leicht zerfließen, sich mit der Oberfläche verbinden oder eine Legierung bilden. Es soll in der Lage sein, der Kapillarwirkung zu folgen, zum Beispiel zwischen feinen Drähten.

Tabelle 1.1: Lote

Bezeichnung	Schmelz punkt	Zusammen-setzung	Aufgaben
Blei-Zinn-Weichlot	190–235 °C	35–60 % Zinn 0,5–2 % Silber Rest Blei	Bleilöten Feinlöten Verzinnen Elektroarbeiten
Blei-Zinn-Weichlot mit Kupfer-Silber-Zusatz	180–215 °C	50–60 % Zinn 1,2–1,6 % Kupfer 3–4 % Silber Rest Blei	feine Elektroarbeiten Verzinnen Elektronik
Spezielle Weichlote	240–350 °C	2–5 % Silber 8–25 % Zink Rest Zinn Zusatz: Cadmium	E-Motoren Kabellöten Schmelz-Sicherungen

Temperatur

Es soll sich schon bei relativ niedrigen Temperaturen verflüssigen, um das Metall zu benetzen.

Festigkeit

Es soll nach dem Abkühlen fest, aber nicht spröde sein.

Flußmittel

Viele Metalle oxydieren. Bei schlechten Umweltbedingungen schon in wenigen Augenblicken. Das Flußmittel hat eine reinigende Wirkung und garantiert eine einwandfreie Lötung. Die Oxydationsschicht löst sich im Flußmittel und verdampft, wenn das Flußmittel den Siedepunkt erreicht hat. In der Elektrotechnik und Elektronik werden organische Flußmittel wie Kolophonium oder Harze verwendet. Harze sind, einfach bezeichnet, organische Feststoffe oder Flüssigkeiten. Kolophonium ist ein Harz, das ein gutes korrosionsfreies und isolierendes Flußmittel abgibt. Die Vorreinigung von elektrischen Bauteilen ist bei Verwendung von Lötdrähten mit Kolophoniumzusatz meist nicht nötig. Andere organische Flußmittel ohne Kolophonium löten in der Regel besser, sie greifen aber meist das Grundmetall geringfügig an und daher sollten die zu verlötenden Teile dann besser gereinigt werden. Anorganische Flußmittel sind in der Elektrotechnik eher als gefährlich anzusehen. Es handelt sich hierbei um Abarten von Säuren und Salzen. Sie wirken überaus korrosiv und sollten dem Klempner und Installateur vorbehalten sein. Der kennt sich mit solch gefährlichem Zeug aus.

Löttechnik

Durch das Löten soll eine einwandfreie mechanisch stabile Verbindung erreicht werden. Bei der Verbindung sollten diese zusätzlich verdrillt werden. Um einwandfreie Lötstellen zu erhalten, muß die Lötstelle unbedingt sauber sein. Groben Verschmutzungen bei größeren Bauteilen kann man mit Drahtwolle oder Schmirgelleinen zu Leibe rücken. Auch wenn eine Metallfläche sauber aussieht, braucht sie es noch lange nicht zu sein. Sauerstoff oxydiert mit Metallen und bildet eine Oxydschicht an der Oberfläche. Bei Kleingeräten, die wir hier behandeln, ist oftmals Feuchtigkeit und Küchendunst mit im Spiel. Das erhöht die Gefahr der Oxydation zum Beispiel von Kontakten erheblich. Vor der Lötung sollten Sie eine gute mechanische Verbindung herstellen. Lötösen haben ein Auge, um den Draht festzuhalten. Litzendraht vor dem Löten verdrillen. Lötzinn niemals direkt erhitzen. Erhitzen Sie die Verbindungsstelle, führen Sie das Lot zu und es schmilzt und fließt in die Lötstelle hinein.

Nach erfolgter Lötung behutsam die Lötspitze abziehen, damit eine saubere glatte Lötstelle zurückbleibt. Bei der Lötpistole müssen Sie diesen Punkt ganz besonders beachten. Den Schalter solange gedrückt lassen, bis die Lötspitze die Lötstelle verlassen hat. Läßt man die Lötspitze an der Lötstelle erkalten, erhält man einen unsauberen Lötpunkt.

Bei elektronischen Bauteilen dürfen die zu lötenden Teile nicht zu sehr erhitzt werden. Man kann eine feine Spitzzange nehmen, diese direkt an der Stelle ansetzen, wo der Draht ins Bauteilgehäuse führt und so die überschüssige Wärme ableiten. Für sehr empfindliche Bauelemente benutzt man am besten eine Lötstation wie oben beschrieben. Nicht mehr Lot zuführen als unbedingt nötig, um ungewollte Brücken = Kurzschlüsse zu vermeiden.

Entlöten funktioniert mittels erneuter Zuführung von Hitze und ein wenig mechanischer Einwirkung. Auch hier ist bei elektronischen Bauteilen erhöhte Wachsamkeit geboten. Möglich ist – *Vorher gut, nach dem Auslöten kaputt*!? Daher sollte eine Entlötpumpe eingesetzt werden, die saugt nach dem Verflüssigen des Lotes die Platinenboh-

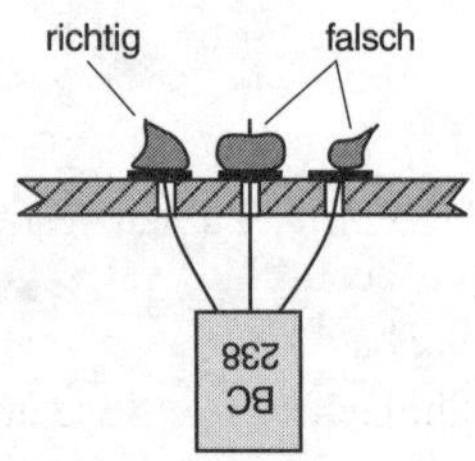

Abb. 1.9: Gute und schlechte Lötstelle

Abb. 1.8:
Lötkolben, Lötpistole, Lötstation, Entlötpumpe und Elektroniklot

Abb. 1.10:
Ein aufgebrannter Kontakt als Folge einer kalten Lötstelle

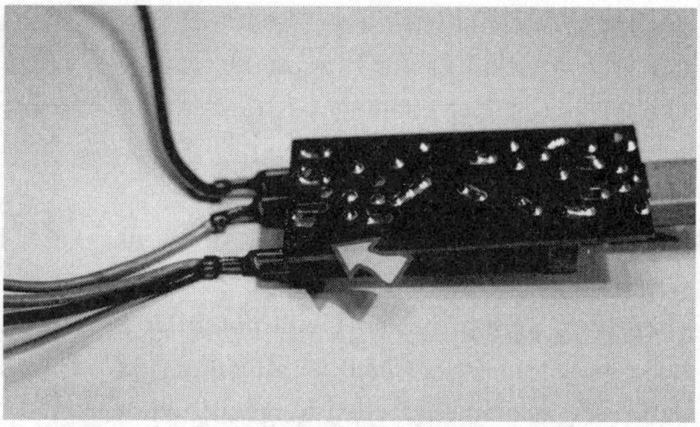

rung frei und das Bauteil ist somit nicht der allzu langen Wärmeeinwirkung ausgesetzt.

1.6 Methodische Fehlersuche

Das wichtigste Meßgerät neben den technischen ist immer noch die sagenhafte Kombination der fünf Sinne des Menschen.
Gewöhnen Sie sich an, die Geräte, die Sie benutzen, zu beobachten. Das geht mit ein wenig Übung bald schon ohne darüber nachzudenken. Ihr Gehör, Ihre Nase und Ihr Tastsinn können Ihnen oftmals schon beim ersten Anzeichen einer Fehlfunktion oder sogar kurz vorher sagen, ‚Da stimmt was nicht!‘

Hinweis

Bevor Sie den Fehler im Elektrogerät suchen, überprüfen Sie mit dem Phasen- oder Spannungsprüfer, ob die Steckdose und die dazugehörige Sicherung intakt sind.

Nur ein paar Beispiele:

Klickt der Schalter wie immer?
Riecht das Gerät anders als sonst?
Geräusche und Vibrationen anders als sonst?

Erster Versuch – Kabelbruch?

An die Steckdose schließt sich in der Prüfreihenfolge das Netzkabel an.

Prüfen Sie: Sagt das Gerät keinen Mucks mehr?
In diesem Falle sollten Sie zuerst einmal von einem Defekt der Zuleitung ausgehen und sich das Netzkabel genauer ansehen.
Schauen Sie: Ist die Leitung stark verdreht?
Fühlen Sie: Nach dem Entwirren, ob es irgendwo auf dem Wege vom Stecker zum Gerät eine Besonderheit gibt, wie zum Beispiel einen Knick oder eine Verjüngung der Kabelhülle. Vielleicht finden Sie eine Stelle, an der das Kabel biegsamer ist als an einer anderen. Oft ist an diesen Stellen eine leichte bis mittelschwere Verfärbung der Kunststoffhülle zu bemerken, hervorgerufen durch

erhöhte Wärmeentwicklung durch den erhöhten Stromfluß an der Bruchstelle. Natürlich nur bei weißen Leitungen. Braune, oder schwarze Leitungen erschweren die Sichtkontrolle doch ungemein.
Nun kennen Sie die Punkte, die Sie sehr genau ins Auge fassen sollten.
Versuchen Sie, ob Sie das Gerät durch Drehen, Biegen und Stauchen der Zuleitung an den oben genannten Stellen kurzzeitig zum Leben zu erwecken. Bei einem Kabelbruch ist es möglich, daß die gebrochene Ader in ihrer oft noch intakten Kautschukhülle durch Bewegungen wieder Kontakt bekommt und so den Strom leiten kann, bis die Stelle wieder entlastet wird.

Besonders neuralgische Punkte beim Netzkabel sind:

Die Stelle, an der es den Stecker verläßt.
Der Punkt oberhalb einer Knickschutztülle.
Die Geräteöffnung, in die das Kabel hineinführt.
Die Stelle, an der es in eine Wickelvorrichtung geführt wird.

Den Stecker sollten Sie nicht unbeobachtet lassen.

Abb. 1.11: Kabelbruch am Stecker

Schauen Sie: Handelt es sich um einen verschweißten Vollkunststoffstecker? – vergessen Sie es. – Da können Sie nicht hineinschauen. Haben Sie einen normalen Schukostecker vor sich, nehmen Sie einen kleinen Schraubendreher, schrauben den Stecker auf und schauen nach, ob darin alles rechtens zugeht. Eine schwarze oder braune Ader führt an den einen Netzkontakt. Eine blaue Ader führt an den anderen Netzkontakt und die grüngelbe Ader führt an den Schutzkontakt, das ist der, der beidseitig außen über das Steckergehäuse führt.
Alle drei Adern müssen mit den Kontaktschrauben gut fixiert sein, dann stimmt alles; ist dem nicht so, lesen Sie in Kapitel 1.7, wie die Steckerreparatur und das Erneuern der Netzschnur vonstatten gehen.

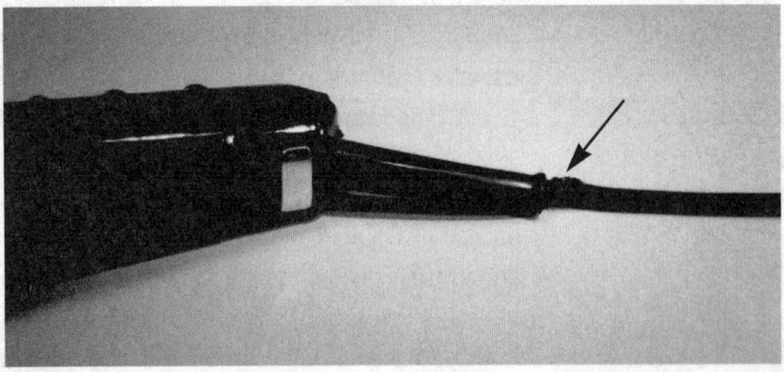

Abb. 1.12: Kabelbruch an der Geräteeinführung

Abb. 1.13: Unterbrechung im Stecker

Ist die Netzzuleitung Ihrer Meinung nach in Ordnung, nehmen Sie sich das Gerät selbst vor. *Schauen Sie:* Leuchtet vielleicht eine Kontrolleuchte? Tut sich noch irgend etwas an dem Gerät? Dann liegt noch Netzspannung am Gerät an und Sie müssen es wohl oder übel auseinandernehmen, *nachdem sie es vom Netz getrennt haben!*

Ab Kapitel 2 zeige ich an Geräten verschiedener Kategorien, wie sie aufgebaut sind, wie sie auseinandergebaut werden, wie deren Baugruppen aussehen und wo die Fehler versteckt sein können.

1.7 Arbeiten mit Netzkabeln und Zuleitungen

Werden feindrähtige Adern mit Klemmen verbunden, müssen diese vorher mit je einer Aderendhülse versehen werden. Dazu wird nach dem Abisolieren der Ader die dazu passende Hülse über das blanke Ende gefädelt und mit der Endhülsenzange festgecrimpt. Dazu legt man die Ader mit der Hülse in diejenige Kerbe der Zange, die mit dem Querschnitt übereinstimmt (ist auf die Zange aufgedruckt) und drückt die Zangenbacken fest zusammen.

Tabelle 1.2: Farbzuordnung Aderquerschnitt/Hülse

blau	0,75 mm^2
rot	1,00 mm^2
schwarz	1,50 mm^2

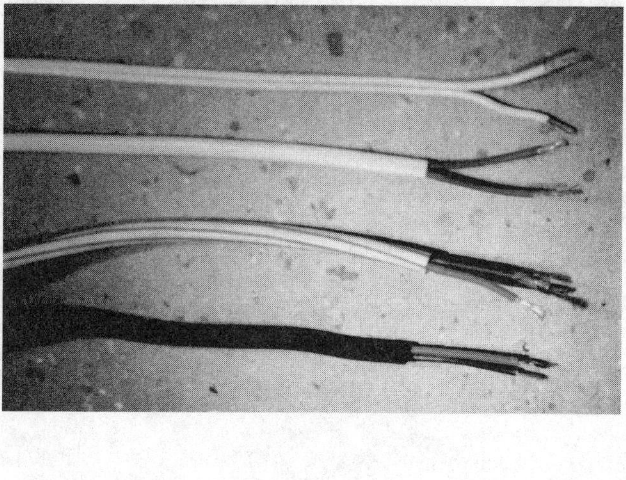

Abb. 1.14: Verschiedene Netzleitungen

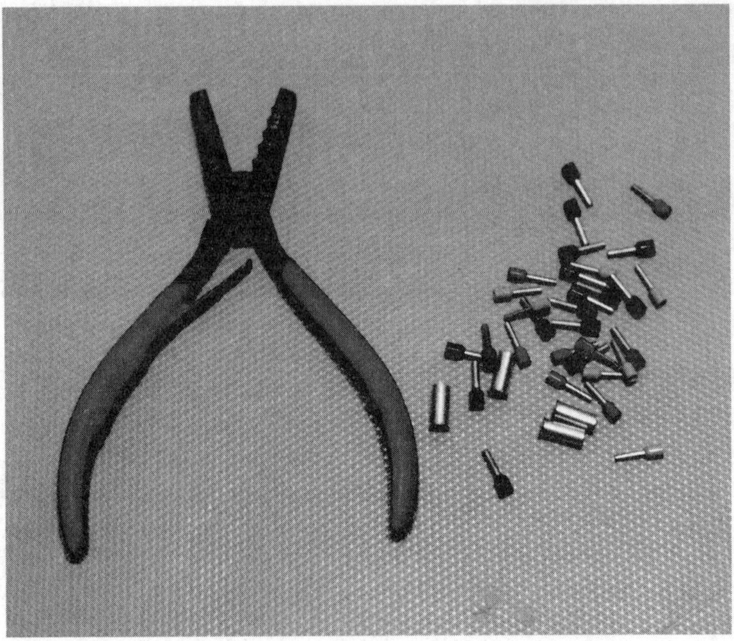

Abb. 1.15: Endhülsen und Zange

Hinweis

Schlauchleitung absetzen

Hier ist besondere Sorgfalt geboten! Da keine Kautschukeinlage unter dem Mantel vorhanden ist, muß man mit Messer oder Seitenschneider sehr vorsichtig zu Werke gehen. Sie müssen den äußeren Mantel ganz vorsichtig einkerben und immer wieder an der Kerbstelle aufbiegen, um zu sehen, ob die farbigen Adern sichtbar sind. Nur nicht die Aderisolierung verletzen. Sind alle drei Adern freigelegt, kann der Mantel abgezogen werden, bis die noch übrigen Außenmantelreste zwischen den Adern reißen.

Hinweis

Netzkabel wechseln

Bei der Fertigung eines Netzkabels für Ersatzzwecke muß genau darauf geachtet werden, daß Ausführung und Leiterquerschnitt von Alt und Neu übereinstimmen. Beim Entmanteln der Leitung immer die Adern etwas länger freilegen als später nötig. Dann die Adern so kürzen, daß der Schutzleiter ungefähr einen Zentimeter länger ist als die anderen Adern. Nach dem Abisolieren der Adern diese mit Endhülsen versehen. Beim Befestigen im Stecker oder Gerät auf elektrisch einwandfreie Klemmverbindung und guten Sitz der Zugentlastung achten.

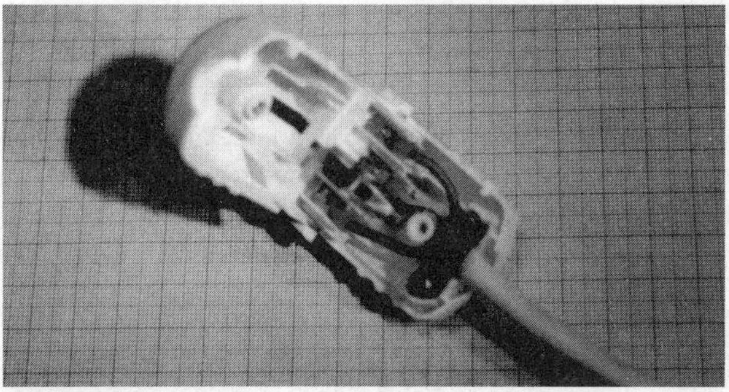

Abb. 1.16:
Schukostecker geöffnet

Hinweis

Bügeleisenschnur richtig fertigen

Dreiadrige stoffummantelte Gummischlauchleitung ist für ein Bügeleisen immer noch die beste Netzleitung. Sie muß nur richtig gefertigt sein, um lange zu leben. Das Entmanteln geht am besten mit einer scharfen Nagelschere. Gewebemantel und Baumwollinlet sauber in der richtigen Länge (vom Original abgucken) abschneiden. Ein grober Baumwollzwirn aus der Nähkiste wird nun parallel zu den abgesetzten Adern ca. 3 cm weit in einer Schlaufe auf den Mantel gelegt und dann wird vom Anfang her, über die Schlaufe hinweg, der Mantel eng bewickelt. Hat man die Länge von 1 cm Wickel erreicht, wird der Zwirn entsprechend lang abgeschnitten, durch die hervorstehende Schlaufe gezogen und diese dann mit ihm zum Kabelende hin eng gezogen. So kann sich der Wickel nicht mehr auflösen.
Alle weiteren Schritte sind identisch mit der Anleitung: „Netzkabel wechseln".

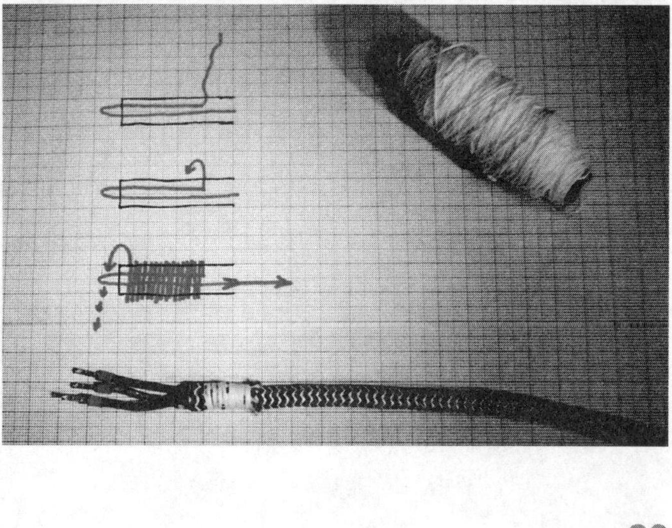

Abb. 1.17:
Bügeleisenschnur
Fertigungsstufen

Welche Leitung für welches Gerät?

Für die verschiedenen Kleingeräte und ihre Aufgaben und Verwendungszwecke gibt es vorgeschriebene Kabel und Leitungen. Das strikte Einhalten dieser Vorschriften beim Austausch ist oberstes Gebot. Tabelle 1.3 gibt Auskunft über die Kabel und ihre Einsatzgebiete. Beim Kauf einer Leitung als Ersatz sollten Sie auf die auf der Packung aufgedruckte Buchstaben/Zahlen-Kombination achten, damit Sie das richtige Kabel bekommen. Oftmals ist diese auch direkt auf den Kabelmantel aufgedruckt.

Tabelle 1.3: Vorgeschriebene Gerätezuleitungen

Kürzel	Bezeichnung	Einsatzgebiet
H03RT-F	Gummischlauchleitung mit Mantel aus Textilgeflecht gem. VDE 0282	In trockenen Räumen bei geringer mechanischer Beanspruchung z.B. Anschluß von Bügeleisen
H03VV-F	leichte PVC-Schlauchleitung feindrähtig flexibel	In trockenen Räumen zum Anschluß ortsveränderlicher Verbraucher bei geringen mechanischen Beanspruchungen
H05VV-F	leichte PVC-Schaumleitung feindrähtig flexibel	In trockenen Räumen für leichte Handgeräte und Elektrowärmegeräte
H05RR-F	leichte Gummischlauchleitung feindrähtig flexibel	In trockenen Räumen für leichte Handgeräte und Elektrowärmegeräte
NYFAZ	Zwillingslitze feindrähtig einfach isoliert	Anschluß von schutzisolierten Klein- und Kleinstgeräten

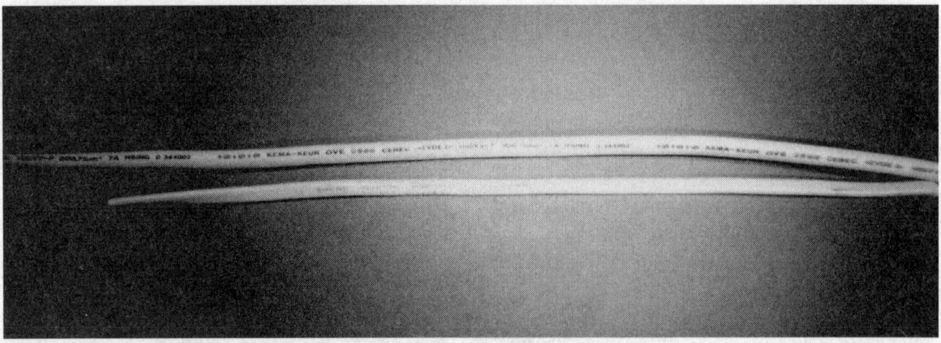

Abb. 1.18: Aufdruck auf dem Kabelmantel

Tabelle 1.4: Leiterquerschnitte

Querschnitt (mm²)	max. Belastung (A)
0,75	6
1,0	10
1,5	16
2,5	20

Leiterquerschnitte

Für die maximale Belastung einer Netzleitung ist der Leiterquerschnitt ausschlaggebend. Tabelle 21.4 gibt Aufschluß über die verwendeten Querschnitte flexibler Leitungen und deren maximale Strombelastung.

1.8 Ganz wichtig! Schutzmaßnahmen

Für Elektro-Kleingeräte kommen zwei Schutzmaßnahmen in Frage:

1. Die Schutzerdung bzw. der Schutzleiteranschluß.
2. Die Schutzisolierung.

Schutzleiter oder Schutzisolierung?

Im Prinzip kann man die Geräte durch bloßes Ansehen schon in die beiden Klassen einteilen.

1. Schaut ein größeres Metallteil, nicht der Mixerbesen, sondern zum Beispiel die Siebhalterung einer Espressomaschine, die Heizplatte einer Kaffeemaschine oder der Frittürentopf aus dem Kunststoffgehäuse heraus, dann dürfte es sich um ein Gerät mit Schutzleiteranschluß handeln.
   Der Stecker zu diesem Gerät muß ein Schukostecker und die Netzschnur dreiadrig sein.

2. Ist das Gerät vollkommen gekapselt und schaut lediglich das Zahnkränzchen des Dosenöffners heraus, hat das betreffende Gerät bestimmt auf seinem Typenschild oder auf das Gehäuse aufgeprägt ein für uns wichtiges Symbol. Es handelt sich dabei um zwei Quadrate, die ineinander liegen; ein großes umschließt ein kleines. Das ist das Zeichen fur die Schutzmaßnahme Schutzisolierung. Bei dieser ist durch entsprechende Maßnahmen gewährleistet, daß der Benutzer niemals mit leitenden Teilen in Verbindung kommen kann.
   Der Netzstecker zu einem solchen Gerät darf nur ein Eurostecker und die Netzleitung zweiadrig sein.

Wichtig!

Schauen Sie immer zuerst auf das Typenschild oder Gehäuse und vergewissern Sie sich, um welche Schutzart es sich handelt.

2 Reparaturanleitungen Heizgeräte

Warnung!

Eine Reparatur ist keine Reparatur, wenn irgendwelche Schutzeinrichtungen ausgebaut oder kurzgeschlossen werden. Es können Folgeschäden auftreten, die den Gerätepreis um ein Vielfaches übersteigen. Also ersetzen Sie Thermosicherungen, Schmelzsicherungen, Thermoelemente nur gegen solche mit absolut identischen Werten.

2.1 Wärmeplatte

Der Heizwiderstand dieses Gerätes ist mäanderförmig in einen Stein eingebacken. Ein Bimetall-Thermostat ist ebenfalls fest im Stein verankert. Eine Glimmlampe liegt parallel zum Heizwiderstand. Das größte Problem bei einer solchen Wärmeplatte ist der Stein mit dem Widerstand. Fällt das Gerät herunter, kann der Stein brechen und der sehr dünne Widerstandsdraht wird zerrissen oder abgeschert. Der Austausch ist nicht ratsam, da der Ersatzteilpreis dem einer neuen Wärmeplatte nahekommt. Außerdem hat das Gehäuse beim Fall bestimmt mitgelitten. Auch der Austausch des Thermostaten ist meist unmöglich, so daß sich eventuelle Reparaturen nur auf die Zuleitung mit dem Schukostecker, dem Kabel und Heißgerätestecker und den bei manchen Platten vorhandenen Netzschalter und die Kontrollampe beschränken.

Gerät öffnen: Platte auf den Kopf legen, Zentralschraube aus dem Bodenblech herausdrehen. Je zwei Kreuzschrauben aus den Griffteilen herausdrehen. Griffteile vom Oberteil seitlich abziehen. Bodenplatte abnehmen.

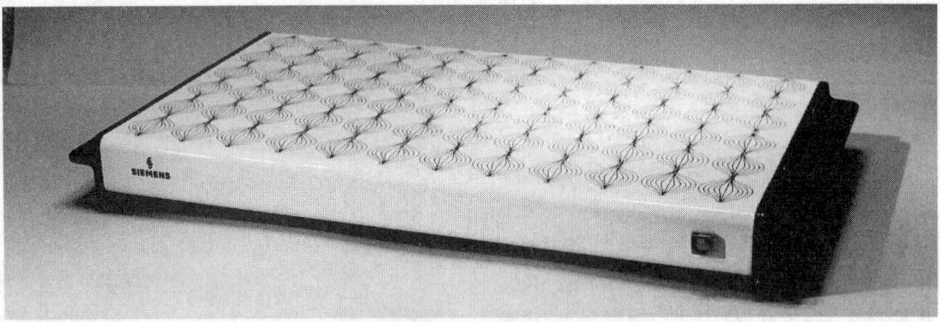

Abb. 2.1: Wärmeplatte

Abb. 2.2:
Geöffnete Wärmeplatte,
unten rechts Anschlüsse,
unten halbrechts Thermostat,
Mitte Schutzleiteranschluß,
oben rechts Kontrolleuchte

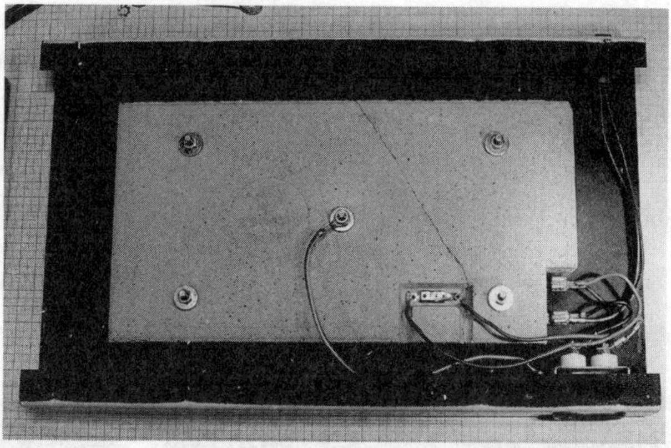

Tabelle 2.1: Fehlertabelle Wärmeplatte

Fehlerbild	Normwert	möglicher Defekt	Abhilfe
Keine Funktion	230 Volt	Kabel gebrochen	Kürzen oder Austauschen
Spannung liegt an. Kontrolleuchte leuchtet. Gerät bleibt kalt.	Heizwiderstand 60 Ohm Thermostat kalt 0 Ohm	Unterbrechung zum Heizelement Heizwiderstand gebrochen Thermostat schließt nicht	Unterbrechung beseitigen Reparatur lohnt meist nicht Thermostatwechsel (geht meist nicht)
Kontrolleuchte leuchtet nicht, Gerät heizt aber	Anschlußdrähte 230 Volt	Glimmlampe oder Vorwiderstand durchgebrannt	Kontrolleuchte austauschen

2.2 Bügeleisen

Bügeleisen sind ausgerüstet mit einem Bimetall-Thermostaten, der an der Bügelsohle fest verschraubt ist. Der Thermostat bekommt über einen Drehregler einen bestimmten Temperaturwert vorgegeben. Bei Erreichen der Solltemperatur unterbricht er den Stromkreis zum Heizwiderstand bis zum Absinken der Temperatur auf den unteren Schaltpunkt. Nun schaltet er den Widerstand wieder an die Spannung. Eine Glimmlampe ist parallel zum Heizwiderstand geschaltet und zeigt den Betrieb des Heizwiderstandes an. Die häufigste Arbeit an einem Bügeleisen ist das Austauschen des Anschlußkabels, da es durch das Erhitzen des Gerätes einerseits und die vielen Bewegungen in kurzer Folge andererseits doch sehr beansprucht wird. Der Aus-

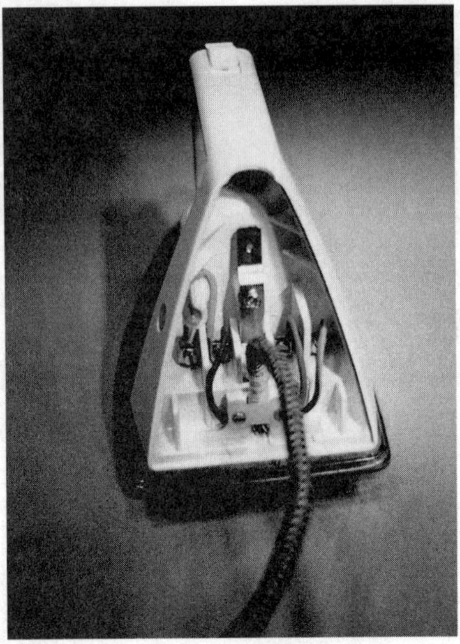

Abb. 2.3 Geöffnetes Bügeleisen

tausch ist sehr einfach, da sich bei fast allen Geräten die Hinterplatte mit der Zugentlastung durch Lösen von nur einer Schraube abnehmen läßt. Dahinter, leicht zugänglich, befindet sich eine vierfache Lüsterklemme. Vor dem Abklemmen des Kabels sollten Sie sich aufzeichnen, an welcher Klemme welche Ader angeschlossen ist.

Achtung! Verwenden Sie für den Austausch nur dreiadriges, stoffummanteltes Gummikabel, da eine PVC-Leitung am heißen Gerät schmelzen kann und dann die Kupferadern blankliegen können.

Tabelle 2.2: Fehlertabelle Bügeleisen

Fehlerbild	Normwert	möglicher Defekt	Abhilfe
Keine Funktion	230 Volt	Kabel gebrochen	Kürzen oder Austauschen
Spannung liegt an Kontrolleuchte leuchtet Eisen bleibt kalt	Heizwiderstand 60 Ohm Thermostat kalt 0 Ohm	Unterbrechung zum Heizelement Heizelement defekt Thermostat schließt nicht	Unterbrechung beseitigen Reparatur lohnt meist nicht Thermostatwechsel (geht meist nicht)
Temperatur läßt sich nicht regeln		Regelknopfachse ausgehakt oder gebrochen	Mechanik überprüfen
Kontrolleuchte leuchtet nicht, Gerät heizt aber	Anschlußdrähte 230 Volt	Glimmlampe oder Vorwiderstand durchgebrannt	Kontrolleuchte austauschen

2.3 Dampfbügeleisen

Die elektrischen Komponenten beim Dampfbügeleisen sind die gleichen wie bei einem herkömmlichen Gerät. Der Unterschied liegt in den zusätzlichen wasserführenden Teilen. Das sind der Tank, der Dichtungsstutzen zur Bügelsohle, das Regelventil und die Pumpe für den Sprühstrahl.

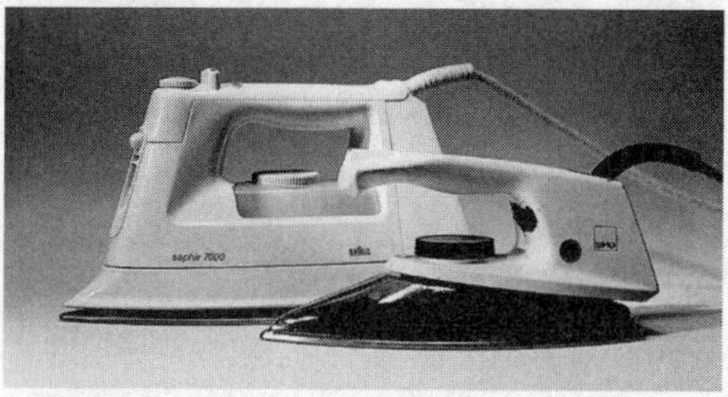

Abb. 2.5: Dampfbügeleisen mit Totalschaden

Abb. 2.4: Bügeleisen mit und ohne Dampf

Stichwort

„Thermostate"

Thermostate werden überall dort eingesetzt, wo Temperaturen konstant auf einem voreingestellten Wert gehalten werden sollen. Ihre Bauform hängt im wesentlichen vom Einsatzgebiet ab und ob sie frei regelbar oder fix eingestellt sind. Zum Beispiel bei Bügeleisen, Fritteusen und Waffeleisen sind regelbare Bimetall-Thermostate eingesetzt, die einen federnd gelagerten Schaltkontakt besitzen, der durch die Krümmung des Bimetalls auf- oder zuspringt. Fix-Thermostate können kleiner ausfallen und sind in der Regel in einer Dose untergebracht. Die federbelastete Kontaktpille wird hierbei von einem kreisrunden, gewölbten Bimetall angetrieben.

Tabelle 2.3: Zusätzliche Fehler – Dampfbügeleisen

Fehlerbild	**möglicher Defekt**	**Abhilfe**
Kein Dampf	Verkalkung oder Verschmutzung der Dampfwege	Entkalken, mechanische Reinigung geht meist nicht
Dampf schaltet nicht ab	Ventil klemmt Mechanik blockiert	Mechanik überprüfen
Sprühstrahl ohne Funktion	Pumpe klemmt Mechanik blockiert	Mechanik gangbar machen ist sehr schwierig
Wasser rinnt aus dem Gehäuse	Tank undicht	Dichtung erneuern

2

2.4 Waffeleisen

Abb. 2.6: Waffeleisen

Dieses Gerät arbeitet mit zwei Heizwiderständen, die je einer in den Boden- und den Deckelteil eingebaut und mit den Heizplatten fest verbunden sind. An der unteren Heizplatte ist ein Thermostat mit Drehregler befestigt, der in Reihe zwischen den beiden Heizwiderständen geschaltet ist. Eine Besonderheit bildet die Betriebsanzeige im Deckelteil. Ein 1,2 Ohm Drahtwiderstand ist in die Zuleitung der Schaltung direkt hinter dem oberen Heizwiderstand eingeschleift. Durch Einschalten des Thermostaten wird er so heiß, daß er zu glühen beginnt, sobald er stromdurchflossen ist. Die beiden Heizwiderstände sind so ausgelegt, daß derjenige im Bodenteil 540 W und er im Deckel 460 W Leistung aufnimmt.

Gerät öffnen: Das Gerät wird durch Lösen der drei Schrauben in den Isolierfüßen und Abnehmen der Bodenplatte geöffnet und beim Oberteil werden drei kleine Schräubchen aus der Gehäusewand herausgeschraubt. Beim Öffnen darauf achten, daß die Kabelverbindung zwischen den beiden Gerätehälften nicht überdehnt wird.

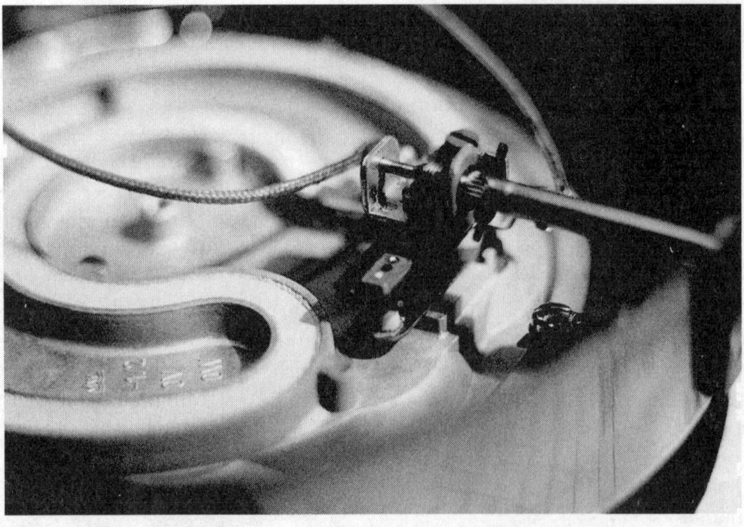

Abb. 2.7: Der Thermostat

Tabelle 2.4: Fehlertabelle Waffeleisen

Fehlerbild	**Normwert**	**möglicher Defekt**	**Abhilfe**
Keine Funktion	Netzklemme 230 Volt	Kabel gebrochen Stecker defekt	Kürzen oder Austauschen Stecker reparieren
Spannung liegt an Eisen bleibt kalt	Heizwiderstand unten 23,6 Ohm Heizwiderstand oben 20 Ohm	Unterbrechung zum Heizelement Heizelement defekt Thermostat schließt nicht Verbindung vom Unter- zum Oberteil gebrochen	Unterbrechung beseitigen Reparatur lohnt meist nicht Thermostat justieren Neu einziehen
Temperatur läßt sich nicht regeln		Regelknopfachse ausgehakt oder gebrochen	Mechanik überprüfen
Kontrolleuchte leuchtet nicht, Gerät heizt aber	Anschlußdrähte 230 Volt	Glimmlampe oder Vorwiderstand durchgebrannt	Kontrolleuchte austauschen

2.5 Schnellheizer

Der Heizer ist bestückt mit zwei sternförmig um den Motor angeordneten Heizwiderständen von ca. 46 Ohm, die je nach Heizstufe einzeln oder parallel betrieben werden. In den Nullzweig der Heizwiderstände ist ein Überhitzungsschutz eingeschleift und im

Abb. 2.8: Schnellheizer

Nullzweig der ganzen Schaltung liegt ein Thermostat mit Drehregler. Der Netz- und Heizstufenschalter ist eine Besonderheit, denn seine drei Wippen sind durch Nocken gegeneinander verriegelt. Die erste Wippe für den Lüfter entriegelt durch Einschalten die beiden Wippen für die Heizwiderstände. Ebenso wird durch Einschalten der Heizungswippen immer die Lüfterwippe zwangseingeschaltet, denn ohne Luftstrom darf nicht geheizt werden, da das Gerät sonst überhitzt würde. Alle Verbraucher in diesem Gerät werden über den Thermostaten ab- und eingeschaltet, ist der heruntergedreht, geht gar nichts mehr.

Gerät öffnen: Zwei Schrauben auf der Hinterseite lösen und Vorderteil abnehmen.

Abb. 2.9: Thermostat und Heizwiderstand

Abb. 2.10: Dreistufenschalter und Überhitzungsschutz

Tabelle 2.5: Fehlertabelle Schnellheizer

Fehlerbild	**Normwert**	**möglicher Defekt**	**Abhilfe**
Keine Funktion	Netzklemme: 230 Volt	Kabel gebrochen Stecker defekt	Kürzen oder austauschen Stecker reparieren
Spannung liegt an Gerät läuft trotzdem nicht		Thermostat schaltet nicht	Thermostat überprüfen
Motor läuft zu langsam, Gerät schaltet nach kurzer Zeit ab	Motor- wicklung: 800 Ohm 153 Watt 0,6 Ampere	Motor defekt Motorachse sitzt fest Überhitzungsschutz hat ausgelöst	Motor durchmessen Motorachse fetten kein Öl!
Motor läuft nicht an, Thermostat klickt aber hörbar		Unterbrechung im Motorkreis	Unterbrechung beseitigen
Heizstufe 1 bleibt kalt	Widerstand: 45,6 Ohm 990 Watt 0,6 Ampere	Heizwiderstand defekt Unterbrechung im Heizkreis 1	Unterbrechung beseitigen Schalter Verdrahtung
Heizstufe 2 bringt keine Temperatur- erhöhung	R-gesamt: 23,4 Ohm 1912 Watt 8,3 Ampere	Heizwiderstand defekt Unterbrechung im Heizkreis 2	Unterbrechung beseitigen Schalter Verdrahtung

2.6 Heizlüfter

Dieses Gerät hat eine andere Bauform als das vorher beschriebene. Der Heizwiderstand ist ein auf Glimmer gelagertes Drahtgitter. Der Lüftermotor treibt ein Radial-Lüfterrad. Der Heizstufenschalter ist als dreistufiger Drehschalter ausgelegt, mit gleichem Bedienknopf wie der Thermostat. Die Schaltung ist wie folgt aufgebaut und der vorherigen sehr ähnlich. Die Phase L wird von der Anschlußklemme zum Thermostat geführt. Von dort verzweigt sie auf die zwei Ebenen des Drehschalters. Von hier geht die Phase zum Motor ab, der ab der Schaltstufe „Eins“ eingeschaltet ist. Der Motor ist mit seiner zweiten Leitung direkt an den Nulleiter der Anschlußklemme angeschlossen. Die Stufe „Zwei“ des Drehschalters schickt die Phase zum ersten und die Stufe „Drei“ zum zweiten Heizwiderstand. Am anderen Ende laufen die Widerstandsdrähte an einen kleinen Überhitzungsschutz zusammen, der im Normalfall die Verbindung zum Rückleiter schafft, der

Abb. 2.11: Heizlüfter

Abb. 2.12: Drehschalter

Abb. 2.13: Heizwiderstand und Überhitzungsschutz

zur Nullklemme führt. Die Stufe „Eins“ schaltet also den Motor. Die Stufe „Zwei“ schaltet den ersten 1000 Watt-Widerstand dazu und die Stufe „Drei“ den zweiten 1000-Watt-Widerstand. Alle Verbraucher werden durch den vorgeschalteten Thermostaten geregelt.

Gerät öffnen: Vier Schrauben im Bodenteil lösen. Gerät umdrehen. Deckel abnehmen.

Tabelle 2.6: Fehlertabelle Heizlüfter

Fehlerbild	**Normwert**	**möglicher Defekt**	**Abhilfe**
Keine Funktion	Netzklemme: 230 Volt	Kabel gebrochen Stecker defekt	Kürzen oder Austauschen Stecker reparieren
Spannung liegt an, Gerät läuft trotzdem nicht		Thermostat schaltet nicht	Thermostat überprüfen
Motor läuft zu langsam, Gerät schaltet nach kurzer Zeit ab	Motor-wicklung: 750 Ohm 23 Watt 0,1 Ampere	Motor defekt Motorachse sitzt fest Überhitzungsschutz hat ausgelöst	Motor durchmessen Motorachse fetten kein Öl!
Motor läuft nicht an, Thermostat klickt aber hörbar		Unterbrechung im Motorkreis	Unterbrechung beseitigen
Heizstufe 1 bleibt kalt	R1: 50 Ohm 1058 Watt 4,6 Ampere	Heizwiderstand defekt Unterbrechung im Heizkreis 1	Unterbrechung beseitigen Drehschalter Verdrahtung
Heizstufe 2 bringt keine Temperatur-erhöhung	R2: 50 Ohm 1990 Watt 8,7 Ampere	Heizwiderstand defekt Unterbrechung im Heizkreis 2	Unterbrechung beseitigen Drehschalter Verdrahtung

2.7 Blitz-Wasserkocher mit abnehmbarem Topf

Dieses Gerät arbeitet mit einem getrennten Anschlußteil, von dem der Wasserbehälter zum Füllen und Entleeren abgenommen werden kann. Im Fußteil befindet sich ein dreipoliger Steckkontakt, in den die Anschlüsse des Topfes hineingreifen. Zum Schnurwechsel braucht nur dieses Teil geöffnet werden. Im Bodenteil des Topfes befindet sich der Heizwiderstand fest eingepreßt, versehen mit einem Überhitzungsschutz. In das Griffteil führen drei Leitungen zum beleuchteten Schalter. Die Schaltung ist sehr einfach aufgebaut. Die Phase L wird über den Überhitzungsschutz zum Heizwiderstand geführt. Der Ausgang des Widerstandes ist mit dem Netzschalter verbunden, der im eingeschalteten Zustand die Verbindung zum Nulleiter herstellt. Die Glimmlampe im Netzschalter liegt parallel zum Heizwiderstand. Liegt der am Netz, leuchtet sie.

Abb. 2.14: Blitz-Wasserkocher

Gerät öffnen: Anschlußteil: Spezialschraube aus der Bodenplatte herausschrauben. Platte abnehmen. Topf: Zentralschraube aus dem Topfboden herausdrehen. Kunststoffmantel vom Topfboden abnehmen. Auf Verrastung mit dem Griffteil achten.

Tabelle 2.7: Fehlertabelle Blitz-Wasserkocher

Fehlerbild	**Normwert**	**möglicher Defekt**	**Abhilfe**
Keine Funktion	Netzklemme: 230 Volt 7,8 Ampere 1794 Watt	Kabel gebrochen Stecker defekt keine Verbindung zum Unterteil	Austauschen Stecker reparieren Kontakte überprüfen
Spannung liegt an, Gerät heizt trotzdem nicht	Heiz-widerstand: 31 Ohm	Thermoelement schaltet nicht ein	Thermoelement überprüfen
Glimmlampe leuchtet, Heizung ohne Funktion		Heizwiderstand durchgebrannt Unterbrechung in der Verdrahtung	Austausch des Heizwiderstands geht nicht
Glimmlampe ohne Funktion, Gerät heizt aber		Glimmlampe oder Vorwiderstand defekt	Schalter ersetzen

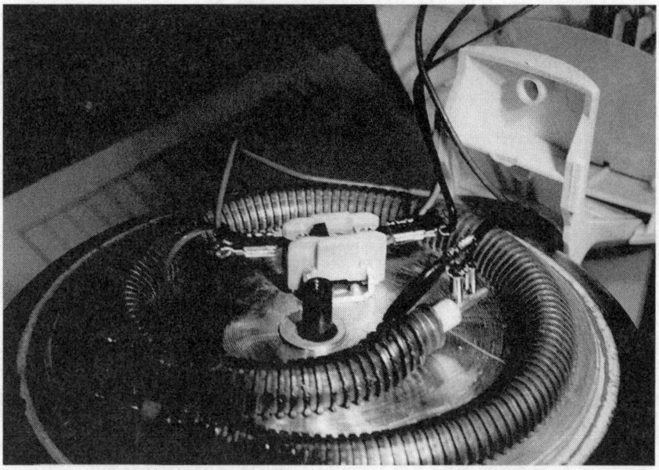

Abb. 2.15:
Heizwiderstand und Thermostat am Topfboden

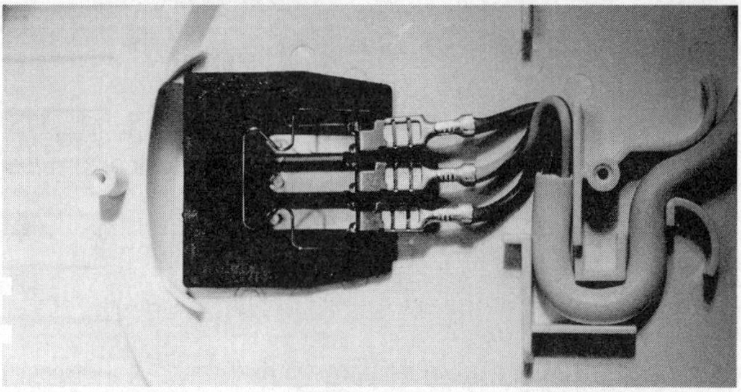

Abb. 2.16:
Anschlüsse im Bodenteil

2.8 Kompakt-Wasserkocher mit Tauchsiederheizung

Bei diesem Gerät ist der Heizstab einem Tauchsieder ähnlich innerhalb des Wasserbehälters angebracht. An der Durchführung durch die Wand ist ein doppeltes Schaltelement in die Dichtplatte eingesetzt. Ein Schaltglied ist für den Überhitzungsschutz und das andere für den Ein-Aus-Schalter zuständig. Letzteres kann durch eine rote Taste eingeschaltet und durch eine grüne wieder ausgeschaltet werden. Eine Glimmlampe liegt zwischen Phase und Schalterausgang. Die Verdrahtung des Gerätes ist recht simpel und doch trickreich. Der Schutzleiter ist direkt an die Klemme PE am Tauchsiederträger angeschlossen. Die Phase L führt zum einen Schaltglied des Thermoelementes und von dort über den Heizwiderstand zum Ein-Aus-Schaltglied zurück und weiter zum Null.

Tabelle 2.8: Fehlertabelle Wasserkocher

Fehlerbild	Normwert	möglicher Defekt	Abhilfe
Keine Funktion	Netzklemme: 230 Volt 7,8 Ampere 1800 Watt	Kabel gebrochen Stecker defekt keine Verbindung zum Unterteil	Austauschen Stecker reparieren Kontakte überprüfen
Spannung liegt an, Gerät heizt trotzdem nicht		Thermoelement schaltet nicht ein Schalter oder Gestänge defekt	Thermoelement überprüfen Gestänge überprüfen
Glimmlampe leuchtet, Heizung ohne Funktion	Heiz-widerstand: 29,5 Ohm	Unterbrechung in der Verdrahtung Heizwiderstand durchgebrannt Überhitzungsschutz schließt nicht	Unterbrechung beseitigen Austausch des Heiz-widerstands lohnt nicht Austausch sehr schwierig
Glimmlampe ohne Funktion, Gerät heizt aber		Glimmlampe oder Vorwiderstand defekt	Glimmlampe ersetzen

Abb. 2.17: Kompakt-Wasserkocher

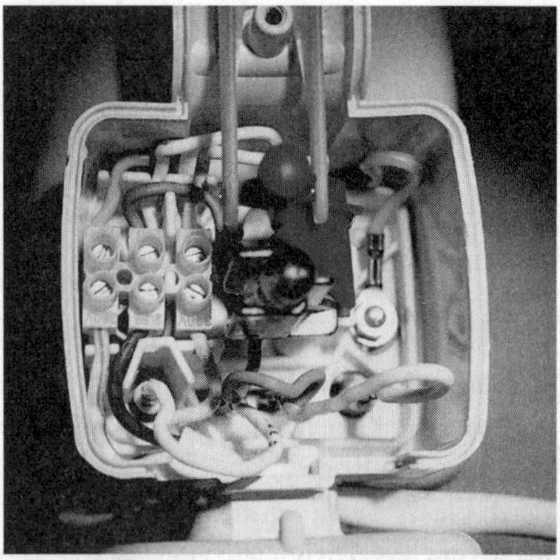

Abb. 2.18: Der Anschlußraum

Gerät öffnen: Zentralschraube über den Tasten lösen. Griffabdeckung von unten her abziehen und aus oberer Verrastung hebeln. Den Sitz der Tasten und Bedienhebel genau einprägen.

2.9 Toaster mit Bimetall

Dieser Toaster wird von einem beheizten Bimetall-Element gesteuert. Die einzelnen Schaltstufen werden über einen zweistufigen Schalter mit drei Schaltgliedern geregelt. Die Schaltung arbeitet folgendermaßen: Beim Herunterdrücken der Brottaste überwindet man fast unmerklich auf drei Viertel des Weges eine Schaltstufe, die im kalten Zustand nicht wirksam sein kann. Ist die Feder gespannt, rastet eine Nocke des Brottastengestänges in eine Rastnase des Bimetallelementes ein und hält die Feder gespannt. Der zweistufige Schalter legt nun den Haupt-Heizwiderstand und die Bimetallheizung in Reihe zwischen Phase und Nulleiter. Die beiden teilen sich nun die Gesamtspannung und das Bimetall fängt an, sich durch Erwärmung zu biegen. Ist der größte Teil der Röstzeit verstrichen, hat sich das Bimetall aus dem Nocken des Gestänges gelöst und der Toast macht einen kleinen Hopser. Das ist der Sprung in die zweite Stufe, bei der die Bimetallheizung durch das dritte Schaltglied kurzgeschlossen wird. Der Haupt-Heizwiderstand bekommt nun volle 230 Volt, das Bimetall kühlt aber ab. Dadurch biegt es sich zurück und gibt das Gestänge bei vollständiger Abkühlung frei und die Feder läßt den Toast aus dem Gerät hervorspringen. Diese Schaltung ist einfach genial, denn durch die thermische Steuerung werden Außen- bzw. Raumtemperaturen kompensiert, da das Bimetall ja auch auf diese reagiert.

Gerät öffnen: Der Mechanik abgewandtes Ende abnehmen. Vier Schrauben im Bodenteil nur lösen. Außengehäuse auseinanderbiegen und nach oben abheben.

Abb. 2.19: Toaster

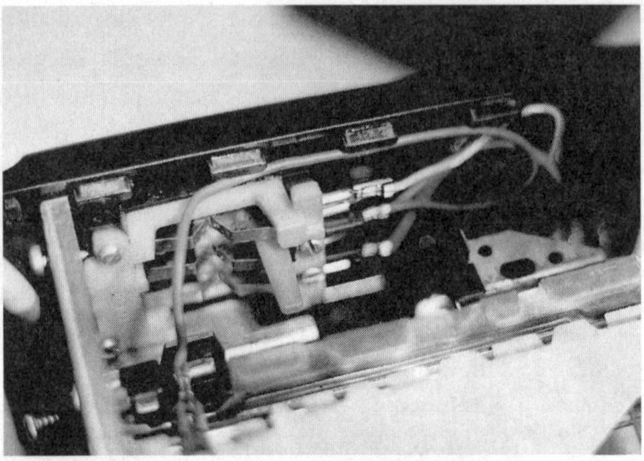

Abb. 2.20: Zweistufenschalter

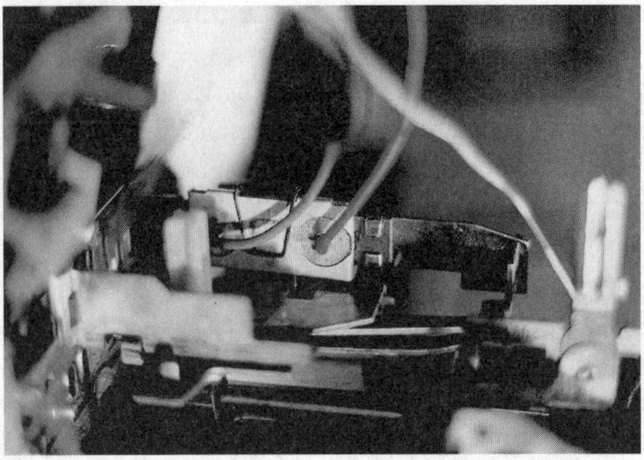

Abb. 2.21: Bimetall-Einheit

Tabelle 2.9: Fehlertabelle Toaster

Fehlerbild	Normwert	möglicher Defekt	Abhilfe
Keine Funktion	Netzklemme: 230 Volt 3,8 Ampere 850 Watt	Kabel gebrochen Stecker defekt	Austauschen Stecker reparieren Schaltkontakte überprüfen
Spannung liegt an, Gerät heizt trotzdem nicht	Heiz-widerstand: 60 Ohm	Schalter arbeitet nicht Heizwiderstand defekt Bimetallwiderstand defekt	Schaltglieder überprüfen und reinigen Unterbrechung mit Klemme brücken Da kann man nichts machen

2.10 Toaster mit Zeitgeber NE 555

Bei diesem Gerät wird die Steuerung von einem elektronischen Baustein, dem IC NE 555 übernommen, der zwar sehr viel kann, gegenüber dem Bimetall aber relativ unsensibel arbeitet. Er stellt eben eine reine Zeitsteuerung dar. Die nötige Versorgungsspannung für die Elektronik wird über einen kleinen Teil des Heizwiderstandes abgegriffen und über eine Diode notdürftig gleichgerichtet. Beim Herunterdrücken der Brottaste wird ein zweipoliger Schalter eingeschaltet und dadurch die Heizwiderstände an 230 Volt gelegt. Die abgegriffene Niederspannung schaltet zuerst die Elektronik ein, die einen kleinen Elektromagneten ansteuert, der eine Blechplatte am Brottastengestänge mit seinem Magnetfeld festhält.

Abb. 2.22: Moderner Toaster

Das IC 555 ist eine monostabile Kippschaltung, bestehend aus einem Einschalt-, einem Ausschaltkomparator, einem Speicher Flipflop und einer Gegentaktausgangsstufe. Die Komparatoren sind nichts anderes als Spannungsvergleicher, welche die Eingangsspannung mit der Vergleichsspannung vergleichen. Übersteigt die Eingangsspannung die Vergleichsspannung, so ändert sich sein Ausgangsschaltzustand. Bei Auftreten eines entsprechenden Eingangsimpulses wird der Komparator durchgeschaltet und das Speicher-Flipflop gesetzt. Das durchgeschaltete Speicher-Flipflop gibt über einen Transistor die Spannung für den Elektromagneten frei.

Ein Kondensator am Vergleichseingang des IC wurde beim Einschalten aufgeladen und hatte zu der Zeit ungefähr den gleichen Wert wie die Eingangsspannung. Über ein Potentiometer am Regelknopf wird dieser jetzt langsam entladen und bei Unterschreitung eines vorgegebenen Schwellwertes schaltet der Komparator aus und das Flipflop geht in den Ausgangszustand zurück. Gleichzeitig wird der Elektromagnet ausgeschaltet und läßt das Brottastengestänge los, wobei auch der Schalter für die Heizwiderstände abschaltet. Der Zeitablauf der Kondensatorentladung wird durch den eingestellten Widerstandswert des Regelpotentiometers bestimmt.

Gerät öffnen: Bedienhebel und Reglerknopf abziehen. Rastnasen im Unterteil eindrücken und Außenhaut nach oben abziehen.

Tabelle 2.10: Fehlertabelle Toaster mit NE 555

Fehlerbild	Normwert	möglicher Defekt	Abhilfe
Keine Funktion	Netzklemme: 230 Volt 3,9 Ampere 890 Watt	Kabel gebrochen Stecker defekt	Austauschen Stecker reparieren Schaltkontakte überprüfen
Spannung liegt an, Gerät heizt trotzdem nicht	Heiz-widerstand 1: 56 Ohm Heiz-widerstand 2: 3 Ohm	Schalter arbeitet nicht Heizwiderstand defekt Unterbrechung in der Verdrahtung Elektronik defekt	Schaltglieder überprüfen und reinigen Unterbrechung beheben Überprüfen
Toast verbrennt		Elektronik defekt	Überprüfen
Toast wird nicht braun		Elektronik defekt	Überprüfen

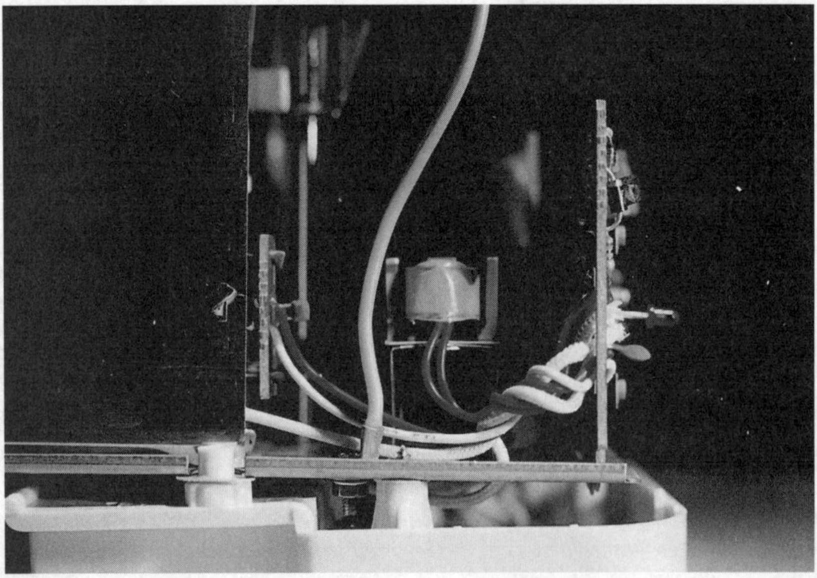

Abb. 2.23: Die Spule hält den Toast unten

Tabelle 2.11: Bauteile NE-555-Elektronik

IC 1	NE 555
R 1 Kohlesch.	220 Ω
R 2 Keramik	150 kΩ
R 3 Potentiometer	470 kΩ
C 1 ELKO	330 µF 16 V
C 2 ELKO	220 µF 16 V
D 1 Siliciumdiode	1 n 4001
D 2 Zenerdiode	ZPY 6,8 V

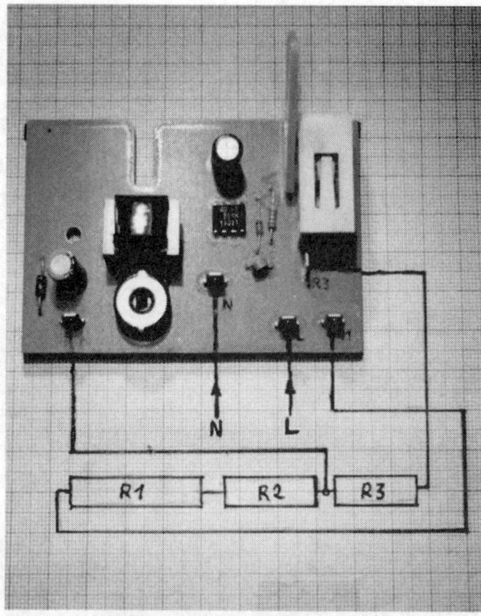

Abb. 2.24: Die Elektronik

Hilfe

Heizwiderstand im Toaster durchgebracht, Hilfe über's Wochenende

Bei Toastern mit Heizwiderständen auf Glimmerträger besteht die Möglichkeit, den durchgebrannten Widerstandsdraht mit einer Lüsterklemme, die man vorher vom Kunststoffmantel befreit hat, wieder zusammenzufügen. Man reinigt die Schmorstelle und setzt die Klemme vorsichtig über die Unterbrechung.

Stichwort

Temperatursicherung wechseln

Die S-3M Sicherungen sind kleine vergossene Metallröhrchen mit zwei axial angeordneten Anschlußdrähten. Es gibt sie in Temperaturbereichen von +84°C bis +240°C. Ersetzen Sie eine Temperatursicherung immer nur gegen den gleichen Typ. Nachdem die alte Sicherung entfernt wurde, werden auf die Anschlußdrähte der Sicherung je eine Aderendhülse aufgefädelt, dann die korrekt abisolierte Ader vom Gerät mit in die Hülse geschoben und dann die Hülse festgecrimpt. Ebenso wird mit der anderen Seite verfahren. Sollte vorher ein Schrumpfschlauch oder Silicon-Gewebeschlauch um die Verbindung oder die ganze Sicherung herum angebracht gewesen sein, ist diese natürlich auch wieder anzubringen.

Abb. 2.25:
Rettungsklemme
im Toaster

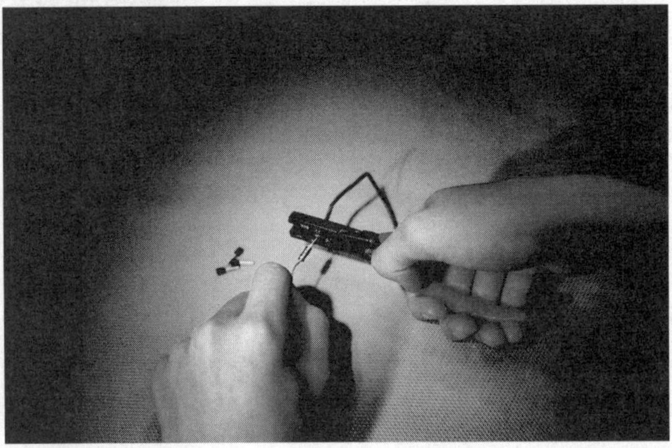

Abb. 2.26:
Thermosicherung
wechseln

3 Haartrockner

3.1 Fön mit Halbwellensteuerung

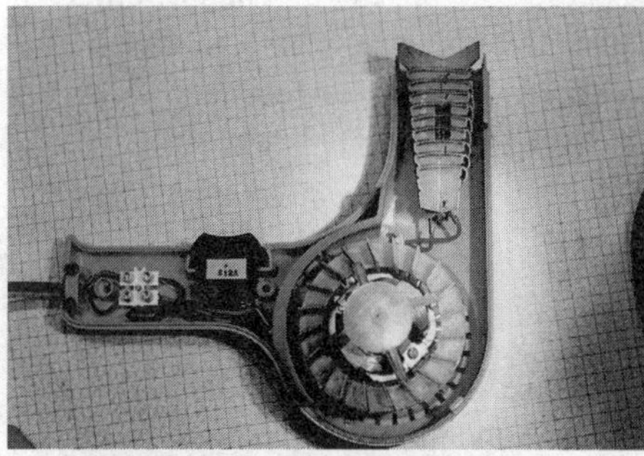

Abb. 3.1: Der Fön und seine Baugruppen

Dieser Fön arbeitet mit einem Heizwiderstand, der auf einen kreuzförmig angeordneten Glimmerkörper gewickelt ist. Der Lüftermotor ist parallel zum Heizwiderstand angeschlossen und treibt ein kräftiges Radiallüfterrad, das ihn fast ganz umschließt. Ein zweistufiger Kippschalter schaltet in der Stufe „Eins“ Motor und Heizung in Reihe mit einer Diode BY 252, die eine Halbwelle des Wechselstroms abschneidet. Das hat zur Folge, daß beide Verbraucher mit halber Kraft betrieben werden. Schaltet man auf Stufe „Zwei“, wird die Diode vom Schalter kurzgeschlossen und die vollen 230 Volt speisen die Verbraucher.

Historie „Haartrockner“

Elektrische Geräte zum Trocknen und Formen des Haars kennt man bereits seit mehr als 100 Jahren. In einer Preisliste der Allgemeinen Elektrizitäts-Gesellschaft aus dem Jahre 1894 waren neben anderen heute längst vergessenen Produkten, wie elektrischen Schminkewärmern auch verschiedene Brennscherenwärmer zu finden. Erstmals präsentiert wurden diese zum Aufheizen von Onduliereisen entwickelten, überaus dekorativen Apparate schon fünf Jahre früher anläßlich der Deutschen Allgemeinen Ausstellung für Unfallverhütung in Berlin. Kurz nach der Jahrhundertwende folgten tragbare elektrische Haartrockenapparate und Heißluftduschen. In einem Prospekt von 1909 wurde zum Beispiel ein Haartrockner von 1,8 kg Gewicht und 300 W Anschlußwert, der die Luft auf bis zu 100°C erwärmte, angepriesen. Preis: 60,– Mark.
Ein Leichtgewicht war dagegen der erste Original Fön, den die AEG 1959 vorstellte. Er hatte ein Kunststoffgehäuse und wog 630 g.
Anschlußwert: 360 W. Den Namen Fön hat das Unternehmen bis in die Gegenwart als eingetragenes Warenzeichen beibehalten.
Quelle: AEG

Gerät öffnen: Luftdüse abnehmen. Mit zwei Nasen verrastetes Luftaustrittsgitter herausnehmen. Zwei Kreuzschrauben aus Gehäusegriff herausdrehen. Gerät umdrehen. Gehäusehalbschale am Griff und Luftaustritt anheben. Verrastung am Außenrist des Gehäuses vorsichtig aufhebeln.

Beim Zusammenbau: Zuerst die Verrastung am Außenrist fest zusammenfügen. Sinngemäß umgekehrt wie beim Auseinanderbau vorgehen.

Abb. 3.2: Der Schalter mit Diode

Abb. 3.3: Motor mit Schleifring

Tabelle 3.1: Fehlertabelle Fön mit Halbwellensteuerung

Fehlerbild	Normwert	möglicher Defekt	Abhilfe
Keine Funktion	Netzklemme: 230 Volt	Kabel gebrochen Stecker defekt Schalter defekt	Austauschen Stecker reparieren Schaltkontakte überprüfen
Motor läuft, Heizung bleibt kalt	Heizwiderstand: 52 Ω	Unterbrechung oder Heizwiderstand defekt (ganz selten)	Unterbrechung beseitigen
Motor läuft nicht oder schwer an, Gerät schaltet sofort danach ab	Motorwicklung: 850 kΩ	Motorachse sitzt fest (Haarwickel) Unterbrechung oder Motor defekt	Haare entfernen Achse neu fetten Unterbrechung beseitigen
Stufe 1 ohne Funktion	3,2 Ampere 1,8 MΩ	Diode defekt kalte Lötstelle	Diode ersetzen Lötstellen überprüfen
Stufe 2 ohne Funktion	4,4 Ampere 46 Ω	Schalter defekt	Schaltkontakte überprüfen

Stichwort

„Parallel“ und „in Reihe“ geschaltet

Parallelgeschaltet bedeutet, mehrere Bauteile einer elektrischen Schaltung liegen vergleichbar mit Leitersprossen mit dem einen Ende an einem Holm der Leiter und mit dem anderen am gegenüberliegenden. Die Holme sind der Hin- und Rückleiter.
Alle so geschalteten Bauteile bekommen die gleiche Spannung.

In Reihe geschaltet, bedeutet, daß die Bauteile eine Kette bilden, in dessen erstes Glied der Strom hineinfließt und dieser dann Glied für Glied passiert, um am Ende der Kette zur Stromquelle zurückzufließen. Oftmals wird die Parallelschaltung auch als Serienschaltung bezeichnet.
Alle in Reihe geschalteten Bauteile teilen sich die Gesamtspannung.

3

3.2 Fön mit zwei Heizwiderständen und Halbwellen-Lüftersteuerung

Bei diesem Gerät wird eine Kombination aus der oben beschriebenen Halbwellensteuerung für den Lüftermotor und einer Stufenschaltung zweier Heizwiderstände eingesetzt. Die Heizung besteht aus zwei Widerstandsspiralen auf Glimmerkörper, von denen je nach Schaltstufe einer oder beide mit der Phase L versorgt werden. Die Enden der beiden Widerstände sind zusammengeführt und über einen Überhitzungsschutz im Zentrum des Luftstroms zurück zur Schalterplatine und von dort zum Nulleiter geführt. Der Lüftermotor ist bei Stufe „Eins“über eine Diode an eine Halbwelle gekoppelt, was halbe Drehzahl bedeutet. Bei Stufe „Zwei“ wird die Diode überbrückt und die volle Drehzahl erreicht.

Ein Entstörkondensator von 0.047 (F ist neben den Anschlußklemmen plaziert.

Gerät öffnen: Zwei Kreuzschrauben aus dem Griff lösen. Gehäuserücken vom unteren Ende her anheben und aus den Verrastungen am oberen Rist heraushebeln.

Zusammenbau: Auf korrekten Sitz der Schalterplatine achten. Gehäuseteil über die Schalter stülpen und zusammenfügen. Am Lüfterkopf die Rastnasen einschnappen lassen. Schrauben einsetzen.

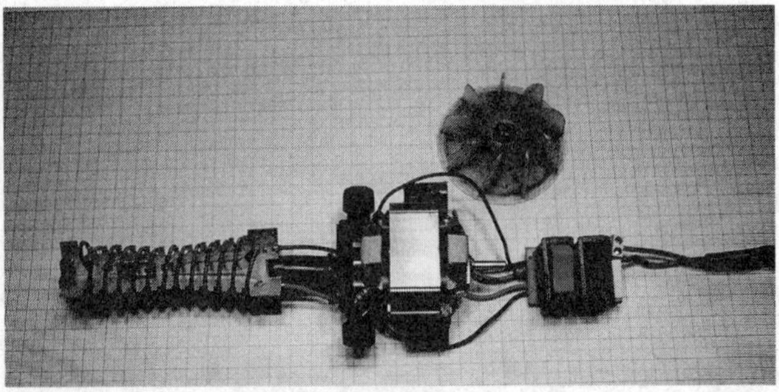

Abb. 3.4:
So liegen die Bauteile im Gerät

Stichwort

„Spannungsabfall“

Werden mehrere Verbraucher in Reihe geschaltet, teilen sie sich die anliegende Spannung und zwar proportional zu ihrem Widerstand. Der Strom bleibt aber auf der ganzen Strecke gleich.

Liegen zum Beispiel ein 90-Ω-Widerstand und ein 10-Ω-Widerstand in Reihe an einer Spannung von 100 V, verbraucht der 90-Ω-Widerstand 90 V. Es fallen also 90 V über ihm ab, so daß die restlichen 10 V für den 10-Ω-Widerstand übrig bleiben.

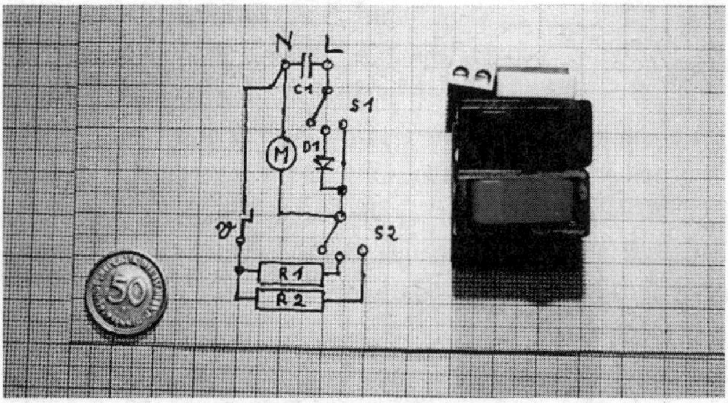

Abb. 3.5:
Die Schalterplatine und ihre Beschaltung

Tabelle 3.2: Fehlertabelle Fön mit zwei Widerständen und Halbwellensteuerung

Fehlerbild	**Normwert**	**möglicher Defekt**	**Abhilfe**
Keine Funktion	Netzklemme: 230 Volt 3,9 Ampere 897 Watt	Kabel gebrochen Stecker defekt Schalter defekt	Austauschen Stecker reparieren Schaltkontakte überprüfen
Motor läuft, Heizung bleibt kalt auf Stufe 1 und Stufe 2	Heizwiderstand 1: 50 – 66 Ω beide: 25 – 33 Ω	Unterbrechung vor oder hinter den Heizwiderständen Widerstand 1 defekt	Unterbrechung beseitigen Gerät entsorgen, oder damit leben
Motor läuft, Heizung Stufe 2 keine Termperaturerhöhung	Heizwiderstand: 50 – 66 Ω	Widerstand 2 defekt	Gerät entsorgen, verschenken oder damit leben
Motor läuft nicht oder schwer an, Gerät schaltet sofort danach ab	Motorwicklung: 39,3 kΩ	Motorachse sitzt fest (Haarwickel) Unterbrechung oder Motor defekt	Haare entfernen, Achse neu fetten Unterbrechung beseitigen
Motor Stufe 1 ohne Funktion, Stufe 2 funktioniert		Diode defekt kalte Lötstelle	Diode ersetzen Lötstellen überprüfen
Motor Stufe 2 keine Drehzahlerhöhung		Schalter defekt	Schaltkontakte überprüfen

3.3 Solitär-Trockenhaube

Bei diesem Gerät handelt es sich eigentlich auch um einen Fön, nur in einem anderen Gehäuse. Über einen zweistufigen Schalter werden nacheinander zwei Heizwiderstände an die Netzspannung gelegt, wobei der Lüftermotor parallel zum ersten Heizwiderstand über eine Gleichrichterschaltung angekoppelt ist. Da über den Heizwiderstand eine Spannung von 207 Volt abfällt, bleiben für den Lüfterkreis 21 Volt übrig, die nach der Gleichrichtung eine Motorspannung von 15 bis 16 Volt Gleichspannung liefert. Ein Mabuchi- oder Bühlermotor treibt das Lüfterrad. Zusätzlich ist der gesamte Heizkreis mit einer Bimetall-Thermosicherung versehen, die in Reihe zum Nulleiteranschluß liegt. Durch Parallelschaltung der Heizwiderstände läuft der Motor bei beiden Stufen mit der gleichen Drehzahl.

Gerät öffnen: Nylonhaube vom Gerät abnehmen. Zwei Gehäuseschrauben aus dem Rücken herausdrehen. Gerät wenden und Oberteil abnehmen. Auf Verrastung mit dem Haubenflansch achten.

Abb. 3.6:
Die Baugruppen der Solitär

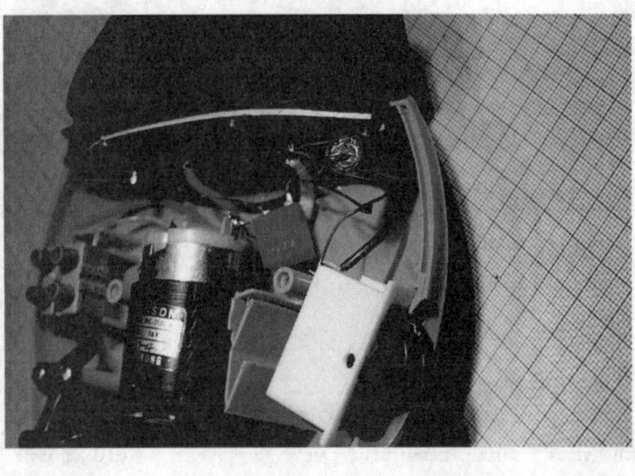

Abb. 3.7: Solitär
oben Netzklemme
mitte Motor
unten Schalter
mitte rechts Gleichrichter
unten rechts Kondensator

Tabelle 3.3: Fehlertabelle Trockenhaube

Fehlerbild	**möglicher Defekt**	**Abhilfe**
Kein Funktion	Kabel gebrochen Stecker defekt Schalter defekt	Austauschen Stecker reparieren Schaltkontakte überprüfen
Motor läuft nicht	Gleichrichter defekt Motor defekt	Gleichrichter auswechseln Motor austauschen Conrad Best.-Nr. 50 13 79
Stufe 2 keine Temperaturerhöhung	Widerstand defekt (sehr selten)	Das ist schlecht Gerät entsorgen

Tabelle 3.4: Meßwertetabelle Baugruppen der Trockenhaube

Netzklemmen	230 Volt	**R1 und R2 parallel**	108 Ohm
Stufe 1	236 Watt	**Gleichrichtereingang**	21 Volt
Stufe 2	416 Watt	**Motor Eingang**	15 Volt
Heizwiderstand R1	260 Ohm	**Motorwicklung**	10,5 Ohm
Heizwiderstand R2	190 Ohm	**Kondensator**	0,22 µF

3.4 Reisefön

Aufgebaut ist dieses Gerät mit einem Widerstandsgitter auf Glimmerkörper und einem Brückengleichrichter mit nachgeschaltetem Minimotor, der eine Lüfterwalze antreibt. Eine Netztast schaltet den Strom ein und aus und eine zweite Taste schließt einen Heizwiderstand kurz. Dieser Fön arbeitet mit einer Kombination aus drei Heizwiderständen, die für den nötigen Spannungsabfall zum Betrieb der Gleichrichterschaltung mit nachgeschalteten Gleichstrom-Minimotor sorgt. Hier muß ich bei der Erklärung das Pferd von hinten aufzäumen. Bei der Stufe „Zwei" liegen die drei Heizwiderstände in Reihe. Der Motorkreis ist parallel zu den Widerständen 2 und 3 geschaltet. Da über den Widerstand 1 eine Spannung von 198 Volt abfällt, ergibt sich eine Addition der Spannungsabfälle an Widerstand 2 von 22 Volt und Widerstand 3 von 11 Volt zu insgesamt 33 Volt. Somit wird die Gleichrichterschaltung mit 33 Volt Wechselspannung gespeist und gibt eine Gleichspannung von 16,5 Volt an den Motor ab. Bei der Stufe „Eins" wird der Widerstand 3 aus der Kette genommen (vom Schalter überbrückt) und damit teilen sich die Spannungsabfälle in 207 Volt an Widerstand 1 und 23 Volt an Widerstand 2 auf, was nach der Gleichrichtung eine Motorspannung von 12 Volt Gleichstrom ergibt. Das Ergebnis ist folgendes: Bei Stufe „Eins" läuft der Motor mit niedrigerer Drehzahl als bei Stufe „Zwei".

3

Gerät öffnen: Zwei Kreuzschrauben seitlich lösen. Halbschale vorsichtig hochhebeln, dabei den schwarzen Luftaustrittskanal an der Unterschale festhalten.

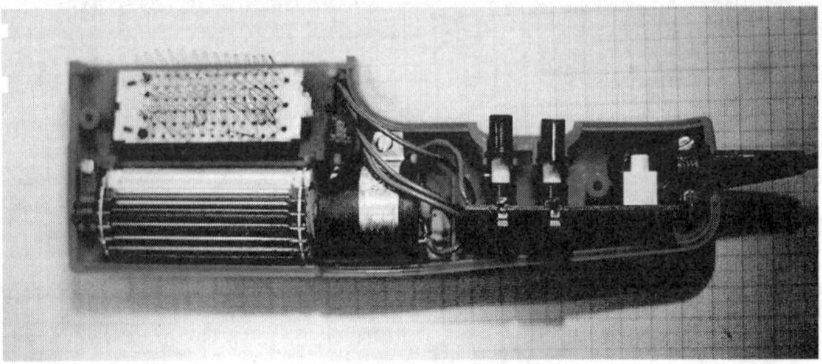

Abb. 3.8:
Reisefön

Tabelle 3.5: Fehlertabelle Reisefön

Fehlerbild	möglicher Defekt	Abhilfe
Kein Funktion	Kabel gebrochen Stecker defekt Schalter defekt Kalte Lötstelle auf der Schalterplatine	Austauschen Stecker reparieren Schaltkontakte überprüfen Lötstellen nachlöten
Motor läuft nicht an, Gerät schaltet sofort ab	Gleichrichter defekt Motor defekt	Gleichrichter auswechseln Motor auswechseln
Bei Stufe 2 keine Änderung	Unterbrechung in der Verdrahtung	

Tabelle 3.6: Meßwertetabelle Baugruppen Reisefön

Netzklemmen	230 Volt	**Heizwiderstand R3**	5 Ohm
Stufe 1	504 Watt	**Spannungsabfall an R1**	11 Volt
Stufe 2	529 Watt	**Spannungsabfall an R2**	22 Volt
Stromaufnahme St.1	2,2 Ampere	**Gleichr. Eingang St.1**	23 Volt
Stromaufnahme St.2	2,3 Ampere	**Gleichr. Eingang St.2**	33 Volt
Heizwiderstand R1	90 Ohm	**Motor Eingang St.1**	12 Volt
Heizwiderstand R2	10 Ohm	**Motor Eingang St.2**	16,5 Volt

4 Küchengeräte

Historie „Mixer“

1911 verkaufte die Allgemeine Elektrizitäts Gesellschaft einen Küchenmotor, an den unter anderem auch eine Schneeschlagmaschine und eine Passiermaschine angeschlossen werden konnte. Den „Handmixer“ gab es erst zu Beginn der sechziger Jahre, dann hatte sich das Gerät, das viele Funktionen übernehmen konnte, gemausert: Kuchenteige rühren, Schnee schlagen, mixen, zerkleinern, passieren und nicht zuletzt – mit einem Schnitzelgerät als Ergänzung – auch das Hobeln, Raspeln, Schneiden und Reiben von Gemüse und Obst. Quelle: AEG

4.1 Stabmixer

Dieses Gerät arbeitet mit einem 50 Watt Wechselstrom-Reihenschlußmotor, bei dem also die Feldwicklungen mit den Ankerwicklungen in Reihe liegen. Ein Netztaster, zwei Funkenlöschkondensatoren von je 1 nF und ein Entstörkondensator von 0,47 µF bilden die zusätzlichen vier diskreten Bauteile.

Gerät öffnen: Kopfkappe abnehmen. Mixstab vom Gehäuse abschrauben. Tastenabdeckung mit kleinem Schraubendreher vorsichtig aus ihrer Verrastung hebeln. Kreuzschraube unterhalb des Tasters herausdrehen. Nun kann die obere Gehäuseschale aufgeklappt werden. Dabei auf Rastnasen am unteren Ende achten.

Abb. 4.1: Stabmixer

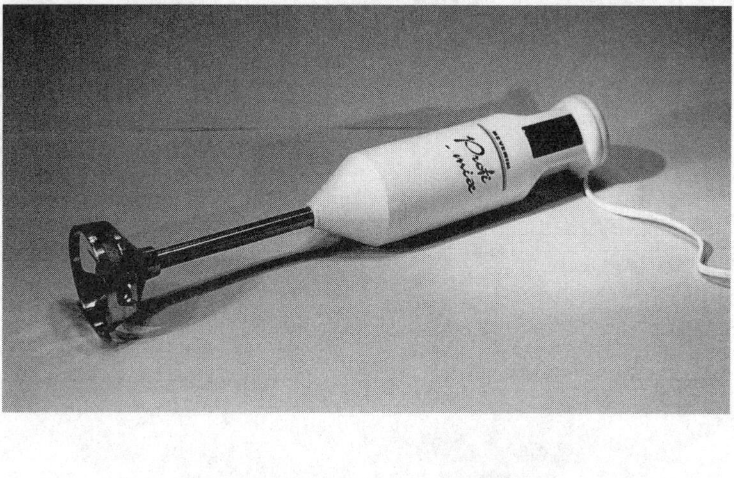

Abb. 4.2: Gehäuseschraube unter der Tastenkappe

Tabelle 4.1: Fehlertabelle Stabmixer

Fehlerbild	**Normwert**	**möglicher Defekt**	**Abhilfe**
Keine Funktion	Netzklemme: 230 Volt Aufnahme: Leerlauf 48 W unter Last 170 W	Kabel gebrochen Stecker defekt Schalter defekt Kohlen sind aufgebraucht Feldwicklung defekt	Austauschen Stecker reparieren Schaltkontakte überprüfen Austauschen Reparatur lohnt nicht
Leistung vermindert	Leerlauf 0,20 A unter Last 0,73 A	Kohlen aufgebraucht Ankerwicklung defekt	Austauschen Reparatur lohnt nicht
Netzsicherung hat ausgelöst		Kurzschluß in Verkabelung Kondensator 0,47 µF durchgeschlagen	Kurzschluß beseitigen Austauschen
Motor läuft nicht an		Achse sitzt fest Funkenlösch- kondensatoren durchgeschlagen Ankerwicklung defekt	Reinigen und Fetten Austauschen Reparatur lohnt nicht

Abb. 4.3:
Stabmixer geöffnet

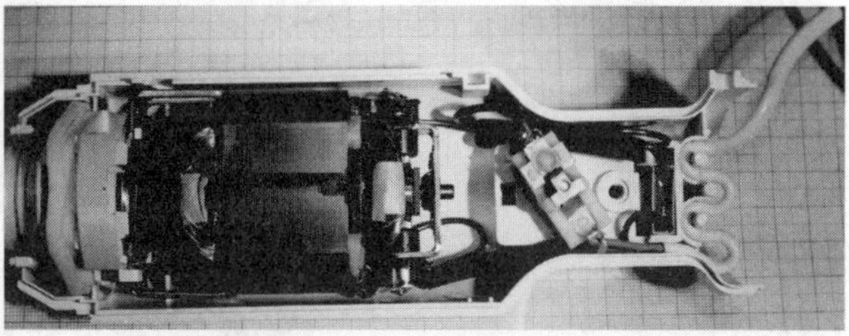

Stichwort

„Universalmotor“

Kleingeräte wie zum Beispiel Quirl, Mixer und Staubsauger, werden nahezu ausschließlich von Universalmotoren, sogenannten Wechselstrom-Reihenschluß-Motoren, angetrieben. Sie bestehen aus einer statischen Feldwicklung (Ständer, außen liegend) und mehreren, auf dem Läufer (Rotor, innen drehend) befindlichen Ankerwicklungen. Die Ankerwicklungen sind mit einem Schleifring verbunden (Kommutator), der immer eine gerade Anzahl von Segmenten aufweist, die dann über zwei um 180° versetzt angeordnete Kohlebürsten mit Strom versorgt werden. Bei Reihenschlußmotoren sind Feld- und Ankerwicklung in Reihe geschaltet, was sich drehzahlstabilisierend auswirkt und unter Belastung ein höheres Drehmoment abgibt. Universalmotoren erreichen recht hohe Drehzahlen und haben einen relativ guten Wirkungsgrad.

4.2 Mixer 328

In dieses Gerät ist ein Universalmotor eingebaut, gesteuert durch einen Vierstufenschalter, bei dem je nach Schaltstufe die Feldwicklungen über Mittelanzapfungen, in Reihe oder parallel, zur Hälfte oder voll betrieben werden.

Gerät öffnen: Vier Kreuzschrauben, unten zwei lange und oben zwei kurze, aus dem Gehäuse schrauben. Gerät umdrehen. Gehäusehalbschale abnehmen.

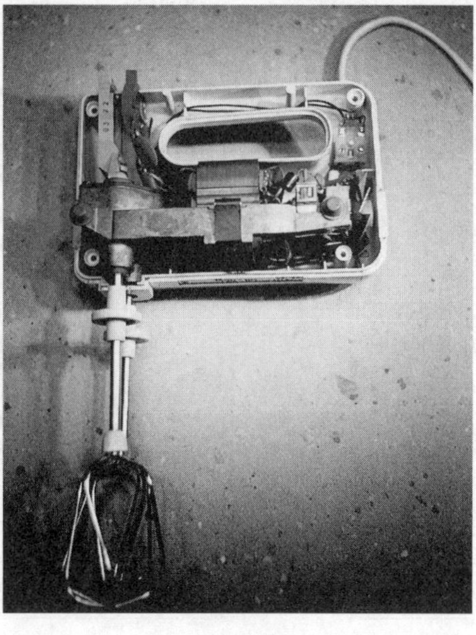

Abb. 4.4: Mixer 328 geöffnet

Tabelle 4.2: Fehlertabelle Mixer 328

Fehlerbild	**möglicher Defekt**	**Abhilfe**
Kein Funktion	Kabel gebrochen Stecker defekt Schalter defekt oder oxydiert Feldwicklung defekt	Austauschen Stecker reparieren Schaltkontakte überprüfen Reparatur lohnt meist nicht
LS-Schalter hat ausgelöst	Kabelbruch oder Kurzschluß in der Zuleitung oder Verdrahtung Schalter-Kondensator durchgeschlagen	Austauschen Kurzschluß beseitigen Austauschen
Verminderte Leistung	Kohlen aufgebraucht	Austauschen
Verminderte Leistung Schleifring feuert	Ankerwicklung defekt	Reparatur lohnt meist nicht
Geschwindigkeits-stufe ausgefallen	Schalter defekt Feldwicklung teilweise defekt	Reinigen oder austauschen Reparatur lohnt meist nicht
Motor brummt läuft nicht an	Getriebe oder Anker sitzen fest Beide Funkenlösch-Konden-satoren durchgeschlagen	Reinigen und fetten – **kein Öl!** Austauschen

Abb. 4.5: Die typischen Mixerschalter

4.3 3-MIX 3000

Als Weiterentwicklung in der 300er Serie hat dieses Gerät ein paar Änderungen erfahren. Zusätzlich wurde ein zweiter Antriebsflansch an der Geräterückseite, mit einem kleinen Taster eingebaut, der bei ausgeschaltetem Stufenschalter die Stufe „Drei“ einschaltet. Zwischen Netzklemme und Stufenschalter wurde ein Durchführungskondensator geschaltet. Eine weitere Besonderheit ist die Halbwellensteuerung mittels Diode für die Stufe „Eins“. Bei Stufe „Zwei“ liegen alle Motorwicklungen in Reihe und bei Stufe „Drei“ parallel.

Gerät öffnen: Vier Kreuzschrauben aus dem Gehäuse schrauben. Gerät umdrehen. Gehäusehalbschale abnehmen, dabei Schalterblende mit der rechten Gerätehalbschale fest zusammenhalten, sonst springt die Mixstab-Auswurfmechanik unkontrolliert heraus.

Tabelle 4.3: Fehlertabelle 3-MIX 3000

Fehlerbild	**Normwert**	**möglicher Defekt**	**Abhilfe**
Keine Funktion	Netzklemme: 230 V	Kabel gebrochen Stecker defekt Schalter defekt oder oxydiert Feldwicklung defekt	Austauschen Stecker reparieren Schaltkontakte überprüfen Reparatur lohnt meist nicht
LS-Schalter hat ausgelöst	0,7 A 160 W	Kabelbruch oder Kurzschluß in der Zuleitung oder Verdrahtung Durchführungs-Kondensator durchgeschlagen	Austauschen Kurzschluß beseitigen Austauschen
Verminderte Leistung	Leerlauf ca. 0,4 A	Kohlen aufgebraucht	Austauschen
Verminderte Leistung Schleifring feuert	Jede Wicklung 50 Ω	Ankerwicklung defekt	Reparatur lohnt meist nicht
Geschwindigkeits-stufe ausgefallen	1 Spule ca. 20 Ω gesamt ca. 70 Ω	Schalter defekt Feldwicklung teilweise defekt	Reinigen oder austauschen Reparatur lohnt meist nicht
Läuft nicht an bei angeflanschtem Zusatzgerät		hinterer Mikro-schalter versintert oder defekt	Mikroschalter reinigen oder austauschen

Abb. 4.6: Der 3000

Beim Zusammenbau: Darauf achten, daß der hintere Schiebedeckel und die Schalterblende mit der Auswurfmechanik korrekten Sitz im Gehäuse haben.

4.4 Brotmaschine 370 und 370B

Die beiden Geräte sind zwei Varianten einer Serie und bis auf die Motoren und die leicht abgewandelten Platinen gleich. Die Motoren sind absolut identisch aufgebaut, wie die der 3-Mix-Geräte, nur das Getriebe hat statt der zwei Rührbesenausgänge nur einen Flansch für das Messer-Antriebsritzel. Der Witz bei der Sache ist die Gleichstromversorgung der Motor-Anker.

Schaltung der 370: Die Phase L gelangt über den Netztaster und eine Spule zum Brückengleichrichter; von dort fließt der Strom zurück über eine zweite Spule zum Nulleiter. Über den Gleichrichter ist ein Kondensator von 0,1 μF/500 V geklemmt. Am Gleichrichterausgang sind die Feldwicklungen und die beiden Kollektoren für den Anker parallel angeschlossen. Der Motor wird also mit Gleichstrom betrieben. Die hier anliegende Gleichspannung ist höher als die Netzspan-

Abb. 4.7: Brotschneidemaschinen

nung. Zwei Funkenlöschkondensatoren von je 1000 pF sind von jeder Kohlebürste an das Lagerblech der Motorachse gelegt.

Schaltung der 370B: Die Phase L gelangt über den Netztaster zum Gleichrichter. Über diesen ist ein 10 nF-Kondensator geklemmt. Vom Gleichrichter fließt der Strom zurück zum Nulleiter. Auf der Gleichstromseite liegen das Ankerfeld des Motors mit einem 0,2 µF-Kondensatoren parallel. Eine Ständerwicklung gibt es nicht, diese wird durch einen Permanentmagneten ersetzt. Zwei 1 nF Funkenlöschkondensatoren liegen zwischen Kohlebürsten und Lagerblech. Auch hier übersteigt die Gleichspannung für den Motor die Höhe der normalen Netzspannung.

Gerät öffnen: Schneidetisch und Messer abnehmen. Vier Kreuzschrauben aus der Platte unterm Messer lösen. Taster herunterdrücken. Gesamte Antriebseinheit heraushebeln.

Abb. 4.8: Antriebseinheiten
links 370, rechts 370B

Tabelle 4.4: Fehlertabelle Brotmaschine 370B

Fehlerbild	**Normwert**	**möglicher Defekt**	**Abhilfe**
Keine Funktion	Netzklemme: 230 V	Kabel gebrochen Stecker defekt Schalter defekt	Austauschen Stecker reparieren Schaltkontakte überprüfen
LS-Schalter hat ausgelöst	normal: 110 W Leerlauf: 32 W	Kurzschluß in der Verdrahtung Kondensator durchgeschlagen	Beseitigen Austauschen
Motor läuft nicht an	Spannung am Anker: *250 V* Gleich-spannung	Gleichrichter defekt Kohlen aufgebraucht Kondensator 0,2 µF defekt	Austauschen Austauschen Austauschen
Verminderte Leistung	jede Wicklung: 115 – 120 Ω	Anker defekt	Reparatur lohnt meist nicht
Schleifring feuert	je 1 nF	Funkenlösch-Kondensator defekt	Austauschen

4

Tabelle 4.5: Fehlertabelle Brotmaschine 370

Fehlerbild	Normwert	möglicher Defekt	Abhilfe
Keine Funktion	Netzklemme: 230 V	Kabel gebrochen Stecker defekt Schalter defekt	Austauschen Stecker reparieren Schaltkontakte überprüfen
LS-Schalter hat ausgelöst	normal: 110 W Leerlauf: 56 – 57 W	Kurzschluß in der Verdrahtung Kondensator durchgeschlagen	Beseitigen Austauschen
Motor läuft nicht an	Spannung am Anker: *275 V* Gleichspannung	Gleichrichter defekt Kohlen aufgebraucht Kondensator 0,1 μF defekt	Austauschen Austauschen Austauschen
Motor brummt, läuft nicht an	Wicklung: 2,3 kΩ	Feldwicklung defekt	Reparatur lohnt meist nicht
Verminderte Leistung	Wicklung: je 115 Ω	Anker defekt	Reparatur lohnt meist nicht
Schleifring feuert	je 1000 pF	Funkenlösch-Kondensator defekt	Austauschen

4.5 Brotmaschine mit elektronischer Drehzahlregelung

Gleich unterhalb des Netztasters befindet sich die Regelelektronik. Von hier wird die Versorgungsspannung zu einer Gleichrichterplatine mit vier Dioden und zwei Spulen geschickt und von dort über die Kohlebürsten zum Ankerfeld des Motors. Das Ständerfeld wird durch einen Dauermagneten erzeugt.

Gerät öffnen: Schneidetisch abnehmen. Messerblende und Messer abnehmen. Zwei darunter liegende Kreuzschrauben lösen und Deckel abnehmen. Auf Verrastung zum Bodenteil achten. Die gesamte Antriebseinheit wurde neu konstruiert und befindet sich im Innern des Gerätegehäuses.

Abb. 4.9: Gerät geöffnet

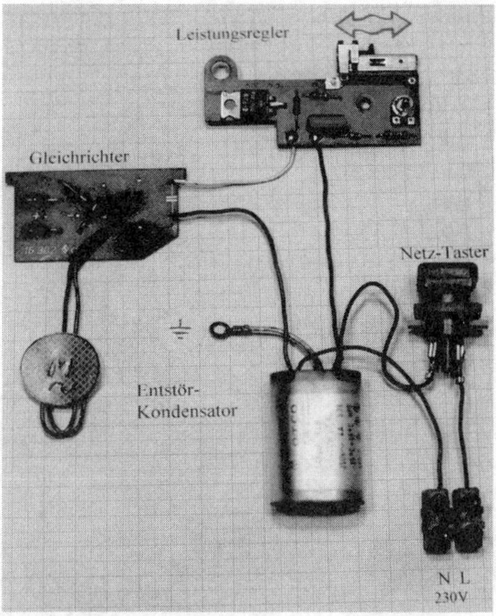

Abb. 4.10: Die Elektronik

Tabelle 4.6: Fehlertabelle Brotmaschine electronic

Fehlerbild	**Normwert**	**möglicher Defekt**	**Abhilfe**
Keine Funktion	Netzklemme: 230 V	Kabel gebrochen Schalter defekt	Austauschen Schaltkontakte überprüfen
LS-Schalter hat ausgelöst	138 W 0,6 A	Kurzschluß in der Verkabelung Durchführungs-kondensator durchgeschlagen	Beseitigen Austauschen
Verminderte Leistung	Wicklung je 115 Ω	Anker defekt	Reparatur lohnt meist nicht
Motor läuft nicht an	Spannung am Anker: 123 – 263 V Gleich-spannung	Gleichrichter defekt Kohlen aufgebraucht Elektronik defekt	Austauschen Austauschen Durchmessen Defektes Bauteil wechseln

Tabelle 4.7: Bauteile Brotmaschine electronic

Regelpoti	175 kΩ
Trimmpoti	470 kΩ
Elko	0,22 µF
Glasdiode	1N4148
R1	130 Ω
R2	47 Ω
R 3	4,7 kΩ
Drosselspulen 2x	2,5 Wdg.
Gleichrichterdioden 4x	1N 4007
Triac	TIC 201 D
Entstörkondensator	2x 2000 pF

4.6 Kaffeemaschine Royal

Diese Kaffeemaschine besitzt einen 850 Watt Heizwiderstand, der hufeisenförmig im Metallkörper unterhalb der Warmhalteplatte angebracht ist. Durch einen Kanal innen zwischen dem Heizkörper gelegen, läuft das Wasser vom Tank im Geräteoberteil herunter durch den Kanal. Dort wird es aufgeheizt und steigt im Steigerohr hinauf zum Filtereinsatz. Ein beleuchteter Netzschalter schaltet die Maschine an die Netzspannung. Die Kontrollleuchte ist parallel zum Heizwiderstand geschaltet. Ein im Zentrum der Bodenplatte angebrachtes Thermoelement schaltet den Eingang der Heizung bei Erreichen der Höchsttemperatur aus. Am Ausgang der Heizung ist ein Überhitzungsschutz angebracht, der in Reihe zum Nullleiter liegt. Der Schutzleiter ist direkt auf den Gußkörper der Heizung aufgelegt.

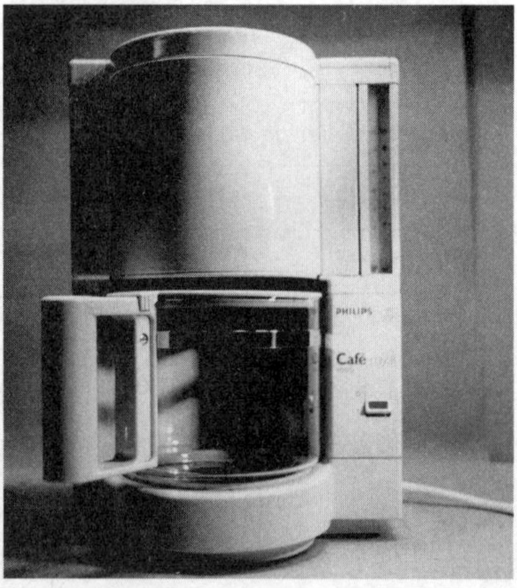

Abb. 4.11: Kaffeemaschine Royal

Funktion: Beim Aufheizen fließt das kalte Wasser durch den Kanal zwischen Heizung und Thermoelement. Dadurch wird der Schaltpunkt des Elements nicht erreicht. Erst wenn das letzte Wasser im Kanal verdampft

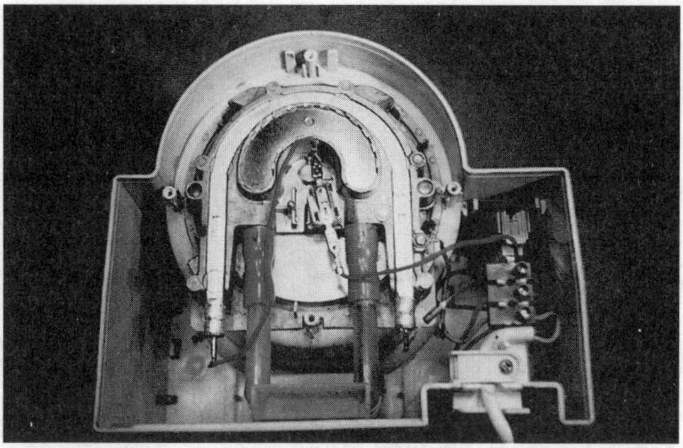

Abb. 4.12:
Royal geöffnet

ist, kann die ganze Heizleistung das Element erreichen, und da dann nur noch die Warmhalteplatte den fertigen Kaffee in der Glaskanne auf Temperatur halten soll, schaltet das Element bei einer Temperatur von 90–100 °C ab und bei deren Absinken wieder ein.

Gerät öffnen: Vier Kreuzschrauben im Boden lösen. Boden abnehmen. Auf Verrastungen an der Rückwand achten. Die Flachstecker sind durch Verriegelungen gegen Herausrutschen gesichert. Zum Lösen die Fähnchen hineindrücken. Zum Abnehmen des Spannbügels Metallnase umbiegen.

Tabelle 4.8: Fehlertabelle Kaffeemaschine Royal

Fehlerbild	**Normwert**	**möglicher Defekt**	**Abhilfe**
Keine Funktion	Netzklemme: 230 V 850 W 3,7 A	Kabel gebrochen Stecker defekt Schalter defekt Unterbrechung in der Verkabelung Thermostat defekt Überhitzungsschutz hat geöffnet	Austauschen Stecker reparieren Schaltkontakte überprüfen Beseitigen Austausch sehr schwierig Austauschen
Kontrolleuchte geht nicht		Glimmlampe defekt	Schalter austauschen
LS-Schalter hat ausgelöst		Kurzschluß in der Verkabelung	Beseitigen

4.7 Kaffeemaschine 265

Diese Maschine arbeitet nach einem Druckprinzip. Ein Wassertank befindet sich im unteren Teil der Maschine. In dessen Boden ist der ringförmige Heizwiderstand eingebettet. Im Zentrum des Bodens ist ein Druckwächter angebracht und etwas weiter im Außenbereich ist ein Thermostat eingebaut. Der Strom fließt also von der Phase L durch den Netzschalter über den Druckwächter zum Thermostaten. Von dort zum Heizwiderstand, durch diesen hindurch zu einem Überhitzungsschutz und von dort zurück zur Nulleiterklemme. Der Schutzleiter ist direkt auf den Haltebügel der Druckdose gelegt. Der Netzschalter ist beleuchtet und mit einem zusätzlichen Leiter an den Nulleiter geklemmt.

Abb. 4.13: Die 265

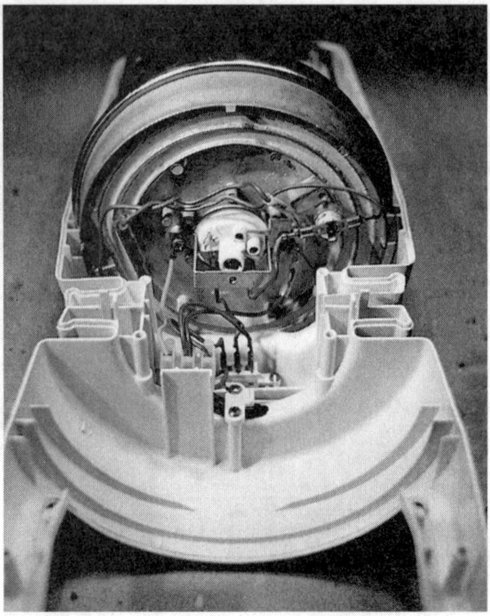
Abb. 4.14: Die Bauteile der 265

Funktion: Durch einen eingedichteten Deckel, die Kanne, den Filter und den Filterdeckel, gehalten von einem Verriegelungshebel im oberen Gehäusebügel, ist der Tank luftdicht abgeschlossen. Das Wasser ist also im Tank eingeschlossen. Die Heizung bringt das Wasser zum Sieden und der Dampfdruck treibt es durch ein Steigrohr hinauf in den Filter. Im Gegensatz zu offenen Systemen geht das in einem Rutsch und nicht schubweise, was eine sehr gute Qualität des fertigen Kaffees garantiert. Ist der Tank leergepumpt, schaltet der Thermostat bei Erreichen der höchsten vorgesehenen Temperatur die Heizung ab. Die Druckdose ist aus Sicherheitsgründen eingebaut, um eine Explosion des Tanks bei einer Steigrohrblockade zu verhindern. Ebenso dient der Überhitzungsschutz zur doppelten Sicherheit bei Versagen des Thermostaten.

Tabelle 4.9: Fehlertabelle Kaffeemaschine 265

Fehlerbild	Normwert	möglicher Defekt	Abhilfe
Keine Funktion	Netzklemme: 230 V 1000 W 4,35 A	Kabel gebrochen Stecker defekt Schalter defekt	Austauschen Stecker reparieren Durch Originalersatzteil ersetzen
Spannung liegt an, keine Funktion	 TEMP 216 °C	Thermostat schließt nicht Unterbrechung in der Verkabelung Überhitzungsschutz hat geöffnet Druckwächter schließt nicht Heizwiderstand defekt	Nur gegen Originalersatzteil austauschen Beseitigen Austauschen Gerät an Kundendienst einschicken Einschicken
Kontrolleuchte geht nicht, Gerät arbeitet aber		Glimmlampe defekt Unterbrechung zur Nulleiterklemme	Schalter ersetzen Beseitigen

Gerät öffnen: Für Kabelwechsel und Messungen die Zentralschraube im Boden lösen und Deckel heraushebeln. Zum Öffnen des ganzen Gerätes zusätzlich vier Schrauben aus dem Bügelteil herausdrehen Hinterteil abnehmen, auf Verrastung im Bodenteil achten.

Gerät zusammensetzen: Auf korrekten Sitz der Spannbügelmechanik und der dazugehörigen Dichtung achten. Gehäusehälfte verrasten und verschrauben. Boden einsetzen und verschrauben.

4.8 Kaffeemaschine 244 mit Thermokanne

Dieses Gerät hat keine Heizplatte für eine Glaskanne und benötigt daher keine Einrichtung für deren Heiztemperatursteuerung. Die Heizung mit dem davorgeschalteten Thermostaten dient ausschließlich zum Wassererhitzen. Der Thermostat hat seinen Schaltpunkt also etwas niedriger eingestellt als bei Kaffeemaschinen mit Heizplatte. Ein

Abb. 4.15: Die 244

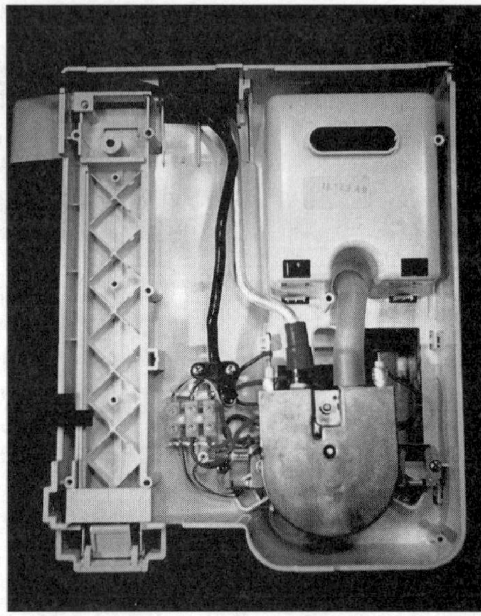

Abb. 4.16: Die 244 von innen

Tabelle 4.10: Fehlertabelle Kaffeemaschine 244

Fehlerbild	**möglicher Defekt**	**Abhilfe**
Kein Funktion	Kabel gebrochen Stecker defekt Schalter defekt	Austauschen Stecker reparieren Nur durch Original-Ersatzteil ersetzen
LS-Schalter hat ausgelöst	Kurzschluß in der Verkabelung	Beseitigen
Spannung liegt an, Gerät heizt nicht	Thermostat defekt Überhitzungsschutz hat geöffnet	Gerät einschicken Austauschen
Stufen 1–3 Tassen ohne Funktion	Diode defekt	Austauschen
Kontrolleuchte geht nicht, Gerät arbeitet aber	Glimmlampe defekt Unterbrechung zur Nulleiterklemme	Schalter ersetzen Beseitigen

beleuchteter Netzschalter legt den Heizwiderstand an die Netzspannung. Über einen daneben angebrachten Umschalter für 1 bis 3 Tassen und 4 max., hat man eine Diode gelegt, die bei geöffnetem Schalter nur eine Halbwelle der Wechselspannung durchläßt und somit den Heizwiderstand mit 115 Volt versorgt. Ist der Schalter geschlossen, kommen 230 Volt am Widerstand an. Ein zusätzlicher Überhitzungsschutz, der direkt am Heizungsgehäuse festgeklammert ist, verhindert das Durchbrennen der Heizung.

Gerät öffnen: Eine Kreuzschraube aus dem Kunststoffteil mit der Kabelaufwicklung herausdrehen und dieses Teil abnehmen. Vier Kreuzschrauben aus Metallrücken herausschrauben. Den Flachstecker für den Schutzleiter vom Blech abziehen. Um an die vorn liegenden Baugruppen zu gelangen, vier Verrastungen am Gehäuse rund um den Heizwiderstand lösen.

4.9 Espressomaschine

Ich habe hier eine Luxus-Maschine ausgesucht. Sie ist etwas besser ausgerüstet als die üblichen Allerwelts-Hochdruckkaffeemaschinen. Über die normale Kombination der thermostatgesteuerten Wasserbeheizung besitzt diese Maschine eine Membranpumpe für die Förderung des Wassers aus einem Vorratstank in den Siedekessel. Ich finde, das macht sie erwähnenswert.
Wird das Gerät ans Netz angeschlossen, liegt die Phase L am Netzschalter und am Pumpenschalter an. Zuerst wird die Pumpe in Betrieb genommen und füllt den Siedekessel.

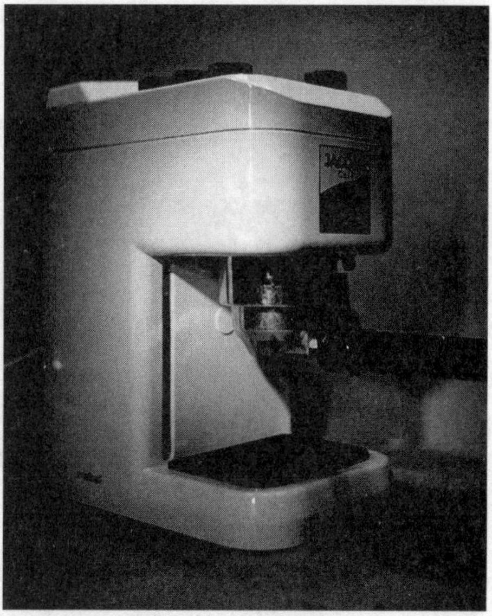

Abb. 4.17: Espressomaschine

Der Strom fließt hierbei von der Klemme L über den Pumpenschalter zu einem Microtronic Sicherungselement, von dort zur Pumpenspule und weiter zur Nulleiterklemme. Ein Entstörkondensator von 0,1 µF 250 V ist der Spule parallelgeschaltet.
Nach Einschalten des Netzschalters für den Heizkreis fließt der Strom über einen Thermostaten, der bei 95 °C schaltet und einen zweiten mit dem Schaltpunkt 115 °C. Von dort fließt der Strom über den Heizwiderstand und einen nachgeschalteten Überhitzungsschutz zurück zur Nulleiterklemme. Eine Kontrolleuchte ist dem Heizwiderstand parallelgeschaltet für die Signalisierung des Heizbetriebes. Eine weitere Kontrolleuchte liegt am Schaltkontakt des Netzschalters und signalisiert den Betrieb des gesamten Gerätes.

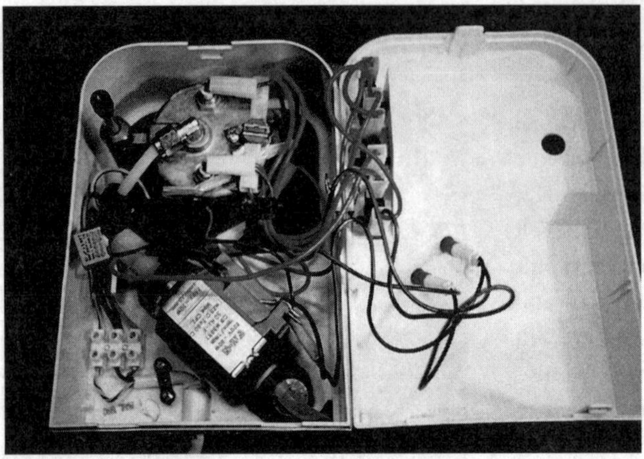

Abb. 4.18:
Die Baugruppen der Espressomaschine

Tabelle 4.11: Fehlertabelle Espressomaschine

Fehlerbild	Normwert	möglicher Defekt	Abhilfe
Keine Funktion	Netzklemme: 230 V	Kabel gebrochen Stecker defekt Unterbrechung in der Verkabelung Netzschalter defekt	Austauschen Stecker reparieren Beseitigen Schalter überprüfen
LS-Schalter hat ausgelöst	5,21 A 1200 W	Kurzschluß in der Verkabelung	Beseitigen
Pumpe läuft nicht	 Temp. 98 °C	Unterbrechung Thermosicherung der Pumpe hat ausgelöst	Beseitigen Austauschen
Gerät heizt nicht	95 °C Temp. 152 °C	Thermostat defekt Überhitzungsschutz der Heizung hat ausgelöst	Austauschen Auswechseln
Aufschäumen geht nicht	Temp. 115 °C	Taster defekt Thermostat 2 defekt	Taster überprüfen Austauschen
Eine der Kontroll-leuchten ausgefallen		Glimmlampe defekt oder Unterbrechung	Austauschen Beseitigen

Betätigt man nun die Aufschäumtaste für die Zubereitung von Cappucino, wird der 95 °C-Thermostat vom Taster kurzgeschlossen und das Wasser auf 115 °C aufgeheizt.

Gerät öffnen: Deckel aus dem Dampfregelknopf heraushebeln. Zentralschraube lösen und Knopf abziehen. Zwei Rastnasen rechts und links vom Typenschild eindrücken und Deckel anheben. Vordere Verrastung vorsichtig lösen und Deckel komplett abnehmen. Die Schalter und Kontrolleuchten verbleiben im Deckelteil.

Abb. 4.19: Küchenmaschine

4.10 Küchenmaschine

In diese Maschine ist ein kräftiger Reihenschlußmotor mit doppelten Ständerwicklungen eingebaut. Ein Entstör-Kondensator mit Entladewiderstand ist auf einer Trägerplatte hinter dem Schalter aufgebaut sowie zwei Feinsicherungen für die beiden Leistungsstufen, sprich Motorwicklungen. Die untere ist mit 1,6 Ampere und die obere mit 2,5 Ampere bemessen. Beide Sicherungen sind träge Versionen, da der Motor einen höheren Anlaufstrom benötigt als der, der während des Betriebes gezogen wird.

Gerät öffnen: Schalterknopf abnehmen. Zwei Senkkopfschrauben darunter lösen. Vier Muttern von den Stehbolzen im Bodenblech lösen. Unterlegscheiben abnehmen. Gerät umdrehen. Geräteoberteil abnehmen.

Beim Zusammenbau: Auf korrekten Sitz der Gummidichtung in der Gehäuseöffnung für den Getriebeflansch und der vier Stehbolzen achten. Den Schalter vorher richtig plazieren.

Abb. 4.20: Gerät geöffnet

4

Tabelle 4.12: Fehlertabelle Küchenmaschine

Fehlerbild	Normwert	möglicher Defekt	Abhilfe
Keine Funktion	Netzklemme: 230 V 507 W	Kabel gebrochen Stecker defekt Schalter defekt	Austauschen Stecker reparieren Schaltkontakte überprüfen
LS-Schalter hat ausgelöst	2x2500 pF	Kurzschluß Kondensator durchgeschlagen	Beseitigen Austauschen
Geschwindigkeitsstufe ausgefallen	95 – 100 Ω	Schalter defekt Feldwicklung teilweise defekt	Schalter prüfen, wenn nötig austauschen Reparatur lohnt meist nicht
Stufe 1 ohne Funktion Feinsicherung durchgeschlagen	1,4 A	Wicklungsschluß oder nur Überlastung	Reparatur lohnt meist nicht Ursache beheben Austauschen
Stufe 2 ohne Funktion Feinsicherung durchgeschlagen	2,3 A	Wicklungsschluß oder nur Überlastung	Reparatur lohnt meist nicht Ursache beheben Austauschen
Motor brummt, läuft nicht an	15 – 17 Ω	Ankerwicklung defekt	Reparatur lohnt meist nicht
Verminderte Leistung Schleifring feuert		Kohlen aufgebraucht Ankerwicklung defekt	Austauschen Reparatur lohnt meist nicht
Motor läuft schwer oder gar nicht an		Getriebeschaden oder Blockierung	Getriebe überprüfen, fetten

4.11 Universal-Zerkleinerer

Bei diesem Gerät ist ein Universalmotor eingebaut. Anker und Ständer sind in Reihe geschaltet. Hinter der Netzklemme liegen ein Entstörkondensator von 0,1 (F und ein Widerstand von 3,3 MΩ parallel zur Netzspannung (zur Entladung des Kondensators).

Abb. 4.21: Universal-Zerkleinerer

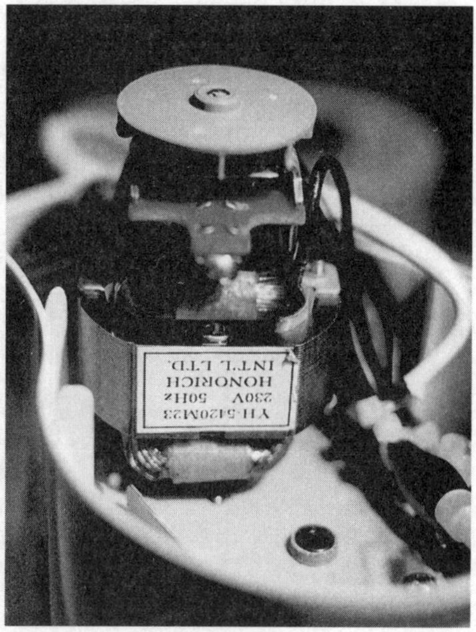

Abb. 4.22: Universalmotor

Eine rote Ader führt hinauf im Seitenteil zum Netztaster, der durch das Deckelteil gegen Einschalten im geöffneten Zustand gesichert ist. Von dort führt eine schwarze Ader über eine Verbindungsklemme zum Motor und von dort eine orangefarbene Leitung zurück zur Nulleiterklemme.

Abb. 4.23: Anschlußklemme mit Kondensator und Widerstand. Darunter Quetschverbinder für Schalter- und Motorleitung

Tabelle 4.13: Fehlertabelle Universal-Zerkleinerer

Fehlerbild	Normwert	möglicher Defekt	Abhilfe
Keine Funktion	230 V 150 W 0,65 A	Kabel gebrochen Stecker defekt Schalter defekt	Austauschen Stecker reparieren Schaltkontakte überprüfen
Schalter läßt sich nicht betätigen		Verriegelung nicht eingerastet oder gebrochen	Deckel korrekt schließen Deckel neu bestellen
Verminderte Leistung	15 Ω	Kohlen aufgebraucht Ankerwicklung defekt	Austauschen Reparatur lohnt meist nicht
LS-Schalter hat ausgelöst	0,1 µF	Kondensator durchgeschlagen	Austausch

Gerät öffnen: Drei Gehäuseschrauben, davon zwei unter den Gummifüßen versteckt, lösen. Bodenteil abnehmen.

4.12 Elektromesser

Bei diesem Gerät kommt wiederum ein Wechselstrom-Universalmotor zum Einsatz. Zusätzlich liegen vor dem Netztaster ein Entstörkondensator von 6 pF sowie ein 1,2 MΩ Widerstand parallel an der Netzspannung sowie zwei Drosselspulen in Reihe. Die Anker- und die Feldwicklungen sind in Reihe geschaltet und mit zwei Funkenlöschkondensatoren bestückt.

Gerät öffnen: Schrauben aus dem Bodenteil herausdrehen. Gerät umdrehen und Oberteil abheben. Auf die Positionen von Messerauswurftaste und Netztaster achten.

Abb. 4.24: Elektromesser

Abb. 4.25: Gerät geöffnet

Tabelle 4.14: Fehlertabelle Elektromesser

Fehlerbild	**möglicher Defekt**	**Abhilfe**
Kein Funktion	Kabel gebrochen Stecker defekt Schalter defekt	Austauschen Stecker reparieren Schaltkontakte überprüfen
Schalter läßt sich nicht betätigen	Verriegelung nicht eingerastet oder gebrochen	Deckel korrekt schließen Deckel neu bestellen
Verminderte Leistung	Kohlen aufgebraucht Ankerwicklung defekt	Austauschen Reparatur lohnt nicht
LS-Schalter hat ausgelöst	Kondensator durchgeschlagen	Austauschen

4

4.13 Dosenöffner

Ein Spaltpolmotor, auch Kurzschlußläufermotor genannt, ist für den Antrieb dieses Gerätes zuständig, geschaltet über einen Mikroschalter, der über einen Excenter vom Messerbügel durch Herunterdrücken betätigt wird. Der Motor ist einer der problemlosesten schlechthin. Er besitzt nur eine Feldwicklung auf einem Eisenkern. Der Läufer ist mit Permanentmagneten aufgebaut. Zwei kräftige Kurzschlußspulen werden für den sicheren Anlauf des Motors benötigt. Aufgrund der fehlenden Schleifringe und Kohlebürsten ist der Motor als nahezu verschleißfrei anzusehen.

Gerät öffnen: Messerbügel vom Gerät abnehmen. Fünf Schrauben aus der hinteren Gehäusehälfte herausdrehen. Diese Halbschale vom Gerät abnehmen.

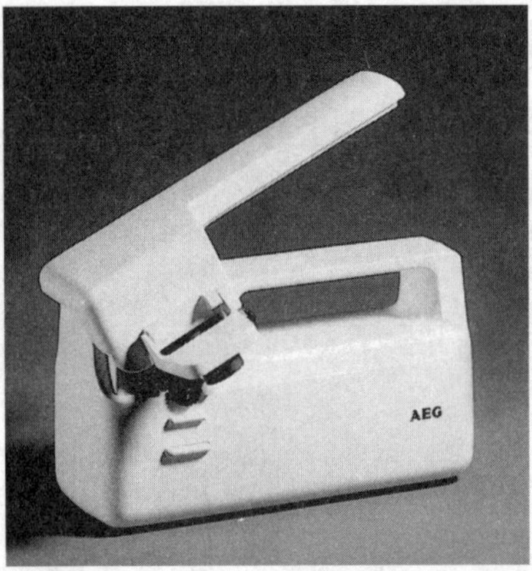

Abb. 4.26: Dosenöffner

Stichwort

„Spaltpolmotor"

Spaltpolmotoren werden in Geräte eingebaut, die nicht ganz so leistungsintensiv sind. Der Rotor besitzt keine Wicklungen (Kurzschlußläufer), arbeitet daher verschleißfreier als Universalmotoren. Für den sicheren Anlauf besitzt er kurzgeschlossene Sekundärwicklungen, die eine Art Drehfeld erzeugen. Spaltpolmotoren haben eine Drehzahl von 3000 Umdrehungen pro Minute.

Abb. 4.27: Mikroschalter

Tabelle 4.15: Fehlertabelle Dosenöffner

Fehlerbild	Normwert	möglicher Defekt	Abhilfe
Keine Funktion	230 V 0,7 A Leerlauf: 0,06 A, 15 W Last: 0,7 A, 156 W	Kabel gebrochen Stecker defekt Schalter defekt	Kabel wechseln Stecker reparieren Schaltkontakte überprüfen Mikroschalter austauschen
Schalter klickt hörbar, Motor läuft nicht an	Motor-wicklung: 32,4 Ω	Unterbrechung in der Verkabelung Motorwicklung defekt	Beseitigen Motor wechseln

4.14 Zitruspresse

Auch dieses Gerät wird von einem Kurzschlußläufer angetrieben. Der Netztaster wird durch eine Metallzunge, die beim Herunterdrücken der Antriebsachse mitbewegt wird, betätigt.

Gerät öffnen: Drei Kreuzschrauben aus der Oberplatte lösen. Topfförmiges Unterteil abziehen.

Abb. 4.28: Zitruspresse

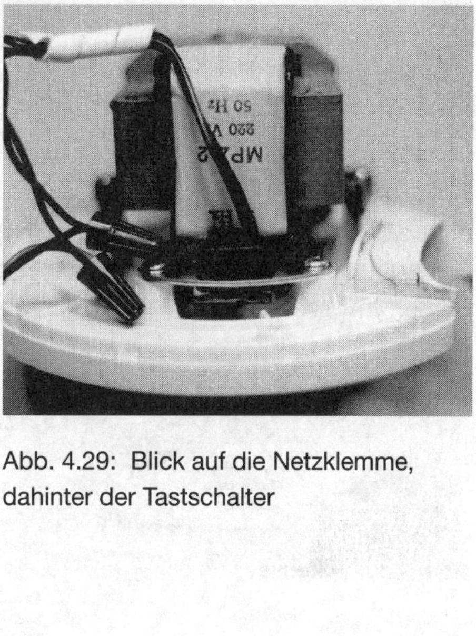

Abb. 4.29: Blick auf die Netzklemme, dahinter der Tastschalter

Tabelle 4.16: Fehlertabelle Zitruspresse

Fehlerbild	Normwert	möglicher Defekt	Abhilfe
Keine Funktion	Netzklemme: 230 V 60 W	Kabel gebrochen Stecker defekt Schalter defekt	Austauschen Stecker reparieren Schaltkontakte überprüfen
Schalter klickt nicht		Halterung verbogen oder lose	Richten Befestigen
Schalter klickt hörbar, Motor läuft nicht an	Motor-wicklung: 33 Ω	Unterbrechung in der Verdrahtung Motorwicklung defekt	Beseitigen Motor wechseln

4.15 Friteuse

Ein kräftiger 2000 Watt Heizwiderstand, der kreisförmig im Tankboden verlötet ist, sorgt für Temperaturen bis 190 °C im Innern. Ein auf einem Montagebügel am Boden befestigter Thermostat übernimmt die Strompausenregelung für die Abstufung bis 140 °C hinunter. Vorgeschaltet ist ein Netzschalter und parallel zum Heizwiderstand ist eine Kontrolleuchte geschaltet. Im Nulleiter eingeschleift ist ein Überhitzungsschutz direkt auf dem Tankboden.

Abb. 4.30: Friteuse

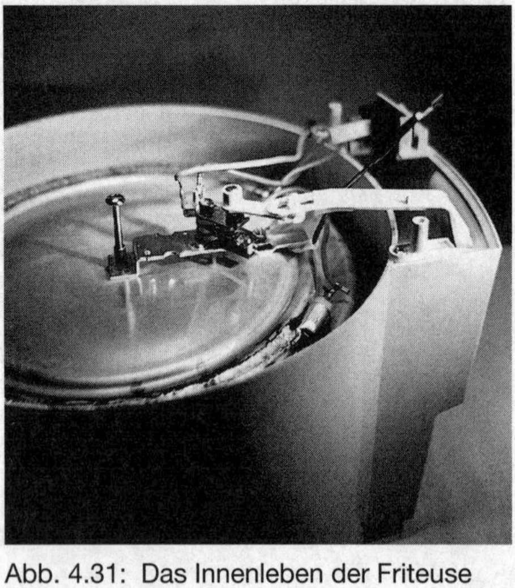

Abb. 4.31: Das Innenleben der Friteuse

Tabelle 4.17: Fehlertabelle Friteuse

Fehlerbild	**Normwert**	**möglicher Defekt**	**Abhilfe**
Keine Funktion	230 V, 9,4 A 2160 W	Kabel gebrochen	Kürzen oder Austauschen
Spannung liegt an Kontrolleuchte leuchtet Heizung bleibt kalt	Heiz-widerstand: 24,5 Ω	Unterbrechung zum Heizelement Heizelement defekt Thermostat schließt nicht Überhitzungsschutz hat geöffnet	Unterbrechung beseitigen Reparatur lohnt meist nicht Thermostatwechsel oder Neu-Justage Austauschen
Temperatur läßt sich nicht regeln	140 – 190 °C	Thermostatgestänge ausgehakt oder gebrochen	Mechanik überprüfen
Kontrolleuchte leuchtet nicht, Gerät heizt aber	Anschluß-drähte: 230 Volt	Glimmlampe oder Vorwiderstand durchgebrannt	Kontrolleuchte austauschen

Gerät öffnen: Spezialschraube aus der Kabelraumabdeckung lösen und Deckel aus den sechs Verrastungen hebeln. Flachstecker für Phase, Null und Erde abziehen. Die Flachstecker sind gegen unbeabsichtigtes Lockern verriegelt. Eine kleine Lasche muß vorsichtig hochgehebelt werden. Zwei Kreuzschrauben aus dem Unterteil am Vorderbau und die Zentralschraube aus den Tank lösen.

Beim Zusammenbau: auf den richtigen Sitz des Tanks in der Außenhülle achten, da sonst der Umlenkhebel für den Thermostaten eine falsche Position einnehmen würde.

5 Staubsauger

Historie „Staubsauger"

Die erste fahrbare „Entstäubungspumpe", die 1905 auf den Markt kam, wog rund drei Zentner. Ein richtiges Ungetüm war auch die fahrbare Staubsaugerpumpe, die wenig später unter dem Namen „ROTOR" angeboten wurde. Ihr Staubbehälter hatte die Gestalt einer Mülltonne. Allerdings soll die Saugkraft dieses Staubschluckers schon recht beachtlich gewesen sein. Ein 1911 unter dem Namen „DANDY" angebotenes Modell nahm sich dagegen ausgesprochen grazil aus. Es konnte laut Prospekt von einer einzigen Person bedient werden. 1914 kam der „SANTO-ENTSTAUBER" der Berliner Elektrizitätswerke, mit einem Gewicht von 23 kg auf den Markt. Im Jahre 1928 wirbt die AEG für den „VAMPYR" folgendermaßen:
„Das Hausmädchen braucht nicht mehr unter Assistenz eines gemieteten starken Mannes die großen Teppiche allmonatlich auf den Hof zu schleppen, um sie mit dem gediegenen alten Ausklopfer zu bearbeiten; den Staub, den sie hierbei zu schlucken hatte, frißt der Staubsauger mit Wohlbehagen".
Quelle: AEG

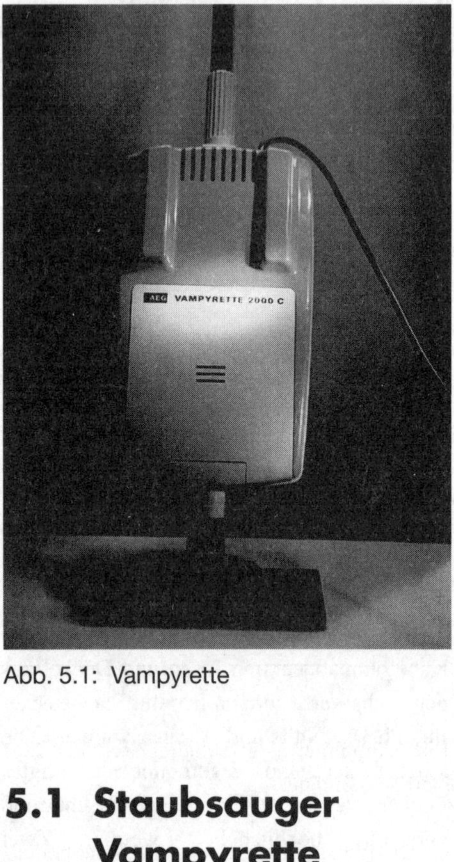

Abb. 5.1: Vampyrette

5.1 Staubsauger Vampyrette

Der Vampyr ist mit einem 550 Watt-Reihenschlußmotor ausgerüstet, der im oberen Gehäusebereich quer zu Saugrohr und Stiel eingebaut ist. Die Motorachse ist auf beiden Seiten aus dem Motor herausgeführt und treibt zwei Schaufelräder. Ständer- und Ankerfeld sind in Reihe geschaltet. Ein Entstörkondensator von 0,15 (F ist parallel zum Motor und der Zubehörsteckdose geschaltet.

Tabelle 5.1: Fehlertabelle Vampyrette

Fehlerbild	**Normwert**	**möglicher Defekt**	**Abhilfe**
Keine Funktion	230 V 600 W 2,61 A	Kabel gebrochen Stecker defekt Schalter defekt	Austauschen Stecker reparieren Schaltkontakte überprüfen
Motor läuft zeitweise nicht		Wackelkontakt in der Zuleitung	Kabel kürzen oder auswechseln
LS-Schalter hat ausgelöst	0,15 µF	Kondensator durchgeschlagen Kurzschluß in der Verkabelung	Auswechseln Beseitigen
Motor läuft nicht an		Kohlen aufgebraucht Ankerwicklungen durchgebrannt (selten)	Austauschen Durchmessen Reparatur lohnt meist nicht
Ungewöhnliche Nebengeräusche		Motorlager ausgeschlagen Staubbeutel vergessen?	Motor wechseln einsetzen, eventuell Schaufelräder von Fremdkörpern befreien

Ein einpoliger Netzschalter schaltet das Gerät ein und aus.

Gerät öffnen: Stiel, Düse und Staubbeuteldeckel abnehmen. Sechs Kreuzschrauben im Staubbeutelraum und vier aus dem Geräterücken herausdrehen, sowie zwei kurze Kreuzschrauben aus dem Saugrohrflansch. Obere Gehäusehälfte abnehmen.

Beim Zusammenbau: Auf korrekten Sitz des Motors, der Schaufelradringe und der Schalterplatte achten. Auch auf die rundumlaufende Gehäuse-Dichtschnur achten.

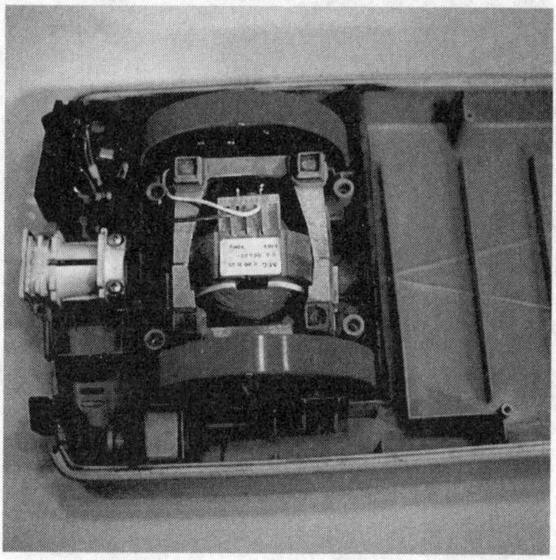

Abb. 5.2: Blick ins Gerät

5

5.2 Staubsauger Vampyr

Der Vampyr ist ein auf Rollen nachlaufender Bodenstaubsauger mit Saugrohr und -schlauch. Die Serie gibt es mit Leistungen zwischen 1000 und 1200 Watt. Eine Kabelaufroll-Mechanik und eine Leistungsregel-Elektronik sowie eine Vakuumdose mit nachgeschalteter Glimmlampe (meldet Atemnot) gehören zur Ausrüstung. Der Motor ist ein Reihenschlußmotor mit einseitig angeflanschtem Dreistufen-Gebläse in einem Metallgehäuse.

Gerät öffnen: Schlauchstutzen entriegeln und abnehmen. Gehäusedeckel öffnen und die beiden Drehgelenke auseinanderklipsen. Fünf Kreuzschrauben aus dem Motorgehäuse herausdrehen, Deckel abnehmen. Dabei Kabelaufroll-Taste drücken.

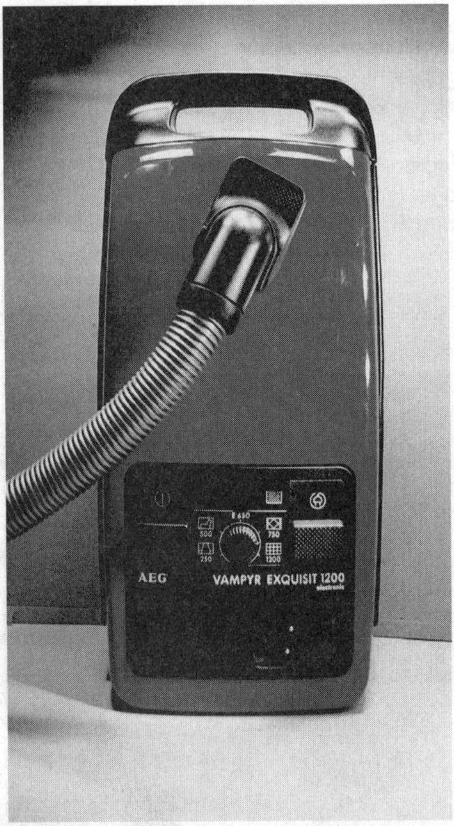

Abb. 5.3: Vampyr

Abb. 5.4: Motorblock und Elektronik

Tabelle 5.2: Fehlertabelle Vampyr

Fehlerbild	**Normwert**	**möglicher Defekt**	**Abhilfe**
Keine Funktion	Netzklemme: 230 Volt	Kabel gebrochen Stecker defekt Schalter defekt	Austauschen Stecker reparieren Schalter überprüfen
Motor läuft zeitweise nicht		Wackelkontakt in der Zuleitung	Kabel kürzen oder auswechseln
LS-Schalter hat ausgelöst		Entstörkondensator durchgeschlagen Kurzschluß in der Verkabelung	Auswechseln Beseitigen
Motor läuft nicht an		Kohlen aufgebraucht Ankerwicklungen durchgebrannt (selten)	Austauschen Durchmessen Reparatur lohnt meist nicht
Ungewöhnliche Nebengeräusche		Motorlager defekt Staubbeutel vergessen?	Motor wechseln Einsetzen, eventuell Schaufelräder von Fremdkörpern befreien (sehr schwierig, da gekapselt)

Abb. 5.5: Kabelrolle

5

5.3 Edel-Staubsauger

Bei diesem Gerät sucht man nach dem Aufschrauben zuerst vergeblich nach der Regel-Elektronik. Die hat der Hersteller in das gekapselte Motorgehäuse eingebaut. Lediglich der Regelwiderstand ist herausgeführt ins Gehäuseoberteil. Der Motorblock dieses Staubsaugers beinhaltet neben der Elektronik zusätzlich noch ein paar Bauteile, die für den Komfort und die Betriebssicherheit von entscheidendem Vorteil sind.

Abb. 5.7: NTC-Widerstand

Zuerst ist da einmal ein *Thermoelement,* wie Sie es von den Kaffeemaschinen her kennen. Wird der Motor extrem heiß, schaltet dieses Element die Stromversorgung ab. Auf der gegenüberliegenden Seite des Motors befindet sich ein anderes für Staubsauger seltenes Bauteil, ein *NTC-Widerstand.* Die Bezeichnung kommt von: Negativer Temperatur Coeffizient. Das bedeutet in der Praxis folgendes: Muß der Motor sehr viel schaffen, bei einem Flokatiteppich beispielsweise, wobei die Luft kanpp wird, erwärmt sich der Motorbereich stärker als sonst. Der NTC ändert dann seinen Widerstand nach unten hin und verstellt somit den Arbeitspunkt der Schaltung dahingehend, Daß der aufgenommene Strom nicht über einen vorberechneten Sollwert steigt. das schützt die Schaltung vor Überlastung. Ich find's einfach genial und komme zu dem Schluß, beim Neukauf eines solchen Gerätes sollte man doch in Erwägung ziehen, einen Staubsauger mit solch gut versteckten „Features" den Vorzug zu geben. Auf die Dauer wird es sich garantiert auszahlen.

Abb. 5.6:
Elektronik im
Motorgehäuse

5.4 Teppichbürste

Dieses Gerät wird von einem kompakten Reihenschlußmotor angetrieben. Die Stromversorgung erfolgt über die Zubehörsteckdose am Staubsauger. Ein Entstörkondensator liegt direkt parallel zur Anschlußklemme.

Beim Zusammenbau: Darauf achten, daß die Schaumgummidichtung rund um den Motor wieder richtig sitzt, da sonst Staub in den Bereich der Schleifringe und Kohlebürsten eindringen kann.

Gerät öffnen: Verchromtes Bodenblech abnehmen. Dafür ist die Zentralschraube zu lösen. Vier Kreuzschrauben von innen her-

Abb. 5.8: Teppichbürste

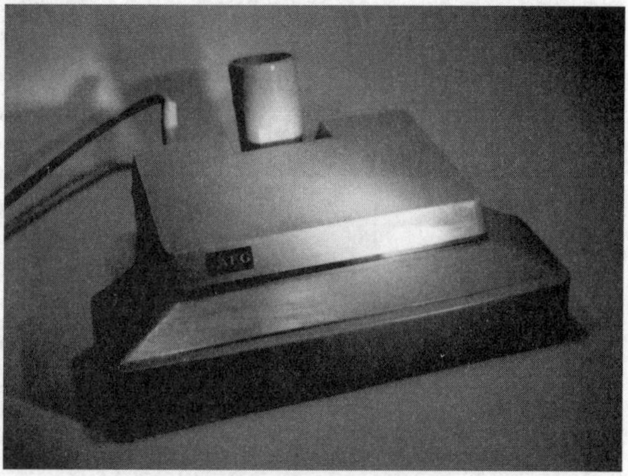

Abb. 5.9: Motorgehäuse

rund um das Motorgehäuse lösen. Dazu eventuell Bürstenwalze aus dem Lager nehmen. Gerät umdrehen. Knickschutztülle aus dem Gehäusedeckel herausschieben. Zum Kohlenwechsel eine dicke Kreuzschraube aus dem Motorrahmen herausdrehen.

Tabelle 5.3: Fehlertabelle Teppichbürste

Fehlerbild	**Normwert**	**möglicher Defekt**	**Abhilfe**
Keine Funktion	Netzklemme: 230 Volt	Kabel gebrochen Stecker defekt Schalter defekt	Austauschen Stecker reparieren Schaltkontakte überprüfen
Motor läuft zeitweise nicht		Wackelkontakt in der Zuleitung	Kabel kürzen oder auswechseln
LS-Schalter hat ausgelöst		Entstörkondensator durchgeschlagen Kurzschluß in der Verkabelung	Auswechseln Beseitigen
Motor läuft nicht an		Kohlen aufgebraucht Ankerwicklungen durchgebrannt (selten)	Austauschen Durchmessen, Reparatur lohnt meist nicht
Ungewöhnliche Nebengeräusche		Motorlager defekt Fettmangel Fäden oder Haare in den Walzenlagern Treibriemen beschädigt	Motor wechseln Motorlager fetten Entfernen Wechseln

6 Anhang

6.1 Ersatzteilbeschaffung

Ersatzteile sind meist schwierig zu bekommen. Die Hersteller machen es einem nicht gerade leicht. Vielfach lassen sich Originalersatzteile nur über Zwischenhändler oder Fachbetriebe beziehen, die dann Lager- und Portokosten in Rechnung stellen. Es kommt noch hinzu, daß sie sich mit der Bestellung meist sehr viel Zeit lassen. Nicht selten wird das Ersatzteil aber schon gar nicht mehr produziert oder man will dem Kunden die Selbstreparatur einfach unmöglich machen, um selbst die horrenden Reparaturkosten einzusacken oder einen Neukauf herbeizuführen.

Auf jeden Fall sollten Sie sich auf eine längere Vorarbeit mit den Gelben Seiten oder dem Branchenbuch gefaßt machen.

Bevor Sie sich auf die Teilesuche machen, sollten Sie die genaue Bezeichnung, Bestellnummer oder Seriennummer des Bauteils herausfinden, da der Händler mit den Anschlußwerten allein oftmals nichts anfangen kann. Am besten, Sie notieren sich alles, was auf dem Typenschild Ihres Gerätes steht. Haben Sie das defekte Teil schon demontiert, nehmen Sie es zur Ansicht mit.

Eine gute Möglichkeit zur Ersatzteilbeschaffung nach dem Motto „Aus zwei mach' eins" sind *Flohmärkte,* die *Elektrokiste auf den Recyclinghöfen* der örtlichen Entsorgungsbetriebe oder letztendlich eine *Kleinanzeigen-Zeitung,* die haben meist Namen wie, *„Rin & Rut",* *„A bis Z"* oder *„Kurz und Fündig"* oder ähnlich.

Nachfolgend habe ich die wichtigsten Adressen der Hersteller aufgelistet. Wenn Sie nicht mehr weiter wissen, sollten Sie die betreffende kontaktieren. Sie sollten nach den Konditionen für die Reparatur in der Zentralwerkstatt fragen. Oftmals erheben die Hersteller Festpreise, die recht günstig sind. Die Rücklieferung erfolgt dann per Nachnahme.

Ersatz für Bauteile wie Kondensatoren, Widerstände, Triacs, Thermoelemente, oder sogar kleine Baugruppen finden Sie mit Sicherheit bei Conrad elektronik in der nächstgelegenen Filiale oder direkt per Katalog.

6

6.2 Service-Adressen

abc-Zentralkundendienst
abc-Elektrogeräte Volz GmbH & Co.
Postfach 11 41
73219 Kirchheim-Teck
Tel. 07021-9757-80
Fax 07021-9757-57

AEG Hausgeräte AG
Postfach 10 36
90327 Nürnberg
Tel. 0911-323-0
Fax 0911-323-2293

AKO-Elektrogeräte GmbH & Co. KG
Zeppelinstr. 4
88353 Kissleg im Allgäu
Tel. 07563-930-0
Fax 07563-930-15

Robert Bosch Hausgeräte GmbH
Kundendienst-Zentrale
Postfach 10 02 50
80076 München
Tel. 089-459000
Fax 089-4590-2649

Braun AG Kundendienst
Postfach 11 40
61466 Kronberg
Tel. 06173-301921-2
Fax 06173-301958

CLAGE GmbH
Postfach 16 80
21306 Lüneburg
Tel. 04131-8901-0
Fax 04131-83200

Cloer Elektrogeräte GmbH
Postfach 14 20
59704 Arnsberg
Tel. 02932-6297-0
Fax 02932-629750

ECE-Ing. Ehlers & Co.
Am Bierbaum 7
58515 Lüdenscheid
Tel. 02351-832811
Fax 02351-8436407

E.G.O.-Dienst Hannover
Günter Silbe
Zeißstr. 66
Tel. 0511-832811
Fax 0511-8436407

EOS-Werke Günther GmbH
35759 Driedorf
Tel. 02775-82-0
Fax 02775-1031

Fakir-Werk GmbH & Co.
Service-Zentrale
Industriestr. 6
71665 Vaihingen/Enz
Tel. 07042-912-0
Fax 07042-5612

Grossag Elektro-Hausgeräte GmbH
Postfach 13 41
89327 Burgau
Tel. 08222 7076
Fax 08222-7070

Ismet Elektrogeräte
AKO GmbH & Co. KG
Postfach 3680
78025 VS-Schwenningen
Tel. 07720-946-0
Fax 07720-946-107

Kenwood Elektrogeräte GmbH
Dornhofstr.18
63263 Neu-Isenburg
Tel. 06102-7151-0
Fax 06102-7151-10

Robert Krups GmbH & Co. KG
Postfach 190460
42719 Solingen
Tel. 0212-387-1
Fax 0212-387-619

Melitta Haushaltsprodukte GmbH & Co.KG
Postfach 1226
32372 Minden/Westf.
Tel. 0571-860
Fax 0571-868-10

Moulinex GmbH
Amsterdamer Str. 228
50735 Köln
Tel. 0221-7171-0
Fax 0221-7123322

Philips GmbH
Service-Ersatzteil-Zentrale
Alexanderstr. 1
20099 Hamburg
Tel. 040-2899-2866
Fax 040-2899-2860

Rowenta-Werke GmbH
Postfach 101664
63016 Offenbach am Main
Tel. 069-85040
Fax 069-8504812

TEFAL Deutschland GmbH
Postfach 106
65393 Walluf
Tel. 06123 7090
Fax 06123-709211

Unold GmbH
ESGE
Duttweiler Str. 12
68766 Hockenheim
Tel. 06205-9418-0
Fax 06205-941812 + 941822

Sachverzeichnis zu Teil 3

Teil 4

Horst Frey

ISDN
selbst anschließen und einrichten

Leicht verständlich mit vielen praktischen Installationshinweisen.

Tipps und Tricks für den erfolgreichen Anschluss von ISDN-Anlagen

Mit 78 Abbildungen

Franzis'

Vorwort zu Teil 4

Mit diesem Buchteil wende ich mich besonders an solche Leser, die bisher nicht allzu viel Berührung mit der digitalen Telefon-Technik hatten, sich aber nunmehr für einen ISDN-Anschluss und dessen Technik interessieren. Immer mehr Fernsprechteilnehmer steigen bekanntlich vom analogen Anschluss auf ISDN um und viele möchten auch die notwendige Installationsarbeit am eigenen Anschluss durchführen. Es ist ja auch zwischenzeitlich Praxis, dass die Netzanbieter zur Selbstmontage der ISDN-Komponenten auffordern und hierfür das notwendige Installationsmaterial kostengünstig bereit stellen.

Dieses Buch soll für die Selbstmontage des ISDN-Anschlusses Hilfe, Anleitung und Unterstützung geben. In hoffentlich verständlicher Art und Weise werden die hierzu notwendigen Inhalte angesprochen und erläutert.

Was ist ISDN? Wie ist das mit den drei Rufnummern? Welche Leistungsmerkmale werden angeboten und was sind die Vorteile gegenüber dem analogen Anschluss? Welche neuen Anschlusskomponenten sind für ISDN erforderlich? Was ist ein NTBA? Solche und ähnliche Fragen werden immer wieder gestellt. Ich habe versucht, sie auf einfache Art zu beantworten.

Wer einen ISDN-Anschluss bestellt, der will alsbald auch ins Internet. Deshalb wird dem Einbau einer ISDN-Karte einschließlich der Installation der neuen T-Online-Software 4.0 gleichfalls ein Kapitel gewidmet.

Da von den Netzbetreibern immer wieder neue Preisstrukturen angekündigt werden, bin ich nicht speziell auf Preise und Tarife für ISDN und Online-Dienste eingegangen. Aktuelle Preise sind ja jederzeit bei den Netzanbietern und Providern zu erfragen.

Natürlich wirbt dieses Buch letztlich auch für ISDN, denn ISDN ist für all diejenigen, die mehr als nur ein Telefon betreiben, eine sinnvolle Sache und bringt viele Vorteile im täglichen Kommunikationsleben mit sich. Schon allein die Tatsache, dass man beim Surfen im Internet auch gleichzeitig telefonieren kann, spricht für einen ISDN-Anschluss.

Horst Frey

Inhalt

Inhalt

Was man über den ISDN-Anschluss wissen sollte!

1

Wenn Sie diese erste Zeilen lesen, dann ist eines sicher: Sie interessieren sich für einen modernen ISDN-Anschluss! Das ist eine richtige Entscheidung, denn ISDN bringt für Sie spürbare Vorteile. Und zwar unabhängig davon, ob Sie den Anschluss so ganz privat für die gesamte Familie oder aber für Ihr Büro benötigen. Welche Vorteile es sind, welche neuen Merkmale ISDN besitzt und was für Unterschiede zum bisherigen analogen Anschluss bestehen, wird im Buch ausführlich dargelegt.

ISDN ist möglich geworden durch die in den letzten Jahren vorgenommene vollständige Digitalisierung des gesamten deutschen Fernmeldenetzes. Alle bestehenden Telefonanschlüsse, egal ob noch analog oder schon ISDN, und auch unabhängig von den einzelnen Netzanbietern, sind heutzutage grundsätzlich über die herkömmlichen Telefonanschlussleitungen mit digitalen Vermittlungsstellen verbunden. Diese modernen Vermittlungsstellen sind rechnergesteuerte Netzknoten, die die notwendigen Verbindungswege für die Kunden bereitstellen bzw. durchschalten. Der Teilnehmer mit dem analogen Telefonanschluss sollte aber beachten: auch wenn er nunmehr an einer digitalen Vermittlungsstelle angeschlossen ist, einen ISDN-Anschluss hat er trotzdem noch nicht! Von einem ISDN-Anschluss kann man erst sprechen, wenn beim Teilnehmer der Netzabschluss NTBA installiert ist, die ISDN-Endgeräte angeschaltet sind und wenn vom Netzanbieter die entsprechende Freischaltung vorgenommen wurde. Erst dann sind alle Leistungsmerkmale und Vorteile des ISDN durch den Teilnehmer nutzbar.

> *Info!*
>
> Die Deutsche Telekom kennzeichnet ihre Produkte mit einem „T".
> So steht der Vertriebsname T-Net für die Gesamtheit der analogen Telefonanschlüsse und das T-ISDN für das diensteintegrierende digitale Netz.

Um die Unterschiede zwischen dem analogen Netz und dem ISDN zu verdeutlichen, spricht man zum Beispiel bei der Deutschen Telekom vom **T-Net**, wenn man den ganzen Bereich der analogen Telefonanschlüsse meint und vom **T-ISDN**, wenn das neue ISDN-fähige Kommunikationsnetz gemeint ist.

Mit dem ISDN-Anschluss wird der bisherige Telefonanschluss mit der TAE-Dose als Abschlusspunkt von analog in digital umgewandelt. Die Freischaltung des ISDN-Anschlusses erfolgt entsprechend der vereinbarten zeitlichen Abstimmung mit dem Kunden durch den jeweiligen Netzanbieter. Er schaltet den ISDN-Anschluss bis zum Teilnehmer durch. Ab diesem Zeitpunkt ist der analoge Anschluss nicht mehr betriebs-

bereit und es dürfen in die TAE-Dose keine analogen Telefone oder andere Zusatzgeräte mehr eingesteckt werden. Nur noch das für ISDN unbedingt erforderliche Netzabschlussgerät mit der Abkürzung NT oder NTBA darf in die F-Buchse der TAE-Dose eingesteckt werden!
Aber nicht nur das Netzabschlussgerät NTBA ist neu am ISDN-Anschluss. Meist sind auch bei einer Veränderung des kleinen Hausnetzes neue ISDN-Anschlussdosen zum Einstecken der neuen digitalen Endgeräte erforderlich. Diese sind mit den so genannten Western-Steckern ausgestattet und natürlich nicht mehr für die bisherigen TAE-Dosen verwendbar. Die Bezeichnungen für diese ISDN-Dosen lauten auch IAE-Dosen, UAE-Dosen oder RJ45-Dosen. Die Bedeutung dieser Abkürzungen ist später erklärt. Aber auch für die analogen Endgeräte, die ja meist am ISDN-Anschluss über Adapter oder über TK-Anlagen weiter verwendet werden, sind oft neue TAE-Dosen an den betreffenden Standorten zu installieren.
Ist der NTBA in die vorhandene TAE-Dose eingesteckt, der Anschluss geprüft und alles ist ordnungsgemäß installiert, kann es schon, wenn man nicht versäumt hat, sich zumindest ein ISDN-Telefon zuzulegen, mit dem ersten ISDN-Telefongespräch losgehen. Denn weitere Investition, insbesondere im Kabelkanalbau, sind seitens der Netzanbieter nicht erforderlich, da neue Anschluss leitungen von der Vermittlungsstelle zum Teilnehmer auch bei einem ISDN-Anschluss nicht notwendig sind. Es wird also auch beim ISDN-Telefonanschluss weiterhin die bisherige Anschlussleitung zwischen Vermittlungsstelle und Teilnehmer genutzt. Und was wichtig ist: bei einem Umstieg vom analogen Anschluss auf ISDN kann die bisherige Rufnummer in der Regel auch weiterhin verwendet werden.

1.1 Wie komme ich zum ISDN-Anschluss?

Selbstverständlich muss dem Netzanbieter ein entsprechender Auftrag erteilt werden. Sie können unter einer Vielzahl von Netzbetreibern oder Serviceprovidern wählen. Die bekanntesten sind:

- Deutsche Telekom AG (www.dtag.de),
- Arcor Telecommunications (www.arcor.de),
- Mobilcom AG (www.mobilcom.de) und
- 1&1 (www.einsundeins.de),

um nur einige zu nennen.

Sie müssen nicht persönlich in einem Telekomladen o.ä. vorstellig werden. Rufen Sie an oder erteilen Sie Ihren ISDN-Auftrag bei einem Bekannten über das Internet an die oben angegebenen Adressen.
Möchten Sie zum Beispiel Ihren ISDN-Anschluss bei der Deutschen Telekom bestellen, dann können Sie gleich die Internetadresse www.t-versand.de eingeben. Hier können Sie direkt online Ihre Daten in das Bestellformular (*Abb. 1.1*) eingeben.
Ähnlich ist es, wenn Sie Ihren Anschluss unter www.arcor.de (*Abb. 1.2*) bestellen wollen. Hier ist zu beachten, das sie bitte vor der Bestellung prüfen, ob der Arcor-Anschluss in Ihrem Wohngebiet bereitgestellt werden kann (*Abb. 1.3*).

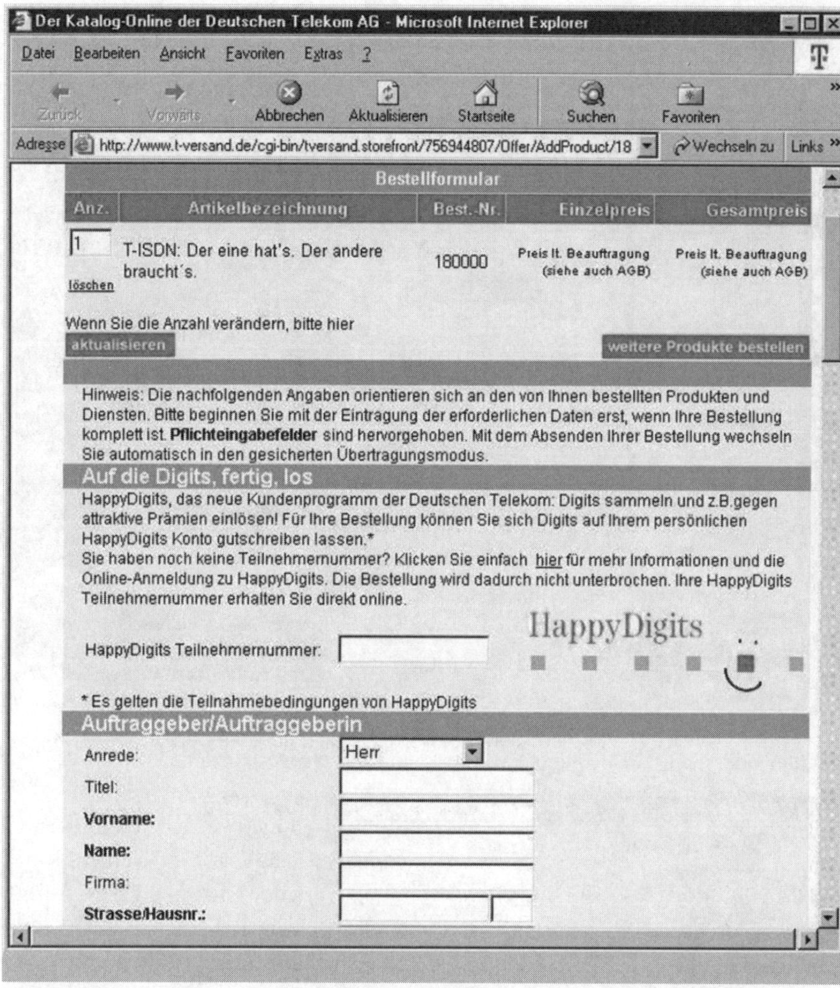

Abb. 1.1 Teil des neuen Bestellformulars für einen ISDN-Anschluss bei der Deutschen Telekom

Im allgemeinen kann man sich schon bei der Bestellung des ISDN-Anschlusses entscheiden, ob man das Netzabschlussgerät NTBA selbst installieren möchte, oder ob es durch den Service der Netzanbieter angeschlossen werden soll. Wer den NTBA selbst anschließt, kann ca. 50 Euro sparen.

Wichtig!

Wer seinen analogen Telefonanschluss in einen ISDN-Anschluss umwandelt, erhält als neue Komponente das Netzabschlussgerät NTBA.
Es ist direkt neben die vorhandene TAE-Dose anzubringen und in die F-Buchse der TAE-Dose einzustecken.

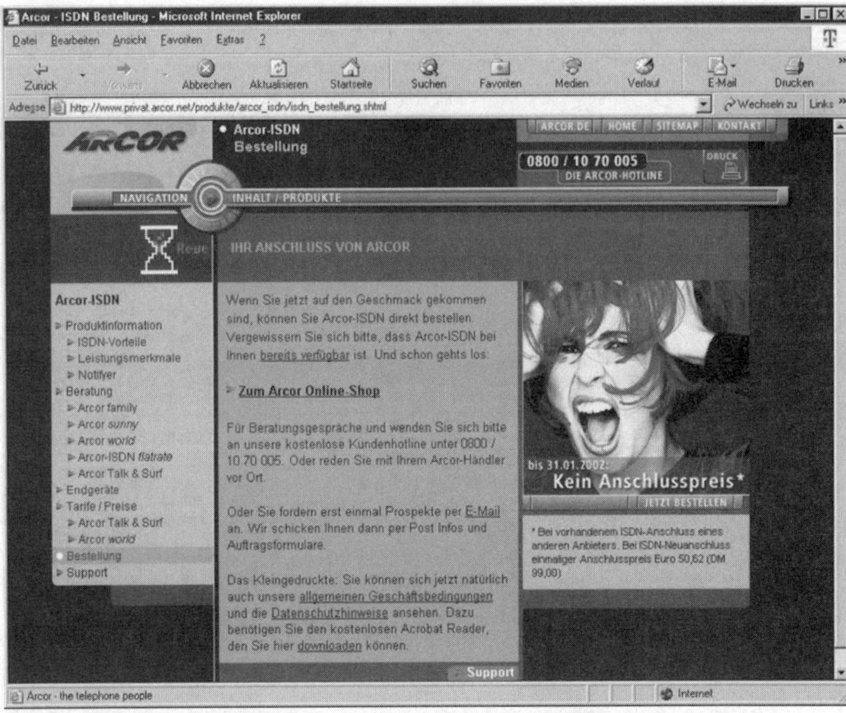

Abb. 1.2 Hier bestellen Sie einen ISDN-Anschluss bei Arcor

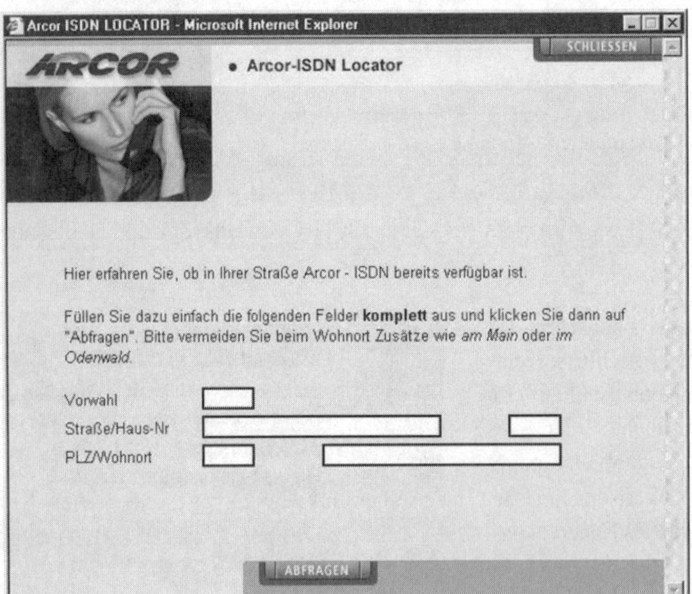

Abb. 1.3 Bei Arcor sollten Sie abfragen, ob ISDN geschaltet werden kann

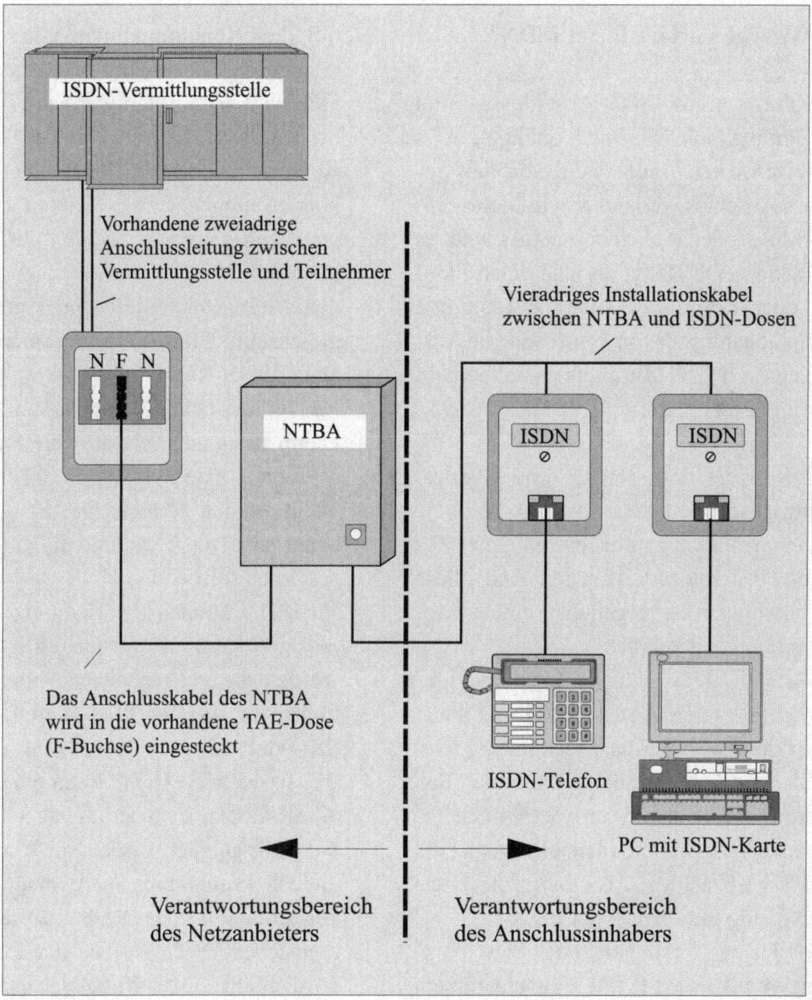

Abb. 1.4 Prinzipdarstellung des ISDN-Anschlusses und die beiden Verantwortungsbereiche

Zu beachten sind auch beim ISDN-Anschluss die genau festgelegten Zuständigkeitsbereiche zwischen Netzbetreiber und Kunde. Während beim analogen Telefonanschluss die erste TAE-Dose als technische und juristische Schnittstelle zwischen Netzbetreiber und Endkunde definiert ist, übernimmt nunmehr beim ISDN-Anschluss der NTBA diese Funktion (*Abb. 1.4*). Der NTBA ist also Trennstelle zwischen Netzbetreiber und Kunde!

1.1.1 Welche Vorteile bietet ISDN?

Die Vorteile eines ISDN-Anschlusses sind sehr umfangreich. Sie sind abhängig von den verwendeten Endgeräten, von den gewählten Anschlussvarianten, wie Mehrgeräteanschluss oder Anlagenanschluss und es spielt schon eine Rolle, ob man einen Standard- oder Komfortanschluss gewählt hat. Aber unabhängig davon kann man die Vorteile eines ISDN-Anschlusses allgemein wie folgt beschreiben:

- ISDN bietet dem Nutzer eine Übertragungsgeschwindigkeit von 64 kbit/s je Nutzkanal an. Damit ist ein schneller Zugang ins Internet gegeben und diese Schnelligkeit ist gegenüber einem Modem eindeutig spürbar.
- Während einer aktiven Internetverbindung über den ersten Nutzkanal kann über den zweiten Kanal gleichzeitig telefoniert werden. Dabei sollte man den Vorteil nicht nur für den abgehenden Telefonverkehr sehen, sondern auch die Tatsache beachten, dass man trotz Internetsitzung stets erreichbar ist.
- Wer Daten übertragen muss bzw. empfangen will, wird ISDN nie mehr missen wollen. Die hohe Geschwindigkeit beim Datenaustausch über Filetransferprogramme ist schon beeindruckend.
- Das Faxgerät hat mit ISDN eine eigene Rufnummer. Diesen Vorteil muss man nicht extra beschreiben, er spricht für sich.
- Wer mehrere Endgeräte am ISDN-Anschluss betreibt, kann letztlich jedem Endgerät eine eigene Rufnummer zuordnen. Von der Deutschen Telekom werden für den Mehrgeräteanschluss im Normalfall drei Rufnummern bereitgestellt. Es können aber bei Bedarf bis zu zehn Rufnummern angefordert werden.
- Da im ISDN stets zwei Nutzkanäle für die Kommunikation zur Verfügung stehen, können nunmehr zwei Telefongespräche gleichzeitig geführt werden. Oder man kann mit dem PC im Internet surfen und gleichzeitig telefonieren oder man kann gleichzeitig faxen und telefonieren usw.
- Die ISDN-Rufnummern können den Endgeräten beliebig zugeordnet werden. Damit ist es möglich, dass die Endgeräte direkt von extern, also von außen, angewählt werden können. Das Endgerät erkennt also die Rufnummer, auf die es reagieren soll.
- Im ISDN können die Endgeräte dienstbezogen gerufen werden. Als Dienste werden die verschiedenen Kommunikationsarten, wie das Telefonieren, das Faxen oder die Datenübertragung mit dem PC, bezeichnet. Damit kann ein externer Anruf für eine Faxübertragung sofort zum Faxgerät geleitet werden, auch wenn die gleiche Rufnummer auch einem Telefon zugeordnet wurde. Die Steuerung dieses dienstebezogenen Rufens der Endgeräte wird durch einen dritten Übertragungsweg, dem sogenannten D-Kanal, ermöglicht. Er ist für die Steuerung des gesamten Verbindungsaufbaues bei beiden Teilnehmern verantwortlich.
- Am ISDN-Anschluss können neben modernen ISDN-Endgeräten auch weiterhin die bereits vorhandenen analogen Telefone oder Faxgeräte betrieben werden. Sie werden meist als Nebenstellen an kleine ISDN-TK-Anlagen, seltener über a/b-Wandler, an ISDN angeschaltet.

1.1.2 Was heißt überhaupt ISDN?

Wenn man sich einen ISDN-Anschluss zulegt, sollte man auch wissen, was eigentlich die vier Buchstaben ISDN bedeuten. Hier die Erklärung: Im ISDN sind verschiedene und unterschiedliche Telekommunikationsdienste, wie Sprache, Daten, Text oder Bildtelefon über einen einzigen Anschluss verfügbar. Es sind also verschiedene **Dienste** in einem digitalen Kommunikationsnetz zusammengefasst bzw. integriert. Das führte zur englischen Bezeichnung **I**ntegrated **S**ervices **D**igital **N**etwork. Und die deutsche Bezeichnung für das ISDN lautet: **Diensteintegrierendes digitales Fernmeldenetz**. Die Komponenten eines ISDN-Anschlusses sind in der Abb. 1.4 dargestellt. Über den ISDN-Anschluss ist es möglich, alle modernen Telekommunikationsdienste in hoher Qualität in Anspruch zu nehmen. Wie schon erwähnt, sind heute auch die analogen Teilnehmeranschlüsse mit den digitalen Vermittlungsstellen verbunden. Deshalb können analoge Teilnehmer auch einige Leistungsmerkmale des ISDN, wie zum Beispiel die Rufnummerübermittlung, ebenfalls mit nutzen. Die entscheidenden Leistungsmerkmale des ISDN stehen jedoch am analogen Telefon nicht zur Verfügung.

1.2 Welche ISDN-Anschlussarten gibt es denn?

Folgende Anschlussarten werden von den Netzbetreibern im ISDN angeboten (*Abb. 1.5*):

- der Basisanschluss als Mehrgeräteanschluss,
- der Basisanschluss als Anlagenanschluss und
- der Primärmultiplexanschluss als Anlagenanschluss

In *Abb. 1.6* sind die möglichen ISDN-Anschlussarten an einer digitalen Vermittlungsstelle einschließlich des analogen Anschlusses dargestellt. Man erkennt hier

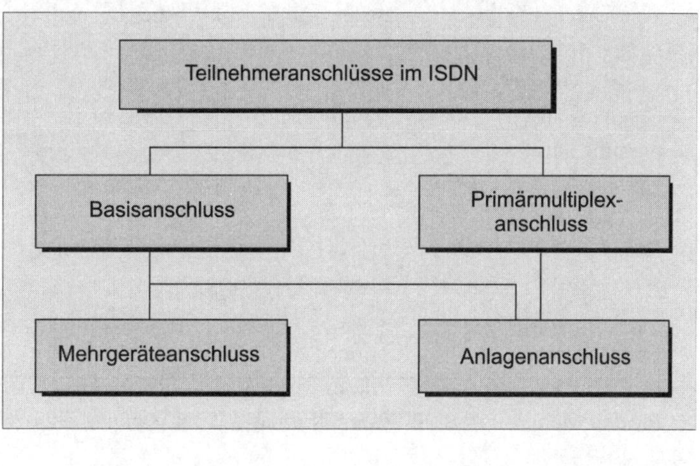

Abb. 1.5 Die ISDN-Anschlussarten

deutlich die Besonderheiten zwischen den einzelnen Anschlussarten schon anhand der verwendeten Endeinrichtungen. Danach ergeben sich drei grundsätzliche Zugangsarten zur ISDN-Vermittlungsstelle:

- die Anschaltung wie bisher über einen analogen Anschluss
- das Anschalten über einen ISDN-Basisanschluss und
- das Anschalten über einen Primärmultiplexanschluss.

1.2.1 Der ISDN-Basisanschluss

Der Basisanschluss (BaAs) stellt die kleinste ISDN-Anschlussart dar. Es ist die Anschlussart für den privaten Bereich, also bestens geeignet für Heim oder Haus und für das mittelständische Unternehmen. Über diesen Anschluss werden einzelne ISDN-Endgeräte oder kleine ISDN-Telefonanlagen in Kombination mit ISDN-Endgeräten und PCs an das ISDN angeschlossen (*Abb. 1.7*).

So wie beim analogen Anschluss die TAE-Dose der Übergabepunkt zwischen Netzbetreiber und Teilnehmer ist, ist es im ISDN der NT (NT = Network Termination). Den NT beim Basisanschluss bezeichnet man auch als NTBA. Es ist zu beachten, dass der NTBA Eigentum des Netzbetreibers, also im Regelfall Eigentum der Deutschen Telekom AG ist. Nach dem NTBA beginnt das Teilnehmernetz und hier ergeben sich vielfältige Möglichkeiten der Selbstmontage.

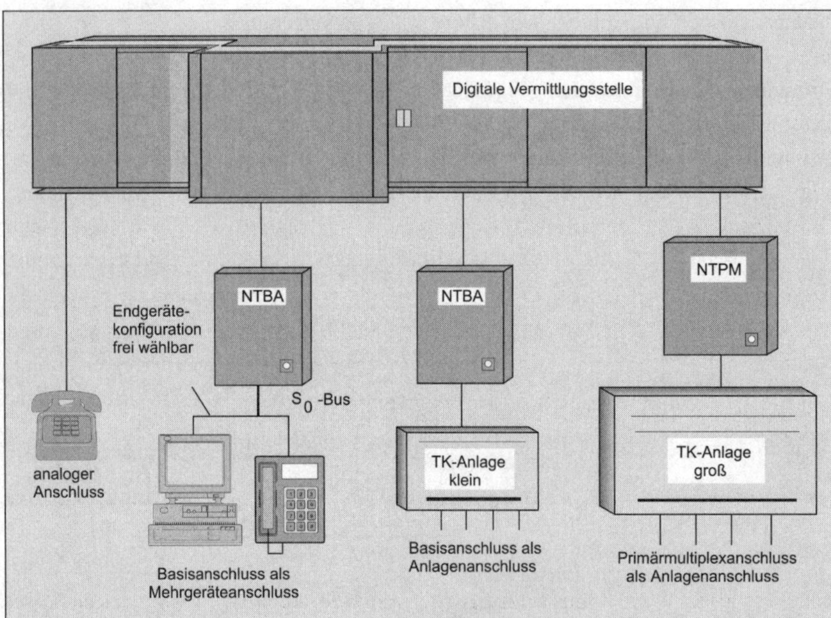

Abb. 1.6 Die möglichen Anschlussarten an der digitalen Vermittlungsstelle

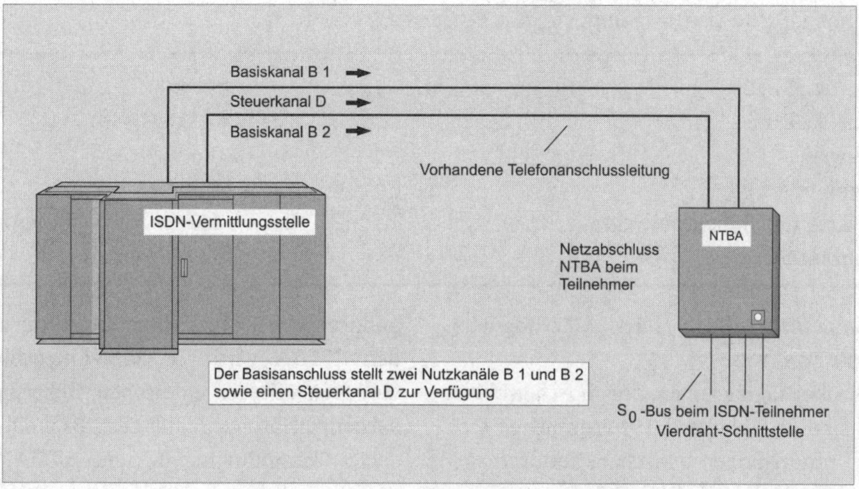

Abb. 1.7 Der ISDN-Basisanschluss

Solides Wissen sollte man sich jedoch unbedingt vorher aneignen. Schon mancher hat beim Hausbau und der damit verbundenen Unterputzverlegung übersehen, dass letztlich an jede ISDN-Dose vier Adern führen müssen! Auf das ordnungsgemäße Beschalten der ISDN-Dosen wird später noch eingegangen.

Beim Basisanschluss werden insgesamt drei Kanäle angeboten:

- Nutzkanal oder Basiskanal B1
- Nutzkanal oder Basiskanal B2 und der
- D-Kanal

Die Nutzkanäle dienen der digitalen Datenübertragung zwischen den beiden Endteilnehmern. Die Übertragungsrate beträgt jeweils 64 kbit/s.

Die für den Verbindungsauf- und -abbau der zwei voneinander unabhängigen Nutzkanäle notwendigen Steuerinformationen werden auf dem D-Kanal übertragen. Die Übertragungsrate auf diesem Kanal beträgt 16 kbit/s. Doch nicht nur die beiden Kanäle B 1 und B 2 sind für den ISDN-Nutzer von Interesse. Auch der D-Kanal kann gleichfalls schon als eine Art Nutzkanal angesehen werden. Unter bestimmten Vorrausetzungen kann der Netzbetreiber diesen Kanal für langsame Datenübertragungen zur Verfügung stellen.

> *Info!*
> Der ISDN-Basisanschluss stellt zwei Nutzkanäle B 1 und B 2 für den Informationsaustausch zur Verfügung. Weiterhin den für beide Nutzkanäle zuständigen D-Kanal als Steuerkanal.

1.2.2 Die Struktur des Basisanschlusses

Für die technisch interessierten Leser sind die Strukturen und Übertragungsgeschwindigkeiten der einzelnen ISDN-Anschluss-

Tabelle 1.1 Die Übertragungsrate des Basisanschlusses

Nutzkanal B 1	64 kbit/s
Nutzkanal B 2	64 kbit/s
D-Kanal	16 kbit/s
Nettobitrate	144 kbit/s
Wartung und Synchronisation	48 kbit/s (für den Teilnehmer nicht nutzbar)
Bruttobitrate	**192 kbit/s**

arten einschließlich ihrer Übertragungskanäle von Interesse.

Die Übertragungsraten des Basisanschlusses sind in Tabelle 1.1 zusammengefasst. Die Informationen zwischen Vermittlungsstelle und dem ISDN-Anschluss werden über die Teilnehmeranschlussleitung mit einer Bruttoübertragungsrate von 192 kbit/s bzw. mit einer Nettoübertragungsrate von 144 kbit/s in beide Richtungen gleichzeitig übertragen.

Von den Netzbetreibern wird auch das Zusammenschalten der beiden Kanäle für eine noch schnellere Datenübertragung angeboten. Damit steht die ganze Bandbreite von 2 x 64 kbit/s = 128 kbit/s für eine konkrete Datenverbindung zur Verfügung. Es sollte aber beachtet werden, dass bei einer solchen Zusammenschaltung der beiden Kanäle keine weitere Kommunikation zum Beispiel über das Telefon möglich ist. Weiterhin wird oft nicht beachtet, das sich natürlich der Verbindungspreis gleichfalls verdoppelt.

Zwischen dem NTBA und den ISDN-Endgeräten beim Teilnehmer erfolgt die Übertragung über zwei Doppeladern, also vieradrig. Dabei definiert man beim ISDN-Anschluss Schnittstellen, die eine eindeutige Zuordnung und Standardisierung der jeweiligen Anschlussart ermöglichen. Der Übergang zwischen Teilnehmereinrichtung und dem NTBA wird als **Teilnehmerschnittstelle S_0** mit der englischen Bezeichnung subscriber interface, und der Abschnitt zwischen Vermittlungsstelle und NTBA, also die Teilnehmeranschlussleitung, wird als **Leitungsschnittstelle U_{K0}** bezeichnet. Der Index K steht hierbei für Kupfer.

Wichtig!

Drei Begriffe sollte man sich merken:

1. Die a/b-Schnittstelle ist zweiadrig und dient zum Anschalten der analogen Endgeräte.
2. Die S_0-Schnittstelle ist vieradrig. Hier werden ISDN-Geräte angeschlossen.
3. Die U_{K0}-Schnittstelle ist zweiadrig. Es ist die Schnittstelle zur Vermittlungsstelle

Obwohl der Basisanschluss zwei getrennte Basiskanäle beinhaltet, ist er grundsätzlich durch eine Rufnummer für alle in Frage kommenden ISDN-Dienste gekennzeichnet. Sollen am BaAs nur Endgeräte betrieben werden, können bis zu acht verschiedene Geräte angeschaltet werden; davon vier Telefone ohne Fremdspeisung. Da aber nur zwei getrennte Basiskanäle zur Verfügung stehen, können natürlich auch nur zwei Endgeräte gleichzeitig eine Verbindung aufbauen. ISDN-TK-Anlagen werden über einen oder mehrere BaAs an das ISDN angeschlossen.

1.2.3 Ohne Netzabschlussgerät geht nichts im ISDN!

Diese Überschrift ist nicht ohne Grund gewählt. Es stimmt schon: ohne Netzabschlussgerät NTBA ist kein ISDN möglich (*Abb. 1.8*). Und warum nicht? Weil erst der NTBA die **zweiadrige** Anschlussleitung in die teilnehmerseitige aber nun **vieradrige** Endgeräteleitung (Busbetrieb) technisch umsetzt.

Der NTBA ist die wichtigste Trennstelle zwischen dem Netz des Netzbetreibers und dem eigenen Hausnetz. Und so ist die Wirkungsweise:

Info!

Der NTBA kann im Normalbetrieb vier ISDN-Telefone mit einer Speisespannung versorgen.
Bei Netzausfall wird der NTBA stromlos und es wird automatisch nur noch ein Telefon versorgt.
In diesem Fall spricht man vom Notbetrieb.

Der NTBA beinhaltet die Schnittstellenschaltungen für die U_{K0}- und S_0-Schnittstellen, ein 230V-Netzteil und eine Notbetriebumschaltung (*Abb. 1.9*).

Der NTBA wird von der Vermittlungsstelle über die zweiadrige Schnittstelle U_{K0} gespeist und die angeschalteten Endgeräte

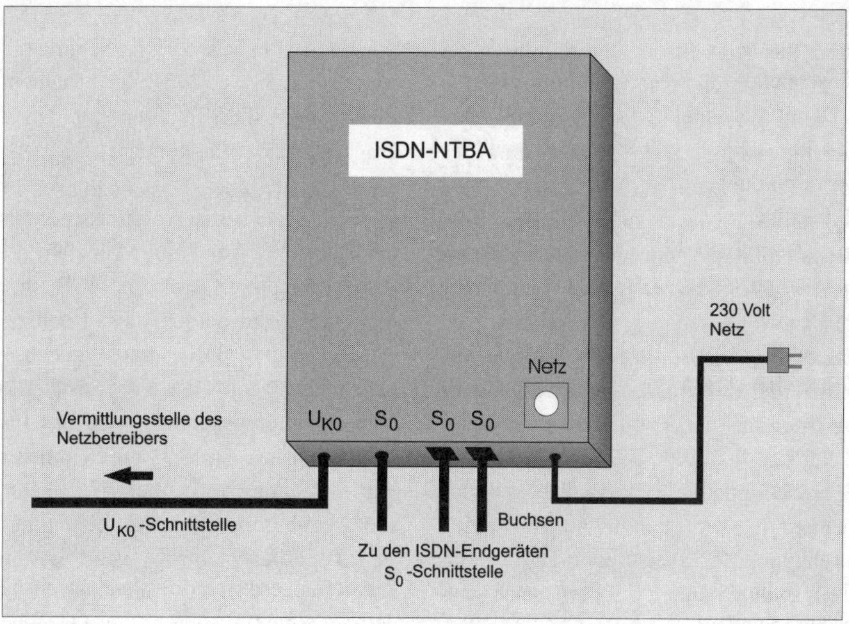

Abb. 1.8 Der NTBA mit seinen Anschlüssen

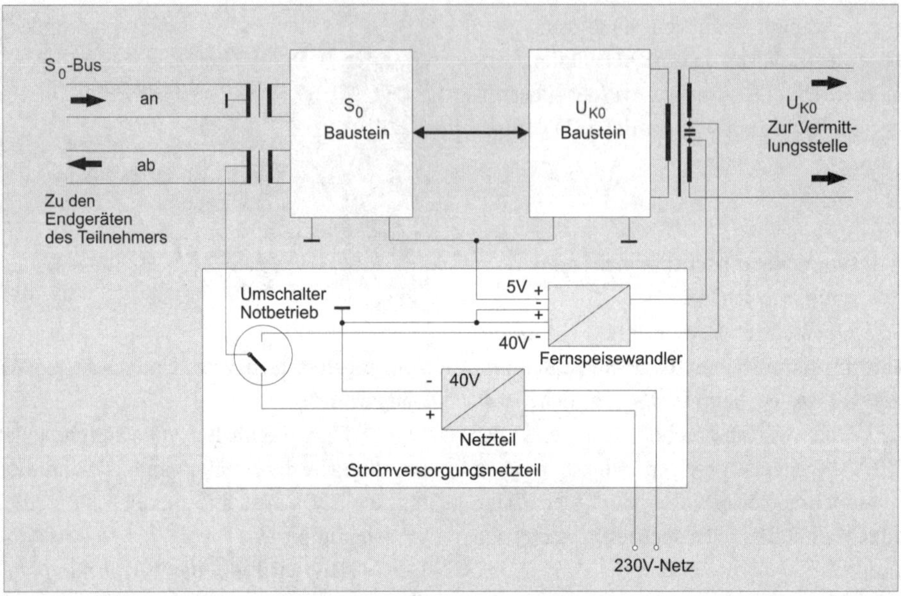

Abb. 1.9 Blockschaltbild des NTBA

werden aus der Stromversorgungseinheit des NTBA durch eine Phantomspeisung über die 4adrige Schnittstelle S_0 mit Speisespannung versorgt. Die Speiseleistung des NTBA reicht für vier Telefone aus.
Jeweils ein Aderpaar dient als Hin- (+) bzw. als Rückleitung (–). Zur galvanischen Trennung der Stromkreise werden Übertrager eingesetzt. Eine separate Speiseleitung zu den Endgeräten ist somit nicht erforderlich. Ist eine Ader des Busses unterbrochen, ist keine Speisung der Endgeräte mehr möglich. Für den Fall, dass die 230V-Netzspannung ausfällt und damit der NTBA stromlos ist, kann durch Umschaltung auf Notbetrieb (Umschaltung der Speisespannung) zumindest ein Endgerät durch die Fernspeisespannung der Vermittlungsstelle gespeist werden. In diesem Zustand steht eine Leistung von ca. 410 mW an der S_0-Schnittstelle zur Verfügung. Es ist jedoch zu beachten, dass nicht alle ISDN-Telefone für Notbetrieb eingerichtet werden können.

Abb. 1.10 zeigt die Anschlüsse am NTBA der Deutschen Telekom. Man sieht deutlich das Verbindungskabel zur F-Buchse der TAE-Dose, die beiden RJ45-Buchsen zum Anstecken der ISDN-Geräte und den Stromanschluss. Wenn eine Kabelinstallation im Hausnetz notwendig ist, wird das Installationskabel mit den Schraubklemmen hinter der Abdeckung verbunden. Hier kann auch die Amtsleitung direkt aufgeklemmt werden. Bitte beachten Sie: wenn Sie am NTBA eine ISDN-Telefonanlage betreiben, muss der NTBA nicht an das Stromnetz angeschaltet werden!

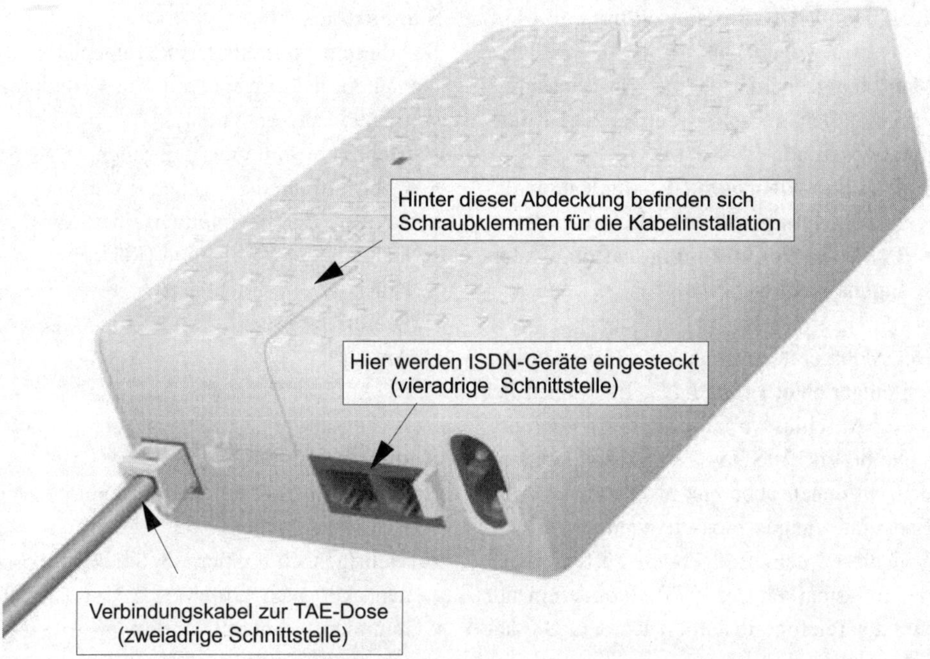

Abb. 1.10 Der NTBA der Deutschen Telekom

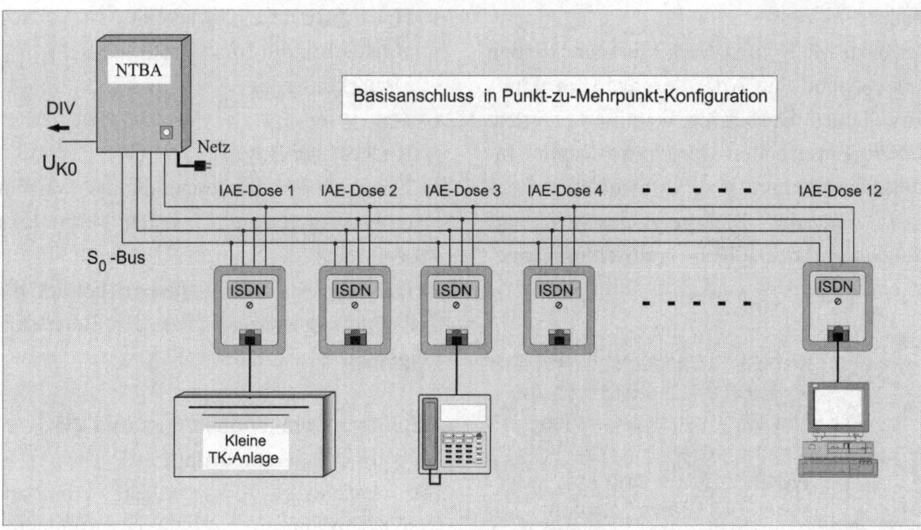

Abb. 1.11 Der Basisanschluss als Mehrgeräteanschluss

1.2.4 Den ISDN-Basisanschluss gibt es in zwei Varianten

Man unterscheidet beim Basisanschluss grundsätzlich zwischen den beiden Konfigurationsarten:

- **Punkt-zu-Mehrpunkt-Konfiguration**, das ist der **Mehrgeräteanschluss** und die
- **Punkt-zu-Punkt-Konfiguration** als **Anlagenanschluss**.

Der Mehrgeräteanschluss wird am häufigsten eingerichtet (*Abb. 1.11*). Es können bei dieser Anschlussvariante an der S_0-Schnittstelle bis zu 12 ISDN-Dosen installiert werden, an denen aber nur bis zu acht ISDN-Endgeräte angeschlossen werden dürfen. Von diesen acht Endgeräten dürfen wegen der Belastbarkeit des NTBA wiederum nur vier als Telefone installiert werden. Die anderen Endgeräte, also Faxgeräte, Anrufbeantworter, PCs usw. benötigen ja bekanntlich keine Speisespannung vom NTBA, da sie über eine eigene Stromversorgung verfügen.
Punkt-zu-Mehrpunkt-Verbindungen können entsprechend den Anforderungen im unterschiedlichen Busbetrieb installiert werden. Nähere Einzelheiten werden im Kapitel Installation erläutert. Von der Deutschen Telekom wird der Mehrgeräteanschluss als Standard- und als Komfortanschluss angeboten.

Info!

Der ISDN-Basisanschluss wird als Mehrgeräteanschluss und als Anlagenanschluss angeboten.
Weiterhin kann man sich zwischen der Standard- und Komfortvariante entscheiden.

Standardanschluss

Bei diesem Anschluss sind folgende Leistungsmerkmale im monatlichen Grundpreis von 22,95 Euro enthalten:

- Mehrfachrufnummern (3 Stück)
- Übermittlung der eigenen Rufnummer
- Anzeige der Rufnummer eines Anrufers
- Halten einer Verbindung (Rückfrage/Makeln)
- Dreierkonferenz
- Anklopfen
- Rückruf bei Besetzt

Komfortanschluss

Hier sind im monatlichen Grundpreis von 25,51 Euro enthalten:

- Mehrfachrufnummern 3 Stück; es können aber auch kostenlos bis zu 10 Rufnummern beantragt werden
- Übermittlung der eigenen Rufnummer
- Anrufweiterschaltung
- Anrufbeantworter in Form der T-NetBox für eine Rufnummer
- Halten/ Rückfrage/ Makeln
- Umstecken am Bus/Gerätewechsel
- Dreierkonferenz
- Anklopfen
- Rückruf bei Besetzt
- Übermitteln der angefallenen Verbindungsentgelte am Ende der Verbindung

Bei beiden Anschlussvarianten beträgt bei Selbstmontage des NTBA der Bereitstellungspreis 51,57 Euro.

1.2.5 Der Anlagenanschluss und die ISDN-Telefonanlage

Der Anlagenanschluss ist die Punkt-zu-Punkt-Konfiguration des Basisanschlusses (Abb. 1.12).

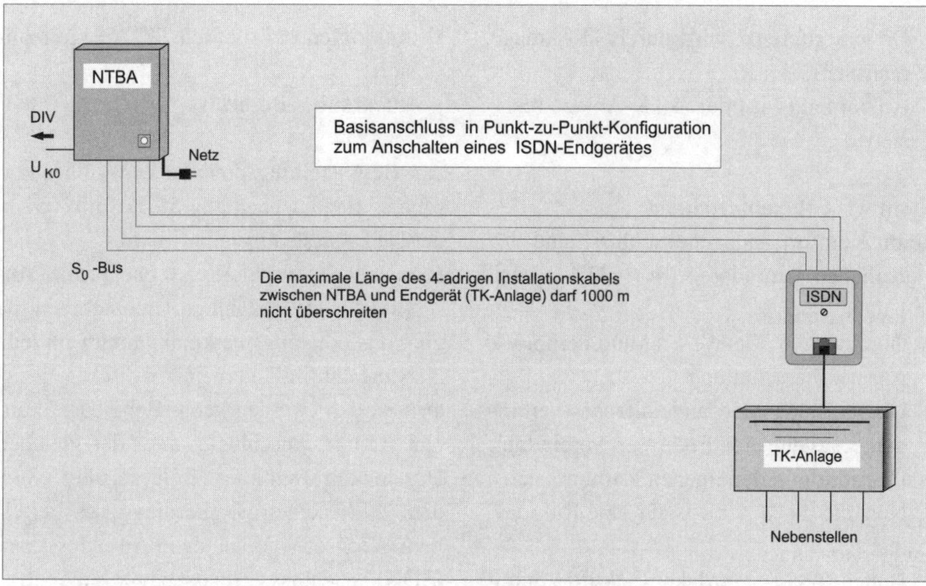

Abb. 1.12 Der Basisanschluss als Anlagenanschluss

Unter diesem Begriff versteht man eine Anschlussart zur Anschaltung von nur einem Endgerät, im praktischen Fall also eine TK-Anlage. Deshalb spricht man auch vom Anlagen-Anschluss. Die am BaAs angeschlossenen TK-Anlagen können in der Betriebsart „Durchwahl" an das ISDN angeschaltet werden. Neben der Durchwahlfähigkeit dieses Anschlusses ist beim Anschalten einer TK-Anlage das kostenlose interne Telefonieren von großem Vorteil. Bei der Installation ist zu beachten, dass die maximale Länge des 4-adrigen Installationskabels zwischen NTBA und der ISDN-Anschlussdose je nach Kabeltyp maximal 1000 m nicht übersteigen darf. Auch beim Anlagenanschluss bietet die Deutsche Telekom den Standard- und den Komfortanschluss mit unterschiedlichen Leistungsmerkmalen an.

Zur Beachtung!

Wer zum ISDN-Anlagenanschluss wechselt, erhält wegen der Durchwahlfunktion stets eine neue Anschlussrufnummer!

Standard-Anlagenanschluss

Im monatlichen Grundpreis von 29,65 Euro für den Standard-Anlagenanschluss sind folgende Leistungsmerkmale enthalten:

- Durchwahl inkl. Rufnummernblock
- Übermittlung der eigenen Rufnummer
- Anzeige der Rufnummer eines Anrufers
- Halten/Rückfrage/Makeln (wird durch TK-Anlage realisiert)
- Umstecken am Bus/Gerätewechsel (wird durch TK-Anlage realisiert)

- Dreierkonferenz (wird durch TK-Anlage realisiert)
- Anklopfen (wird durch TK-Anlage realisiert).

Komfort-Anlagenanschluss

Beim Komfort-Anlagenanschluss sind im monatlichen Grundpreis von 32,62 Euro enthalten:

- Durchwahl inklusive Rufnummernblock
- Anrufweiterschaltung
- Übermittlung der angefallenen Verbindungsentgelte am Ende der Verbindung
- Übermittlung der eigenen Rufnummer
- Nutzung der T-NetBox für eine Rufnummer
- Halten/Rückfrage/Makeln (wird durch TK-Anlage realisiert)
- Dreierkonferenz (wird durch TK-Anlage realisiert)
- Anklopfen (wird durch TK-Anlage realisiert)
- Rückruf bei Besetzt

Der Bereitstellungspreis für den Anlagenanschluss beträgt ebenfalls 51,57 Euro, wenn der NTBA selbst installiert wird.

Der Anlagenanschluss ist der ideale Anschluss für mittelständige Unternehmen, da über das Leistungsmerkmal Durchwahl jede Nebenstelle im Unternehmen direkt von extern erreicht werden kann. Bei Bedarf können weitere Anschlüsse unter der gleichen Durchwahlrufnummer freigeschaltet werden. Zu beachten ist allerdings, das bei einem Wechsel vom analogen Anschluss zum ISDN-Anschluss grundsätzlich eine Rufnummernänderung notwendig ist. Das gilt auch beim Wechsel vom ISDN-Mehrgeräteanschluss zum ISDN-Anlagenanschluss.

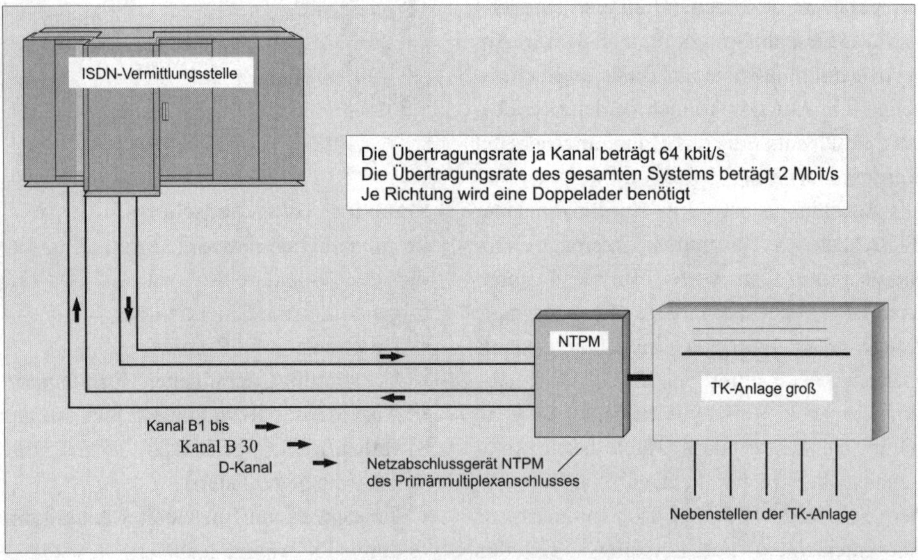

Abb. 1.13 Der ISDN-Primärmultiplexanschluss

Über einen virtuellen Anschluss vor Ort wird jedoch durch den Netzbetreiber gesichert, dass alle auf der alten Rufnummer ankommenden Rufe automatisch zur neuen Durchwahlrufnummer weitergeleitet werden.

1.3 Der Primärmultiplexanschluss für große Datenmengen

Diese Anschlussart ist die größte ISDN-Anschlussart. Sie ist vorgesehen für Unternehmen mit großem Verkehrsaufkommen. Der Primärmultiplexanschluss mit der Abkürzung PMxAs wird vorzugsweise für die Anschaltung von größeren TK-Anlagen oder Datenverarbeitungsanlagen an Stelle mehrerer Basisanschlüsse verwendet (*Abb. 1.13*).

Seine Übertragungskapazität von 30 Nutzkanälen (B-Kanäle) zu je 64 kbit/s entspricht der Nutzkapazität von 15 Basisanschlüssen. Auf der Teilnehmeranschlussleitung, die entweder aus einem 4adrigen Kupferkabel oder aus einer zweifaserigen Glasfaserleitung besteht, wird somit ein Digitalsignal von 2048 kbit/s übertragen. Der Primärmultiplexanschluss stellt ein sogenanntes PCM-30-System dar. Es werden 30 wechselseitig betriebene Kanäle für die Übertragung der Nutzinformation verwendet. Die Übertragung der Steuerinformationen erfolgt über den D-Kanal mit ebenfalls 64 kbit/s.

Info!

Der Primärmultiplexanschluss wird dort eingesetzt, wo umfangreiche Datenmengen übertragen werden müssen.

1.3.1 Die Struktur des Primärmultiplexanschlusses

Zwischen ISDN-Vermittlungsstelle und dem Netzabschluss erfolgt die Datenübertragung auf der vieradrigen Anschlussleitung in getrennten Richtungen. Die Schnittstellen des Primärmultiplexanschlusses unterscheiden sich deshalb deutlich von denen des ISDN-Basisanschlusses. Die wichtigsten sind die **teilnehmerseitigen Schnittstellen S_{2M}** und die **leitungsseitigen Schnittstellen U_{K2}**.

Auf der Teilnehmerseite wird der Bus der S_{2M}-Schnittstelle ebenso wie der Bus der S_0-Schnittstelle des Basisanschlusses vieradrig geschaltet und die angeschlossene TK-Anlage wird in Punkt-zu-Punkt-Konfiguration betrieben. Die Übertragungsraten des Primärmultiplexanschlusses sind zum Vergleich mit den Daten des Basisanschlusses in Tabelle 1.2 aufgeführt:

Tabelle 1.2 Die Übertragungsrate des Primärmultiplexanschlusses

B-Kanal 1	64 kbit/s
B-Kanal 2...29 mit je	64 kbit/s
B-Kanal 30	64 kbit/s
Steuerkanal (D-Kanal)	64 kbit/s
Synchronkanal	64 kbit/s
Übertragungsrate (Summe)	**2.048 kbit/s**

1.4 Was sind ISDN-Schnittstellen?

Muss man den Begriff Schnittstellen kennen? Ja, man sollte es! Der Begriff Schnittstelle wird in der Telekommunikationstechnik und nicht nur dort immer häufiger verwendet. Die Produkte der Kommunikationsbranche sind heutzutage stets mit **Schnittstellenangaben** ausgezeichnet. Schon beim Kauf einer ISDN-Telefonanlage wird man durch die Schnittstellenangaben sofort über die Anschaltemöglichkeiten für analoge oder ISDN-Endgeräte informiert. Man kann sofort erkennen, mit wie viel S_0-Schnittstellen oder mit wie viel analogen Schnittstellen die Anlage ausgestattet ist.

Tip!

Beim Kauf einer ISDN-Telefonanlage unbedingt darauf achten, mit welchen Schnittstellen die Anlage ausgestattet ist. Danach richtet sich die Zahl der anzuschließenden analogen oder ISDN-Endgeräte.

Zu beachten ist auch, dass häufig die Schnittstelle nicht nur eine technische Normung darstellt, sondern oft auch eine juristische Bedeutung hat. So ist zum Beispiel die bekannte TAE-Dose des analogen Telefonanschlusses sowohl technische analoge a/b-Schnittstelle, aber auch zugleich die rechtliche Schnittstelle zwischen Netzbetreiber und Teilnehmer. Und so ist es auch beim ISDN. Hier übt der NTBA mit der digitalen S_0-Schnittstelle im ISDN die gleichen Funktionen aus wie die TAE-Dose im analogen Netz. Die wichtigsten ISDN-Schnittstellen sind die

- S_0-Schnittstellen
- S_{2M}-Schnittstellen
- U_{K0}-Schnittstellen
- U_{K2}-Schnittstellen und die
- $U_{Hersteller}$-Schnittstellen (siehe auch *Abb. 1.14*).

1.4.1 Die S_0-Schnittstelle ist besonders wichtig

Die S_0-Schnittstelle ist die allgemeine Teilnehmerschnittstelle für den ISDN-Basisanschluss und sie interessiert uns als ISDN-Teilnehmer besonders. Sie besitzt eine Doppelader zum Senden und eine Doppelader zum Empfangen und ist somit vieradrig. Die Schnittstelle wird dem ISDN-Teilnehmer entweder als passiver Bus oder als Punkt-zu-Punkt-Konfiguration angeboten.

Der passive Bus

Die Leitungslänge des Busses zwischen NTBA und den Endgeräten beträgt ca. 150 Meter. Eine Erweiterung der Buslänge ist wegen der Synchronisation auf dem Bus zur Verhinderung von Kollisionen zwischen den angeschlossenen Endgeräten nicht möglich. Da am Bus mehrere Endgeräte betrieben werden, sichert der D-Kanal durch Synchronisation, dass sich die Endgeräte nicht gegenseitig durch gleichzeitiges Senden behindern. Damit keine Kollision auftritt, stellt das sendende Endgerät durch *Mithören* fest, ob der Kanal frei ist. Ein freier Kanal wird durch eine Folge von mindestens 8 aufeinander folgenden binären Einsen dem Endgerät angezeigt. Am Bus können maximal 8 Endgeräte angeschlossen werden.

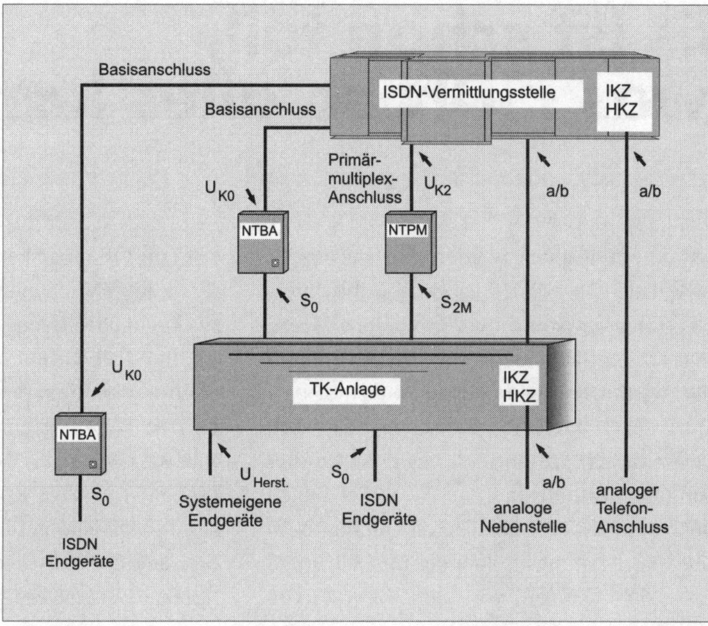

Abb. 1.14
Die wichtigsten Schnittstellen im ISDN

Die Punkt-zu-Punkt-Konfiguration

Die Punkt-zu-Punkt-Konfiguration dagegen hat eine Reichweite bis zu 1000 Meter. Eine Synchronisation findet hier nicht statt; es kann aber auch nur ein Endgerät, meist eine TK-Anlage, angeschaltet werden. Die Merkmale der S_0-Schnittstelle sind:

- Die Übertragung erfordert zwei Doppeladern
- Die Reichweite beträgt max. 1000 Meter
- Das Übertragungsverfahren ist digital (AMI-Code)

1.4.2 Die U_{K0}-Schnittstelle ist zweiadrig

Die U_{K0}-Schnittstelle ist die Basisanschluss-Schnittstelle zwischen Netzbetreiber und ISDN-Kunde; also letztlich die zweiadrige Teilnehmeranschlussleitung. Dabei steht K für Kupfer und die 0 für Basisanschluss. Mit dieser Schnittstelle wird sichergestellt, dass der ISDN-Anschluss auch weiterhin auf der meist vorhandenen Kupferdoppelader des analogen Anschlusses betrieben werden kann. Die Länge der Anschlussleitung soll 8 km nicht übersteigen. Die Merkmale der U_{K0}-Schnittstelle sind:

- Die Übertragung erfordert nur eine Doppelader
- Die Reichweite beträgt etwa 8 Kilometer
- Das digitale Übertragungsverfahren erfolgt mit dem 4B/3T-Code.

Info!

Die U_{K0}-Schnittstelle ist die zweiadrige Schnittstelle zur Vermittlungsstelle.
Am NTBA stellt praktisch die Buchse, in die das Verbindungskabel zur TAE-Dose eingesteckt wird, die U_{K0}-Schnittstelle dar.

2 Es ist schon toll, was ISDN so alles kann!

In diesem Kapitel werden die Leistungsmerkmale des ISDN eingehend beschrieben. Letztlich sollte man ja wissen, wovon man spricht! Und nicht jeder ISDN-Teilnehmer weiß schon ganz genau, was zum Beispiel der Unterschied zwischen einer **Anrufweiterschaltung** und einer **Rufumleitung** ist. Leistungsmerkmale von Produkten geben ja Auskunft über deren Qualität bzw. über das Leistungsvermögen. Deshalb sollte man sich speziell vor dem Erwerb von ISDN-Endgeräten unbedingt über deren Leistungsmerkmale informieren. Denn: nicht alle ISDN-Geräte unterstützen auch die Leistungsmerkmale des ISDN-Netzes! Wer zum Beispiel erst nach dem Kauf einer ISDN-TK-Anlage feststellt, dass von ihr das Leistungsmerkmal *Übermittlung der Rufnummer an analoge Endgeräte* nicht unterstützt wird, kann dem Verkäufer keine Schuld geben.

Von allen Leistungsmerkmalen interessiert immer wieder die Frage nach den drei Rufnummern, die vom Netzanbieter mit dem ISDN-Anschluss zur Verfügung gestellt werden. Offenbar besteht für viele ein Widerspruch zwischen **einer** Anschlussleitung, **zwei** gleichzeitigen Gesprächsmöglichkeiten und **drei** Rufnummern. Das vorliegende Buch wird helfen, diese scheinbaren Widersprüche aufzuklären. Aber schon einmal vorweg: Beim ISDN-Mehrgeräteanschluss können trotz drei Rufnummern immer nur zwei Gespräche geführt werden. Das ergibt sich aus der Tatsache, daß eben nur zwei Nutzkanäle zur Verfügung stehen.

> *Tipp!*
>
> Damit Sie immer mitreden können...
> Sehen Sie sich die Leistungsmerkmale genau an!
> Nur wenn Sie die Funktionen kennen, können Sie die Vorteile des ISDN für sich auch voll nutzen.

2.1 Ein Anschluss mit 3 Mehrfachrufnummern, was will ich mehr?

Beim ISDN-Mehrgeräteanschluss werden zur Endgeräteauswahl bis zu 10 beliebige Rufnummern aus dem Rufnummernvolumen des Anschlussbereiches bereitgestellt (*Abb. 2.1*). Man bezeichnet diese Rufnummern mit der Abkürzung MSN nach der englischen Fachbezeichnung **Multiple Subscriber Number**. Das Leistungsmerkmal MSN nennt man auch *Endgeräteauswahl am passiven Bus mit Mehrfachrufnummern*. Es ist damit möglich, am Mehrgeräteanschluss den einzelnen Endgeräten auch mehrere Mehrfachrufnummern zuzuordnen. Und es ist weiterhin möglich, Dienste und

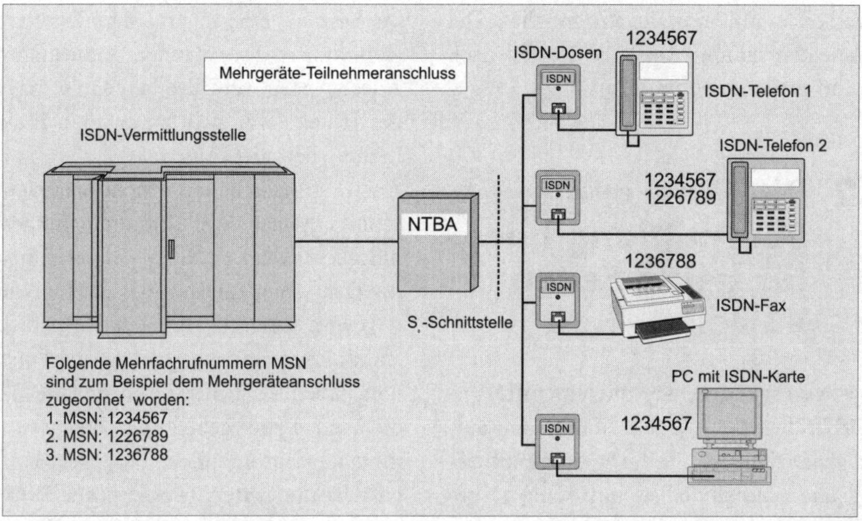

Abb. 2.1 Die Zuordnung der Mehrfachrufnummern MSN

Leistungsmerkmale sowohl je Anschluss als auch je MSN-Rufnummer einzurichten.

In Abb. 2.1 ist eine mögliche Rufnummernzuordnung auf die vorhandenen Endgeräte dargestellt. So erreicht man mit der 1. MSN die ISDN-Telefone 1 und 2. Dem PC ist auch die 1. MSN zugeordnet. Dem Telefon 2 ist sowohl die 1. MSN als auch die 2. MSN zugeordnet und die 3. MSN erhält das ISDN-Faxgerät. Mit den Mehrfachrufnummern ist es somit möglich, die meisten Leistungsmerkmale nicht nur dienstespezifisch, sondern auch innerhalb eines Dienstes endgerätespezifisch zu variieren.

> *Info!*
>
> Die Mehrfachrufnummern MSN dienen der Endgeräteauswahl beim Teilnehmer. Der Anrufer kann somit direkt das der MSN zugeordnete Endgerät anwählen. Bitte nicht verwechseln mit der Durchwahl beim Anlagenanschluss!

Der Vorteil der Mehrfachrufnummern besteht zum Beispiel auch darin, dass die Anrufweiterschaltung für eine ganz konkrete MSN und damit für ein ganz bestimmtes Telefon am Mehrgeräteanschluss festgelegt werden kann. Trotzdem ist aber weiterhin ein vorhandenes Faxgerät mit der gleichen MSN auch bei Abwesenheit und trotz Anrufweiterschaltung für das Telefon erreichbar. Durch die Deutsche Telekom werden beim Komfortanschluss insgesamt drei Mehrfachrufnummern, auf Wunsch auch kostenlos bis zu zehn Rufnummern, bereitgestellt. Auch der Vorteil der getrennten **Gebührenabrechnung für jede einzelne Rufnummer** ist nicht zu unterschätzen. So ist auf einfache Weise eine Verbindungskostentrennung nach Privat und Büro oder nach einzelnen Familienmitgliedern möglich. Die Fernmelderechnung weist die Kosten nach den Rufnummern getrennt aus.

2.2 Die Rufnummernübermittlung hat für beide Seiten Vorteile

2.2.1 Nun sehe ich, wer mich anruft!

Im ISDN wird mit jedem Verbindungsaufbau gleichzeitig die Teilnehmer-Identifizierung über den Signalisierungskanal D gesendet. Falsche Rufnummern können im ISDN somit nicht übermittelt werden. Es gibt allerdings eine kleine Einschränkung: die Ziffern der Nebenstellen von TK-Anlagen können nicht geprüft werden. Mit der Rufnummernübermittlung ist es möglich, im Display des angerufenen Telefons die Rufnummer des rufenden Teilnehmers abzulesen. Man weiß also bereits vor Abheben des Hörers, wer sich am anderen Ende der Leitung befindet (*Abb. 2.2*).

Auch Teilnehmer mit einem analogen Anschluss können diese Rufnummernübermittlung heutzutage nach Auftragserteilung bei der Deutschen Telekom nutzen. Im Normalfall wird bei jedem ISDN-Anschluss die Rufnummer übermittelt. Das wird ja auch von vielen Teilnehmern so erwartet. Doch es kann Fälle geben, wo eine Rufnummernübermittlung nicht erwünscht ist. Deshalb ist die **Unterdrückung der Rufnummernübermittlung** jederzeit möglich. Man kann mit einem Auftrag an die Netzbetreiber die Rufnummernübermittlung im Netz abschalten lassen. Entweder ständig, also für immer, oder zeitweise; also je nach Bedarf vor einem Gespräch. Zu beachten ist,

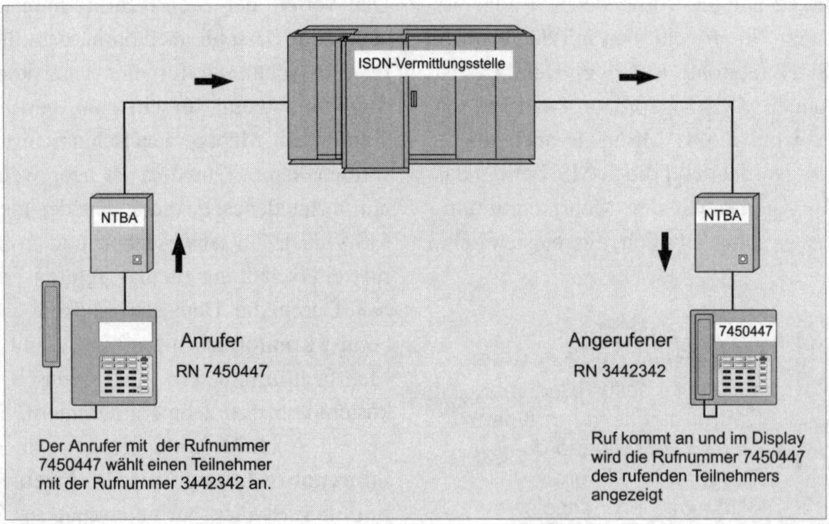

Abb. 2.2 Die Rufnummernübermittlung macht es möglich: auf dem Display sehe ich, wer mich sprechen will!

dass die fallweise Unterdrückung nur mit einem geeigneten Endgerät möglich ist.

2.2.2 Jetzt kann ich sehen, ob ich den richtigen Teilnehmer gewählt habe!

Auch die Übermittlung der Rufnummer des Angerufenen zum Anrufer ist im ISDN möglich. Damit hat der Anrufer die Gewissheit, dass er den gewünschten Teilnehmer auch tatsächlich erreicht bzw. gewählt hat (*Abb. 2.3*).

Die Rufnummernübermittlung sowohl zum Anrufer als auch zum Angerufenen findet technisch ja immer statt. Bedingt durch die rechnergesteuerte Vermittlung werden immer und stets die rufenden und gerufenen Teilnehmerrufnummern registriert und auf Dienstekennung geprüft. Das ist primäre Voraussetzung für das Funktionieren der heutigen digitalen Vermittlungstechnik.

Die **Rufnummerübertragung** wird in sensiblen Bereichen der Datenübertragung, also dort, wo man 100%ig sicher sein muß, dass es sich auch tatsächlich um den angewählten Partner handelt, als Zugriffssicherung verwendet. Ein Datenaustausch bzw. der Start einer computergestützten Anwendung zwischen den beiden Partnern findet zum Beispiel erst dann statt, wenn eindeutig die abgespeicherten Rufnummern mit den übertragenen Rufnummern übereinstimmen, das heißt, wenn beide Teilnehmer identifiziert sind.

Praktisch!

Die Anruferliste im ISDN-Telefon zeigt die eingegangenen aber nicht abgefragten Anrufe mit Rufnummer, Datum und Uhrzeit an.
Die Anruferliste ersetzt somit in gewisser Hinsicht einen Anrufbeantworter.

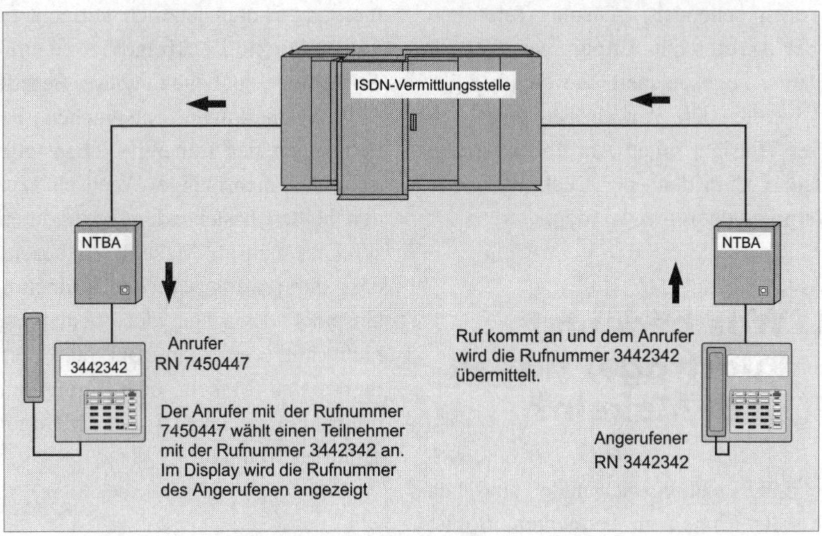

Abb. 2.3 Es geht auch rückwärts! Die Rufnummernübermittlung vom Angerufenen zum Anrufer ist bei wichtigen Datenübertragungen von großem Vorteil

2

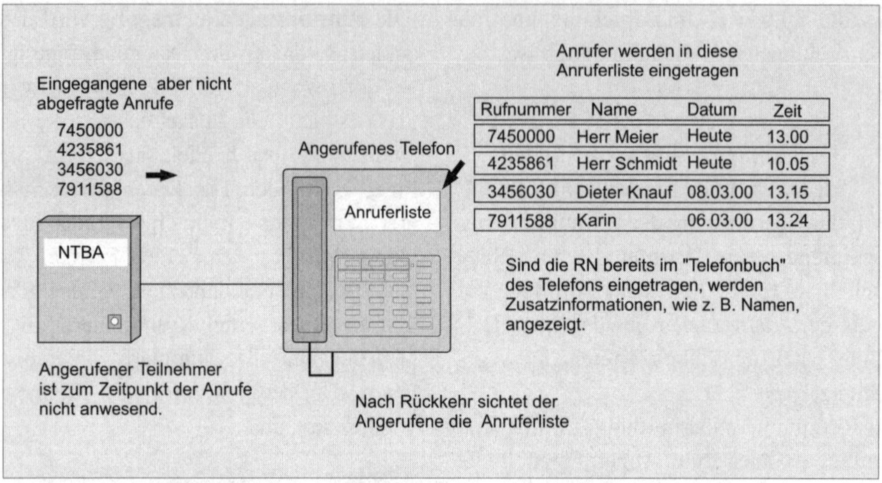

Abb. 2.4 Die Anruferliste im ISDN-Telefon ist sehr vorteilhaft

Ein großer praktischer Vorteil bei der Übermittlung der Rufnummer ist das Anlegen einer **Anruferliste** für nicht beantwortete bzw. nicht angenommene Anrufe (*Abb. 2.4*). Mit entsprechenden Display-Telefonen kann der Anrufer mit Rufnummer, Uhrzeit und Datum abgespeichert und sichtbar gemacht werden. Die Anruferliste ersetzt in gewisser Hinsicht einen Anrufbeantworter. Bei Bedarf kann dann der Rückruf zu den Anrufern vorgenommen werden.

2.3 Was bedeutet Rückfrage, Halten und Makeln?

Diese drei Leistungsmerkmale sind als funktionelle Einheit zu betrachten. So ist zum Beispiel das Leistungsmerkmal Rückfrage die Voraussetzung sowohl für das Makeln als auch für den Aufbau einer Dreierkonferenz (*Abb. 2.5*).

Der Begriff Rückfrage bedeutet, dass eine bestehende Verbindung mit dem Leistungsmerkmal Halten letztlich aufrecht erhalten wird, um eine Rückfrage bei einem dritten Teilnehmer zu halten. Diese Begriffe und Leistungsmerkmale entsprechen bekanntlich denen der früheren Nebenstellentechnik. Das mehrmalige Wechseln zwischen den beiden bestehenden Verbindungen bezeichnet man als Makeln. Zu beachten ist, dass der jeweils wartende Teilnehmer das Gespräch zwischen den beiden anderen nicht mithören kann. Bei den Leistungsmerkmalen Makeln oder Dreierkonferenz bleibt ein Nutzkanal des Mehrgeräteanschlusses frei.

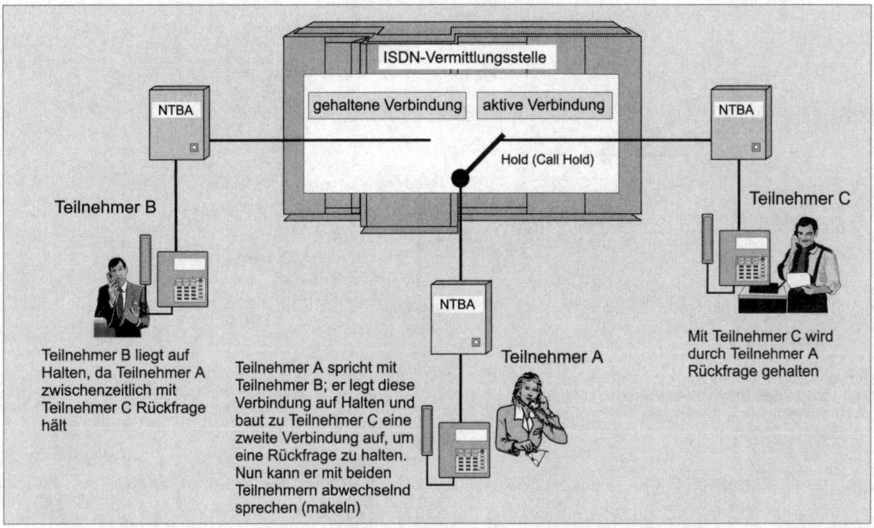

Abb. 2.5 Zum Leistungsmerkmal Halten/Rückfrage/Makeln

2.4 Die Dreierkonferenz. Wer bezahlt denn das?

Mit dem Leistungsmerkmal Dreierkonferenz ist es möglich, dass drei externe Teilnehmer gleichzeitig miteinander sprechen können. Das heißt konkret, es kann jeder mit jedem sprechen. Der Unterschied zwischen Makeln und der Dreierkonferenz besteht ja darin, dass beim Makeln immer nur zwei Teilnehmer, bei der Dreierkonferenz aber alle drei Teilnehmer gleichzeitig miteinander sprechen können (*Abb. 2.6*). Geregelt ist exakt, wer die Kosten der Dreierkonferenz trägt.

So werden dem Teilnehmer, der die Dreierkonferenz aktiviert, für beide bestehende Verbindungen die normalen Telefon-Verbindungskosten berechnet. Die Dreierkonferenz braucht nur von der Endeinrichtung (Telefon oder TK-Anlage) des Konferenzleiters unterstützt werden. Die Anschlussarten bzw. Endgeräte der anderen beiden Teilnehmer sind dabei unwichtig. Bei der Dreierkonferenz wird ebenfalls nur ein Kanal benutzt. Der zweite Kanal ist frei.

Bitte beachten!

Bei der externen Dreierkonferenz werden Entgelte von beiden bestehenden Telefonverbindungen erhoben. Diese werden dem Teilnehmer in Rechnung gestellt, der die Dreierkonferenz aktiviert hat!

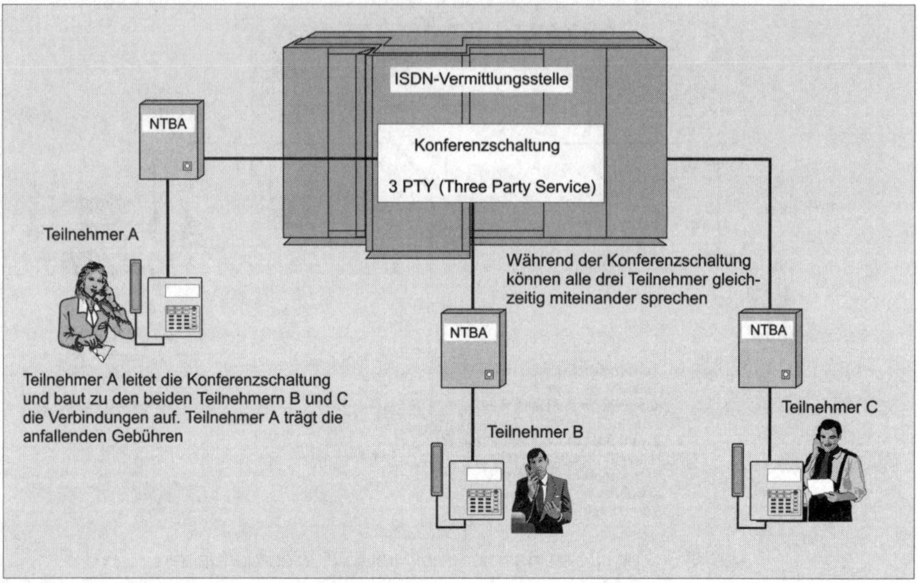

Abb. 2.6 Die externe Dreierkonferenz

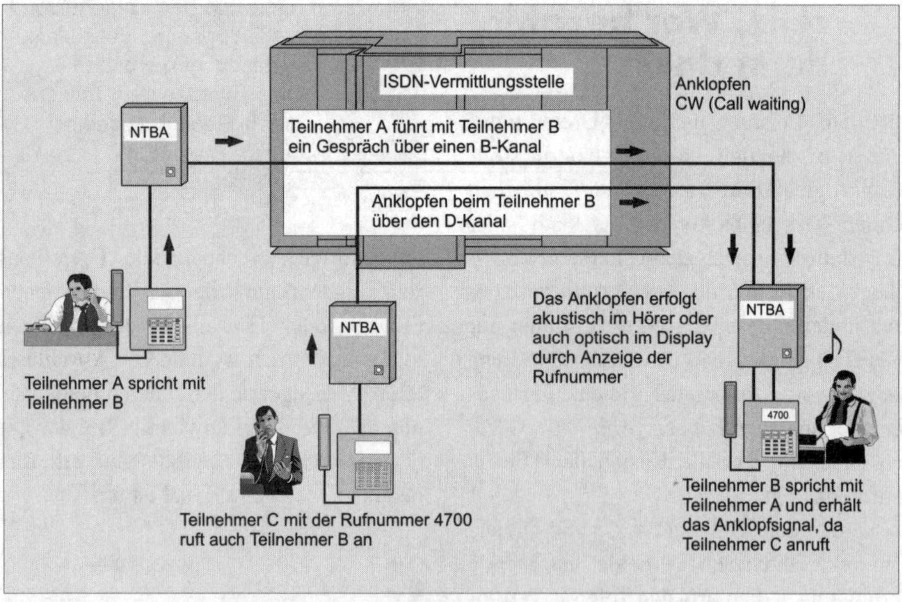

Abb. 2.7 So funktioniert das Leistungsmerkmal Anklopfen

2.5 Anklopfen heißt, es will mich noch jemand sprechen

Erfolgt während eines Gespräches von einem dritten Teilnehmer ein Anruf, wird das durch einen **Anklopfton** im Hörer beim angerufenen Teilnehmer angezeigt (*Abb. 2.7*). Die Anklopfinformation erfolgt über den D-Kanal. Der Anrufer erhält während der Rufphase das Freizeichen. Dem Teilnehmer, bei dem angeklopft wird, obliegt es, den anklopfenden Ruf anzunehmen, zu ignorieren oder abzuweisen. Die Funktion Anklopfen muss durch das Endgerät bzw. durch die TK-Anlage unterstützt werden. Bei modernen Endgeräten kann das Anklopfen fallweise aus- oder eingeschaltet werden. Damit wird sicher gestellt, dass dringend erwartete Anrufe nicht verloren gehen. Grundsätzlich ist das Anklopfen für Vielsprecher ein bedeutendes Leistungsmerkmal, denn nunmehr können andere Telefonate geführt werden, obwohl man auf einen wichtigen Anruf wartet. Das Anklopfen wird auch bei Anrufen von analogen Telefonen aus signalisiert.

2.6 Entgeltinformationen helfen, Geld zu sparen!

Entgeltinformationen können **am Schluss** einer Verbindung erfolgen oder **während und am Ende** der Verbindung. Beim Kom-

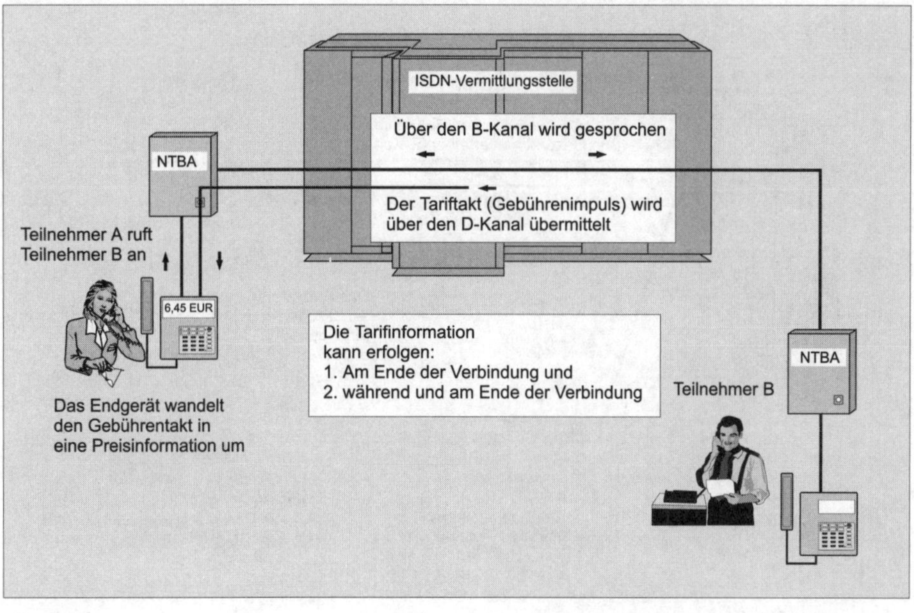

Abb. 2.8 So funktioniert die Entgeltinformation

3

fortanschluss der Deutschen Telekom ist diese Information am Ende der Verbindung bereits im Grundpreis enthalten. Werden weitere Preisinformationen gewünscht, sind sie kostenpflichtig zu beauftragen. Der Gebührentakt wird über den D-Kanal zum Anrufer übermittelt. Im Endgerät erfolgt die Umwandlung der Gebührentakte in die Preisinformation (*Abb. 2.8*).

Zu beachten ist, dass die Zahl der angefallenen Tarifeinheiten am Ende der Verbindung konkret zu dem Endgerät übertragen wird, von dem aus die Verbindung aufgebaut wurde. Damit ist jederzeit eine Tarifauswertung je Endgerät möglich.

Die Deutsche Telekom kann diese Tarif-Leistungsmerkmale jedoch nur bei Verbindungen im eigenen Kommunikationsnetz, also im T-Net und T-ISDN, bereitstellen.

2.7 Durch eine Anrufweiterschaltung bin ich immer erreichbar

Mit der Anrufweiterschaltung kann man Anrufe weltweit zu jedem beliebigen Anschluss weiterleiten. Dabei ist es uninteressant, ob diese Zielanschlüsse analog oder digital sind oder ob es sich um Anschlüsse im Mobilfunknetz handelt. Die Anrufweiterschaltung in der Vermittlungsstelle selbst wird durch die Tastatur des eigenen ISDN-Endgerätes aktiviert. Es ist also zu beachten: Die Rufweiterleitung wird schon in der Vermittlungstelle vorgenommen und nicht erst in einem Endgerät beim Teilnehmer (*Abb. 2.9*).
Damit bleiben beide Nutzkanäle des Mehrgeräteanschlusses auch während der einge-

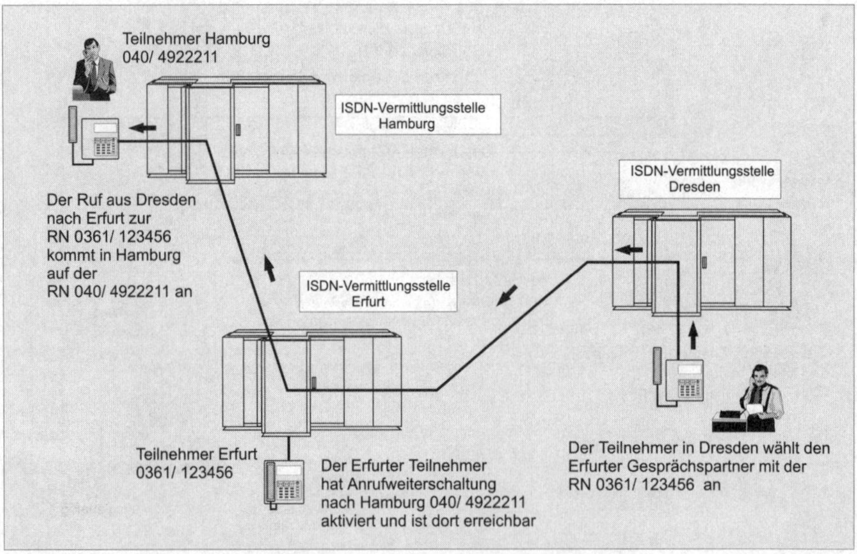

Abb. 2.9 So funktioniert die Anrufweiterschaltung im ISDN

richteten Anrufweiterschaltung frei. Die Anrufweiterschaltung kann für jede Rufnummer des Mehrgeräteanschlusses eingerichtet werden. Man spricht deshalb auch von der rufnummernbezogenen Anrufweiterschaltung. Bei Anlagenanschlüssen ist die Anrufweiterschaltung nur für den gesamten Anschluss aktivierbar.

Es gibt verschiedene Varianten der Rufweiterschaltung:

- die sofortige oder ständige Anrufweiterschaltung
- die Weiterschaltung im Besetztfall
- die Anrufweiterschaltung bei Nichtmelden (nach 20 Sekunden) und
- die Anrufweiterschaltung in der Rufphase.

2.7.1 Die ständige Anrufweiterschaltung leitet den Ruf sofort weiter

Die ständige oder sofortige Anrufweiterschaltung ist eine der im ISDN möglichen Anrufweiterschaltungen (*Abb. 2.10*). Sie wird nach Aktivierung durch den Teilnehmer automatisch in der Teilnehmervermittlungsstelle realisiert.

Dieses Leistungsmerkmal kann bei Mehrgeräteanschlüssen für jede Mehrfachrufnummer getrennt eingerichtet werden. Je Mehrfachrufnummer und Dienst kann aber nur eine Zielrufnummer angegeben werden, und es ist nur eine Weiterleitung je Verbindung möglich. Vom Netzknoten wird die als Ziel eingegebene Rufnummer geprüft. Da-

Bitte beachten!

Beim Aktivieren der Anrufweiterschaltung ist zu beachten, dass die Verbindungsentgelte zum Zieltelefon stets der Verursacher zu tragen hat!
Weiterschaltungen ins Mobilfunknetz und insbesondere ins Ausland können teuer werden!

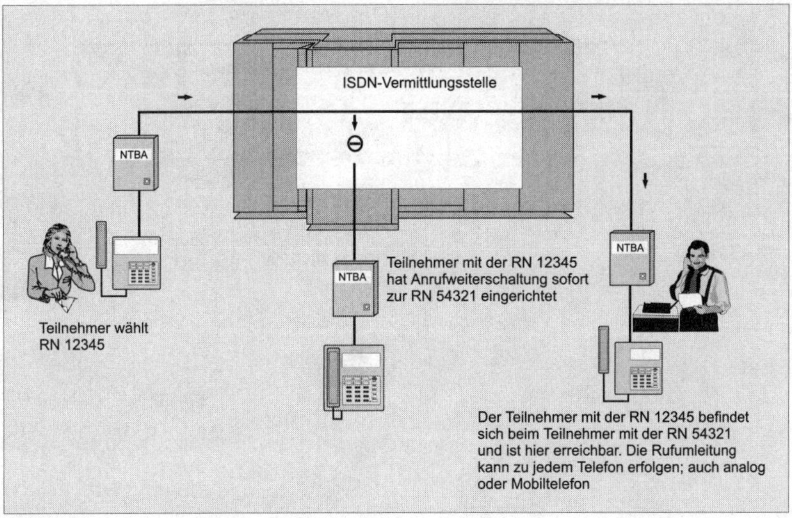

Abb. 2.10 Mit der ständigen Anrufweiterschaltung werden alle Anrufe sofort weitergeschaltet

bei werden unzulässige Rufnummern nicht akzeptiert. Der anrufende Teilnehmer erhält bei aktivierter Anrufweiterschaltung eine Information, dass der Anruf weitergeleitet wurde. Aber er erfährt nicht, zu welchem Anschluss.

2.7.2 Anrufweiterschaltung im Besetztfall, macht das Sinn?

Bei dieser Variante der Anrufweiterleitung wird der Ruf zur vorher eingegebenen Rufnummer nur dann weitergeschaltet, wenn der eigene Anschluss besetzt ist (*Abb. 2.11*). Das Aktivieren dieser Variante kann immer dann von Nutzen sein, wenn in einem Büro wichtige Anrufe erwartet werden, die unbedingt abgefragt werden müssen. Obwohl der eigene Anschluss besetzt ist, können somit eingehende Anrufe durch die Weiterschaltung auf gezielte Endgeräte durch andere Personen abgefragt werden. Anrufe gehen nicht verloren.

2.7.3 Die Anrufweiterschaltung bei Nichtmeldung

Bei der Anrufweiterschaltung bei Nichtmeldung erfolgt die Weiterschaltung erst nach 20 Sekunden; das heißt, der Anruf kann eventuell noch am eigenen Anschluss entgegengenommen werden (*Abb. 2.12*).
Zu beachten ist, dass auch beim Anlagenanschluss alle Varianten der Anrufweiterschaltung aktivierbar sind, doch stets nur für den gesamten Anschluss. Und je Dienst kann nur jeweils eine Zielrufnummer programmiert werden. Dagegen können beim Mehr-

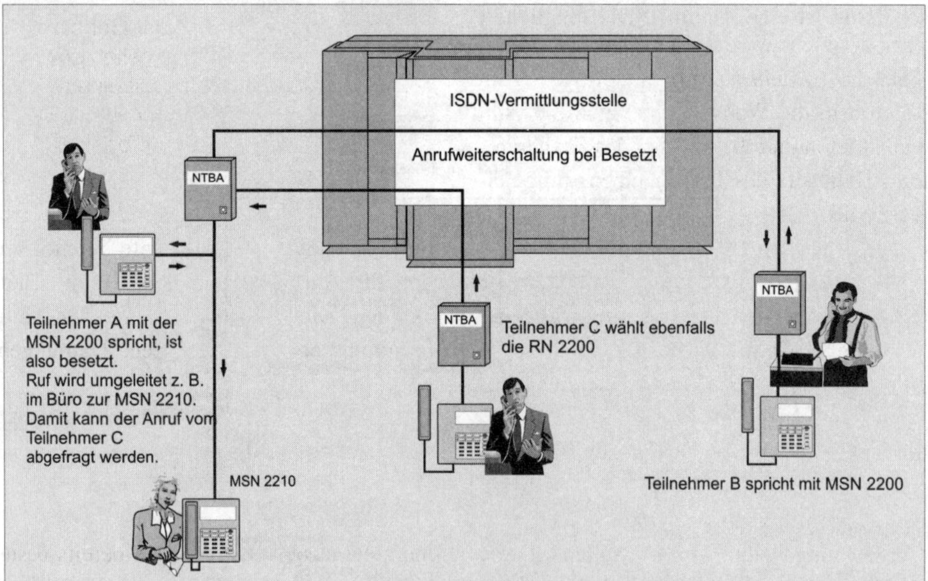

Abb. 2.11 So wird bei Besetzt der ankommende Ruf weitergeschaltet

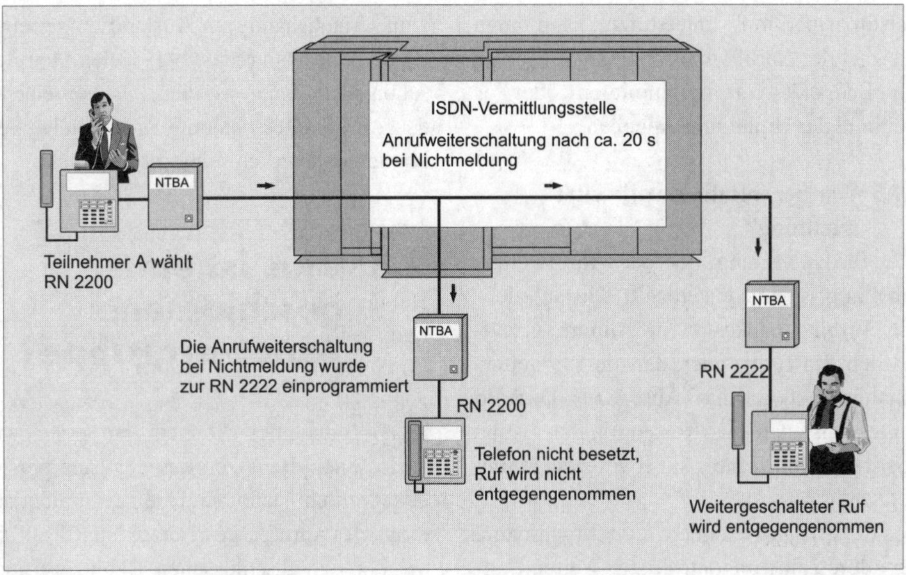

Abb. 2.12 Die Anrufweiterschaltung bei Nichtmeldung heißt: ich bin nicht anwesend

geräteanschluss die einzelnen Mehrfachrufnummern zu getrennten Zielrufnummern programmiert werden. So kann zum Beispiel die 1. Mehrfachrufnummer MSN zum Telefon in die Wohnung, die 2. MSN zum Funktelefon und die 3. MSN des Faxgerätes zum Hauptsitz des Unternehmens umgeleitet werden.

Tipp!

Die Anrufweiterschaltung kann mit Hilfe der Geheimzahl von jedem beliebigen Anschluss aus mit einem Codesender oder vom MFV-Telefon verändert oder aktiviert werden.

2.7.4 Die Anrufweiterschaltung während der Rufphase

Durch diese neue Art der Anrufweiterschaltung kann man ankommende Gespräche weiterleiten, ohne den Ruf anzunehmen. In der Praxis kommt es häufig vor, dass wichtige Anrufe unbedingt auf ein Handy (des Chefs) umgeleitet werden sollen. Diese Aufgabe kann von einem Mitarbeiter vorgenommen werden, der auf dem Telefondisplay die ankommenden Rufe identifiziert und die Anrufweiterschaltung (zum Chef) aktiviert. Die nicht weiterzuleitenden Anrufe nimmt er selbst entgegen. Damit geht kein Anruf verloren und die Person am Handy (der Chef) erhält die vorher abgestimmten Anrufe.

Die neuen Komfortanschlüsse werden grundsätzlich mit diesem neuen Leistungsmerkmal ausgerüstet; bei den bereits bestehenden Anschlüssen wird es auf Wunsch eingerichtet. Wenn das ISDN-Telefon das

Leistungsmerkmal unterstützt, kann man das Ziel der Anrufweiterschaltung entweder am Endgerät vorprogrammieren oder es während der Umleitung eingeben.

2.7.5 Wer bezahlt die Anrufweiterschaltung?

Die Tarifzuordnung bei der Anrufweiterschaltung ist genau geregelt. Die anfallenden Verbindungskosten übernimmt grundsätzlich der Teilnehmer, der die Rufweiterschaltung aktiviert hat (Abb. *2.13*). Deshalb sollte man auch aus Kostengründen genau überlegen, ob eine Anrufweiterschaltung notwendig ist.
Das betrifft insbesondere den Privatmann, dem durch eine unkontrollierte Weiterschaltung hohe Verbindungskosten entstehen können. Wenn zum Beispiel vor der Urlaubsreise eine ständige Anrufweiterschaltung am ISDN-Anschluss des Wohnortes zum Urlaubshandy im Ausland eingerichtet wird, dann kann das bei vielen Anrufen schon recht teuer werden. Als Verursacher der Anrufweiterschaltung sind solche Verbindungen letztlich selbst zu bezahlen.

2.8 Was ist eine geschlossene Benutzergruppe?

ISDN-Teilnehmer können zu einer geschlossenen Benutzergruppe zusammengefasst werden. Damit sind sie gegen nicht autorisierte Anrufer geschützt. Nur die Teilnehmer der geschlossenen Benutzergruppe haben Zugang zu den Rufnummern und können untereinander kommunizieren. Anderen ist der Zugang zum Anschluss verwehrt (Abb. *2.14*).

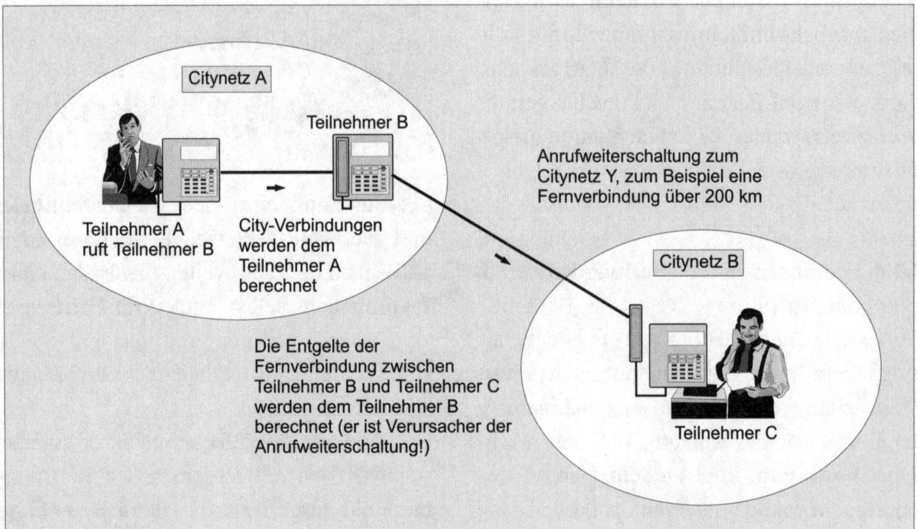

Abb. 2.13 So wird das Verbindungsentgelt bei der Anrufweiterschaltung zugeordnet

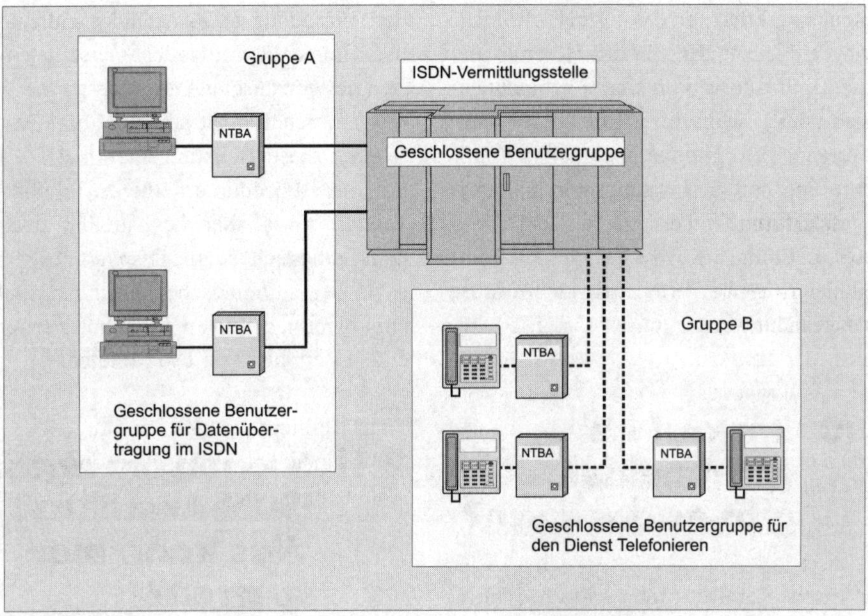

Abb. 2.14 Geschlossene Benutzergruppen wollen unter sich bleiben!

Das Leistungsmerkmal geschlossener Benutzergruppen schließt das gesamte ISDN-Dienste-Spektrum ein, also nicht nur das Telefonieren. Geschlossene Benutzergruppen können sowohl Personen, als auch Rechner eines Netzwerkes sein, die sich durch dieses Leistungsmerkmal vor dem Zugriff Unbefugter schützen wollen. Je Anschluss können bis zu 100 verschiedene geschlossene Benutzergruppen eingerichtet werden /2/.

Innerhalb der Gruppe kann die Berechtigung dienstebezogen festgelegt werden. So ist es möglich, Außenstehende nur vom Dienst Datenübertragung auszuschließen, das Telefonieren jedoch für alle uneingeschränkt zu ermöglichen. Das Leistungsmerkmal wird vorwiegend von großen Unternehmen mit mehreren Zweigstellen genutzt. Damit ist indirekt eine Art eigenes Netz geschaffen, zu denen Außenstehende keinen Zugang haben.

2.9 Was ist Rückruf bei Besetzt?

Die Funktion des automatischen Rückrufes im Besetztfall besteht darin, dass der rufende Teilnehmer nach Erhalt des Besetzttones das Leistungsmerkmal Rückruf bei Besetzt an seinem ISDN-Endgerät aktiviert. Sobald nun der besetzte Teilnehmer sein Gespräch

> *Info!*
>
> Im ISDN stehen zwei Varianten des automatischen Rückrufes zur Verfügung:
> 1. Rückruf bei Besetzt und
> 2. Rückruf bei Nichtmelden.

beendet hat, erhält er das Signal „Teilnehmer hat aufgelegt“. Er hebt den Hörer ab und startet damit automatisch einen Verbindungsaufbau zum gewünschten Teilnehmer. Dieser Vorgang erfolgt ohne nochmalige Wahl! Gleichzeitig sind die Leistungsmerkmale Anklopfen und Anrufweiterschaltung deaktiviert. Dieses Leistungsmerkmal bringt den Vieltelefonierern große Vorteile, da nicht immer neu angewählt werden muss (*Abb. 2.15*).

2.10 Rückruf bei Nichtmelden; gibt es das auch?

Wer einen Komfort-Mehrgeräte-Anschlusses bestellt, dem steht auch das Leistungsmerkmal Rückruf bei Nichtmelden zur Verfügung. Wie der Name schon sagt, wird hier der Verbindungsaufbau ständig und automatisch immer dann wieder eingeleitet, wenn sich der gewünschte Gesprächspartner beim ersten Versuch nicht gemeldet hat. Das Aktivieren dieses Leistungsmerkmales erfolgt mit einer Prozedur am eigenen Telefon. Das Telefon muss aber keypadfähig und mit dem entsprechendem Display ausgerüstet sein. Der automatische Verbindungsaufbau zum nicht gemeldeten Teilnehmer erfolgt in einem Zeitraum von 180 Minuten.

2.11 Sperren am eigenen ISDN-Anschluss? Was kann man sperren?

Die Möglichkeit des individuellen Sperrens von Rufnummern oder bestimmter Konti-

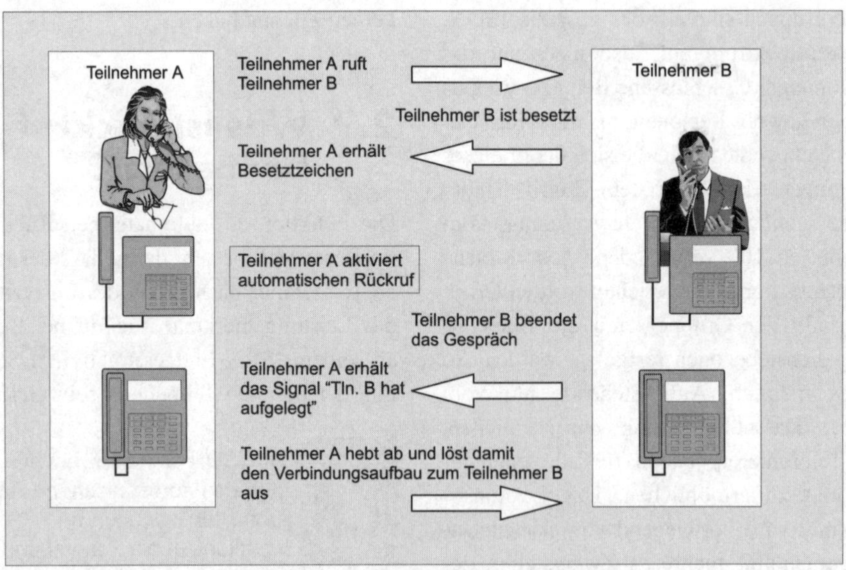

Abb. 2.15 So funktioniert der Rückruf im Besetztfall

Tipp!

Nutzen Sie zur Kostensenkung die Sperrmöglichkeiten von Rufnummern am eigenen ISDN-Anschluss. Man kann zwischen der Anschlusssperre und der Rufnummernsperre wählen.

nentalverbindungen am eigenen ISDN-Anschluss gewinnt wegen der steigenden Zahl nicht jugendfreier Angebote im Telefonnetz auch im privaten Bereich immer mehr an Bedeutung. In Unternehmen ist ja das Sperren von bestimmten Verbindungswegen aus Kostengründen schon lange Praxis. Mit dem Sperren wird erreicht, dass vom eigenen Anschluss aus ohne Einverständnis des Anschlussinhabers nicht telefoniert werden kann. Die Gründe des Sperrens sind vielfältig, in der Regel geht es aber um das Senken der Entgelte für nicht erforderliche Telefonverbindungen. Die Deutsche Telekom bietet zum Beispiel eine ganze Palette von Sperrmöglichkeiten an, die in die sogenannte feste und veränderbare **Anschlusssperre** und in die veränderbare **Rufnummernsperre** unterteilt werden. Beim Leistungsmerkmal Sperren ist jedoch zu beachten, dass aus Sicherheitsgründen die Notrufe zu Polizei und Feuerwehr nicht gesperrt werden können. Auch ankommende Gespräche können trotz aktivierter Sperre jederzeit abgefragt werden.

2.11.1 Die feste oder veränderbare Anschlusssperre?

Der Unterschied zwischen diesen beiden Begriffen besteht darin, dass die feste Anschlusssperre durch den Netzbetreiber nach Beauftragung vorgenommen wird. Hier ist keine Möglichkeit der spontanen individuellen Veränderung gegeben. Die veränderbare Anschlusssperre dagegen wird vom Teilnehmer selbst eingerichtet. Man kann selbst und individuell den Anschluss oder abgehende Verbindungen je nach Bedarf sperren und jederzeit wieder entsperren. Das geschieht mit einer selbst definierten Codezahl (PIN) am eigenen ISDN-Anschluss. Allerdings muss das Endgerät dafür geeignet sein (keypadfähig). Nicht jedes ISDN-Telefon erfüllt diese Bedingung. Von der Deutschen Telekom werden 8 Möglichkeiten der veränderbaren Anschlusssperre angeboten. Man spricht hier von Verkehrseinschränkungsklassen VKl.

Folgende veränderbaren Anschlusssperren sind individuell am eigenen ISDN-Anschluss möglich:

- Sperren aller abgehenden Verbindungen außer Notrufe (VKl 1)
- Sperren aller abgehenden Verbindungen mit Ausnahme des CityCall und des Privaten Informationsdienstes (PID) mit „0190“- oder „0900“- Nummern (VKl 2)
- Sperren der Auslandsverbindungen, die mit „00“ beginnen (VKl3)
- Sperren von Interkontinentalverbindungen, beginnend mit „0012-0019, 002, 005-009“ (VKl 4)
- Sperren des privaten Informationsdienstes PID (VKl 5)
- Sperren aller abgehenden Verbindungen und PID mit Ausnahme des CityCall (VKl 6)
- Sperren aller Auslandsverbindungen und PID (VKl 7)
- Sperren aller Interkontinentalverbindungen und PID (VKl 8)

2.11.2 Die veränderbare Rufnummernsperre

Mit diesem Leistungsmerkmal ist es möglich, ausgewählte Rufnummern individuell am eigenen ISDN-Anschluss zu sperren, wenn das Endgerät dafür geeignet ist. So kann man bis zu 5 Rufnummern oder Rufnummerngruppen in eine Liste eintragen und diese Liste dann nach Wunsch über eine Geheimzahl (PIN) gleichzeitig sperren. Diese fünf gesperrten Rufnummern können jederzeit über die PIN geändert oder gelöscht werden.

Info!

Mit der veränderbaren Rufnummernsperre können bis zu fünf Rufnummern oder Rufnummernblöcke gesperrt werden.
Eine individuelle Änderung ist jederzeit möglich.

2.12 Umstecken am Bus, wird das genutzt?

Bei diesem Leistungsmerkmal hat der Teilnehmer die Möglichkeit, während einer bestehenden Verbindung sein ISDN-Endgerät unter Beibehaltung desselben Dienstes von einer IAE-Dose auf eine andere umzustecken (*Abb. 2.16*). Er kann also zum Beispiel sein Gespräch in einem anderen Raum fortsetzen. Dazu ist vor dem Abziehen des Endgerätes aus der IAE-Dose das Drücken der Taste „Parken“ erforderlich. Damit wird der Vermittlungsstelle die beabsichtigte Trennung vom Netz angezeigt und das Halten der Verbindung wird durch die Vermittlungsstelle gewährleistet. Nach dem Einstecken des Gerätes in die andere IAE-Dose und Drücken der Taste „Übernahme“ kann das Gespräch weitergeführt werden. Das Umstecken eines Endgerätes muss in etwa 2 min erfolgen. Ansonsten wird durch die Vermittlungsstelle die Verbindung ausgelöst.

2.13 Die T-NetBox sollte man mehr nutzen!

Die T-NetBox als Leistungsmerkmal im digitalisierten Netz der Deutschen Telekom kann von Jedermann genutzt werden. Hinter dem Begriff T-NetBox verbirgt sich nicht nur ein leistungsfähiger Anrufbeantworter, sondern es ist ein elektronisches Empfangs- und Weiterleitungssystem für den Telefon– und Faxdienst. Die Box kann bis zu 30 Telefonnachrichten von jeweils maximal zwei Minuten Dauer speichern aber auch zusätzlich noch 30 Faxnachrichten mit jeweils maximal zehn DINA4-Seiten. Damit steht eine Speicherkapazität von insgesamt 60 Minuten Sprach- und 300 Seiten Faxaufzeichnung zur Verfügung. Der große Vorteil dieser Speicherbox besteht darin, dass die

Praktisch!

Die T-NetBox ist mehr als ein leistungsfähiger Anrufbeantworter! Er empfängt Telefonate und Faxe und informiert über den Eingang von Nachrichten. Egal, wo man sich befindet, die T-NetBox kann man immer abhören.

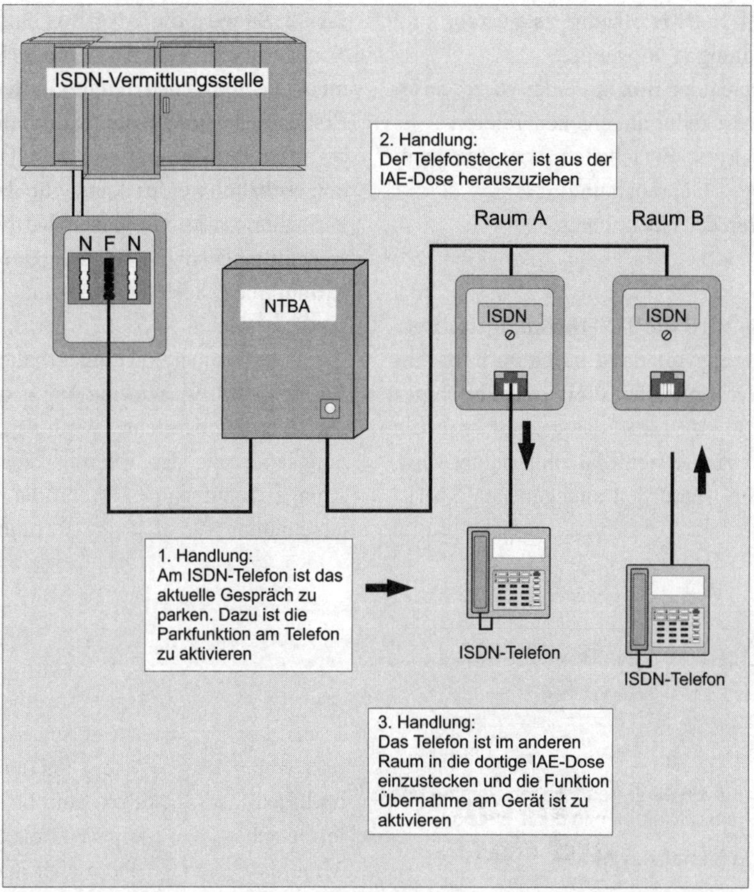

Abb. 2.16 Beim Umstecken eines Endgerätes am Bus sind drei Handlungen notwendig

Anrufe oder Faxe auch dann aufgenommen werden, wenn gerade auf dem Anschluss gesprochen wird. Im Besetztfall gehen also keine Anrufe verloren!
Individuell kann festgelegt werden, welcher Telefonanschluss über eingegangene Anrufe oder Faxe informiert werden soll. Unabhängig vom Aufenthaltsort kann man mit Hilfe einer PIN seine Box abhören oder eingegangene Faxe abrufen. Es ist möglich, bis zu neun private, aber jeweils nur über gesonderte PIN zugängliche separate Teilbereiche (Family-Boxen) einzurichten. Damit kann jedes Familienmitglied über seine eigene Box verfügen. Der Zugriff anderer auf diese Teilboxen ist nicht möglich. Beim Komfortanschluss ist das Einrichten der ersten Familybox und das Empfangen und Weiterleiten von Telefonaten im Grundpreis enthalten. Die Faxfunktion und das Einrichten weiterer Familyboxen ist dagegen kostenpflichtig.

Um die T-NetBox ständig zu nutzen, sind drei Handlungen notwendig:

1. Einrichten der Box mit einer vorgeschriebenen Prozedur am eigenen Telefon
2. Erstmaliges Einschalten der Box zum ständigen Gebrauch und
3. Abhören der Nachrichten.

2.13.1 So wird die T-NetBox eingerichtet:
Voraussetzung für das Einrichten bzw. Anmelden der T-NetBox ist ein tonwahlfähiges Telefon. In *Abb. 2.17* ist gezeigt, wie die T-NetBox zum ersten Mal eingerichtet wird. Folgen Sie genau den angegebenen Schritten.

2.13.2 So wird die T-NetBox eingeschaltet
Nachdem die T-NetBox **eingerichtet** ist, muss sie nun noch **eingeschaltet** werden. Erst dann ist sie voll nutzbar. Wichtig ist dabei, dass die Box nur von dem Telefon aus eingeschaltet werden kann, für das sie eingerichtet wurde. Wer einen ISDN-Komfortanschluss besitzt, kann die Box für eine Rufnummer kostenlos nutzen. Die Box wird, so wie in *Abb. 2.18* gezeigt, mit der Anrufweiterschaltung eingeschaltet.
Wie die Anrufweiterschaltung ganz konkret am Telefon eingerichtet wird, ist der Bedienungsanleitung des Telefons oder der TK-Anlage zu entnehmen. Wenn die Anrufweiterschaltung für diejenige Rufnummer ein-

Einrichten der T-NetBox

Anwählen der Zugangsnummer:

[0] [8] [0] [0] [3] [3] [0] [2] [4] [2] [4]

Man wird von einer freundlichen Stimme begrüßt:
"Hallo und willkommen in der T-NetBox..."

Nun die Sterntaste drücken: [*]
um die Box einzurichten.

Jetzt eine selbst ausgewählte
Geheimzahl eingeben:

[?] [?] [?] [?] [?]

Die Geheimzahl muß 4 bis 7 Ziffern haben,
keine Buchstaben und keine Sonderzeichen und es
dürfen nicht mehr als maximal zwei gleiche und
maximal zwei aufeinanderfolgende Ziffern verwendet
werden. Beispielsweise sind also die PIN 45678
oder 44448 nicht erlaubt.

Die eingegebene PIN wird nun mit
der Sterntaste am Telefon bestätigt: [*]

Zum Schluß kommt die Ansage:
"Ihre T-NetBox ist eingerichtet"

Abb. 2.17 Einrichten der T-NetBox

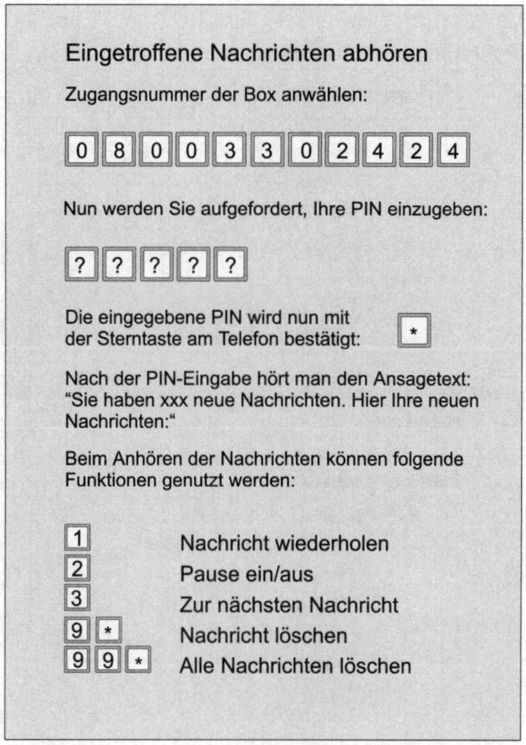

Abb. 2.18 Einschalten der T-Net-Box

gerichtet ist, für die auch die T-NetBox eingerichtet wurde, ist die T-NetBox eingeschaltet.

2.13.3 So wird die T-Netbox abgehört

Die T-NetBox kann man fast als dritte Leitung des ISDN-Anschlusses ansehen. Denn wer seine Box eingerichtet hat und die richtige Anrufweiterschaltung aktiviert hat, bei dem können die Anrufer immer ihre Nachrichten hinterlassen. Informationen gehen also durch diesen „dritten Weg“ nicht verloren.

Die Box teilt auch mit, ob neue Anrufe eingegangen sind. Man kann individuell festlegen, wohin diese Eingangsinformationen gehen soll. Ob zum eigenen Telefon oder zum Handy oder zu einer anderen Festnetznummer. Die eingegangenen Anrufe oder Faxe können letztlich von jedem Telefon aus abgefragt werden. Auch die eingegangenen Faxe können von jedem beliebigen Faxgerät weltweit abgerufen und ausgedruckt werden.

2.13.4 Weitere Funktionen der T-NetBox

Die T-NetBox bietet zwischenzeitlich weitere Funktionen an:

- **Die Rufnummernansage.** Mit diesem Leistungsmerkmal werden auch die Ruf-

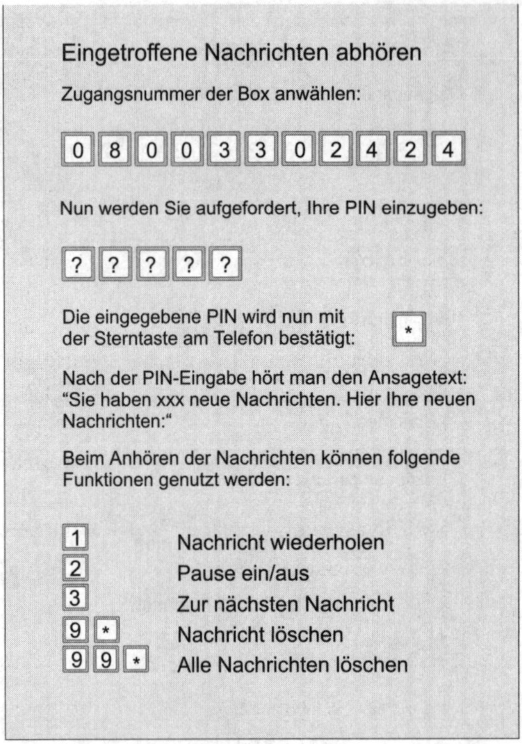

Abb. 2.19 Abhören der T-NetBox

nummern der Anrufer angesagt, die die T-NetBox erreicht haben, ohne eine Nachricht zu hinterlassen. Voraussetzung dafür ist allerdings, dass die Anrufer Ihre Rufnummerübermittlung freigegeben haben.

- **Die Handy-Kurzmitteilung.** Man kann sich jetzt den Eingang neuer Anrufe über eine SMS-Kurzmitteilung auf sein TD 1-Handy übermitteln lassen.
- **Die Rückruffunktion.** Es ist jetzt auf Wunsch möglich, die gespeicherten Rufnummern sogleich zurückzurufen.

2.14 Durchwahl zu Nebenstellen beim Anlagenanschluss

Das Durchwählen zu den Nebenstellen bei Telefonanlagen ist mit dem Anlagenanschluss möglich. Anrufer werden damit nicht mehr durch Vermittlungskräfte weitervermittelt, sondern sie erreichen den gewünschten Gesprächspartner direkt. Für die TK-Anlage erhält man im ISDN eine einheitliche Rufnummernbasis mit einem angefügten Rufnummernblock. Die Endgeräte der TK-Anlage sind über die angehängte Nebenstellenrufnummer aus dem Rufnummernblock direkt erreichbar.

2.15 Subadressierung, ein großer Name für eine kleine Information

Mit der Subadressierung wird zusätzlich zur Rufnummer eine weitere Information (Subadresse) an das angewählte Endgerät übermittelt. Das geschieht gleichzeitig mit dem Verbindungsaufbau. Damit können verschiedene Prozeduren, wie zum Beispiel

- Start eines bestimmten Anwendungsprogramms im angewählten PC,
- gezielte Anwahl von Endgeräten (Nebenstellen) bei Kleinst-TK-Anlagen am Mehrgeräteanschluss oder
- die Übertragung eines Verschlüsselungscodes für die Sprachverschlüsselung

ausgelöst werden.

Mit der Subadressierung erweitert der Anrufer praktisch die Adresse (*Abb. 2.20*) um eine geringe Zahl von Informationsbits. Bis zu max. 20 Oktetts (1 Oktett entspricht 8 Bit) oder 160 Bit können beim Verbindungsaufbau zum Angerufenen übertragen werden. Die Vermittlungsstellen reichen diese Subadressen transparent zum Angerufenen durch. Es wird nur die Länge der Subadresse geprüft, jedoch nicht deren Inhalt. Es ist zu beachten, dass der Informationsfluss beim Leistungsmerkmal Subadressierung nur in eine Richtung, also nur vom Anrufer zum Angerufenen, geht. Dagegen ist beim Leistungsmerkmal Teilnehmer-zu-Teilnehmer-Zeichengabe der Informationsaustausch wechselseitig möglich. Die Subadressierung ist sowohl am Mehrgeräteanschluss als auch am Anlagenanschluss nutzbar.

2.16 Die Teilnehmer-zu-Teilnehmer-Zeichengabe

Bei diesem Leistungsmerkmal können über den Steuerkanal kundenspezifische Infor-

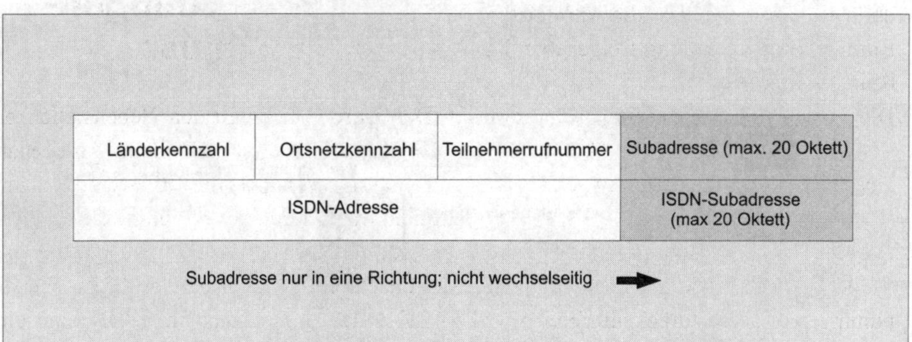

Abb. 2.20 Zum Leistungsmerkmal Subadressierung

mationen zwischen den beiden Endgeräten ausgetauscht werden. Im Gegensatz zum Leistungsmerkmal Subadressierung können hier sogar bis zu 32 Oktetts je Teilnehmer während der Verbindungsaufbauphase und Verbindungsabbauphase ausgetauscht werden (*Abb. 2.21*).

2.17 Identifizieren böswilliger Anrufe (Fangen)

Ein belästigter Teilnehmer kann mit seinem Telefon eine Identifizierungsprozedur ein-

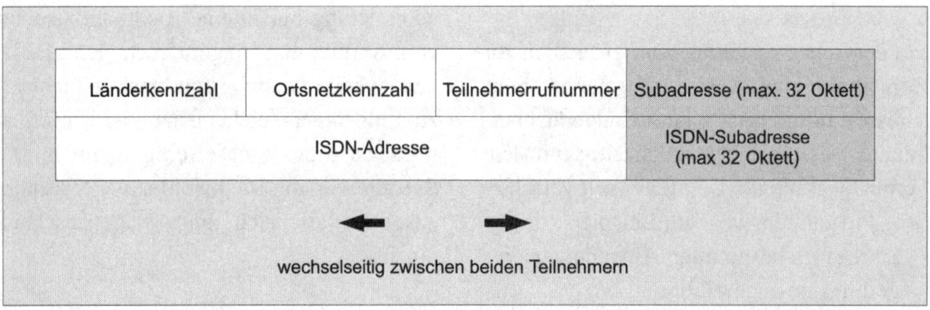

Abb. 2.21 Zum Leistungsmerkmal Teilnehmer-zu-Teilnehmer-Zeichengabe

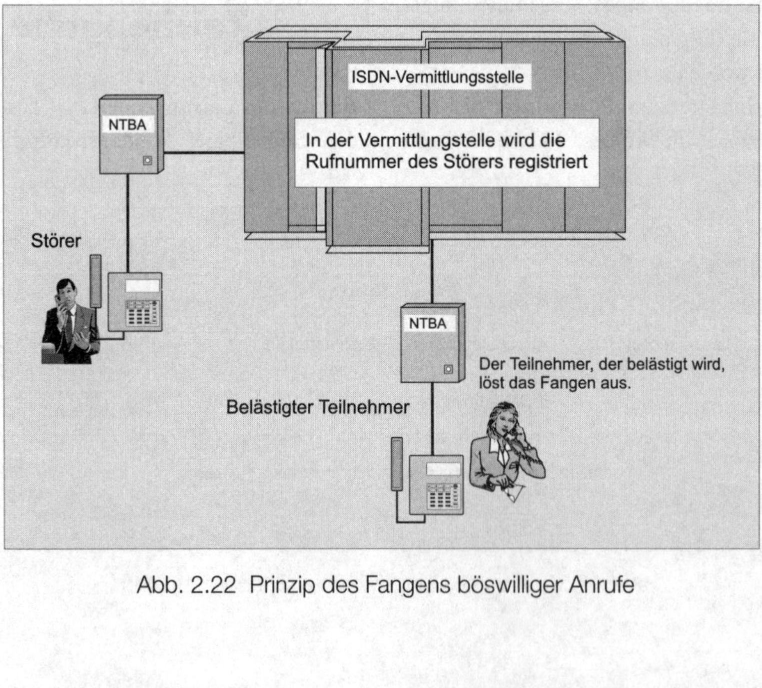

Abb. 2.22 Prinzip des Fangens böswilliger Anrufe

leiten. Auf einen begründeten schriftlichen Antrag hin und gegen ein gesondertes Entgelt kann er durch den Netzbetreiber Datum, Uhrzeit und Rufnummer ankommender Verbindungen registrieren lassen. Dabei können entweder alle ankommenden Verbindungen oder nur gewünschte registriert werden. Der Netzbetreiber richtet dieses Leistungsmerkmal aber nur dann ein, wenn störende oder bedrohende Anrufe glaubhaft gemacht werden können oder wenn ein entsprechender Gerichtsbeschluss vorliegt (*Abb. 2.22*).

3 Installationsarbeiten am ISDN-Anschluss sind erlaubt!

Wer Interesse an der Selbstmontage der ISDN-Anschlusskomponenten hat, sollte diese Arbeiten auch tatsächlich durchführen. Es macht Spaß und man lernt bekanntlich durch das praktische Tun am meisten. Das Montieren und Installieren kleiner Hausnetze sowie das Anschalten von Endgeräten, TK-Anlagen oder Zusatzgeräten am eigenen Telefonanschluss bis hin zur Inbetriebnahme dieser Geräte wird ja auch immer mehr Praxis. Seit der Einführung der modernen Telekommunikations-Anschluss-Einheit für den analogen Telefonanschluss sowie des ISDN-Netzabschlusses NTBA als konkrete Übergabepunkte zwischen dem Zuständigkeitsbereich des Netzbetreibers und dem Anwenderbereich, haben sich für den Telefonkunden hinsichtlich der Netzmontage vollkommen neue Möglichkeiten eröffnet. Es ist jetzt möglich, nach diesen Übergabepunkten unter Beachtung der technischen Vorschriften das eigene Hausnetz selbst zu installieren. Einige Grundkenntnisse darüber sollten jedoch vorhanden sein, damit zum Schluss auch alles reibungslos funktioniert. Dieses Kapitel hilft Ihnen dabei. Aber bitte beachten: trotz der neuen Netzanbieter ist das bestehende Fernmeldenetz, einschließlich der Anschlussleitungen zur Vermittlungsstelle, in der Regel auch weiterhin Eigentum der Deutschen Telekom. Das heißt, das Netz vor der TAE-Dose wird nicht angetastet. Mögliche Störungen, die durch unsachgemäße Montage an diesem Teil des Netzes entstehen und vom Service des Netzbetreibers beseitigt werden müssen, gehen zu Lasten des Verursachers! Und das kann teuer werden!

Übrigens: der frühere Begriff des öffentlichen Netzes ist wegen der Abschaffung des Netzmonopols ab dem 1.1.1998 nicht mehr zeitgemäß. Trotzdem wird es im Sprachgebrauch noch oft verwendet. Man meint damit ganz allgemein die Zugangsnetze der Deutschen Telekom und der anderen Netzbetreiber bis hin zum Teilnehmer. Ähnlich ist es ja mit dem Begriff der Amtsleitung. Auch diese Bezeichnung wird noch oft verwendet und man meint natürlich damit die zweiadrige Teilnehmeranschlussleitung zwischen dem digitalen Netzknoten und dem Endkunden.

Wer seinen bisherigen analogen Telefonanschluss auf ISDN umstellt und wer die

Bitte beachten!

Das Netz der Netzbetreiber endet am Netzabschlussgerät NTBA. Alle dahinter angeschalteten Netzkomponenten, wie Endgeräte, Dosen und Kabelstrecken gehören zur eigenen Hausinstallation. An die TAE-Dose des bisherigen analogen Telefonanschlusses darf nur noch der NTBA eingesteckt werden!

Installationsarbeiten selbst durchführen möchte, kann meist beim Netzbetreiber entsprechende Montagepakete für ein kleines Hausnetz mit allen notwendigen Materialien einschließlich der ISDN-Anschlussdosen IAE erwerben.

3.1 Trotz ISDN ist vieles noch analog

Beim Wechsel vom analogen Telefonanschluss zum ISDN-Anschluss gehen grundsätzliche technische Veränderungen mit einher. Das betrifft nicht nur die gesamte Übertragungstechnik, sondern eben auch die Installationstechnik einschließlich der Anschlusskomponenten mit der IAE-, UAE- oder RJ45-Technik. Der Wechsel zum ISDN bedeutet jedoch nicht, dass keine analogen Anschlusskomponenten oder analoge Endgeräte mehr verwendet werden. Im Gegenteil. So bleibt auf alle Fälle die 1. TAE-Dose, in die der NTBA eingesteckt wird, in Betrieb. Auch für die analogen Endgeräte, die zum Beispiel an einer TK-Anlage genutzt werden, sind analoge Anschlusskomponenten erforderlich. Kenntnisse über die TAE-Dose, deren Funktion und die technisch ordnungsgemäße Beschaltung sind deshalb trotz ISDN-Technik auch weiterhin notwendig.

Bitte beachten!

Trotz ISDN werden in Größenordnungen analoge Endgeräte verwendet! So zum Beispiel an ISDN-Telefonanlagen.
Das heißt: auch weiterhin sind analoge TAE-Anschlusskomponenten gefragt.

Man kann davon ausgehen, dass heutzutage bei den meisten analogen Anschlüssen grundsätzlich nur noch das TAE-System als Schnittstellenverbinder für den Anschluss von Telefonen und anderen Zusatzgeräten vorhanden ist. Neben der TAE-Technik hat sich aber auch umfassend das Western-System, auch Modular-Steckverbindersystem oder US-Technik (RJ 11 und RJ 45) genannt, durchgesetzt. Dieses System gibt es in den Anschlussvarianten:

- Western-Anschluss 4polig 7,65 mm
- Western-Anschluss 4polig 9,65 mm
- Western-Anschluss 6polig 9,65 mm
- Western-Anschluss 8polig 11,68 mm.

Dieses Anschlusssystem wird sowohl in der analogen Technik als auch in der ISDN-Technik verwendet.

3.1.1 Interessantes über die TAE-Dose

Die heutigen Zugangsnetze sind strukturell in unterschiedliche Bereiche aufgeteilt, die durch definierte Abschlusspunkte markiert sind (*Abb. 3.1*).

Hervorzuheben ist der **Abschlusspunkt APL** des allgemeinen Liniennetzes und die **Telekommunikations - Anschalteeinrichtung TAE** als Übergabestelle zum Kunden. Der APL ist die Schnittstelle zwischen dem Zugangsnetz und der Endleitung zum Teilnehmer. Er befindet sich an oder in Gebäuden. Heutzutage wird stets eine Montage innerhalb der Gebäude angestrebt. Um zu verhindern, dass sich Unbefugte auf Telefonleitungen aufschalten und Gespräche mithören, sind moderne APLs mit besonderen Schließsystemen ausgestattet. Nur die zu-

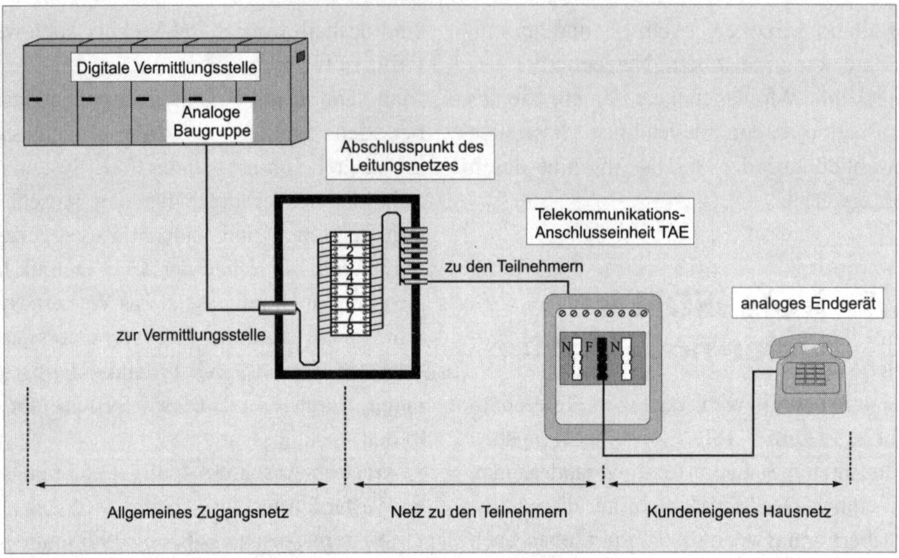

Abb. 3.1 Definierte Abschlusspunkte im Leitungsnetz

ständigen Servicetechniker haben Zugang zu diesen Verteileinrichtungen. Die 1. TAE-Dose ist die physikalische Trennstelle zwischen dem Zubringernetz und dem Hausnetz des Kunden einschließlich seiner gesamten Endgeräteeinrichtung. Sie ist mit einem passiven Prüfabschluss PPA ausgerüstet (*Abb. 3.2*). Er ersetzt die früher vorge-

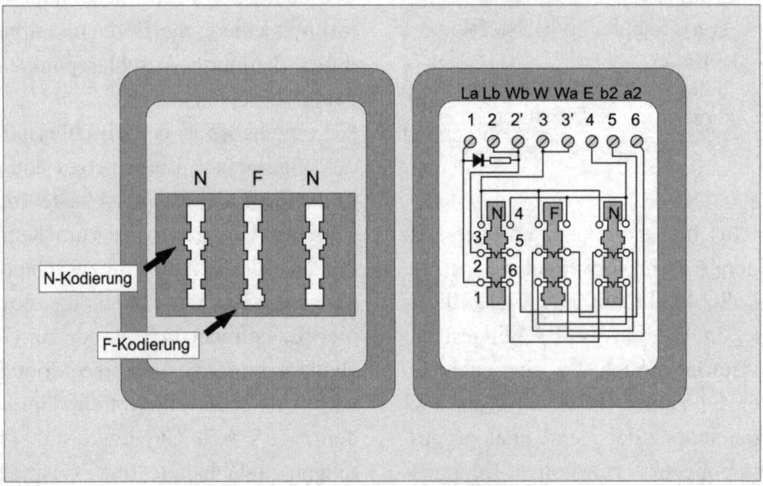

Abb. 3.2 Die 1. TAE-Dose NFN mit den inneren Verbindungswegen und Schaltkontakten. Die Buchsenöffnungen N und F sind mechanisch unterschiedlich kodiert

schriebene Anschaltung eines zusätzlichen Ruforgans (Wecker, Klingel) zur Sicherung des ankommenden Amtsrufes auch bei nicht angeschlossenem Telefonapparat.

Der PPA gibt dem Netzbetreiber die Möglichkeit, auch bei nicht eingestecktem Endgerät das gleichstrommäßige Ausprüfen der Anschlussleitung vorzunehmen und somit Störungen einzugrenzen. Insbesondere kann vom Servicemessplatz messtechnisch folgendes erkannt werden:

- Unterbrechungen der Anschlussleitung bzw. Unterbrechungen in den Verteileinrichtungen bis zur 1. TAE (wenn der PPA nicht messbar ist),
- Vertauschungen der a- und b-Adern (durch Umpolen des Messgerätes erkennbar),
- Anschlussleitung zum Teilnehmer in Ordnung (PPA ist messbar).

Die TAE-Dosen für analoge Endgeräte gibt es in verschiedenen Ausführungen. Neben der 1. TAE-Dose des Netzbetreibers, die immer in der NFN-Ausführung angetroffen wird, sind weitere Dosenarten für das Anstecken von Telefonen oder Zusatzgeräten im Angebot. Unterschieden werden die Buchsen in den TAE-Dosen entsprechend der mechanischen Kodierung nach F-Buchsen für Telefone und N-Buchsen für Zusatzgeräte:

- Kodierung F für Fernsprechen und
- Kodierung N für Nichtfernsprechen.

Die TAE-Dosen sind mit berührungssicheren 6-poligen Steckbuchsen ausgerüstet und besitzen Schaltkontakte zwischen ankommender Fernsprech-Anschlussleitung (a/b) und weiterführender Verbindungsmöglichkeit (a2/b2). Die Schaltkontakte werden durch den gleichfalls kodierten TAE-Stecker des jeweiligen Endgerätes betätigt. Wenn an einer TAE-Dose keine Endgeräte eingesteckt sind, sind die Kontakte immer geschlossen.

> *Info!*
>
> Die Kontakte in der TAE-Dose sind bei nicht eingesteckten Endgeräten stets geschlossen!
> Bei der NFN-Dose liegt das Telefon schaltungstechnisch am Ende!

Die Dreifach-TAE-Dose mit der Bezeichnung 3 x 6 NFN ist die am häufigsten eingesetzte TAE-Dose. Sie ist geeignet für den steckbaren Anschluss von einem Telefon und zwei Zusatzgeräten. Die oft gewählte Konfiguration an dieser TAE-Dose ist ja bekanntlich das Telefon, ein Faxgerät und ein Anrufbeantworter oder ein Modem. Als Schaltkontakte befinden sich in der Dose 3 x 2 Öffner. Die Dosenschaltung zeigt, dass auch hier die Steckbuchsen beider N-Kodierungen der F-Kodierung vorgeschaltet sind. **Das Telefon liegt also am Ende dieser Dosenschaltung!** Und was noch zu beachten ist: bei eingesteckten Zusatzgeräten erfolgt das Auftrennen der inneren Verbindungswege zum Telefon erst bei aktivem Zusatzgerät.

3.1.2 Der TAE-Stecker und seine Kontakte

Der TAE-Stecker in Verbindung mit der TAE-Dose gestattet das problemlose Anschalten des Endgerätes an das Kommunikationsnetz. Je nach Endgeräteart sind die Anschlussschnüre mit einem

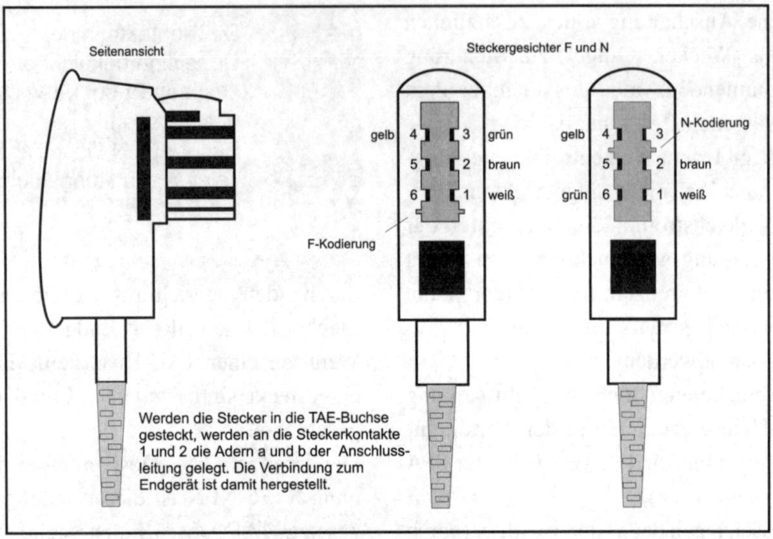

Abb. 3.3 Der TAE-Stecker und seine Beschaltung

- F-kodierten TAE-Stecker oder mit einem
- N-kodierten TAE-Stecker ausgestattet (*Abb. 3.3*).

Für die Telefonanschlussschnüre ist die F-Kodierung und für die Zusatzgeräte sind Anschlussschnüre mit der N-Kodierung vorgesehen. Die Kodierungsnasen an den Steckern ist ein charakteristisches Merkmal zur Unterscheidung der beiden Endgeräteschnüre. Ein weiteres Unterscheidungsmerkmal, zumindest bei den Telekomprodukten, ist die Steckerfarbe. So ist die Farbe der F-kodierten Stecker schwarz, die der N-kodierten Stecker dagegen grau.

TAE-Stecker werden in ihrer Bauform auch nach der Möglichkeit der Verriegelung und der Verrastung unterschieden. Die verriegelnden TAE-Stecker besitzen einen weißen Steckereinsatz. Der Unterschied zwischen den beiden Bauformen besteht darin, dass der verriegelnde Stecker nur mit Hilfe eines Werkzeuges (Schraubenzieher) wieder aus der TAE-Buchse gelöst werden kann. Anschlussschnüre mit TAE-Stecker werden im allgemeinen nur für analoge Endgeräte verwendet.

3.2 Welches Installationskabel ist das richtige?

Für das Beschalten von Anschlussdosen sind entsprechend VDE 0815 die dafür vorgesehenen **Installationskabel- und Leitungen für Fernmelde- und Informationsanlagen** einzusetzen. Der Aufbau dieser speziellen Installationskabel für die Fernmeldetechnik erfolgt nach einem bestimmten Verseilungsprinzip. Je 4 Adern sind zu einem Sternvierer, und je 5 Sternvierer werden zu einem Bündel verseilt (*Abb. 3.4*). Die Verseilung der Adern im Kabel ist not-

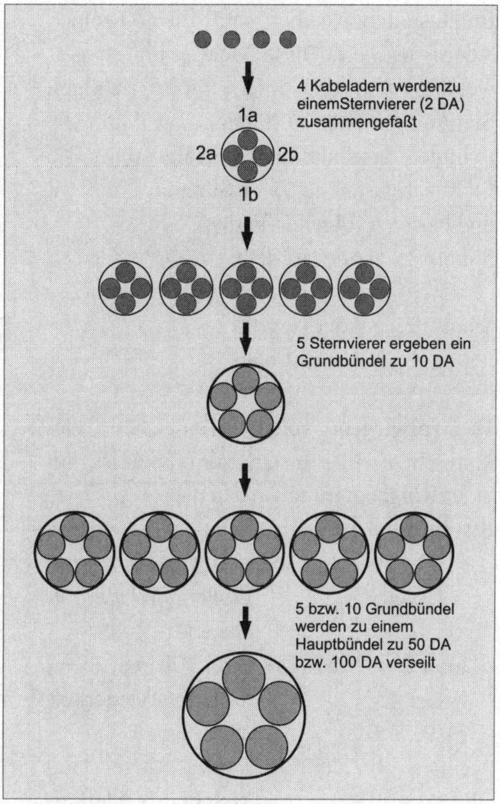

Abb. 3.4 Struktur des Installationskabels von der Doppelader zum Hauptbündel

wendig, um das gegenseitige kapazitive Einkoppeln (Nebensprechen) zwischen den Adernpaaren zu verhindern. Durch das Verseilen heben sich die Störspannungen im Kabel wieder auf.

Das am häufigsten verwendete Installationskabel für analoge und ISDN-Komponenten ist das bündelverseilte Kabel mit der Bezeichnung

J-2Y(St)Y 2x2x0,6 St III Bd

Die einzelnen Zahlen und Buchstaben haben folgende Bedeutung:

- J: Installationskabel
- 2Y: Polyäthylenmantel
- (St): Statischer Schirm aus Metallfolie oder kunststoffkaschierter Metallfolie
- Y: Isolierung der Adern mit Polyvinylchlorid
- 2x2x0,6: Das Kabel ist ausgestattet mit zweimal zwei Doppeladern bei einem Aderndurchmesser von 0,6 mm
- St III Bd: Sternvierer ohne Phantomausnutzung bündelverseilt

Im Installationskabel sind die einzelnen Adern markiert. Diese Markierung ist notwendig, um die Adern dem richtigen Stamm zuordnen zu können und damit die richtige Beschaltung zu realisieren. Die Sternvierer sind in zwei Stämme unterteilt und besitzen folgende Farben:

Stamm 1: a-Ader ist gelb
b-Ader ist rot
Stamm 2: a-Ader ist grün
b-Ader ist blau

Das vorwiegend von der Deutschen Telekom eingesetzte Installationskabel ist mit einer Ringcodierung versehen (*Abb. 3.5*):

Stamm 1:	a-Ader (1a):	kein Ring
	b-Ader (1b):	ein Ring mit großem Wiederholabstand
Stamm 2	a-Ader (2a):	zwei Ringe mit großem Wiederholabstand
	b-Ader (2b):	zwei Ringe mit kleinem Wiederholabstand.

Die Kennzeichnungen der einzelnen Adern bzw. Stämme sollte man sich unbedingt merken. Sie sind Vorraussetzungen für eine ordnungsgemäße Installation im gesamten Inhouse-Bereich. Das betrifft insbesondere die technisch einwandfreie Beschaltung der IAE-Dosen im ISDN und natürlich die ganze Palette der RJ45-Anschlusstechnik bei kleinen lokalen Netzwerken. Das Installationskabel 2x2x0,6 ist für die Arbeiten am Hausnetz bestens geeignet. Bitte beim Beschalten von IAE-Dosen aber auf keinem Fall die Adern vertauschen. Es ist stets darauf zu achten, dass die in Abb. 3.5 dargestellten Adern immer dem gleichen Stamm zugeordnet werden.

Auch im Grundbündel, bestehend aus 5 Sternvierern, sind die einzelnen Sternvierer durch unterschiedliche Farben gekennzeichnet:

- der 1. Sternvierer mit rot,
- der 2. Sternvierer mit grün,
- der 3. Sternvierer mit grau,
- der 4. Sternvierer mit gelb
- der 5. Sternvierer mit weiß.

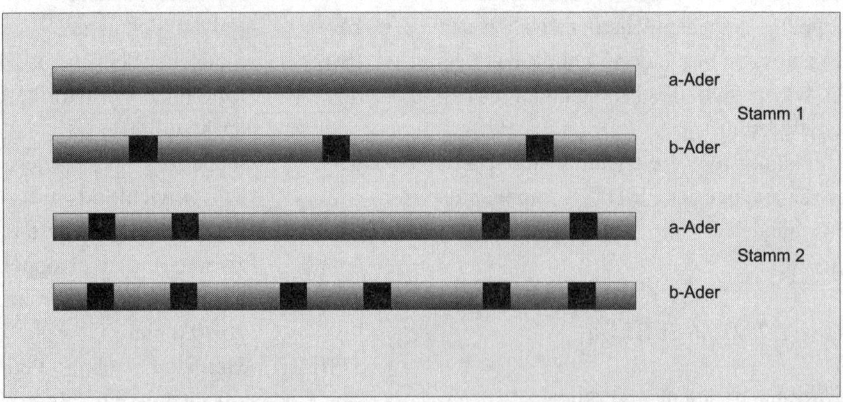

Abb. 3.5 Ringcodierung der Adern im Installationskabel

Sind Installationen mit solchen höherpaarigen Kabel notwendig, ist das Auszählen der einzelnen Doppeladern erforderlich. Dazu werden die einzelnen Doppeladern miteinander verdrillt und je 5 Stück zu einem Bündel zusammengefasst. Das Kabel wird von außen nach innen im Uhrzeigersinn, beginnend mit dem Adernpaar, das die rote a-Ader und die blaue b-Ader innehat, abgezählt. Die anderen a-Adern sind dann alle weiß und die dazugehörigen b-Adern sind gelb, grün, grau und schwarz. Am Ende der ersten Lage wird wieder mit der roten a-Ader der zweiten Lage begonnen. Diese Zählweise setzt sich bei jeder weiteren Lage so fort.

3.3 Die IAE-Dose und deren richtige Beschaltung

So wie sich in der analogen Anschlusstechnik der Begriff TAE-Dose aus dem Wort **T**elekommunikations - **A**nschluss - **E**inheit abgeleitet hat, wurde in der ISDN-Technik aus dem Wort **I**SDN-**A**nschluss-**E**inheit die Abkürzung IAE-Dose festgeschrieben. Es ist jedoch zu beachten, dass außer der IAE-Dose gleichberechtigt die RJ-45 Dose oder die UAE-Dose im Handel angeboten wird. Beide Produkte sind fast gleich. Die Abkürzung UAE ergibt sich aus der Bezeichnung **U**niverselle-**A**nschluss-**E**inheit. Auch diese Anschlussdose ist natürlich für die ISDN-Installation geeignet. Wie der Name schon sagt, ist diese Dose universell einsetzbar, insbesondere auch in Netzwerken. Der Unterschied zur IAE-Dose besteht darin, dass bei der RJ-45-Dose und UAE-Dose alle 8 Kontakte zwischen Klemmleiste und Buchsenkontakte direkt durchgeschaltet sind und außerdem wegen des Einsatzes in Datennetzen mit einer Schirmung versehen sein können. Bei Verwendung von Anpassungselementen, die in die UAE-Westernbuchse eingesetzt werden, können auch analoge Geräte mit dem kleinen 6-poligen Westernstecker eingesteckt werden.

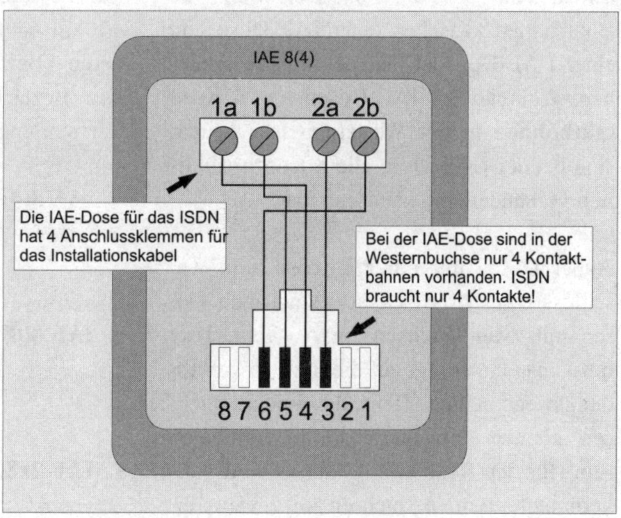

Abb. 3.6 Die IAE-Dose mit der inneren Schaltung

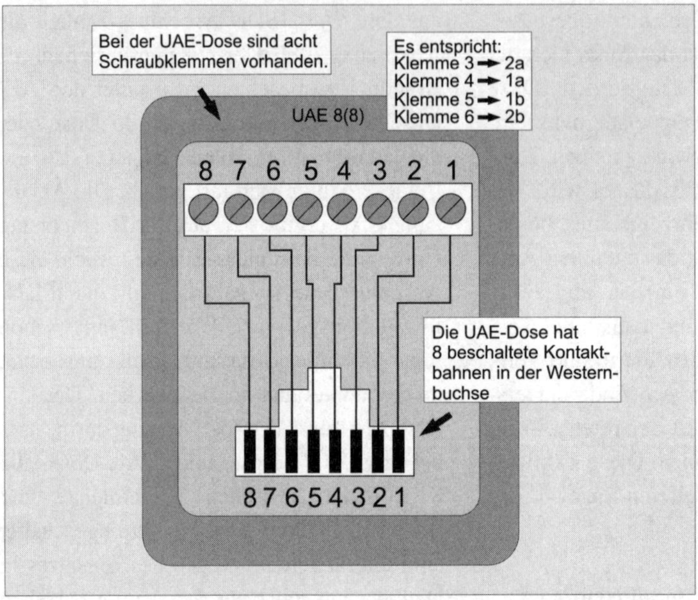

Abb. 3.7 Bei der RJ45-bzw. UAE-Dose können alle acht Kontaktbahnen genutzt werden

Für die Selbstinstallation der Anschlusskomponenten am eigenen Hausnetz sollte man also die unterschiedlichen Dosen kennen und deren Beschaltung unbedingt beachten (*Abb. 3.6 und 3.7*). Der wichtigste Unterschied zwischen einer IAE-Dose und einer UAE-Dose ist hier deutlich zu erkennen. Während die IAE-Dosen nur **4 Kontaktbahnen** in der Westernbuchse besitzt, sind bei der UAE-Dose alle **8 Kontaktbahnen** vorhanden und somit nutzbar.

Außer Dosen mit **einer Buchse** zum Anschluss eines ISDN-Gerätes sind auch Dosen mit **zwei Buchsen** im Angebot. Hier muss man unbedingt auf die inneren Verbindungswege achten. Denn die beiden Buchsen können entweder parallel geschaltet sein (für den Busbetrieb) oder es sind vollkommen getrennte Buchsen mit jeweils eigenen Anschlussklemmen. *Abb. 3.8* zeigt die IAE 2x8(4) mit zwei Buchsen für den Busbetrieb.

Zur besseren Übersicht sind nachfolgend die am häufigsten eingesetzten Dosen und deren Bezeichnungen zusammengestellt. Die Bezeichnungen drücken bereits den Verwendungszweck aus:

- **IAE 8(4)** ISDN-Dose mit einer Buchse und 4-poliger Klemmleiste zum Anstecken eines Endgerätes
- **IAE 8(8)** ISDN-Dose mit einer Buchse und 8-poliger Klemmleiste zum Anstecken eines Endgerätes
- **IAE 2x8(4)** ISDN-Dose mit zwei parallelen Buchsen und 4-poliger

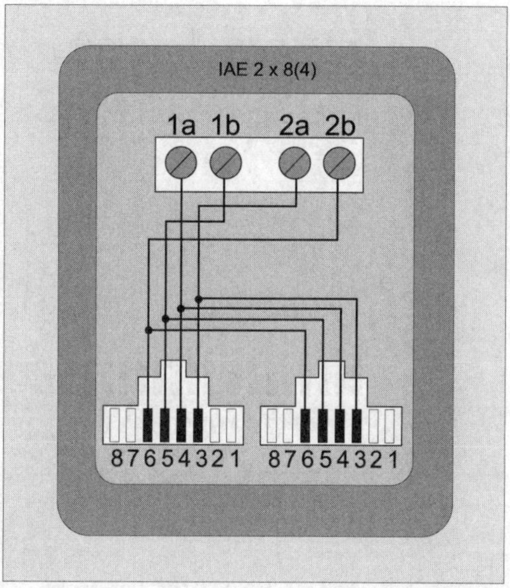

Abb. 3.8 Die doppelte IAE-Dose 2x8(4) für den Busbetrieb zum Anstecken von zwei ISDN-Geräten

Klemmleiste zum Anstecken von zwei Endgeräten im Busbetrieb

- **IAE 2 8(8)** ISDN-Dose mit zwei Buchsen und 8-poliger Klemmleiste zum Anstecken von zwei Endgeräten im Busbetrieb
- **IAE 8/8(4)** ISDN-Dose mit zwei voneinander unabhängigen Buchsen und je 4-poliger Klemmleiste zum getrennten Anstecken von zwei Endgeräten
- **IAE 8/8(8)** ISDN-Dose mit zwei voneinander unabhängigen Buchsen und je 8-poliger Klemmleiste zum getrennten Anstecken von zwei Endgeräten.

Hierzu zum besseren Verständnis die genaue Erklärung der einzelnen Bezeichnungen:

Die IAE 8(4) und IAE 8(8) sind also ISDN-Dosen für das Anschalten nur eines Endgerätes. Dabei besitzt die IAE 8(4) nur 4 Schraubklemmen und die IAE 8(8) 8 Schraubklemmen. In die beiden Buchsen der IAE-Dosen 2x8(4) und 2x8(8) können zwei ISDN-Geräte angesteckt werden. Diese sind parallel geschaltet. Dagegen haben die beiden letztgenannten IAE-Dosen 8/8(4) und 8/8(8) vollkommen getrennte Buchsen und getrennte Schraubklemmen (*Abb. 3.9*).

Die ISDN-Endgeräte werden über die Kontaktbahnen bzw. Pins 3, 4, 5 und 6 an das ISDN-Netz angeschaltet. Die beiden Paare 3/6 und 4/5 als Sende- bzw. Empfangsrichtung sind von besonderer Bedeutung. Tab. 3.1 zeigt den Zusammenhang zwischen den Schraubklemmen und Kontaktbahnen der IAE-Dosen einerseits mit den Kontaktfunktionen des NTBA und des ISDN-Endgerätes andererseits.

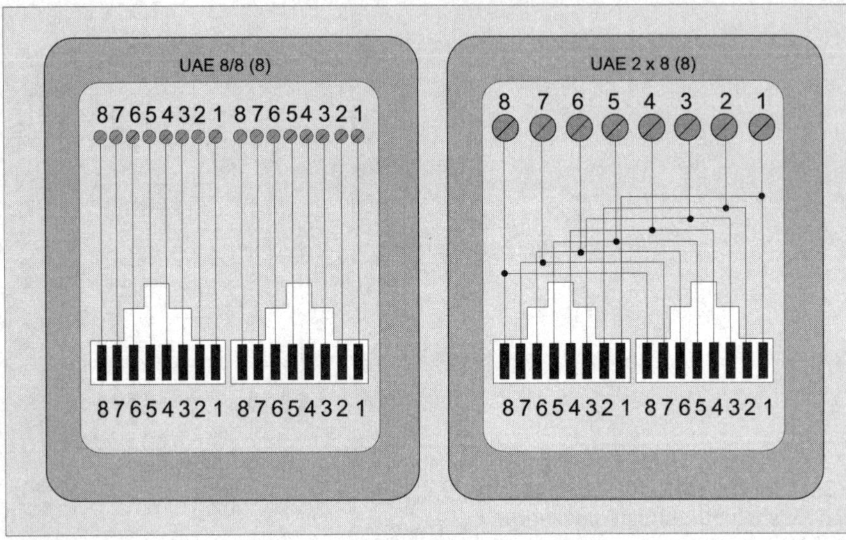

Abb. 3.9 Die UAE 8/8(8) besitzt getrennte, die UAE 2x8(8) parallel geschaltete Buchsen

Tabelle 3.1

Klemmenbezeichnung der IAE-Anschlussleiste	Stiftbezeichnung (Lamellen oder Pins) der IAE-Buchse	Kontaktfunktion aus der Sicht des NTBA	Kontaktfunktion aus der Sicht des Endgerätes
1	1		
2	2		
3 oder 2a	3	Empfangen	Senden
4 oder 1a	4	Senden	Empfangen
5 oder 1b	5	Senden	Empfangen
6 oder 2b	6	Empfangen	Senden
7	7		
8	8		

Die IAE-Dosen haben die Anschlussklemmen 1a, 1b, 2a und 2b. Das entspricht den Pinbelegungen 4, 5, 3 und 6. Diese werden aus Sicht des NTBA wie folgt belegt:

- 1a = Sendeader (Klemme am NT: a1)
- 1b = Sendeader (Klemme am NT: b1)
- 2a = Empfangsader (Klemme am NT: a2)
- 2b = Empfangsader (Klemme am NT: b2).

Bei Verwendung des bereits beschriebenen ringcodiertem Installationskabels ist des-

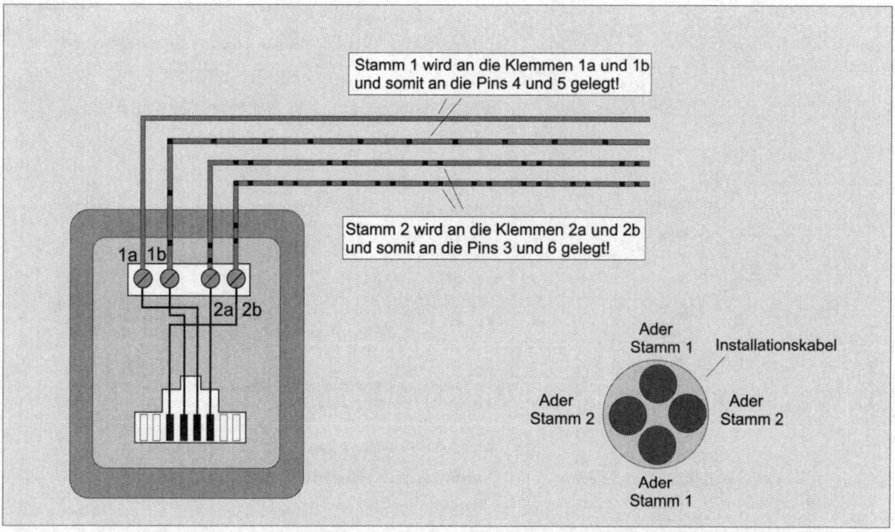

Abb. 3.10 So wird eine IAE-Dose mit dem ringcodierten Kabel beschaltet

halb unbedingt auf das richtige Aufschalten der Adern nach Stamm 1 und Stamm 2 zu achten (*Abb. 3.10*). Die IAE-Dose ist dann richtig beschaltet, wenn der Stamm 1 auf die Klemmen 1a (4) und 1b (5), und der Stamm 2 auf die Klemmen 2a (3) und 2b (6) aufgelegt wird. Steht das ringcodierte Installationskabel nicht zur Verfügung und es soll eine andere Kabeltype verwendet werden, dann sind die in *Abb. 3.11* gegebenen Anschalthinweise an der IAE-Dose und am NT für die verschiedensten Kabeltypen sehr wertvoll.

3.4 Der Westernstecker

Der in der ISDN-Installationstechnik verwendete Westernstecker zum Anstecken der ISDN-Endgeräte an die IAE-Dosen besitzt vier Pole oder Kontaktbahnen (*Abb. 3.12*). Nur sie sind für die Funktion des ISDN-Gerätes ausschlaggebend. Werden andere Stecker, also solche mit acht Kontaktbahnen verwendet, dann sind für ISDN nur die vier mittleren Pins zu beschalten.

3.5 Das Netzabschlussgerätes NTBA wird zuerst installiert

Wenn der Netzanbieter den ISDN-Anschluss durchgeschaltet hat, kann die Inbetriebnahme des NTBA vorgenommen werden.

Der Montageort des NTBA sollte unmittelbar neben der vorhandenen TAE-Dose des

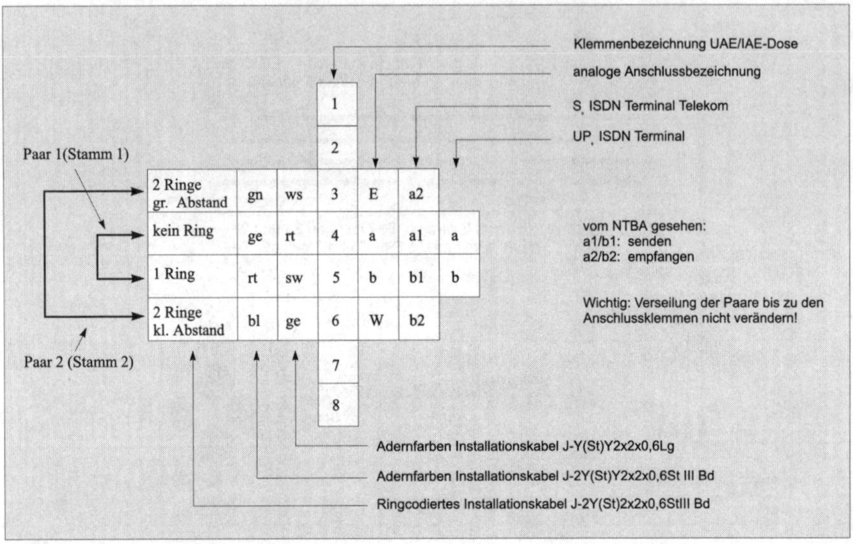

Abb. 3.11 Aufschalten unterschiedlicher Kabeltypen auf verschiedene Anschlussdosen

bisherigen analogen Telefonanschlusses sein. In diese TAE-Dose wird nur noch der NTBA eingesteckt (*Abb. 3.13*).

Andere analoge Telefone oder Zusatzgeräte dürfen nicht mehr eingesteckt werden. Wenn dies geschieht, ist der ISDN-Anschluss nicht betriebsbereit. Das Einstecken des NTBA erfolgt also nur in die F-Buchse der Dreifach-TAE-Dose. Bitte kontrollieren Sie auch, ob noch andere TAE-Dosen, eventuell in anderen Räumen, mit dem Telefonanschluss verbunden sind. Aus Gründen der Betriebssicherheit des ISDN-Anschlusses sollten alle alten Anschlusskomponenten, auch Klingeleinrichtungen oder Faxweichen, von der 1. TAE abgetrennt werden. **Die 1. TAE steht nur dem NTBA zur Verfügung!**

Nachdem der Netzstecker des NTBA in die Steckdose eingesteckt wurde, ist der NTBA und damit der ISDN-Anschluss betriebsbereit. Die Betriebsbereitschaft wird durch eine grüne Leuchtdiode LED am NTBA angezeigt. Nun beginnt die Prüfung des Anschlusses. Das geschieht auf einfache Weise mit einem ISDN-Telefon, das in eine der beiden IAE-Buchsen am NTBA eingesteckt wird (*Abb. 3.14*).

Mit Hilfe der Gebrauchsanleitung des ISDN-Telefons wird dem Gerät diejenige Mehrfachnummer zugeordnet, die in der Auftragsbestätigung angegeben ist. Wenn alles ordnungsgemäß installiert und programmiert wurde, kann vom neuen Anschluss aus telefoniert werden. Zur Kontrolle sollte man sich zurückrufen lassen um sicherzustellen, dass das ISDN-Telefon auch auf die zugewiesene Anschlussnummer reagiert.

Wer eine Dosenanlage installieren möchte,

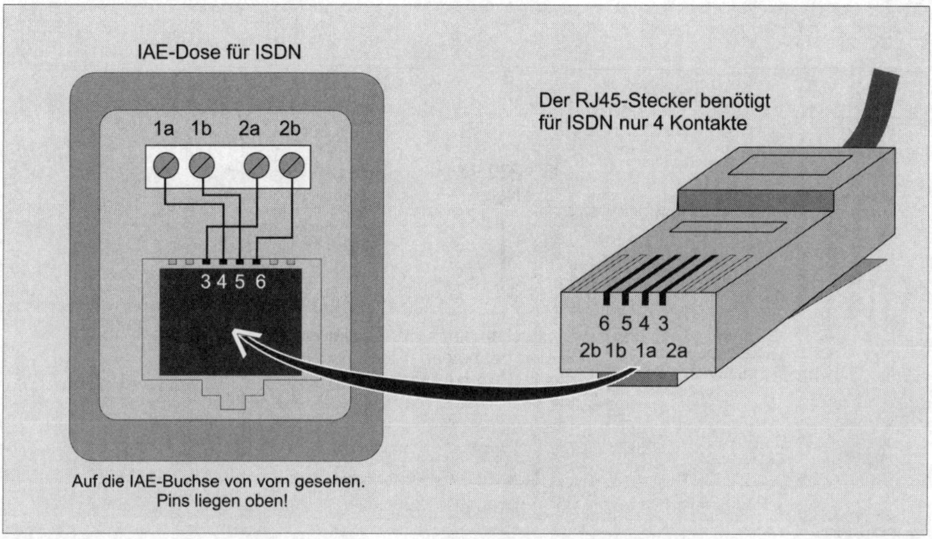

Abb. 3.12 Der RJ45-Stecker und seine Kontaktbelegung bei ISDN. ISDN benötigt nur 4 Pins!

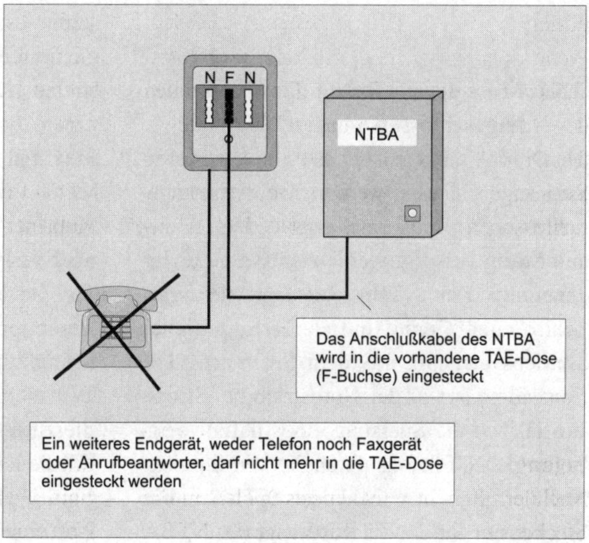

Abb. 3.13 Der NTBA wird mit der F-Buchse der TAE-Dose verbunden

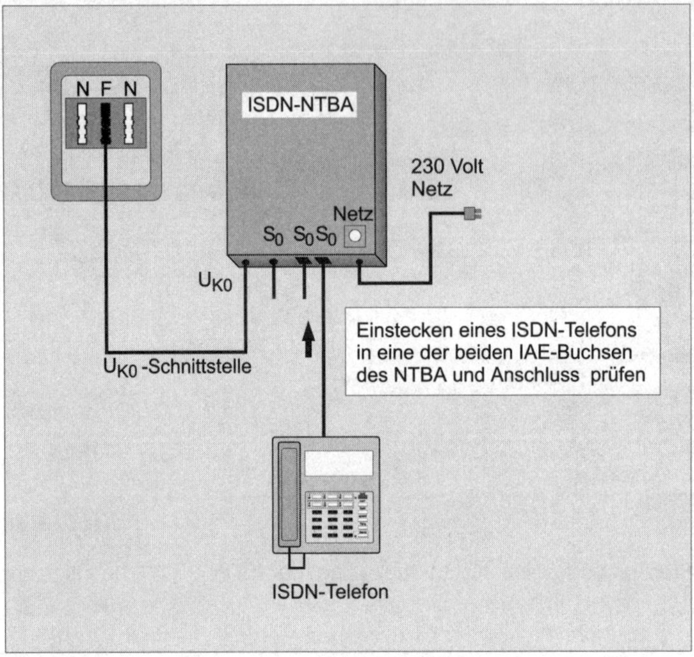

Abb. 3.14 Erstes Prüfen des neuen ISDN-Anschlusses

klemmt das Installationskabel an die Klemmen im NTBA an (*Abb. 3.15*).

3.5.1 Muss der NTBA an das Stromnetz angeschlossen werden?

Der NTBA muss immer dann an das Stromnetz angeschlossen werden, wenn die angeschlossenen Endgeräte durch den NTBA mit Strom versorgt werden müssen. Zur Erinnerung: Der NTBA versorgt die angeschlossenen Geräte mit der erforderlichen Betriebsspannung aus dem Stromnetz. Die Ausnahme ist nur der Notbetrieb bei Stromausfall, wo die Speisung eines dafür geeigneten ISDN-Telefons durch die Vermittlungsstelle ermöglicht wird. Diese Speiseleistung ist aber nur für ein Telefon ausgelegt!

Der NTBA kann aber trotz des Anschlusses an das 230 V-Netz nicht unbegrenzt Endgeräte mit Betriebsspannungen versorgen. Seine Leistungskapazität ist natürlich begrenzt. Deshalb ist vorgeschrieben, das an einem Mehrgeräteanschluss im Busbetrieb maximal nur 4 ISDN-Telefone angeschaltet werden dürfen. Für weitere Telefone ist die Kapazität des NTBA nicht ausgelegt. Da aber viele Endgeräte, wie TK-Anlagen oder Faxgeräte eine eigene Stromversorgung besitzen, gibt es in der Praxis wegen der Einschränkung auf 4 Telefone keine Probleme. Wer mehr Telefone betreiben muss, schließt diese sinnvoller weise sowieso über eine TK-Anlage an.

Sind jedoch am ISDN-Anschluss alle Endgeräte selbst mit dem 230 V-Netz verbun-

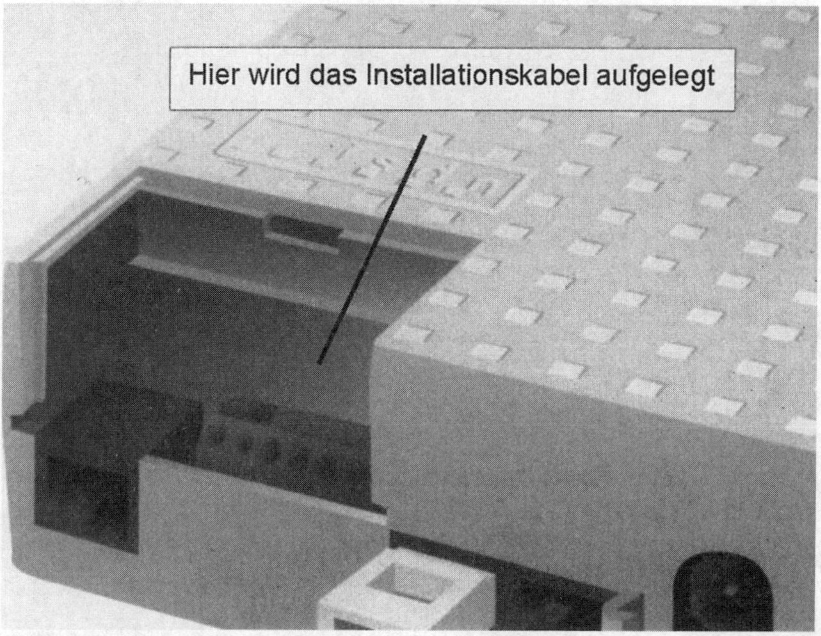

Abb. 3.15 Die Klemmen im NTBA zur Aufnahme des Installationskabels (Quelle: Telekom)

den, dann braucht der NTBA nicht an 230 V angeschlossen zu werden. Als Beispiel hierfür kann folgende Gerätekonfiguration gelten: PC mit ISDN-Karte und kleine TK-Anlage mit Nebenstellen (*Abb. 3.16*).

3.6 Kann ich auch ISDN-Geräte direkt am NTBA betreiben?

Da der NTBA bereits zwei IAE-Buchsen besitzt, können ISDN-Endgeräte direkt am NTBA betrieben werden (*Abb. 3.17*). Die Installation eines Hausnetzes entfällt bzw. ist nicht erforderlich. Die Westernstecker der ISDN-Geräte werden direkt in die beiden Buchsen des NTBA eingesteckt. Und wer mehr als zwei Endgeräte direkt am NTBA betreiben will, kann die ISDN-Steckdosenleiste plus der Deutschen Telekom erwerben und an den NTBA anstecken. An diese ISDN-Leiste, die als S_0-Bus aufgebaut ist und die 6 IAE-Buchsen besitzt, können insgesamt 6 ISDN-Endgeräte betrieben werden. Das Anstecken von ISDN-Endgeräten direkt an den NTBA kann immer dort erfolgen, wo sich sämtliche Geräte in einem Raum befinden und wo eben keine weiteren IAE-Dosen installiert werden müssen. Dieser einfache Fall tritt in der Praxis jedoch eher selten auf.

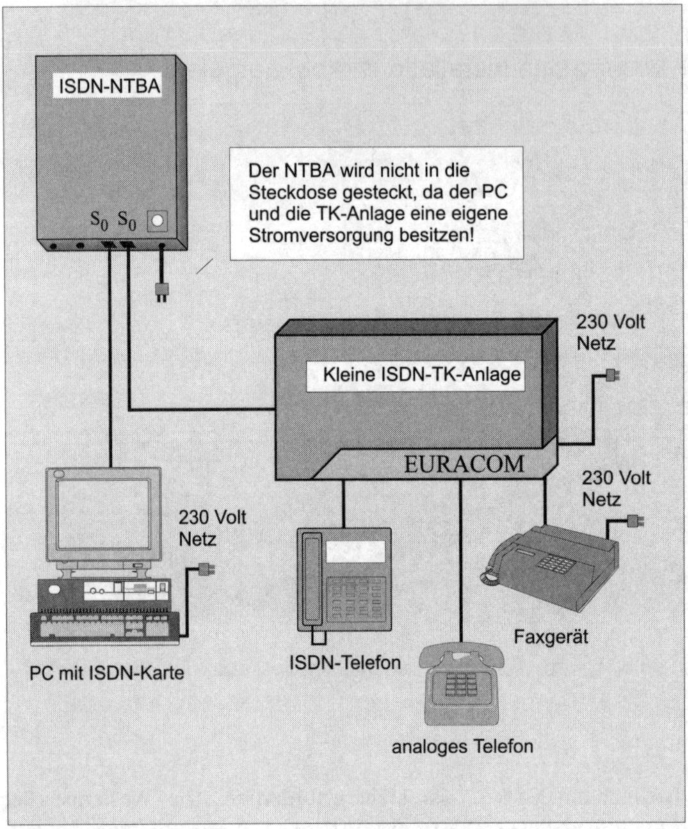

Abb. 3.16 Bei dieser Gerätekonfiguration muss der NTBA nicht an das 230 V-Netz angeschlossen werden

3.7 Wie installiere ich weitere IAE-Dosen am ISDN-Anschluss?

Im Regelfall ist das Betreiben der ISDN-Endgeräte direkt und ausschließlich am NTBA, so wie eben beschrieben, wegen der räumlichen Bedingungen in Haus und Büro selten möglich. Im allgemeinen befinden sich die einzelnen Endgeräte ja in verschiedenen Räumen. Zum Anschließen dieser räumlich getrennten Geräte an den NTBA ist deshalb stets ein kleines Hausnetz notwendig. Die Installation eines solchen Netzes ist je nach Anschlussart des ISDN-Anschlusses unterschiedlich. So ist für den Mehrgeräteanschluss die bekannte Punkt-zu-Mehrpunkt-Verbindung, und für den Anlagenanschluss die Punkt-zu-Punkt-Verbindung zu installieren. Die Punkt-zu-Mehrpunkt-Verbindung bezeichnet man als Businstallation bzw. als S_0-Bus.

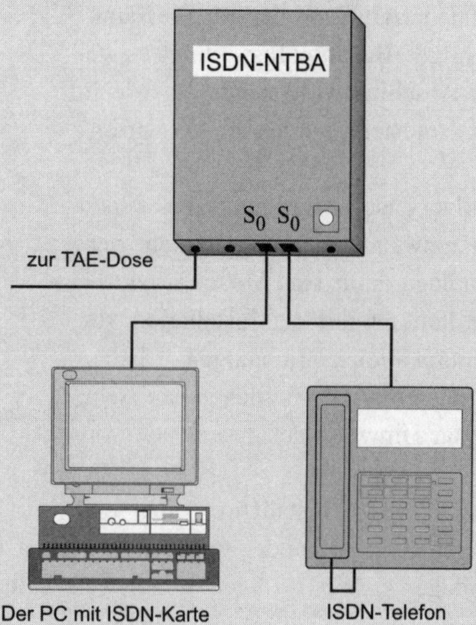

Abb. 3.17 ISDN-Geräte kann man direkt am NTBA betreiben

3.7.1 Der erste Bus am Mehrgeräteanschluss wird installiert!

Beim Mehrgeräteanschluss sind drei verschiedene Installationsformen möglich:

- der passive Bus mit dem NTBA am Leitungsende
- der passive Bus mit dem NTBA in der Leitungsmitte und
- der verlängerte oder erweiterte passive Bus.

Jede Variante hat ihre Daseinsberechtigung und ist abhängig von den örtlichen Gegebenheiten. Am häufigsten wird der Bus installiert, wo der NTBA am Leitungsende sitzt.

Bitte beachten!

Am S_0-Bus dürfen nur 12 Anschlussdosen installiert werden.
Der Bus ist in der letzten Dose mit zwei Abschlusswiderständen von je 100 Ohm abzuschließen!

Der passive Bus mit dem NTBA am Leitungsende

Bei der Installation eines Bus-Systems am ISDN-Anschluss ist zu beachten, dass maximal nur 12 IAE-Dosen installiert werden dürfen. Diese 12 Dosen dürfen wiederum nur mit 8 Endgeräten, und davon maximal

4 Telefone, bestückt werden. Die einzelnen IAE-Dosen sind beim Bus praktisch vieradrig parallel geschaltet. Zu beachten ist, dass in der letzten IAE-Dose der für die Funktion wichtige Busabschluss durch zwei 100 Ohm Abschlusswiderstände, so wie in *Abb. 3.18* dargestellt, vorgenommen wird.

Die Installation sollte ordnungsgemäß und technisch einwandfrei vorgenommen werden. Grundlage dafür sind Vorschriften, die sich ganz konkret mit der Installation von Telekommunikationseinrichtungen befassen. Wer wissen will, wo alles genau steht, hier ein paar Hinweise auf bestehende Vorschriften:

- DIN VDE 0815: Installationskabel und -leitungen für Fernmelde- und Informationsanlagen
- DIN VDE 0891: Verwendung von Kabeln und isolierten Leitungen für Fernmeldeanlagen und Informationsverarbeitungsanlagen
- Forum 10: Installation von Endeinrichtungen der Telekommunikation. Hinweise, Beispiele, Material, Stand der Technik (ZVEI-Dokumentation 1996)
- DIN EN 50098-1: Informationstechnische Verkabelung von Gebäudekomplexen; ISDN-Basisanschluss (1994)
- DIN EN 50173: Anwendungsneutrale Verkabelungssysteme (1995)
- FTZ 1 TR 5: Technische Forderungen an die Installation von Endstellenleitungen für Endstellen mit S_0-Schnittstelle.

Die Länge des Bus-Systems, also die **verlegte Länge des notwendigen Installa-**

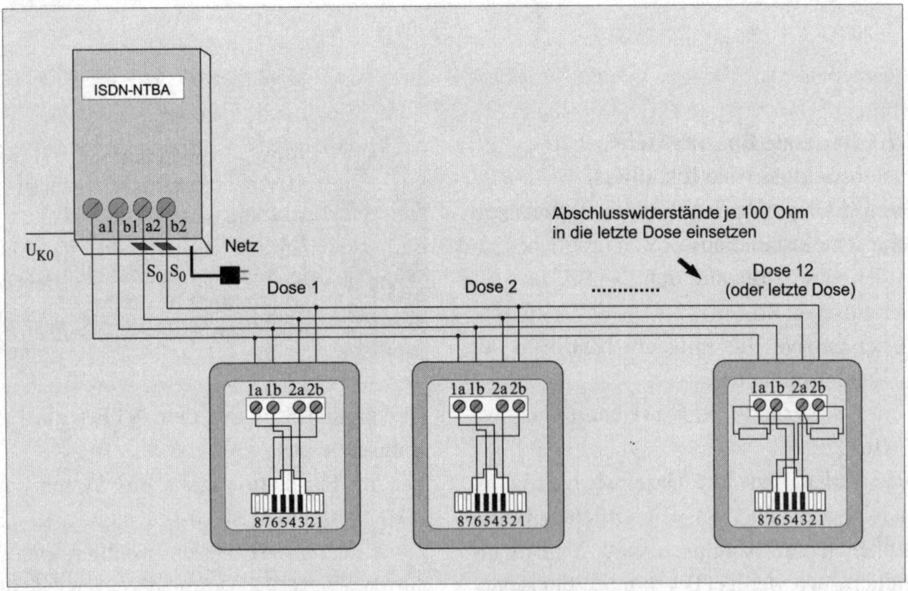

Abb. 3.18 So wird der Bus am ISDN-Anschluss installiert

Tabelle 3.2 Abhängigkeit der Buslänge vom eingesetzten Installationskabel

Typ des Installationskabels	Buslänge (Installationslänge
Installationskabel, Isolierung aus Polyethylen (PE), statischer Schirm I-2Y2Y(St) 2x2x0,6 St III Bd	180 Meter
Installationskabel, Isolierung aus PVC, statischer Schirm I-Y(St)Y...LG oder I-y(St)Y...Bd	130 Meter
Installationskabel für die Industrieelektronik, Isolierung mit verbessertem Brandverhalten I-H(St)H...Bd	120 Meter
S_0-Bus-Installationskabel ohne Schirm I-Y(St)...Bd	120 Meter
S_0-Bus-Installationskabel mit statischem Schirm I-Y(St)...Bd	120 Meter

tionskabels darf ca. 180 m nicht überschreiten. Darauf ist unbedingt zu achten. Je nach verwendetem Kabeltyp schwankt die erlaubte Buslänge jedoch erheblich. *Tabelle 3.2* zeigt diese Abhängigkeit der Buslänge vom Typ des Installationskabels.

Der passive Bus mit dem NTBA in der Leitungsmitte

Eine zweite Konfigurationsmöglichkeit bei der Punkt-zu-Mehrpunkt-Verbindung besteht darin, den NTBA in die Busmitte einzuschleifen (*Abb. 3.19*). Auch hier dürfen in beiden Zweigen des Busses insgesamt nur 12 IAE-Dosen installiert und 8 Endgeräte angeschaltet werden. Die Abschlusswiderstände sind jetzt beidseitig in die jeweils letzte IAE-Dose anzuklemmen. Die Gesamtlänge des Bussystems beträgt auch hier ca. 150 Meter.

Der verlängerte Bus

Beim verlängerten Bus werden die Endgeräte am Schluss der Installationsleitung innerhalb einer restlichen Leitungslänge von etwa 25 bis 50 m als gemeinsames Bündel (Cluster) angeschaltet (*Abb. 3.20*).

> *Tipp!*
>
> Im Fachhandel kann man fertig konfektionierte Abschlusswiderstände erhalten. Diese passen exakt in die IAE-Dosen und man spart Montagezeit.

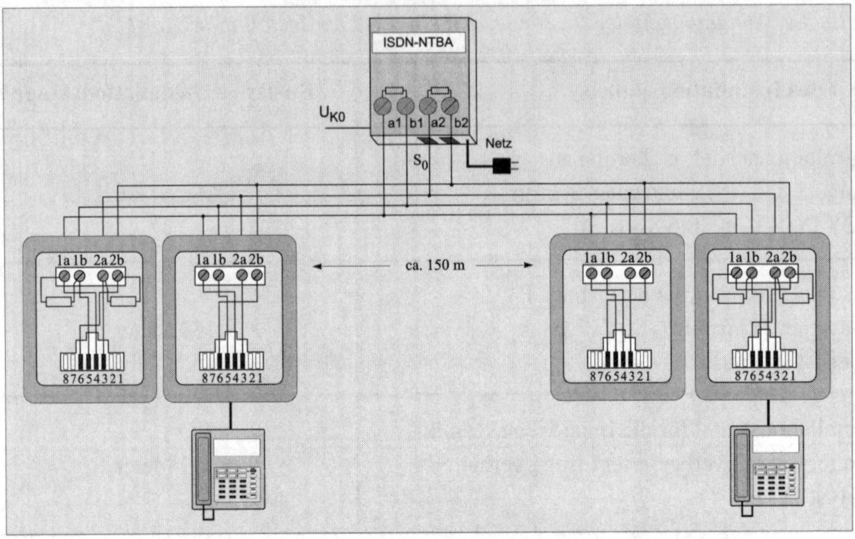

Abb. 3.19 Das Anschalten des NTBA in der Busmitte

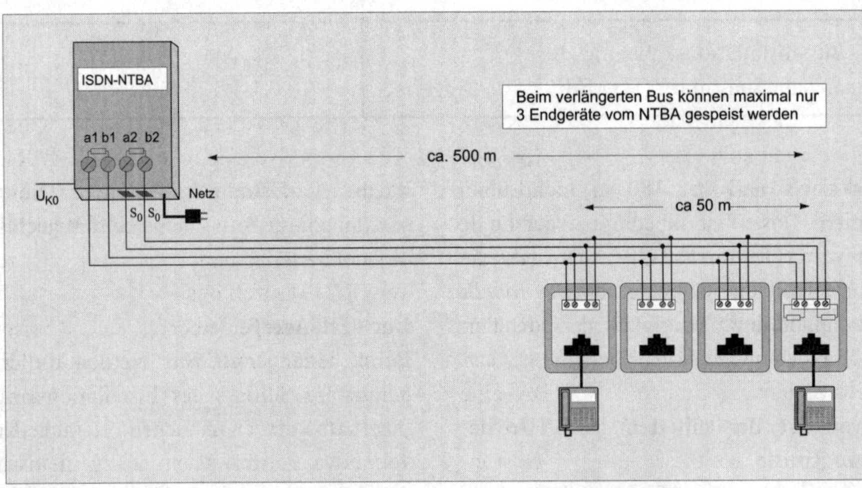

Abb. 3.20 Der verlängerte oder erweiterte Bus

Mit dieser Variante der Businstallation erreicht man eine spürbare Verlängerung der Leitungslänge auf etwa 500 Meter. Allerdings sind damit alle Endgeräte auf einen relativ kleinen Raum konzentriert. Die Zahl der anzuschließenden Endgeräte ist bei dieser Variante auf vier Stück begrenzt. In der Praxis wird der erweiterte Bus kaum angewandt.

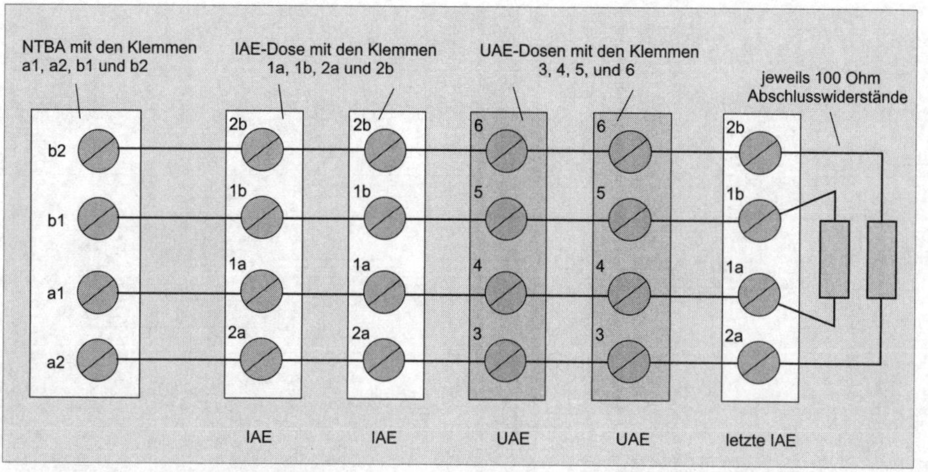

Abb. 3.21 Montageschema eines Busses mit unterschiedlichen Anschlussdosen

Wie eine konkrete Businstallation mit zum Beispiel 3 IAE- und 2 UAE-Dosen zu erfolgen hat, zeigt nachfolgendes Montageschema in *Abb. 3.21*. Je nachdem, welche ISDN-Dosen zur Verfügung stehen, sind die Klemmenbezeichnungen entweder 1a, 1b, 2a und 2b bei der IAE-Dose und 3, 4, 5, und 6 bei der UAE-Dose. Die Abschlusswiderstände sind in der letzten Anschlussdose an die beiden Klemmen 1a und 1b bzw. 2a und 2b anzuschalten. Im NTBA sind die Widerstände schon vorhanden. Bitte beachten, dass die Klemmenbezeichnung im NTBA eine andere ist als bei den IAE-Dosen. Hier haben die Ziffern und die Buchstaben eine andere Reihenfolge: a1, a2, b1 und b2!

3.7.2 Die Installation des Anlagenanschlusses ist auch kein Problem!

Der ISDN-Anlagenanschluss wird durch eine Punkt-zu-Punkt-Verbindung realisiert. Bei dieser Konfiguration wird an das Netzabschlussgerät NTBA nur ein einziges Endgerät, sinnvoller weise in den meisten Fällen eine TK-Anlage angeschaltet (*Abb. 3.22*).

Wird eine TK-Anlage angeschlossen, ist der NTBA vom Netz zu trennen und am NTBA ist die Standardeinstellung Mehrgeräteanschluss zu ändern auf Anlagenanschluss. Mit dem Anlagenanschluss kann man relativ große Entfernungen zwischen NTBA und TK-Anlage überbrücken (Beispiel: Bürogebäude mit NTBA im Kellergeschoss). Im übrigen lässt sich auch am internen Bus der TK-Anlage eine solche Konfiguration einrichten, wenn eine ISDN-Nebenstelle in größerer Entfernung betrieben werden muss.

Die Gesamtlänge des 4adrigen Installationskabels zwischen NTBA und der IAE-Dose liegt je nach Kabeltyp zwischen 600 und 1000 Meter (*Tabelle 3.3*). Eine Überschreitung der maximalen Länge von 1000 Meter ist nicht zulässig.

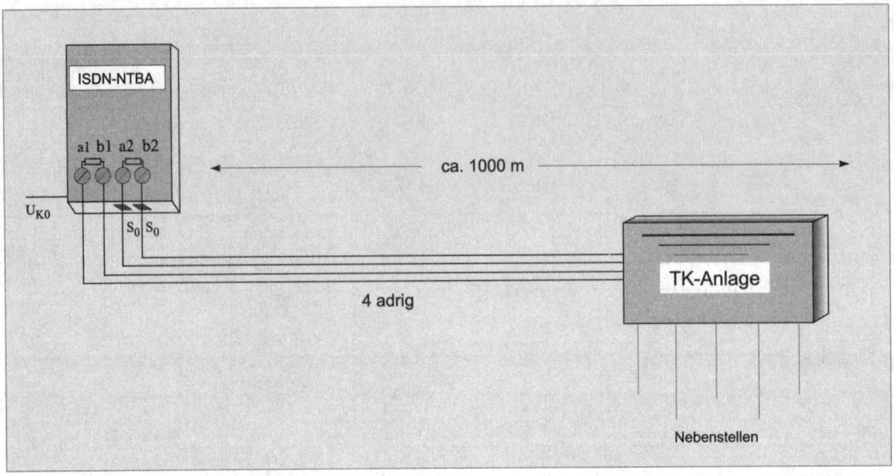

Abb. 3.22 Installation des Anlagenanschlusses

Tabelle 3.3 Installationslänge beim ISDN-Anlagenanschluss

Typ des Installationskabels	**Installationslänge bei der Punkt-zu-Punkt-Verkabelung**
J-2Y(St)Y 2x2x0,6 St III Bd	900 Meter
J-2Y(St)Y >10x2x0,6 St III Bd	1000 Meter
J-02YSH2...10x2x0,6 St III Bd	1000 Meter
J-Y(St)Y 2x2x0,6	600 Meter
J-Y(St)Y >10x2x0,6	700 Meter

Das Anschließen der Endgeräte ist kein Problem

4

Schon einmal vorweg: am ISDN-Anschluss können grundsätzlich alle vorhandenen Endgeräte angeschaltet werden. Wie aber am Buchanfang zum Thema Schnittstellen erklärt, sind natürlich die technischen Besonderheiten des ISDN zu beachten. Das heißt, die Endgeräte sind dort anzuschließen, wo es die Schnittstelle auch erlaubt bzw. verlangt. Man kann also zum Beispiel nicht, um hier ein Extremfall zu beschreiben, ein analoges Telefon an die S_0-Schnittstelle des NTBA anschalten. Das ist technisch nicht möglich! Aber man kann jederzeit das analoge Telefon über einen Adapter oder über eine ISDN-TK-Anlage an den S_0-Bus anschließen. Und so wird es in der Praxis ja auch gemacht. Wer mehrere analoge Endgeräte am ISDN-Anschluss weiter betreiben möchte, schaltet diese als Nebenstellen an eine ISDN-Telefonanlage an. Die Telefonanlage besitzt entsprechende Ports sowohl für analoge Endgeräte als auch für ISDN-Geräte.

Damit alles übersichtlich wird, sind nachfolgend die verschiedenen Endgeräte und deren Anschlussmöglichkeiten dargestellt.

> *Tipp!*
>
> Keine analogen Telefone entsorgen!
> Sie werden am ISDN-Anschluss als Nebenstellen von kleinen ISDN-TK-Anlagen weiter verwendet.

4.1 Können analoge Telefone weiter verwendet werden?

Der große Vorteil von ISDN besteht ja auch darin, dass analoge Endgeräte über Adapter weiterhin verwendet werden können. Trotz ISDN muss ja nicht jedes Telefon unbedingt ein ISDN-Telefon sein. Man sollte sich aber bei der Verwendung der analogen Endgeräte bewusst sein, dass die Leistungsmerkmale des ISDN nur eingeschränkt nutzbar sind!

Um analoge Endgeräte am ISDN-Anschluss weiter verwenden zu können, sind grundsätzlich a/b-Wandler notwendig. Das können separate Terminaladapter oder TK-Anlagen sein. Der a/b-Wandler, auch a/b-Adapter genannt, besitzt für ein oder zwei analoge Endgeräte entsprechende TAE-Buchsen. Die Anschlussschnur des Wandlers selbst ist mit einem Westernstecker ausgestattet, der in die entsprechende IAE-Buchse des NTBA oder in eine IAE-Dose des S_0-Busses eingesteckt wird. An die a/b-Wandler können im Prinzip alle analogen Endgeräte, wie Telefone, Faxgeräte, Anrufbeantworter oder Modems angeschlossen werden. Bedingung dabei ist aber immer: die analogen Geräte müssen tonwahlfähig sein, da die Programmierung hinsichtlich der Rufnummernzuordnung über die MFV-Signale der analogen Endgeräte erfolgt.

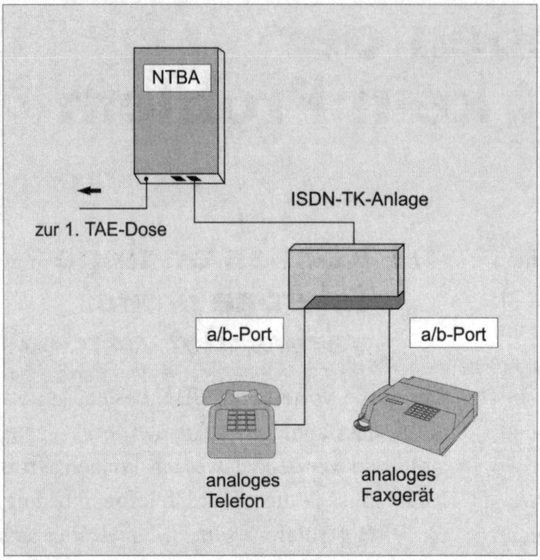

Abb. 4.1 An eine ISDN-TK-Anlage werden die analogen Endgeräte ohne a/b-Wandler angeschlossen

Separate a/b-Adapter werden aber immer mehr durch kleine ISDN -Telefonanlagen ersetzt. Wer also heute einen ISDN-Neuanschluss plant, der ist mit dem Erwerb einer ISDN-Telefonanlage immer gut beraten. Hier können die analogen Endgeräte problemlos angeschlossen werden (*Abb. 4.1*).

Grundsätzlich können analoge Endgeräte am ISDN-Anschluss wie folgt angeschlossen werden:

- direkt am NTBA über einen a/b-Wandler
- am installierten S_0-Bus des ISDN-Anschlusses oder am installierten S_0-Bus einer ISDN-TK-Anlage und zwar ebenfalls über einen a/b-Wandler
- an einer TK-Anlage, die analoge Anschlussstellen (Ports) besitzt. Hier wird kein a/b-Wandler benötigt, und
- an einem PC mit ISDN-Karte, die eine a/b-Schnittstelle bereitstellt.

4.2 ISDN-Endgeräte direkt am NTBA

Am NTBA sind zwei IAE-Buchsen vorhanden, an die direkt, also ohne eine Installation vornehmen zu müssen, folgende ISDN-Endgeräte angesteckt und betrieben werden können:

- ISDN-Telefone
- ISDN-Faxgeräte
- PCs mit ISDN-Karte
- ISDN-TK-Anlagen und
- ISDN-Adapter.

Da ja nur diese zwei Buchsen am NTBA zur Verfügung stehen, können die aufgezählten Geräte natürlich nicht alle komplett und auf einmal in den NTBA eingesteckt werden. Abhilfe schafft hier eine ISDN-Steckdosenleiste, die als Zubehör von der Deutschen Telekom angeboten wird. Mit

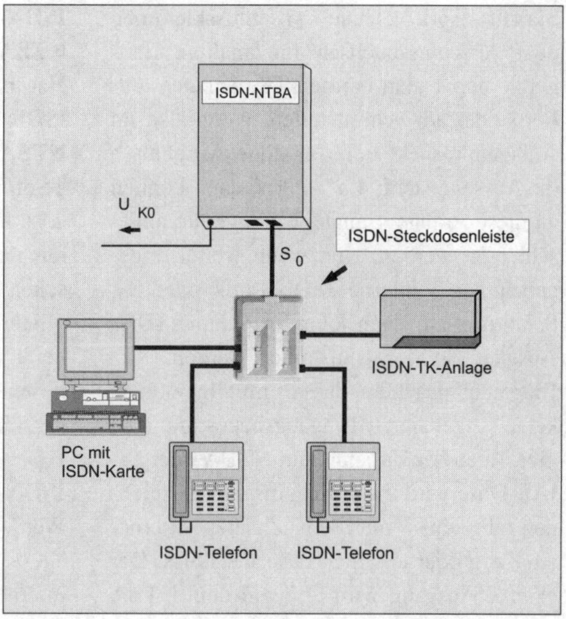

Abb. 4.2 ISDN-Endgeräte können über eine ISDN-Verteilerleiste direkt an den NTBA angeschlossen werden

ihrer Hilfe können am NTBA bis zu sechs ISDN-Geräte angeschlossen werden. Besteht also die Notwendigkeit, mehrere Geräte in einem Raum betreiben zu müssen, ist das mit dieser Anschlussleiste möglich. Sie besitzt einen Westernstecker und wird direkt in die IAE-Buchse des NTBA eingesteckt (*Abb. 4.2*).

4.3 ISDN-Endgeräte am Bus und an der TK-Anlage

Im Fachhandel wird eine umfangreiche Palette moderner und leistungsfähiger ISDN-TK-Anlagen angeboten:

- ISDN-TK-Anlagen mit internen Schnittstellen für ISDN-Geräte (S_0-Schnittstellen) und mit analogen Ports für analoge Endgeräte (*Abb. 4.3*), sowie
- ISDN-Anlagen mit nur analogen Ports.

Im letzteren Fall können, wie der Name schon sagt, nur analoge Geräte angeschlossen werden. Damit man eine einheitliche

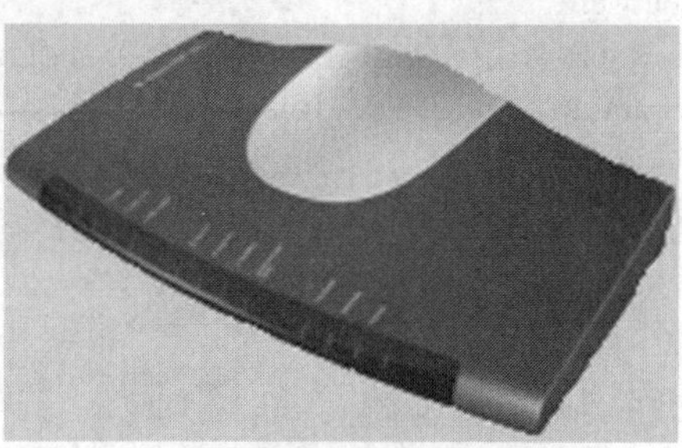

Abb. 4.3 Beispiel einer modernen ISDN-TK-Anlage: die Eumex 704PC DSL der Deutschen Telekom

Sprache spricht: Die Anschlussklemmen oder Anschlussbuchsen für analoge Endgeräte nennt man bei den TK-Anlagen a/b-Ports oder a/b-Schnittstellen. Wenn also im Anlagenprospekt unter analoge Anschlüsse die Aussage steht: 4 a/b-Ports, dann können an diese Anlage 4 analoge Endgeräte angeschlossen werden. Und wenn weiter angegeben ist: 2 interne ISDN-Ports oder S_0-Schnittstellen, dann kann an jedem ISDN-Ausgang ein S_0-Bus installiert werden.
Bitte auch beachten, dass es im allgemeinen keine sogenannte Eingangsbezeichnungen gibt. Auch der Zugang zum NTBA oder zur IAE-Dose wird meist mit Ausgang bezeichnet; allerdings mit dem Zusatz: externer Ausgang oder externer Basisanschluss. Der externe Ausgang wird also mit dem NTBA verbunden und am internen Ausgang schließt man seine ISDN-Geräte an.

ISDN-Telefone am installierten NTBA-Bus

Hat man einen Bus mit den entsprechenden ISDN-Anschlussdosen installiert und am NTBA angeschlossen, können die ISDN-Telefone direkt eingesteckt werden (*Abb. 4.4*). In diesem Fall ist allerdings zu beachten, dass bei einem Verbindungsaufbau zwischen den beiden Telefonen eine kostenpflichtige Verbindung hergestellt wird. Das heißt, diese Variante gestattet keine internen kostenfreien Gespräche. Das ist nur mit einer TK-Anlage möglich.

ISDN-Telefone am Bus der TK-Anlage

Werden dagegen die Endgeräte am Bus der TK-Anlage angeschlossen, sind bekanntlich interne Verbindungen möglich. In diesem Fall entstehen keine Verbindungskosten (*Abb. 4.5*).

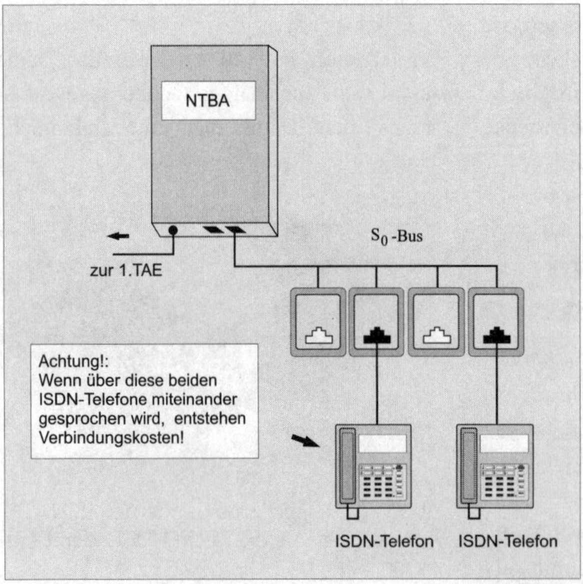

Abb. 4.4 Das Anschließen von ISDN-Telefonen direkt am NTBA-Bus

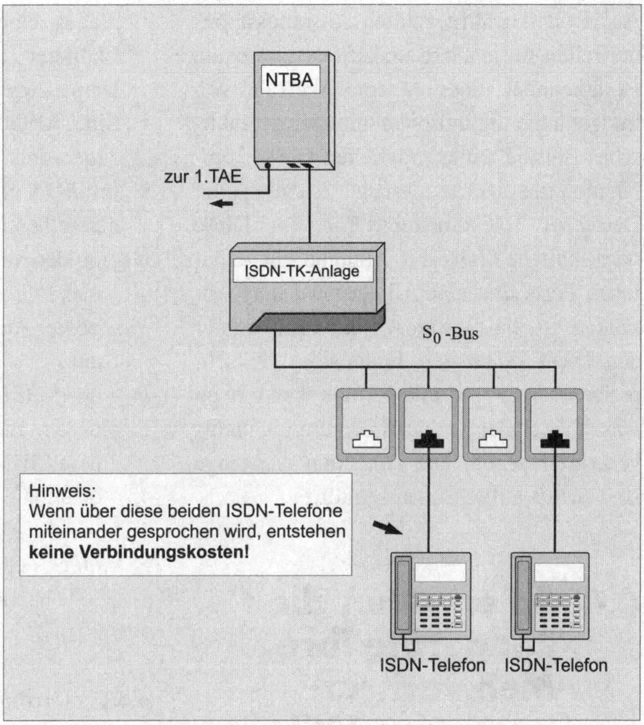

Abb. 4.5 So schließt man ISDN-Geräte am Bus der TK-Anlage an

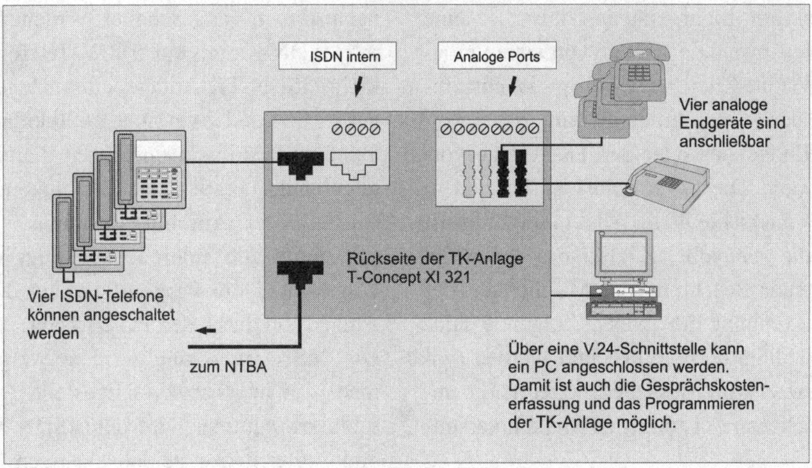

Abb. 4.6 Beispiel einer Endgerätekombination an der TK-Anlage T-Concept XI 321 der Deutschen Telekom

An Hand der aufgezählten Anschlussmöglichkeiten für analoge und ISDN-Endgeräte ist erkennbar, dass es eine Vielzahl von Endgerätekonfigurationen gibt. Ein praktisches Beispiel einer möglichen Gerätekombination mit einer modernen TK-Anlage der Deutschen Telekom zeigt *Abb. 4.6.* Diese oder ähnliche ISDN-TK-Anlagen mit 4 analogen Ports und einem internen ISDN-Anschluss ist die richtige Größenordnung für den ISDN-Einsteiger. Erstens ist sie sehr preiswert und vor allem, man kann beim Anschließen der Endgeräte eigentlich nichts verkehrt machen. Die einzelnen Ausgänge sind auch als Buchsen ausgeführt.

4.4 So erhalten die Endgeräte ihre Mehrfachrufnummern MSN

Durch die Zuordnung der MSN zu den Endgeräten am Mehrgeräteanschluss ist eine gezielte Anwahl der Geräte von außen möglich. Wie die Zuordnung erfolgt, ist entsprechend der Programmieranleitung des jeweiligen Endgerätes oder der TK-Anlage vorzunehmen. Diese Prozedur ist bei jedem Gerät unterschiedlich. Allgemeingültig ist aber die sinnvolle Zuordnung der MSN auch unter Beachtung der Möglichkeit der Dienstekennung im ISDN. Folgende Hinweise sollten deshalb beachtet werden (vorausgesetzt wird, dass die Endgeräte die angesprochenen Leistungsmerkmale unterstützen):

- Einem Endgerät kann eine oder auch mehrere MSN zugeordnet werden
- Außer einer Rufnummer kann einem Endgerät auch ein ganz bestimmter Dienst zugeordnet werden!
- Eine MSN kann mehreren Endgeräten zugeordnet werden!
- Im ISDN erkennen die angewählten Endgeräte bereits vor Verbindungsaufnahme,
  - ob der Anrufer auch ein ISDN-Teilnehmer ist,
  - ob der Anrufer aus dem analogen TNet anruft
  - ob ein ISDN-Faxgerät (G4) anwählt,
  - ob ein analoges Faxgerät (G3) von einem ISDN-Anschluss aus anwählt,
  - ob eine Datenübermittlung stattfinden soll oder
  - ob es sich um den Anruf eines Bildtelefons handelt.

4.4.1 Zuordnungsbeispiele

1. Beispiel

Am Mehrgeräteanschluss sollen Endgeräte nach *Abb. 4.7* angeschaltet werden: Ein PC mit ISDN-Karte, ein ISDN-Telefon, eine kleine ISDN-TK-Anlage, ein analoges Faxgerät (G3) und zwei analoge Telefone. Die Telefone sind in verschiedenen Räumen untergebracht. Festlegung: Der ankommende Ruf auf der Anschlussrufnummer 20000 soll durch alle Telefone abgefragt werden können und die Programmierung der TK-Anlage soll durch den PC erfolgen.

Die MSN-Zuordnung wird so vorgenommen, wie in Abb. 4.7 dargestellt. Die Anschlussrufnummer wird dem ISDN-Telefon und zugleich den beiden analogen Telefonen zugeordnet. Der ankommende Ruf wird somit gleichzeitig bei allen Telefonen und

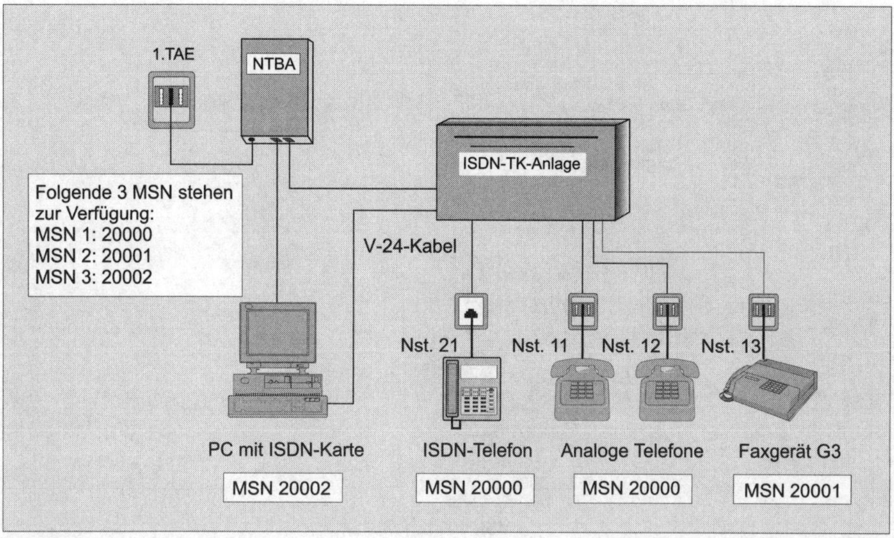

Abb. 4.7 Beispiel einer einfachen MSN-Zuordnung in einem Wohnbereich mit örtlich getrennten Endgeräten

in allen Räumen signalisiert. Bei Abwesenheit aller Familienmitglieder werden entgangene Anrufe in der Anruferliste des ISDN-Telefons aufgelistet. Das Faxgerät und auch der PC mit ISDN-Karte erhalten die beiden anderen Rufnummern. Mit beiden Geräten können Verbindungen aufgebaut werden ohne den Telefonverkehr zu beeinflussen. Sind diese beiden Endgeräte nicht aktiv, können zwei Familienmitglieder gleichzeitig telefonieren. Über ein V-24-Kabel ist der PC ständig mit der TK-Anlage in Verbindung. Damit ist die gewünschte Programmierung der TK-Anlage sichergestellt und außerdem kann eine Gebühren- und Anrufverwaltung vorgenommen werden. Allen Ports der TK-Anlage wurden Nebenstellen zugeordnet. Die Interngespräche sind gebührenfrei.

2. Beispiel

Drei ISDN-Telefone sollen an einen Mehrgeräteanschluss ohne TK-Anlage angeschaltet werden. Es stehen wieder die 3 MSN 20000, 20001 und 20002 zur Verfügung. Jedes Telefon soll seine eigene Rufnummer erhalten. Die Realisierung ist sehr einfach. Alle drei Telefone werden über einen S_0-Bus am NTBA angeschlossen. Da drei MSN zur Verfügung stehen, erhält jedes Telefon eine eigene MSN (*Abb. 4.8*). Aber bitte beachten: die internen Gespräche zwischen den Telefonen kosten Verbindungsentgelte!

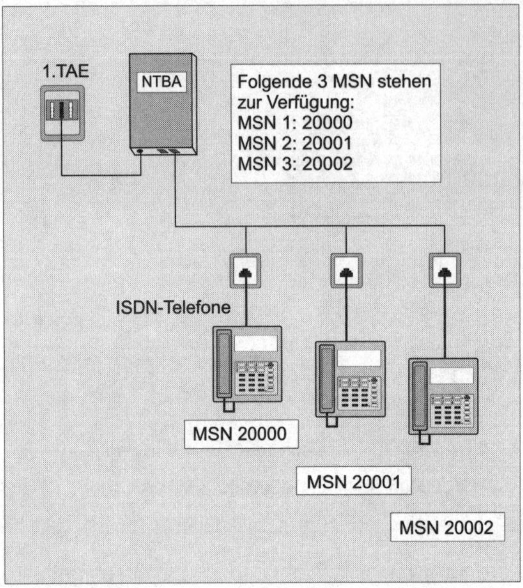

Abb. 4.8 Die 3 MSN werden den ISDN-Telefonen zugeordnet

4.5 Mit Bluetooth drahtlos ins ISDN!

Die neuesten ISDN-Entwicklungen legen den Schwerpunkt auf die drahtlose Verbindung zwischen ISDN-Anschluss und den Endgeräten. Konkret kann mit dieser neuen Technik die Strecke zwischen dem NTBA und beispielsweise dem eigenen PC kabellos gestaltet werden. Schon jetzt ist es möglich, mit der Bluetooth-Übertragung solche schnurlosen Verbindungen zwischen einzelnen Geräten herzustellen.

Bluetooth ist ein internationaler und offener Kommunikationsstandard mit dem auf der Frequenz von 2,4 GHz zur Zeit Datenübertragungen bis zu 723 kbit/s möglich sind. Neu in den Funkbereich eingebrachte Geräte werden automatisch erkannt. Das Prinzip der kabellosen Verbindung zwischen PC und ISDN-Anschluss wird nachfolgend am Produkt BlueFRITZ! von AVM Berlin erläutert. Am Standort des ISDN-NTBA wird ein sogenannter **ISDN-Access-Point** (BlueFRITZ! AP-X) angebracht und direkt mit dem NTBA verbunden (*Abb. 4.9*). Er dient als Sende- und Empfangsgerät für mehrere PCs und als Übergangspunkt zum ISDN-Anschluss. Außerdem können an den ISDN-Access-Point zwei analoge Endgeräte angeschlossen werden.

Am PC wird das kleine Sende/Empfangsgerät (BlueFRITZ! USB) direkt an die USB-Buchse am PC eingesteckt. Damit ist bereits die Installation beendet und zwischen PC und dem ISDN-Access-Point besteht eine stabile und abhörsichere drahtlose Datenverbindung. Die Daten werden im Umkreis bis zu 100 Meter übertragen. Alle Anwendungen, wie zum Beispiel Internet-

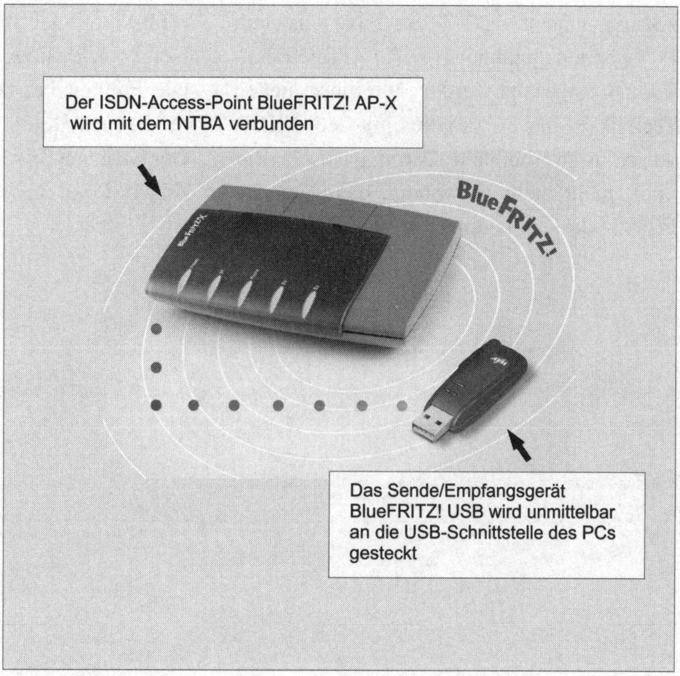

Abb. 4.9 Die Bluetooth-Technik von AVM zur drahtlosen Verbindung zwischen ISDN und PC

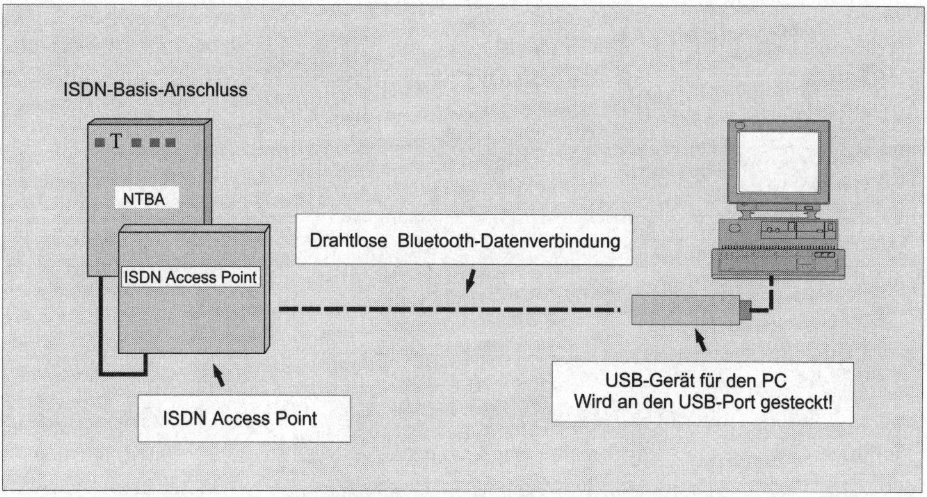

Abb. 4.10 Prinzip der drahtlosen Verbindung zwischen ISDN und PC

zugang, Datentransfer oder Faxe aus dem PC können unabhängig vom Telefonanschluss eingesetzt werden. Mit dieser neuen Technik ist der PC drahtlos mit dem ISDN-Anschluss verbunden! Damit ist es in Zukunft nicht mehr notwendig, dass sich der PC-Standort unbedingt in der Nähe des NTBA befinden muss (*Abb. 4.10*). Für den Notebook-Besitzer heißt das gleichfalls totale Freiheit bei der mobilen Standortwahl im eigenen Heim. Die Preise für die beiden Geräte liegen etwa bei 174,– Euro für den Access-Point und ca. 124,– Euro für das USB-Gerät.

Mit ISDN ins Internet

Wenn der ISDN-Anschluss eingerichtet ist, möchte man natürlich auch alsbald den Zugang ins Internet herstellen. Hierzu sind im wesentlichen drei Schritte notwendig:

- Einbau einer ISDN-Karte in den PC,
- Installieren der Software für die ISDN-Karte
- Einrichten eines Internetzuganges und
- Installieren eines Internetbrowser auf den eigenen PC.

Als ISDN-PC-Karte hat sich schon über Jahre hinweg die AVM-Fritz!Card bestens bewährt und kann nur empfohlen werden. Sie bietet mit ihrer Software alle für den Einstieg notwendigen Funktionen, wie Faxübertragungen aus dem PC, Mailbox-Terminal-Programm, Anrufbeantworterfunktion, Datenübertragungsprogramme usw. an. Als neueste Entwicklung von AVM wird eine kombinierte PC-Karte angeboten, die sowohl den ISDN-Zugang als auch den T-DSL-Zugang anbietet. Das heißt, diese Karte ersetzt gleichzeitig das externe T-DSL-Modem für den T-DSL-Anschluss. Wer also einen ISDN-Anschluss in Auftrag gibt und noch

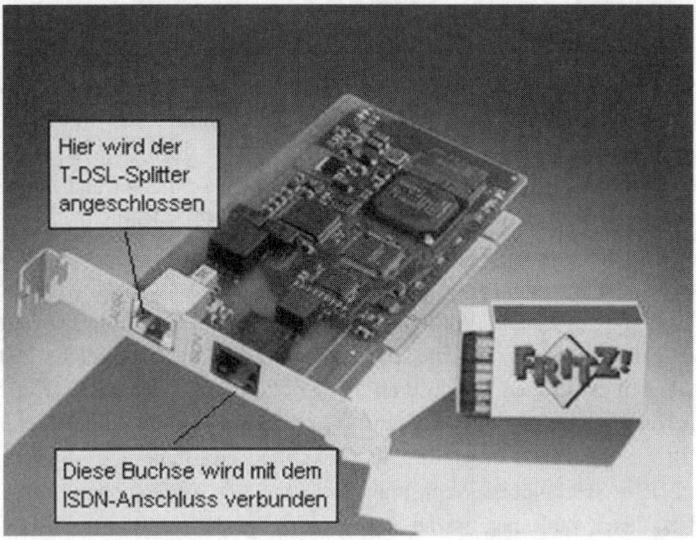

Abb. 5.1 Die kombinierte ISDN/DSL-PC-Einsteckkarte von AVM

Abb. 5.2 Die PCI-Steckplätze für die ISDN-Karte

keine ISDN-Karte besitzt, sollte wegen T-DSL zukunftsorientiert gleich diese kombinierte Karte erwerben (*Abb. 5.1*).

Zum Einbau der ISDN-Karte wird der PC ausgeschaltet und vom Stromnetz getrennt. Anschließend kann der PC aufgeschraubt werden. Die Karte ist nun in einen freien PCI-Steckplatz einzusetzen (*Abb. 5.2*).

Sicherheitshalber sollte man eine eventuell vorhandene eigene statische Aufladung (Körper und Werkzeuge) durch eine Berührung mit dem metallischen Gehäuse abbauen. Beim Karteneinbau ist zu beachten, dass die weißen PCI-Sockel kürzer sind als die schwarzen ISA-Steckplätze. Wenn man den Steckplatz ausgewählt hat, ist an der PC-Rückseite das Abdeckblech zu entfernen. Damit ist nach dem Karteneinbau der RJ45-Anschluss von der PC-Rückseite aus zugänglich. Die Karte ist vorsichtig aber kräftig in den PCI-Sockel einzustecken und anschließend festzuschrauben.

Der PC ist nach dem Einsetzen der Karte wieder zu schließen und einzuschalten. Da sich die ISDN-Karte für verschiedene Betriebssysteme eignet, ist nun die entsprechende Treibersoftware von der mitgelieferten Treiber-CD auf die PC-Festplatte zu installieren. Die erfolgreiche Installation und Konfiguration der ISDN-Karte kann man am PC wie folgt kontrollieren: anklicken von Systemsteuerung, System und Gerätemanager, es erscheint *Abb. 5.3* mit der Anzeige der installierten ISDN-Karte AVM ISDN Controller.

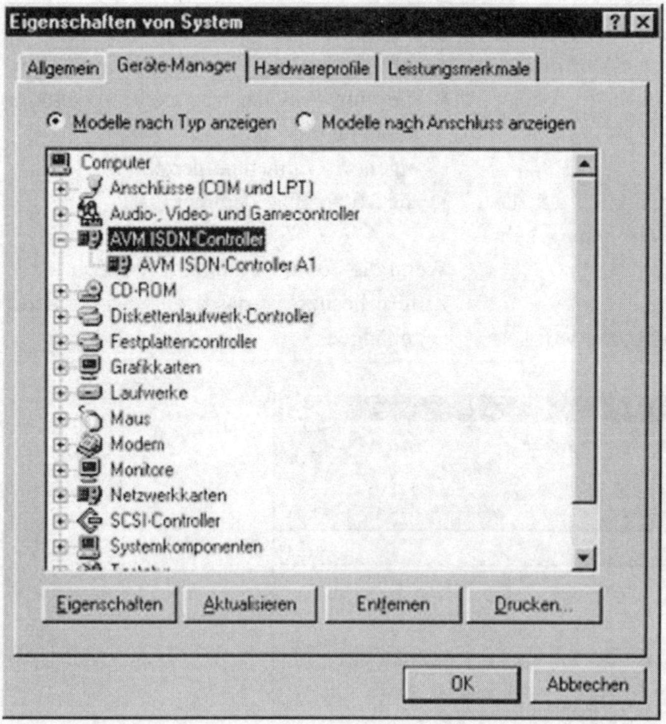

Abb. 5.3 Die installierte ISDN-Karte wird im Gerätemanager angezeigt

5.1 Die DFÜ-Internet-Einwahl einrichten

Für die Einwahl ins Internet muss man nicht unbedingt die Software eines Internet-Providers starten. Man kann auch auf direktem Weg über das im Betriebssystem enthaltene DFÜ-Netzwerk (hier am Beispiel Windows 98) sofort eine Internetverbindung aufbauen. Für diejenigen, die noch keine große Berührung mit der DFÜ-Einwahl hatten, wird diese Einwahl ausführlich an Hand der Monitorbilder Schritt für Schritt erklärt.

1. Schritt: Klicken Sie auf *Arbeitsplatz* und es erscheint *Abb. 5.4*.

2. Schritt: Klicken Sie nun auf *DFÜ-Netzwerk* und das Fenster entsprechend *Abb. 5.5* öffnet sich:

3. Schritt: Wenn Sie die benutzerdefinierte Verbindung eingetragen und Ihr Gerät ausgewählt haben, klicken Sie auf *Weiter. Abb. 5.6* erscheint.

4. Schritt: Klicken Sie jetzt auf *Weiter* zu *Abb. 5.7.*

5. Schritt: In *Abb. 5.7* geben Sie nur die Rufnummer Ihres Providers ein. Hier ist es die T-Online-Einwahl 0191011. Weiter zu *Abb. 5.8.*

6. Schritt: Klicken Sie auf *Fertigstellen.* Damit wird die neue Internet-Verbindung auch im DFÜ-Netzwerk gespeichert. Weiter zu *Abb. 5.9.*

7. Schritt: Mit einem Doppelklick auf die erstellte Internet-T-Online-Verbindung geht es weiter zu *Abb. 5.10.*

8. Schritt: Man wird nun aufgefordert, seinen Benutzername und sein Kennwort einzugeben. Als Benutzername ist einzutragen:

- die vom Provider mitgeteilte Anschlusskennung plus die
- eigene T-Onlinenummer plus
- die Mitbenutzernummer 001.

Wenn die T-Online-Nummer weniger als 12 Ziffern besitzt, ist das Trennungszeichen # anzuhängen.

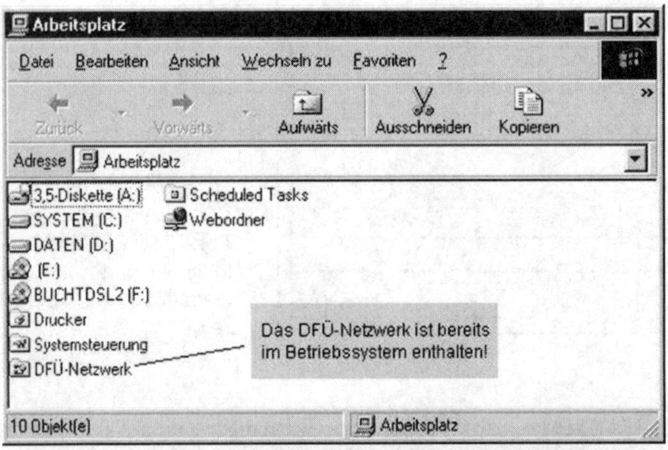

Abb. 5.4

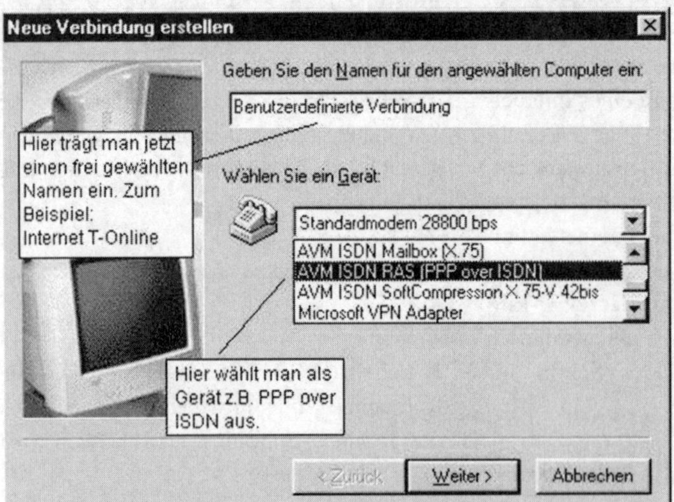

Abb. 5.5

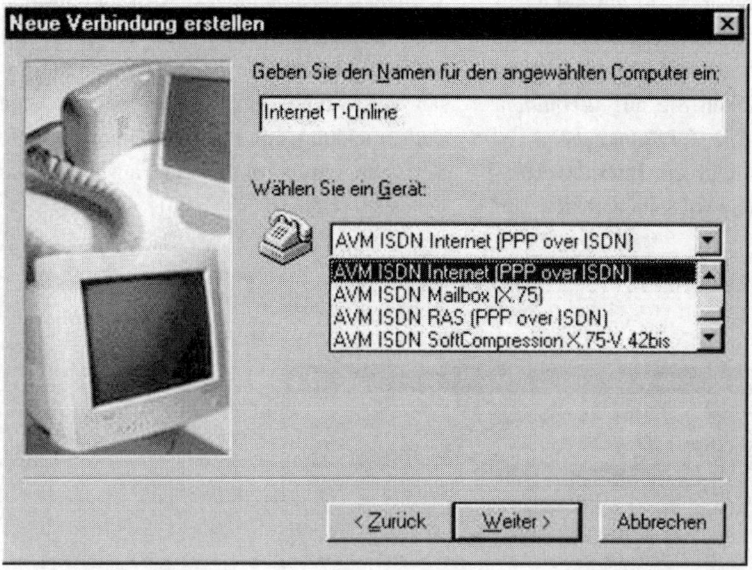
Neue Verbindung erstellen
Geben Sie den Namen für den angewählten Computer ein:
Internet T-Online
Wählen Sie ein Gerät:
AVM ISDN Internet (PPP over ISDN)
AVM ISDN Internet (PPP over ISDN)
AVM ISDN Mailbox (X.75)
AVM ISDN RAS (PPP over ISDN)
AVM ISDN SoftCompression X.75-V.42bis
< Zurück
Weiter >
Abbrechen

Abb. 5.6

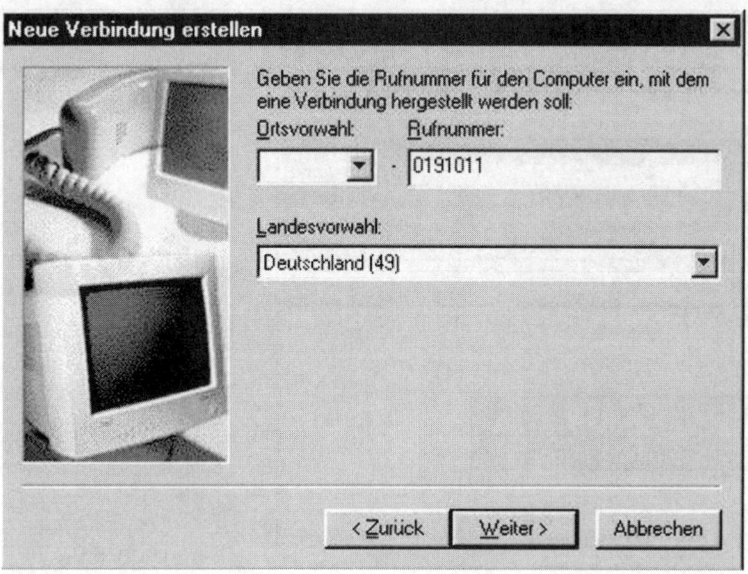
Neue Verbindung erstellen
Geben Sie die Rufnummer für den Computer ein, mit dem eine Verbindung hergestellt werden soll:
Ortsvorwahl:
Rufnummer:
0191011
Landesvorwahl:
Deutschland (49)
< Zurück
Weiter >
Abbrechen

Abb. 5.7

Wenn Sie Ihr Kennwort nicht auf der Festplatte speichern möchten, dann lassen Sie bitte das kleine Kästchen bei Kennwort speichern leer. Klicken Sie auf *Verbinden.* Weiter geht es mit *Abb. 5.11* und *5.12*.

Die Abb. 5.12 bestätigt die Internetverbindung mit T-Online. Mit einen Klick auf *Schließen* verschwindet diese Meldung und das Verbindungssymbol ist in der Startleiste auf dem Monitor zu sehen. Klickt man dieses Verbindungssymbol an, erscheint eine Statusmeldung mit Informationen über die Verbindungszeit und über ausgetauschte Bytes (*Abb. 5.13*).

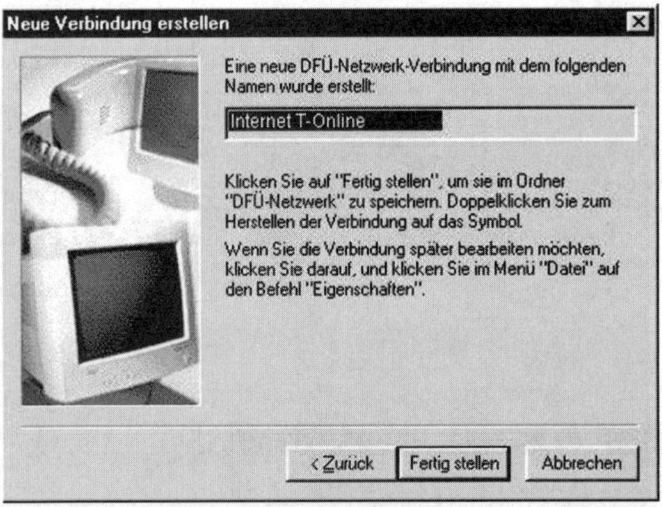

Abb. 5.8

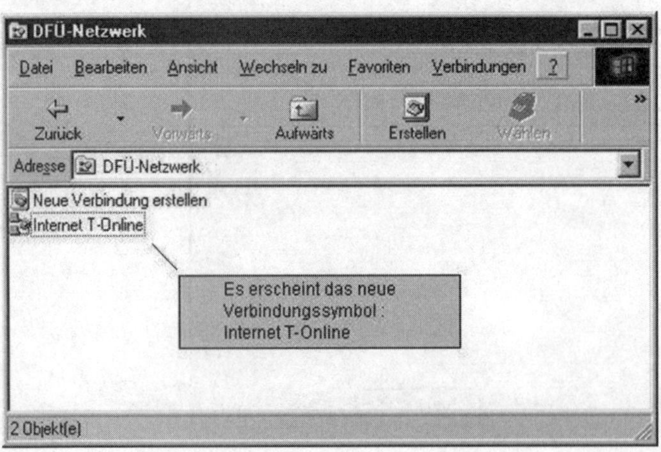

Abb. 5.9

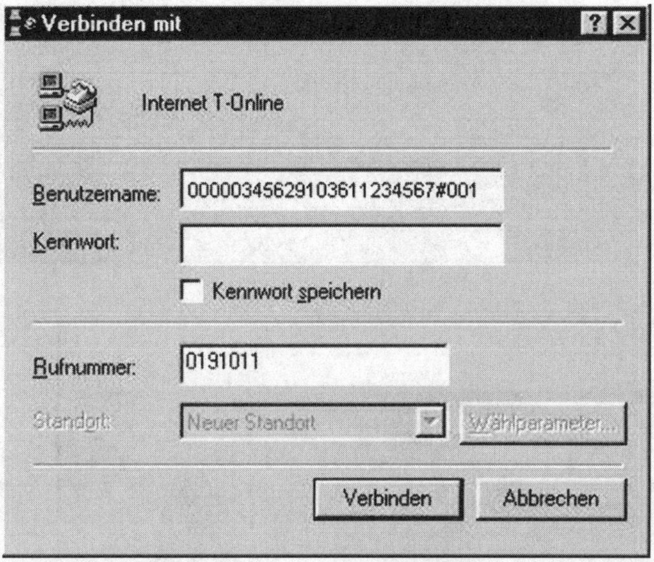

Abb. 5.10

Abb. 5.11

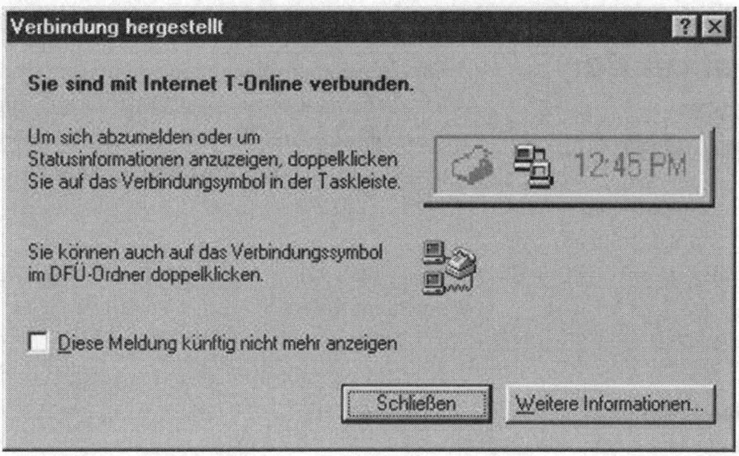

Abb. 5.12

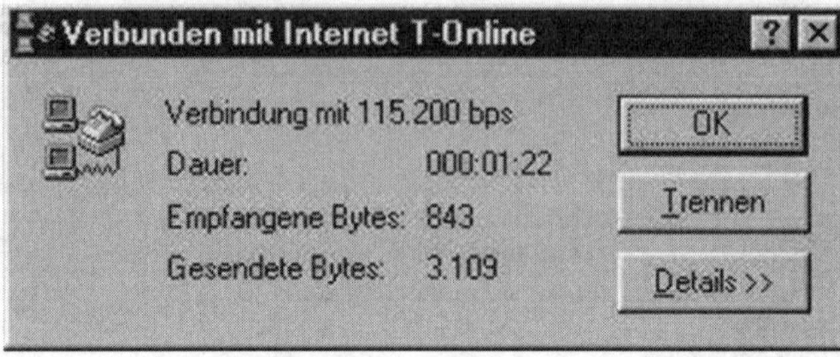

Abb. 5.13

Abb. 5.14 Der Begrüßungsbildschirm der T-Online-Version 4.0

5.2 Installation der Software T-Online 4.0

Wer die T-Online-Software auf seinen Rechner installiert, kann u.a. folgende Softwarekomponenten über seinen ISDN-Zugang nutzen:

- Zugang ins Internet über einen Browser eigener Wahl
- Nutzung des e-Mail-Programms und
- Bankgeschäfte online abwickeln.

Die Installation beginnt mit dem Einlegen der T-Online-CD in das CD-Laufwerk. Im Normalfall startet die CD automatisch und es erscheint der Begrüßungsbildschirm (*Abb. 5.14*).

Mit einem Klick auf *Software installieren* erscheint *Abb. 5.15*.

Klicken Sie auf *Weiter* und es öffnet sich *Abb. 5.16*.

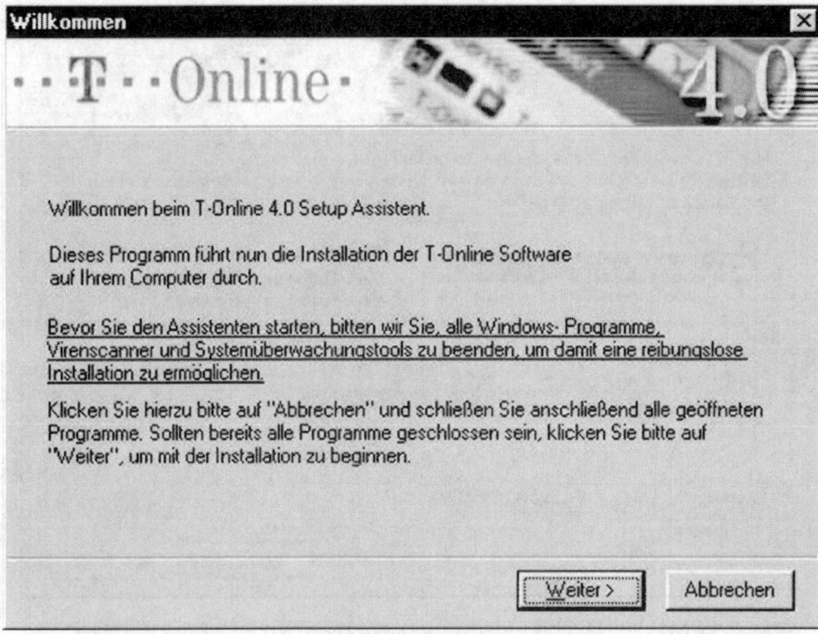

Abb. 5.15 Alle Anwendungen sind vor der Installation zu schließen

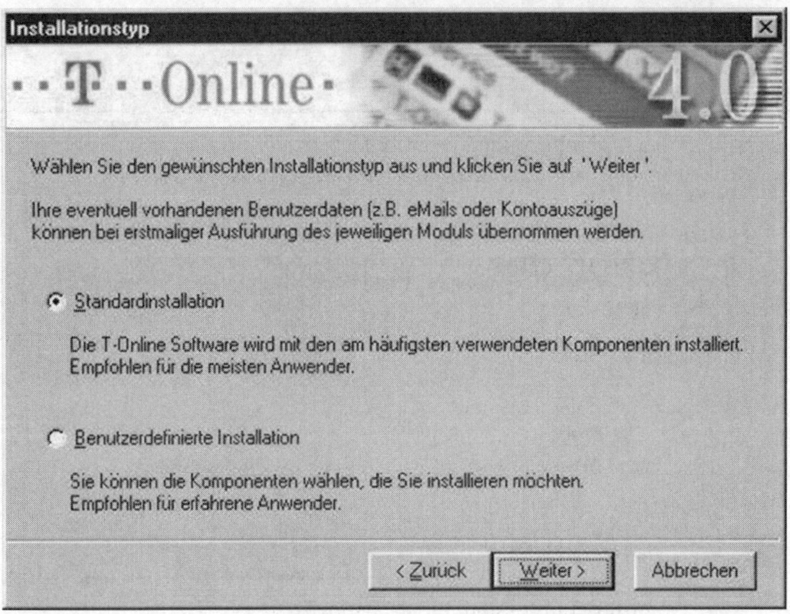

Abb. 5.16 Der Erstanwender sollte sich für die Standardinstallation entscheiden

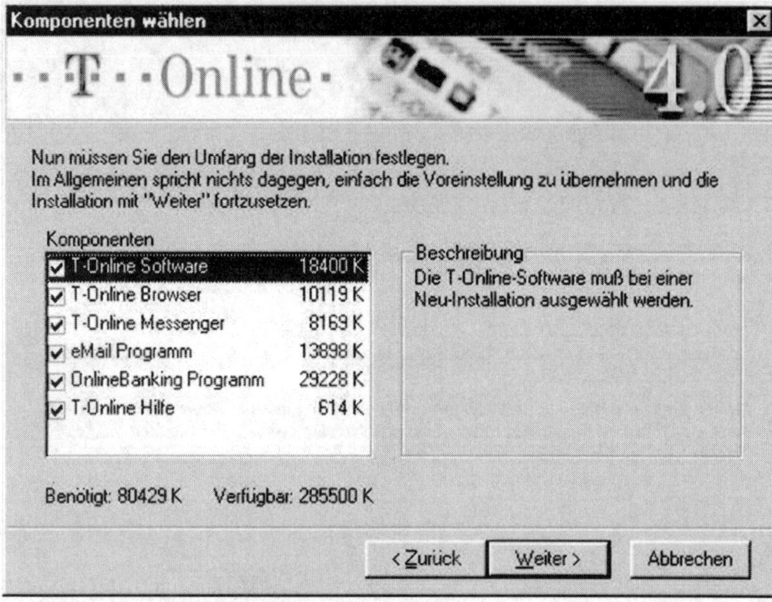

Abb. 5.17 Mit der Häkchen-Markierung legt man den Installationsumfang fest

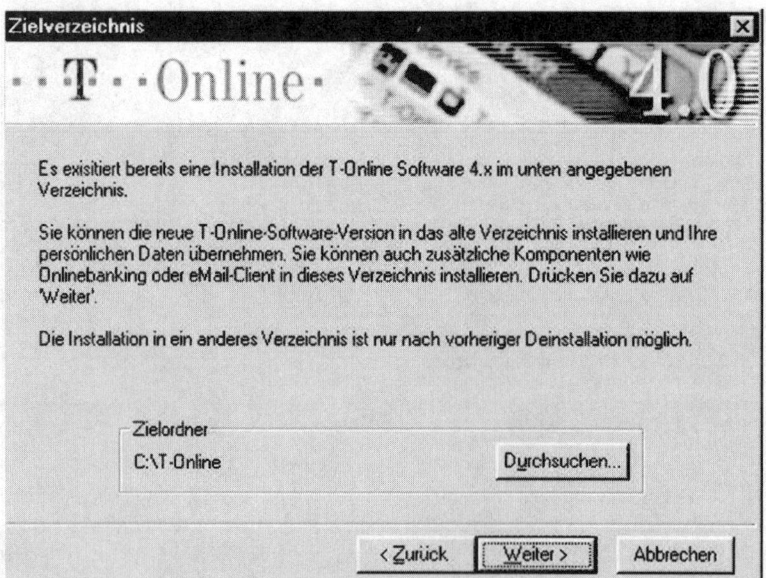

Abb. 5.18 Als Zielordner wird T-Online auf dem Laufwerk C angeboten

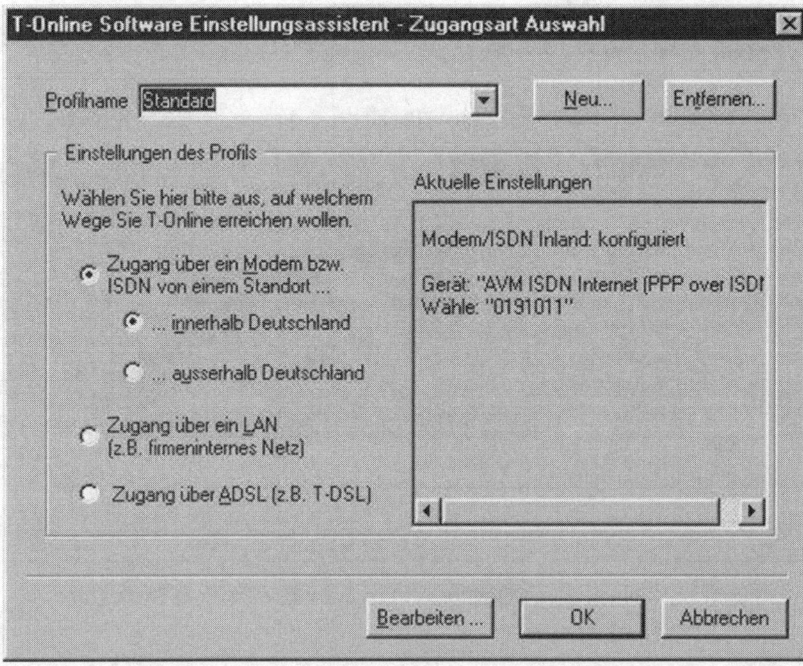

Abb. 5.19 Hier wird die Zugangsart eingestellt

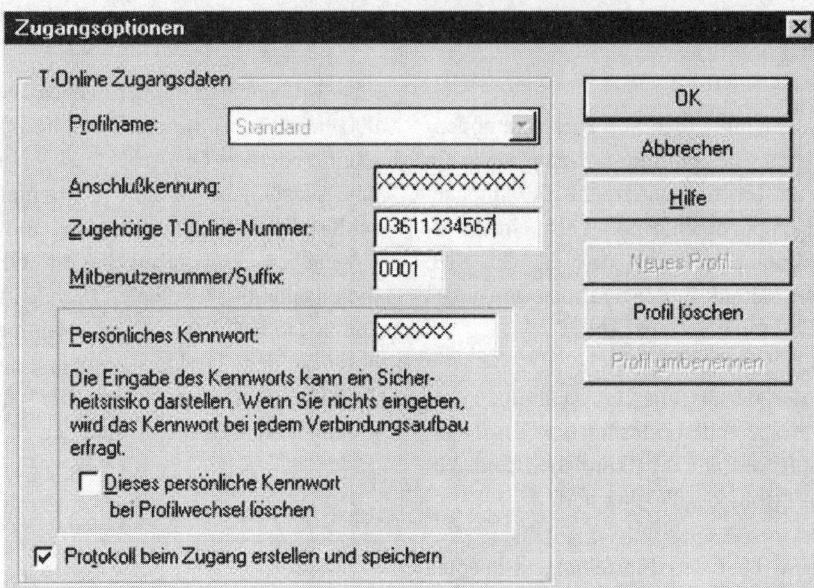

Abb. 5.20 Die persönlichen Zugangsdaten sind einzutragen

Abb. 5.21 Nach dem PC-Neustart erscheint der T-Online-Startcenter

Nach dem Klick auf *Weiter* sind die zu installierenden Komponenten auszuwählen (*Abb. 5.17*).

Die Zahlen hinter den Software-Komponenten geben die einzelnen Dateigrößen in kByte an. Das hier angezeigte Gesamtpaket der 6 Komponenten benötigt also einen freien Festplattenspeicher von ca. 80 MB. Klicken Sie auf *Weiter* und man wird nach dem Zielordner gefragt (*Abb. 5.18*).

Nach der Bestätigung des Zielordners beginnt die eigentliche Installation der T-Online Software auf der Festplatte. Zum Abschluss erfolgt der PC-Neustart.

Nun sind über den Einstellungsassistenten die Zugangsdaten einzugeben (*Abb. 5.19*).

Mit dem Klick auf *OK* geht es weiter zu *Abb. 5.20*.

Als Mitbenutzernummer geben Sie die 0001 ein, wenn Sie den T-Onlineanschluss allein benutzen. Die Anschlusskennung und das persönliche Kennwort werden verschlüsselt angezeigt. Nachdem alle Daten eingegeben sind klicken Sie auf „OK" und die Installation ist komplett beendet.
Durch Doppelklick auf das T-Online-Symbol (auf dem Desktop) erscheint nun der T-Online Startcenter (*Abb. 5.21*) und ermöglicht den Zugang ins Internet.

Die TK-Anlage am Mehrgeräteanschluss

6

Kleine ISDN-TK-Anlagen erhalten einen immer höheren Stellenwert am ISDN-Anschluss. Das Angebot ist vielseitig und die Leistungsmerkmale sind beachtlich. Nicht nur im Unternehmen, sondern auch im privaten Bereich werden ISDN-Telefonanlagen immer häufiger eingesetzt. Die Ausbaustufen sind sehr unterschiedlich. Einige sind nur für das Anschalten analoger Endgeräte konzipiert, die meisten bieten jedoch interne S_0-Schnittstellen zum Anschalten von ISDN-Endgeräten an. Die Ausbaugrenzen liegen im allgemeinen bei zwei bis drei externen und internen S_0-Ports und bis zu 12 analogen Teilnehmerports. Aus Sicht der TK-Anlage wird immer **zwischen externen und internen Schnittstellen** unterschieden. Für den Betrieb einer TK-Anlage werden durch die Netzbetreiber die beiden Anschlussarten

- Anlagenanschluss und
- Mehrgeräteanschluss

bereitgestellt. Entscheidend für die jeweilige Anschlussart ist einerseits die verwendete TK-Anlage und andererseits der Verwendungszweck bzw. die individuellen Belange des Nutzers.

Tipp!

Beim Erwerb einer ISDN-Telefonanlage unbedingt darauf achten, dass die Entgeltinformationen auch an die analogen Nebenstellen übertragen werden!

Info!

Beim Anlagenanschluss ist die Telefonanlage das einzige Endgerät am S_0-Bus, was von der Vermittlungsstelle „angesprochen" werden kann. Mehrfachrufnummern wie beim Mehrgeräteanschluss können hier nicht vergeben werden!

Kleine TK-Anlagen werden im Regelfall am Mehrgeräteanschluss betrieben. In größeren Unternehmen mit einer Vielzahl von Nebenstellen ist der Anlagenanschluss notwendig.

Am Mehrgeräteanschluss können an maximal 12 installierten Anschlussdosen bis zu acht Endgeräte angeschlossen werden. Von den acht angeschlossenen Endgeräten können nur vier durch den S_0-Bus gespeist werden. Weitere Endgeräte müssen mit einem eigenen Stromversorgungsteil ausgerüstet sein. Es besteht also die Möglichkeit, am Mehrgeräteanschluss neben sieben Endgeräten eine TK-Anlage als achtes Endgerät zu installieren (*Abb. 6.1*). Solche Konfigurationen machen am Mehrgeräteanschluss mit nur zwei Nutzkanälen allerdings keinen Sinn. Hier soll nur gezeigt werden, welche Varianten der Endgeräteanschaltung möglich sind. Die TK-Anlage ist im gezeigten Beispiel ein Endgerät von maximal acht möglichen Endgeräten am ISDN-Bus. Endgeräte, die am Mehrgeräte-Bus angeschlos-

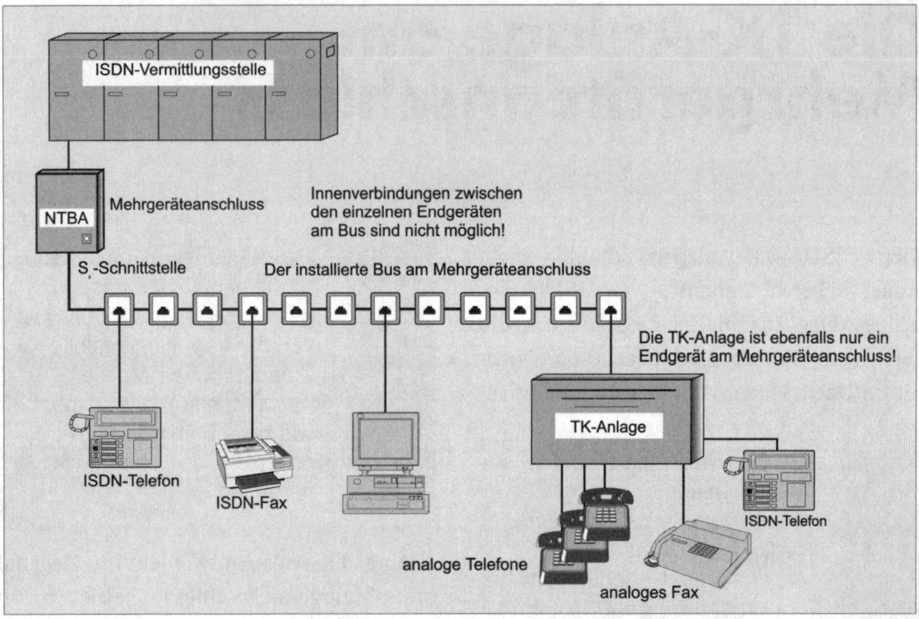

Abb. 6.1 Die TK-Anlage am Mehrgeräteanschluss

sen sind, können nicht intern (über den gemeinsamen Bus) miteinander kommunizieren. Verbindungen zwischen diesen Endgeräten sind somit nur als kostenpflichtige Verbindungen über die ISDN-Teilnehmervermittlungsstelle möglich.

Kostenfreie Internverbindungen sind nur zwischen den Nebenstellen der TK-Anlage möglich!

6.1 Wie man den Nebenstellen die Rufnummern zuordnet

Die an der TK-Anlage angeschlossenen Nebenstellen werden durch Nebenstellenrufnummern eindeutig definiert. Die meisten TK-Anlagen verwenden für die Endgeräte zweistellige Rufnummern. Diese Nebenstellenrufnummern sind entweder bereits fest konfiguriert (zum Beispiel 11 bis 18) oder können nach Wunsch zweistellig (11 bis 99) frei konfiguriert bzw. eingestellt werden.

Neben der beliebigen Zuordnung der Mehrfachrufnummern auf die Nebenstellen der TK-Anlage, es können ja jeder Mehrfachrufnummer bis zu acht Nebenstellen zugewiesen werden, müssen auch die jeweiligen ISDN-Dienste, wie zum Beispiel Telefon und Fax, für jede Nebenstelle festgelegt werden. Das heißt, **es muss dem Anschlussport, an dem das jeweilige Endgerät angeschlossen wird, mitgeteilt werden, um was für ein Endgerät es sich handelt.**

Unter Beachtung der Regelung, dass der Inhaber des Mehrgeräteanschlusses nur mit einer von maximal 10 Rufnummern bei der Auskunft bzw. im Telefonbuch erfasst wird und somit bei Auskunftsersuchen nur eine Rufnummer bekannt gegeben wird, sollte diese MSN unbedingt auch einem an der TK-Anlage angeschlossenem Telefon zugeordnet werden. Keinesfalls darf diese MSN ausschließlich nur einem Nicht-Sprach-Gerät (z.B. PC oder Faxgerät) zugeordnet werden, da ansonsten eingehende Telefongespräche nicht als solche erkannt werden können.

Da im ISDN mit einer Dienste(er)kennung gearbeitet wird, können die jeweiligen Endgeräte wie zum Beispiel Telefone, Faxgeräte oder Endgeräte für die Datenübertragung separat angesprochen werden; auch dann, wenn mehreren Endgeräten die gleiche MSN zugeteilt wurde.

Bei der Dienstekennung wird im D-Kanal für jeden ISDN-Dienst eine spezielle Bitkombination übertragen, um eine eindeutige Erkennung zu ermöglichen. Bei einer reinen ISDN-Verbindung können nur die Endgeräte miteinander verbunden werden, die den gleichen ISDN-Dienst bzw. Fernmeldedienst unterstützen. Durch eine Ende-zu-Ende-Kompatibilitätsprüfung wird das Zusammenspiel nur von den Endeinrichtungen sichergestellt, die einen gemeinsamen Teledienst unterstützen. Wird zum Beispiel ein Faxgerät der Gruppe 3 (analoges Fax) als

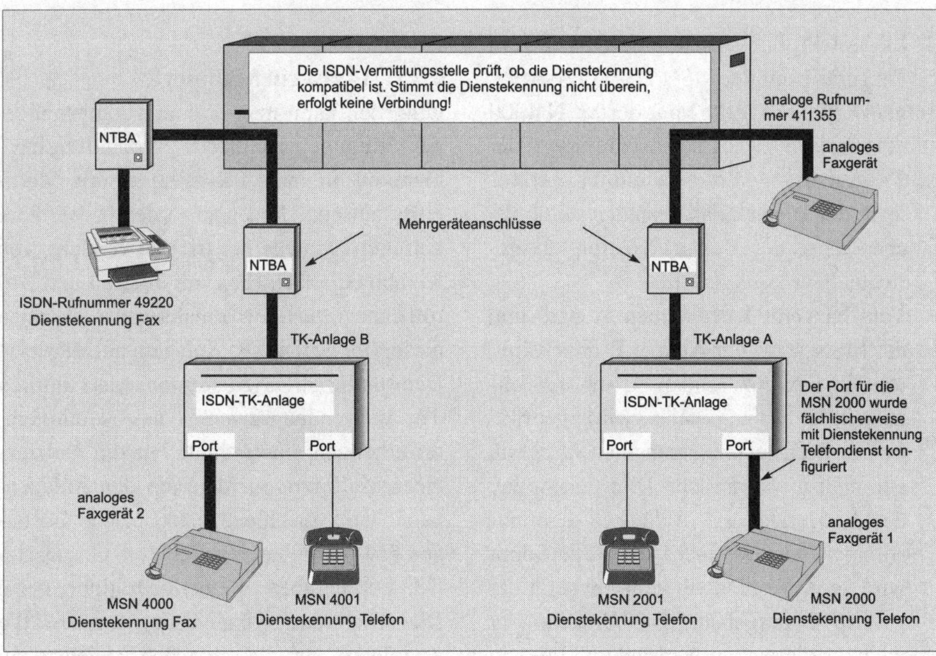

Abb. 6.2 Die Notwendigkeit der richtigen Dienstekonfiguration für analoge Faxgeräte an einer ISDN-TK-Anlage

Nebenstelle an einer ISDN-TK-Anlage angeschlossen und der entsprechende Anschlussport der TK-Anlage nicht als „Faxdienst“ konfiguriert, kann von diesem Faxgerät keine Verbindung zu einem korrekt konfigurierten Faxanschluss einer anderen ISDN-TK-Anlage hergestellt werden. Mit diesem falsch konfigurierten Faxgerät (es ist auf den Dienst „Telefon“ eingestellt, können nur Verbindungen zu analogen Faxgeräten (Gruppe 3) aufgebaut werden *Abb. 6.2*).

6.2 Beschreibung eines Verbindungsversuches

1. Es besteht ein Verbindungswunsch vom Faxgerät 1 mit der MSN 2000 (TK-Anlage A) zum Faxgerät 2 mit der MSN 4000 (TK-Anlage B). Am Anschlussport der TK-Anlage A wurde für das Faxgerät 1 nicht der Dienst „Fax“, sondern irrtümlicher weise der Dienst „Telefon“ eingerichtet bzw. konfiguriert.
   Vom Faxgerät 1 der Anlage A wird nun die MSN 4000 der Anlage B angewählt, um ein Fax abzusenden. Über die Teilnehmervermittlungsstelle wird geprüft, ob die Dienstekennungen vom Endgerät der Anlage B mit der Dienstekennung des Endgerätes der Anlage A übereinstimmen. Das ist nicht der Fall. Somit wird keine Verbindung zum Faxgerät der Anlage B aufgebaut. Die Ursache der nicht erfolgreichen Verbindung liegt in der falschen Dienstekonfiguration in der TK-Anlage A.
2. Verbindungswunsch von MSN 2000 nach ISDN-Faxanschluss 49220. Auch hier kommt ebenfalls keine Faxverbindung zustande, da die unterschiedlichen Dienste (Telefondienst von Anlage A und Faxdienst am ISDN-Anschluss) nicht kompatibel sind.
3. Verbindungswunsch von MSN 2000 nach analogen Faxanschluss 411355. Der Verbindungsaufbau zum analogen Faxanschluss 411355 ist problemlos möglich.
4. Verbindungswunsch von MSN 4000 (TK-Anlage B) nach MSN 2000 (TK-Anlage A). Obwohl das Faxgerät 2 bzw. der Port in der Anlage B korrekt konfiguriert wurde, kommt es durch die falsche Einstellung des Faxgerätes 1 in der Anlage A nicht zum Verbindungsaufbau.

6.2.1 Was ist ein Multiport?

Umgehen kann man das im vorangegangenem Kapitel geschilderte Verbindungsproblem, wenn man TK-Anlagen mit Multiports einsetzt. Besonders wichtig ist diese Anschlussvariante bei der Verwendung von Kombifaxgeräten (Fax mit Telefon und Anrufbeantworter). Normalerweise können diese Geräte an TK-Anlagen nur für eine Dienstart konfiguriert werden, was natürlich den Verwendungszweck eines Kombigerätes erheblich einschränkt. Für die Nutzung eines Multiports werden von den Anlagenherstellern verschiedene technische Lösungen bzw. Prozeduren angeboten. Grundsätzlich werden aber an einem Multiport keine Dienstekennung eingegeben, sondern die Zuordnung der verschiedenen Dienste zu den entsprechenden Nebenstellen erfolgt durch die TK-Anlage.

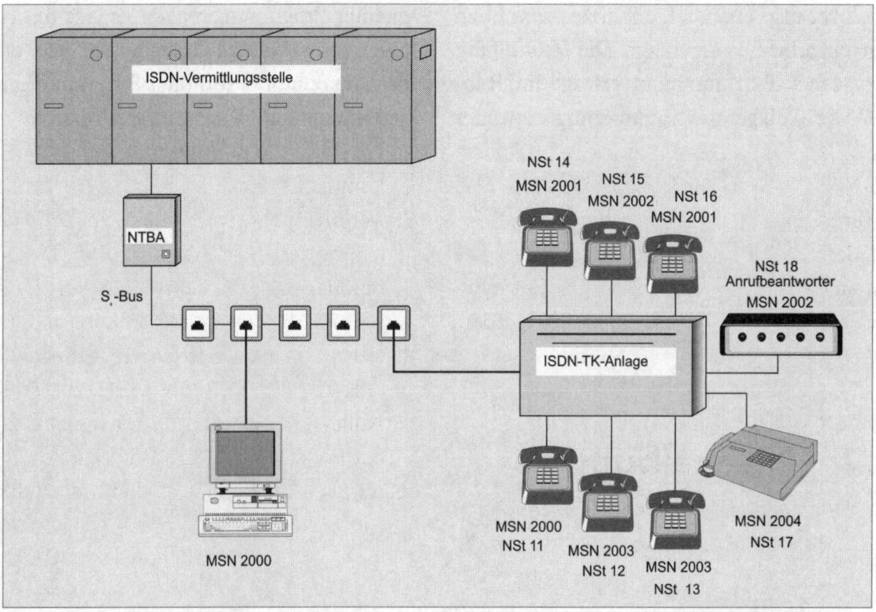

Abb. 6.3 Beispiel einer Mehrfachzuordnung von 5 MSN am Mehrgeräteanschluss

Ein wichtiges Kriterium beim Erwerb einer TK-Anlage ist deshalb die Anschlussmöglichkeit für Kombi-Faxgeräte. Bietet die TK-Anlage das Leistungsmerkmal Multiport nicht, sind Kombi-Faxgeräte entweder nur als Faxgerät oder nur als Telefon bzw. Anrufbeantworter einsetzbar; sie sind also nur eingeschränkt nutzbar.

6.2.2 Die Mehrfachzuordnung von Rufnummern. Wie geht das?

Die in *Abb. 6.3* dargestellte Mehrfachzuordnung von Rufnummern auf verschiedene Endgeräte ist nur durch das Erkennen und Auswerten des jeweiligen ISDN-Dienstemerkmals (Telefon, Datenübertragung oder Fax) möglich und führt bei richtiger Konfiguration der TK-Anlage sowie des einzelnen Endgerätes am S_0-Bus zu keinerlei Problemen.

Beschreibung der Rufzuordnung: Bei einem eingehenden **Telefonanruf** für die MSN 2000 wird der Ruf als **Telefondienst** erkannt und dem Telefon 11 zugeordnet. Der PC, dem ebenfalls die MSN 2000 zugeordnet wurde, reagiert auf den ankommenden Ruf nicht. Wird von einem anderen **PC** eine Datenübertragung zu dem PC mit der MSN 2000 gestartet, wird der ISDN-Dienst **Datenübertragung** erkannt und nur der PC aktiviert. Die Telefone reagieren nicht auf diesen ankommenden Datendienstruf.

Eine sinnvolle Zuordnung der zur Verfügung stehenden Mehrfachrufnummern und die entsprechende Dienstekonfiguration ermöglicht also eine zielgerichtete Anwahl zu den einzelnen Endgeräten. Die Zuordnung der Mehrfachrufnummern erfolgt im Rahmen der Anlagenprogrammierung entweder mit der Konfigurationssoftware, die ein bequemes Programmieren der Anlage mit Hilfe eines vorhandenen PC ermöglicht, oder durch das Ausführen bestimmter Programmierprozeduren an einem bestimmten Telefon.

Verwendete und empfohlene Literatur zum ISDN

1. Das Telekom-Buch 1994. Generaldirektion Telekom, Bonn
2. Broschüre „ISDN leichtgemacht"; Deutsche Telekom AG; Unternehmenskommunikation, Bonn; Stand April 1999
3. A. M. Gulich: „Das große ISDN-Werkbuch" Franzis-Verlag 1997
4. Robert Schoblick „Handbuch der Telefoninstallation" Franzis-Verlag 1994
5. Oliver Wagner: „Der ISDN-Einstieg", X.Media Verlag München 1998
6. Simone Viethen: „ISDN in der Praxis", X.Media Verlag München 1998
7. Fritz Jörn: „Wie schließe ich Telefon, Anrufbeantworter, Fax und Modem selbst an?" Franzis-Verlag 1999
8. Horst Frey: „Das große Telefon-Werkbuch" Franzis-Verlag 1998
9. Prospekte und Kataloge der Pressestelle der Deutschen Telekom AG
10. Informationsmaterial der Firma AVM

Sachverzeichnis zu Teil 4

Sachverzeichnis zu Teil 4

Teil 5

Jens Uetrecht

So bauen Sie
Auto-HiFi-Anlagen
selbst ein

Anleitungen zum leichten Einbau von
Autoradios, CD-Geräten und Wechslern,
Weichen und Endstufen, Lautsprechern

Mit 108 Abbildungen

Franzis'

Vorwort zu Teil 5

Da hat man den wunderschönen „Neuen" vor der Tür stehen, mit Rädern in Wagenfarbe, einem hübschen Zierstreifen und den Polstern mit dem frechen Muster. Aber im Ausstattungspaket war nur dieses Minimalradio enthalten, da muß man die Kassette immer am Ende umdrehen. Der gute „Gebrauchte" war eigentlich ein Schnäppchen, nur das Radio ist etwas schwach auf der Brust und die Cassettenklappe ist auch schon ganz schön verkratzt. Und dann der Klangregler, für Höhen und Tiefen nur ein Knopf. Na, eine Weile wird´s schon noch gehen mit dem Ding. So oder ähnlich ergeht es uns doch allen, wenn wir mal wieder die „Marke" gewechselt haben, weil der Alte zu teuer wurde im Unterhalt und außerdem sind sparsame Kleinwagen mit Kat viel praktischer, innen groß und außen klein und günstig in der Steuer. Nur auf den Komfort – radiomäßig – verzichten? Nein! Immer interessierter schauen wir uns die Zeitungsbeilage von der HiFi-Firma an und immer öfter führt uns der Weg in die Car-Tech-Abteilung des Elektromarktes im Einkaufszentrum. Da haben sie diese große Wand aufgebaut mit den vielen verschiedenen Radiotypen und Boxen über Boxen. Klänge können die da erzeugen, da kommt man ins Schwärmen. Das müßte doch auch im eigenen Wagen möglich sein. Das vorliegende Buch will an dieser Stelle beginnen. Es will nicht den freundlichen Verkäufer der Auto-HiFi-Abteilung ersetzen, vielmehr dem Leser helfen, dort die richtigen Fragen zu stellen. Ein wenig Theorie im ersten Teil ist als Grundlage wichtig, hilft bei Kaufentscheidungen und bewahrt vor Pannen, die uns das Leben schwer machen.

– **Aber** vom Lesesessel aus kann man nicht am Auto basteln.

Deshalb wird im großen Praxisteil all das, was vorher in der Theorie besprochen wurde, anschaulich dargestellt und soll so auch dem Ungeübten den Einbau gleich welchen Gerätes erleichtern. Dieser Buchteil soll ein Begleiter sein während der einzelnen Arbeitsabschnitte und den Leser Schritt für Schritt zum Ziel führen, sich also die meiste Zeit im Fahrzeug befinden. Das Vorwort gibt dem Autor die Möglichkeit, bestimmten Personen, die an der Erstellung beteiligt waren, seinen Dank auszusprechen. Dies will ich an dieser Stelle tun. An erster Stelle danke ich meinem Lektor Herrn Günter Wahl, seinen Mitarbeitern und Herrn Lutz Friedrich für ihre Mühen und die gute Zusammenarbeit, denn ohne diese wäre es unmöglich gewesen, das Buch in der vorgegebenen Zeit zu erstellen. Mein Dank gilt auch Frau Monika Schmidt von der Firma Conrad Electronic für ihre spontane Hilfe in Sachen Hardware.

Dieses Buch will ich insbesondere zwei Personen widmen: Meiner Frau Monika, die viel lieber Kochbücher mag und doch klaglos diesen vielen Technikkram über sich ergehen ließ, und meinem Sohn Jan, der mich die letzte Zeit recht wenig zu sehen bekam, aber mächtig stolz darauf ist, daß sein Papa ein Buch geschrieben hat.

Jens Uetrecht

Inhalt

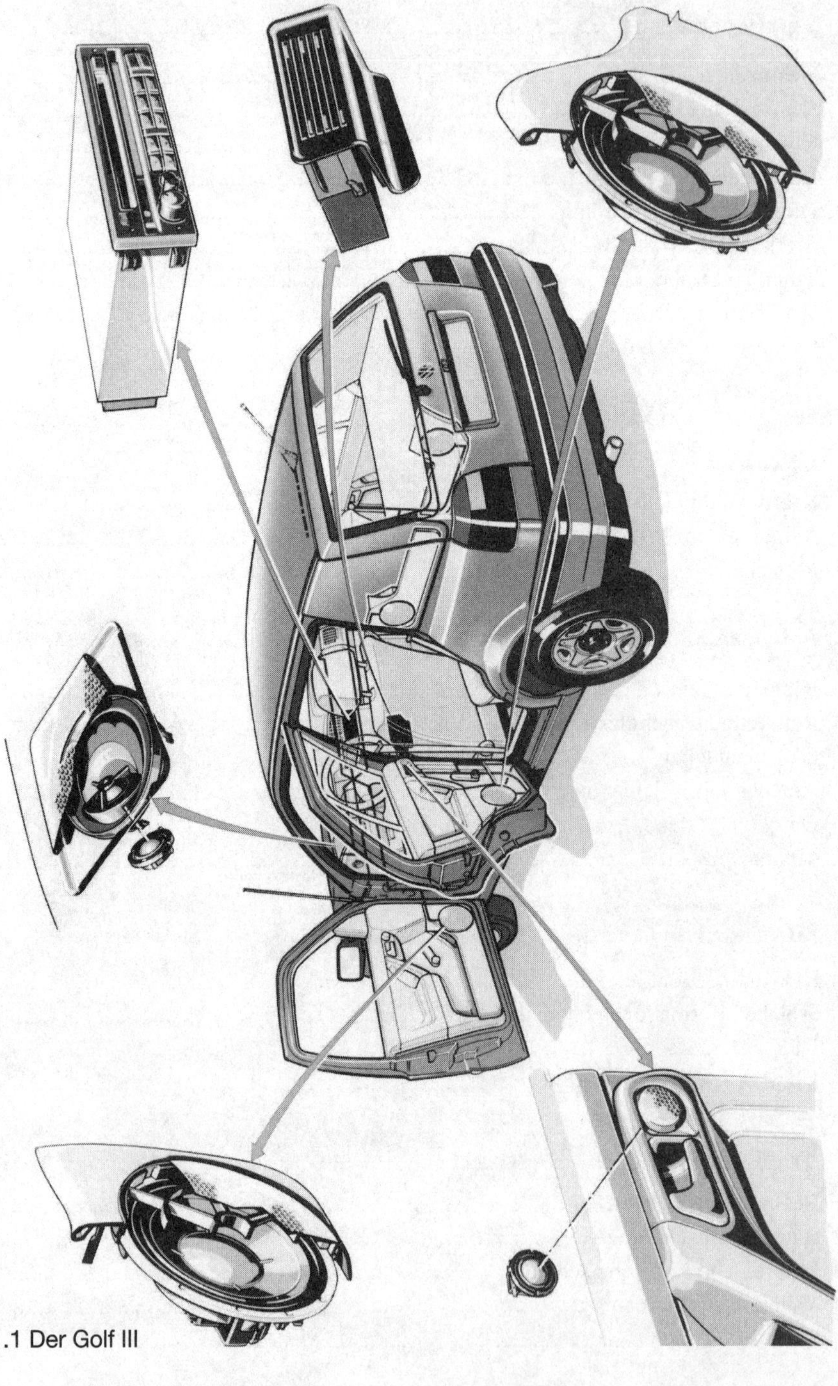

Bild 1.1 Der Golf III

Bild 1.2 Blaupunkt vor 35 Jahren

1 Volt, Ampere und Watt

Ohne diese elektrischen Größen läuft in einem modernen Kraftfahrzeug gar nichts mehr. Auch unsere HiFi-Anlage ist diesen Kriterien unterworfen. Beim Einbau eines ganz normalen Cassettengerätes mit den angeschlossenen Normlautsprechern, brauchen wir uns darum keine Gedanken zu machen, dafür ist jedes Fahrzeug eingerichtet. Geht es aber um Verstärker, die hohe Leistungen erbringen, dürfen wir nicht vergessen, wo elektrische Energie in Schall, sprich in Watt verwandelt wird, brauchen wir genug Ampere, damit die Volt nicht in die Knie gehen.
In diesem Sinne ...

1.1 Modenschau

Hier möchte ich ein wahres Feuerwerk entfachen, gedacht als Anregung, was alles möglich ist, um ein ganz normales Serienfahrzeug in einen Konzertsaal zu verwandeln. Nein, es verlangt niemand, daß all die hier gezeigten schönen Sachen in ein einziges Auto eingebaut werden sollen, denn sonst müßte man das Leergewicht neu ermitteln lassen, aber vielleicht bekommen Sie Geschmack daran, eine Kombination aus ein paar der hier gezeigten Geräte Ihrem Auto und Ihren Ohren zu spendieren. Fangen wir mit den Steuergeräten an.

Bild 1.3: Cassettengeräte bilden die Kombination aus einem Radioempfangsteil und einem Cassettenrecorder.

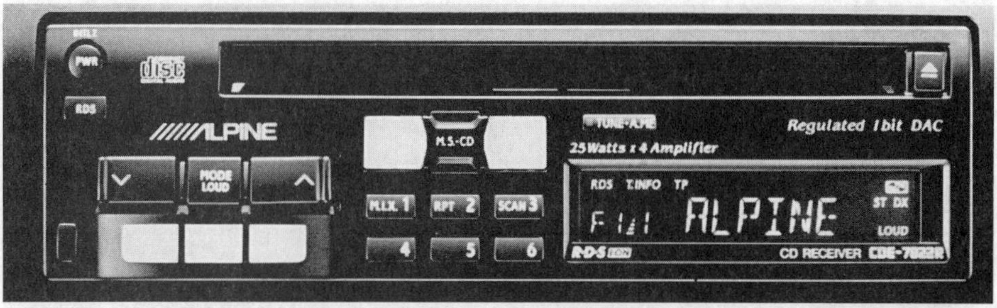

Bild 1.4 CD-Geräte verwenden als Musik-Konserven statt Cassetten die Compact-Disc.

Bild 1.5 MD-Autoradio: Die neuen bespielbaren Mini-Disc können mit diesen Geräten abgespielt werden.

Bild 1.6 CD-Wechsler finden unter dem Sitz oder im Kofferraum Platz und können 6–10 CDs in Magazinen aufnehmen.

Bild 1.7 Wechsler-Steuergerät: Der CD-Wechsler wird von einem Gerät im Armaturenbrett gesteuert, das auch ein Radioteil besitzt.

Bild 1.8 Wechsler-Cassetten-Radio-Kombi: Man kann auch Autoradios mit Wechslersteuerung und Cassettenteil einsetzen.

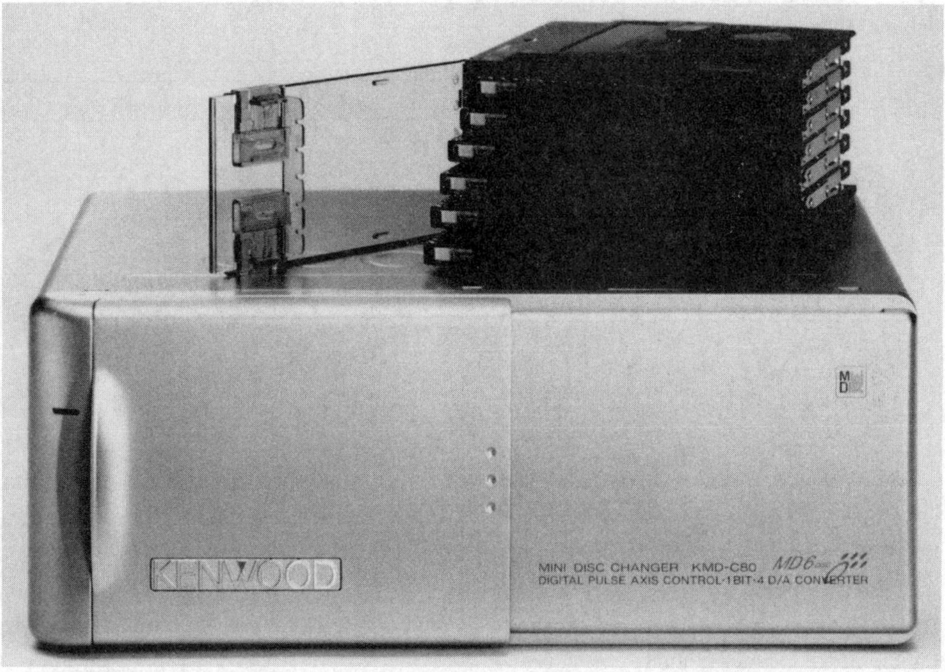

Bild 1.9 MD-Wechsler gibt es mittlerweile auch für die MiniDisc.

Bild 1.10 Normlautsprecher sind so konstruiert, daß sie in die vom Fahrzeughersteller vorgegebenen Einbauöffnungen passen.

Bild 1.11 Koaxial-Lautsprecher: Koaxial-Systeme verbinden in einem Chassis Tief-, Mittel- und Hochton-Lautsprecher.

Bild 1.12 Dreiweg-Lautsprecher: Dreiweg-Systeme besitzen für alle Tonbereiche je einen Lautsprecher in einer Einheit.

Bild 1.13 Baßlautsprecher: Wo genügend Raum vorhanden ist, finden Baßlautsprecher mit großem Durchmesser Platz.

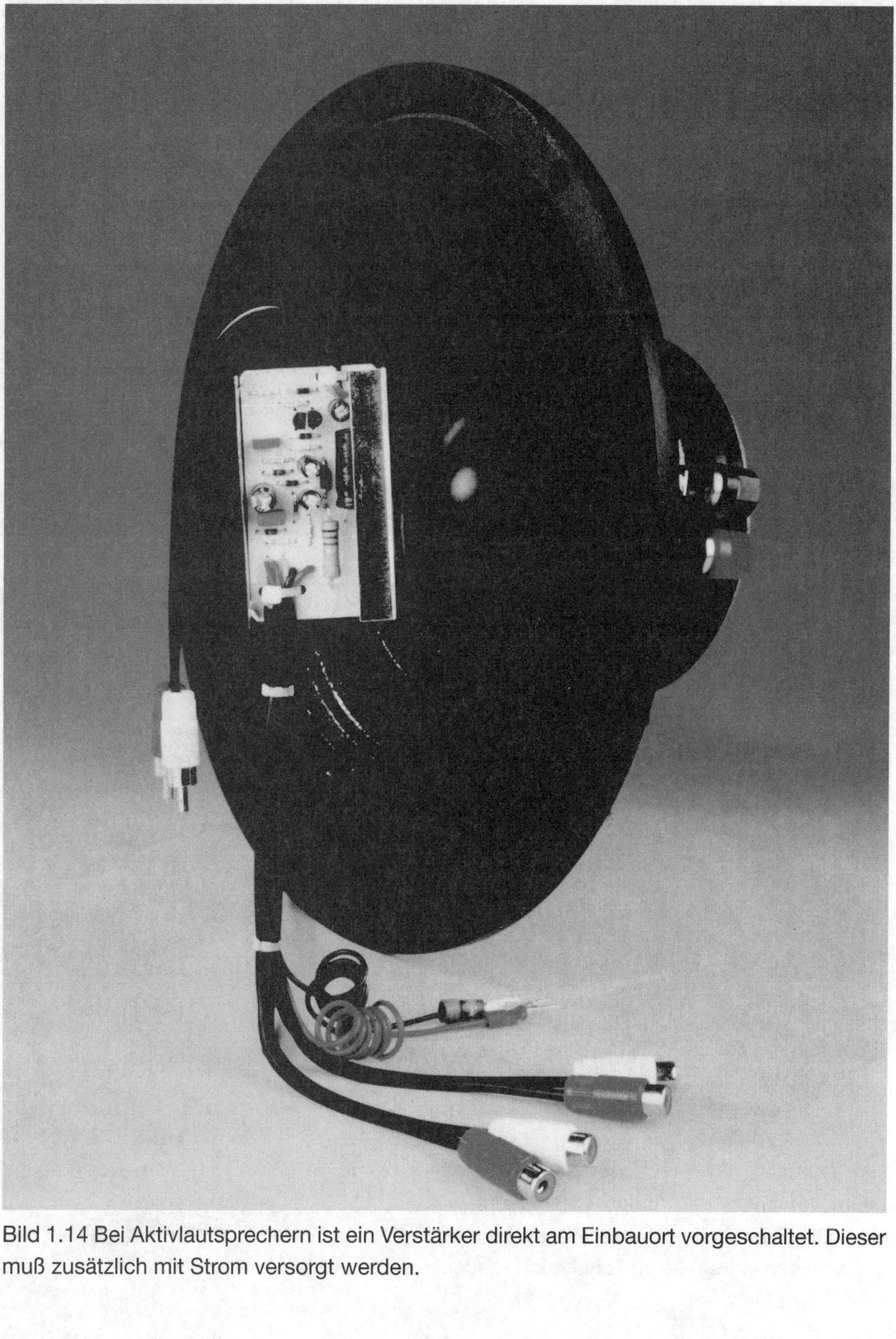

Bild 1.14 Bei Aktivlautsprechern ist ein Verstärker direkt am Einbauort vorgeschaltet. Dieser muß zusätzlich mit Strom versorgt werden.

Bild 1.15 Subwoofer-Röhren können im Innen- oder im Kofferraum montiert werden. Sie geben einen extrem tiefen Tonbereich wieder, den man mehr spürt, als hört.

Bild 1.17 Kenwood Umrüstsystem: Fast alle Car-HiFi-Hersteller beschäftigen sich auch mit der Konstruktion leistungsfähiger Lautsprechersysteme, bei denen die entsprechenden Teile der Original-Innenausstattung komplett gegen die auf- und umgerüsteten Teile ausgetauscht werden.

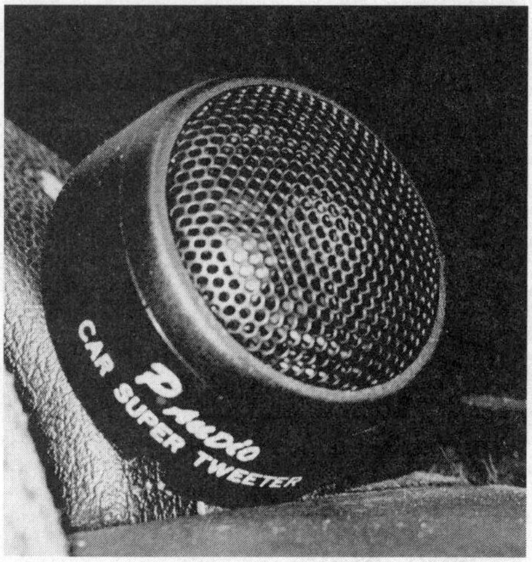

Bild 1.16 Hochtöner: Hochton-Lautsprecher als Ein- und Aufbauversion erhältlich, sind für die Abrundung des Klanges nach oben hin fast unerläßlich.

Bild 1.18 Soundboard: Hochwertige Einzellautsprecher in speziell für verschiedene Fahrzeugtypen hergestellte Heckablagen eingebaut, das sind Soundboards. Einfacher Austausch gegen die Original-Hutablage und fast unsichtbare Lautsprecher mit einem Super-Klang zeichnen diese aus.

Bild 1.19 Verstärker können dem niedrigen Ausgangspegel des Radiogerätes zu geradezu atemberaubenden Wattzahlen verhelfen.

1.2 Schaltungstechnik

Die elektrischen Schaltpläne der Auto-HiFi-Anlagen lesen sich eigentlich recht einfach, wenn man weiß, welchen Sinn die ein oder andere Verbindung macht. Hat Ihre Anlage nicht alle hier gezeigten Strippen, machen Sie sich nichts draus, was nicht ist, kann noch werden.

Wir unterscheiden grundsätzlich vier Arten:

1. **Versorgungs- und Masseleitungen:**
   Das sind diejenigen Drähte, die die Geräte mit Strom versorgen.
   Sie werden immer als Einzelader dargestellt.
   Die Plusleitungen haben eine Verbindung zur Sicherung.
   Die Masseleitungen enden immer irgendwo in der Nähe eines Verbrauchers mit einem kurzen dicken Querbalken, der ein Stück Autoblech darstellen soll.
2. **Steuerleitungen:**
   Diese sorgen z. B. dafür, daß die automatische Antenne herausfährt, wenn das Radio eingeschaltet wird, oder sorgen dafür, daß der CD-Wechsler im Kofferraum den

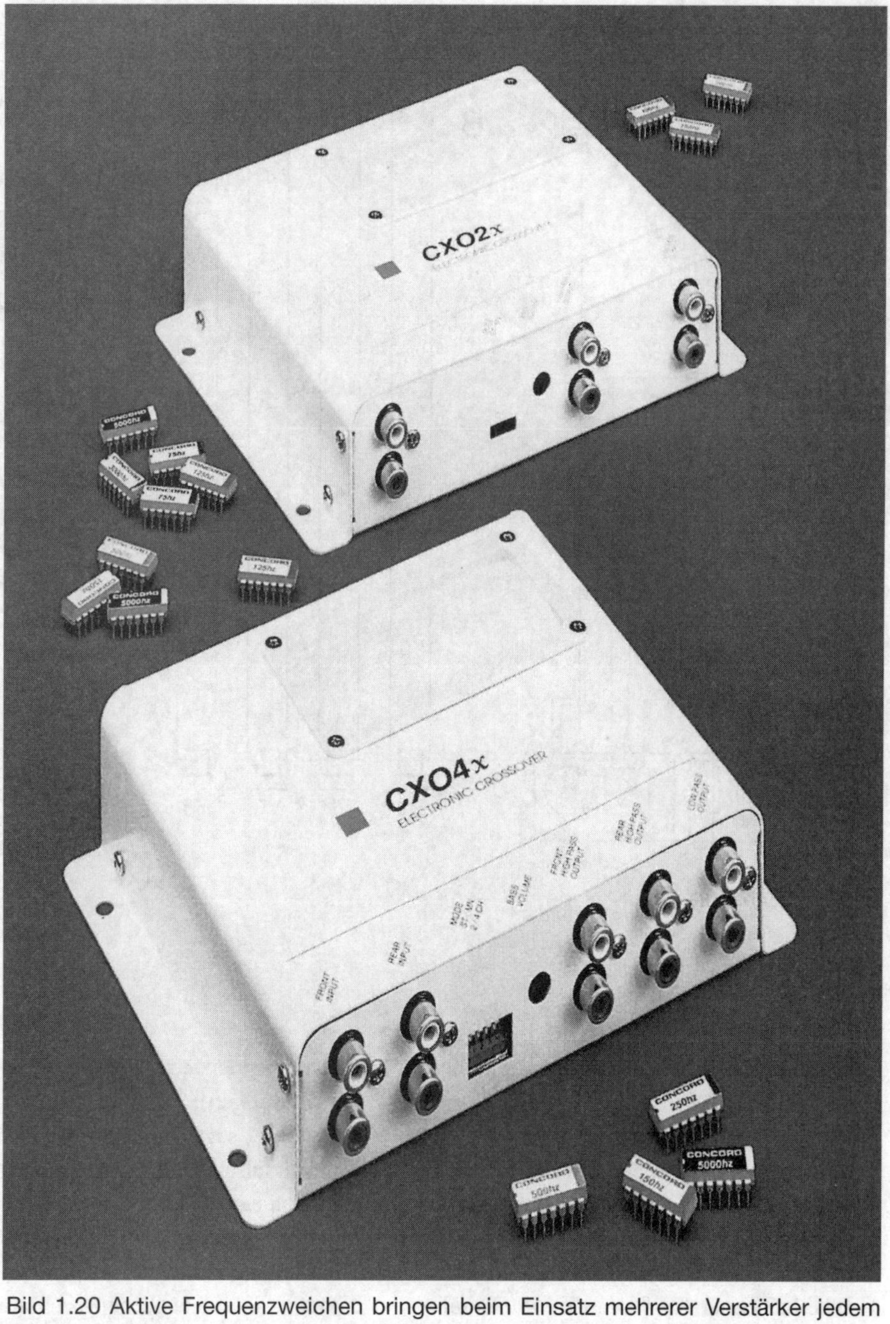

Bild 1.20 Aktive Frequenzweichen bringen beim Einsatz mehrerer Verstärker jedem das ihm zugehörige Frequenzspektrum.

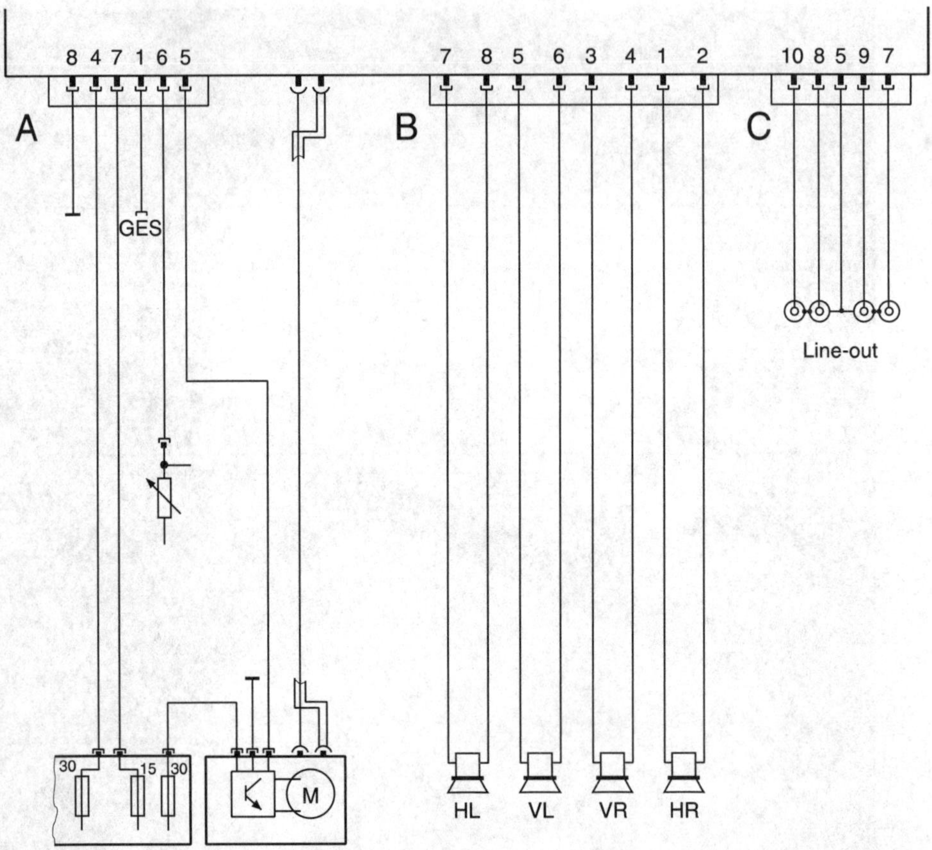

Bild 1.21 Schaltplan HiFi-Anlage

Track wechselt, wenn man am Gerät im Cockpit eine Taste drückt.

Sie können als Einzelader gezeigt sein, dann wird in der Regel +12 Volt von einem Gerät zum anderen weitergegeben, oder es ist eine Abschirmung um eine oder mehrere Adern herum gezeichnet, die kurz außerhalb einer Komponente wie ein aufgeschnittenes Rohr endet.

3. Niederfrequenzleitungen (NF-Leitungen):

Boxenkabel sagt der Laie dazu und liegt gar nicht falsch damit.

Sie treten eigentlich immer paarweise auf, da jeder Lautsprecher eine Plus- und eine Minusleitung benötigt. Sie sind auch unmittelbar am Lautsprecher mit einem entsprechenden + oder – Zeichen versehen.

was	wo	Farbe	Querschnitt
Dauerplus	Batterie Pluspol	rot oder	groß
	Klemme 30	rot gestreift	groß
	Kofferraumleuchte	rot	klein
	Deckenleuchte	rot	klein
Zündungsplus	Klemme 15	schwarz oder	groß
		schwarz gestreift	groß
Plus Parklicht	Klemme 58 L/R	grau oder	klein
für Radiobeleuchtung		grau/grün	klein
Plus regelbares Cockpit	Instrumente	grau-blau	klein
Masse *Deutschland*	Batterie Minuspol	braun	groß
Japan, Italien, Frankreich	Batterie Minuspol	schwarz	groß
für Cockpit	oft Feuerwand	braun	mittel
für Türkontakt	A- oder B-Säule	braun	klein
für Heckleuchten	Hecktürrahmen	braun	mittel
für Kofferraumleuchte	oft Radkästen	braun	klein
für Antennenverstärker	nahe der Antenne	braun	klein

Tabelle 1.1 Wo finde ich was?

Eine Variante der NF-Leitungen, sind die Cinch-Kabel. Sie werden wie eine einadrige Steuerleitung gezeichnet. Sie verbinden zwei HiFi-Geräte miteinander und treten als L und R meist paarweise auf.

4. **Hochfrequenzkabel (HF-Leitungen):**
nennt man die Antennenkabel für Radio Telefon etc.
Hierbei handelt es sich immer um eine einadrige Leitung, die ganz alleine eine Abschirmung für sich hat, also dargestellt durch das aufgeschnittene Rohr.
Mehr bleibt eigentlich nicht zu erklären, zu den Verkehrswegen in unserem elektrischen Stadtplan. Bliebe vielleicht noch zu erwähnen, daß Hersteller außerhalb des Bereichs der Euronormen in ihren Bauanleitungen des öfteren recht phantasievolle Malereien präsentieren, die aber mit dem in diesem Kapitel gesammelten Wissen leicht zu übersetzen sein werden.

Im Fahrzeug, wo finde ich was?
Die für die verschiedenen Aufgaben Ihrer Auto-HiFi-Anlage nötigen Versorgungspunkte seien hier kurz umrissen. Im Praxisteil wird dann Gelegenheit sein, diese Stellen genauer zu zeigen.

1.3 HiFi-Geräte und die Normen

Die zur Zeit auf dem Markt erhältlichen Geräte richten sich in der Regel entweder nach der DIN- oder nach der ISO-Norm, wobei die ISO-Norm-Geräte mittlerweile absolut die Nase vorn haben, denn weltweit haben sich die Hersteller auf diesen Standard geeinigt. Somit gehört die DIN-Norm im Bereich Car-HiFi schon sehr bald der Vergangenheit an und wird nur der Vollständigkeit halber erwähnt.

Die DIN-Norm
Bei den DIN-Geräten sind die Anschlüsse an der Geräterückseite mit Flachsteckern 6,3 mm für die Stromversorgung, 2,5 mm für die Antennensteuerung und mit Lautsprechersteckern in Einzelausführung versehen.

Vorteile: Gut einsetzbar bei älteren Fahrzeugen. Einzelverlegung der Stromleitungen und Lautsprecherkabel. Anschlüsse über Flachstecker oder Parallelschneidklemmen. **Nachteile:** Passen nicht ohne weiteres auf moderne Fahrzeuge und HiFi-Komponenten nach ISO-Norm.

Die ISO-Norm
Bei den ISO-Geräten hat man eine komplexere Anschlußart gewählt, die immer aus drei Anschlußblocks besteht, die je nach Ausstattung des jeweiligen Gerätes benutzt werden, oder frei bleiben.
Die drei Blocks teilen sich die Arbeit folgendermaßen:

- Der obere ist der Steuerblock für Vorverstärker, Verstärker, CD-Wechsler, etc.
- Der mittlere ist der Lautsprecherblock.
- Der untere ist der Versorgungsblock.

Vorteile:
Paßt exakt auf die in Neufahrzeugen vorhandenen Anschlüsse.
Kein Herausrutschen einzelner Stecker – Einigkeit macht stark. Ein Kabelstrang statt Strippengewirr.

Nachteil: Bei älteren Fahrzeugen nicht ohne Adapter auf DIN-Norm einsetzbar.

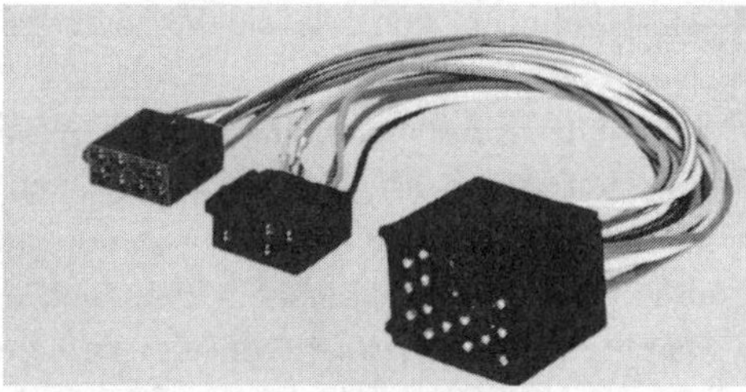

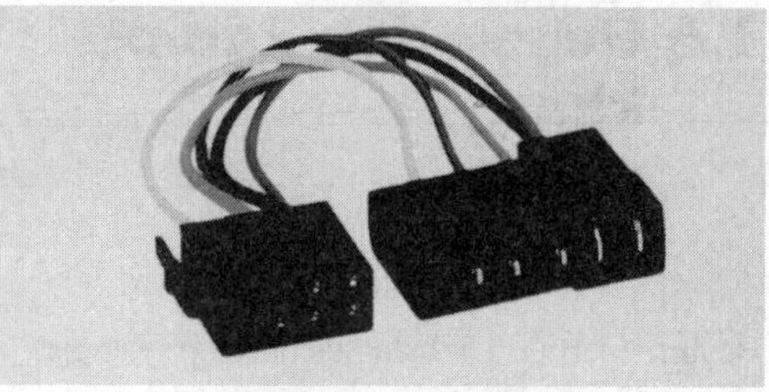

Bild 1.22 ISO-Anschlüsse

1.4 Adapter schaffen Verbindung

Es gibt für jeden nur erdenklichen Geräte- oder Wagentyp, selbst für die absolut verrückteste Kombination eine Anschlußmöglichkeit und die heißt Adapter. Benötigen Sie einen fahrzeugspezifischen, wenden Sie sich an Ihren Autohändler oder fragen Sie im Electronikgeschäft nach einem solchen. Beim HiFi-Gerätekauf steht Ihnen direkt eine fast unübersichtliche Auswahl zur Verfügung. Sie brauchen dem Verkäufer nur Ihren Autotyp mit Baujahr zu nennen oder im Zweifelsfall die Gegebenheiten hinter Ihrem Radioschacht zu schildern und er wird dann mit dem richtigen Teil aufwarten. Hier nur ein paar Beispiele:

1.5 Mechanik, das Drumherum

Um einem Gerät den nötigen Halt zu geben, werden bei den modernen Fahrzeugen Montagerahmen verwendet. Diese lassen sich problemlos in das Armaturenbrett einsetzen. Solch ein Rahmen wird entweder mit dem Radio zusammen gekauft oder bei manchen Fahrzeugherstellern gibt es spezielle, für dieses oder jenes Modell. Ford bietet z.B. eine Sparversion an, die sich nur auf die Radioschachtseiten beschränkt, an denen die Arrettierungskrallen einrasten.

Bild 1.23 Verschiedene Adapter

1.6 Gegen den Radioklau

Bevor neuartige Diebstahlsicherungssysteme eingeführt wurden, galt als die Edelvariante der Einbaurahmen die Quick-out-Halterung. Noch gibt es sie, aber aus Insiderkreisen hört man, sie seien „megaout".

Bild 1.24 Einbaurahmen

Zwei Teile arbeiten dort zusammen. Der eigentliche Einbaurahmen, an dem die Übergänge von der Fahrzeugelektrik und den anderen Komponenten der HiFi-Anlage zum Radio gleich eingebaut sind, und der am Radio selbst befestigte Haltebügel, der durch Hineindrücken das Gerät verriegelt und durch Anheben des Bügels das Gerät wieder freigibt. Nun kann man bei Verlassen des Fahrzeugs das Gerät mitnehmen. Beim Einbau wird also der Quick-out-Rahmen wie ein komplettes Radio verkabelt und am Gerät selbst befinden sich nur die Verbindungsstecker zum Rahmen.

Warum das ganze Gerät mitschleppen, wenn man sich auf lebenswichtige Teile beschränken kann, sagten sich die Konstrukteure und erfanden die abnehmbare Frontblende. Durch einen Tastendruck wird das Bedienfeld ausgerastet, in ein Ledereetui gesteckt und verschwindet in der Jackentasche. Zurück bleibt ein schwarzes Rechteck im Armaturenbrett.

Die nächste Sicherheitsstufe wird von den Security-Code-Geräten erreicht. Beim Neukauf eines Gerätes wird eine Karte mit einer Geheimnummer mitgeliefert, die bei Inbetriebnahme über die Stationstasten eingegeben werden muß. Wird das Gerät vom Netz getrennt, läßt es sich nur mit dieser Nummernkombination wieder einschalten. Somit ist es für Langfinger wertlos. Einige Hersteller kombinieren zweierlei, nämlich abnehmbares Bedienfeld und Code oder Quick-Out und Code miteinander.

Im Zeitalter der Chipkarten liegt es nahe, diese Kartenlesetechnik auch für den Diebstahlschutz bei Autoradios einzusetzen. Eine KeyCard, in den Maßen einer gewöhnlichen

Bild 1.25 Quick-Out Rahmen

Bild 1.26 Quick-Out-Gerät

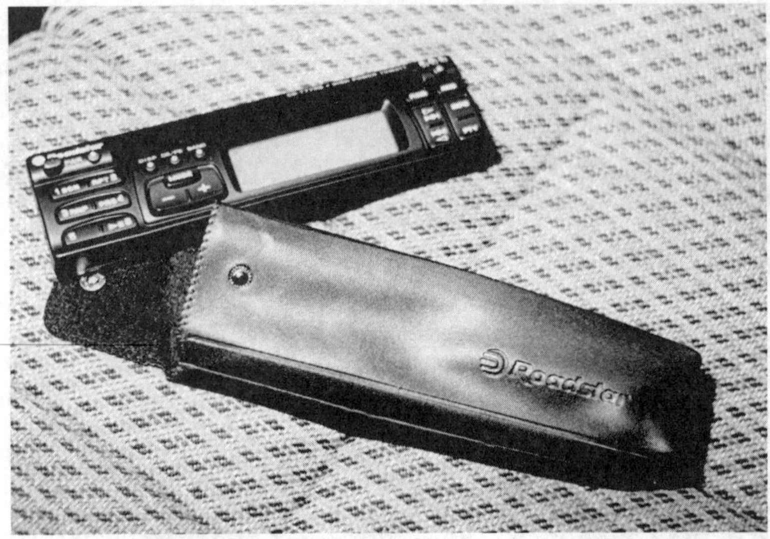

Bild 1.27
Bedienfeld
mit Etui

Kreditkarte, wird bei Verlassen des Fahrzeuges dem Radio entnommen und macht das Gerät funktionsuntüchtig. Ohne die Karte geht einfach nichts mehr.

Im Mai 95 brachte Kenwood eine neue Gerätegeneration heraus, die mit einem völlig neuartigen Diebstahlschutzsystem ausgerüstet ist. Das Gerät besitzt einen Rahmen, der im abgeschalteten Zustand eine Blende vor die Gerätefront fährt. Es wird mit einer glatten, unbeschrifteten Platte gesichert. Man sieht nicht, daß ein Radio installiert ist. Das

Bild 1.28 Security-Symbole

Ganze geschieht automatisch, so daß sich der Fahrer um nichts zu kümmern braucht. Eingelegte Kassetten werden beim Verschließen automatisch ins Laufwerk gezogen. Die Bedienfront fährt 8 mm in das Gerät zurück und macht sich einfach unsichtbar. Das Gerät ist darüber hinaus durch Sicherheitscode geschützt. Geöffnet wird das Gerät wieder entweder über Fingerdruck auf eine bestimmte Gerätestelle, über die Zündung oder über die System-Fernbedienung.

Bild 1.29 Key-Card-Gerät und Symbol

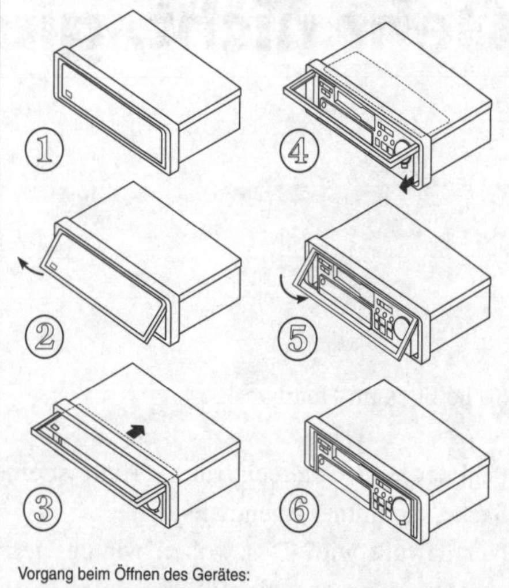

Bild 1.30 Kenwood Stealth Retraction Mechanism

2

Geht nicht, gibt's nicht!

So heißt es im Handwerk.

Und der HiFi-Geräteeinbau ins Auto ist eine Sache, die immer irgendwie geht.
Nur gewußt wie? Das wollen wir uns jetzt gemeinsam anschauen.
Keine Angst! Wir fangen nicht bei der Erfindung des Rades an, wir gehen gleich ans Eingemachte.
Begleiten Sie mich doch auf meiner Reise durch die unbekannten Ecken und Winkel in Ihrem Pkw, die den Kabeln und Schläuchen vorbehalten sind.
Erfahren Sie etwas über die Bereiche, die man kunstvoll mit Folien, Kunstleder, Feinvelours und Teppichen abgedeckt hat, und lernen Sie, wie man dort herankommt.
Sehen Sie sich an, wo die Ströme fließen, die Ihr Auto zum Leben erwecken.
Wir kommen schon wieder ans Tageslicht und dann werden Ihre Ohren ihre Freude haben.
Ein paar Verfahrensregeln müssen wir aber noch mit auf den Weg nehmen.
Wenn das Werkzeug bereitgestellt ist und es ans Schrauben geht, sollten folgende Grundsätze immer eingehalten werden, um zu vermeiden, daß der eine oder andere Eingriff damit endet, daß die Fachwerkstatt ausbügeln muß, was wir verbockt haben.

Grundsatz 1:
Je weniger Löcher im Auto, desto höher der Fahrzeug-Restwert.

Grundsatz 2:
Das Bodenblech und die Feuerwand möglichst nicht anbohren.

Grundsatz 3:
Für Stromkabel möglichst den gleichen Weg in Längs- und Querrichtung durch den Wagen wählen, den der Haupt- und Cockpitkabelsatz auch verfolgt.

Grundsatz 4:
Digitalcinch- und störstrahlungsanfällige NF-Kabel möglichst weit weg von Stromleitungen verlegen.

Grundsatz 5:
Alle Schrauben und Muttern unter dem Armaturenbrett, die mit einer Farbmarkierung versehen sind, niemals lösen!
Es handelt sich dabei um Sicherheitsteile, die für die Stabilität des Fahrzeuges wichtig sind, sprich, das Crashverhalten beeinflussen.

2.1 Elektroarchäologie

Das sicherste Mittel zu erfahren, welche Anschlüsse sich im Fahrzeug befinden, ist das vorhandene Radiogerät auszubauen und dahinterzuschauen.

2.2 Demontage

Haben Sie es mit einem etwas älteren Gerät zu tun, sehen Sie nach, ob an der linken und rechten Geräteseite die Kunststoffblende etwas abgesetzt je einen etwa 5 mm breiten Streifen besitzt. Diese Streifen kann man mit einem kleinen Schraubendreher herausklipsen. Darunter verborgen finden Sie je zwei Schrauben. Nach deren Lösen lassen sich die damit verbundenen Metallklammern nach innen schieben und die Arretierungskrallen rutschen aus dem Montagerahmen. Noch ein wenig das Ganze hin- und herbewegen und das Radio kommt einem entgegen.
Oder hat das Gerät rechts und links an den Seiten je zwei kleine Löcher in der Frontblende? Dann machen Sie sich erst einmal auf die Suche nach den Demontagegabeln.
In einem geordneten Haushalt kommt nichts weg ... daher schauen Sie am besten zuerst im Handschuhfach beim Fahrzeugserviceheft nach, ob die Gabeln dort ihren Winterschlaf verbringen oder wenn nicht, doch vielleicht im Bordwerkzeugsatz?

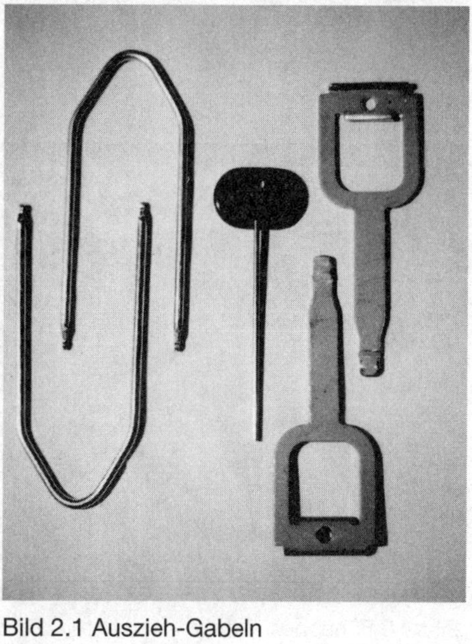

Bild 2.1 Auszieh-Gabeln

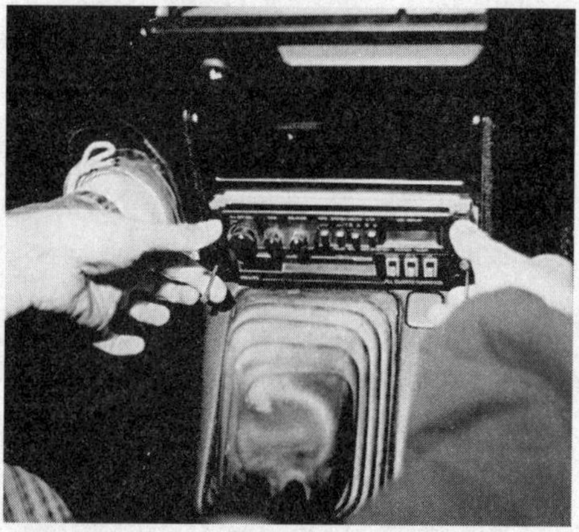

Bild 2.2 Nägel in Aktion

Werden Sie nicht fündig, bleibt nur noch die häusliche Grabbelkiste.
Vier Nägel müssen her. Sie sollten gerade so stark sein, daß sie in die Löcher passen und etwa 6–8cm lang sein.
Diese führen Sie jetzt in jede der vier Bohrungen ein und drücken sie hinein, bis Sie das Kratzen verspüren, das die Nägel an den Arretierungskrallen verursachen. Dann wird

etwas hin- und hergeschoben, der eine oder andere Nagel nachgedrückt und somit das Gerät herausgezogen.
Nun schauen Sie, wie weit sich das Radio aus dem Einbauschacht herausziehen läßt, ohne die angeschlossenen Kabel von sich zu werfen. Wenn's spannt, ist Schluß! In der Regel reicht es, um das Gerät vor dem Einbauschacht nach unten, bzw. nach der Seite zu drehen.

2.3 Strippengewirr

Hat das Radio auf der Oberseite einen Aufkleber mit den Klemmenbezeichnungen? Na also, haben doch fast alle Geräte. Da fällt die Orientierung nicht mehr schwer.
An der linken Seite befindet sich bei den meisten Geräten der Masseanschluß.
Als nächstes kommt das Pluskabel von der Zündung. Dem schließt sich in der Reihe der Dauerplus für den Senderspeicher an. Dann finden Sie weiter innen noch zwei extra kleine Stecker mit einer Brücke. Die sind für die Radiobeleuchtung zuständig, und deshalb ist es auch möglich, daß auf einem dieser Stecker ein grau/farbig-gestreifter Draht aufgesteckt ist. Der führt bei eingeschaltetem Abblendlicht eine variable Spannung, die am Instrumentenlichtregler eingestellt werden kann. Das ist aber bei weitem nicht bei jedem Auto der Fall und daher findet man in der Regel besagte Brücke. Ein Ministecker kommt dann noch. Das ist der für die Automatikantenne. Diese Klemme führt bei eingeschaltetem Radiogerät die erforderlichen 12 V, um die Antenne auszufahren.
Als letztes finden Sie weiter zur Mitte hin oder in der darunterliegenden Reihe, die beiden bzw. die vier Würfel der DIN-Lautsprecheranschlüsse.
Irgendwo auf der gegenüberliegenden Seite befindet sich noch die große runde Antennenbuchse.
Da haben wir ja alle beisammen, die Kameraden, die wir fürs neue Gerät benötigen. Die Aufzählung erhebt natürlich keinen Anspruch auf Vollständigkeit, aber die Grundausrüstung eines jeden Autoradios dürfte hiermit erfaßt sein.

2.4 Täterbeschreibung

Jetzt ist es Zeit, mit dem Leinenisolierband die diversen Kabel zu markieren, damit Sie es beim nächsten Zugriff leichter haben und ein meist unbeabsichtigtes Abziehen eines oder mehrerer Kabel nicht größere Ratlosigkeit nach sich zieht – siehe Murphy's Gesetze.
Sie schneiden für jeden am Gerät ange-

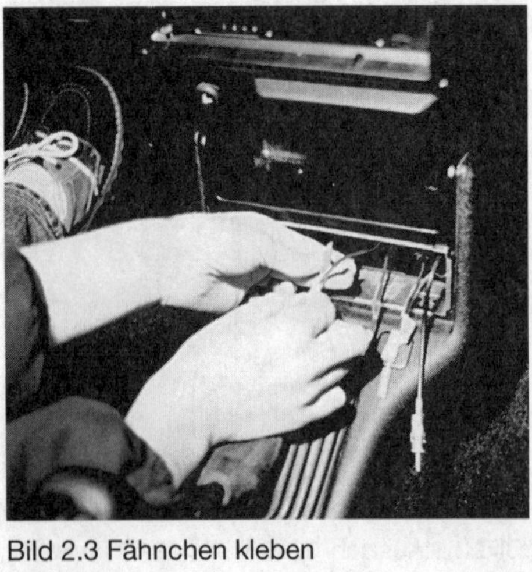

Bild 2.3 Fähnchen kleben

schlossenen Draht ein etwa 3 cm langes Stück Leinenband ab und legen es auf eine Kunststoffunterlage. Nun schreiben Sie mit einem Kugelschreiber (hält am besten) die entsprechende Abkürzung der jeweiligen Kabelbezeichnung je auf den ersten und den letzten Zentimeter des dafür vorgesehenen Bandes und kleben dieses mit der Mitte auf die entsprechende Ader und drücken es so zusammen, daß ein Fähnchen entsteht, das man von beiden Seiten lesen kann.

Sie schreiben für:

die Masse: den senkrechten Strich auf dem dicken Balken.
den Zündungsplus: eine 15.
den Dauerplus-Senderspeicher: eine 30 oder B+.
die Instrumentenbeleuchtung: eine 58 oder ein IB.
die Antennen-Steuerstrippe: ein doppeltes A.

Die **Lautsprecher** bezeichnen Sie, dem Schalt- und Steckplan entsprechend mit:

FL = Front left
FR = Front right
RL = Rear left
RR = Rear right

Oder wer es lieber deutsch mag:

VL = Vorn links
VR = Vorn rechts
HL = Hinten links
HR = Hinten rechts

So, damit wäre die erste Operation abgeschlossen und Sie können nun das Gerät – nach Überprüfen des festen Sitzes aller Stecker – wieder in den Einbauschacht hineinschieben, denn ein wenig Musik wollen Sie ja noch hören, auf der Fahrt zum Auto-HiFi-Händler.

3

Cassettengerät

3.1 Einkäufe

Nun haben Sie dem Verkäufer berichtet, daß sich in Ihrem Fahrzeug DIN-Anschlüsse befinden und haben, nachdem Sie sich für ein Gerät entschieden haben, auch den entsprechenden Adapter heraussuchen lassen.
Ach ja, da sitzt Ihnen noch der Streß mit den Nägeln im Nacken. Sie sollten doch lieber einen neuen Einbaurahmen, passend zum neuen Gerät, mitnehmen.
Zumindest sollten Sie darauf achten, daß beim „Neuen" die Gabeln dabei sind.
Alles komplett? Ab, Richtung Heimat.
Zu Hause angekommen, wird zuerst einmal die wichtigste Handlung vorgenommen, nämlich das Auspacken des Gerätes und das Überprüfen des Lieferumfangs.
Dann nehmen Sie sich etwas Zeit und lesen die Bedienungsanleitung. Auch wenn's noch so in den Fingern juckt. Erst lesen, dann einbauen!

3.2 Umrahmung

Nun schauen Sie sich den Einbaurahmen etwas genauer an und sehen einen rechteckigen Blechkasten. Auf der Vorderseite umgekantet der Rand, der sich in den Einbauschacht schmiegt. An den beiden Schmalseiten befinden sich die Öffnungen für die Arretierungskrallen. Rundum sehen Sie kurz hinter dem Vorderrahmen mehrere Blechzungen ausgestanzt. Die werden nach dem Einsetzen des Einbaurahmens in das Armaturenbrett hinter dem Kunststoffrand des Einbauschachtes nach außen gebogen und verleihen dem Rahmen den nötigen Halt, so daß Ihr Gerät sicher und ohne zu wackeln im Radioschacht sitzt. Dann haben Sie noch den Adapter, den Sie schon mal richtig herum in das Gerät einsetzen, nur so zum Üben und um dessen ordnungsgemäßen Sitz zu prüfen.

3.3 Auf geht's

Hoffentlich steht Ihr Auto nicht an einem zu kalten Ort, denn nichts ist schlechter für ABS-Kunststoffe als Kälte. Die macht sie anfällig gegen Bruch.
Die erste Amtshandlung vor dem Basteln an

**Achtung!
Masseverbindung lösen**

der Fahrzeugelektrik ist es, die Masseverbindung zwischen Batterie und Fahrzeugkarosserie zu lösen.
Dazu öffnen Sie die Motorhaube, nehmen ihren kleinen Steckschlüsselsatz, suchen sich die entsprechende Nuß heraus (bei den modernen Batterien handelt es sich meist um eine 10-mm-Mutter).

Sie schrauben diese soweit los, daß Sie die Masseverbindung abnehmen können. Diese stecken Sie jetzt an eine Stelle des Motorraums, die Sie sicher sein läßt, daß das dicke Kabel nicht zurückrutscht und wieder an den Minuspol der Batterie kommt. Nun können Sie sich beruhigt ins Fahrzeuginnere begeben. Erst einmal die Kupplung treten und den 2. oder 4. Gang einlegen, den Fahrersitz ganz zurückschieben. Das schafft Platz.
Sie bauen das alte Gerät in gewohnter Weise aus und ziehen die Kabel aus dem Anschlußfeld. Passen Sie auf, daß sich die Strippen nicht ins Dunkel verkrümeln können.

Das alte Gerät wird am besten gleich ins Garagenregal gepackt, sonst liegt es nur im Fußraum herum und das Werkzeug rutscht immer ganz wie von selbst hinter das blöde Ding und macht sich unsichtbar.
Nun nehmen Sie einen kleinen Schraubendreher und biegen die Blechzungen des alten Einbaurahmens nach oben bzw. nach unten, so daß Sie diesen aus dem Radioschacht ziehen können. Gibt es Probleme damit, kann die gekröpfte Spitzzange helfen. Der Rahmen wandert gleich dem ausgebauten Radio hinterher ins Regal. Was zusammengehört, soll auch zusammen bleiben.

3.4 Das Neue zieht ein

Der neue Einbaurahmen wird sinngemäß umgekehrt im Radioschacht verankert. Lieber zwei Zungen mehr umbiegen, als eine zu wenig. Der feste Sitz ist allzuoft mitentschei-

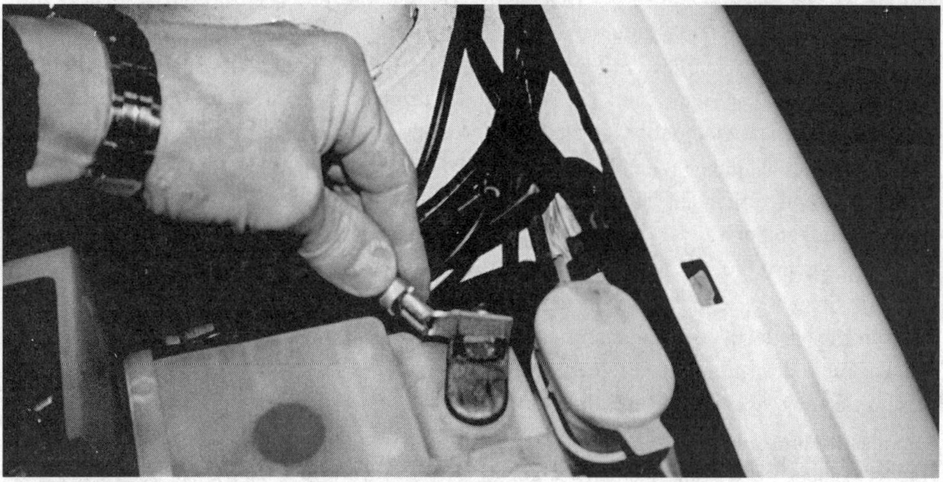

Bild 3.1 Hier Batterie-Massekabel abklemmen

dend für den Hörgenuß beim Cassettenbetrieb.
Beim Zungenbiegen muß nur sehr genau darauf geachtet werden, daß sich der Einbaurahmen nicht verformt und dadurch das Gerät später nicht mehr reibungslos hineingeschoben werden kann.

Jetzt nehmen Sie das „Neue“ zur Hand, ziehen den Adapter aus dem Gerät, nehmen die-

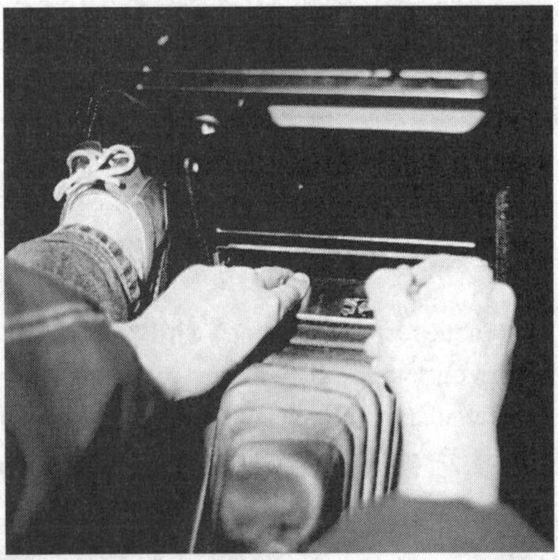

Bild 3.2 Einbaurahmenmontage

sen und stecken zuerst den Massekontakt, dann den Zündungsplus mit der 15, den Dauerplus 30, wenn vorhanden, die Beleuchtung und die Motorantenne.
Nun vergewissern Sie sich noch einmal, welche DIN-Steckbuchse für welchen der vier Lautsprecher gedacht ist. Das kann man auf der Packung des Adapters erfahren. Nach diesem Schema stecken Sie nun die Würfel in den Adapter.
Ist dieses alles vollbracht, kann nun eigentlich nichts mehr schiefgehen.

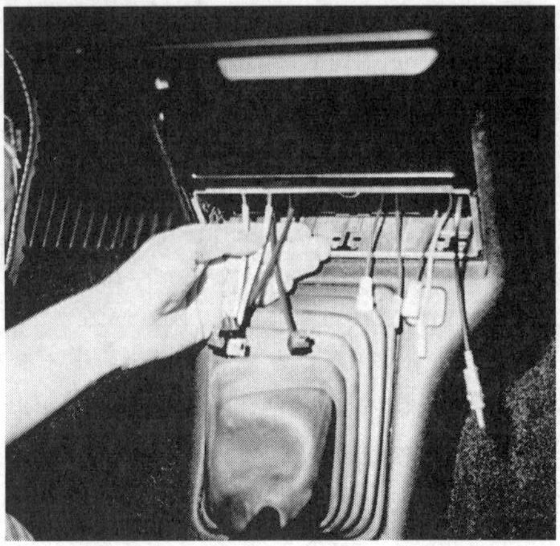

Bild 3.3 Alle Kabel im Radioschacht zu sehen

3.5 Finale

Der Adapter ist nun komplett mit der Fahrzeugelektrik verbunden und bereit, das neue Gerät aufzunehmen.
Dazu wird zuerst einmal nach dem Antennenkabel geangelt und dieses in die Steckeröffnung eingesetzt.

Dann den Adapter ins Gerät schieben, die ganzen Strippen im Radioschacht ordnen, so daß sie später nicht hinter dem eingesetzten Gerät und der Halterung am hinteren Radioschachtende eingeklemmt werden.

VORSICHT !
Kabel nicht einklemmen!

Dort findet sich meist ein Bügel mit einer 6-mm-Bohrung, die zur Aufnahme der rückwärtigen Zentralschraube des Gerätes dient.

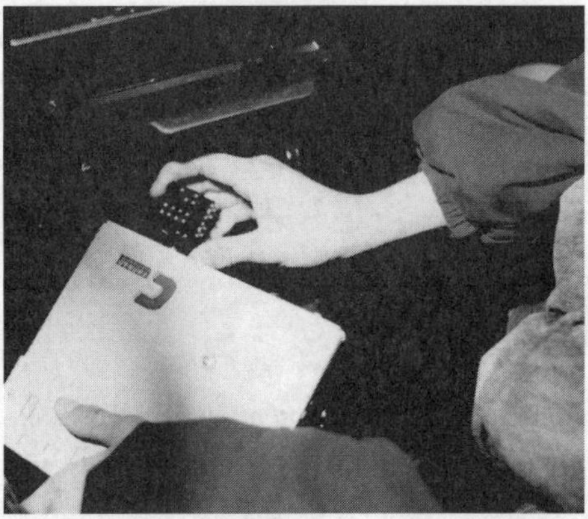

Bild 3.4 Adapterarbeiten

Wenn dort ein oder mehrere Kabel eingequetscht werden, hat dies meist fatale Folgen. Also, Vorsicht!

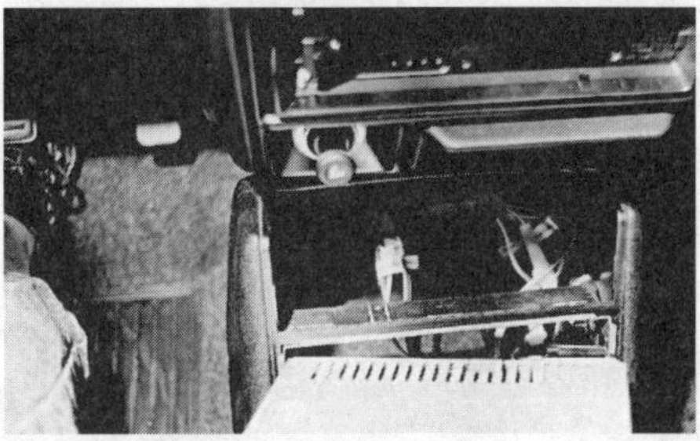

Bild 3.5 Kabel ordnen

Dann nehmen Sie das Gerät und schieben es, ohne Gewalt anzuwenden, in den Einbaurahmen. Sind wirklich alle Kabel aus dem Weg geräumt? Wenn das Radio fast ganz im Schacht verschwunden ist, kommen die Arretierungskrallen ins Spiel. Sie drücken das Gerät den letzten Zentimeter gegen den Widerstand der Krallen fest an den Kragen des Einbaurahmens, bis die vier Krallen hörbar einrasten.

„Paßt, wackelt und hat Luft."
Erst einmal tief durchatmen und Arme und Beine wieder geradebiegen.

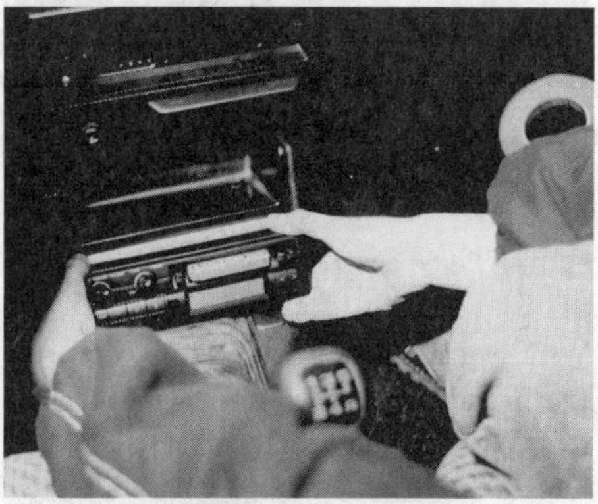

Bild 3.6 Gerät gerade hineinschieben.

Der nächste Weg führt Sie wieder zum Motorraum, da liegt nämlich noch das Massekabel daneben und muß wieder angeschlossen werden. Sie stellen den Originalzustand wieder her und schrauben die Mutter wieder fest. Nicht zu schlapp und nicht zu doll anziehen, festen Sitz prüfen,

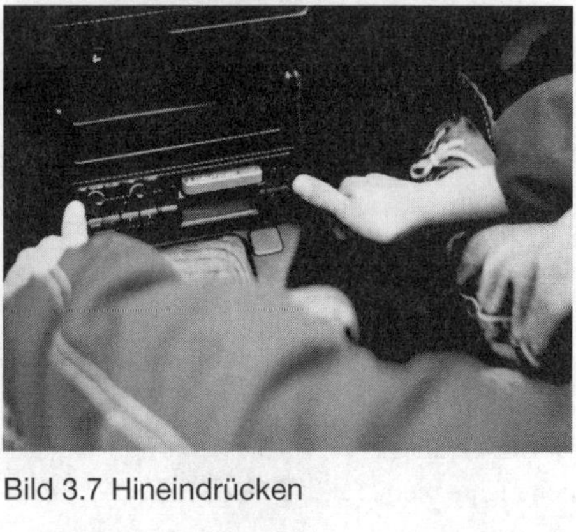

Bild 3.7 Hineindrücken

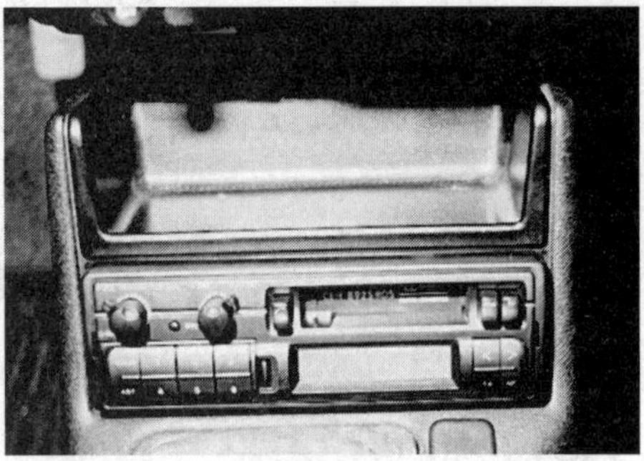

Bild 3.8 Fertig eingebautes Gerät

VORSICHT!
Bei Arbeiten an der Batterie nicht mit dem Werkzeug die Pole brücken.

Werkzeug einsammeln und Haube wieder zu. Im Innenraum angekommen, wird der Fahrersitz wieder in Position gebracht und dann kommt der große Moment, in dem der Zündschlüssel auf die Stufe 1 gedreht wird und der Lautstärkeregler ganz zärtlich eingeschaltet wird.

Wie dann weiter zu verfahren ist, sagt Ihnen die Bedienungsanleitung des Gerätes.

CD an Bord

Der Vormarsch der CD-Geräte im Auto ist eigentlich durch nichts mehr aufzuhalten. Wer hat sich nicht schon des öfteren über die recht niedrige Lebensdauer der im Fahrzeug abgespielten Compact-Cassetten geärgert? Was liegt da näher, als die CDs von zu Hause mit auf Reisen zu nehmen.

Bild 4.1 CD-Gerät mit Futter

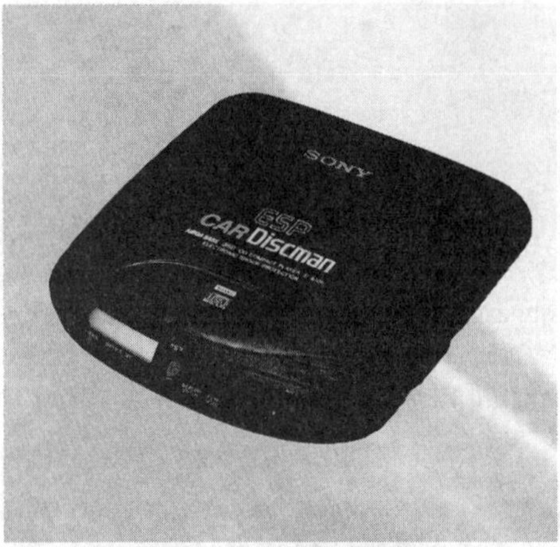

Bild 4.2 Car-Discman

Diese hauchdünnen Silberlinge stecken, ohne ihre Originalhülle, meist zu zehnt in einer Aufbewahrungsbox und sind auch viel praktischer zu handhaben als herkömmliche Cassetten.

In diesem Kapitel werden wir uns mit zwei Varianten befassen

.

Zum einen mit dem **CD-Radio-Kombi**; diese schlägt die meisten Cassettengeräte in puncto Wiedergabequalität um Längen.

Zum zweiten mit der preiswerteren **DISCMAN-Radio**-Version.

Diese bringt bei den meisten, nicht zu hart gefederten Fahrzeugen ebenso ungetrübten Hörgenuß und hat einen großen Vorteil gegenüber dem Einbaugerät.

Warum soll denn der Discman, den man sich vor längerer Zeit einmal gekauft hat, im heimischen Schrank vor Langeweile umkommen, wenn er doch im Auto jede Menge zu tun kriegen kann. Da kann er mal zeigen, was eine gescheite Abtastung und Fehlerkorrektur ist. Abzuraten ist dabei allerdings von irgendwelchen Billiggeräten Marke Fliegentod. Die kriegen das meistens mit der Schüttelei im Auto nicht gebacken und dann ist das Geld für die Verbindungskabel glatt zum Fenster herausgeworfen.

4.1 CD-Radio-Kombi

Der Anschluß unseres Mustergerätes erfolgt über einen ISO-Norm-Adapter. Das unterscheidet es von dem Gerät, das im Kapitel 3 behandelt wurde. Der mechanische Einbau ist identisch. Mit dem ISO-Adapter entfällt das Anschließen der vielen Einzelstecker am Gerät.

Bei der Verwendung eines fahrzeugspezifischen Adapters erledigt sich die Versorgung des unteren Steckerblocks von selbst; Sie müssen lediglich überprüfen, ob der Dauerplus für den Senderspeicher auf Pin 4 und der Anschluß für die Automatikantenne auf Pin 5 liegt und ob der Zündungsplus auf Pin 7 und die Masse auf Pin 8 angeschlossen ist. Wenn dem so ist, dann sind die Anschlüsse korrekt. Bleiben noch die Lautsprecheranschlüsse, die sich auf dem mittleren Block befinden, durchzuverbinden. Pin 1+2 sind für hinten rechts. Pin 3+4 sind für vorne rechts. Pin 5+6 sind für vorne links. Pin 7+8 sind für hinten links. Die höhere Nummer eines jeden Pin-Paares ist immer Minus.

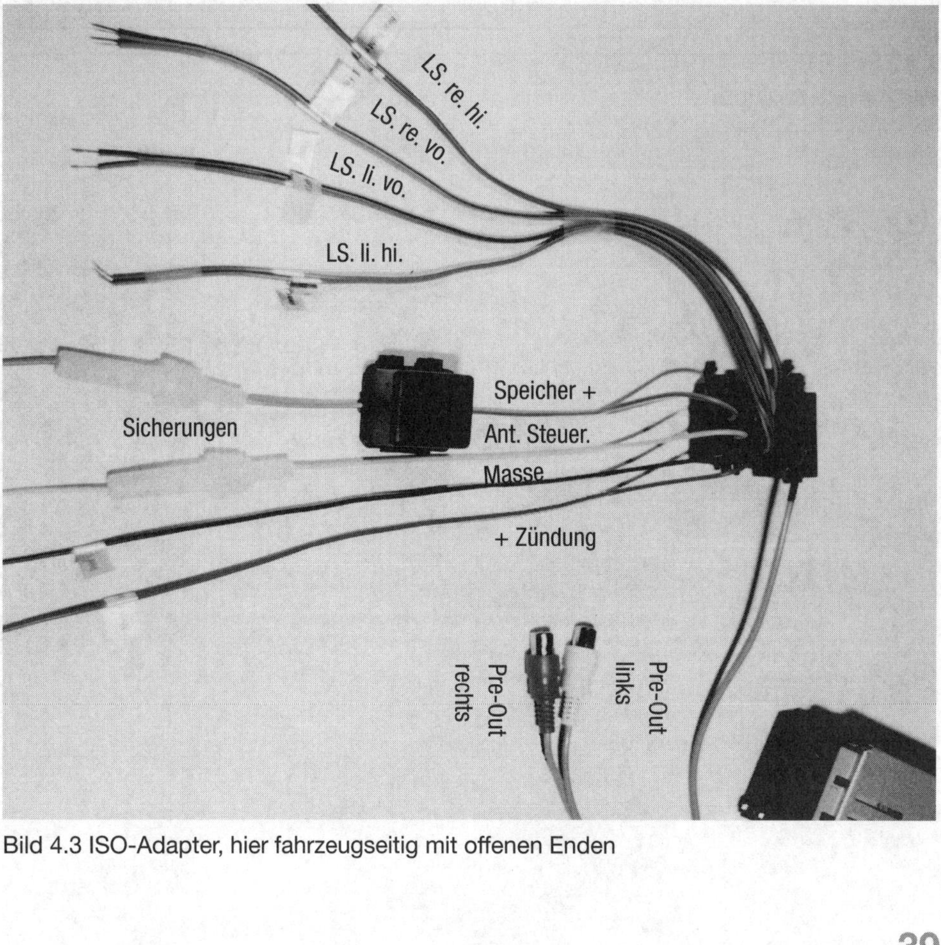

Bild 4.3 ISO-Adapter, hier fahrzeugseitig mit offenen Enden

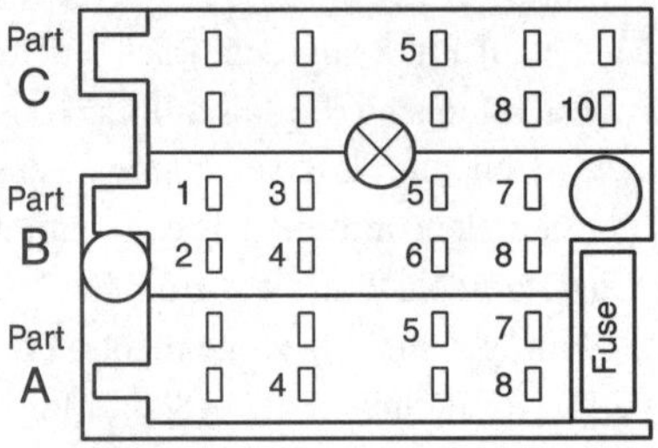

No.	Part A	Part B	Part C
1	*	Rear Right + (Blue)	*
2	*	Rear Right – (Blue/Black)	*
3	*	Front Right + (Orange)	*
4	Memory Back up (Pink/Red)	Front Right – (Orange/Black)	*
5	Auto Antenna (Yellow)	Front Left + (Grey)	L/OUT GND
6	*	Front Left – (Grey/Black)	*
7	Main Power (Red)	Rear Left + (Green)	*
8	Ground (Black)	Rear Left – (Green/Black)	L/OUT R (Red)
9	*	*	*
10	*	*	L/OUT L (White)

Bild 4.4 ISO-Belegplan

Bild 4.5 Gerät mit ISO-Anschluß

Tips & Tricks

Kein CD-Anschluß? und trotzdem gehts! Dank SONYs Autoadapter-Cassette CPA-8. Cassette ins Laufwerk, Stecker an den Discman und die Verbindung ist perfekt.

4.2 DISCMAN im Auto

Hat Ihr Radiogerät in der Frontblende eine kleine, 3,5-mm-Klinkenbuchse, die mit der Beschriftung CD versehen ist? Oder befindet sich eine solche auf der Geräterückseite? Mag sein, daß es sich auch um zwei Cinchbuchsen handelt, die mit Input CD bezeichnet sind. Na, prima! Dann kann der Discman als externes Laufwerk angeschlossen werden.
Zwei Einbauvarianten stehen zur Auswahl: Die „Mach-Dich-unsichtbar"- und die „Zeig-was-Du-hast"-Version.

Tips & Tricks

Nach vorhandenen Deckeln und Öffnungen zu suchen spart oft viel Arbeit.

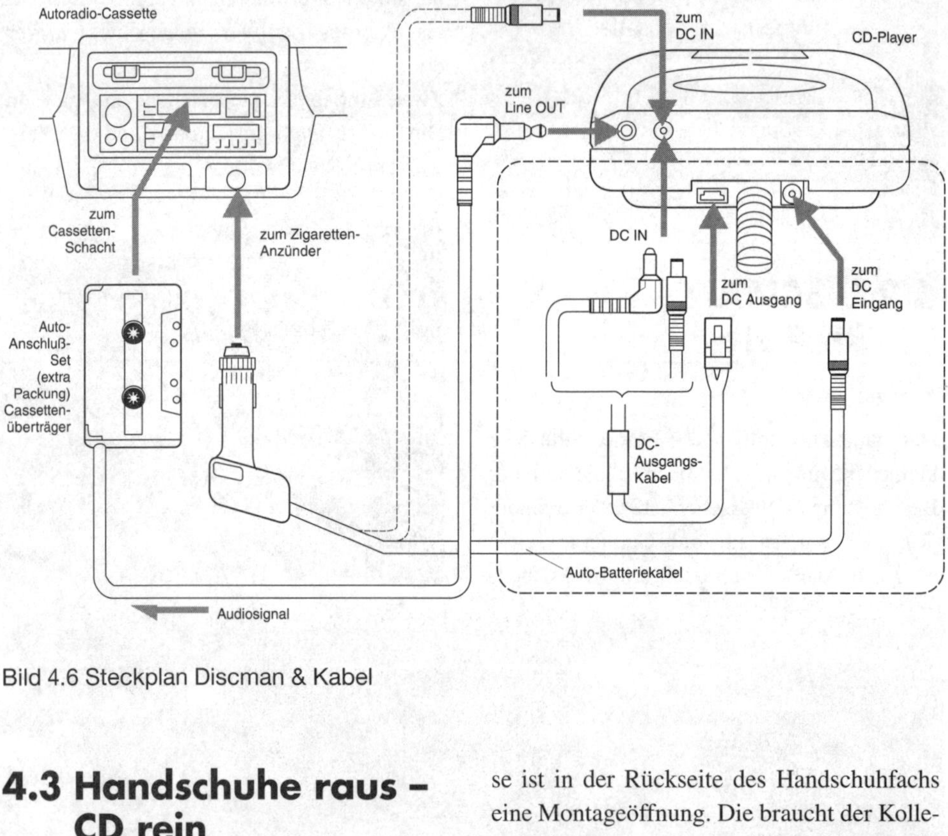

Bild 4.6 Steckplan Discman & Kabel

4.3 Handschuhe raus – CD rein

Bei der Handschuhfachvariante ist das Verlegen der Kabel eigentlich kein Problem. Oft findet man einen Durchbruch für die Handschuhfachbeleuchtung, durch die die Kabel verlegt werden. Das heißt, Leuchte vorsichtig mittels Schraubendreher aus der Öffnung hebeln, Kabel nach innen ziehen, zur Not an einer Ecke ein wenig vom Rand abfeilen, gerade groß genug für die Kabel. Aber nicht dort, wo die Leuchte ihre Rastung hat. Dann Leuchte wieder einsetzen.

In den meisten Fahrzeugen der Kompaktklasse ist in der Rückseite des Handschuhfachs eine Montageöffnung. Die braucht der Kollege Roboter, wenn er im Automobilwerk die Schutzpolstereinheit ins Fahrzeug schraubt. Diese Öffnung wird dann durch einen Kunststoffdeckel verschlossen, den Sie für Ihre Zwecke nutzen können. Sie klipsen ihn vorsichtig, ohne Gewalt, heraus. Nun können Sie die Kabel hindurchziehen und in den Deckel eine Aussparung feilen, damit er sich wieder bündig einfügen läßt.

Wenn gar nichts geht in dieser Richtung, hilft nur noch die Akku-Bohrmaschine. Sie suchen sich einen Bohrer nach dem Durchmesser der Klinkenstecker aus und bohren an geeigneter

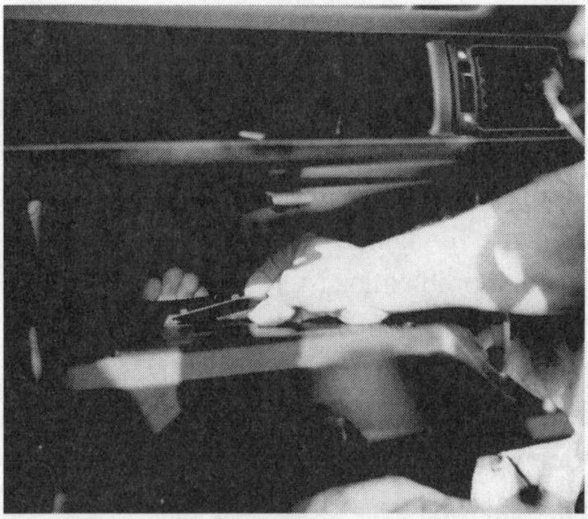

Bild 4.7 Deckelausbau

Bild 4.8 Deckel entfernt

Stelle ganz vorsichtig je ein Loch für die beiden Stecker. Möglichst an der Seite, denn dort fallen sie am wenigsten auf, wenn Sie den Wagen später einmal verkaufen.

Zum Schluß wird der Discman noch mit seiner Halterung mit dem mitgelieferten, selbstklebenden Klettband auf der Handschuhfachklappe gesichert und fertig ist die Sache.

Bild 4.9 Discman-Halterung im Handschuhfach

4

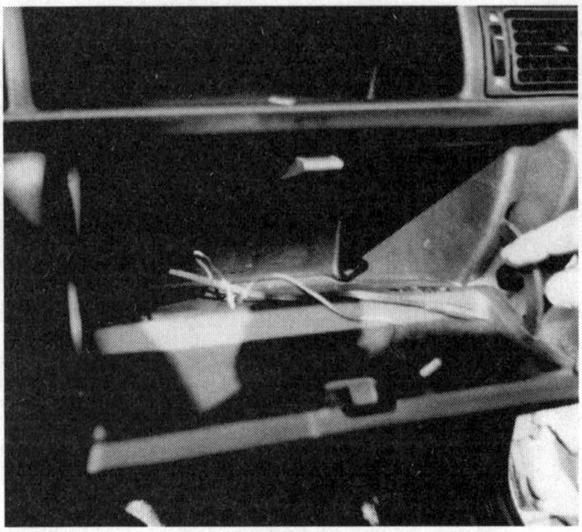

Bild 4.10 Kabel durch Deckel geführt

4.4 Außendienstler

Eine wunderschöne Lösung ist die Autohalterung CPM 300 PK von SONY, ein Schwanenhals für den Discman, dessen Montage absolut problemlos ist.

Sie suchen sich die vordere linke Befestigungsschraube des Beifahrersitzes, an der wird die Haupthalterung montiert, die den Schwanenhals trägt. Von hier aus hat der Schwanenhals genau die richtige Länge, daß sich das oben aufgebaute Gerät problemlos bedienen läßt, ohne daß Sie mit dem Schaltknüppel in Konflikt geraten. Probieren Sie

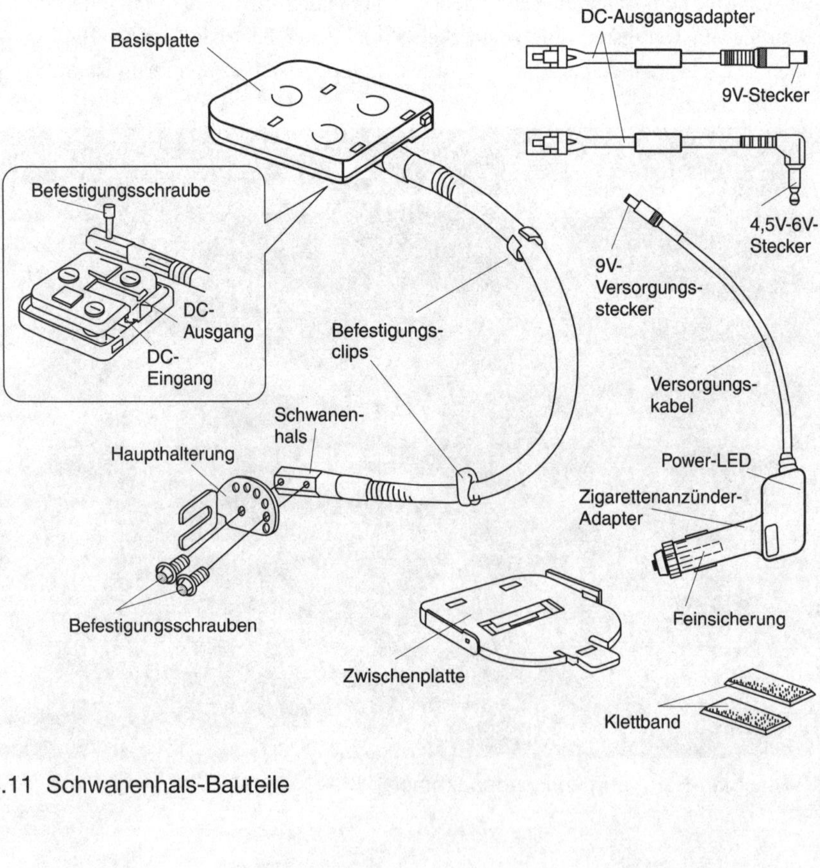

Bild 4.11 Schwanenhals-Bauteile

es, das haut hin. Nun werden Schwanenhals und Basisplatte montiert und Sie können den Discman schon einmal Platz nehmen lassen, je nach Modell mit oder ohne Zwischenplatte.

Zwei Verbindungen müssen nun hergestellt werden:
1. Die Stromversorgung vom Zigarettenanzünder.
2. Die NF-Verbindung zum Radiogerät.
Für die beiden Kabel benötigen Sie eine unauffällige, feste Verlegung, denn aus Sicherheitsgründen darf kein loses Kabel im Fußraum oder Konsolenbereich liegen, in dem man sich eventuell verfangen könnte. Das ist bei diesem System unproblematisch. Am Schwanenhals werden die Kabel mit zwei Clipsen befestigt und auf dem Weg nach vorn zum Cockpit mit dem Teppich kaschiert. Der Discman wird mit der mitgelieferten Zwischenplatte an der Basisplatte befestigt, von der er einfach durch Hebeldruck und Schieben abgenommen werden kann. Die 9-V-Spannung vom Zigarettenanzünder wird in eine Buchse an der Basisplatte geführt und von dort mittels eines kurzen Adapterstückes, das die Spannung auf 4,5 V herunterbringt, an den Discman angeschlossen. Wird jetzt der Zündschlüssel gedreht steht die Spannungsversorgung und der Discman ist einsatzklar.

Beim Aussteigen einfach nur das Adapterkabel und das Line-out-Kabel ziehen, Gerät abnehmen und ab in den Kofferraum, oder besser mitnehmen. Der leere Schwanenhals kann kaum einen Langfinger locken.

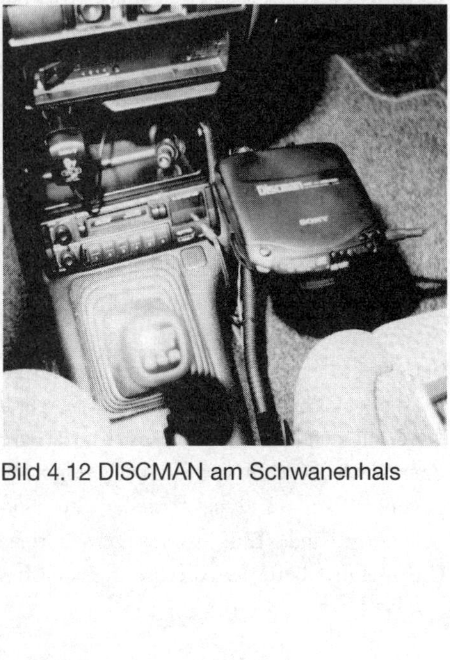

Bild 4.12 DISCMAN am Schwanenhals

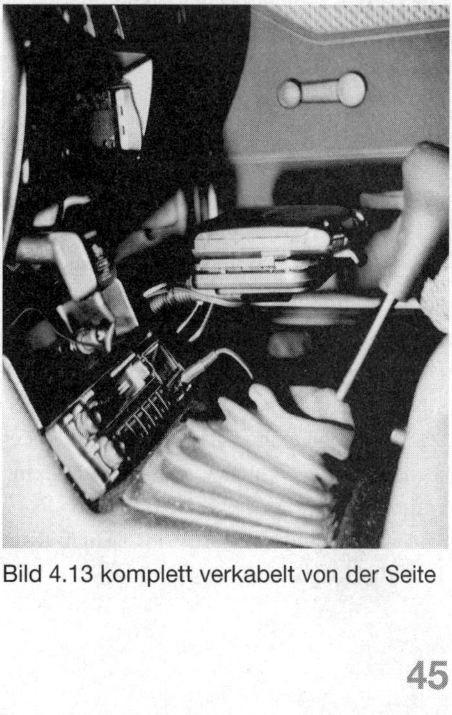
Bild 4.13 komplett verkabelt von der Seite

5

CD-Wechsler

Wie Sie sehen, sehen Sie nichts!

Denn der CD-Wechsler fristet sein Dasein klaglos im Kofferraum und gibt von dort aus sein digitales Wunschkonzert zum besten. Je nach Modell faßt er Magazine mit je 10 bis 12 der blanken Scheiben. Das ergibt schon ein paar Stunden Musik vom Feinsten am Stück. Er läßt sich während der Fahrt kaum aus der Ruhe bringen, dank Spurnachführung und extrem schneller Fokussteuerung. Hohe Datensicherheit wird durch 1-Bit-D/A-Wandler und Zwischenspeicher erreicht, so daß Erschütterungen durch Bodenwellen und Schlaglöcher den Lesevorgang und somit die Klangwiedergabe nicht beeinflussen können. Dies alles setzt natürlich voraus, daß sich vorn im Cockpit eine entsprechende Schaltzentrale befindet, ein CD-tauglicher Empfänger oder ein Cassetten-Radio mit speziellen Features, mit dem Wechsler verbunden durch Digital-Übertragungskabel oder gar durch Glasfaserleitungen. Wenn man beim Verlassen des Fahrzeuges die Bedienblende des Steuergerätes immer schön mitnimmt, kommt nur ein Insider auf die Idee, daß sich im Kofferraum ein solches High-Tech-Maschinchen befindet.

Der Einbau eines CD-Wechslers ist fast überall im Fahrzeug möglich, nicht nur im Kofferraum, sondern auch unter dem Fahrersitz ist meistens Platz für ihn. Das leistungsstarke Caraudio-Paket von SONY, bestehend aus der Radio-Cassetten-Kombi und dem CD-Wechsler CDX-45, bietet ideale Voraussetzungen für den preiswerten Einstieg in dieses Gebiet der mobilen Unterhaltung. Im folgenden Kapitel soll der Kofferraum, die Beifahrerseite und als weitere Alternative der Getriebetunnel als Einbauort für die Kabelverbindungen angenommen werden, denn das zeigt am besten das Einbauprinzip auf.

5.1 Datenübertragung

Für den Betrieb unserer Gerätekombination benötigen wir eine Verbindungsleitung vom Steuergerät zum CD-Wechsler. Diese führt dem Wechsler auf digitaler Basis Befehlsdaten und in Gegenrichtung dem Steuergerät Kontrolldaten zu. Über dieses Kabel wird dem Wechsler auch seine Betriebsspannung zugeführt, so daß keine separaten Stromkabel nötig sind. Ein zweites, zweiadriges Cinch-Kabel befördert die NF-Signale vom

Bild 5.1 CD-Wechsler- Equipment Sony KP-C 202

Wechsler zum Steuergerät zur weiteren Verarbeitung. Diese Kabel müssen nun von vorne nach hinten der Länge nach durch das Auto verlegt werden, ohne später in Erscheinung zu treten. Sie schauen sich Ihr Fahrzeug erst einmal an und entscheiden sich für den Kabelweg, bei dem Sie die wenigsten Teile der Innenausstattung demontieren müssen. Der Weg an den Türschwellern vorbei erfordert den Abbau der Schwellerinnenverkleidung und das Lösen des Teppichs in diesem Bereich. Dies hat aber den Vorteil gegenüber der Tunnellösung, daß bei wuchtigen Rücksitzpolsterungen der schwierige Ausbau derselben entfällt, was den Ausbau des Vordersitzes nicht unbedingt ausschließt. Schauen Sie sich an, ob Sie an alle Schrauben herankommen, die die Schwellerverkleidung halten; diese sind meist waagerecht angebracht, um die Optik nicht zu stören. Daher sind sie für den Schraubendreher oft nicht direkt zugänglich. Denn ein Auto wird im Prinzip von außen nach innen zusammmengebaut, d. h. zuerst die Fahrzeuginnenverkleidung mit all ihren vielen Bauteilen und erst dann das Polstermaterial. Bei den meisten Fahrzeugen der Kompaktklasse ist die Rückbank leicht ausgebaut und der Weg durch die Mitte nicht sehr lang. Wie auch immer, wir fangen erst einmal mit der Verlegung entlang den Seitenschwellern an.

5.2 Flankenangriff

Wie gehabt, der Vordersitzausbau hängt von der Zugangsmöglichkeit der Schwellerverkleidungsschrauben ab. Sie ziehen zuerst den

Kantenschutz von der Karosserie ab, soweit er die Schwellerverkleidung verdeckt. Dann lösen Sie die Kreuzschrauben und ziehen die Schwellerverkleidung vorsichtig nach unten weg. Eventuell ist es nötig, das Anschlußstück an A- und B-Säule durch Abschrauben zu entlasten. Um alles in der Welt nicht brechen oder biegen, denn das führt unweigerlich zur Zerstörung des einen oder anderen Kunststoffteils.
Ebenso verfahren Sie mit der hinteren Verkleidung. Nun liegen die Außenkanten des Teppichs frei und Sie können sich anschauen, ob und wie dieser zusätzlich befestigt ist. Einige Hersteller befestigen den Teppich nämlich mit kleinen Schießnägeln am Schweller, um ihn zu fixieren, bevor der weitere Inneneinbau vonstatten geht. Diese Nägel lassen sich vorsichtig mit einem Seitenschneider aus dem Blech herausziehen. Denken Sie daran, daß Sie später die Stellen wiederfinden müssen, denn nur ein einziges Mal bekommen Sie die Nägel wieder hinein, nämlich um 90° verdreht und nur in ihr Originalloch. Ist der Teppich auf der ganzen Länge hochgenommen, können Sie darangehen, die Kabel zu verlegen.
Sie entnehmen Digital- und Cinchkabel der Verpackung und rollen sie lang neben Ihrem Auto aus, die Stecker für das Steuergerät deckungsgleich. Nun ziehen Sie das Kabelbündel vom Kofferraum aus unter dem Teppich am Rücksitz vorbei nach vorne, soweit, daß Sie das Steuergerät problemlos erreichen. Nun drücken Sie die Kabel ohne Verdreher ganz fest in den Schwelleransatz zum Bodenblech. Mehrfaches Kontrollieren bei darübergeschlagenem Teppich ist wohl nötig.

Wenn die Längen stimmen, können Teppich und Schwellerverkleidung sinngemäß umgekehrt zum Ausbau wieder befestigt werden. Nachdem die Kabel auch auf dem Weg vom Schweller zum Armaturenbrett versteckt wurden und unter dem Handschuhfach entlang mit Kabelbindern befestigt wurden, sieht man von der ganzen Aktion schon gar nichts mehr.

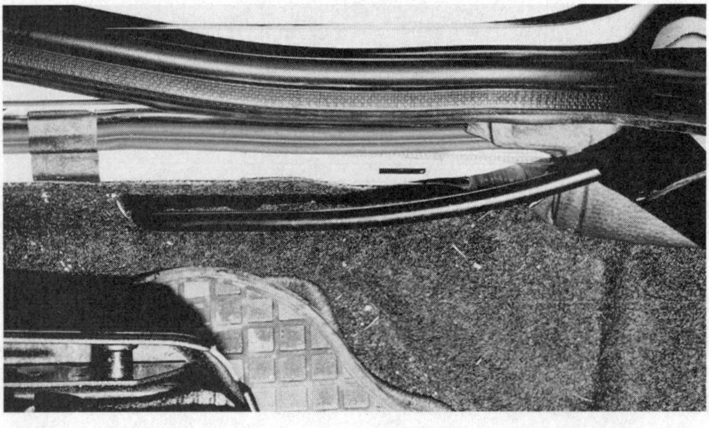

Bild 5.2
Kabel verlegt

5.3 Ab durch die Mitte

Die Kabelverlegung am Getriebetunnel entlang macht eigentlich nur bei den Kompakten Sinn. Dabei erreichen Sie meistens eine Verringerung der Kabelwege. Hat das Auto eine Mittelkonsole, so muß diese abgebaut oder zumindest um den Schaltknüppel herum geöffnet werden. Der Ausbau der Rücksitzbank ist relativ einfach aber so ziemlich unumgänglich. Wenn Sie die Rückenlehnen umklappen, finden Sie unter dem Laderaumteppich Befestigungshalter für die Rücksitzbank. Diese müssen Sie lösen und durch Hochklappen der Rückenlehnen können Sie die Bank nach vorn hochkippen und aus ihren Vorderhalterungen ziehen. Achtung, die können durch Schrauben gesichert sein, die Sie vorher lösen müssen. Jetzt kommen Sie von der Heckpartie her unter die Teppichschale und versuchen, sie in der Mitte hochzuwölben. Immer in grober Richtung Schaltknüppel vorarbeiten, solange der Arm reicht. Zu zweit geht diese Arbeit besser vonstatten, wenn der eine den Teppich wölbt und der Partner dann, von der Handbremsenöffnung im Teppich aus, einen Zugdraht mit vorher gebogener Schlaufe zum Mann unterm Teppich durchschiebt (beim Elektriker nach 1,5 m NYA 6-quadrat fragen). Ist dies gelungen, werden die Wechslerkabel mit Isolierband an den Zugdraht gebunden und ganz vorsichtig, Stück für Stück durchgezogen.

Die erste Strecke wäre geschafft. Nun müssen die Kabel weitergeschoben werden bis zum Schaltknüppel, denn dort können sie unterhalb der Mittelkonsole den Weg über dem Teppich weitergehen. Jetzt müssen die Kabel noch auf Länge zum Steuergerät gezogen werden und auf Verdreher unterm Teppich geprüft werden. Ist dies geschehen, kann alles wieder zurückgerüstet werden. Etwas schweißtreibend ist das Ganze aber in der Regel leichter zu bewerkstelligen, als die Schwellerlösung, weil einfach weniger empfindliche Teile ausgebaut werden müssen.

5.4 Wechslermontage

Nach der Maßschablone werden nun die Halterungen für das Wechslergehäuse angebaut. Achten Sie dabei darauf, daß der Magazinwechsel nicht behindert sein darf durch irgendwelche Fahrzeugteile und die Kabelanschlüsse in die dunkle Ecke zeigen. Dort sind sie sicher vor Beschädigungen. Der Länge nach am Radhaus oder quer, hinter der Rückenlehne ist der beste Einbauort. Selbstverständlich läßt sich das Gerät auch unter der Hutablage aufhängen.

Die überschüssige Kabellänge verschwindet unter der Rücksitzbank oder seitlich am Radhaus. Aber bitte nicht an irgendwelchen Tra-

Vertikaler Einbau

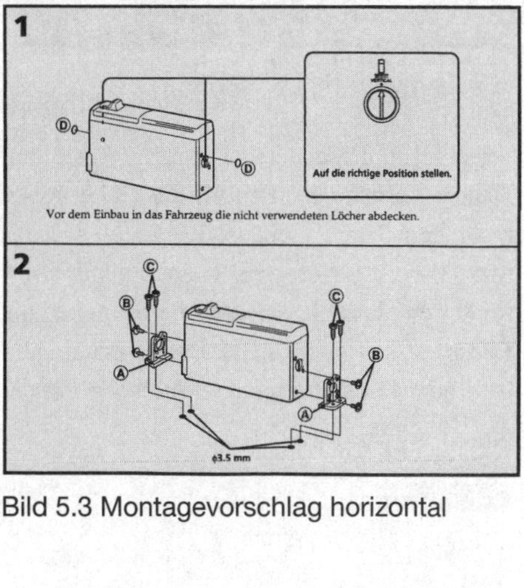

Bild 5.3 Montagevorschlag horizontal

Vertikaler Einbau

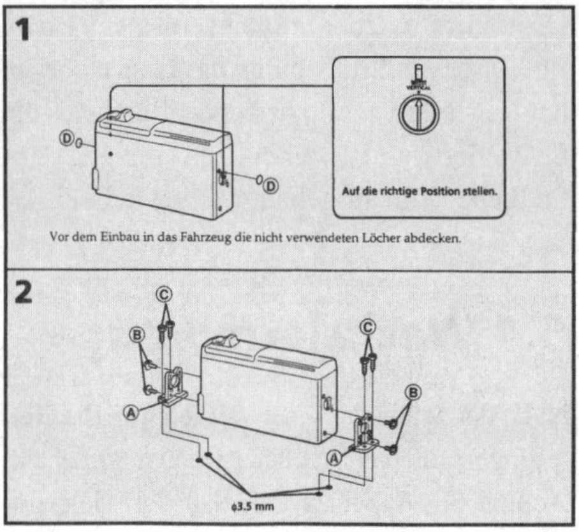

Bild 5.4 vertikal

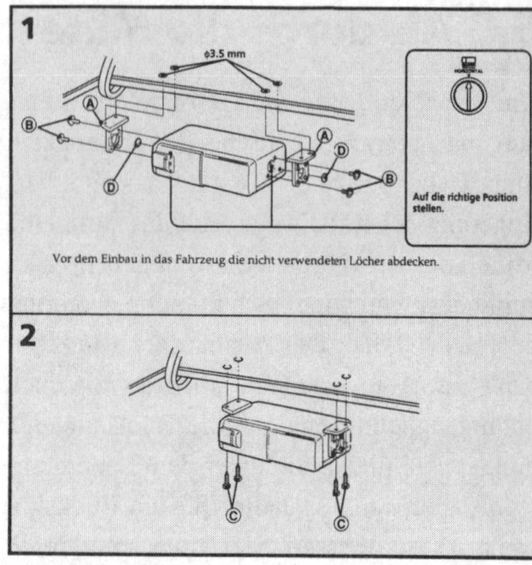

Bild 5.5 aufgehängt

Bild 5.6 Einbaulagenstellring vor Kopf am Wechsler

versen einquetschen, das könnten sie auf Dauer übelnehmen. Die für die Halterungen nicht benötigten Gehäuseöffnungen werden mit den mitgelieferten Klebepunkten verschlossen, damit kein Staub eindringen kann. Dann müssen noch die beiden Einbaulagenstellringe an den Seiten des Wechslers entweder auf horizontal oder vertikal eingestellt werden.

Nach erfolgtem Anschluß der Steuerleitung und Cinchkabel kann der Wechsler seine Halterung beziehen und die Aktion Kofferraum ist beendet.

Bild 5.7 Wechsler liegend

Bild 5.8 Wechsler im Kofferraum stehend

Nun ist noch das Steuergerät mit den ISO-Adaptern für Spannungsversorgung und Lautsprecher zu verbinden, das digitale Verbindungskabel an seinen Sockel und die Cinchkabel an den entsprechenden Eingang zu stecken. Nun muß das Gerät in den Schacht gesteckt und verriegelt werden und alles ist in Butter.

6 Schallwandler

Wenn man sich ein Lautsprecherkit kauft, sei es für die Vordertüren, die Hintertüren, die Hutablage, wofür auch immer es erdacht ist, liegt im Paket immer eine Stückliste des Lieferumfanges bei. In der Regel findet man dort auch eine Schablone und eine Maßzeichnung sowie die Montageanleitung. An diese sollten Sie sich beim Einbau des betreffenden Chassis möglichst genau halten, denn damit wird sichergestellt, daß das Material über lange Zeit problemlos seinen Dienst versieht und daß die Garantiebedingungen eingehalten werden.

6.1 Heckwellen

Drei- oder Fünftürer sind der große Renner auf dem Automarkt.
Wird Platz benötigt für den Kinderwagen oder das Kleinmöbel, ruck-zuck ist die Heckablage ausgebaut und die Rückenlehne der Rücksitze umgeklappt.
Nun ist gerade diese Heckablage ein hervorragender Einbauort für Lautsprecher. Sie können recht großvolumig sein und die Riesenmagneten fallen kaum auf im Kofferraum. Neudeutsch wird das auch Soundboard genannt.

Beim Kleinwagen halsen wir uns aber dabei ein paar Probleme auf, die zuerst kaum ins Auge fallen, im nachhinein aber für Vollbeschäftigung sorgen können.
Um diese von vornherein zu umgehen, beschäftigen wir uns in diesem Abschnitt mit dem Lautsprechereinbau und mit der Kabelverbindung dort hin.

Vorsicht

Lautsprechermembranen sind sehr empfindlich. Also den Lautsprecher immer nur am Rand oder am Magneten anfassen.

Der Einbau der Lautsprecher gestaltet sich recht einfach, sollte aber besser außerhalb des Fahrzeuges geschehen. Zwei Arbeitsböcke tun hier gute Dienste und schaffen Handlungsspielraum.
Mit der Schablone werden die Stellen gesucht, an denen die Lautsprecher ringsum plan aufliegen und diese angezeichnet.

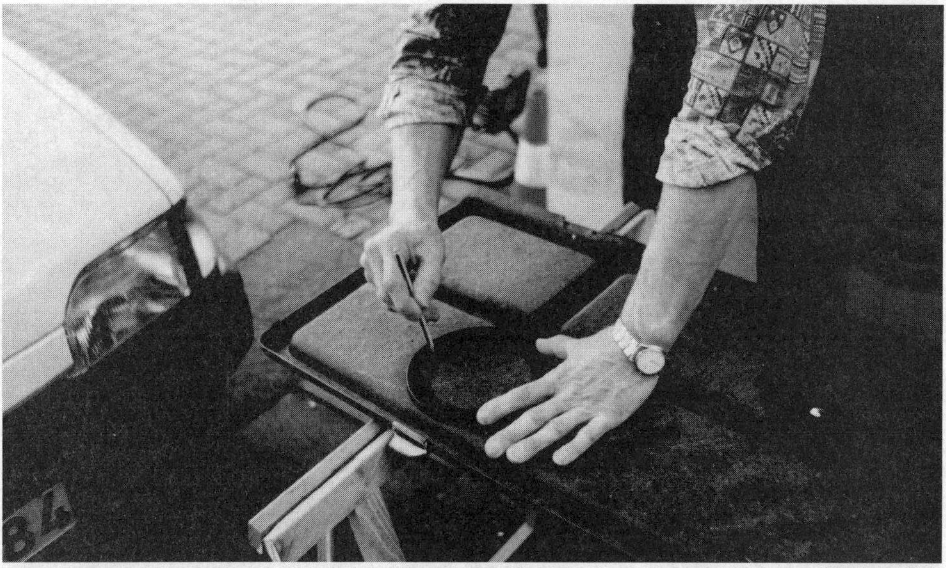

Bild 6.1 Anzeichnen

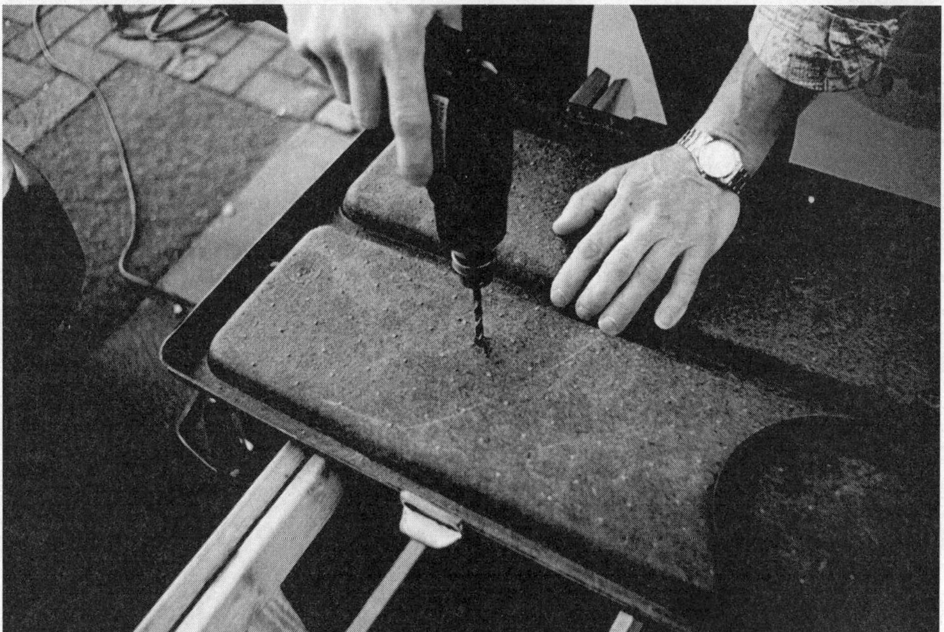

Bild 6.2 Bohren

Bild 6.3 Sägearbeiten

Ist keine passende Stelle vorhanden, wird die Lautsprecherblende dazu genommen. Dann aber auf den richtigen Radius achten! Nun muß für jeden Ausschnitt an der Innenseite des Zeichenkreises ein Loch gebohrt werden, groß genug, um das Stichsägeblatt aufzunehmen.

6.2 Lautsprecher versenken

Bestücken Sie die Stichsäge mit einem nicht allzu groben Blatt, zum Beispiel für Kunststoffe; ein Kurvenblatt wäre zu empfehlen. Die sind nur halb so breit wie ein normales Stichsägeblatt, haben meist nicht so große Zähne und lassen sich sehr gut durch die Rundungen führen. Damit können Sie dann schön vorsichtig am Kreis entlang die Öffnungen aussägen.

Nun werden die Lautsprecher aus dem Karton genommen und nacheinander in die Öffnungen gesetzt, immer so, daß die

Tips & Tricks

Lautsprecher zu schwer, Heckablage biegt durch?
Eine 6 mm starke patentverleimte Sperrholzplatte als Verstärkung mit Kontaktkleber unter der Ablage anbringen.

Bild 6.5 Festschrauben

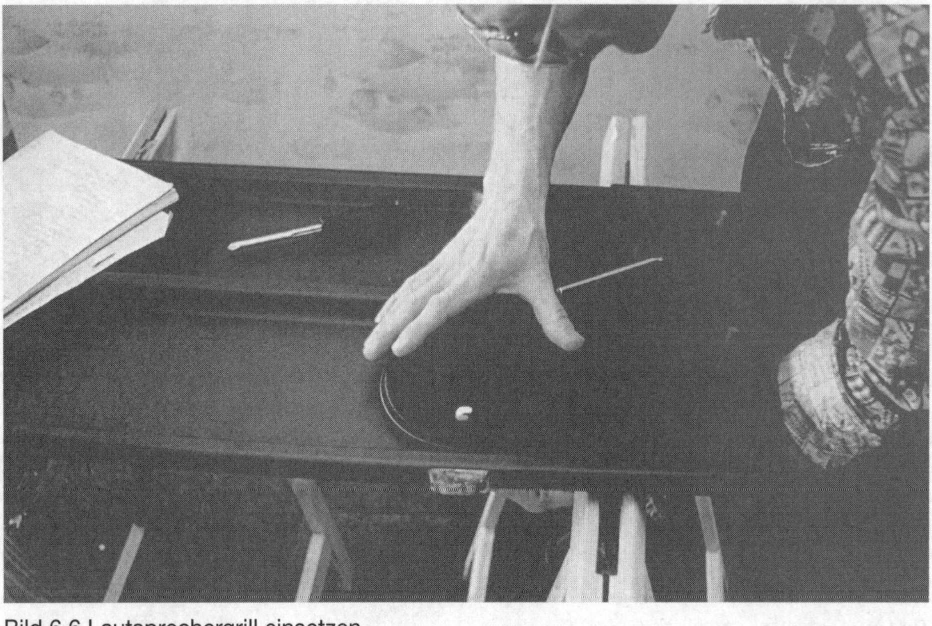

Bild 6.6 Lautsprechergrill einsetzen

Anschlüsse in die bei Ladearbeiten ungefährdete Richtung zeigen.
Jetzt müssen noch die jeweils vier Befestigungspunkte gebohrt werden. Natürlich in der Reihenfolge: Löcher anzeichnen, Lautsprecher herausnehmen, Löcher bohren, Lautsprecher wieder hinein. Wie schnell ist ein Bohrer abgerutscht oder abgebrochen und das schöne neue Chassis ist fürs Leben gezeichnet oder sogar unbrauchbar.

Dann werden die mitgelieferten Blechschrauben eingesetzt und mit den zugehörigen Blechmuttern verschraubt.
Vorsicht! Nur geradeso fest, daß sich das Lautsprecherchassis nicht verzieht.
Nun kommen noch die Abdeckungen auf die Chassis. Sie werden ganz vorsichtig genommen, so daß das Firmenlogo in die richtige Richtung zeigt und dann werden sie ganz sanft in den Haltekragen gedrückt.
Ist nämlich das feine, umgefalzte Grillsieb erst einmal verbogen, hat man nur noch Streß, ihn zum Halten zu bekommen. Wenn man innen drückt, geht der Rand auseinander, also immer außenherum arbeiten.

6.3 Cinch-Connection

Auf der Rückseite der Heckablage müssen nun noch die Lautsprecherkabel verlegt werden. Die beste Befestigungsmöglichkeit ist das Heißkleben. Dazu wird einfach das jeweilige Kabel in den vorher aufgebrachten Heißkleber gedrückt und in gerader Linie zur Seite hin verlegt.

Bild 6.4 Befestigungslöcher

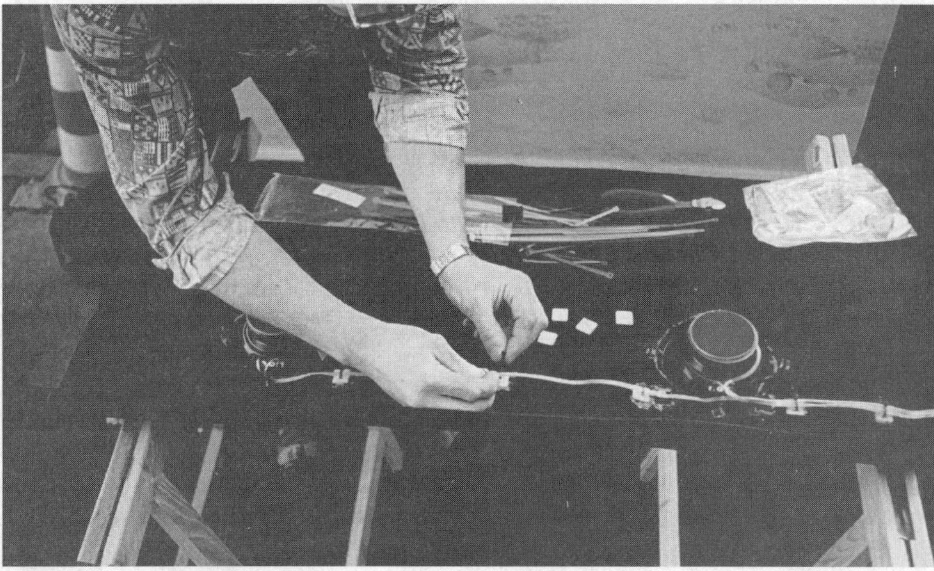

Bild 6.7 Kabel befestigen

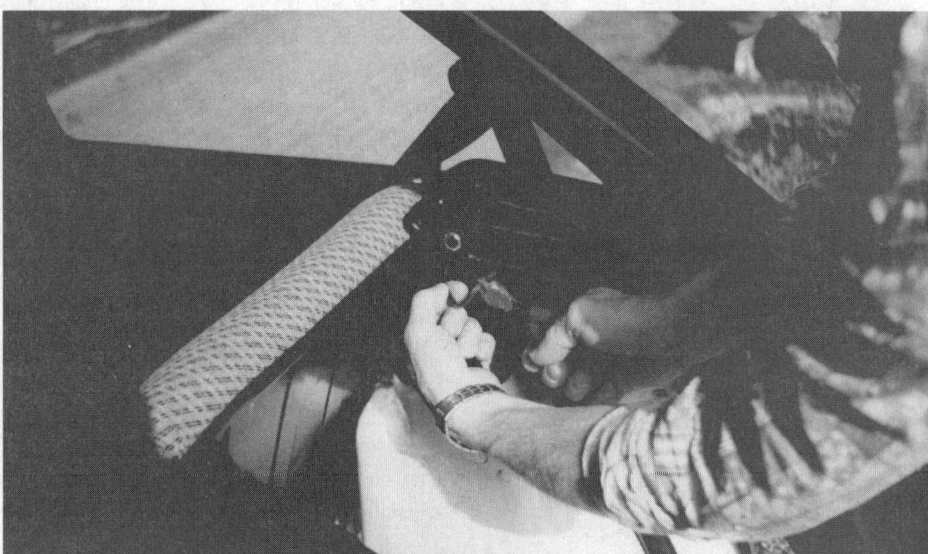

Bild 6.8 Hier wird die Leitung gekappt

Wer es edler mag, der beschafft sich Kabelbinder mit Befestigungsplättchen.
(Conrad Nr. 61 76 60 und 53 15 70)

Diese werden in regelmäßigen Abständen auf die Heckdeckelrückseite geklebt und die Kabel mit den Kabelbindern befestigt.
Was aber tun mit dem Übergang zum Fahrzeug? Jedesmal beim Ausbau der Heckablage die Lüsterklemmen zu lösen wäre zu aufwendig und auf die Dauer lästig.
Eine Steckverbindung muß her!
Sie kaufen

1. zwei Cinchkupplungen,
2. zwei Cinchstecker,

beide möglichst in Metallausführung.
(Conrad Nr. 30 27 32 und 30 29 02)

Safety first!

Ist das Radio wirklich ausgeschaltet? Nun nehmen Sie die Lautsprecherleitungen vom Radio zum Heck und trennen sie kurz vor den Steckern der Originallautsprecher ab.
Die Stecker benötigen Sie später vielleicht einmal wieder. Die Kabelenden werden abisoliert und verzinnt. Nun werden sie durch eine Bohrung in den Kofferraum geführt. Ebenso werden die Strippen der Heckablagenlautsprecher in ausreichender Länge abgeschnitten, so daß auch bei angehobener Heckablage nichts spannt, dann abisoliert und verzinnt.

6.4 Lötarbeiten

Zuerst sind die Kupplungen an der Reihe. Die gehören an die Kabel, die vom Radio kommen. Kupplungen deshalb: Um Kurzschlüsse zu vermeiden, wenn das Kabelende „offen“ ist und mit Metall in Berührung kommt, kann mit den innenliegenden Kontakten nichts passieren.
Die Kupplung wird aufgeschraubt und Hülse, Knickschutz und Isolierschlauch über das Kabel gefädelt.
Gewinde zum Kabelende zeigend! Lachen Sie nicht, ich habe schon oft genug, gerade wenn's schnell gehen sollte, an- und wieder abgelötet, weil ein Teil verdreht aufgefädelt war.
Die Adern mit der Farbmarkierung werden an die Zugentlastungsschäfte gelötet und die einfarbigen Adern an den Mittelkontakt. Nun noch die Zungen der Zugentlastungen zusammenkneifen, den Isolierschlauch darüberschieben, die Hülsen festschrauben und fertig.
Gehen Sie vorsichtig mit der Knickschutzspirale um. Sie rutscht allzugern aus dem Kragen der Hülse heraus, wenn man daran zerrt. Das kostet dann einige Minuten intensiver Pfriemelei, um sie wieder hineinzukriegen. Im angeschraubten Zustand hält sie dann aber sicherer.
Nun werden die Steckverbindungen der Heckablage gefertigt. Das Verlöten geschieht in gleicher Folge, nur dieses Mal mit den Cinchsteckern.
Jetzt noch die Stecker und Kupplungen miteinander verbinden und der Soundcheck kann losgehen.

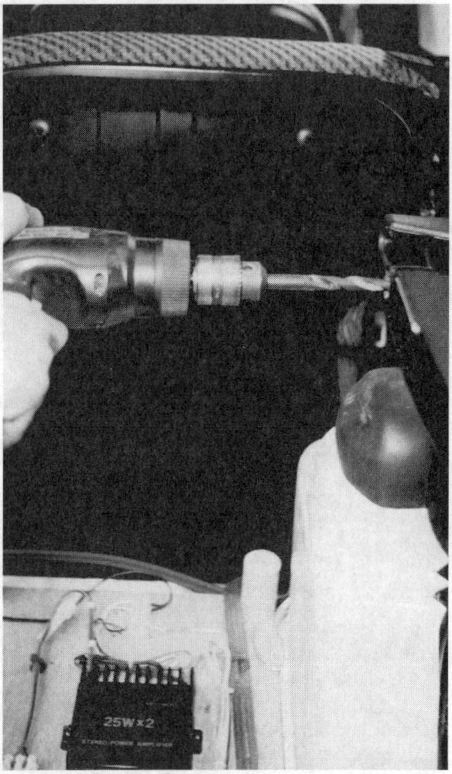

Bild 6.9 Loch für Klinkenbuchse bohren

6.5 Die Klinkenstecker-Lösung

Sie besorgen sich folgende Bauteile: zwei Klinkenstecker 6,3 mm Mono, zwei Einbau-Klinkenbuchsen 6,3 mm Stereo mit Umschalter. *(Conrad Nr. 73 29 23 und 73 30 32)*

Sie gehen nun folgendermaßen vor:
Suchen Sie eine Stelle in der Seitenverkleidung des Kofferraums, an der die Buchse mit eingestecktem Klinkenstecker weder beim Be- und Entladen, noch die heruntergelassene Ablage stört. Diese Stelle zeichnen Sie sich an. Ebenso auf der anderen Fahrzeugseite.
Mit der Akku-Bohrmaschine und einem 9-mm-Bohrer bohren Sie nun die Löcher für die Klinkenbuchsen.

Nun gehts ans Verdrahten:
Sie nehmen die Lautsprecherleitung, die vom Radio kommt und schneiden sie in der richtigen Länge zum späteren Einbauort der Klinkenbuchse ab.

Tips & Tricks

Lautsprecherkabel zu kurz?

Dazu benötigen Sie ein Schrumpfschlauchsortiment. (Conrad Nr. 60 77 54)

Sie schneiden von der Restmenge Lautsprecherkabel, die von der Heckablage übrigblieb, ein geeignetes Stück ab, ziehen die Adern in der Mitte auseinander, nur ein Stück weit, isolieren die Enden ab und verzinnen diese. Dann über jede Ader je ein ca. 4 cm langes Stück Schrumpfschlauch ziehen und dann die Kabelenden der Farbe nach zusammenlöten. Dann wird der Schrumpfschlauch mittig über die Lötstellen geschoben und mit einem Feuerzeug oder dem heißen Heizstabgehäuse des Lötkolben erwärmt, bis er fest um die Ader liegt.

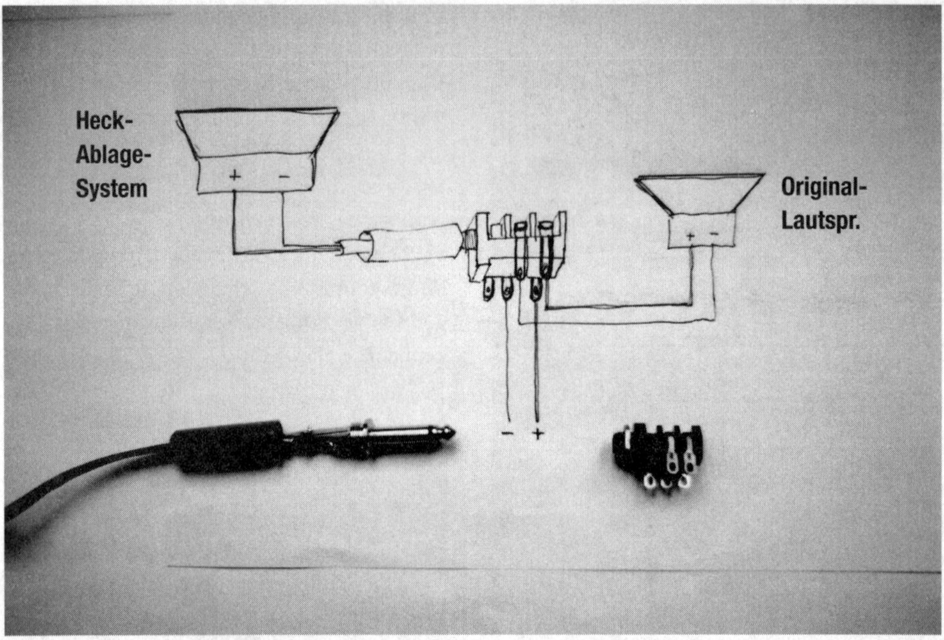

Bild 6.10 Schaltplan und Material

Die Buchse hat auf der einen Seite drei und auf der Gegenseite zwei Lötösen.
Die Zuleitungsader mit der Farbmarkierung wird an den mittleren Kontakt der Dreierreihe gelötet. Die einfarbige Ader kommt an die letzte der drei Lötösen. Das ist die, an der sich die Kugel des eingeschobenen Klinkensteckers befindet.
An der Zweierreihe wird nun die Ableitung zum Seiteneinbau-Lautsprecher angelötet. Die Masse wieder an den inneren Kontakt und das Pluskabel an der Kugel.

Nun kann die Buchse an ihren Platz gesteckt und mit der Unterlegscheibe und der Mutter in der Seitenverkleidung befestigt werden.
Als letztes muß noch der Klinkenstecker an das Kabel des Heckablage-Lautsprechers gelötet werden.
Die zweifarbige Ader wird an den Zugentlastungsschaft und die einfarbige an den Mittelkontakt des Klinkensteckers gelötet.
Das ganze Verfahren wiederholen wir mit der gegenüberliegenden Fahrzeugseite exakt in gleicher Weise.

Wenn nun die Klinkenstecker in die Buchsen geschoben werden, heben sich die Kontakte für die Seiteneinbau-Lautsprecher vom Eingang ab und das Signal gelangt nur noch zu den Lautsprechern in der Heckablage. Werden die Stecker gezogen, schließen die Kontakte und das Signal versorgt die Serienlautsprecher wieder.

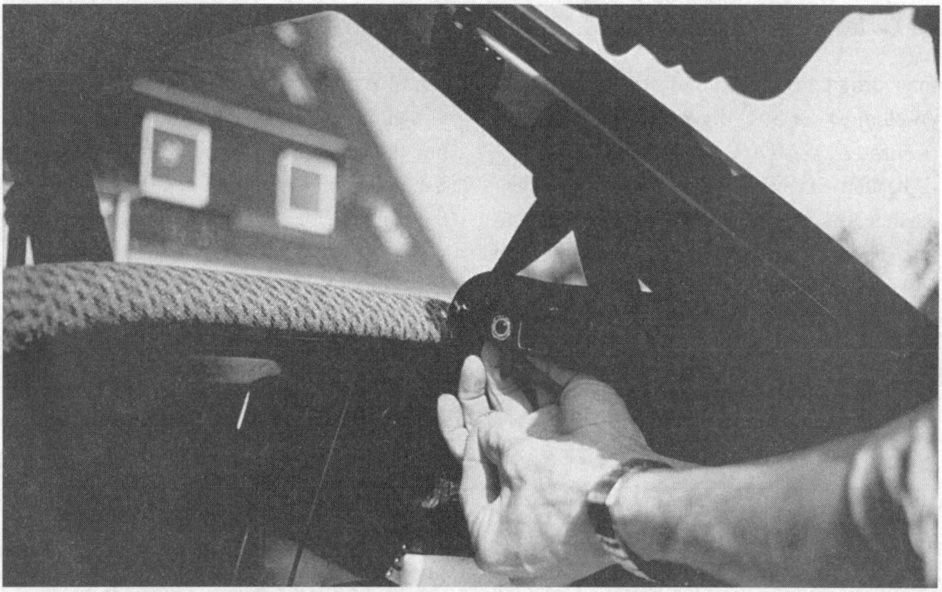

Bild 6.11 Buchse einbauen

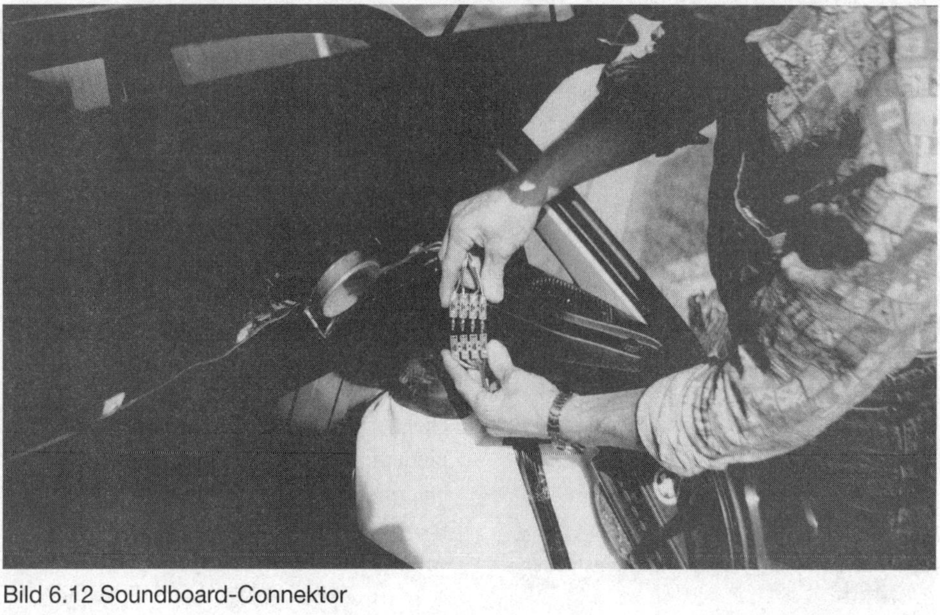

Bild 6.12 Soundboard-Connektor

6.6 Steck das Heck

Eine prima Lösung für dieses Heckdeckelproblem ist der Soundboard-Connector.
(Conrad Nr. 32 09 19)
Er besteht aus zwei Teilen mit je vier nebeneinander angeordneten Steckern und Buchsen, die unverwechselbar zusammengesteckt und wieder getrennt werden können.

6.7 Türen und Kabel

Wir schauen uns zuerst einmal die Türen an. Dort finden Sie, wenn sie weit geöffnet sind, in der A-Säule und gegenüber an der Tür in etwa einem halben Meter Höhe vom Boden, je einen Gummistopfen, oval oder rund geformt, vorausgesetzt Ihr Fahrzeug ist nicht mit elektrischen Fensterhebern und/oder Zentralverriegelung ausgerüstet.
Das ist der Übergang vom Fahrzeug zur Tür. Die Konstrukteure haben die Plazierung dieses Übergangs so gewählt, daß die Kabel, die durch diese Tüllen verlegt werden, nicht in Konflikt kommen mit der Mechanik des Fensterhebers. Daran sollten wir denken bei all unserem Tun. Selten habe ich ein zerstörerisches Werk mit so fatalen Folgen gesehen, wie ein Fensterheber, der sich beim Scheibehochfahren ein verirrtes Kabel geschnappt hat und dem angeschlossenen Lautsprecher die Eingeweide herausgerissen hat.

Die größte Sicherheit bieten da die automarkenspezifischen Einbau- oder Aufbausätze, die ohne Bohren und Sägen in vorhandene Hohlräume passen und absolut maßgenau mit den von den Fahrzeugherstellern empfohlenen Originalprodukten übereinstimmen (siehe Herstellerverzeichnis).

Tips & Tricks

Fahrzeugspezifische Ein- und Aufbausätze erleichtern die Arbeit, sind auf Ihr Auto zugeschnitten und der Einbau geschieht ohne Bohr- und Sägearbeiten.

6.8 Wasserwirtschaft

Noch etwas dürfen Sie nicht außer acht lassen.
Fahrzeugtüren haben an der oberen Kante, dort, wo die Scheiben heraus- und hineingefahren werden, Filzleisten eingesetzt. Die innere dieser, nennen wir sie Schachtleisten, schützt den Innenraum vor Zugluft. Die äußere Schachtleiste macht auf den Laien den Eindruck, sie würde das Regenwasser abhalten. Das ist bei weitem nicht der Fall. In einem geparkten Wagen, der im Regen steht, finden in den Türen wahre Niagarafälle statt. Oben rein, unten raus, das ist völlig normal. Aus diesem Grunde werden bei der Produktion auf das Innenprofil der Türen entsprechend geformte Folien aufgeklebt, die verhindern sollen, daß Wasser ins Fahrzeug eindringen kann und daß bei hohen Geschwindigkeiten Zugluft entsteht. Dort, wo der Türlautsprecher eingebaut ist, befindet sich eine Aussparung in der Folie und der

Tips & Tricks

Beim Kauf darauf achten, daß der Hersteller der Lautsprecher das Prädikat wasserdichte Membranen in seiner Produktbeschreibung aufführt, oder die Eignung für den Einbauort Tür extra angibt.

Lautsprecher muß die Dichtungsaufgabe übernehmen.

Also immer alle mitgelieferten Teile auch einbauen, und nichts weglassen, sonst entstehen später so seltsame Effekte wie: Im Herbst und Winter dauernd von innen beschlagene Scheiben oder flatternde Hosenbeine bei Tempo 160.

Und so werden die Kabel in die Türen gelegt: Kabel vom Cockpitsatz zum Türkontakt suchen. Wo das verschwindet, gehts in die A-Säule. Teppich bis dahin losnehmen, Stopfen aus der A-Säule nehmen. Kabel von innen nach außen durchfingern, geeignetes Loch in die Tülle stechen und richtig herum auffädeln.

Kartentaschenaufsatz vom Türbelag abschrauben. Serienlautsprecher ausbauen. Durch die Öffnung in der Türfolie nach oben greifen und Tülle herausdrücken. Tülle lochen und auffädeln. Lautsprecherkabel auf Anschlußlänge durchziehen. Tüllen jeweils von außen in A-Säule und Türblech eindrücken.

Lautsprecher anschließen und Kabel zur Tülle gerichtet am Chassis befestigen. Kabelbinder oder vorgesehene Zugentlastung. Wassersack nicht vergessen, d. h. das Kabel, das von oben von der Tülle kommt,

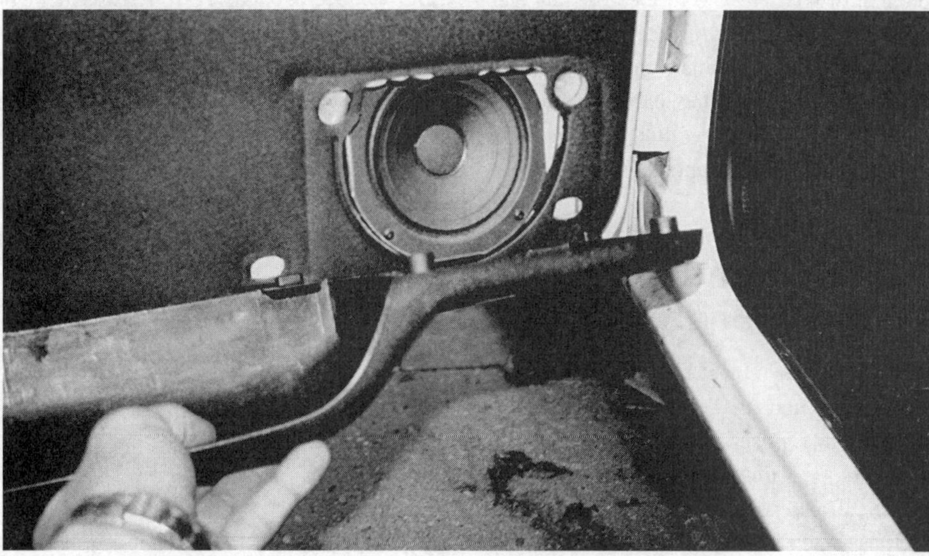

Bild 6.13 Kartentasche abbauen

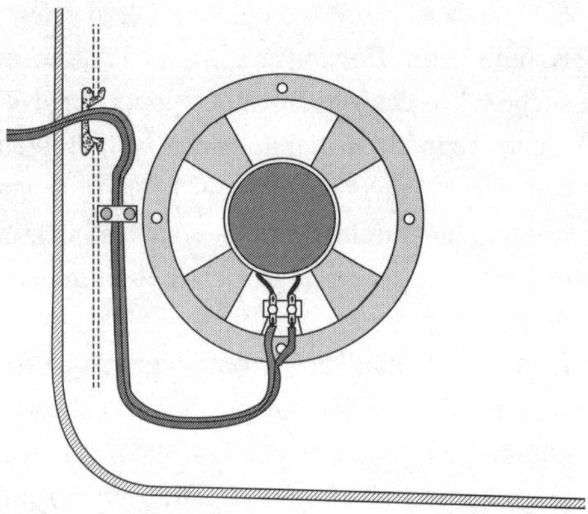

Bild 6.14
Wassersack und Übergang Tür – Karosse.

muß einen Bogen bilden, so daß es von unten an den Lautsprecher führt. Somit läuft das Wasser am Kabel nach unten, tropft ab und erreicht nicht das Anschlußfeld.

Nun kann der Lautsprecher in seine Öffnung geschraubt werden. Das Kabel von der Tür zur A-Säule wird so lang gelassen, daß es bei keinem Türöffnungswinkel gezerrt wird. In Richtung Cockpit wird es parallel zum Türkontaktkabel nach oben und entlang dem Cockpitkabelsatz zur Fahrzeugmitte verlegt.

6.9 Schonender Hochtönereinbau

Der Anbau der Hochtöner im Armaturenbrettbereich und an den Heckseitenverkleidungen ohne Beschädigung des Fahrzeuginterieurs kann mit ein paar Tricks realisiert werden. Dazu benötigen Sie pro Lautsprecherpaar einen Lochblechstreifen, wie er zur rückwärtigen Befestigung von Autoradios meist mit dem Gerät mitgeliefert wird. Es gibt ihn aber auch einzeln zu kaufen. Im Frontbereich gehen Sie folgendermaßen vor: Sie ziehen die Türfalzdichtung von Höhe oberhalb Armaturenbrett bis zum unteren Türbereich von der A-Säule ab. Dann kleben Sie an der Befestigungsstelle einen Streifen PVC-Isolierband als Kratzschutz über den Lack. Den Lochstreifen schneiden Sie in zwei Hälften. Dann biegen Sie ihn bündig um den Türfalz und in der richtigen Länge innen wieder Richtung Fahrzeugmitte. Bild 6.15 zeigt die Form. Den Lochstreifen müssen Sie in der richtigen Länge etwas abgerundet abschneiden und entgraten. Die endgültige Länge kann man nur durch Probieren ermitteln, sie variiert von Fahrzeug zu Fahrzeug. Dann befestigen Sie das Hochtönergehäuse am Lochstreifen. Ich habe ihn vor dem Einbau mit einem Streifen selbstklebenden Moosgummi beklebt, der vom Heckablagen-Lautsprecherkit übrigblieb. Die Fliesseite von selbstklebendem Klettband sieht auch ganz prima aus. (*Conrad Nr. 53 09 56*). Vorsichtig mit den Kabeln umgehen, beim Aufsetzen des Lochstreifenhalters über den

Tips & Tricks

Gummitüllen am Rand mit Spülmittel einreiben, dann lassen sie sich besser eindrücken.

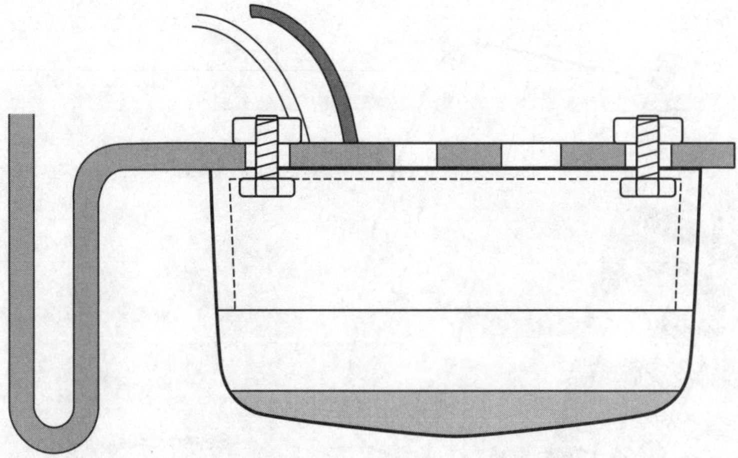

Bild 6.15 Hochtöner-Anbau im Armaturenbrettbereich ohne Beschädigung des Fahrzeugs.

Falz. Den Halter noch einmal mit der Wasserpumpenzange bündig an den Falz pressen. Die Kabel werden dann im Schatten der Falzdichtung nach unten geführt und mit etwas Isolierband fixiert, bevor diese wieder eingedrückt wird. Dann wird der Hochtöner endgültig ausgerichtet, so daß die Schallrichtung stimmt und der Bügel nicht mehr zu sehen ist. Bild 6.16 zeigt das Endprodukt vor der Ausrichtung mit noch sichtbarem Bügel.
Im Heckseitenbereich suchen Sie sich die Überlappung von Seiten- und Heckverkleidung. Dort wird ein einfacher Winkel aus dem Lochstreifen gebogen, der so weit wie möglich in die Überlappung reichen sollte. Auch hier kann die endgültige Länge nur durch Probieren ermittelt werden. Das Lösen der einen oder anderen Befestigungsschraube ist wohl unumgänglich. Der in den Verkleidungsspalt reichende Teil des Lochstreifens wird mit einem Stück möglichst breitem Leinenisolierband beklebt. Auf dieses wird doppelseitiges Teppichklebeband geklebt. Das

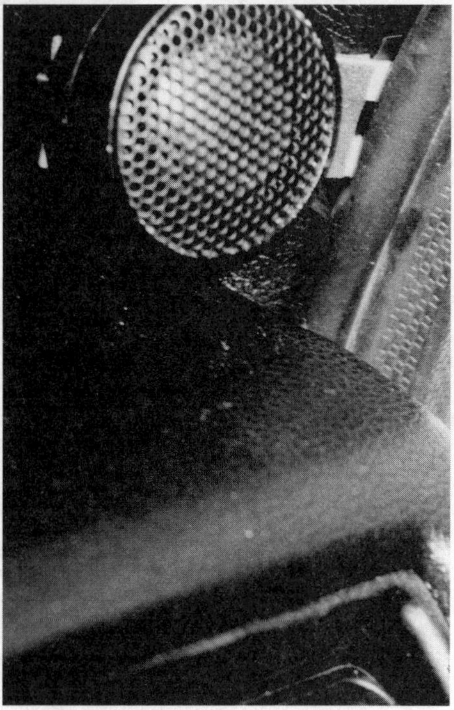

Bild 6.16 Hochtöner-Anbau vor der endgültigen Ausrichtung.

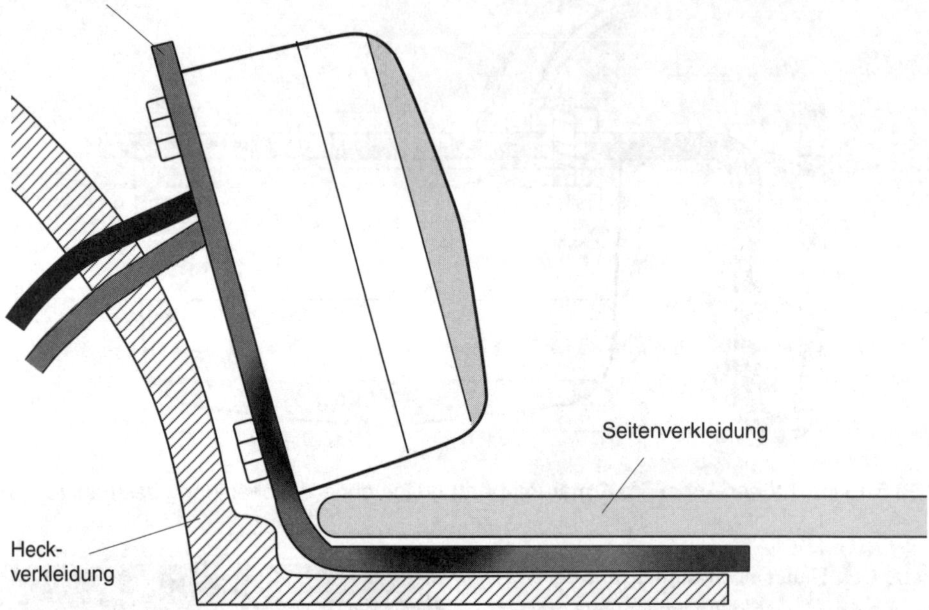

Bild 6.17 Schnittzeichnung

Hochtönergehäuse wird so eingesetzt wie durchgeführt. Der fertige Bügel muß dann noch vorsichtig in den Verkleidungsspalt eingeführt werden. Vorsichtig, denn das Zeug klebt auf Kunststoff wie verrückt. Zuletzt wird die Verkleidung wieder in ihre Position geschoben und alle Schrauben wieder angezogen. Beim Fiesta befinden sich in der Heckverkleidung an beiden Seiten Schlitze, die bei umgeklappten Rückenlehnen die Sicherheitsgurtschlösser aufnehmen sollen, damit sie nicht im Wege hängen. Durch diese Öffnungen habe ich die Lautsprecherkabel in den Kofferraum geführt. Besitzen Sie ein anderes Fahrzeug, so müssen Sie unter Umständen entweder in der Trennstelle zwischen Seiten- und Heckverkleidung nach unten gehen oder zwischen Außenblech und

Bild 6.18 Heck-Hochtöner

Heckverkleidung durchstoßen. Dabei nicht vergessen, die Kabel gegen Durchscheuern zu schützen. Ein wenig Erfindungsgabe kann hier hilfreich sein. Wie war das? Geht nicht, gibts nicht!

Bild 6.17 zeigt die Schnittzeichnung und Bild 6.18 das Original des Heck-Hochtöners. Man sieht dort das Kabel direkt hinter dem Lautsprecher durch den Verkleidungsschlitz verschwinden. Nach Erstellen dieses Fotos habe ich als Abschluß noch ein kreisrundes Stück schwarzen Filz über den Rücken des Hochtöners geklebt, um die Schrauben unsichtbar zu machen.

7 Verstärker und Weichen

Verstärker, auch Endstufen genannt, dienen dazu, den niedrigen Pegel am Pre-Out, dem Vorstufenausgang, zu erhöhen, somit das Steuergerät zu entlasten und die Klangqualität und Dynamik enorm zu steigern. Unter dem Fahrersitz oder im Kofferraum installiert, bringen diese Elektronikwunder so richtig Schwung in die Bude. Sie können mit einer Endstufe z. B. mehrere Koaxiallautsprecher versorgen oder in Zusammenarbeit mit einer Frequenzweiche mehrere kleine und eine große Endstufe einsetzen. Die kleinen für die Front- und Seitenpartien des Fahrzeuges und die große zum Betrieb eines Subwoofers und/oder eines Soundboards.

Ein Auto ist leider kein Konzertsaal. Denn der Schall wird an allen Ecken und Kanten in seiner Qualität beeinträchtigt. Außerdem sind die akustischen Verhältnisse in jedem Fahrzeug unterschiedlich. Aber es gibt Korrekturmöglichkeiten. Aktive Frequenzweichen können da viel geradebiegen, durch Anpassung des Car-HiFi-Systems an die verwendeten Lautsprecher und durch individuelle Aufteilung der Signale auf Lautsprecher oder Endstufen. Pegelanpassungen und die Einstellung der jeweiligen Übergangsfrequenzen für den Hoch-, Mittel- und Tieftonbereich kann man mit Hilfe von Drehreglern oder Schiebeschaltern vornehmen. Jede Lautsprechergruppe bekommt so ihr spezielles Frequenzspektrum mitgeteilt.

Passive Frequenzweichen werden immer direkt im Lautsprecherkreis betrieben. Sie bekommen das Gesamtsignal vom Verstärker und trennen dann Hoch-, Tief- und Bandpaß für jeden Lautsprecher auf. Der Einsatz passiver Weichen ist leider mit Leistungsverlusten verbunden.

7.1 Signale

Der Pre-Out-Anschluß am Autoradio hat in der Regel zwei Cinchbuchsen. Von dort muß eine hochwertige Cinch-Verbindung zur Endstufe geschaffen werden. Es gibt für diesen Zweck spezielle Ausführungen mit doppelter Abschirmung, die als störstrahlsicher gelten, vorausgesetzt, sie werden richtig verarbeitet. **Ganz wichtig ist:** Sie müssen weit weg von stromführenden Kabeln gelegt werden. Dann hat die zweite Abschirmung einen wesentlichen Einfluß auf die Tonqualität. Um eine effektive Schirmung zu gewährleisten, ist das äußere Mantelgeflecht am in Flußrichtung hinteren Steckerende mit Masse zu verbinden, während das vordere Ende isoliert bleibt. Die innere Abschirmung ist an beiden Steckern mit Masse verbunden und bildet die Minusverbindung zwischen den HiFi-Komponenten, wirkt aber darüber hinaus als dynamische Abschirmung.

Selbstredend nützt dies alles nur etwas bei Verwendung von guten Cinchsteckern an allen Enden.

7.2 Kraftverteilung

Die Stromversorgung für diese Kraftprotze ist allerdings eine Wissenschaft für sich. Eine Plusleitung mit hohem Querschnitt wird direkt hinter der Autobatterie zuerst einmal mit einer Schmelzsicherung oder einem Hauptsicherungsautomaten abgesichert, dann zu den Verbrauchern gelegt und dort am anderen Ende über einen Sicherungshalter verteilt. Für jede Endstufe wird eine eigene Sicherung der vorgeschriebenen Stärke vorgesehen.

Von dort geht der Weg mit einem etwas niedrigeren Querschnitt zu den einzelnen Anschlußterminals der Endstufen. Ebenso wird die Masseleitung von den Endstufen auf dem kürzesten Weg an einem gemeinsamen Sternpunkt an die Karosse angeschlossen und bei hohen Leistungen mit einer direkten Leitung zur Batterie zurückgeführt. Es gilt: was hineinfließt, muß auch zurückfließen, also hin und zurück jeweils gleiche Leitungsquerschnitte.

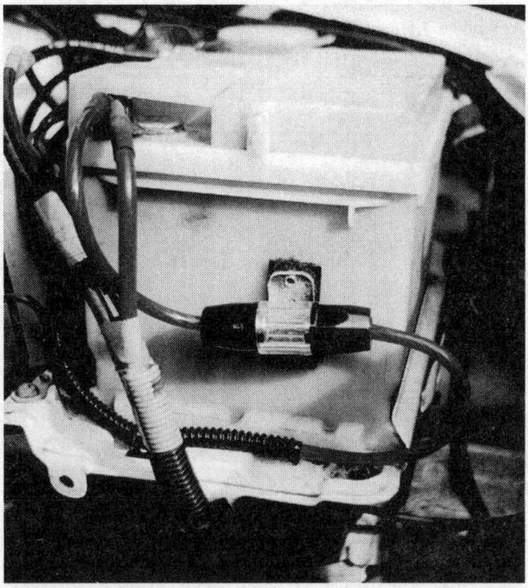

Bild 7.1 Hauptsicherung

Tips + Tricks

Bei hohen Leistungen sollte die Masseleitung zum Sternpunkt **und** direkt zur Batterie geführt werden.

Tips + Tricks

Faustregel für Sicherungen:
Gesamtaufnahmeleistung

W : 12 V = x A + 20 %

Tips + Tricks

Pluskabel müssen an allen scharfkantigen Karosserieteilen und Scheuerstellen zusätzlich isoliert werden.

Kabelbrandgefahr!

Diese Powerleitungen sollten immer auf der Seite des Fahrzeugs liegen, wo sich die Batterie befindet.
All diese Verbindungen müssen von wirklich hoher Qualität sein und sauber ausgeführt werden. Nur teuerstes Material kann es wirklich bringen. Wer hier spart, hat schon verloren. Was nützt es, wenn sich später im Betrieb herausstellt, daß überall im Auto verteilt kleine Indianer auf dem Kriegspfad sind und sich gegenseitig Rauchzeichen geben? Oder wem ist damit gedient, wenn eine Highpower-Endstufe schon beim Einschwingen eines Basses gleich ins Essen bricht, weil ihre Versorgung unterdimensioniert ist.
Im Anhang finden Sie eine Tabelle mit den empfohlenen Kabelquerschnitten.
Bei einem Kurzschluß eines Pluskabels gegen Masse fließen bis zu 150 A, so daß das betreffende Kabel innerhalb von Zehntelsekunden rotglühend ist und alles um sich herum mitverbrennt.
Die Autoversicherer lassen in dieser Sache nicht mit sich spaßen. Sollte sich bei einem Schadensfall herausstellen, daß nicht zugelassene Kabel, Klemmen, Verbinder und Sicherungen verwandt wurden, entbindet das die Versicherung von jeglicher Haftung.

Ganz wichtig zu diesem Thema wäre noch die Quelle aller Kraft zu erwähnen. Sie sollten sich, bevor es darangeht, Hochleistungs-Endstufen zu installieren, bei den verschiedenen Autobatteriehändlern erkundigen, wer diejenige Batterie mit der größten Kapazität zu einem günstigen Preis liefern kann, die in Ihr Auto einbaubar ist. Irgendwo muß der Saft ja herkommen für die „kleinen" großen Kraftprotze.
Bei Leistungen bis ca. 500 W tut es allerdings auch die Serienbatterie.

Tips + Tricks

Vermeiden Sie bei der Stromversorgung Ihrer Endstufen-Anlage die Verwendung von herkömmlichen dünnen Kfz-Kabeln, Parallelschneidklemmen und Kfz-Flachsteckern, da diese einfach zu schwach ausgelegt sind.

7.3 Remote-Control

Jede Endstufe wird, wie wir erfahren haben, direkt von der Autobatterie mit Energie versorgt. Sie ist deshalb aber noch lange nicht aktiv. Erst wenn das Steuergerät im Cockpit eine Aufforderung schickt: „Jetzt aber an die Arbeit, Jungs!", geht das entsprechende

Endgerät ans Netz. Das Ganze nennt sich Remote-control. In jeder Endstufe ist ein Relais oder eine entsprechende Transistorstufe eingebaut, die über einen speziellen Kabelweg mit dem Steuergerät verbunden ist, nämlich an der Automatikantennenklemme. Gibt das Steuergerät den Befehl, schließt das Relais den Stromkreis und die Verstärkerelektronik nimmt ihren Dienst auf. Nach Ausschalten des Steuergerätes oder der Zündung sind die angeschlossenen Komponenten wieder im Standby-Zustand. Das geht einfach nicht anders, denn im anderen Fall würde auch die stärkste Batterie ruck-zuck leergesaugt. Die meisten paarigen Cinchkabel führen in der Mitte eine solche Ader mit sich, so daß man sich das separate Verlegen der Remote-Leitung ersparen kann.

7.4 Musteranlage

Ich dachte mir, wie wäre es, eine Musteranlage aufzubauen aber nicht in ein geräumiges Fahrzeug mit viel Platz für die Komponenten, sondern in so einen Einkaufsflitzer mit etwas beengteren Räumlichkeiten. Also her mit dem Fiesta und den Kofferraum ausgeräumt. Hier nun meine Bauanleitung für eine Anlage, die den Wagen glatt doppelt so groß „klingen" läßt, wie er ist.

Der Rohbau:

Als Grundträger dient eine 6-mm-Sperrholzplatte. Die Konturen des Kofferraums werden mit Hilfe des Originalteppichs, der als Schablone dient, ausgesägt. Dann werden Schaumstoffstreifen als Dämpfer unter den Grundträger geklebt, sonst klapperts. Zwölf

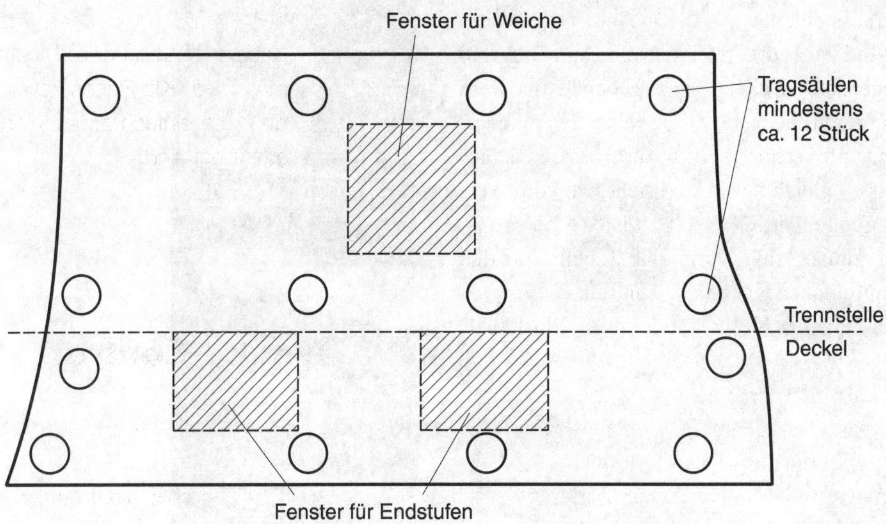

Bild 7.2 Grundträger mit Säulen

Säulen oder mehr, mit den Maßen 25 mm Durchmesser und 6,5 Zentimeter Länge, werden so auf dem Grundträger verteilt, daß die Deckplatte am Rand und im Mittenbereich gleichmäßig getragen wird.

Die Säulen werden mit dem Grundträger verleimt und verschraubt. Sie sollten so plaziert werden, daß sie Geräte und Kabelwege nicht stören, aber eine gleichmäßige Kraftverteilung gewährleisten, damit die Deckplatte beim Beladen nicht durchbiegt. Also vorher die Konturen der Geräte und der Peripherie in etwa anzeichnen. Die Teppichschablone wird nun mit Packpapier und Tesakrepp der nun ca. acht Zentimeter höher liegenden Kofferraumkontur angepaßt. Dabei muß an die schrägen Rücklehnen der Hecksitze gedacht werden. Da muß etwas vom Maß abgezogen werden. Nun wird nach der neuen Schablone die zweigeteilte Deckplatte ausgesägt. Ich wählte sie zweigeteilt, erstens, weil

Bild 7.3
Die beiden
Deckel

man nicht immer an alle Komponenten zugleich heran muß und zweitens, weil das den Ausbau der Platten an Radhaus und Seitenverkleidung vorbei erheblich erleichtert. In einem Teil geht die nämlich garnicht rein und raus aus dem kleinen Kofferraum.

Tips+Tricks

Ausschaltgeräusche unterdrücken!
Dem Remote-Anschluß der Weiche muß eine Ausschaltverzögerung vorgeschaltet werden. Eine Diode Typ P600J und ein Kondensator 4700 µF 63V werden so angeschlossen, daß die Diode den Kondensator von der Remote-Leitung abkoppelt. Der Kondensator, der gegen Masse liegt, entlädt sich beim Ausschaltvorgang und läßt die Weiche nacheilend ausschalten.

Nun wird an der Verbindungsnaht an eine der Deckplattenteile eine Holzleiste ca. 25x8 mm untergeleimt, um diese deckungsgleich zu halten. Die Leiste sollten Sie so anleimen, so daß sie später mittig unter der Naht liegt. Für die Weiche wird nun ein Fenster aus der Deckplatte herausgesägt, damit sie später jederzeit abgeglichen werden kann. Dies kann auch für die beiden Endstufen vorgesehen werden. Die Fensteröffnungen werden nun auch mit einem nach innen überstehenden Leistenrahmen versehen, so daß die Deckel später rundum aufliegen. Sie sollten doch wenigstens eine Getränkekiste, den Großeinkauf oder das Urlaubsgepäck tragen können.

Geräteeinbau:

Nun werden die Verstärker, die Weiche, der Linefilter und der Sicherungsblock auf der Grundplatte angeordnet. Die Cinch-Anschlüsse sollten zueinander weisen, um

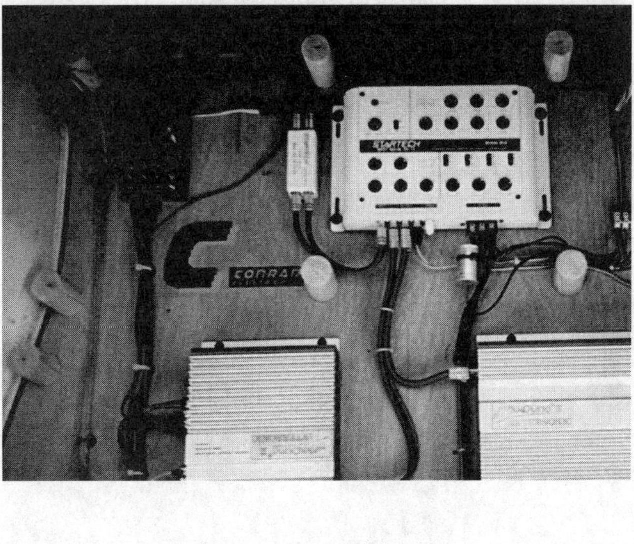

Bild 7.4 Geräte eingebaut und verkabelt

Signalwege zu sparen. Die Powerleitungen sollten nahe der Karosserie außenherum verlegt werden. Ebenso die Lautsprecherkabel. Nachdem die Geräte mit dem mitgelieferten Befestigungsmaterial auf der Grundplatte verankert sind, geht es ans Verkabeln.

Leitungen verlegen:

Zuerst müssen die einzelnen Plusleitungen von den Geräten zum Sicherungsblock geführt werden. Dann die Masseleitungen von jedem Gerät zum Sternpunkt an der Karosserie. Nun werden die Remote-Leitungen von Gerät zu Gerät durchverbunden. Die Weiche muß am Ende der Line liegen. Warum? Beim Ausschalten der Zündung oder des Radiogerätes kommt es meist zu einem Ausschaltbums oder lauten Knacks in den Lautsprechern, was gerade die teuren

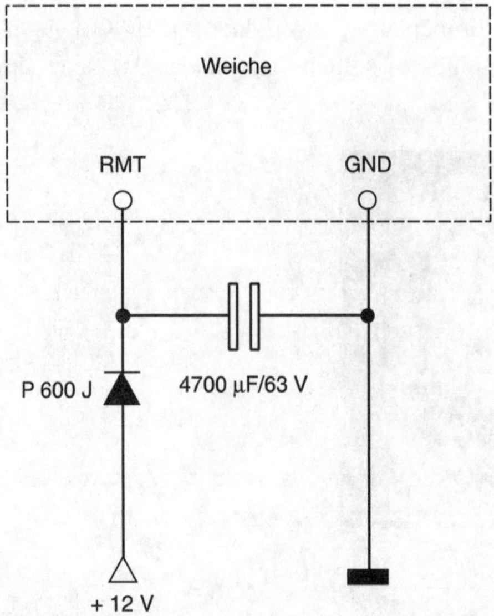

Bild 7.5 Schaltplan Ausschaltverzögerung

Tips + Tricks

Kabelbaumtüllen befinden sich meist im Wasserkasten. Auf absolute Dichtigkeit achten, sonst regnet es hinein. Möglichst selbstverschweißendes Isolierband verwenden.

Hochtöner arg beutelt. Diese sind stark überlastungsgefährdet.
Alle Leitungen werden mit Gabelschuhen verlötet und dann auf die Klemmblöcke der Geräte geschraubt. Das 10-Quadrat-Zuleitungskabel für den Batterieplus wird an der Seite zwischen Rücksitz und Seitenverkleidung durchgeführt und am Schweller entlang bis nach vorn gezogen, bis die Länge zur Batterie ausreicht.
Die Gummitülle für die Kabelbäume in den Motorraum muß nun präpariert werden, so daß der 10-Quadrat durchgeführt werden kann. Ist noch ein Durchführungsnippel frei, wird dessen Kopf abgeschnitten und die Leitung mit etwas Spülmittel eingerieben und dann von innen nach außen durchgeschoben. Hat der Hersteller mit Schrumpfschlauch gearbeitet, muß dieser aufgeschnitten werden und später durch Isolierband ersetzt werden.

Achtung!
Auf die Durchquerung des Fußpunktbügels für den Sicherheitsgurt achten.

Ist die Plusleitung in den Motorraum gezogen, muß sie dem Hauptkabelsatz folgend zur Batterie gezogen werden. Dort bleibt sie erst einmal liegen. Der Batterieanschluß wird zuletzt hergestellt. Im Innenraum wird nun die Plusleitung unter der Fußraum- und Schwellerverkleidung versteckt. Bei meinem Testwagen ging dieses sogar ohne Abschrauben der Schwellerverkleidung. Lediglich die beiden Schrauben der Fußraumseitenschale mußten etwas gelöst werden. Die Leitung konnte ganz vorsichtig Stück für Stück unter die etwas angehobene Schwellerverkleidung geschoben werden und liegt dort sicher zwischen Kunststoff und Teppich. Bei der Passage der Hintersitzbank mußte eine Scheuerkante an der Querkonstruktion mit Leinenisolierband entschärft werden. Auf der Beifahrerseite müssen die Verkleidungen demontiert werden. Ein Vierader-Lautsprecherkabel und das doppelte Cinchkabel sind doch zu dick zum darunterprökeln, denn pfuschen wollen wir ja nicht.
Das Lautsprecherkabel wird nun entlang dem rechten Schweller in der Fußraumseitenverkleidung hoch über dem Handschuhfach hinweg zum Radio verlegt. Ebenso wird mit dem Cinchkabel verfahren. Am Schweller schön flach in den Hohlraum zwischen Teppich und Pfalzkante verlegt und mit Leinenband fixiert, kann den Kabeln beim Anbau der Verkleidungen und auch später nichts geschehen. Scheuerkanten und Schweißnähte müssen aber gut isoliert werden. Jetzt gehts ans Steckerlöten. Es werden die Cinch-Verbindungen von der aktiven Frequenzweiche zu den Verstärkern hergestellt. Je zwei

Tips + Tricks

Beim Aus- und Einbau der Verkleidungen auf Haltenasen und Überlappungen achten!

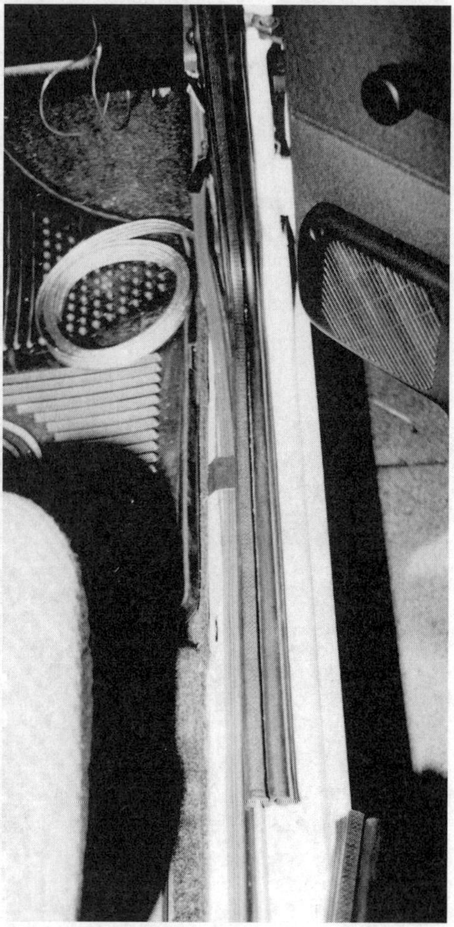

Bild 7.6 Kabel auf Schweller

Leitungen vom Tiefbaß-Ausgang zur Endstufe für den Subwoofer, vom Bandpass-Ausgang zur 4-Kanal-Endstufe, vom Hochpass-Ausgang zum 2x25W-Verstärker und vom Linefilter zum Weicheneingang.
Dann noch die vier Stecker an die Leitung zwischen Radio und Linefilter löten und alle Signalwege sind fertig. Von diesem Cinchkabel muß noch die in der Mitte liegende Remote-Leitung am Filter vorbeigezogen und mit den anderen Steuerleitungen verbunden werden.

Nun zu den Lautsprecherleitungen:

Von den Rear-Ausgängen der Vier-Kanal-Endstufe werden vier Adern zum Soundboard-Connector gezogen, der an der Seitentraverse des Kofferraums befestigt wurde. Von dort führen die Kabel weiter zu den beiden Koaxiallautsprechern in der Heckablage. An den Front-Ausgängen der gleichen Endstufe werden die vier Adern des Lautsprecherkabels zum Cockpit angeschlossen. Dabei muß darauf geachtet werden, daß man keine Vertauschung hineinbekommt. Das Kabel hat als Orientierungshilfe auf der einen Seite einen weißen Schriftzug aufgedruckt und die beiden außen liegenden Plus-Adern sind rot gekennzeichnet. Ein Lautsprecherkabel mit zwei Adern wird nun noch von der Tiefton-Endstufe zum Subwoofer gelegt. Diese zwei Adern werden an die beiden äußeren Anschlüsse der Endstufe angeschlossen, das heißt, in Brückenschaltung über beide Kanäle. So geht die Gesamtleistung auf diesen einen

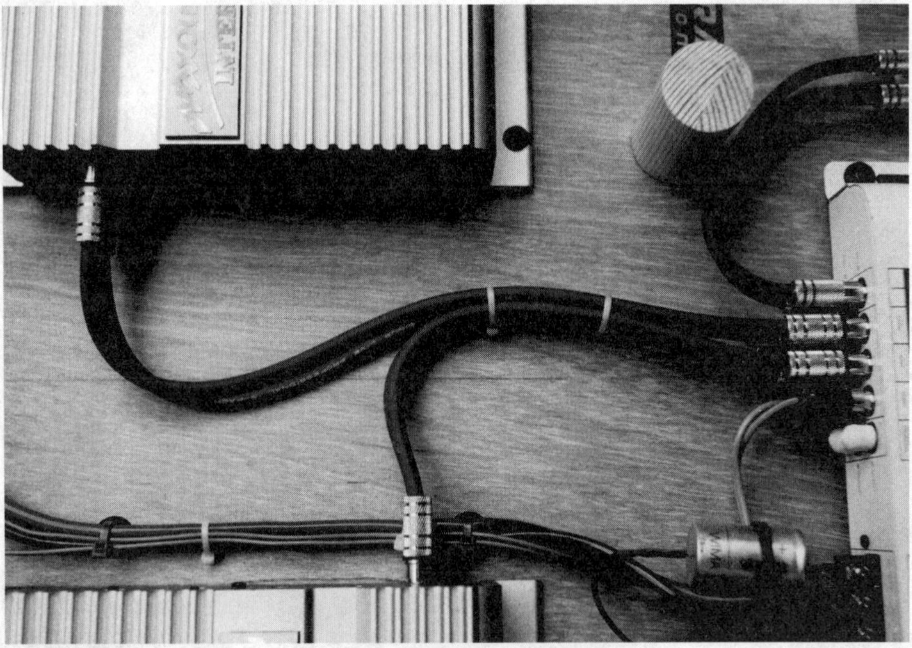

Bild 7.7 Cinch-Verbindungen Weiche-Endstufen

Tips + Tricks

Fertigen Sie die Cinch- und Lautsprecherkabel und ihre Stecker und Gabelschuhe nach Möglichkeit nicht im Auto. Genaue Länge abmessen und mitnehmen. Auf dem Werktisch lötet es sich leichter.

Lautsprecher über. Die beiden Heck-Hochtöner werden mit den Ausgängen des 2x25 W-Verstärkers verbunden. Vorn am Cockpit müssen nun die Türlautsprecher nach rechts und links aufgeteilt werden. Da die ehemaligen Frontlautsprecherkabel vom Radio kamen, ist der Dreh- und Angelpunkt irgendwo am Heizungsgehäuse zu wählen. Dort werden auch die beiden 12 dB-Weichen für die Fronthochtöner untergebracht, mit deren Bau wir uns jetzt beschäftigen.

Die gewissen Tricks:

Um bei hohen Leistungen die Hochtöner zu schützen, benötigt man ein sogenanntes LC-Glied. Das L steht für die Spule und das C für den Kondensator. Diese Bauteile, dem Hochtöner vorgeschaltet, sollen verhindern, daß die Gleichstromanteile, die der Verstärker leider mitschickt und damit die tiefen und mittleren Frequenzbereiche blockiert, so daß

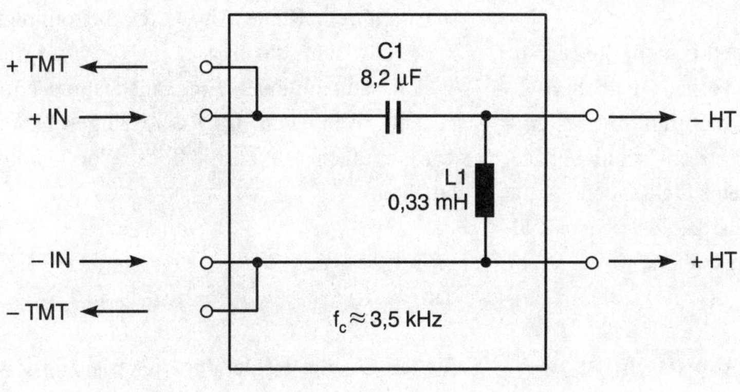

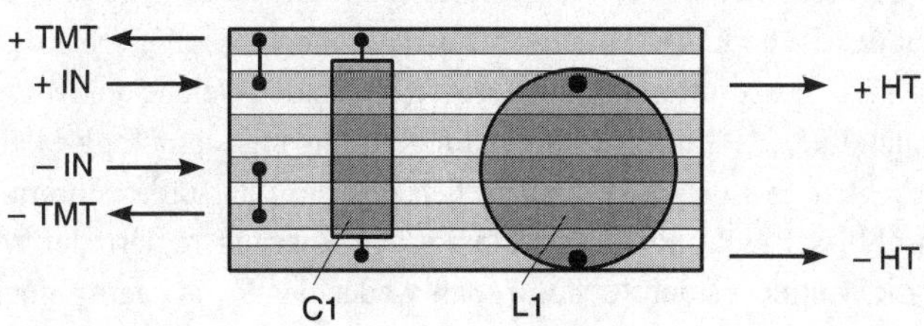

Bild 7.8 Hochtonweiche, Schaltung und Layout

sie den Lautsprecher nicht erreichen. Die Schaltung ist ganz simpel, siehe Bild 7.8. Hierbei liegt der Kondensator in Reihe zur Plusleitung und die Spule parallel zum Lautsprecher. Für meine Hochtöner mit 4 Ohm Impedanz müssen die Luftspulen den Wert 0,33 mH haben und die MKT-Folienkondensatoren 8,2 µF. Die Hochtöner werden an diese Frequenzweichen 2. Ordnung meist umgepolt angeschlossen, um die Phasenverschiebung bedingt durch die Bauteile auszugleichen.
Die Türlautsprecher werden nun eingangsseitig durchgeschaltet und die Hochtöner hinter der Weiche angeschlossen.

(Fertige Hochtonweichen gibt es bei Conrad Electronic, Best.-Nr. 32 07 14).

Batterieanschluß:

Der große Moment naht, in dem die Ströme fließen werden. Aber vorher ist noch etwas zu tun. Das Pluskabel muß nun mit einem – am besten vergoldeten – Kabelschuh verlötet werden und an geeigneter Stelle noch einmal durchtrennt werden für das Zwischenschalten des Hauptsicherungshalters.

Es folgt der nächste Arbeitsschritt:

Aderenden verzinnen oder mit Aderendhülse bestücken und an die Enden des Sicherungshalters anschließen. Dann wird die Mutter vom Batterieplus abgeschraubt und das Pluskabel dort aufgeklemmt. Achten Sie dabei darauf, daß der Schraubenschlüssel nicht an Metall kommt. Ziehen Sie die Mutter wieder gut fest. Das war's. Nun können die Sicherungen im Heck für die einzelnen Geräte eingesetzt werden und der Glasdeckel über dem Sicherungsblock geschlossen werden. Vorne im Motorraum muß die kleine Kunststoffhülse aus dem Hauptsicherungshalter genommen werden. Gut aufheben. Sie trennt die Anschlüsse bei ausgebauter Sicherung voneinander. Nach dem Einsetzen der Sicherung wird der Halter wieder wasserdicht verschraubt.

Endcheck:

Nun sollten Sie mit dem Voltcheck die einzelnen Plusklemmen der Geräte einmal kontrollieren. Er muß 12 Volt anzeigen, wenn Sie ihn mit der einen Hand auf die betreffende Klemme halten und mit einem Finger der anderen Hand die dazugehörige Masseklemme berühren. Keine Angst, Sie bekommen keine gewischt, das ist sicher. Nun wird die Weiche auf minimale Eingangsleistung eingestellt. Wenn nun das Radio eingeschaltet wird, müßten die Power-Leds aller Geräte leuchten.

Abgleich:

Stellen Sie die Regler für die Ausgangsleistung an den Endstufen auf Mittelstellung. Regeln Sie den Radioausgang auf 75 Prozent seiner Leistung hoch. Stellen Sie die drei Ausgangsregler an der Weiche auf Mittelstellung. Nun den Eingangssignalregler langsam hochdrehen, bis die Lautstärke stimmt. Sorgen Sie mit den Ausgangsreglern der Weiche dafür, daß weder das Frontstaging noch das

Backstaging überwiegt. Das ist ganz wichtig! Die Lautsprechersysteme dürfen nicht überlastet werden. Der Abgleich des Equalizers bleibt dann Ihnen und Ihren Ohren überlassen. Bild 7.11 zeigt die Einstellungen, die bei den von mir verwendeten Komponenten nach viel Probieren herausgekommen sind.

Die vollständigen Bauteilelisten für Musteranlage und Rohbau finden Sie im Anhang.

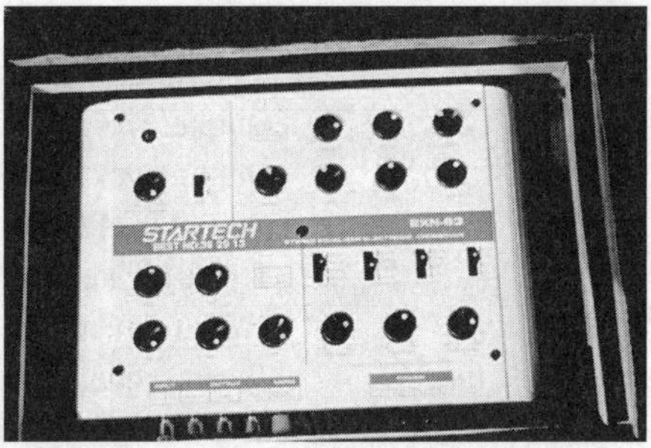

Bild 7.9 Weiche mit Einstellungen

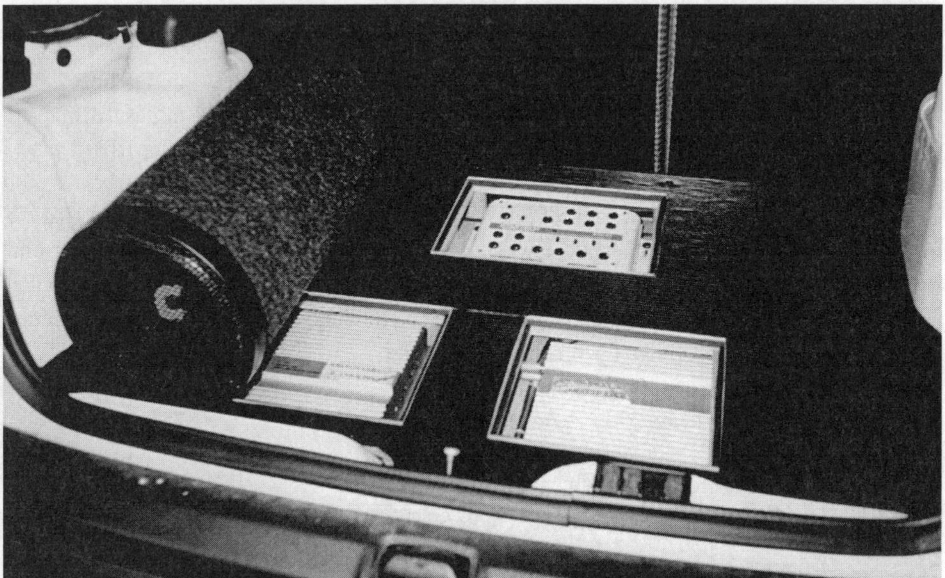

Bild 7.10 Finished mit Subwoofer-Röhre

Weiche	input level		max.
	Outputlevel Low Freq		70 %
	Outputlevel Mid Freq		60 %
	Outputlevel High Freq		80 %
	Trennfrequenz Bass		80 Hz
	Trennfrequenz Mid 1		500 Hz
	Trennfrequenz Mid 2		3,5 kHz
	Trennfrequenz High		3,5 kHz
Equalizer	Bassregler	45 Hertz	plus 11 dB
	Baßsregler	63 Hertz	plus 12 dB
	Baßregler	90 Hertz	plus 12 dB
	Baßregler	125 Hertz	plus 6 dB
	Baßregler	180 Hertz	plus 2,5 dB
	Mitteltonregler	250 Hertz	plus 2,5 dB
	Mitteltonregler	500 Hertz	plus 1 dB
	Mitteltonregler	1000 Hertz	minus 2,5 dB
	Mitteltonregler	2000 Hertz	minus 1 dB
	Hochtonregler	4000 Hertz	minus 4 dB
	Hochtonregler	8000 Hertz	plus 4 dB
	Hochtonregler	16000 Hertz	plus 8 dB
2-Kanal-Endstufe	Eingangsregler		max.
	Linear-Hochpaß-Schalter		linear
	Hochpaß-Trennfrequenz		80 Hz
4-Kanal-Endstufe	Eingangsregler Frontkanäle		max.
	Eingangsregler Heckkanäle		75 %
	Tiefpaß Trennfrequenz		/
	Hochpaß Trennfrequenz		/
	Tief/Hochpaß-Schalter Front		linear

Bild 7.11 Abgleichwerte

Antennen

8

Die Metallkarosserie eines Autos wirkt wie ein Faradaykäfig, in den die Wellen der Radiosender kaum eindringen können. Zusätzlich besitzen Autoradios einen Störstrahlschutz in Form eines Metallgehäuses, das an der Fahrzeugmasse angeschlossen ist. Dieses soll bewirken, daß die Störimpulse der elektrischen Aggregate und Verbraucher im Fahrzeug abgeschirmt werden. Die einzige Verbindung nach draußen ist die Autoantenne, und ohne gute Antenne ist der beste Empfänger nur eine halbe Sache.

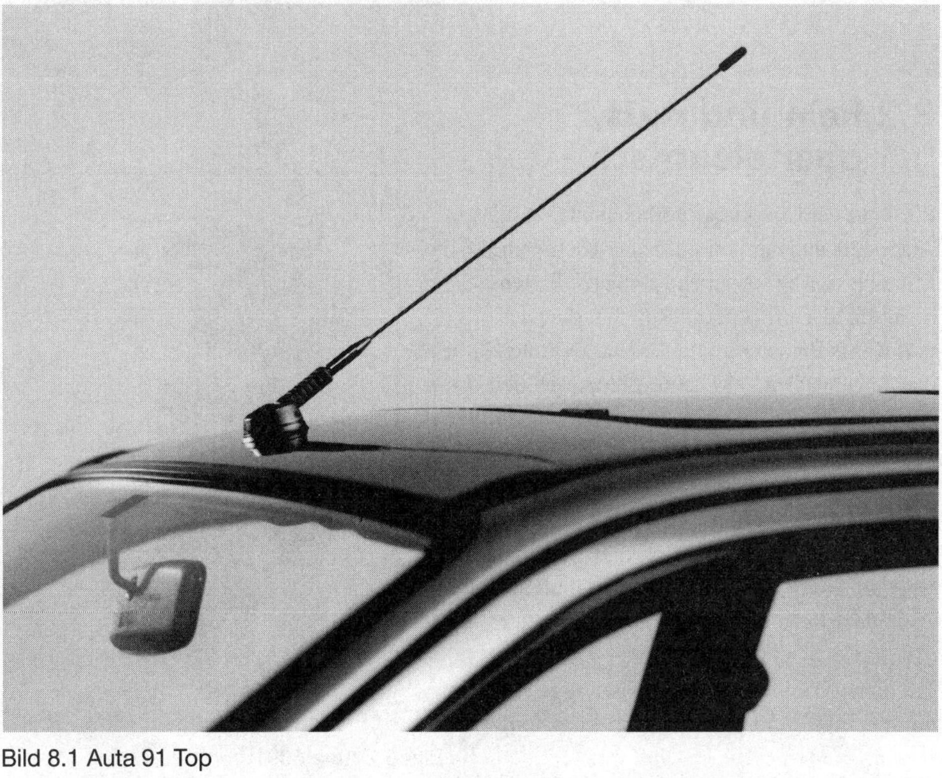

Bild 8.1 Auta 91 Top

8

8.1 Klein aber fein

Kleine, schnelle Fahrzeuge sind immer mehr „in“ und sie verlangen geradezu nach windschnittigen Antennen, die sich bei hohen Geschwindigkeiten in den Luftstrom auf dem Dach schmiegen. Wunderschöne Modelle werden schon von den Herstellern mit ihren Fahrzeugen ausgeliefert, oder im Zubehör angeboten.

Sie sollen nicht nur einen guten Empfang bieten trotz ihrer kleinen Bauform, sondern auch das Erscheinungsbild eines Autos optisch untermalen. Die berühmteste Vertreterin dieser Gattung ist wohl die 16 V von Hirschmann.

8.2 Rein und raus, aber elektrisch

Einst nur der Oberklasse vorbehalten, hat die Automatikantenne nun auch das Klein- und Mittelklassewagensegment erobert. Erstens bietet sie Sicherheit gegen Rowdys, die nächtens nichts Besseres zu tun haben, als Antennen abzubrechen. Zweitens bieten sie den Komfort, in der Karosse zu verschwinden, wenn man sie nicht brauchen kann, in der Waschstraße zum Beispiel. Und drittens macht es doch Spaß, zu sehen, daß sich auch bei einem Kleinwagen mehr dreht und bewegt als Motor und Lenkung. Rein und raus, eben elektrisch.

Für den Klein- und Mittelklassewagen ist da die AUTA-5000-Serie sehr zu empfehlen.

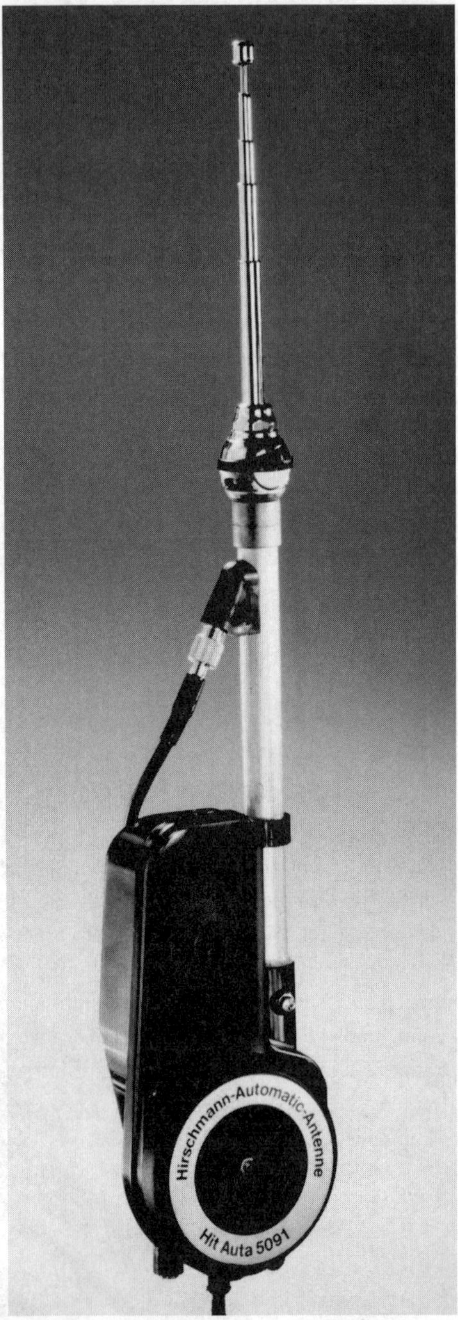

Bild 8.2 Auta 5091

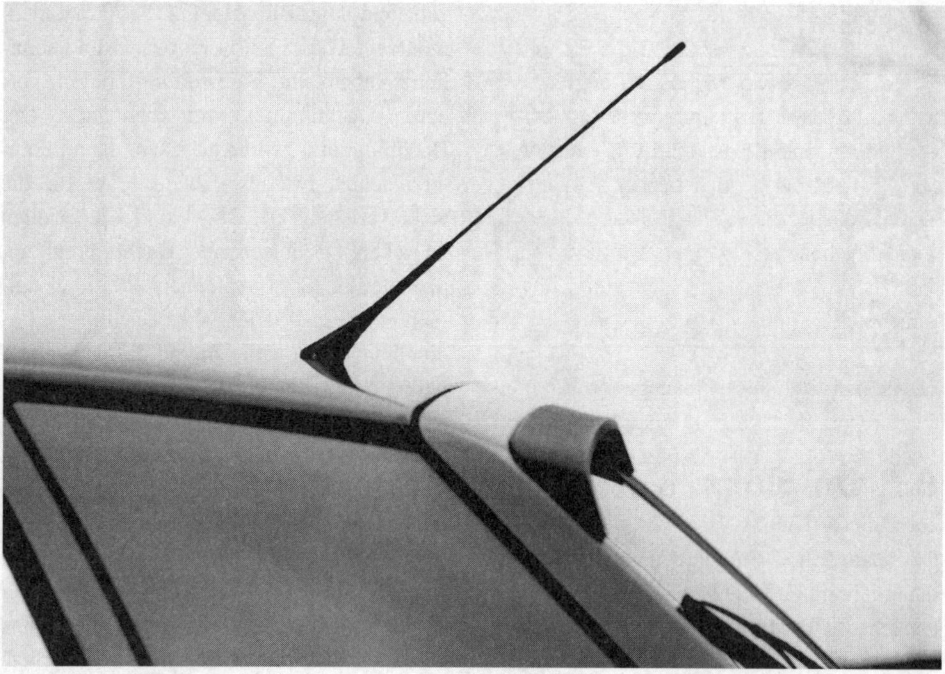

Bild 8.2 16 V-Antenne

8.3 Glas kann leiten

Natürlich nicht das Glas der Frontscheibe selbst, sondern die feinen Drähte, die man in sie einarbeitet. Viele Autohersteller bieten, meistens gegen Aufpreis, solche Scheibenantennen an. Die stören nicht, die sieht man kaum und die kann keiner abbrechen. Man kann sie leider nur mit dem Auto zusammen kaufen. Für Selbermacher gibt es aber etwas Ähnliches, die AUTOFUN von Bosch zum Beispiel, eine Frontscheiben-Verstärkerantenne zum Aufkleben auf die Innenseite.

8.4 Antenne mit Heizung oder umgekehrt?

Eine Variante der besonderen Art ist die Heckscheibenheizungsantenne. Über einen aktiven Antennenkoppler an die Heizdrähte angeschlossen, arbeitet sie ganz passabel. Nur auf Tour im Gebirge schwächeln die meisten Modelle ein bißchen.

Tips + Tricks

Dachantennen sollten Sie, um sich viel Mühsal zu ersparen, von der Fachwerkstatt einbauen lassen. Deren Know-how und Spezialwerkzeuge ersparen Zeit und Geld.

8.5 On glass

Der letzte Schrei sind die Kurzstabantennen, die mit ihrem Fuß auf Front- oder Heckscheibe stehen. Die Montage im Fahrzeuginneren erfolgt genau wie bei normalen Scheibenantennen; der Übertragerfuß mit dem Antennenstab wird von außen gegen die Empfängerplatte geklebt und dazwischen ist nichts, als ein bißchen Glas. Der Kurzstab ist für die Waschanlage nicht geeignet und daher abschraubbar.

8.6 Montagetips

Der Dachantenneneinbau oberhalb der Frontscheibe geht so vonstatten:
Folgende Demontagearbeiten müssen für den Einbau der Dachantenne und die Kabelverlegung durchgeführt werden. Auf der Fahrer- und Beifahrerseite sind die Türdichtungen im Bereich A-Säule/Dachverkleidung abzuziehen. Auf der Beifahrerseite sind die A-Säulenverkleidung und die Lüftungsdüse herauszunehmen. Die Innenraumleuchte ist auszubauen. Die Blindstopfen des Antennenmontageloches sind zu entfernen und sämtliche Anbau- und Befestigungsteile am vorderen Dachhimmel sind abzubauen. Der Dachhimmel ist vorne zu lösen, dann herunterzuziehen, bis ausreichend Platz für die Kabelverlegung ist. Dabei sind Klebestellen zwischen Dachblech und Dachhimmel mit Spachtel zu lösen, Antennenkabel über beifahrerseitige A-Säule vom Dach zum Radioeinbauort zu verlegen und mit den mitgelieferten Schellen und Clipsen zu befestigen.

Vorsicht, Antennenkabel auf keinen Fall knicken. Das Anschlußstück muß in die Antenneneinbauöffnung einrasten. Auf guten Massekontakt zum Dachblech achten. Der Antennenfuß ist mit Dichtung von oben her in das Anschlußstück einzusetzen, Antenne ausrichten und die 10 mm Mutter festziehen.

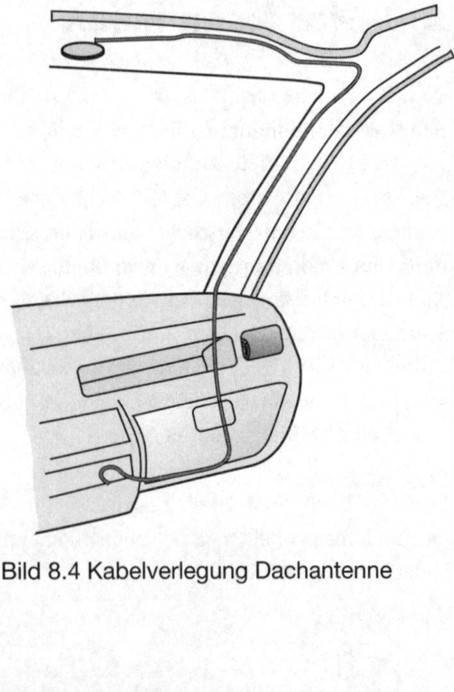

Bild 8.4 Kabelverlegung Dachantenne

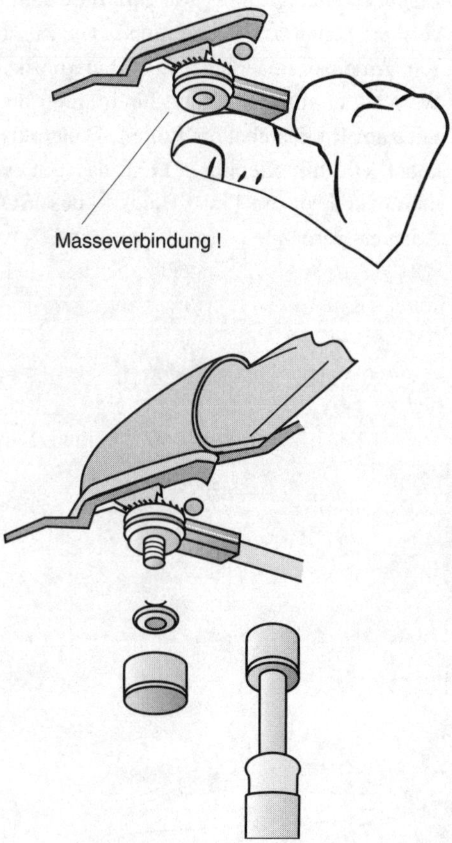

Bild 8.5 Antennenanbau

Teleskopantennen in Vorderkotflügeln machen folgende Mühen. Vor dem Einbau müssen folgende Demontagearbeiten durchgeführt werden: Das Rad an der betreffenden Seite abbauen. Befestigungsschrauben für die innere Radhausverkleidung suchen und reinigen. Radhausverkleidung demontieren. Leitungsdurchführungsstopfen vom Fahrzeuginnenraum her freilegen. Durchführungsstopfen und Blindstopfen des Antennenmontageloches entfernen. Kabeldurchführung an entsprechender Stelle über Antennenkabel ziehen. Kabel vom Radhaus her in den Innenraum schieben und auf Länge zum Radioeinbauort bringen. Antenne mit Befestigungsmaterial in das Antennenmontageloch einsetzen, ausrichten und Überwurfmutter und Dichtungsring auf dem Kotflügel festziehen. Auf gute Masseverbindung achten. Bei einem Antennenmodell mit Masse-Zopfkabel muß diese an geeigneter Stelle mit Antennenmast aufschrauben: Funktionsprüfung durchführen. Alle demontierten Teile sind wieder einzubauen. Mal ehrlich! Wollen Sie sich das wirklich antun?

Der Einbau von **On-Glass-Antennen** geht von den Vorbereitungen gleich vonstatten, lediglich der Antennenfußpunkt ist auf dem Glas unterhalb des Himmels anzusetzen und das Antennenkabel muß dementsprechend anders verlegt werden.

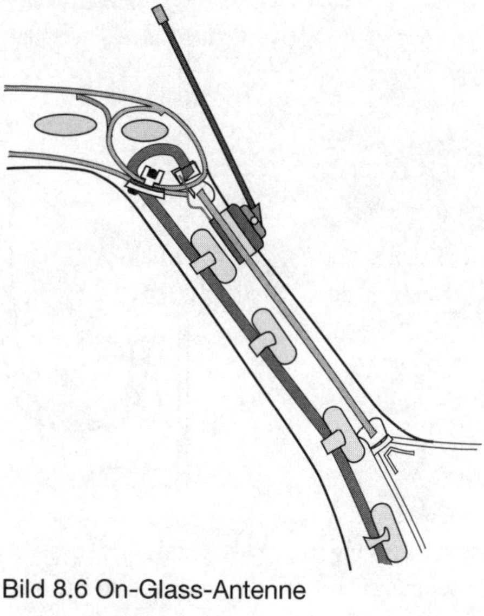

Bild 8.6 On-Glass-Antenne

der mitgelieferten Masseschraube an die Karosserie angeschlossen werden. Antennenkabel unter dem Armaturenbrett festlegen. Kabeldurchführungstülle auf absolute Dichtigkeit prüfen. Elektrische Funktionsprüfung durchführen. Alle vorher demontierten Radhaus- und Innenverkleidungsteile wieder anbauen.

Bei der Montage einer **Automatikantenne** verfährt man ebenso, mit folgenden Zusätzen: Antennensteuerkabel und Dauerpluskabel parallel zum Hf-Kabel durchführen und mit zum Radioeinbauort führen. Dauerpluskabel wird mit Klemme 30 und das Antennensteuerkabel mit Pin 5 Block A des ISO-Adapters verbunden.

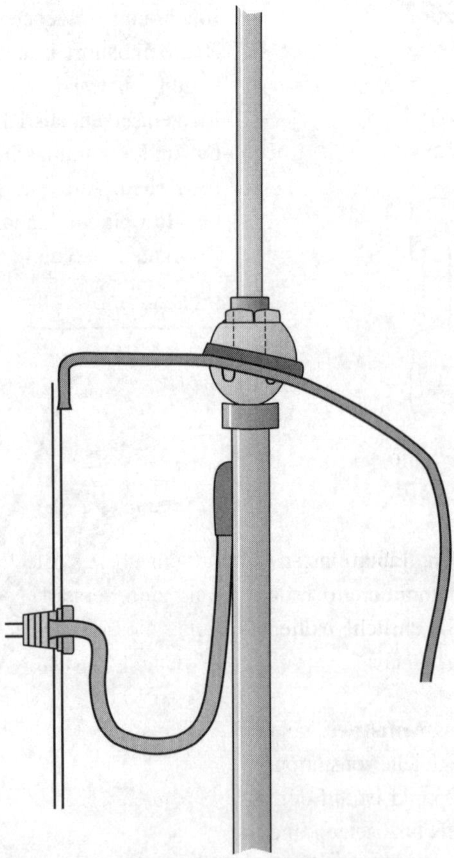

Bild 8.7 Teleskopantenne

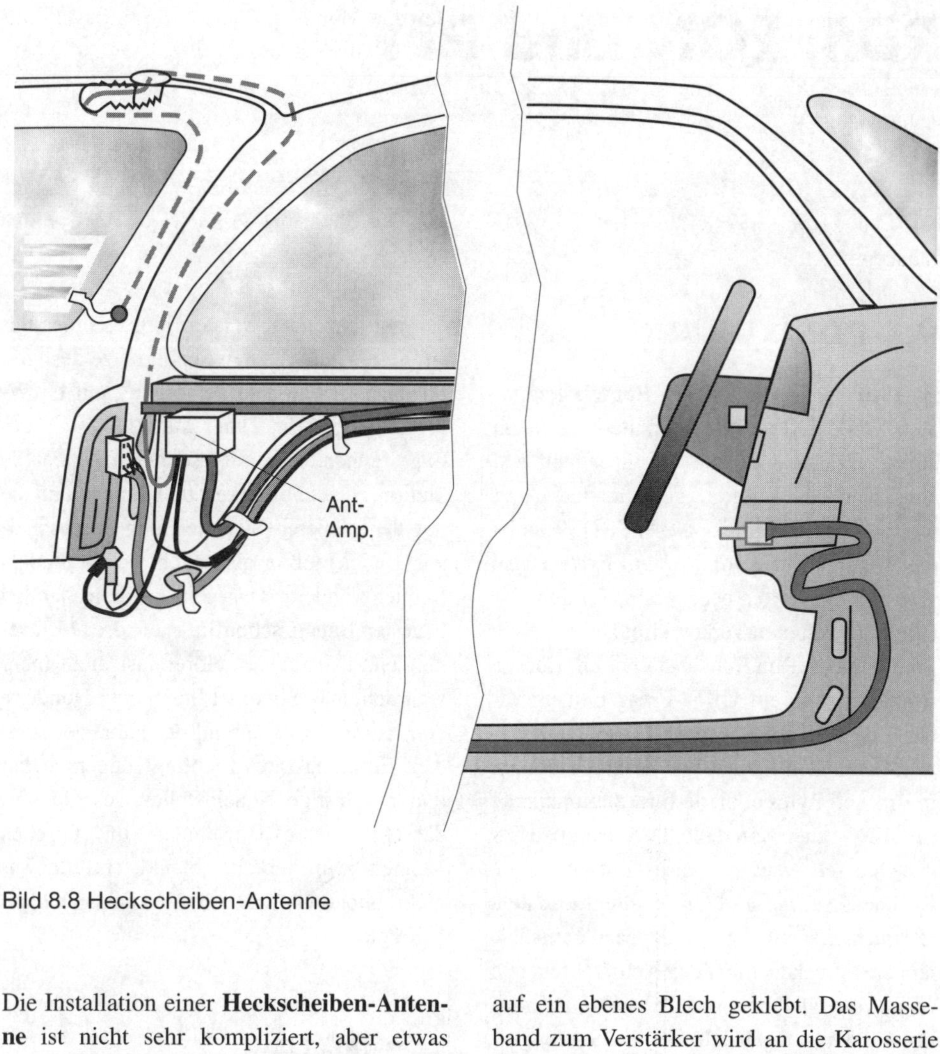

Bild 8.8 Heckscheiben-Antenne

Die Installation einer **Heckscheiben-Antenne** ist nicht sehr kompliziert, aber etwas arbeitsintensiv. Die Antenne besteht hauptsächlich aus einem gekapselten Gehäuse, das den Verstärker und die Bauteile für die Gleichspannungsabkopplung beinhaltet. Dieses wird mit doppelseitigem Klebeband im Kofferraum möglichst nahe der Heckscheibe auf ein ebenes Blech geklebt. Das Masseband zum Verstärker wird an die Karosserie angeschlossen. Die Übertragerleitung wird an den Plusanschluß der Heckscheibenheizung direkt angeklemmt. Das Pluskabel für den Verstärker muß mit dem Antennensteueranschluß Pin 5 Block A am ISO-Anschluß verbunden werden.

9

RDS, EON und PTY

9.1 RDS

Eine Erfindung, die 1988 in Betrieb genommen wurde und auf die heutzutage niemand mehr verzichten möchte, wenn er sich erst einmal an den Komfort gewöhnt hat. Aber was verbirgt sich hinter diesem RDS? Es ist die Abkürzung für *Radio Data System* also viel mehr als nur ein neuer Name für den hinlänglich bekannten Verkehrsfunk.

Immer mehr Rundfunkanstalten in Europa strahlen mit ihrem UKW-Programm unhörbare, digitale Signale aus. Diese Digitalsignale enthalten, genau wie beim Computer, in Bits und Bytes codierte Informationen, die im RDS-Tuner von einem Mikroprozessor entschlüsselt werden. Dieses Entschlüsseln, Rechnen, Suchen und Umschalten geschieht in Bruchteilen einer Sekunde. Man kann also längere Strecken mit dem Auto fahren und immer den gleichen Sender hören, den man bei Fahrtantritt gewählt hat. RDS begegnet gekonnt einem Problem, nämlich daß UKW-Sender in der Regel nur eine Reichweite von etwa 50–75 km haben. Also ist es nur logisch, daß Sie bei einer Reise durch Deutschland immer wieder in Bereiche kommen, wo der Empfang für den Tuner zu schwach wird, um das Radioprogramm noch vernünftig wiederzugeben und ein Alternativsender benötigt wird. In Deutschland und den angrenzenden Staaten gibt es eines der am besten ausgebauten Sendernetze der Welt für die überregionale Versorgung mit UKW-Programmen. Ein Tuner mit RDS ist in der Lage, anhand der mitgesendeten Daten die Station zu identifizieren und immer auf die mit der größeren Sendeleistung umzuschalten. Dabei muß er also auch die Empfangsfrequenz ändern. Das geht bei den Geräten neuester Bauart schon in unter drei Millisekunden, also für den Hörer fast nicht mehr wahrnehmbar. Somit ist Ihnen über Hunderte von Kilometern während der Fahrt der ständige Empfang Ihres Lieblingssenders sicher und das lästige Neueinstellen des Gerätes, das Sie unter Umständen im falschen Moment vom Verkehr ablenkt, entfällt, was nicht unbeträchtlich zur Verkehrssicherheit beiträgt.

9.2 Welche Informationen beinhaltet RDS?

Zwei der wichtigsten Einzelinformationen sind TP *(Traffic Program)* und TA *(Traffic Announcement)*. Der TP-Code teilt dem Tuner, ähnlich wie die frühere SDK- Sender-Kennung mit, ob das Programm Verkehrs-

informationen ausstrahlt. Der TA-Code wird zugeschaltet, wenn eine Verkehrsdurchsage beginnt.
Die vier folgenden Codes ermöglichen es Ihrem Autoradio, Ihnen den höchstmöglichen Bedienkomfort zu bieten.
PI *(Program Identification)*, PS *(Program Service Name)*, AF *(Alternative Frequencies)* und EON *(Enhanced Other Network).*
Zu Reisebeginn stellen Sie Ihren Lieblingssender ein. Durch den PI-Code erkennt der Tuner, um welche Sendeanstalt es sich handelt. Der AF-Code zeigt ihm eine Liste von alternativen Frequenzen an, die von der gleichen Sendeanstalt benutzt werden. Diese Liste speichert der Mikroprozessor im Tuner ab und kann nun auf die Frequenz mit der jeweils höheren Sendeleistung überwechseln. PS sorgt dafür, daß auf dem Display des Gerätes der Name des zur Zeit empfangenen Senders erscheint. EON kommt für den Autofahrer zum Tragen, wenn er einen Sender ohne Verkehrsnachrichten eingestellt hat. EON teilt dem Tuner mit, welche Programme der gleichen Senderkette Verkehrsfunk ausstrahlen. Meldet der TA-Code nun zum Beispiel auf einem dieser Programme den Beginn einer Durchsage, schaltet das Gerät für die Dauer dieser Verkehrsnachricht um und kehrt danach zum vorher gewählten Sender zurück.

9.3 PTY

Seit 1995 ist ein neuer Service im Betrieb. Ein RDS-Tuner erkennt nicht nur die Sender und zeigt ihre Namen auf dem Display an, er kann über die Zusatzfunktion PTY (Program Type) auch die momentan laufende Programmart feststellen. Sie können dann ablesen welchen Schwerpunkt der betreffende Sender hat, zum Beispiel „POP“, „Classic“ oder „News“.
Die modernen RDS-Tuner geben dem Autofahrer sogar die Möglichkeit, sich über die Reisezeit auf eine Programmart festzulegen. Das heißt, wenn mit der PTY-Funktion zu Fahrtbeginn eine bestimmte Programmart eingestellt wurde, dann sucht der Tuner die Alternativfrequenzen nach diesen Programmartkriterien aus.

Für alle, die es ganz genau wissen möchten, was es mit den ganzen Abkürzungen für die Codes auf sich hat und was in nicht allzuferner Zukunft möglich sein wird, hier noch einmal alles kompakt erklärt.

9.4 Die RDS-Daten im Überblick

PI **Programidentity**
Programmkettenerkennung
Information: Länderkennung, Sendebereich, Programmbezugszahl der Senderkette

PS **Programservice**
Programmname
Information: Displayanzeige des Senders im Klartext maximal 8 alphanumerische Zeichen.

TP **Traffic-Program**
Verkehrsfunkkennung
Information: gibt an, ob der Sender ein Verkehrsfunksender ist.

TA **Traffic-Announcement**
Verkehrsmeldungserkennung
Information: Durchschalten der Verkehrsdurchsage und Anzeige „Traffic" im Display

AF **Alternative Frequencies**
Alternative Frequenzen
Information: Übertragung der Senderliste, die das gleiche Programm ausstrahlen

EON **Enhanced Other Network**
Andere Netzwerke
Information: Einspeisung von Verkehrsnachrichten in Programme ohne TP

DI **Decoder Identity**
Decodersteuerung
Information: Sendedaten wie „Mono" oder „Stereo"

M/S **Music/Speach**
Musik/Spracherkennung
Information: für automatische Klangregelung

PTY **Programtype**
Programmarterkennung
Information: über Programmschwerpunkte.

RT **Radiotext**
Information: Übermittlung von bis zu 64 alphanumerischen Zeichen.

CT **Clock Time**
Information: Synchronsignal für eingebaute Uhr.

TMC **Traffic Message Channel**
Verkehrsnachrichtenkanal
Information: Ständig abrufbarer Verkehrsdienst

PIN **Programmbeitragskennung**
Information: schaltet das Gerät ein und aus wie der VPS beim Videorekorder

TDC **Transparent Data Channel**
Transparenter Datenkanal
Information: Programmbegleitende Informationen können am Empfänger ausgedruckt werden

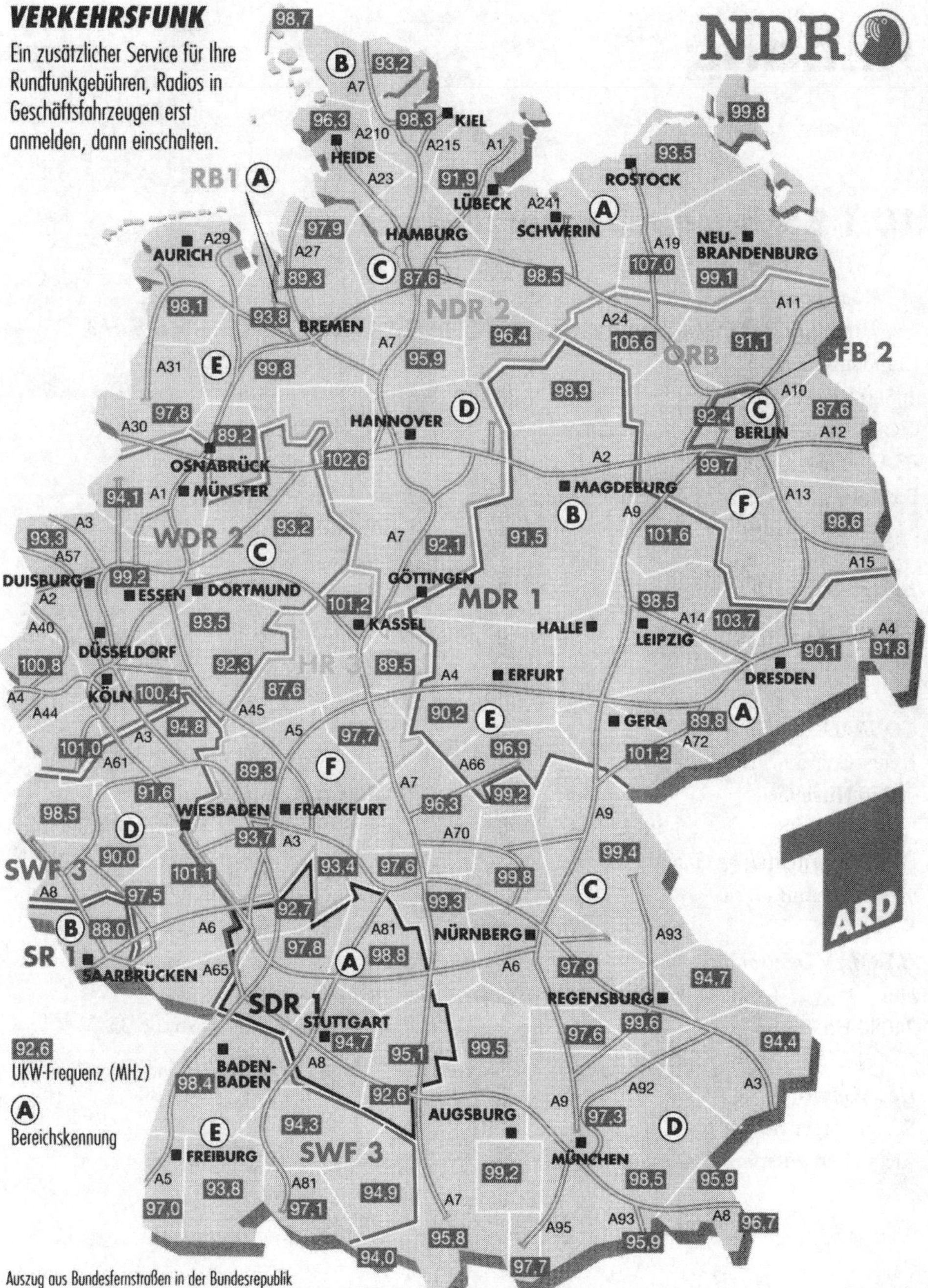

Bild 9.1 Verkehrssendernetz in Deutschland

10 Anhang

10.1 Bezugsquellenverzeichnis

ALPINE ELECTRONICS GmbH
Brandenburger Straße 2–6
40880 Ratingen

BLAUPUNKT WERKE GmbH
Postfach 77 77 77
31132 Hildesheim

BECKER GmbH
Postfach 74 22 60
76303 Karlsbad

CONRAD ELECTRONIC
Klaus-Conrad-Straße 1
92240 Hirschau

GRUNDIG Vertriebs GmbH
90748 Fürth/Bayern

HARMAN Deutschland
Hünderstraße 1
74080 Heilbronn

Heco GmbH
Seelenberger Straße 1
61389 Schmitten

RICHARD HIRSCHMANN GmbH & Co
Richard-Hirschmann-Straße 19
Postfach 110
73728 Esslingen

Kenwood Electronics Deutschland GmbH
Rembrücker Straße 15
63150 Heusenstamm

MAGNAT AUDIO-Produkte GmbH
Lise-Meitner-Straße 9
50259 Pulheim

OEHLBACH-Kabel GmbH
Carl-Benz-Straße 1
Postfach 28
76291 Stutensee

Pioneer Electronics Deutschland GmbH
Hanns-Martin-Schleyer-Straße 35
Postfach 12 37
47853 Willich

Sony Deutschland GmbH
Hugo-Eckener-Straße 20
50829 Köln

10.2 Bauteileliste Musteranlage

Stück	Bauteil/Gerät	Artikelbez.	Conrad-Nr.
1	CD-Radio-Kombi	CD-777 RD	36 23 36
1	aktive Frequenzweiche	EXN 93	36 29 13
1	2 x 25 W Verstärker	MY-900	32 20 24
1	2-Kanal-Endstufe	KD 210	36 36 93
1	4-Kanal-Endstufe	KD-440	36 37 31
1	4er Sicherungsblock	für AUE	32 09 86
1	Hochl. Sicherngshalter	für AUE	32 10 60
3	Hochl. Sicherung 20 A	AUE	32 23 18
1	Hochl. Sicherung 30 A	AUE	32 22 33
1	Linefilter Übertrager	LNF-77	31 14 05
1 Paar	Einbaulautsprecher Coaxial	PFC 1650 G	36 31 97
1 Paar	Einbaulautsprecher Coaxial	GFC 1300 G	36 30 73
1 Paar	Universal-Tweeter	PCT-101	36 35 37
1 Paar	Aufbau-Tweeter	NEO 120	32 07 49
1	Subwoofer-Röhre	BAT 200	36 34 05
5 m	Batteriekabel 10 qmm	Farbe rot	32 55 03
2 m	Batteriekabel 6 qmm	Farbe rot	32 54 81
2 m	Massekabel 6 qmm	Farbe blau	32 54 90
4	Ringkabelschuhe verg. 10 m		36 39 01
1	Sort. Gabelschuhe 6 mm		36 40 61
3	Sort. Gabelschuhe 2,5 mm		36 40 53
8 m	High-End Cinchkabel		32 69 09
8	Cinch-Stecker vergoldet	Mark. rot	30 29 10
8	Cinch-Stecker vergoldet	Mark. schw.	30 29 02
5 m	Flach-Lautsprecherkabel 4 x 1,5		34 21 73
6 m	Lautsprecherkabel 2x 2,5		34 24 67
1	Soundboard Connector		32 09 19
1	Reihe Lüsterklemmen		32 54 22
ca. 15	Kabelbinder-Befestigungs-Sockel		53 15 70
1	Kabelbindersortiment		61 76 60
1	Schrumpfschlauch-Set		60 77 54
1	Klettverschluß-Set		53 09 56
2	Luftspulen 0,33 mH		36 06 51
2	MKT-Folienkondensator 8,2 µF		36 02 36
1	Europlatine		52 74 16
1	Elektrolytkondensator 4700 µF 63V		47 19 09
1	Diode 6A 500V	P 600 J	16 24 69

10

10.3 Empfohlene Kabelquerschnitte

max. Leistung der angeschlossenen Komponente (W)	Strom bei 12 V (A)	Kabel-länge (m)	Empfohlener Kabelquer-schnitt (qmm)
bis 120	bis 10	2,5	4
bis 120	bis 10	5	6
bis 240	bis 20	2,5	6
bis 240	bis 20	5	10
bis 360	bis 30	2,5	10
bis 360	bis 30	5	10
bis 480	bis 40	2,5	10
bis 480	bis 40	5	10
bis 600	bis 50	2,5	10
bis 600	bis 50	5	16
bis 720	bis 60	2,5	16
bis 720	bis 60	5	25
bis 840	bis 70	2,5	25
bis 840	bis 70	5	25
bis 960	bis 80	2,5	25
bis 960	bis 80	5	35

10.4 Materialliste Rohbau

Anz.	Bezeichnung	Maße	Verwendung
1	Sperrholzplatte 6 mm	108 x 65 cm	Grundträger
1	Sperrholzplatte 9 mm	108 x 28 cm	Deckel
1	Sperrholzplatte 9 mm	108 x 37 cm	Deckel
1	Rundstab 25 mm Durchmesser	ca. 100 cm	12 Säulen 6,5 cm
1	Holzleiste 1 m lang	25 x 8 mm	Deckelnaht
3	Holzleisten à 1 m lang	25 x 8 mm	Rahmen Fenster
24	Drywall-Schrauben	4 x 40	Bef. Säulen
1	Flasche Holzleim (Ponal)		Bef. Säulen
10	Schaumstoffstreifen 15 mm dic	4 x 60 cm	Unterlage Grundtr.
1	Tube Kontaktkleber (Pattex)		Schaumstoff
3	Acrylplatten 6 mm	30 x 20 cm	Fenster
1	Gummiplatte selbstklebend	108 x 65 cm	Bezug Deckel
1 Rolle	Tesamoll Moosgummi	4-6 mm breit	Fensterrahmen

Stichwortverzeichnis zu Teil 5

Stichwortverzeichnis zu Teil 5

TEIL 6

Georg Walz

Lautsprecherboxen erfolgreich selbst bauen

Anleitungen zum leichten Selbstbau von geschlossenen Lautsprecherboxen, Subwoofern, Surround-Systemen und Frequenzweichen

Mit 135 Abbildungen

Franzis'

Vorwort zu Teil 6

Wie oft haben Sie sich schon geärgert? Da haben Sie die neue HiFi-Stereoanlage erstanden, die hervorragende technische Daten aufweist und sich zudem noch harmonisch in die Wohnlandschaft integriert. Nur bei den Lautsprecherboxen wurde das Budget knapp. Oder Sie wollten einfach im Moment nicht soviel investieren. Vielleicht klingen die gekauften Boxen auch nicht so gut wie erhofft. Es könnte aber auch sein, daß Sie sich Boxen nach Ihren Vorstellungen bauen wollen.

Welcher Wunsch auch immer der Vater des Gedankens ist, der anfänglich noch verdrängte Wunsch nach neuen Lautsprecherboxen kommt immer häufiger. Ich möchte an dieser Stelle keinem der Leser empfehlen, sich „seine“ Lautsprecherboxen selbst zu bauen, wenn er bereit ist, in ein nahegelegenes Fachgeschäft zu gehen, um sich dort Lautsprecherboxen auszusuchen und zu kaufen. Gleiches gilt für alle, die keinen Spaß am Bau ihrer Lautsprecherbox haben und einzig nur am fertigen Produkt interessiert sind.

All denjenigen, auf die dies nicht zutrifft und die zudem gerne etwas selbst Geschaffenes im Zimmer stehen haben möchten, ist dieses Buch gewidmet. Es soll mit Anregungen, Hinweisen, Tips und Tricks das in Angriff genommene Vorhaben unterstützen und dazu beitragen, daß das Vorhaben, eine gute Box zu bauen, gelingt.

Ohne ein wenig Theorie wird dies nur dann gelingen, wenn man sich ein fertiges Lautsprechergehäuse und einen passenden Lautsprechersatz mit darauf abgestimmten Frequenzweichen kauft. Da dies nur geringe Spielräume zuläßt, ist an den entsprechenden Stellen dieses Buchteils immer wieder die Theorie in dem Umfang herangezogen, wie sie für den Entwurf und Bau unerläßlich erscheint. Diese Grundlagen helfen auch bei der Entscheidung für die richtige Box und der dazu nötigen Technik und bewahren vor schnell getroffenen Entscheidungen, die im nachhinein betrachtet nur unnötig Geld gekostet hätten. Im Praxisteil werden die einzelnen Schritte ausführlich besprochen und anhand von Bildmaterial nachvollziehbar gemacht, so daß auch dem Neuling der Einstieg in den Lautsprecherboxenbau gelingen wird. Dieser Buchteil ist ein Begleiter, der Schritt für Schritt die einzelnen Arbeitschritte erläutert und ohne Umwege, aber mit möglichen Alternativen zum Ziel – fertige Lautsprecherbox – führt. Sich im ersten Schritt ohne notwendige Erfahrung sofort an eine kompliziert zu entwerfende und aufzubauende Lautsprecherbox zu wagen, davon rate ich eher ab.

Vorwort zu Teil 6

An dieser Stelle möchte ich mich bei allen im Anhang genannten Firmen bedanken, die mich mit Bildmaterial, Hard- und Software unterstützt haben und mir viele wertvolle Anregungen und Tips gegeben haben.
Mein besonderer Dank gilt Frau Charnay und Herrn Schukat von der Firma Visaton, Frau Schmidt von der Firma Conrad Elektronik und Frau Ahrens von der Firma Völkner für ihre unkonventionelle und spezielle Unterstützung, ohne deren Hilfe dieser Buchteil in der vorliegenden Form nicht machbar gewesen wäre.
Mein Dank gilt auch Herrn Wahl und dem Franzis Verlag für die zahlreichen Diskussionen und die gute Ausstattung des Buches

Georg Walz

Inhalt

Abb. 1.1: Sehr viel Ähnlichkeit mit dem Trichter eines alten Grammophons hat der Hornlautsprecher der High-End-Box „A Capella Violon". Vom Klang her liegen allerdings Welten dazwischen.

Abb. 1.2: Der Bausatz für eine Lautsprecherbox mit Zwei-Wege-Frequenzweiche und Baßreflexrohr.

Abb. 1.3: Lautsprecherchassis, Frequenzweiche und Baßreflexrohr für den Bau einer Drei-Wege-Baßreflexbox.

1 Frequenzgang, Impedanzverlauf, Zerfallspektrum, Nenn- und Musikbelastbarkeit

Es gibt weder den idealen Lautsprecher noch den genormten Hörraum, in dem die Lautsprecherboxen aufgestellt werden. Ganz zu schweigen von dem Einheitsgehör der musikhörenden Menschen. Die Hörgewohnheiten sind ebenso unterschiedlich, wie die Musik, die von den Schallwandlern wiedergeben werden soll. Es ist daher wichtig, die Lautsprecherboxen an dem Aufstellungsort und in dem Raum zu beurteilen, indem sie letztendlich aufgestellt werden. Die meßtechnisch ermittelten Daten einer Lautsprecherbox können helfen, eine sinnvolle Vorauswahl zu treffen. Excellente Lautsprecherdaten sind jedoch keine absolute Gewähr dafür, daß die Boxen in ihrem Wohnraum und für ihr Hörempfinden das erwartete Klangbild in vollem Umfang wiederspiegeln.

Für die meßtechnische Beurteilung einer Lautsprecherbox und eines einzelnen Lautsprechers ist der Frequenzgang (Schalldruckkurve) von entscheidender Bedeutung. Die ideale Schalldruckkurve wäre im Wiedergabebereich von 20 Hz bis 20 kHz ein waagrechter Strich. Dieser waagrechte Strich würde dadurch zustande kommen, daß alle vom Verstärker mit konstanter Ausgangssignalspannung gelieferten Frequenzsignale von der Lautsprecherbox mit dem gleichen Schalldruck wiedergegeben werden. In der Praxis ist diese Idealkurve allerdings nicht erreichbar. Es wird daher versucht, dem idealen Verlauf so gut wie heute technisch möglich nahe zu kommen und Kompromisse nur, soweit nötig, einzugehen. Im Mitteltonbereich von etwa 350 Hz bis 4000 Hz ist ein nahezu lineares Verhalten für eine natürliche Stimmwiedergabe und eine insgesamt neutrale Wiedergabe sehr wichtig. Oberhalb von etwa 7000 Hz machen sich geringfügige Absenkungen oder Anhebungen nur unmerklich als Klangverfälschungen bemerkbar. Dies mag beim geschulten Gehör eines Musikers eher eine Rolle spielen als beim Durchschnittsgehör eines normalen musikhörenden Menschen.

In der Praxis ist eine geringfügige Anhebung in diesem Bereich sinnvoller, da in herkömmlich möblierten Wohnräumen die hohen Frequenzanteile stärker absorbiert werden als die mittleren. Eine lineare Abstrahlung tiefer Baßanteile im Frequenzbereich kleiner 40 Hz ist nur durch sehr voluminöse oder mit aufwendig entzerrten Lautsprecherboxen zu erreichen. Bei weniger voluminösen Lautsprecherboxen und bei kleineren Regalboxen

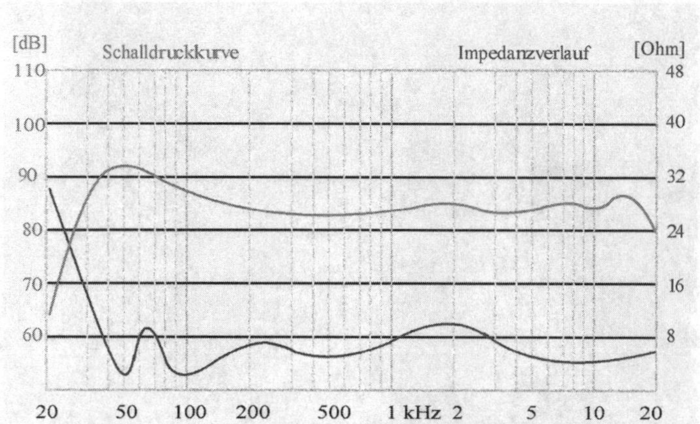

Abb. 1.4: Ein nahezu linearer Verlauf der Schalldruckkurve und der Impedanzkennlinie zeichnen eine gute Lautsprecherbox aus.

Abb. 1.5: Eine geschlossene Drei-Wege-Lautsprecherbox im Gehäusedesign einer Pyramide.

Abb. 1.6: Bei Subwoofern nutzt man die Unzulänglichkeit des menschlichen Gehörs, tiefe Töne nicht orten zu können. Die Richtungsinformationen kommen aus den kleineren Satellitenboxen, die die mittleren und hohen Töne wiedergeben.

wird ein Trick angewandt. Man bedient sich hierbei kompensatorischer Anhebungen. Eine nicht unerhebliche Rolle spielt hierbei der Aufstellungsort der Lautsprecherbox. Günstig nahe an der Wand plaziert werden Anhebungen im Baßbereich um bis zu 3 dB erreicht. Nutzt man eine Ecke des Zimmers für die Aufstellung, so kann durch die Einbe-

Abb. 1.7: Baßreflex-Lautsprecherboxen in unterschiedlichen Gehäusegrößen und mit den unterschiedlichsten Bestückungen von Lautsprecherchassis prägen einen Raum nicht nur als unübersehbares Mobiliar, sondern beherrschen ihn auch akustisch.

ziehung des Bodens und zweier Wände eine Anhebung bis zu 9 dB erzielt werden.

Die Spule eines Schallwandlers (Lautsprecher) weist einen Wirk- und einen Blindanteil auf. Durch den Blindanteil ergibt sich eine Frequenzabhängigkeit. Die Impedanz der Lautsprecher wird aus diesem Grund bei einer definierten Frequenz gemessen und angegeben. Bei Tieftonlautsprechern liegt die Meßfrequenz bei 400 Hz, bei allen übrigen bei 1000 Hz. Gängige Lautsprechertypen haben Impedanzen von 4 Ohm oder 8 Ohm.

Das elektrische Verhalten der am Verstärkerausgang angeschlossenen Lautsprecherbox wird durch den Impedanzverlauf charakterisiert. Auch hier wäre ein waagrechter Strich im Diagramm ideal. Dies würde bedeuten, daß die Last von 4 oder 8 Ohm über den gesamten Frequenzbereich lastunabhängig ist. In der Praxis ist jedoch die gemessene Lastkurve einer Lautsprecherbox keine Gerade, sondern aufgrund der Frequenzabhängigkeit der einzelnen Lautsprecherchassis und der zusätzlich wirkenden Bauteile der Frequenzweiche mehr oder weniger starken Schwankungen unterworfen. Da diese, von der Frequenz abhängigen unterschiedlichen Lasten vom Verstärker ausgeglichen werden müssen, sind vor allem die Maximal-, die Minimalwerte und die Form der Schwankungen von Bedeutung. Lautsprecherboxen mit sehr niederen Minimalwerten im Impedanzverlauf und sehr steilflankigen Änderungen innerhalb kleiner Frequenzbereiche reagieren besonders empfindlich.

Das Zerfallspektrum, auch Wasserfall-Diagramm genannt, macht eine Aussage darüber, wie schnell ein Lautsprecher oder eine Lautsprecherbox, die mit einem Impuls angeregt wurde, zur Ruhe kommt. Es werden dabei die Frequenz, die Amplitude und die Zeit in einer dreidimensionalen Darstellung gegeneinander aufgetragen. Die hinterste Kurve des kumulativen Zerfallspektrums entspricht der allgemein bekannten Frequenzdarstellung. Allerdings in einer linearen Frequenzteilung, und nicht in der gewohnten logarithmischen Einteilung der Frequenzskala. Die davorliegenden Linien zeigen das Verhalten in Zeitabständen von wenigen Millisekunden nach Signalende. Auf der Zeitachse läßt sich ablesen, mit welchen Amplituden die einzelnen Frequenzanteile nach welcher

Abb. 1.8: Nicht nur das Design dieser Lautsprecherbox ist außergewöhnlich. Durch ihr Doppelkammer-Baßreflexprinzip hat sie sehr gute Tiefbaßeigenschaften.

Abb. 1.9: Im äußeren Design ähnlich ist diese Baßreflexbox, bei der der Mitteltöner und der Hochtöner jeweils in einem eigenen Lautsprechergehäuse untergebracht sind, so daß die akustischen Zentren der Lautsprecher in einer Ebene verlaufen.

Zeit noch vorhanden sind. Tieffrequente Schallanteile zeigen einen deutlich längeren Ausschwingvorgang als die höherfrequenten Anteile.

Ideal wäre ein sofortiger Stillstand. Dies ist allein aufgrund der Massenträgheit der Membran und der Schwingspule physikalisch nicht machbar. Das Zerfallspektrum liefert auch wichtige Erkenntnisse beim Nachweis von Gehäusereflexionen.

Bei einzelnen Lautsprecherchassis wird, ebenso wie bei Lautsprecherboxen, die Nennbelastbarkeit in Watt angegeben. Piezo-Lautsprecher bilden hierbei eine Ausnahme. Deren maximale Belastbarkeit wird in der dem Einzelchassis maximal zuführbaren Spannung angegeben. Die Nennbelastbarkeit ist eine Angabe über die elektrische Leistung, die dem Lautsprecherchassis oder der Lautsprecherbox im Dauerbetrieb zugeführt werden darf. Ein vernünftig konstruierter Lautsprecher läßt es zu, kurzzeitig Leistungen anzulegen, die seine Nennbelastbarkeit deutlich übersteigen, ohne daß irreversible Schädigungen der Einzelchassis auftreten. Deshalb wird neben der Nennbelastbarkeit auch noch die Musikbelastbarkeit in Watt angegeben. Unter Umständen kann bei einem Mißbrauch der Klangregler oder einer Übersteuerung auch eine hochbelastbare Lautsprecherbox von einem relativ leistungsschwachen Verstärker zerstört werden. Aussagekräftiger als die Nennbelastbarkeit ist der maximale Schalldruck, den eine Lautsprecherbox kurzzeitig und ohne nennenswerte störende Nebengeräusche wiedergeben kann.

1.1 Ob analog oder digital

In den Anfängen der Schallaufzeichnung, Übertragung und Wiedergabe gab es ausschließlich analoge Aufzeichnungs- und Übertragungsverfahren. Das bekannteste Beispiel hierfür ist die gute alte Schallplatte und das zugehörige Abspielgerät, der Schallplattenspieler. Sie wurde durch die Einführung der Digitaltechnik in die Unterhaltungselektronik fast vollständig von der silberfarbig schimmernden Compact-Disc

Abb. 1.10: Das Digital-Audio-Tape (DAT) ermöglicht die verlustfreie Musikdatenübertragung von digitalen Tonträgern auf Band.

Abb. 1.11: Mit der kleinen magneto-optischen MiniDisc hat mit digitaler Klangqualität die Zukunft des digitalen Tonstudios im eigenen Heim begonnen.

Abb. 1.12: Ein HiFi-Stereo-Endverstärker in professioneller Studiotechnik für den gehobenen Heimgebrauch.

und den CD-Spielern verdrängt. Die Vorteile sind unbestritten und heute jedem bekannt. Befindet sich heute neben der HiFi-Stereo-Anlage in einzelnen Fällen noch ein Plattenspieler, so ist dies wohl darauf zurückzuführen, daß sich im Laufe der Jahrzehnte viele liebgewonnene schwarze Scheiben angesammelt haben, auf denen in Rillen

1

gepreßte Musikstücke enthalten sind, von denen man sich nicht trennen möchte. Wie auch immer, die Digitaltechnik wird ihren Siegeszug im Bereich der Unterhaltungselektronik weiter fortsetzen. Das letzte Beispiel ist der MiniDisc-Recorder.

Die Ausnahme sind die Schallwandler. Diese wandeln auch heute noch analoge Stromsignale in akustisch hörbaren Schall um. Selbst digitale Lautsprecherboxen treiben die Lautsprecherchassis immer noch mit analogen Endverstärker. Mit Einzug des digitalen Zeitalters in die Welt der Lautsprecherboxen eröffnen sich ausgezeichnete Möglichkeiten, vor allem die Nachteile der passiven Frequenzweichen und auch der Lautsprecherchassis in den Griff zu bekommen und zu kompensieren. Passive Lautsprecherboxen haben vorrangig mit dem Problem starker Phasendrehungen und einer unverzerrten Impulswiedergabe zu kämpfen. Aktive, digital entzerrte Lautsprecherboxen sind ein erster Schritt in Richtung zeitrichtiger Wiedergabe. Inwieweit es sich eines Tages physikalisch umsetzen lassen wird, auch den Schallwandler selbst mit 0 und 1 anzusteuern und diese Bits in hörbare Schallenergie umzuwandeln, übersteigt selbst mein technisches Vorstellungsvermögen.

1.2 Es wird gefiltert und verstärkt

Wie auch immer die Aufzeichnung und Übertragung der Schallsignale vorgenommen wird, die Signale müssen im Endstadium in ein analoges Wiedergabesignal zurückgewandelt, gefiltert und verstärkt werden, bevor sie den Schallwandlern für „bringing in the air“ zugeführt werden können

1.3 Am Schluß der Signalkette steht der Schallwandler

Lautsprecher sind elektroakustische Schallwandler. Sie haben die Aufgabe, die von einer elektronischen Signalquelle erzeugten und von einem elektronischen Verstärker verstärkten elektrischen Signale in hörbare akustische Energie zurück zu wandeln, die vom menschlichen Ohr als Schall aufgenommen werden kann.

Da ein einzelner Lautsprecher nicht in der Lage ist, den gesamten Frequenzbereich von 20 Hz bis 20000 Hz linear zu übertragen, handelt es sich um eine Anordnung mehrerer einzelner Lautsprecherchassis und den entsprechenden Anpaßgliedern, den Frequenzweichen. Lautsprecher können in unterschiedlichste Gehäusebauformen eingebracht werden. Wen wundert es, daß im Laufe der Jahrzehnte viele verschiedene Gehäusevarianten entwickelt wurden, die alle mehr oder weniger Vorteile, aber leider auch Nachteile haben.

Die folgenden Seiten sind als kleine technische Modenschau gedacht. Sie sollen die Vielfalt der Möglichkeiten zeigen und als Anregung für eigene Designvarianten dienen.

Abb.1.13: Die Lautsprecherbox Monitor 890 MK II bietet durch die außergewöhnliche Membranfläche für den Baßbereich, ergänzt durch die beiden Druckkammertreiber für den Mittel- und Hochtonbereich, eine kraftvolle Dynamik für all diejenigen, deren Nachbarn ungewöhnlich tolerant sind oder die einfach weit und breit keine haben.

Abb. 1.14: Deutlich erkennbar sind bei der Isostatic RP 202 die Magnetostaten, die die Abstrahlung im Mittel- und Hochtonbereich vornehmen.

1

1.4 Von Mono über Raumklang zum Surround System

In den Uraltzeiten der Wiedergabe von Sprache und Musik, dies ist noch gar nicht so lange her, gab man sich mit dem monophonen Erlebnis zufrieden. Ein Lautsprecher war hierfür ausreichend. Doch da der Mensch bekanntlich zwei Schallaufnehmer (Ohren) hat, was ihm ermöglicht, die Schallrichtung wahrzunehmen und den Entstehungsort einer Schallquelle zu orten, war es naheliegend, die Stereophonie einzuführen. Modeerscheinungen wie die Quadrophonie konnten sich nicht durchsetzen. Ein neuer, vielversprechender Versuch in Richtung Raumklangerlebnis, wurde mit Surround Systemen gestartet.

Abb. 1.15: ▲
Der Digital 1 wird über digitale Signal Prozessoren, die die Schwächen und Fehler konventioneller, analog arbeitender Boxen korrigieren, das Tonsignal zugeführt.

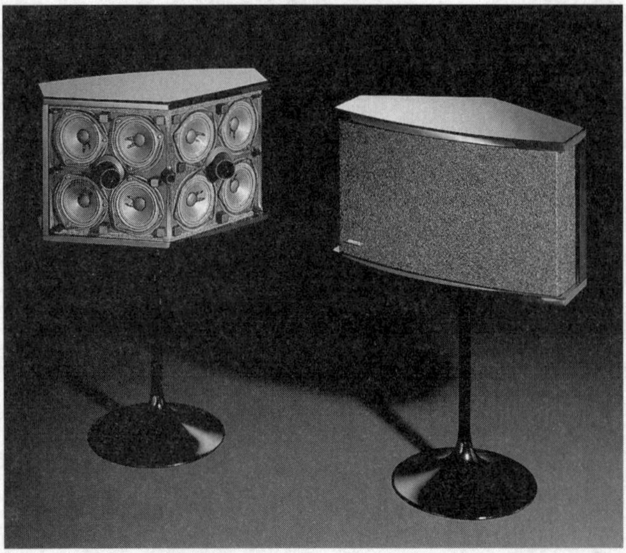

Abb. 1.16:
Wer ein Wohnzimmer von der Größe eines Konzertsaales sein Eigen nennen kann, dem machen diese Lautsprecherboxen mit Sicherheit viel Spaß.

Abb. 1.17: Bei den Cube Speakers sorgt das direct und reflecting Lautsprechersystem dafür, daß, wie bei einem Livekonzert, nur ein geringer Anteil des Schalls das Ohr auf direktem Weg erreicht. Ein beliebig im Raum plaziertes Baßmodul (Subwoofer) sorgt für die Wiedergabe tiefer Tonsignalanteile.

Dazu sind fünf Lautsprecherboxen notwendig, die so plaziert sind, daß dem Zuhörer das Gefühl vermittelt wird, live inmitten des Geschehens zu sitzen.

1.5 Immer ausgereifter und besser

Verbesserungen an den Lautsprecherchassis und an den Lautsprechergehäusen gehen heute nur noch in kleinen Schritten voran. Die Verfahren sind bekannt und die Annährung an die ideale Lautsprecherbox wird sich weiter in nicht spektakulären Schritten vollziehen.

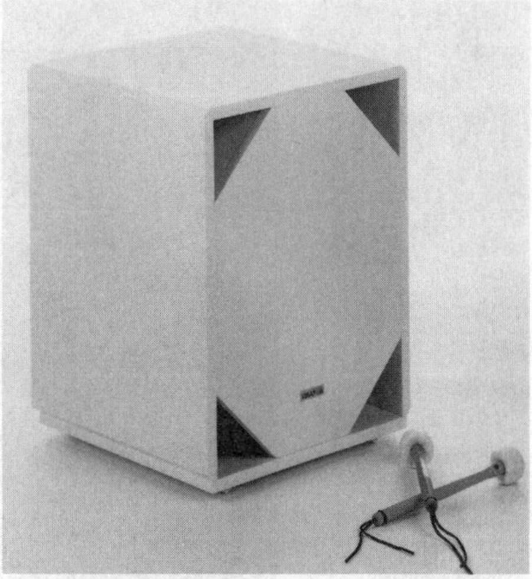

Abb. 1.18: Ein Subwoofer, bei dem zwei Lautsprecherchassis nach dem Push-Pull-Prinzip arbeiten und dessen Gehäusedesign zeigt, daß Subwoofer nicht zwingend wie zu groß geratene Starenkästen aussehen müssen.

1.6 High-end und upper-class Lautsprecherboxen

Betrachtet man die Preisspanne der heute auf dem Markt befindlichen Lautsprecherboxen, so bereitet es dem HiFi-Enthusiasten, der über ausreichend Geld verfügt, keinerlei

Abb. 1.19: Für eine diffuse Schallwiedergabe im Mitteltonbereich sind bei dieser Baßreflexbox Diffusorlinsen vor dem Mitteltöner angebracht.

Abb. 1.20: Ungewöhnlich in Design und Klang ist die Standbox Alpha 3.

Abb. 1.21: Die aufwendige Gehäusekonstruktion sorgt nicht nur für ein gelungenes optisches Äußeres, sondern das Compound-Prinzip und die Anordnung der Superhochtöner für eine punktförmige Abstrahlung hebt die „Esprit" aus der grauen Masse heraus.

Abb. 1.22: Die Transmission Line Box „Brighton“ ist als Fertigbox und als Bausatz erhältlich.

Abb. 1.23: Daß Lautsprecherboxen auch rund sein können beweist die „Transglobal I“.

Abb. 1.24: Wer das Außergewöhnliche liebt und über ausreichend Geldmittel verfügt, für den werden die klanglichen Eigenschaften und das Design der „Nautilus“ das Richtige sein.

Schwierigkeiten, für Designerboxen mit hervorragenden technischen Daten, einen Preislevel von hunderttausend Mark zu erreichen. Die mittlere Preisklasse bewegt sich zwischen zehn- bis dreißigtausend Mark. Doch auch in der für den Normalhörer erschwinglichen Preisklasse stehen Lautsprecherboxen mit exzellenten technischen Daten und sehr gutem Klang zur Verfügung.

Was nun aber kann den Einzelnen bewegen, trotz dieser Vielfalt sich selbst Lautsprecherboxen zu bauen? Zum einen kann es der Wunsch sein, sich etwas Selbstgeschaffenes in den Raum zu stellen. Es kann aber auch die Überlegung, etwas Geld zu sparen, eine Rolle spielen. Oder einfach nur die Freude am Basteln und Bauen.

Schallwandler einmal anders

2

Elektroakustische Schallwandler, im gängigen Sprachgebrauch „Lautsprecher" genannt, haben die Aufgabe, die von einer elektronischen Schallquelle erzeugten und von elektronischen Verstärkern aufbereiteten und verstärkten Signale in hörbare akustische Energie zu wandeln. In der Regel wird der Schall nicht von einem einzelnen Schallwandler an die Hörumgebung abgegeben, sondern von zwei oder mehr Lautsprecherchassis, die in eine Lautsprecherbox eingebaut sind.

Abb. 2.1: Das Tiefton-Langhubchassis mit einem Korbdurchmesser von 47 cm und der Membran mit Verstärkungsringen sorgen für die Belastbarkeit bis zu 600 W bei einem Übertragungsbereich von 25 Hz bis 3 kHz.

Abb. 2.2: Ein Tief-Mitteltonchassis das aufgrund seiner weichen Membranaufhängung durch die Schaumstoffsicke für den Einsatz in Transmission Line- und Baßreflexboxen geeignet ist und einen Übertragungsbereich von 30 Hz bis 8 kHz hat.

Abb. 2.3: Ein Mittelton-Chassis mit einer Hartgewebe-Konusmembran und einer niedrigen Resonanzfrequenz bürgt für einen gleichmäßigen Frequenzgang und ein gutes Rundstrahlverhalten.

Abb. 2.4: Ein Hochton-Konus-Lautsprecherchassis mit einem ausgeglichenen Frequenzgang von etwa 4 bis 20 kHz.

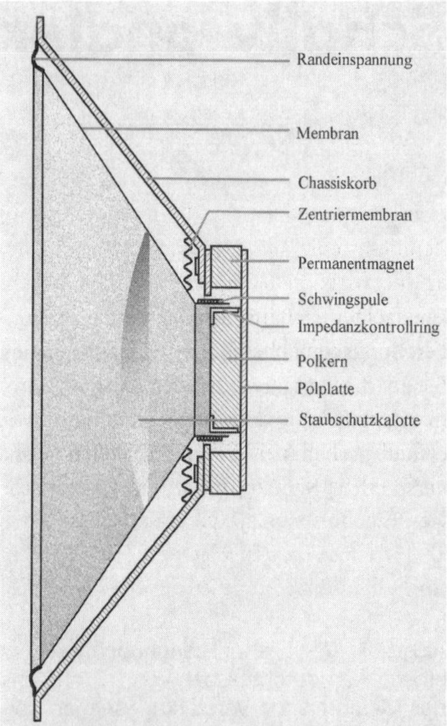

Abb. 2.5: Der Schnitt durch einen Konuslautsprecher zeigt das Prinzip und die einzelnen Teile.

Schallwandler arbeiten nach unterschiedlichen physikalischen Prinzipien. Allen gemeinsam ist, daß die umgebende Luft im Rhythmus der tonfrequenten Signalspannung zum Schwingen angeregt wird, und sich diese Verdichtungen und Entspannungen im Medium Luft fortpflanzen und von unseren Ohren als Schall wahrgenommen werden. Die am weitesten verbreitete Lautsprecherart arbeitet nach dem Prinzip des elektrodynamischen Antriebs. Auf eine Schwingspule, die starr an die Membran gekoppelt ist, wird im Rhythmus der Signalspannung eine Kraft ausgeübt, die die Membran in Bewegung versetzt. Die axiale Bewegung der Lautsprechermembran überträgt sich auf die Luft und breitet sich als Druckwelle aus.
Die Membrangrößen bei dynamischen Lautsprechern variieren, abhängig vom Einsatzbereich, von mehreren Zentimetern bis zu mehreren zehn Zentimetern Durchmesser. Es haben sich zwei Grundvarianten innerhalb der dynamischen Lautsprecher herausgebildet. Das Konus- und das Kalottenchassis.

2.1 Je größer der Konus, ...

Bei Tief- und Tief-Mitteltonsystemen werden überwiegend auf der Konusform basierende Lautsprecher eingesetzt. Konuslautsprecher haben eine Membran, die in Form eines spitzen Kegels ausgebildet ist. Dieser Spitze Kegel verjüngt sich in Richtung zur Lautsprechermitte. Am äußeren Chassisrand ist die Membran über den Sickenrand befestigt. Am sich verjüngenden Ende in der

Membranmitte wird die Mebran von einer umlaufenden Zentrierspinne fixiert und gehalten. Gelegentlich kommen Konuslautsprecher auch in ovaler Form zum Einsatz. Sie haben den Vorteil einer exakteren Abstrahlung des Tieftonbereiches und weisen, bedingt durch ihre ovale Form, eine höhere Membransteife auf. Konuslautsprecher, die im Hochtonbereich eingesetzt werden, haben den Nachteil, daß ihre nur schmal ausgeprägte Richtwirkung eher ungünstig ist.

Für den Einbau in große geschlossene Lautsprecherboxen, Baßreflexboxen und Exponentialboxen eignen sich Tieftonlautsprecher mit einer harten Membranrandeinspannung. Die Eigenresonanzfrequenzen sollten bei 40 Hz oder darüber liegen. Bei diesen Boxenarten bewirkt die Zentriermembran die Rückstellung der schwingenden Membran. Lautsprecherchassis mit harter Membranrandeinspannung eignen sich vorzüglich für die Wiedergabe von Rock- und Beatmusik. Für den Einsatz in kleinen geschlossenen Kompaktboxen sind Tieftonlautsprecher mit einer weichen Membranrandeinspannung und niedrigen Resonanzfrequenzen kleiner 30 Hz besser geeignet. Kleine, geschlossene Kompaktboxen arbeiten nach dem Prinzip der akustischen Aufhängung. Sie nutzen das Luftkissen der schalldicht abgeschlossenen Lautsprecherbox als Rückstellkraft für die Membran. Lautsprecher mit weicher Membranrandeinspannung sind prädestiniert für die Wiedergabe von klassischen Musikstücken.

Bei Doppelkonuslautsprechern ist dem grösseren Tieftonkonus mechanisch ein weiterer kleinerer Konus für die Abstrahlung höherer Frequenzen vorgelagert. Der kleinere Konus ist dabei starr an den großen Konus gekoppelt. Auf diese Weise gelingt es, zwei Membrane in einem Lautsprecherchassis zu integrieren. Die jeweils entsprechende Konusmembran übernimmt ab einer bestimmten Frequenz die Abstrahlung des Tonbereiches. Schön dabei wäre eine exakte Übernahme der Abstrahlfunktion der beiden Membrane im jeweiligen Bereich. In der Praxis ist der Übergang allerdings fließend. Innerhalb eines gewissen Bereiches strahlt die eine

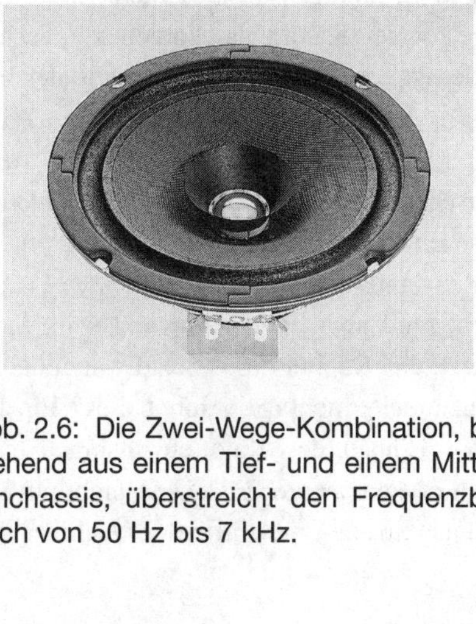

Abb. 2.6: Die Zwei-Wege-Kombination, bestehend aus einem Tief- und einem Mitteltonchassis, überstreicht den Frequenzbereich von 50 Hz bis 7 kHz.

Abb. 2.7: Ein Breitband-Lautsprecherchassis mit weicher Membranaufhängung und Hochtonkegel, dessen Übertragungsbereich von 65 Hz bis 20 kHz angegeben ist.

Abb. 2.8: Eine Mittelton-Kalotte mit einem Durchmesser von 50 mm, die bei gutem Rundstrahlverhalten einen Bereich von 350 Hz bis 14 kHz überträgt.

Abb. 2.9: Die 38 mm Mittel-Hochton-Kalotte ist impulsstark und weist im Bereich von 450 bis 20 kHz einen neutralen Klang auf.

Abb. 2.10: Die Hochton-Kalotte mit 25 mm Membrandurchmesser ist hochbelastbar und überträgt den Bereich von 1 kHz bis 22 kHz mit einem feinzeichnenden und weichen Klang.

Membran nicht mehr so gut, die andere aber noch nicht in voller Funktion ab. Daher treten gerade im Übergangsbereich häufig unerwünschte Einbrüche im Frequenzbereich auf.

2.2 Kalotten wachsen nicht im Garten

Kalottenlautsprecher werden im Mittel- und Hochtonbereich eingesetzt. Kalottenmembrane strahlen den Schall nahezu kreisförmig ab. Die Kalottenmembran ist lediglich in einer Ebene am Lautsprecherkorb befestigt. Für den Einsatz im Hochtonbereich haben gängige Kalotten Durchmesser von 19 mm und 25 mm auf. Die Durchmesser der Kalotten für den Mitteltonbereich liegen bei 38 mm und 50 mm. Während der Betrieb der Konuslautsprecher relativ unkritisch ist, sind beim Einsatz von Kalottenlautsprechern einige Grundregeln zu beachten. Eine Montage zweier Kalottenlautsprecher nebeneinander ist ebenso zu vermeiden, wie der Einbau in der Nähe von hervorstehenden Teilen des Lautsprechergehäuses. Auch ein tiefes Versenken in der Schallwand ist zu unterlassen. Ein nur geringfügiges Einlassen in die Schallwand hingegen führt zu keinen Problemen, muß aber nicht zwingend sein. Siehe hierzu das Kapitel 4.6 – Schallwandbündige Lautsprechermontage – lohnt dies? Ein falscher Einbau des Kalottenlautsprechers in das Lautsprechergehäuse kann nicht nur den Frequenzgang wesentlich verschlechtern,

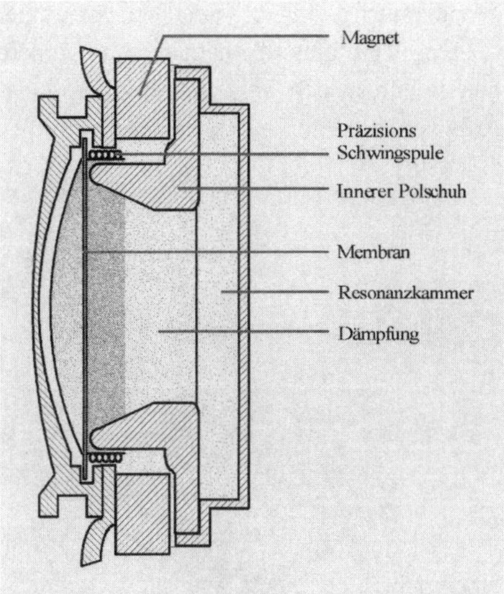

Abb. 2.11: Die Prinzipdarstellung des Kalotten-Lautsprechers verdeutlicht den Unterschied zum Konus-Lautsprecher.

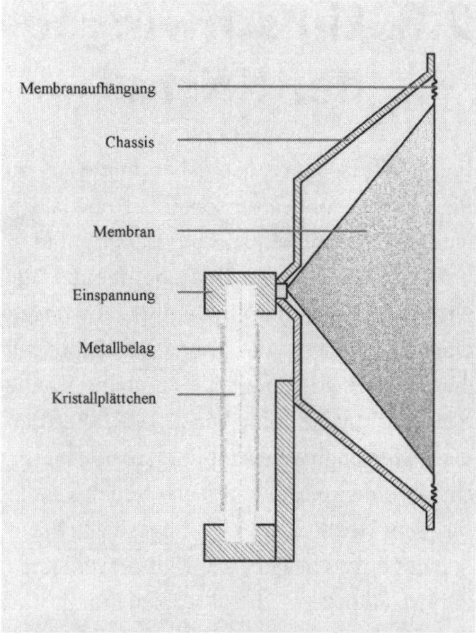

Abb. 2.12: Auf einem völlig anderen Antriebsprinzip basiert der Piezolautsprecher. Allerdings ist eine gewisse Ähnlichkeit mit dem Konuslautsprecher unverkennbar, da zur Erhöhung des Schalldrucks des schwingenden Kristalls eine Konusmembran notwendig ist.

Abb. 2.13: Der Piezo-Satelliten Lautsprecher ist für die Übertragung von 3.5 kHz bis zu 40 kHz geeignet und kann, ohne Anschaltung über eine Frequenzweiche, mit anderen Lautsprechern parallelgeschaltet werden.

sondern auch negative Auswirkungen auf die angegebene Abstrahlcharakteristik nach sich ziehen. Ein direktes Anschließen eines Kalottenlautsprechers an den Verstärkerausgang ist tunlichst zu unterlassen. Ohne Frequenzweiche kann die Kalotte, auch schon bei geringer Verstärkerleistung, unwiderruflich zerstört werden. Ein Betrieb ohne Schallwandmontage führt dazu, daß die untere Grenzfrequenz nach oben hin verschoben wird. Zudem entstehen ungünstige Einbrüche im Frequenzgang.

2

2.3 Ein schwingender Kristall

Piezoelektrische Lautsprecher nutzen einen Piezokristall, um elektrische Tonfrequenzsignale in hörbare akustische Energie umzuwandeln. Es wird die Tatsache genutzt, daß ein Piezokristall im Rhythmus einer tonfrequenten Wechselspannung schwingt und diese Schwingungen über eine kleine Konusmembran an die umgebende Luft überträgt. Da die erzeugbaren Amplituden sehr gering sind, werden piezoelektrische Schallwandler für den Hochtonbereich eingesetzt. Piezohochtöner lassen sich, wegen ihrer rein kapazitiven Impedanz, ohne Anschaltung über eine Frequenzweiche anderen Lautsprechern parallelschalten. Zu beachten ist, daß die maximal zulässige Spannung nicht überschritten werden darf. Über einen Serienwiderstand mit der entsprechenden Leistung ist eine Anpassung an den Verstärkerausgang problemlos möglich.

2.4 Das hauchdünne Bändchen

Bei den Bändchenlautsprechern ist zwischen zwei entgegengesetzt gepolten Magnetplatten ein hauchdünnes, geriffeltes und daher sehr massearmes Aluminiumbändchen angebracht. Da der Hub der Bändchen nur sehr gering ist, können Bändchenlautsprecher nur für den Hochtonbereich eingesetzt werden. Bändchenlautsprecher müssen generell, wegen der nur geringen Impedanz des eingesetzten Aluminiumbändchens, mit einem Übertrager an den Verstärkerausgang angepaßt werden.

Abb. 2.14: Das Piezo-Keramik-Horn nutzt zur Erreichung des notwendigen Schalldruckes nicht eine nachgeschaltete Konusmembran, sondern die verstärkende Wirkung eines Hornes.

Abb. 2.15: Ein Bändchen-Hochtöner der Spitzenklasse, der über die Anschaltung der Frequenzweiche sehr hoch belastbar ist und im Bereich 4 kHz bis 30 kHz durch die Doppelmagnet-Anordnung einen sehr hohen kompressionsfreien Schalldruck erreicht.

Die Membran eines Magnetostaten, der fälschlicherweise auch oft als Bändchenlautsprecher bezeichnet wird, besteht aus einer hauchdünnen Kunststoffolie. Auf der Folie sind mäanderförmig Leiterbahnen aufgedampft. Sie ist zwischen zwei gelochten Polplatten angeordnet. Da die Membran in ihrer Gesamtheit zwischen den Magnetstäben schwingt, hat die Anordnung auch die Zusatzbezeichnung RP-Lautsprecher (regular phase). Im Gegensatz zu den Bändchenlautsprechern ist ein Übertrager bei Magnetostaten zur Anpassung nicht erforderlich. Magnetostaten lassen sich im Hoch- und Mitteltonbereich einsetzen. Von Vorteil ist ihre exakte Impulswiedergabe. Sie muß mit dem Nachteil kleinerer, erzielbarer Schalldrücke und des höheren Preises erkauft werden.

2.5 Ein druckgefülltes Horn erfüllt den Raum

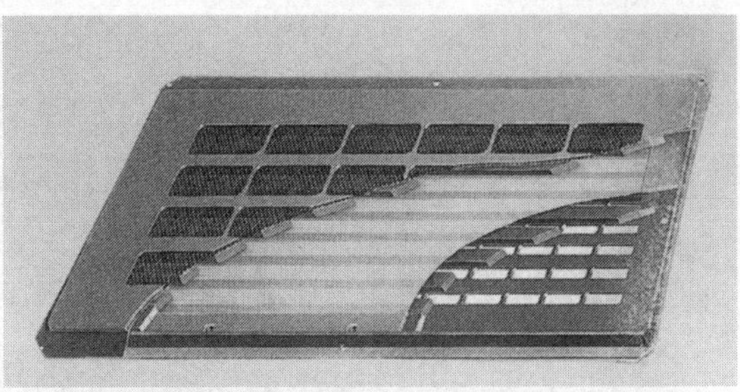

Abb. 2.16: Schneidet man einen Magnetostaten auf, so ist sein Innenleben erkennbar.

Bei Druckkammertrichter- oder Druckkammerhornlautsprechern wird einem Treiber ein Trichter oder ein Horn über eine Druckkammer vorgeschaltet.

Die gängigste Trichterbauform ist der Exponentialtrichter. Es sind aber auch andere Bauformen denkbar. Der Trichter hat einen wesentlichen Einfluß auf den Klang, wobei die Bauform den Abstrahlwinkel und den Einsatzbereich bestimmen.

Für den Heimgebrauch eignen sich Druckkammersysteme nur für den Mittel- und Hochtonbereich. Tiefton-Druckkammersysteme sind von den Abmessungen her so groß, daß sie sich in herkömmlichen Zimmern nicht unterbringen lassen, ohne die Frage aufzuwerfen, was dieses Ungetüm denn da solle. Gute Druckkammersysteme liegen zudem in einer Preiskategorie, die den Bau von guten und preiswerten Lautsprecherboxen im Selbstbau erschweren. Zugegeben, rein optisch macht die Lautsprecherbox schon einiges her.

Ringstrahler sind die kleineren Schwestern der Hornlautsprecher. Sie sind, wie die Druckkammerhornlautsprecher, mit einem Horn ausgestattet und arbeiten ebenso nach dem Druckkammerprinzip. Durch die besondere Form der Membran kann die Druckkammer klein gehalten werden. Die geringe Membranmasse verleiht den Ringstrahlern ein gutes Impulsverhalten. Schon geringe Eingangsleistungen führen zu hohen Schall-

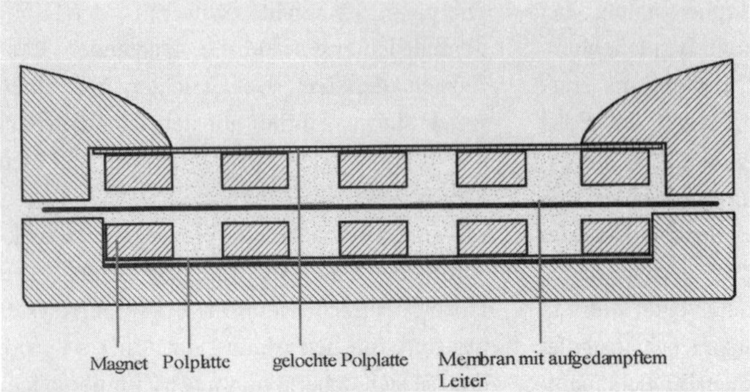

Abb. 2.17: Der prinzipelle Aufbau eines professionellen Magnetostaten zeigt, daß er sich grundlegend von Chassis mit dynamischem Antriebsprinzip unterscheidet.

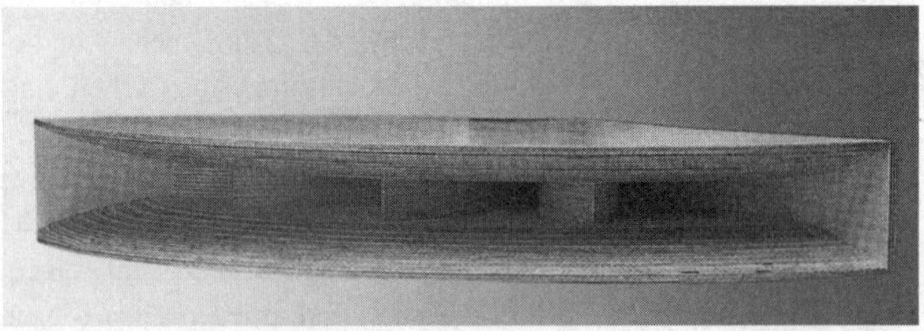

Abb. 2.18: Das Exponential-Mitteltonhorn aus Holz wird dem Mitteltontreiber bei der Profibox Monitor MK II vorgeschaltet.

Abb. 2.19: Druckkammertreiber und Exponentialhorn für den Mittel- und Hochtonbereich.

Abb. 2.20:
Der Schnitt durch einen Ringstrahler verdeutlicht seinen Aufbau und seine prinzipielle Wirkungsweise.

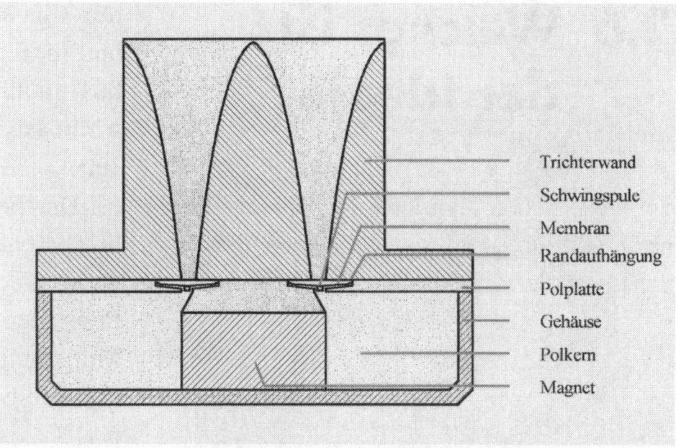

Abb. 2.21: Hornlautsprecher für den Übertragungsbereich von etwa 2 kHz bis 20 kHz.

Abb. 2.22: Dynamisches Mittel-/Hochtonhorn mit einem hohen Kennschalldruck von über 100 dB.

Abb. 2.23: Druckkammer-Hochton-Hornlautsprecher mit breiter Abstrahlcharakteristik.

drücken von über 110 dB. Es ist daher erforderlich, eine Anpassung mit Lautstärkereglern an den Tief- und Mitteltonlautsprecher vorzunehmen. Dem höheren Anschaffungspreis eines Ringstrahlers stehen die klare Wiedergabe, auch bei geringen Lautstärken und nur geringfügig auftretende Partialschwingungen, gegenüber.

2.6 Welcher ist der Ideale?

So wie es schon die ideale Lautsprecherbox nicht gibt, so gibt es auch keinen idealen Schallwandler. Grundsätzlich sind die einzelnen Chassis auf ihren Übertragungsbereich und für ihren Einsatz in einer Lautsprecherbox optimiert. Bei Tieftonlautsprechern bleibt keine Wahl, es ist ein Konuschassis einzusetzen. Die Wahlmöglichkeiten liegen im Durchmesser des Chassis, in der Membranbeschaffenheit und der Membranaufhängung, in der Belastbarkeit und natürlich beim Preis, den man bereit ist, auszugeben. Bei Mitteltonlautsprechern sieht die Welt schon ein wenig vielfältiger aus. Konus-Mitteltöner, Kalotten-Mitteltöner, Mittelton-Magnetostaten und Mittelton-Hornlautsprecher sind gängige Chassis, die zum Einsatz kommen können. Aber auch hierbei wird der Griff in den Geldbeutel letztendlich ausschlaggebend dafür sein, welcher zum Einsatz kommt. Bei den Hochtönern verhält es sich ähnlich.
Nicht immer ist ein sehr teurer Lautsprecher für den Einsatz in Ihrer Lautsprecherbox die beste Wahlmöglichkeit. Aber generell kann

Abb. 2.25: Hochbelastbares Hochtonhorn, das durch Verwendung eines speziellen Schwingspulenmaterials einen hohen Wirkungsgrad bei breitbandigem Abstrahlverhalten erreicht.

Abb. 2.24: Exponential-Druckhochton-Hornstrahler mit vorgesetzter Diffusorlinse.

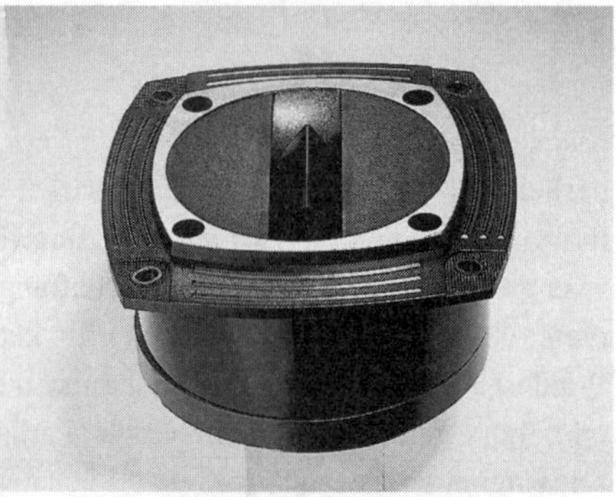

Abb. 2.26: Dynamischer Hochton-Schlitzstrahler für den Wiedergabebereich von 4 kHz bis 18 kHz.

ein Chassis im Zehn-Mark-Bereich nicht das richtige für eine hochwertige Lautsprecherbox sein. Die Gesamtabstimmung des Systems Lautsprecherbox einschließlich aller einzelnen Komponenten, wie Gehäusematerial und Gehäuse selbst, Lautsprecherchassis, Frequenzweiche, Dämmaterial, Lautsprecherkabel, Feinheit der Arbeiten wird für den Erfolg oder Mißerfolg ihres Selbstbaues ausschlaggebend sein.

3 Am Anfang steht der Entwurf

Es spielt keine Rolle, ob man sich entschlossen hat, eine einfache, kleine, geschlossene Regalbox oder eine hochwertige High-End-Lautsprecherbox selbst zu bauen: Vor dem Bau einer Lautsprecherbox steht immer der Entwurf. Doch noch vor dem Entwerfen sind einige Überlegungen anzustellen, die vor unnötigen Einkäufen, Doppelarbeit und letztendlich der Unzufriedenheit mit dem selbstgebauten Ergebnis – der Lautsprecherbox – stehen. Mitentscheidend sind nicht nur ausreichende Kenntnisse und ein sauberes Arbeiten, sondern auch das Zusammenspiel und das optimierte aufeinander Abstimmen der einzelnen Komponenten. Das Gehäusevolumen, die einzelnen Lautsprecherchassis und die Frequenzweichen müssen sorgfältig ausgesucht werden und zueinander passen. Nicht zu vergessen das viele Kleinmaterial wie Holzleim, Grundierung, Wahl der Farbe oder Holzfurniere, Schrauben, Leitungen und was sonst gebraucht wird. Die Wahl des Lautsprechergehäusematerials dürfte den meisten nicht schwerfallen. Das Material Holz ist am einfachsten zu verarbeiten und zudem preiswert. Bei der Auswahl wird bereits die Oberflächenstruktur des Gehäuses festgelegt. Vorfurnierte Platten in den unterschiedlichsten Holztönen stehen zur Verfügung. Sehr saubere Oberflächen des Grundmaterials sind notwendig, wenn es anschließend lackiert werden soll.

Bei der Überlegung, eine Box aus Marmor zu bauen, muß man sich von Anfang an darüber im klaren sein, daß das edle Material teurer als Holz ist und die meisten von uns nicht über das richtige Bearbeitungswerkzeug verfügen.

Ob man sich den Bau des Holzgehäuses selbst zutraut, besser einen Schreiner mit den Holzarbeiten beauftragt oder auf ein über den einschlägigen Fachhandel erhältliches Fertiggehäuse zurückgreift, muß jeder für sich selbst entscheiden. Auch die Entscheidung, beim ersten Versuch lieber einen Komplettbausatz zu verwenden, anstatt sich ohne ausreichende Kenntnisse an den Entwurf zu wagen, kann dem Leser kein Buch abnehmen.

3.1 Fachliteratur vermittelt das Wissen

Wer sein Wissen nach dem Durcharbeiten dieses Buches weiter vertiefen möchte, dem steht eine Vielzahl von Literatur über die Thematik Lautsprecher und Lautsprecherboxen im einschlägigen Buchhandel zur Verfügung. Dies gilt auch für diejenigen, die sich nach dem Bau einer einfacheren Lautsprecherbox an die besondere oder ganz spezielle Box heranwagen möchten. Hier kann sich jeder über das in diesem Buch vermittelte Grundwissen und den grundlegenden Überblick hinausgehendes Wissen anlesen und erwerben.

Abb. 3.1: Betrachtet man die Vielfalt der zum Bau einer Lautsprecherbox notwendigen Einzelteile, so ist zu erkennen, daß nicht nur für den Entwurf und die Konstruktion ein gehöriges Maß an Wissen und Erfahrung notwendig ist, sondern auch an den Bau selbst einige Ansprüche zu stellen sind.

Abb. 3.2: Eine nicht mehr ganz zeitgemäße Vorgehensweise ist die Konstruktion einer Lautsprecherbox am Reißbrett. Trotzdem geht es auch so.

Abb. 3.3: Sie haben die Wahl aus einer Vielfalt von Literatur, die ihnen hilft, sowohl die Grundlagen besser zu verstehen als auch ihr Wissen über das Thema Lautsprecher und Lautsprecherboxen weiter zu vertiefen.

3

3.2 Der Entwurf am Reißbrett ist nicht zeitgemäß

Natürlich kommt es nicht darauf an, ob man seine Lautsprecherbox auf dem Papier mittels der herkömmlichen Utensilien wie Lineal, Bleistift und Radiergummi entwirft oder lieber auf ein PC-gestütztes Lautsprecher-Entwurfsprogramm zurückgreift. Wichtig ist es, den Entwurf richtig zu machen. Wer über das notwendige Grundwissen und die Grundkenntnisse verfügt, der muß sich kein PC-Programm kaufen und den Entwurf am Personal Computer durchführen.

3.3 PC-Programme unterstützen die Planungsphase

Wer allerdings sowieso einen PC zu Hause stehen hat und sich im Lautsprecherboxenentwurf nicht so sicher fühlt, dem können

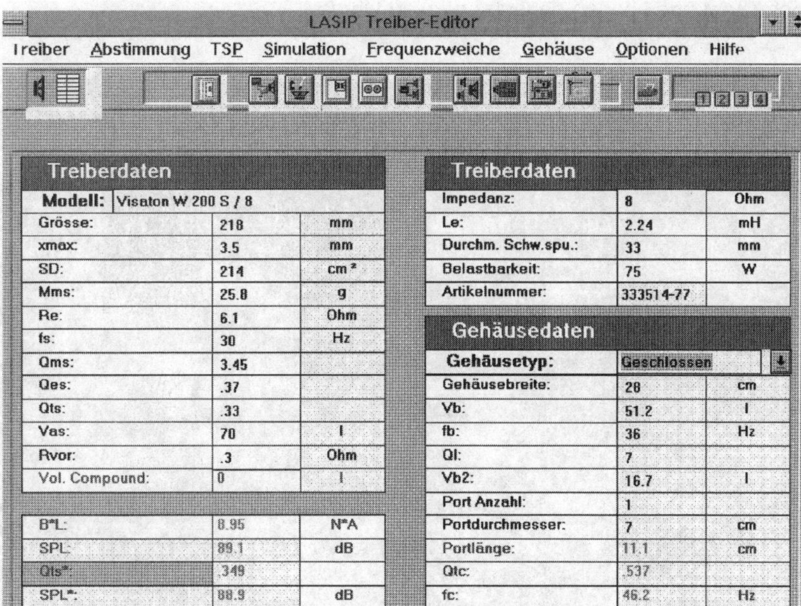

Abb. 3.4: Aus der Datenbank können die Treiberdaten abgerufen werden und zur Lautsprechergehäuseberechnung weiterverwendet werden.

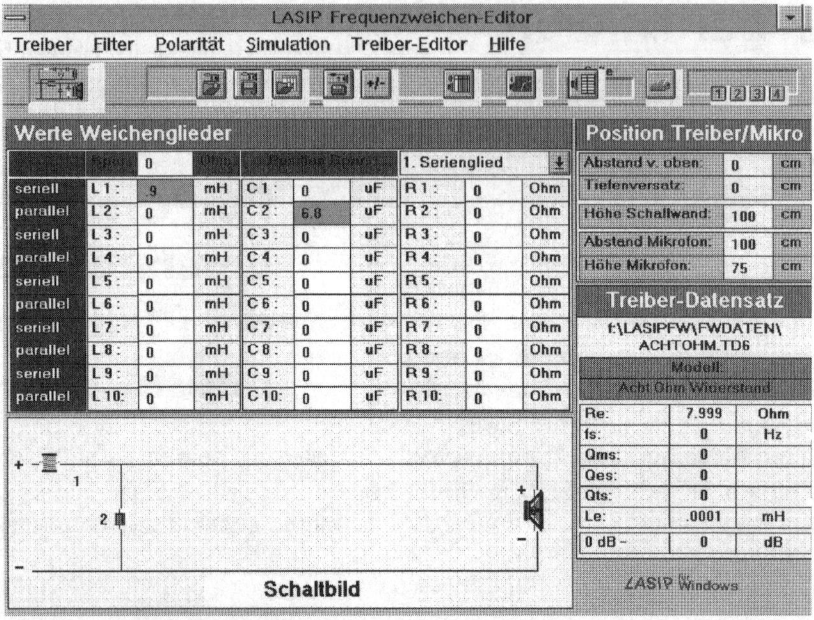

Abb. 3.5: Die Werte für die passive Frequenzweiche werden vom Programm berechnet und können danach optimiert werden.

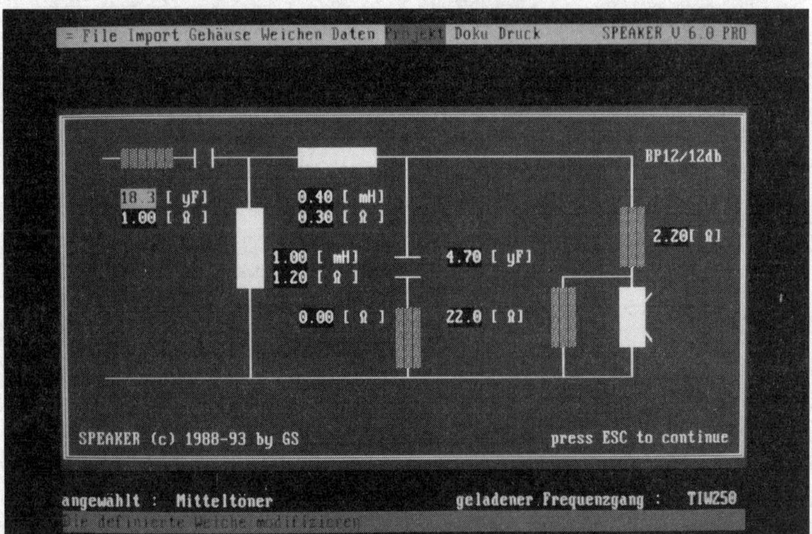

Abb. 3.6: Die passive Frequenzweiche wird mit allen notwendigen Spulen- und Kondensatorwerten in einem Schaltbild dargestellt.

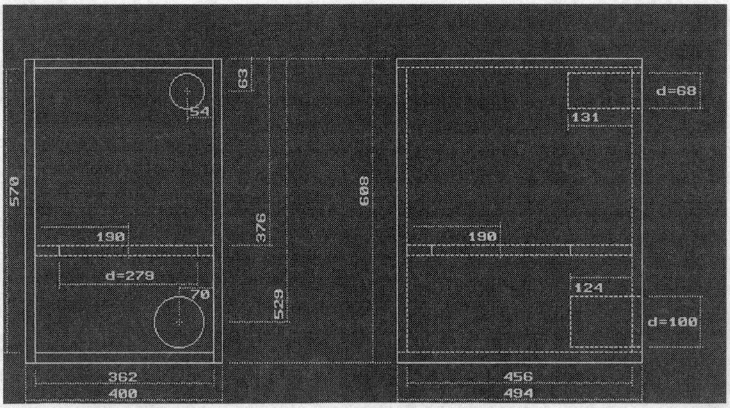

Abb. 3.7: Der Gehäusezeichner eines anderen Lautsprecherentwicklungsprogramms erstellt den Gehäusebauplan mit allen notwendigen Abmessungen und Bohrungen.

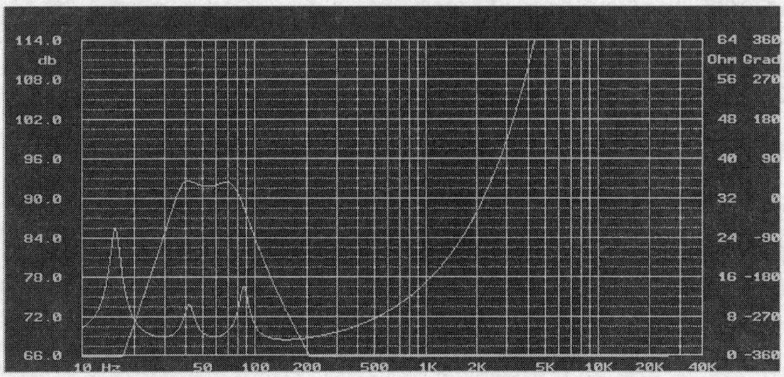

Abb. 3.8: Der simulierte Schalldruck- und Impedanzverlauf eines Bandpaßgehäuses zeigt deutlich den schmalen Übertragungsbereich.

die entsprechenden Lautsprecherboxen-Entwurfsprogramme helfen, da sie eine Vielzahl von Funktionen zur Verfügung stellen, die ansonsten nur mit mühsamer und zeitaufwendiger Suche bewerkstelligt werden können. Dies beginnt bei der Datenbank, in der bereits viele gängige Lautsprecherchassis mit allen zum Entwurf notwendigen Daten eingeben sind und jederzeit weitere hinzugefügt werden können. Wer allerdings glaubt, die Programme machen alles und liefern auf Knopfdruck die Lautsprecherbox, die sich visionär im Hinterkopf eingenistet hat, der irrt. Lautsprecherboxen-Entwurfsprogramme unterstützen die Entwurfphase, helfen Zeit sparen und bewahren durch Simulation und

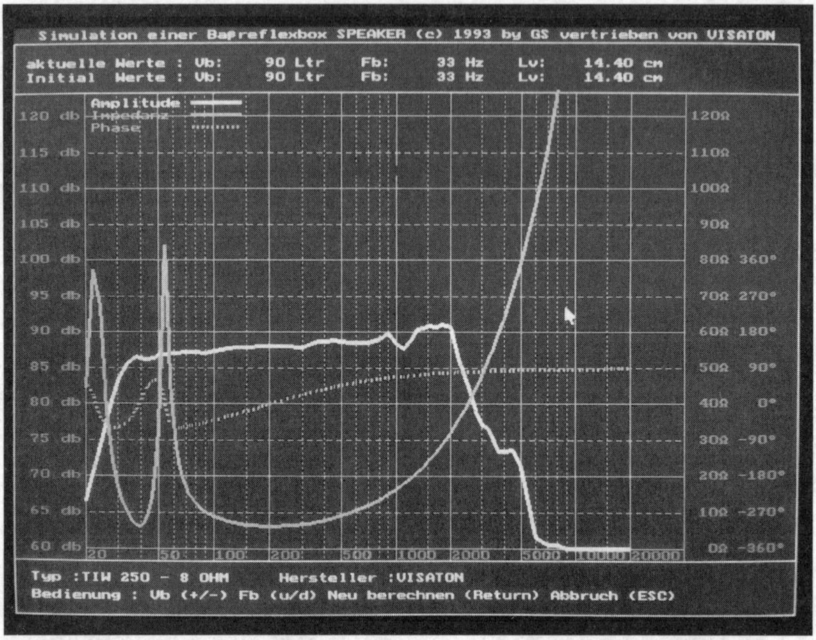

Abb. 3.9: Das Bildschirmfoto zeigt in der Simulation die Verläufe von Amplitude, Impedanz und Phase einer Baßreflexbox.

Optimierungsprogramme vor einem falschen Einsatz eines Lautsprecherchassis oder einer falschen Dimensionierung von Bauteilen der Frequenzweichen oder einfach einem falschen Gehäusevolumen.

3.4 Welche Box für welchen Zweck?

Das Prinzip der geschlossenen Lautsprecherbox beruht auf dem Gedanken, eine unendliche Schallwand soweit zu falten, daß sich ein geschlossenes Gehäuse ergibt. Dies verhindert den Druckausgleich zwischen Membranvorder- und Membranrückseite und somit den akustischen Kurzschluß. Allerdings befindet sich nun in dem geschlossenen Kasten ein Luftvolumen, das wiederum auf die Membran einwirkt. Die abgestrahlte Schalleistung wird in zwei Richtungen abgegeben. Nach vorne kann und soll sich der Schall ungehindert ausbreiten und hat fast keine Rückwirkung auf die Membran. Durch die Rückbewegung der Membran wird die im Gehäuse eingeschlossene Luft komprimiert, durch die Vorwärtsbewegung wieder entspannt. Das Luftpolster arbeitet gegen die Membran und bremst sie ab. Den beiden Physikern Thiele und Small gelang es, ein

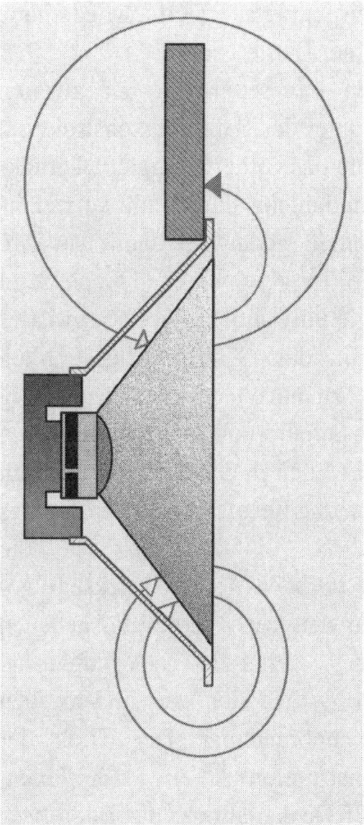

Abb. 3.10: Die nach vorne abgestrahlten Schallwellen wandern zur Membranrückseite und verursachen einen akustischen Kurzschluß.
Durch die Verlängerung des Schallweges wird der Weg der Schallwellen zur Membranrückseite immer länger.

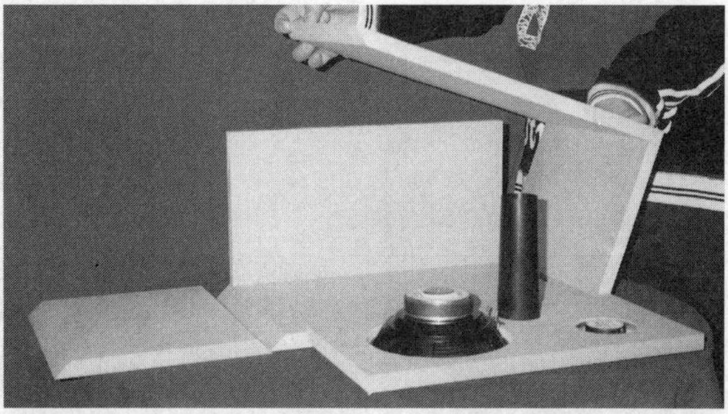

Abb. 3.11: Eine unendliche Schallwand wird gefaltet, bis ein rundum geschlossenes Lautsprechergehäuse entsteht und den akustischen Kurzschluß vermeidet.

mathematisches Modell zu entwickeln, das auch heutzutage noch angewendet wird, um geschlossene Lautsprecherboxen zu entwerfen. Stark vereinfacht ausgedrückt wird hierzu, auf die Schwingungseigenschaften der Membran bezogen, das Luftpolster im Gehäuse abgestimmt, so daß sich genau vorhersagbare und berechenbare Eigenschaften der Lautsprecherbox ergeben. Das berechnete Luftpolster, das sich aus dem Innenvolumen des Lautsprechergehäuses ergibt, unterstützt die Rückstellung der Membran und wirkt

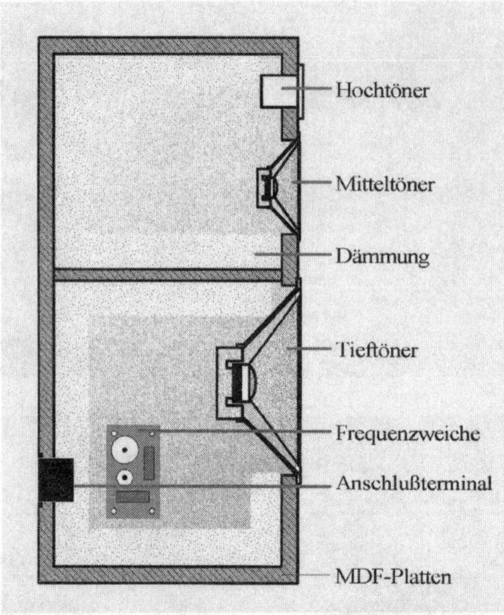

Abb. 3.12: Bei der geschlossenen Lautsprecherbox wird durch ein mathematisches Modell nach Thiele und Small das im Gehäuse eingeschlossene Luftpolster genutzt.

immer dann auf sie ein, wenn sie eine Vorwärtsbewegung ausführen muß. Der umgekehrte Prozeß bewirkt, daß keine bumsigen Bässe auftreten.

Ein weiteres Übel ist, daß der von der Lautsprechermembran in das geschlossene Gehäuse abgestrahlte Schall die Gehäusewände zum Schwingen bringt. Diesem Effekt wirkt man bei größeren Gehäusen dadurch entgegen, daß Gehäuseversteifungen eingebracht werden und der Innenraum mit schallschluckendem Material akustisch bedämpft wird.

Die geschlossene Lautsprecherbox ist leicht aufzubauen und hat bei richtiger Abstimmung ein nahezu ideales Impulsverhalten. Der Baß wird normalerweise sauberer und weniger bumsig wiedergeben als bei einer Baßreflexkonstruktion. Nachteilig ist die weniger ausgeprägte Tiefbaßwiedergabe gegenüber einer Baßreflexbox.

Damit wären wir schon bei der zweiten Gehäusevariante, der Baßreflexkonstruktion. Denken wir an das vorher Gesagte. Die rückwärtigen Schallanteile werden mit aufwendigen Maßnahmen gedämmt, damit sie ihre Schallenergie im geschlossenen Gehäuse in Wärmeenergie umwandeln. Viel besser ist es jedoch, die in das Gehäuse abgestrahlten Schallanteile zu nutzen, um den frontseitig abgegebenen Schalldruck zu verstärken. Also nichts wie ein Loch in das Gehäuse und den Schall nach vorne umgelenkt. Leider ist dies nicht ganz so einfach, da sich die Schallanteile von der Membranrückseite gegenphasig zu den nach vorne abgegebenen Schallanteilen verhalten. Gegenphasige Schallwellen löschen sich aus und machen das Prinzip unbrauchbar. Der Trick der Baßreflexkonstruktion ist ein Baßreflexkanal. Der Baßreflexkanal oder das Baßreflexrohr dreht die Phasenlage in Abhängigkeit von der Frequenz. Auf hohe Frequenzen hat es keine Wirkung. Bei tiefen Frequenzen beginnt es, die Phase des rückwärtigen Schalls zu verschieben, bis es bei der Phasendrehung von 90 Grad die maximale Unterstützungsphase erreicht. Der rückseitig abgestrahlte Schallanteil addiert sich wirkungsvoll dem nach vorne abgebenen Schall. Sinkt die Frequenz weiter, so wird auch die Phase weiter in Richtung 180 Grad gedreht. Dann löschen sich beide Schallanteile wieder aus. Eine saubere Abstimmung des Baßreflexrohres erweitert den Frequenzgang nach unten. Baßreflexboxen sind der beste Kompromiß zwischen erzielbarer Tiefbaßwiedergabe und Gehäusegröße. Bei Verwendung des gleichen Treibers wird ein

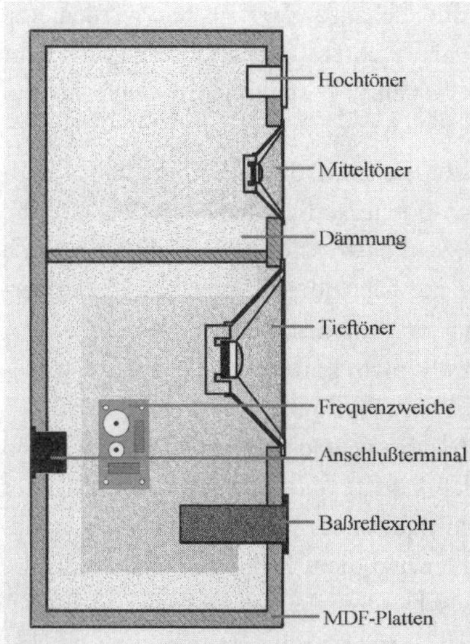

Abb. 3.13: In der geschlossenen Lautsprecherbox wird der von der Membranrückseite abgebene Schallanteil im Gehäuse durch Dämmung in Wärme-Energie umgesetzt.

Rechts oben, Abb. 3.14: Die nach rückwärts in das Gehäuse abgegebenen Schallanteile werden bei der Baßreflexbox durch das Baßreflexrohr in der Phase gedreht und zur Verstärkung des vom Tieftonlautsprecher nach vorne abgegeben Schallanteiles genutzt.

Rechts, Abb. 3.15: Bei der Baßreflexbox werden die von der Membranrückseite abgegebenem Schallanteile zusätzlich über das Baßreflexrohr nach vorne nutzbar gemacht.

Baßreflexgehäuse zwar größer werden, die erreichbare untere Grenzfrequenz wird aber unter der eines geschlossenen Gehäuses liegen.

Für all diejenigen, die noch ihre alten Schallplatten hören, soll erwähnt werden, daß die Baßreflexkonstruktion im Sub-Baßbereich Probleme hat und ein Subsonic-Filter unerläßlich ist, um den Tieftonlautsprecher vor den zwar nicht hörbaren, aber ihn zerstörenden, großen Auslenkungen zu schützen.

Das Bandpaßgehäuse eignet sich vorwiegend für den Einsatz als Subwoofer mit niedriger Trennfrequenz. Es verhält sich wie ein Bandpaßfilter und dient lediglich der Wiedergabe eines sehr schmalen Bereiches. Das Baßreflexrohr wirkt wie ein steilflankiger mechanischer Tiefpaß. Obwohl man in der Praxis auf den elektronischen Tiefpaß verzichten könnte, empfiehlt es sich, zumindest eine Spule vor das Bandpaßchassis zu schalten. Dieses Filter 1. Ordnung verbessert das Amplituden- und Impedanzverhalten der Gesamtanordnung, bestehend aus Subwoofer und Satellitenboxen. Subwoofer und Satellitenboxen-Kombinationen lassen sich deshalb einsetzen, weil im Tonbereich unterhalb von 200 Hz keinerlei Richtungsinformationen übertragen werden, die vom menschlichen Ohr als solche wahrgenommen werden. Die Ortbarkeit ist nur bei den mittleren und hohen Tönen gegeben. Es ist daher möglich, die für die Übertragung des mittleren und hohen Tonspektrums zuständigen Satellitenboxen sehr klein zu bauen und den Subwoofer irgendwo im Raum aufzustellen, wo er nicht auffällt.

Eine weitaus größere Herausforderung an den Selbstbau stellt eine Transmissions-Line-Box. Obwohl sich von der prinzipiellen Wirkungsweise eine TL-Box und eine Baßreflexbox ähneln, unterscheiden sich die beiden Gehäusekonstruktionen sehr stark voneinander. Auch bei einer TL-Box wird der von der Lautsprechermembranrückseite abgestrahlte Schallanteil nach vorne umgeleitet und nutzbar gemacht. Damit eine Resonanzfrequenz von etwa 30 Hz erreicht werden kann, muß die Rohrlänge der TL-Box etwa 3 m betragen. Da dies im praktischen Lautsprecherboxenbau nicht zu realisieren ist, wird das Prinzip der Faltung des Rohres angewandt. Doch selbst bei einer mehrfachen Faltung kommt man immer noch auf beachtliche Gehäusegrößen. Die Box wird dann zwar nicht mehr so hoch, dafür tief oder breit. Eine weitere Verkürzung der Rohrlänge kann durch geschickte Bedämpfung erreicht werden. Durch das Bedämpfen wird allerdings nicht nur die Schallgeschwindigkeit herabgesetzt, sondern es wird auch ein Teil des Schalles absorbiert. Die Wirkung einer TL-Box wird maßgeblich durch die Wahl des Dämm-Materials, den Ort der Anbringung und die Menge bestimmt.

Als Dämm-Material kommt Noppenschaumstoff, Steinwolle oder langfaserige Naturwolle zum Einsatz. Vom Einsatz von Glaswolle oder Polyesterwatte ist aufgrund nicht ausreichender Dämpfungseigenschaften generell abzuraten. Die Austrittsöffnung sollte in die Schallwand münden und etwa so groß wie die Membranfläche des Treibers sein. Eine Möglichkeit ist auch, die Umwegröhre in Richtung des Austritts stetig zu verengen, so daß sie nur noch mit etwa zwei Dritteln ihres Anfangsquerschnittes nach außen tritt. Sollte man sich für den Bau einer Transmission-Line-Box entscheiden, so muß man sich über eines im klaren sein: Der

Abb. 3.16: Das Bandpaßgehäuse ähnelt einem Vogelhäuschen und gibt lediglich einen schmalen Tiefbaßbereich wieder.

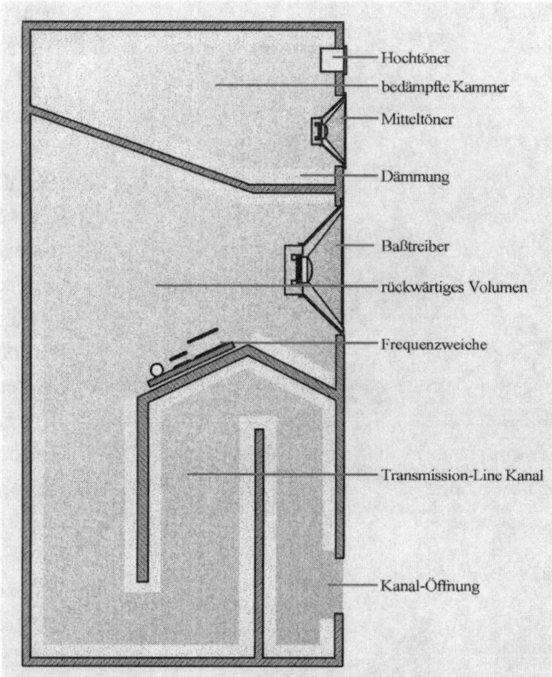

Abb. 3.18: Die Transmission-Line Box erfordert eine aufwendige Gehäusekonstruktion und ist auch bei mehrfach gefaltetem TL-Kanal von den Abmessungen her nicht gerade klein.

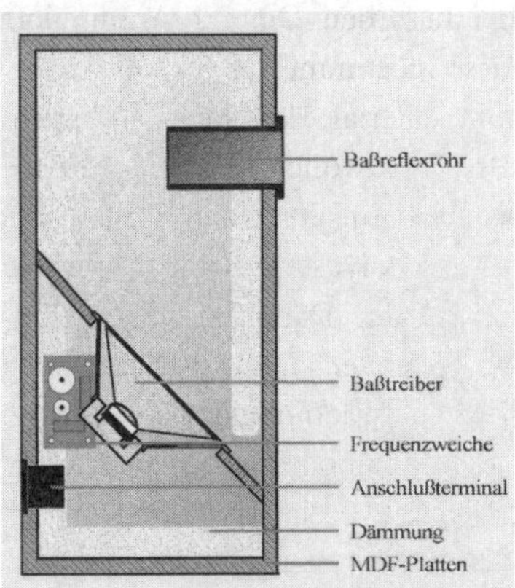

Abb. 3.17: Beim Bandpaßgehäuse wird der Nutzschallanteil nach vorne über ein Baßreflexrohr abgegeben. Der Treiber sitzt im Innern des Gehäuses.

mechanische Aufwand und auch die Gehäuseabmessungen einer TML-Box sind immer größer als bei vergleichbaren anderen Lautsprecherboxen. Bei der Wahl des Treibes streiten sich die Fachleute. Die Forderung nach einem Qtc-Wert von über 0,9 sollte nicht als das Maß aller Dinge angesehen werden. Wichtiger ist eine große Membranfläche, eine niedrige Resonanzfrequenz und ein großer Membranhub des Treibers. Da sich bei der Vielfalt verschiedener Aus-

Abb. 3.19: Die mehrfach gefaltete TL-Box Ascot liebt Verstärker mit Kraft, die ihre innere Luftsäule bewegen können. Sie ist auch als Komplettbausatz erhältlich.

führungsformen kein allgemein gültiges Kochrezept aufstellen läßt und die Konstruktion einer TL nicht gerade einfach ist, kann dem Neuling nur empfohlen werden, versuchen sie es nicht selbst. Wenn es denn unbedingt eine TL-Box sein soll, so schützt der Kauf eines komplett ausgereiften Bausatzes einschließlich des Gehäuses vor unangenehmen Überraschungen. Diese Empfehlung gilt auch für den Selbstbau weiterer Gehäusetypen, wie Exponentialgehäuse, Exponential-Transmission-Line Gehäuse und Exponential-Baßreflexgehäuse. Betrachten wir das bekannteste Beispiel, das Klipsch Horn, das die Ecke des Aufstellungraumes in die Schallführung miteinbezieht, so haben wir hierbei einen Vertreter, der mit einem geringeren Platzbedarf auskommt als andere Varianten. Da die Mundöffnung des Hornes abhängig von der untersten zu übertragenden Grenzfrequenz bei Werten von einigen Metern liegt, ist leicht einzusehen, daß die Ungetüme nicht in jedes Wohnzimmer passen. Wenn es schon ein Hornlautsprecher sein muß, so sollte man sich auf ein Mitteltonhorn beschränken, das in Gehäuseabmessungen Platz hat, die nicht zwangsläufig in Konzertsälen aufgestellt werden müssen. Der Vorteil der Hornlautsprecher ist ein hoher Wirkungsgrad und damit ein hoher Schalldruck. Die gute Impulswiedergabe, der niedrige Klirrfaktor und das transparente Klangbild werden allerdings aufgrund der Zugeständnisse bei den Abmessungen durch Kompromisse im Baßbereich erkauft.

3.5 Das Budget ist ausschlaggebend

Alle Gehäuse und Gehäuseformen haben Vorteile, alle erfordern aber auch grundsätzlich Kompromisse. Für den Einstieg in den Selbstbau sind geschlossene Lautsprecherboxen, Baßreflexboxen, Bandpaßgehäuse und Satellitenboxen geeignete Varianten. Da allein diese eine enorme Vielfalt an Designvarianten und technischen Ausführungen zulassen, sollte sich der Neuling erst einmal auf diese Spielwiese beschränken, bevor er sich an eine kompliziertere Konstruktion heranwagt.

3.6 Wo finde ich was?

Über den einschlägigen Fach- und Versandhandel sind alle Einzelteile, aber auch ausgewählte Bausätze erhältlich. Einige der großen Lautsprecherboxenhersteller verkaufen ihre Produkte auch als Bausätze, einschließlich aller zum Bau notwendigen Kleinmaterialien und den Lautsprechergehäusen. Teilweise werden die Gehäuse allerdings nur als Fertiggehäuse ausgeliefert. Hier hilft im Einzelfall nur ein gezieltes Nachfragen. Im Anhang sind einige Firmen aufgelistet.

Abb. 3.20: Fertiggehäuse gibt es in den unterschiedlichsten Designvarianten, in nahezu allen Größen, Farben und Furnieren.

4 Vom Zuschnitt zum Lautsprechergehäuse

Spanplatten und mitteldichte Faserplatten (MDF) sind Standardmaterialien beim Lautsprecherboxenbau. Massivholz oder verleimte Tischlerplatten hingegen sind nicht geeignet, da diese zu einem unerwünschten akustischen Eigenleben neigen. Gewachsenes Holz kann quer zum Faserverlauf leicht in Schwingungen versetzt werden. Mitschwingende Gehäusewände beim Boxenbau müssen aber unter allen Umständen vermieden werden.

Abb. 4.1: Hölzer gibt es in vielen Varianten. Zum Lautsprecherboxenbau eignen sich Spanplatten und mitteldichte Faserplatten (MDF).

4.1 Dicht und schwer

Werden zerspante Holzreste unter Druck mit einem Bindemittel zu Platten verpreßt, so entstehen Spanplatten oder MDF-Platten. Der Unterschied zwischen beiden besteht darin, daß das Ausgangsmaterial für MDF-Platten wesentlich kleiner zermahlen wird und die MDF-Platte gegenüber der gröberen Spanplatte so an Gewicht gewinnt. Die MDF-Platte hat, durch die Feinheit des Materials, eine sehr glatte Oberfläche und auch die Schnittkanten können sehr sauber ausgeführt werden. MDF-Platten sind teurer als Spanplatten und nicht in allen Baumärkten erhältlich. Von den akustischen Verhältnissen sind beide ebenbürtig, so daß die Wahl, welches der beiden Materialien letztendlich eingesetzt wird, von anderen Faktoren abhängig ist. Soll auf die Box ein Holzfurnier aufgebracht werden, so ist die gröbere Struktur der Spanplatten ausrei-

Abb. 4.2: Deutlich erkennbar ist die gröbere Struktur bei Spanplatten.

chend. Wird die Box hingegen lackiert, so ist die feinere Oberfläche der MDF-Platte besser geeignet. Bei Spanplatten, die lackiert werden, sind mehrere Spachtel- und Schleifvorgänge nötig, um eine ausreichend glatte und saubere Oberfläche zu erhalten. Bei Gehäusen, die lackiert werden, ist eine stumpfe Winkelverbindung nicht zu empfehlen. Aufgrund der unterschiedlichen Aufnahmefähigkeit von Schnittkante und normaler Oberfläche kann es passieren, daß trotz aufwendiger Spachtel- und Schleifarbeiten die Klebefuge immer wieder durchscheint. Besser ist es, die Kanten auf Gehrung zu schneiden.

Für Lautsprechergehäuse werden Materialien bevorzugt, die eine große Massedichte aufweisen. Neben dem Material Holz können auch Gehäuse aus Stein, bevorzugt Marmor, zum Einsatz kommen. Die akustischen Eigenschaften sind denen von Holz überlegen. Der Schall wird besser gedämpft. Dies ist auf das hohe spezifische Gewicht von Marmor zurückzuführen. Zudem ist Marmor

Abb. 4.3: Vorfurnierte Spanplatten machen den Lautsprechergehäusebau einfach.

nicht so leicht in Eigenschwingungen zu versetzen wie Holz. Ein Gehäuse aus Marmor hat ein sehr edles Aussehen. Mit herkömmlichen Werkzeugen ist das Material allerdings nicht zu bearbeiten. Zudem ist es wesentlich teurer als Holz. Wer sich dennoch für ein Gehäuse aus Marmor entscheidet, sollte den Weg zu einem Steinmetz nicht scheuen und sich seine Boxen vom Fachmann bauen lassen. Aber Vorsicht – nicht vergessen, nach dem Preis zu fragen.

Abb. 4.4: Auch für Steingehäuse kann aus einer Vielfalt von Steinmaterialien, von Granit bis Marmor, gewählt werden.

Abb. 4.5: Nur ein mit Diamant besetztes Sägeblatt ist in der Lage, den harten Stein zu schneiden.

Abb. 4.6: Auf Gehrung geschnittene Steinplatten lassen sich gut zu einem optisch ansprechenden Marmorgehäuse zusammensetzen.

Abb. 4.7: Anhand des Boxenbauplanes oder einer Zuschnittliste werden die einzelnen Gehäuseteile beim Schreiner oder im Baumarkt zugeschnitten.

Abb. 4.8: Exakte Schnittkanten und genaues Einhalten der vorgegebenen Maße sind für ein passendes Gehäuse unerläßlich.

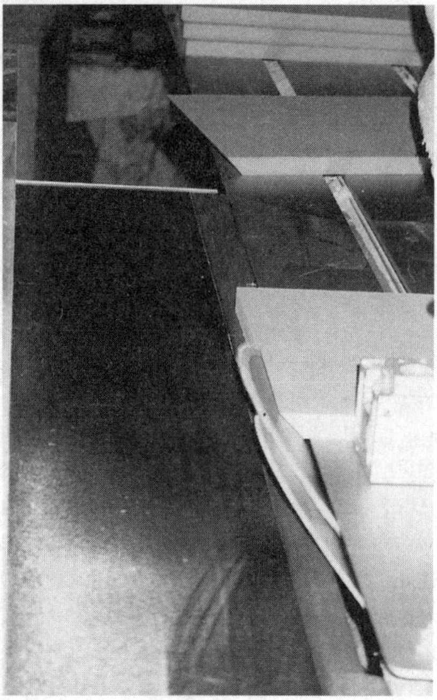

Abb. 4.9: Auf Gehrung geschnittene MDF-Platten eignen sich vorzüglich für ein Lautsprechergehäuse, das anschließend lackiert werden soll.

Abb. 4.10: Die zweite Seite der Gehrung wird vor dem Zuschneiden paßgenau angerissen.

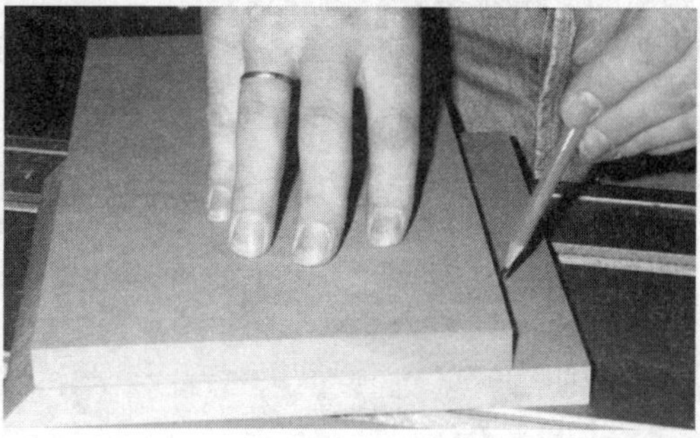

Abb. 4.11: Der Lamello-Schlitzer wird von Profis verwendet und schneidet exakt definierte Aussparungen in die Gehäuseteile, die zusammengefügt werden müssen.

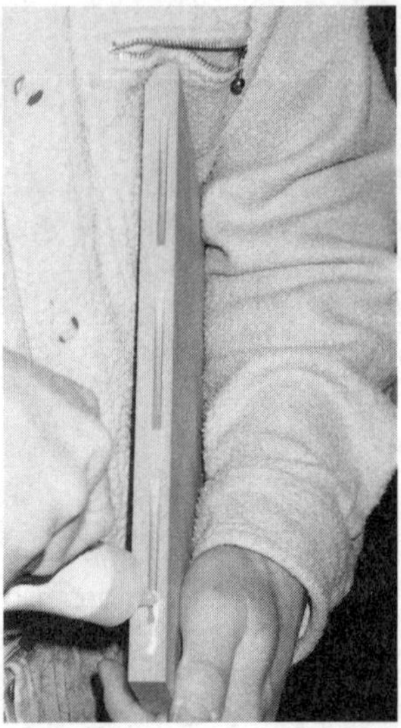

Abb. 4.13: Danach wird auf das zweite Gehäuseteil, das an der Stirnseite die Lamelloschlitze enthält, der Holzleim aufgetragen.

Abb. 4.12: Das Seitenteil wird mit Holzleim bestrichen und die Lamellos fest in die Ausschnitte eingepreßt.

4.2 Holz ist einfach zu verarbeiten

Obwohl bei der Holzverarbeitung durchaus Profi-Heimwerkzeuge ausreichend sind und die Plattenteile zur Not auch mit einer Stichsäge oder einer Handkreissäge auf Maß geschnitten werden können, hat es Vorteile, eine Profikreissäge zu verwenden. Ein aufwendiges Nachbearbeiten mit dem Bandschleifer fällt weg. Zudem geht es einfach schneller und auch exakter. Die paar Mark sparen zu wollen und sich hinterher mit nicht exakt maßhaltigen Gehäuseteilen oder einem windschiefen Gehäuse ärgern zu müssen, lohnt sich nicht. Die Einzelteile müssen passen, sonst zieht sich die Ungenauigkeit bis

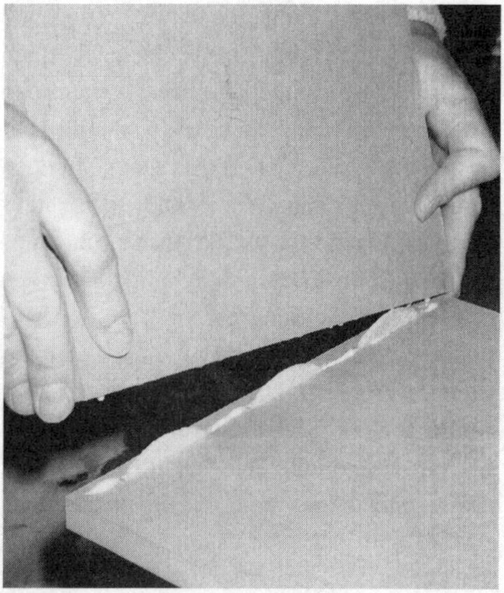

Abb. 4.14: Die beiden Gehäuseteile werden vorsichtig zusammengefügt.

Abb. 4.15: Sind die beiden Gehäuseteile erst einmal fest zusammen, so ist ein nachträgliches Verrutschen, wie dies bei einer stumpfen Winkelverklebung passieren kann, nicht mehr möglich.

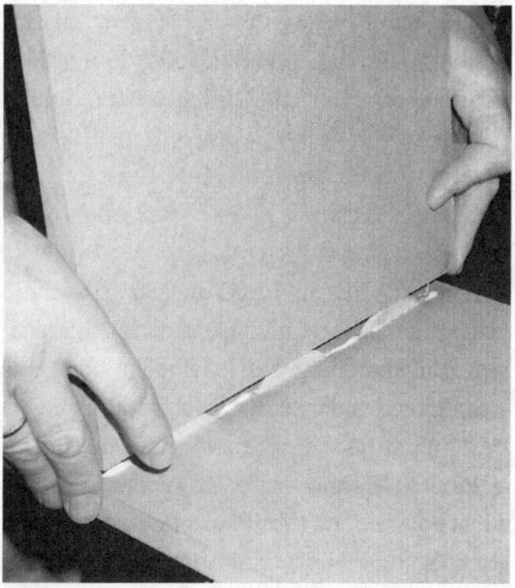

Abb. 4.16: Einpassen und Zusammendrücken der vier Gehäuseteile; der äußere Rahmen der Lautsprecherbox ist fertig.

Abb. 4.17: Beim Zusammenspannen des Gehäuses mit Schraubzwingen muß zwischen Gehäusewand und Schraubzwinge ein Zwischenholz eingespannt sein.

Abb. 4.18: Das Ausrichten auf einen rechten Winkel oder das Einleimen der bereits mit den Öffnungen versehenen Schall- und Rückwand bewahrt vor einem windschiefen Gehäuse.

zum fertigen Gehäuse durch. Mit der Stichsäge oder einem Holzkreisschneider können die Löcher für die Lautsprecherchassis oder das Baßreflexrohr in die Schallwand eingebracht werden. Sollen die Lautsprecherchassis versenkt eingebaut werden, so ist eine Holzoberfräse das geeignete Werkzeug.

4.3 Zwei linke Hände und doch Erfolg

Keiner ist perfekt. Vielfach verfügt auch nicht jeder Hobbykeller über die entsprechenden Heimwerkermaschinen für die Holzbearbeitung. Bevor man sich hier auf ein Abenteuer einläßt, dessen Ausgang – eine gutaussehende Lautsprecherbox – ungewiß ist, kauft man sich im Fachhandel einen Lautsprecherboxengehäusebausatz, den man zu Hause mit einfachen Hilfsmitteln sehr leicht selbst aufbauen und zusammenleimen kann. Diese Gehäuse sind vom Hersteller auf Gehrung gearbeitet und können problemlos mit einfachen Hilfsmitteln aufgebaut werden. Die auf Gehrung geschnittenen Gehäuseteile werden mit ihren Kanten bündig aneinander gelegt. Die Schnittkante wird mit einem breiten Klebeband überklebt. Es ist wichtig, daß die beiden Schnittkanten exakt beieinander liegen und kein Spalt zwischen den Gehäuseteilen entsteht. Überstehende Teile des Klebebandes werden vorsichtig abgeschnitten. Sind alle vier Teile des Gehäuses mit Klebeband fixiert und verbunden, werden die Teile umgedreht. Eine Kontrolle der Reihenfolge der Gehäuseteile – Boden, Seitenteil, Deckel, Seitenteil – vor dem Klebevorgang geschieht mühelos mit einem Blick. Bevor man mit dem Zusammenleimvorgang beginnt, sollte kontrolliert werden, ob alle Ausschnitte in der Schall- und der Rückwand ordnungsgemäß eingebracht sind. Ein probeweises Einsetzen der Lautsprecherchassis, des Baßreflexrohres und des rückseitigen Anschlußterminals in den jeweils dafür vorgesehenen Ausschnitt erspart ein nachträgliches Hantieren am fertigen Lautsprechergehäuse. Zudem kann eine Schallwand oder eine Rückwand, solange diese nicht fest in das restliche Gehäuse eingeleimt ist, ohne große Probleme bei einer nicht passenden Öffnung nachgearbeitet oder notfalls sogar ausgetauscht werden.

Erst danach wird der Holzleim auf die Gehrungschnitte aufgetragen und die einzelnen Gehäuseteile der Reihe nach zusammenge-

klappt. Der Holzleim ist hierbei wohl dosiert aufzutragen. Alles was zuviel ist, tritt ja bekanntlich wieder aus. An den Innenkanten austretender Leim wird vorsichtig mit den Fingern glattgezogen. Außen austretender Leim wird mit einem feuchten Tuch abgewischt.
Die zusammengefügte Anordnung wird mit Klebestreifen fixiert. Damit das Gehäuse nicht zum Parallelogramm wird und die Schallwand und die Rückwand nicht mehr einzupassen sind, ist auf einen rechten Winkel zu achten. Um dies zu erreichen, können die Schall-, die Rückwand oder beide eingeleimt werden, bevor der Holzleim abzubinden beginnt. Das Gehäuse mit Bandspannern oder Schraubzwingen fixiert, verhindert ein ungewolltes Verrutschen einzelner Teile. Ein

Abb. 4.19: Beim Faltgehäuse werden die Kanten mit einem breiten Klebeband überklebt.

Abb. 4.20: Mit Holzleim bestreichen, hochklappen und im rechten Winkel ausrichten. Das Klebeband fixiert Gehäuseteile, bis der Leim abgebunden ist.

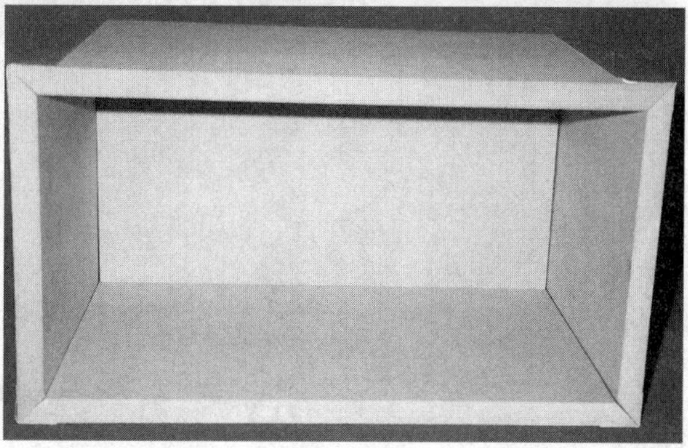

Abb. 4.21: Auch das Faltgehäuse wird mit Bandspannern oder Schraubzwingen bis zum Abbinden des Holzleimes fixiert.

weicher Lappen und ein darüberliegendes Holzbrettchen schützen eine bereits furnierte oder lackierte Oberfläche.

Nach dem Trocknen des Leims werden zuerst die Bandspanner oder die Schraubzwingen wieder entfernt. Danach zieht man vorsichtig die Klebestreifen an den Gehäusekanten ab. Das Lautsprechergehäuse ist fertig und mit dem restlichen Aufbau der Box kann begonnen werden.

Natürlich kann der Faltgehäusetrick auch bei auf Gehrung geschnittenen Selbstbaugehäusen erfolgreich angewendet werden.

4.4 Einfacher geht es nicht

All denjenigen, die sich auch nicht zutrauen, einen Gehäusebausatz selbst aufzubauen, bleibt nur der Weg, sich über den Fachhandel ein fix und fertig aufgebautes Lautsprechergehäuse zu bestellen. Diese gibt es in allen möglichen Variationen und Größen mit Holz- oder lackierten Oberflächen. Allerdings werden diese Gehäuse grundsätzlich mit den Ausschnitten in der Schallwand für die Lautsprecherchassis geliefert, so daß man hierbei nur einen sehr engen oder keinen Spielraum hat, die vorgegebenen Chassis gegen selbst ausgesuchte zu ersetzen. Doch hierbei gilt, wie bei allen Bausätzen ein Grundsatz, den man nicht außer acht lassen sollte. Komplettbausätze sind bereits optimal aufeinander abgestimmt, so daß hier sowieso nichts zu verbessern ist.

Abb. 4.22: Formschöne Fertiggehäuse in allen erdenklichen Varianten – furniert oder lackiert – gibt es von vielen Herstellern. Sie vereinfachen den Lautsprecherboxenbau für all diejenigen, die sich den Gehäusebau nicht zutrauen oder nicht über das entsprechende Bearbeitungswerkzeug verfügen.

4.5 Furnieren oder lackieren?

Für die Akustik einer Lautsprecherbox spielt es keine Rolle, ob die Gehäuseoberfläche furniert oder lackiert wird. Den gestalterischen Möglichkeiten sind hier nahezu keine Grenzen gesetzt. Der leichtere und schnellere Weg, eine rohe Span- oder MDF-Platte mit einer professionell aussehenden Oberfläche zu versehen, ist es, ein Bügelfurnier aufzubringen. Diese Echtholzfurniere gibt es in vielen Holztönen. Sie sind auf der Rückseite mit einer Heißklebeschicht versehen und können mit einem alten, für den Haushalt nicht mehr benötigten Bügeleisen auf jede glatte und saubere Oberfläche aufgebügelt werden. Das von Mutter mit der Teflonbeschichtung sollte man nur dann nehmen, wenn sie sich ohnehin schon lange ein Neues wünscht. Ist man sich darüber im klaren, wie die Holzmaserung am besten auf den Flächen der Box wirkt und hat man in einem Versuch die optimale Bügeleisentemperatur ermittelt, – dies ist dann der Fall, wenn die Furnieroberfläche sich nicht verfärbt – der Kleber auf der Rückseite aber schön verläuft, – so kann man sich daran wagen, die Furnierteile auf der Box aufzubringen. Wer seine ersten Versuche direkt auf der Boxoberfläche macht, darf sich über das mißratene Ergebnis nicht unbedingt wundern. Da das Furnier auf der Oberfläche erst hält, wenn der Kleber abgekühlt ist, muß der Klebevorgang nach und nach ausgeführt werden. Das gerade aufgebügelte Teilstück wird bis zum Erkalten des Klebers mit einem weichen Tuch angedrückt und stetig glattgerieben. Erst danach wird ein weiteres Teilstück in Angriff ge-

Abb. 4.23: Furniere in edlen Holztonarten sind auch als Bügelfurniere in Baumärkten erhältlich und geben der fertigen Box ein edles Aussehen.

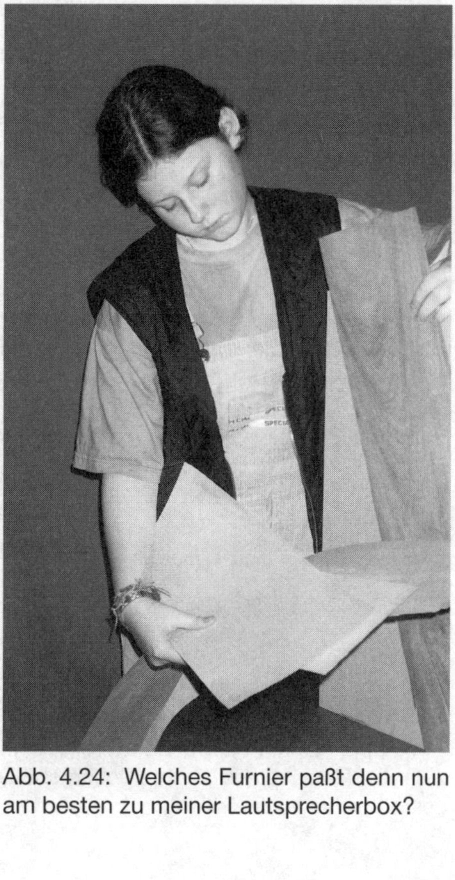

Abb. 4.24: Welches Furnier paßt denn nun am besten zu meiner Lautsprecherbox?

nommen. Ist eine Seite komplett aufgebügelt, so werden überstehende Kanten mit einem scharfen Messer abgeschnitten. Nachdem das Furnier auf allen Teilen aufgebügelt ist, wird mit feinem Schleifpapier die Oberfläche sorgfältig geschliffen und geglättet.

Danach kann die Oberfläche mit einem Anstrich behandelt und widerstandsfähig gemacht werden. Leinölfirnis, ein Bienenwachsanstrich oder ein anderes, wasserlösliches und umweltfreundliches Produkt, reichen hierfür aus. Selbstverständlich kann die Oberfläche auch unbehandelt bleiben.

Bei Furnieren wird auf das Angebot von heimischen Hölzern zurückgegriffen. Da die Gehäuseoberflächen keinen besonderen Beanspruchungen ausgesetzt sind, sollte auf Tropenhölzer aus den bekannten ökologischen Gründen verzichtet werden.

Wer sich entschließt, seine Lautsprecherbox nicht in für ihn langweiligen Holztönen in seinem Zimmer aufzustellen, sondern in modernen Farben zu lackieren, der muß sich darüber im klaren sein, daß eine hochglänzende und saubere Lackoberfläche nur mit Spritzpistole, Druckluftkompressor und viel Erfahrung zu erreichen sind. Mit dem Pinsel oder der Rolle aufgetragene Farbe führt nicht zu diesem Effekt. Gibt man sich allerdings mit einer matten oder seidenmatten Oberfläche zufrieden, so darf man sich getrost ans Werk machen. Um eine für das Lackieren ausreichend glatte und saubere Oberfläche zu erhalten, sind mehrmalige Spachtel- und Schleifvorgänge notwendig. Hier zeigt auch die Oberfläche einer aus dem Material MDF gefertigten Box eindeutige Vorteile. Bei Spanplatten sind einige Durchgänge mehr erforderlich, bis die Oberfläche zum Streichen bereit ist. In beiden Fällen sind mehrere dünne Farbaufstriche für ein ansehnliches Endergebnis besser als ein dicker. Sollte das Ergebnis nicht in Ihrem Sinn sein, so bleibt Ihnen ein Trost: Die Schleif-, Spachtel- und Lackiervorgänge können praktisch beliebig oft wiederholt werden.

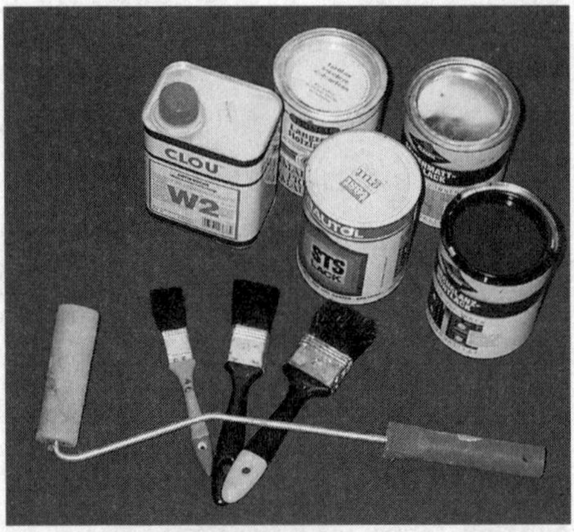

Abb. 4.25: Lack, Pinsel und Farbroller sind zum Lackieren eines Lautsprechergehäuses notwendige Utensilien

4.6 Schallwandbündige Lautsprechermontage – lohnt dies?

Eine schallwandbündige Lautsprecher-Chassismontage ist von der optischen Seite her betrachtet mit Sicherheit eine elegante und gutaussehende Methode. Für die handwerkliche Ausführung ist hierbei eine Oberfräse am besten geeignet. Fehlt im Hobbykeller die Oberfräse, so kann bei entsprechendem handwerklichem Geschick die Aussparung

Abb. 4.26: Den Gehäusekanten ist beim Lackiervorgang besondere Aufmerksamkeit zu schenken.

Abb. 4.27: Bündig eingebaute Lautsprecherchassis sehen optisch sehr gut aus.

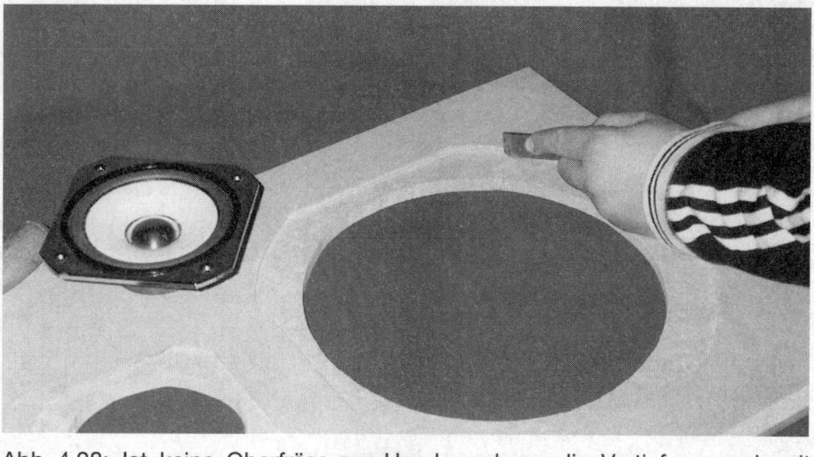

Abb. 4.28: Ist keine Oberfräse zur Hand, so kann die Vertiefung auch mit einem Stemmeisen in die Schallwand eingearbeitet werden.

Abb. 4.29: Die Schallwand einer geschlossenen Drei-Wege-Lautsprecherbox mit Konuslautsprechern.

zum Einlassen des Lautsprecherchassis auch mit einem Stemmbeutel ausgeführt werden. Läßt man den rein optischen Gesichtspunkt der bündig eingelassenen Lautsprecherchassis einmal außer acht und betrachtet die Unterschiede eines bündig eingelassenen und eines aufgesetzten Chassis rein unter dem Blickwinkel der Akustik, so wird das Ergebnis überraschen. Der Vergleich eines Kalottenhochtöners, der zum einen bündig und im zweiten Fall aufgesetzt gemessen wird, zeigt, daß die insgesamt abgestrahlte Energie bei beiden Montagearten nahezu gleich ist, wenn über alle Winkel und im praktischen Betrieb in einem Hörraum gemessen wird, der durch Reflexionen an den Wänden für ein mehr oder weniger diffuses Schallfeld sorgt. Da Konuslautsprecher durch ihr Prinzip bedingt stärker bündeln, ist bei Tief- und Mitteltönern die aufgesetzte Montage absolut unkritisch. Dies gilt auch wegen der größeren Wellenlängen für Mitteltonkalotten.

Wer sich also aus rein optischen Gründen dafür entschließt, seine Lautsprecherchassis in die Schallwand bündig einzulassen, sollte dies tun. Obwohl bei Hochtonkalotten auch geringe akustische Vorteile für den bündigen Einbau sprechen, ergibt sich insgesamt keine zwingende Notwendigkeit, sich unbedingt eine Oberfräse anschaffen zu müssen, um die klanglichen Eigenschaften seiner Lautsprecherbox entscheidend verbessern zu können.

Die Weichen für die Töne

5

Da es mit den heute üblichen und bezahlbaren Lautsprecherchassis nicht möglich ist, mit einer einzigen Membran den gesamten Frequenzbereich von 20 Hz bis 20000 Hz linear in HiFi-Qualität mit konstantem Schalldruck wiederzugeben, werden die Frequenzbereiche aufgeteilt und über Filterschaltungen jeweils optimierten Einzellautsprechern die Anteile zugeführt, für deren Übertragung sie konzipiert und speziell geeignet sind. Die einzelnen Chassis werden ihrer Funktion entsprechend als Tief-, Mittel- und Hochtöner bezeichnet. Filterschaltungen, auch Frequenzweichen genannt, sind beim Bau von Mehrwege-Lautsprecherboxen wichtige Komponenten. Tief-, Mittel- und Hochtonchassis unterscheiden sich bezüglich Membrangröße und Chassisform. Sie sind darauf spezialisiert, die ihnen zugeführten Frequenzbereiche mit konstantem Schalldruck wiederzugeben.

Das Übertragungsband eines Tieftöners wird in Richtung höherer Frequenzanteile begrenzt. Bei Hochtonlautsprechern erfolgt diese Begrenzung in Richtung mittlerer und tiefer Schallanteile. Das Mitteltonchassis wird in Richtung tiefer und hoher Schallanteile begrenzt. Eine zweite wichtige Aufgabe

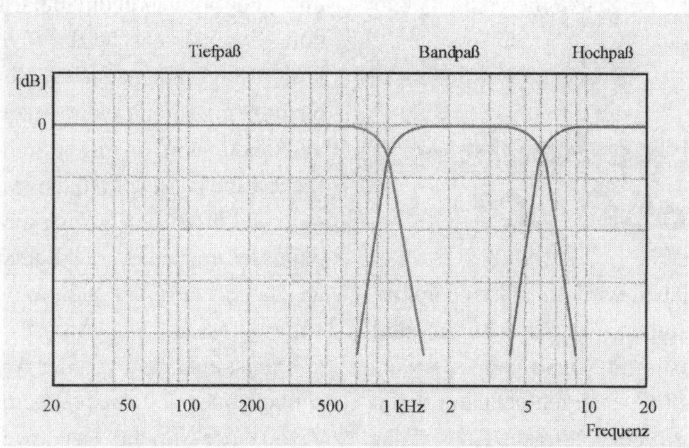

Abb. 5.1: Der Kurvenverlauf von Tief-, Band- und Hochpaß zeigt deutlich, welche Frequenzen vom jeweiligen Filter durchgelassen werden.

Abb. 5.2: Eine passive Frequenzweiche besteht aus Spulen, Kondensatoren und Widerständen, die auf einer Leiterplatte aufgebracht und dem Schaltbild entsprechend verschaltet sind.

passiver Frequenzweichen ist es, die Belastung der einzelnen Lautsprecherchassis entsprechend ihrer Belastbarkeit aufeinander abzustimmen und anzupassen.

5.1 Dicke Spule – großes „C"

In Frequenzweichen wird die Filtercharakteristik durch Spulen, Kondensatoren und Widerstände bestimmt. Diese Bauteile werden auf einer Platine untergebracht, auf deren Unterseite geätzte oder gefräste Kupferbahnen die Verbindungen zwischen den Bauteilen vornehmen. Die Bauteile werden mit ihren Anschlußdrähten von der Platinenoberseite durch die Bohrungen der Platine gesteckt und auf der Unterseite verlötet. Somit sind die Bauteile mechanisch fixiert und die notwendigen elektrischen Verbindungen hergestellt.

Um die grundlegende Wirkungsweise der einzelnen Bauteile einer Frequenzweiche zu verstehen, wird an dieser Stelle stark vereinfacht. Eine passive Frequenzweiche wird eingangsseitig an den Verstärkerausgang, ausgangsseitig werden die Lautsprecherchassis an das jeweils für sie vorgesehene Filter angeschlossen. Die Anzahl der Filterausgänge ist abhängig von der Anzahl der anzuschließenden Lautsprecherchassis. Eine Zwei-Wege-Weiche hat zwei, eine Drei-Wege-Weiche drei Ausgänge usw. Vorsicht – ein versehentliches Anschließen eines Lautsprechers an das nicht dafür vorgesehenen

Filter kann unter Umständen das Chassis zerstören.
Betrachten wir nun die einzelnen Bauteile einer Frequenzweiche. Sowohl Spule als auch Kondensator verändern ihren Widerstand in Abhängigkeit von der Frequenz. Der Widerstand wirkt unabhängig von der Frequenz dem Tonsignal mit einem gleichbleibenden Widerstand entgegen.
Die Spule, auch Drossel genannt, setzt hohen Tonsignalanteilen einen großen Widerstand entgegen. Tiefe Frequenzen hingegen läßt sie ungehindert passieren. Eine Spule in den Anschlußweg eines Lautsprechers geschaltet wirkt daher bereits als Tiefpaß. Diese Anordnung wird als Filter 1. Ordnung bezeichnet, das mit 6 dB pro Oktave abfällt.
Zur Herstellung einer Spule wird auf einen runden Plastikkörper ein Kupferdraht gewickelt. Das dabei entstandene Bauteil wird als Luftspule bezeichnet. Luftspulen haben den Vorteil, daß sie auch bei hohen Leistungen nicht verzerren. Gegenüber Ferrit-, Schalen- und Eisenkernspulen wird für Luftspulen mehr Kupferdraht mit einem größeren Drahtquerschnitt benötigt. Deshalb sind Luftspulen in ihren äußeren Abmessungen größer und teurer.
Spulen weisen neben ihrer induktiven Komponente auch eine Ohmsche Komponente auf. Diese ist klein zu halten. Die Leistung soll an dem Schallwandler ankommen und nicht in der Spule in Wärme umgesetzt werden. Die Ohmsche Komponente einer Spule kann aber wiederum nur mit einem großen Querschnitt des Kupferdrahtes klein gehalten werden. Die Größenordnung des Drahtwiderstandes von gängigen Spulen, wie sie in der passiven Frequenzweichentechnik eingesetzt werden, liegt bei Widerstandswerten von 0,2 Ohm bis zu über 1 Ohm. Beim Bau von Frequenzweichen und der Dimensionierung der Spule geht man auch den Weg, daß der Drahtwiderstand der Schwingspule des Lautsprecherchassis in die Berechnung miteinbezogen wird. Da in diesem Fall auch weitere Chassisparameter in die Berechnung einfließen, kann die Spule in einer errechneten und dimensionierten Frequenzweichenschaltung nicht so ohne weiteres gegen eine ausgetauscht werden, die einen größeren Drahtquerschnitt und daraus resultierenden geringeren Kupferwiderstand hat. Die Einheit, in der die Spule gemessen und angegeben wird, ist das Henry. Gängige Werte hochwertiger Luftspulen liegen im Bereich von 0,1 mH bis hin zu etwa 6 mH. Mit Ferritspulen lassen sich Werte von bis zu 20 mH realisieren.
Das zweite Bauteil, das beim Bau von Frequenzweichen eine wichtige Rolle spielt, ist der Kondensator. Kondensatoren setzen niederfrequenten Signalen einen hohen Widerstand entgegen und lassen hohe Frequenzanteile ungehindert passieren. Schaltet man einen Kondensator in den Signalweg vor einen Hochtöner, so hat man einen Hochpaß realisiert. Auch hier spricht man wieder von einer Filterschaltung 1. Ordnung. Tiefe Signalanteile ab einer bestimmten Grenzfrequenz, die in Abhängigkeit von der Größe des Kondensators bestimmt wird, werden mit 6 dB pro Oktave unterdrückt.
Kondensatoren werden nach den Herstellungsverfahren und den zum Einsatz kommenden unterschiedlichen Materialien in verschiedene Familien eingeteilt. Man unterscheidet Elkos (Elektrolyt-Kondensatoren), Folien- und Keramik-Kondensatoren. Folienkondensatoren haben zwar die besseren

Eigenschaften, trotzdem werden des öfteren aus Kostengründen auch bipolare Elkos in passiven Frequenzweichen eingesetzt. Der günstigere Preis gegenüber den Folienkondensatoren muß allerdings mit einem höheren Verlustfaktor und einer geringeren Spannungsfestigkeit erkauft werden. Um die in der Fachwelt heiß diskutierten klanglichen Auswirkungen auf die eigene Lautsprecherbox zu vermeiden, müssen entweder verlust-

Abb. 5.3: Kupferdraht auf einen Kunststoffwickelkörper gewickelt, und die Luftspule ist fertig. Luftspulen sind groß und teuer.

Abb. 5.4: Hochwertige Luftspulen mit kleinem Innenwiderstand sind auf stabile Wickelkörper gewickelt und verzerren auch bei großen Leistungen nicht.

Abb. 5.5: Bei Spulen mit einem Ferritkern kann weniger Kupferdraht zur Erreichung einer bestimmten Induktivität gewickelt werden.

arme, bipolare Elkos oder teurere Folienkondensatoren eingesetzt werden. Um ein Gefühl für die Preisgrößenordnung zu bekommen sei hier angeführt, daß ein MKT- oder MKP-Folienkondensator mit dem gleichen Wert etwa das Zehnfache eines bipolaren Tonfrequenz-Elkos kostet.

Die Werte für Kondensatoren werden in der Einheit Farad angegeben. In Frequenzweichen übliche Größenordnungen sind einige 100 nF bis hin zu 100 uF. Wichtig beim Bau von Frequenzweichen ist der Wert für die Spannungsfestigkeit des eingesetzten Kondensators. Dieser wird in Volt angegeben und sollte 100 V nicht unterschreiten. Kondensatoren mit einer höheren Spannungsfestigkeit zu wählen macht bei Frequenzweichen keine Probleme, wobei der vorgeschriebene oder berechnete Kapazitätswert möglichst exakt einzuhalten ist. Sollte bei berechneten Frequenzweichen oder beim Nachbau einer vorgegebenem Schaltung ein Kondensator mit dem benötigten Wert nicht zu beschaffen sein, so kann man sich durch Reihen- oder Parallelschaltung von Kondensatoren behelfen. Üblicherweise bestehen, außer bei Filtern 1. Ordnung, die Schaltungen aus mindestens einem Kondensator und einer Spule, so daß man sich von zwei Bauteilewerten aus der gewünschten Grenzfrequenz ziemlich genau nähern kann.

Wie schon eingangs erwähnt, setzen Widerstände frequenzunabhängig dem Tonsignal einen konstanten Widerstand entgegen. An ihre Auswahl werden die geringsten Anforderungen gestellt. Es ist darauf zu achten, daß die durch den Widerstandsdraht verur-

Abb. 5.6: Schalenkernspulen haben eine kleine Bauform. Der niedrige Kupfergehalt ist auf den hohen Eisenanteil zurückzuführen.

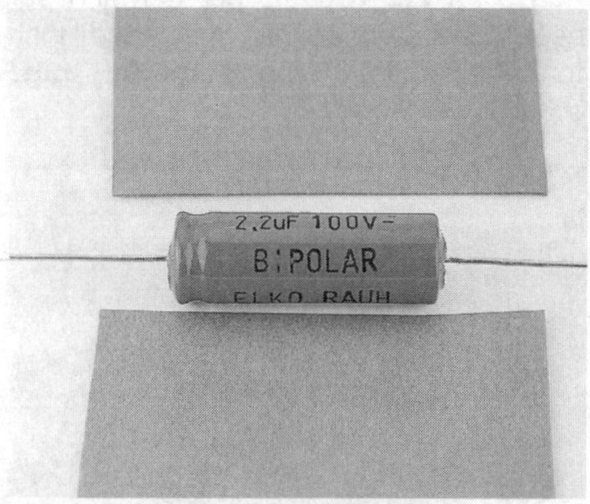

Abb. 5.7: Über den Einsatz von bipolaren Tonfrequenz-Kondensatoren in passiven Frequenzweichen tobt in der Fachwelt ein Streit.

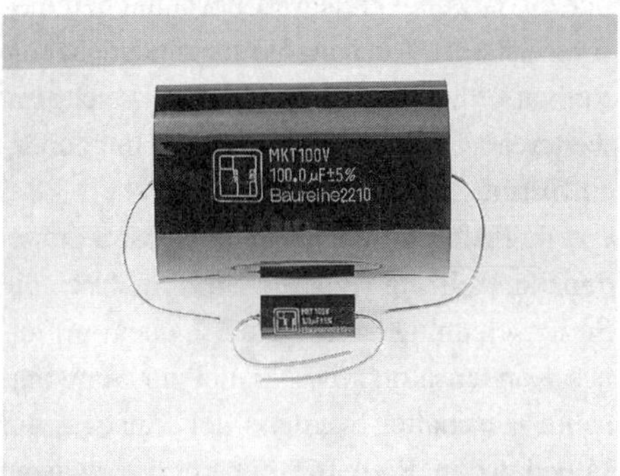

Abb. 5.8: Verlustarmen MKT-Folienkondensatoren gibt man in professionellen Frequenzweichen den Vorzug.

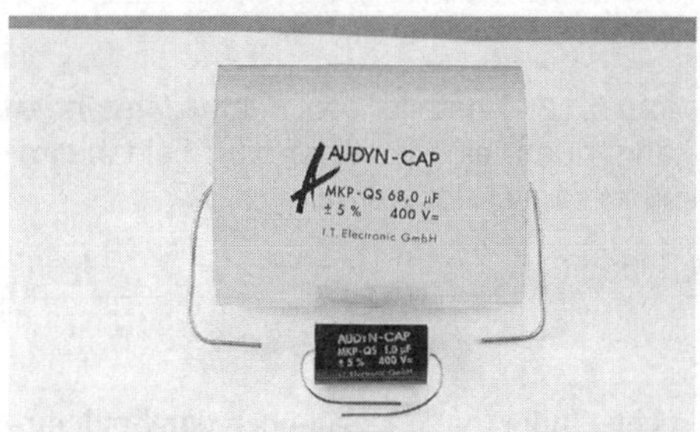

Abb. 5.9: Auch verlustarme MKP-Folienkondensatoren mit einer Gleichspannungsfestigkeit von 400 V, gegenüber 100 V für MKT's, können bedenkenlos in passiven Frequenzweichen zum Einsatz kommen.

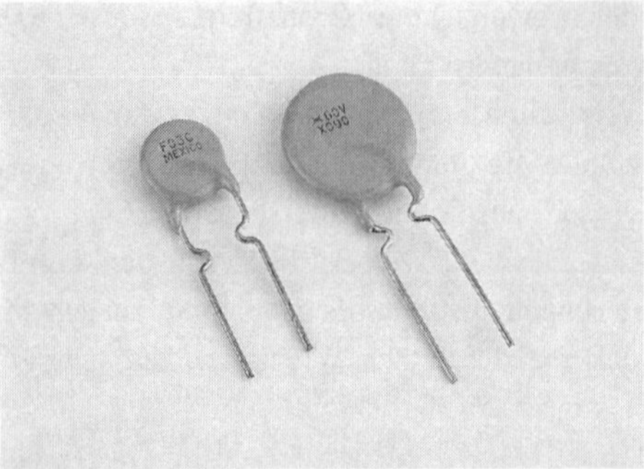

Abb. 5.10: Zum Schutz der Schwingspule gegen Überstrom können Mittel- und Hochtonlautsprechern Schutzelemente vorgeschaltet werden.

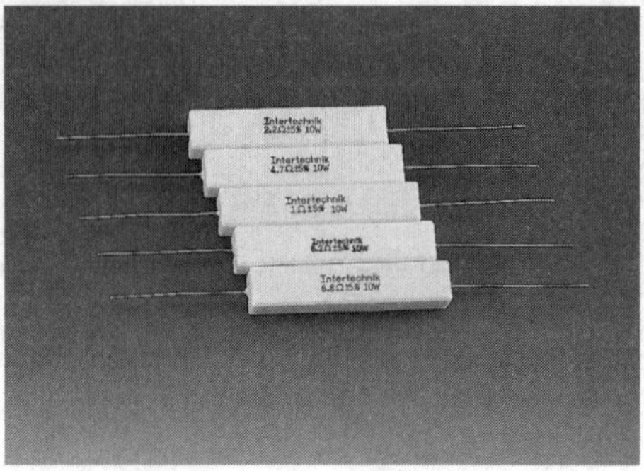

Abb. 5.11: Induktionsarme Keramikwiderstände eignen sich für die Anpassung von Lautsprecherchassis unterschiedlicher Wirkungsgrade.

Abb. 5.12: Anstelle von Festwiderständen kann auch ein T-Regler zur Feinabstimmung verwendet werden.

sachte Induktivität gegenüber der Spuleninduktivität vernachlässigbar klein ist. Induktionsarme Keramikwiderstände liegen in einem Bereich unter 3 uH. Wichtig ist auch, daß die eingesetzten Widerstände die auftretenden Verlustleistungen verarbeiten können, ohne heiß zu werden oder abzubrennen. Widerstände werden in passiven Frequenzweichen zur Anpassung der unterschiedlichen Wirkungsgrade von Lautsprecherchassis eingesetzt. Auch bei Widerständen ist eine Reihen- oder Parallelschaltung hilfreich. Ein weiterer Einsatzfall ist die Impedanzentzerrung eines Tieftonlautsprechers. Bei einem Tieftöner, der nicht mit einem Impedanzkontrollring versehen ist, kann durch die Serienschaltung eines Widerstandes und eines Kondensators, die parallel zur Schwingspule geschaltet werden, der Anstieg der Impedanz in Richtung höherer Frequenzen kompensiert werden.

5

5.2 Je steiler der Paß

Wie wir nun schon wissen, wirkt eine Spule, die in den Signalweg eines Lautspreches geschaltet wird, als Tiefpaß 1. Ordnung mit einer Flankensteilheit von 6 dB pro Oktave. Die Flankensteilheit des Kennlinienverlaufes eines Filters im Übertragungsbereich ist das Ordnungskriterium. Betrachtet man die Aussage 6 dB/Oktave so bedeutet dies, daß bei einer Verdoppelung der Frequenz des Tonsignals die Spannung des Tonsignals um den Faktor 2 abnimmt. Generell kann man sich die Funktion eines Tiefpasses wie folgt vorstellen: Um die Schwingspule des Lautsprecherchassis zum Schwingen anzuregen, müssen die Töne eine bestimmte Energie mitbringen. Vor die Schwingspule baut man nun einen hohen Berg auf, den alle Signalanteile erklimmen müssen, um an die Schwingspule heranzukommen und diese zum Schwingen anzuregen. Die der Schwingspule vorgelagerte Drossel entzieht den Signalanteilen ab einer bestimmten Grenzfrequenz nun diese Energie und schwächt sie derart ab, daß sie den Anstieg auf den Berg (Paß) nur sehr geschwächt schaffen. Ihre Energie haben sie beim Anstieg bereits vergeudet und sie besitzen nicht mehr genügend, um die Schwingspule in Bewegung zu versetzen. Der Nachteil bei einer Filtersteilheit von 6 dB/Oktave liegt in der nur geringen Steilheit des Passes, den die hohen Signalanteile erklimmen müssen, bevor sie an die Schwingspule gelangen. Der Vorteil, nur ein einziges Bauteil in den Signalweg zu schalten, wird also durch den Nachteil, daß dem Tieftöner auch Signalanteile zugeführt werden, die man eigentlich von ihm fernhalten möchte, da sie nicht in seinem optimalen Einsatzbereich liegen, bewußt in Kauf genommen. Ein steilerer Anstieg würde die unerwünschten Frequenzsignale mit Sicherheit mehr ermüden und dafür sorgen, daß noch weniger mit einer noch geringeren Energie an der Paßspitze, der Schwingspule, ankommen. Ein steilerer Kennlinienverlauf kann nur durch ein zusätzliches Bauteil erreicht werden. Dazu ist ein Kondensator notwendig, der nach der Spule parallel zur Schwingspule des Lautsprecherchassis geschaltet wird. Damit haben wir einen Tiefpaß 2. Ordnung realisiert. Ein Filter 2. Ordnung weist eine Flankensteilheit um weitere

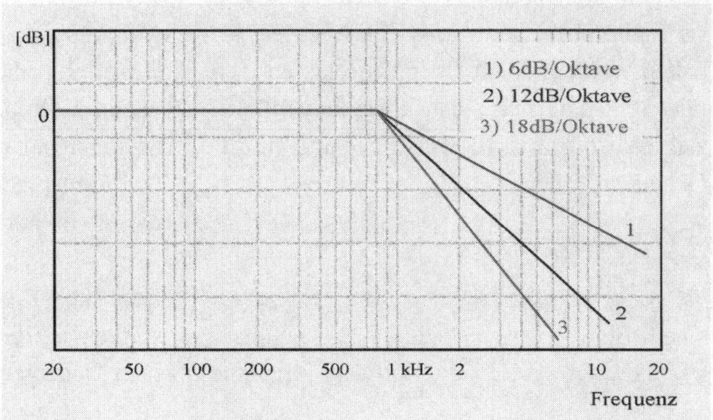

Abb. 5.13: Je steiler der Kurvenverlauf eines Filters, in diesem Falle ein Tiefpaß, desto selektiver ist sein Verhalten und umso mehr Bauteile sind notwendig.

6 dB/Oktave, also insgesamt 12 dB pro Oktave auf. Bei einem Filter 2. Ordnung ist das selektive Verhalten schon weit besser ausgeprägt. Wo eben noch Tonsignalanteile die Schwingspule zum Schwingen angeregt haben, ist Ruhe.

Sollte in einzelnen Fällen das selektive Verhalten immer noch nicht ausreichend sein, so kann durch Hinzufügen eines dritten Bauteiles, diesmal allerdings wieder eine Spule, die Flankensteilheit um weitere 6 dB auf 18 dB/Oktave erhöht werden. Die Spule wird nach dem Kondensator erneut in Reihe zur Schwingspule eingefügt.

5.3 Der Hochpaß führt nicht über die Alpen

Bei einem Hochpaß verhält es sich ähnlich wie bei einem Tiefpaß. Die hohen Signalanteile sollen an die Schwingspule das Hochtöners gelangen und diese zum Schwingen anregen. Signalanteile, die das Hochtonchassis nicht übertragen kann, müssen ferngehalten werden. Auch Hochpässe lassen sich mit verschiedenen Flankensteilheiten wie z. B. 6 dB/Oktave, 12 dB/Oktave und 18 dB/Oktave aufbauen.

5.4 Der Bandpaß läßt die Mitte durch

Während der Tiefpaß einen steilen Berganstieg für hohe Frequenzen und der Hochpaß für tiefe Frequenzen bedeutet, über die die jeweiligen Töne nicht darübergelangen können, muß bei einer Drei-Wege-Lautsprecherbox dafür gesorgt werden, daß dem Mitteltöner nur die mittleren Tonsignalanteile zugeführt werden. Was liegt näher, als einen Hoch- und einen Tiefpaß mit den richtigen Grenzfrequenzen zusammenzuschalten und für die unerwünschten hohen und tiefen Töne den beschwerlichen Anstieg zu bilden. Wie schon beim Hoch- und Tiefpaß gibt es auch Bandpässe mit unterschiedlichen Flankensteilheiten von 6, 12 und 18 dB pro Oktave.

5.5 Aktiv setzt viel mehr voraus

Bei allen bisher besprochenen Lautsprecherboxen wird das vom Endverstärker verstärkte Tonsignal über passive Frequenzweichen den Lautsprecherchassis zugeführt und von diesen in hörbare Schallenergie umgewandelt.

Bei Aktiv-Boxen werden die Leistungsverstärker in die Lautsprecherbox eingebaut. Dies bedeutet, daß für jedes Lautsprecherchassis ein eigener Endverstärker erforderlich ist. Dies hat aber wiederum den Vorteil, daß die Aufteilung des Tonsignales über aktive Filterschaltungen vorgenommen werden kann. Aktive Frequenzweichen können durch rauscharme Operationsverstärker sehr leicht aufgebaut werden. Dicke Spulen und große Kondensatoren, wie sie bei passiven Frequenzweichen notwendig sind, werden hierfür nicht benötigt. Aktive Filterschaltungen lassen sich mit Widerständen und Kondensatoren aufbauen. Durch die hochohmige Anpassung ergeben sich zudem auch für die Kondensatoren kleine C-Werte. Bei aktiven Filterschaltungen ist eine Verstärkung des Tonsignales innerhalb der Filter möglich.

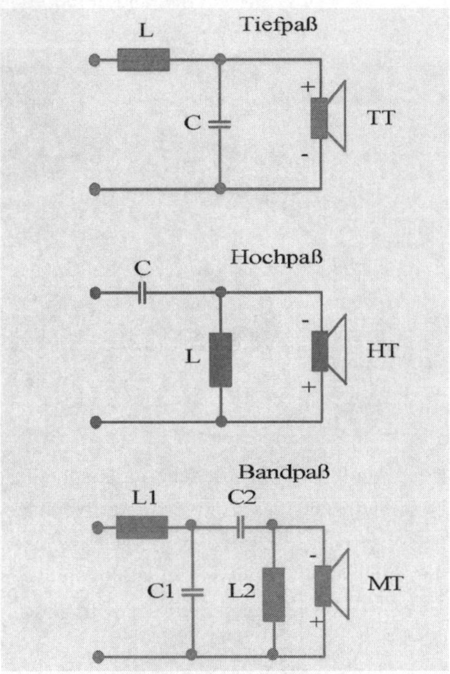

Abb. 5.14: Schaltbilder von Tief-, Band- und Hochpaß mit einer Flankensteilheit von 12 db pro Oktave verdeutlichen den Bauteileaufwand.

5.6 Jetzt wird es richtig heiß

Die Bauteile für die Frequenzweiche werden auf einer kupferkaschierten Platine untergebracht. Hat man sich eine Frequenzweiche gekauft, so müssen lediglich die mitgelieferten Bauteile Spulen, Kondensatoren und Widerstände durch die entsprechenden Bohrungen der Platine gesteckt werden und auf der Kupferseite der Platine verlötet werden. Ist dies nicht der Fall, so muß man sich seine Schaltung selbst auflösen. Hierzu zeichnet

Abb. 5.15: Aktivtechnik, in Verbindung mit einer Regelung, kennzeichnen diesen Subwoofer und sorgen für perfekten Klang im Tieftonbereich.

Abb. 5.16: Ein oder mehrere in die Box integrierte Leistungsendstufen steuern jedes Lautsprecherchassis einzeln an.

Abb. 5.17: Mehr als eine Endstufe sind Voraussetzung für den Einsatz einer aktiven Frequenzweiche bei einer aktiven Zwei-Wege-Lautsprecherbox.

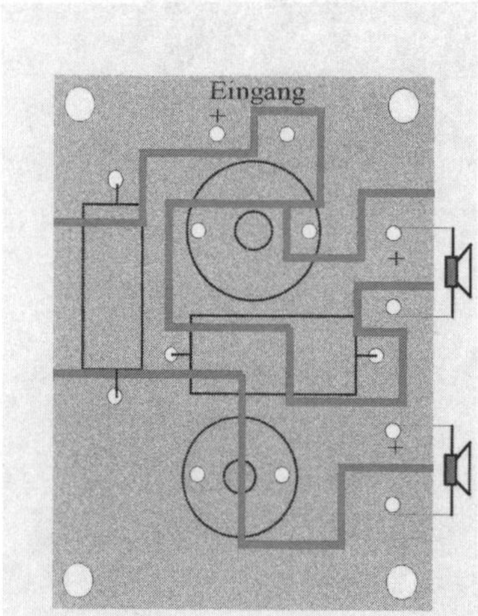

Abb. 5.18: Die kupferkaschierte Seite der Platine wird mit einem Fräser so bearbeitet, daß Verbindungen zwischen Bauteilen entstehen.

Abb. 5.19: Die Frequenzweiche für eine Zwei-Wege-Lautsprecherbox wird gelötet.

Abb. 5.20: Mit dem Lötkolben wird das Bauteil auf der Kupferfläche der Platinenunterseite verlötet. Kalte Lötstellen sind zu vermeiden.

man die Schaltung kreuzungsfrei auf der Oberseite der Platine auf und bohrt Löcher, durch die die Anschlußdrähte der Bauteile nach unten zur kupferkaschierten Seite geführt werden. Abhängig von der Drahtstärke reicht hierbei ein Lochdurchmesser von 1 bis 1,2 mm aus. Die Kupferseite der Platine wird mit einem Fräser so bearbeitet, daß die Bauteile durch das Kupfer verbunden sind, die auch in der Schaltung durch einen Kreuzungspunkt miteinander verbunden sind.

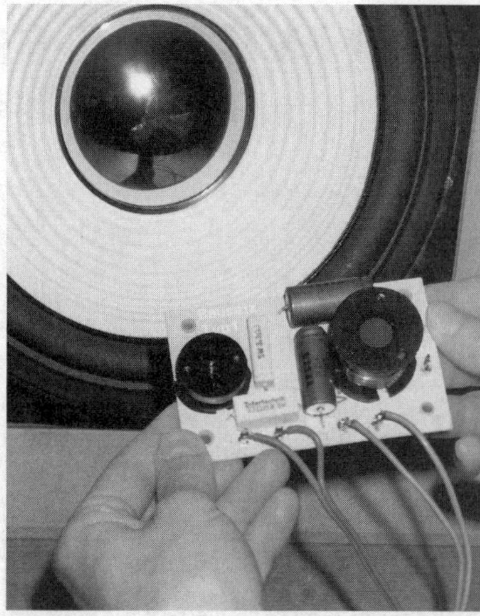

Abb. 5.21: Fertig! Alle Bauteile und die Anschlußdrähte sind angelötet. Nun kann die Frequenzweiche eingebaut werden.

6 Nun wird es ernst

Sind die grundlegenden Überlegungen und alle vorbereitenden Arbeiten abgeschlossen, hierzu gehört auch das Einbringen der Ausschnitte für die Schallwandler und das

Abb. 6.1: Messen und Einzeichnen der Mittelpunkte der Ausschnitte müssen sehr sorgfältig vorgenommen werden. Die Durchmesser können den Datenblättern der Lautsprecherchassis entnommen oder gemessen werden.

Abb. 6.2: Kleinere Kreisdurchmesser werden mit einem Holzkreisschneider, der in die Bohrmaschine eingespannt wird, ausgesägt. Von Vorteil ist ein Bohrmaschinenständer und eine in der Drehzahl regelbare Bohrmaschine.

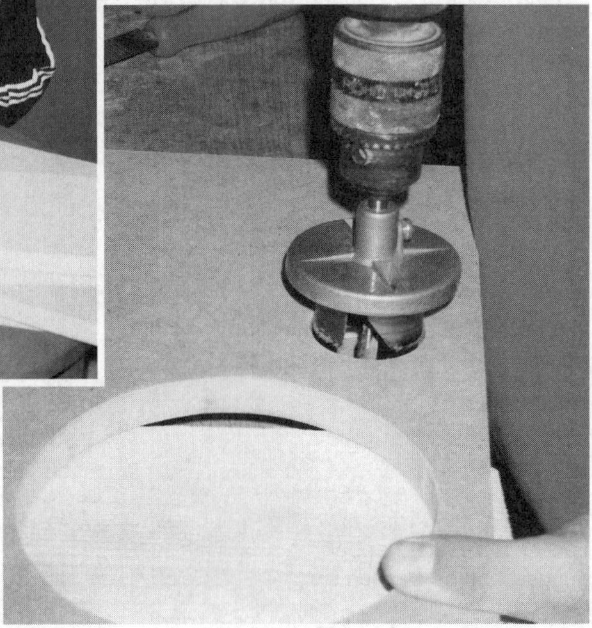

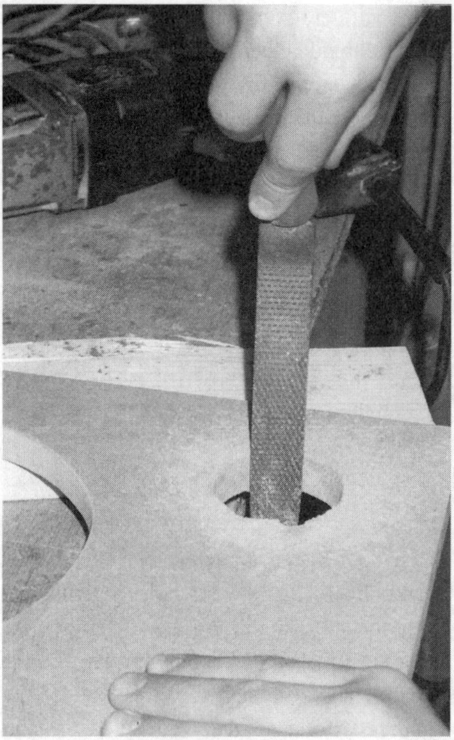

Abb. 6.3: Ausschnitte können vorsichtig mit einer Holzraspel auf den notwendigen Durchmesser nachgearbeitet werden.

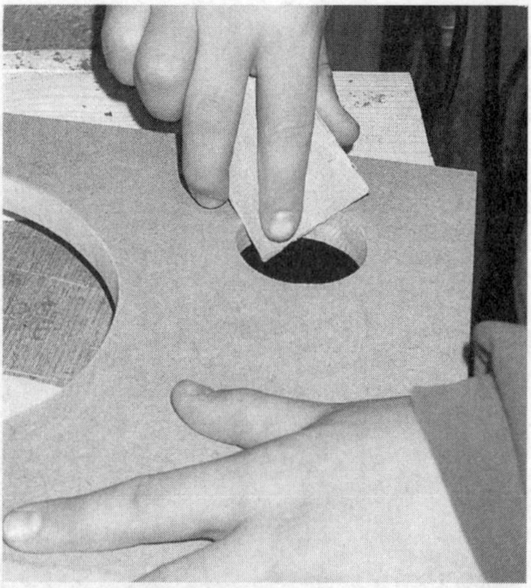

Abb. 6.4: Mit feinem Schleifpapier werden die Schnitte und Kanten geglättet.

Abb. 6.5: Nach dem Anzeichnen der Befestigunglöcher werden mit einem Körner die Lochansätze leicht angekörnt. Die Befestigungsschrauben lassen sich dadurch leichter eindrehen.

Abb. 6.6: Das Lautsprecherchassis wird mit Holzschrauben befestigt. Schwarze Zierschrauben sind der äußerlichen Optik besonders zuträglich.

Baßreflexrohr in die Schallwand und die Öffnung für das Anschlußterminal in der Rückwand, so kann mit dem Zusammenbau des Lautsprechergehäuses begonnen werden.
Doch zuerst noch einige Hinweise für die Ausschnitte. Nachdem die Kreismittelpunkte eingezeichnet sind, wird mit einem Zirkel der auszusägende Kreisdurchmesser angezeichnet. Sowohl das Anzeichnen als auch die Arbeiten selbst sind vorzugsweise auf der Seite durchzuführen, die letztendlich in das Boxeninnere zeigt. Eventuelle Beschädigungen, verursacht durch ein unsachgemäßes Arbeiten oder ein versehentliches Abrutschen mit dem Werkzeug, fallen für die nach innen führende Oberfläche nicht ins Gewicht und erschweren Spachtel- und Lackierarbeiten durch tiefe Kratzer nicht unnötig. Nicht zu vergessen ist das spiegelverkehrte Einzeichnen der Chassismittelpunkte bei einer unsymmetrischen Anordnung der Teile.

6.1 Hoffentlich passen die Ausschnitte

Nach dem Sägen und dem Nachbearbeiten der Lochausschnitte werden die Schallwandler probehalber in die Ausschnitte eingesetzt. Die Lautsprecherchassis müssen etwas Spiel haben. Haben Sie sich für eine schallwandbündige Montage der Lautsprecher entschlossen, so sind vor den Feinarbeiten natürlich die Senkungen einzuarbeiten. Auf der Schallwandaußenseite werden Befestigungslöcher für die Lautsprecherchassis benötigt; abhängig vom einzusetzenden Anschlußterminal auch auf der Rückwand. Nicht zu vergessen die Befestigungslöcher für die Frequenzweiche im Gehäuseinneren. Gerade bei einem Gehäuse aus mitteldichten Faserplatten ist ein Vorbohren vor dem endgültigen Einschrauben der Holzschrauben unbedingt nötig, da das Material sehr fest ist.

6.2 Schallwandler qualifiziert montieren ist keine Kunst

Die Lautsprecherchassis werden in die Öffnungen eingesetzt und die Bohrlöcher angerissen. Damit die Schraube auch exakt im Mittelpunkt sitzt, wird mit einem Körner im angerissenen Kreismittelpunkt angekörnt.

Abb. 6.7: Wird auf den Einsatz von Schallwandabdeckungen verzichtet, so können viele Lautsprecherchassis mit schwarzen Zierblenden abgedeckt werden.

Dieses Ankörnen hat den Vorteil, daß die Holzschraube bei einem direkten Eindrehen in die Spanplatte einen Angriffspunkt hat und sehr leicht gerade eingeschraubt werden kann. Auch bei einem Vorbohren der Befestigungslöcher bei MDF-Platten hat der Bohrer einen Ansatzpunkt und kann nicht so leicht aus dem Kreismittelpunkt abgleiten. Ein leichter Schlag auf den Körner und die dar-

Abb. 6.8: Das Baßreflexrohr wird in die Preßpassung eingepaßt. Der richtige Durchmesser des Ausschnittes ist wichtig. Ein zu lockerer Sitz läßt das Baßreflexrohr im Betrieb aus seinem Ausschnitt fallen. Ein zu kleiner Durchmesser, in den das Baßreflexrohr mit roher Gewalt eingebracht wird, läßt das Plastikteil unter Umständen springen und macht es unbrauchbar.

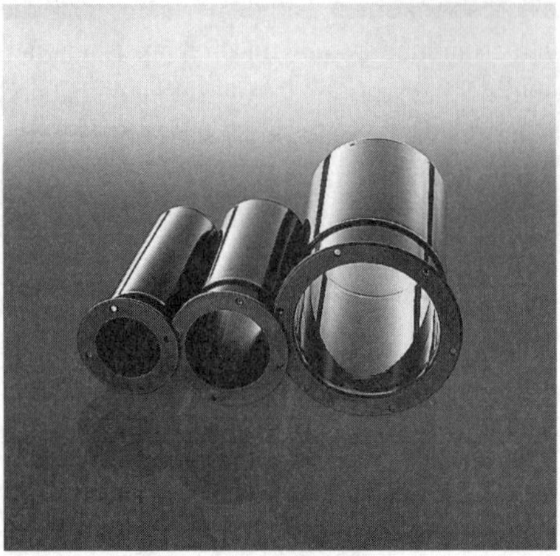

Abb. 6.9: Baßreflexrohre gibt es in unterschiedlichen Durchmessern.

Abb. 6.11: Das Anlöten der Lautsprecher geht ohne Probleme. Die jeweiligen Ausgänge der Frequenzweiche werden an die Anschlüsse der entsprechenden Chassis angelötet. Die Polung ist zu beachten.

Abb. 6.12: Das Anschlußterminal wird mit Holzschrauben auf der Geräterückseite befestigt.

Abb. 6.10: Der Gehäuserohbau der Monitor MK II mit bereits aufgesetztem Hoch- und Mitteltonhorn. Was hier noch fehlt, ist die Schallwand.

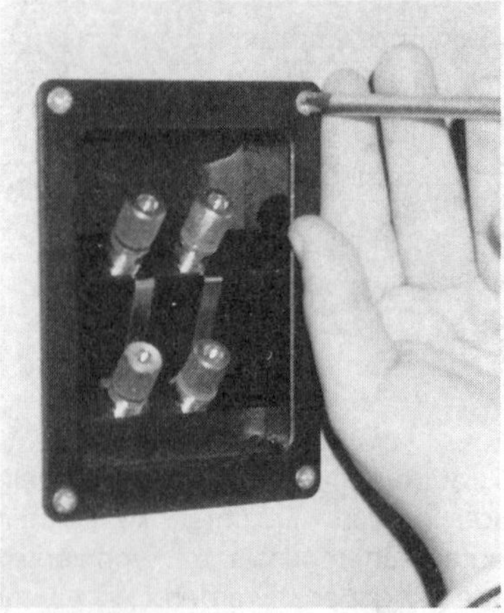

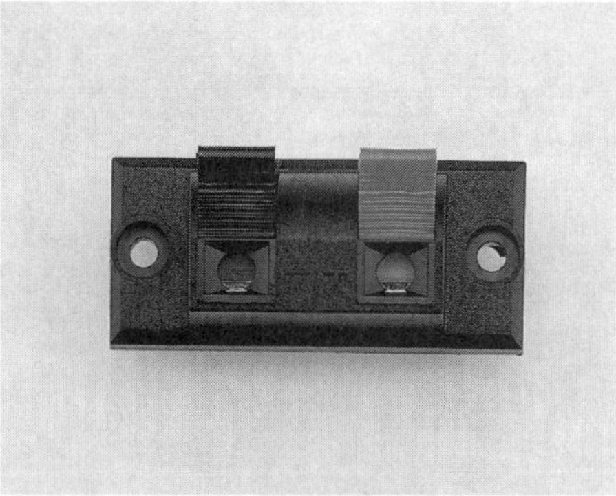

Abb. 6.13: Anschlußterminals gibt es in vielen Varianten im Handel. Die etwas teurere Ausführung mit vergoldeten Kontakten und Schraubklemmen ist den billigeren Halteklemmen vorzuziehen.

aus entstehende kleine Einkerbung ist ausreichend. Sie müssen nicht beweisen daß Sie genügend Kraft haben, um den Körner mühelos einen Zentimeter tief in das Material einzuschlagen.

Denken Sie auch daran, daß diese Arbeiten im Rohzustand der Box wenig Sinn haben. Wird das Gehäuse anschließend oberflächenbehandelt, egal ob lackiert oder furniert, so würden durch das Aufbringen der Spachtelmasse und der Lackoberfläche ebenso wie durch das Aufbringen eines Furnieres die Löcher wieder verschwinden.

6.3 Verbindungen zur Außenwelt schaffen

Anschlußterminals, an die die Lautsprecherkabel angeschlossen werden, schaffen die Verbindungen zwischen den Lautsprecherboxen und den Ausgängen der HiFi-Endverstärker. Einfachere Ausführungen sind mit Klemmanschlüssen ausgerüstet. Hochwer-

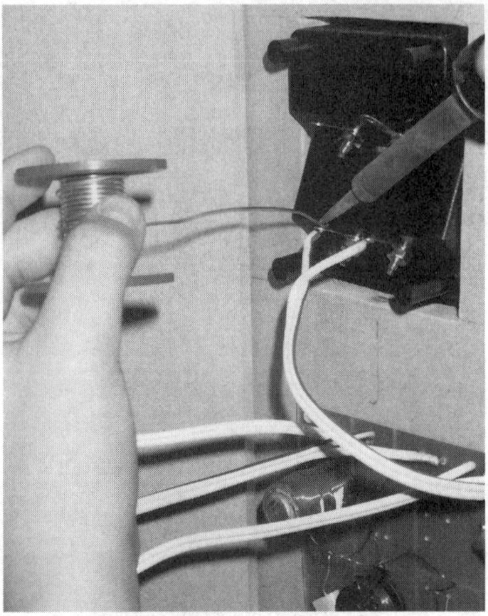

tige Anschlußterminals sind mit vergoldeten Kontakten, Klemm-Schraubanschlüssen versehen, die zusätzlich steckbar sind.

Abb. 6.14: Die vorbereiteten Anschlüsse der Frequenzweiche werden eingangsseitig an das Anschlußterminal angelötet.

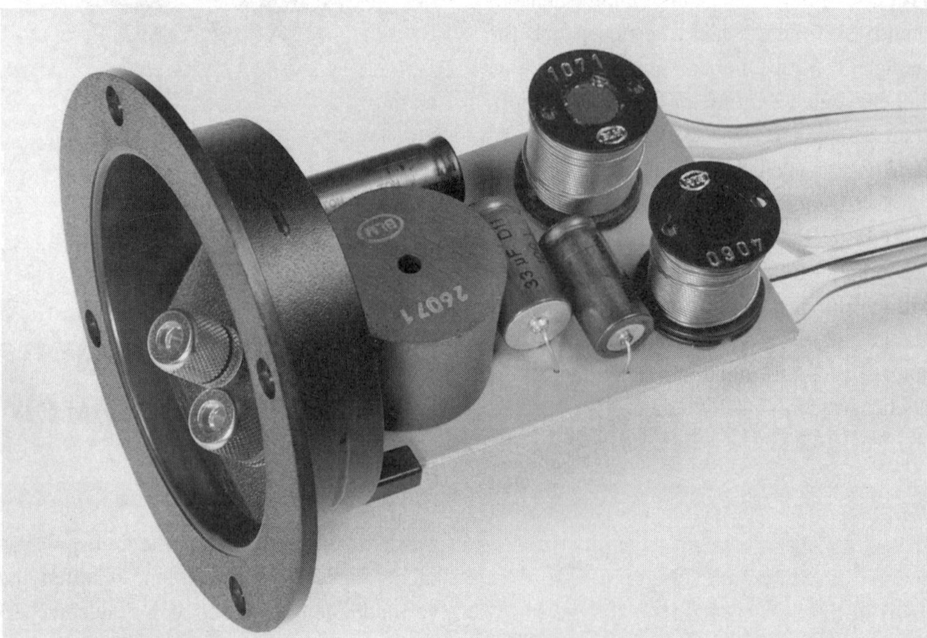

Abb. 6.15: Eine Kombination aus Anschlußterminal und Frequenzweiche erleichtert die Verdrahtungsarbeiten.

Abb. 6.16: Tief-, Mittel-, Hochtonlautsprecher und Anschlußterminal sind angelötet. Nun kommt die Dämmung.

Abb. 6.17: FCKW-freier Noppenschaum wird mit der Schere auf Maß geschnitten und mit Styropor-Kontaktkleber befestigt.

6.4 Dämmen, aber richtig

Geschlossene größere Boxen werden nur locker mit Dämmaterialien befüllt. Kleinere, geschlossene Lautsprecherboxen, zum Beispiel Regalboxen und Satellitenboxen hingegen müssen stark befüllt werden.
Bei Baßreflexboxen und TL's ist beim Auskleiden mit Dämpfungsmaterial darauf zu achten, daß die Hohlraumresonanz des Gehäuseinnenraumes nicht zu stark unterdrückt wird. Der Schluß, in diesen Fällen vollständig auf eine Dämpfung zu verzichten, ist allerdings falsch, da sich auch in Baßreflexboxen stehende Wellen ausbilden können. Ob das Dämpfungsmaterial nur an

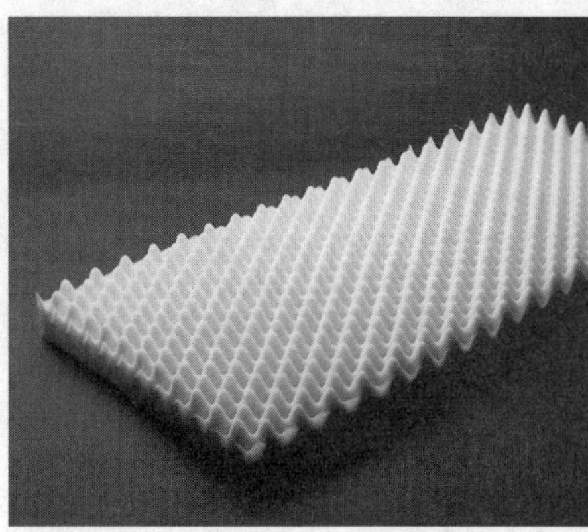

Abb. 6.18: Jede Lautsprecherbox, in der ausreichend Platz zur Verfügung ist, kann mit Noppenschaum bedämpft werden.

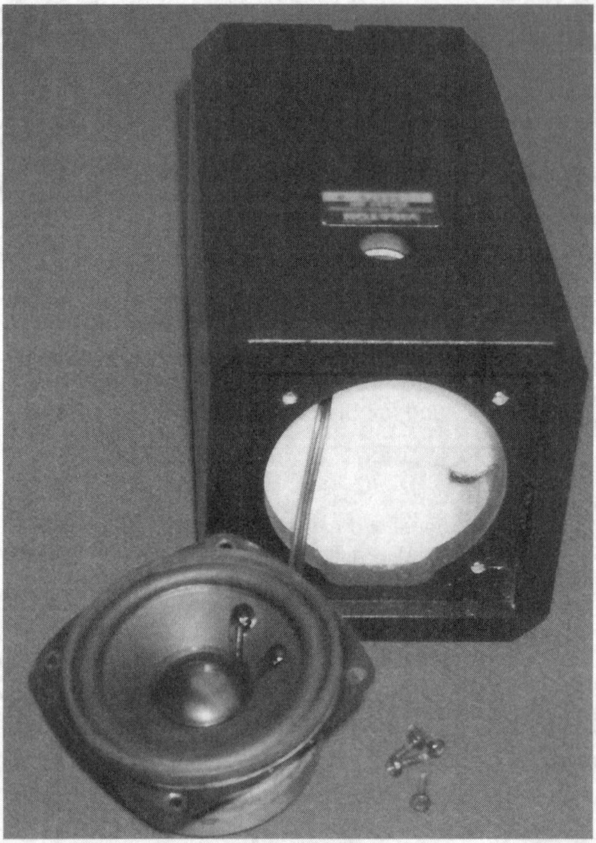

Abb. 6.19: Vlies, ein Dämpfungsmaterial aus synthetischen Fasern hat optimale Dämpfungseigenschaften und ist zudem sauber zu verarbeiten.

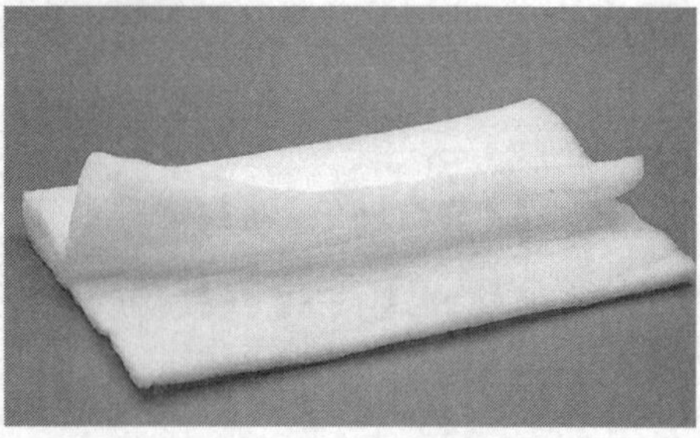

den Innenwänden angebracht wird oder die Box locker mit Dämmwolle befüllt wird, ist Ansichtssache. Wichtig ist, daß weder der Tieftonlautsprecher noch die innere Reflexöffnung verdeckt werden. Zuviel des Guten erkennt man schnell an der Tatsache, daß die Tieftonwiedergabe schwach ausgeprägt ist oder vollständig fehlt. Im Nachhinein überflüssiges Dämpfungsmaterial wieder zu entfernen macht auch kein Problem. Welches Material zum Einsatz kommt, ist eine Frage des zur Verfügung stehenden Platzes im Boxeninneren und des Geldes, das man bereit ist, auszugeben. Das bevorzugte Material aller high-ender ist unversponnene Schafswolle.

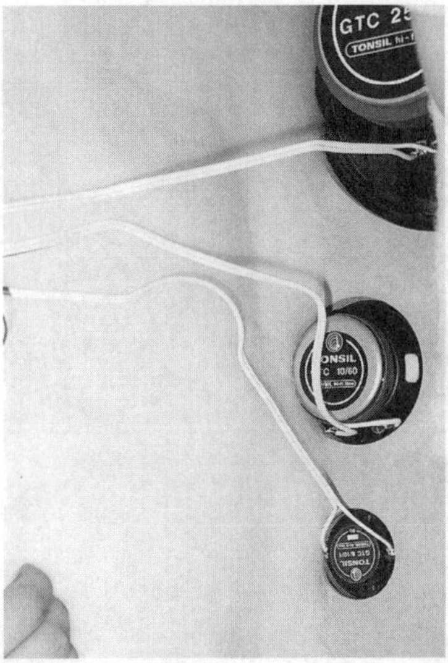

Abb. 6.20: Durch Zerrupfen gewinnt Vlies an Fülle und die Dämmung kann verbessert werden.

Abb. 6.21: Reine Schafwolle in unversponnener Form hat besonders gute Dämpfungseigenschaften und ist daher das bevorzugte Material für alle hochwertigen Lautsprecherboxen.

Abb. 6.22: Ein offener Subwoofer, der anschaulich zeigt, wie das Dämmaterial richtig angebracht wird.

Abb. 6.23: Lautsprecherchassis können durch Pegelregler stufenlos an die Raumverhältnisse angepaßt werden.

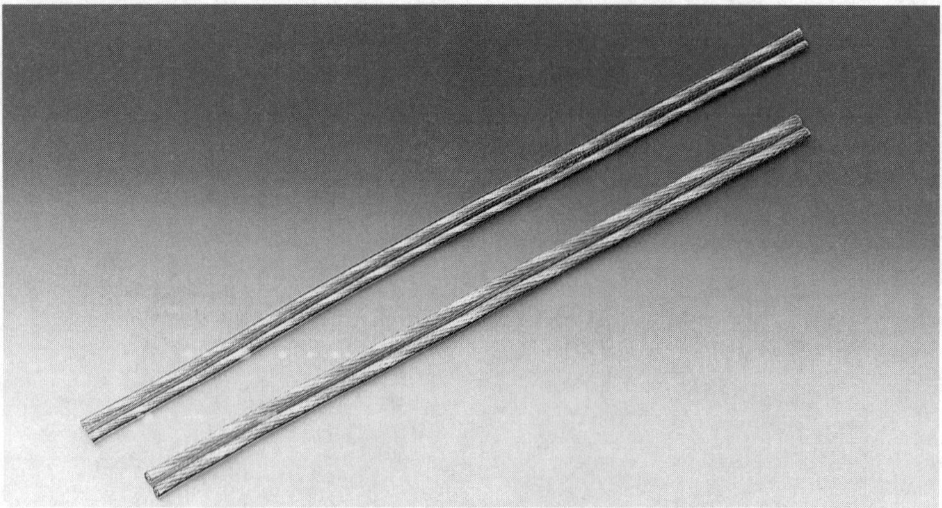

Abb. 6.24: Um eine Verbindung vom Anschlußterminal der Lautsprecherbox zum Ausgang des Endverstärkers herzustellen, sind Lautsprecherkabel erforderlich. Die Preise differieren hier sehr stark. Für eine hochwertige Box wird man bereit sein, auch für die Anschlußkabel etwas mehr Geld auszugeben. Der Preis allein bestimmt allerdings noch nicht ausschlaggebend die Qualität eines Kabels.

6.5 Anpassung über Pegelabsenkung

Mitteltöner haben vielfach einen Wirkungsgrad, der um bis zu 6 dB über dem eines Tieftonlautsprechers liegt. Daher ist es bei Lautsprecherboxen oft notwendig, unterschiedliche Wirkungsgrade der Einzelchassis anzupassen. Wird der Pegelunterschied nicht ausgeglichen, so klingt die Box im Baßbereich schwach. Diese Anpassung der Pegel wird im allgemeinen mit Ohmschen Widerständen, die auf der Platine der Frequenzweiche untergebracht sind, vorgenommen. Die Pegelanpassung mit Ohmschen Widerständen hat keine klanglichen Auswirkungen, wenn zwei wichtige Regeln beachtet werden. Pegelabsenkungen von Lautsprechern, die bei ihrer Eigenresonanz betrieben werden, dürfen nicht mit Ohmschen Widerständen vorgenommen werden. Dadurch würde der Q-Faktor des Baßlautsprechers und somit das Impulsverhalten im Bereich der Resonanzfrequenz verschlechtert werden. Die Pegelanpassung eines Chassis darf nicht mit einem einzelnen Längswiderstand durchgeführt werden. Dies würde die Gesamtimpedanz, mit der die Frequenzweiche belastet wird, verändern. Eine Pegelanpassung muß daher grundsätzlich mit einem Längs- und einem Parallelwiderstand zum Lautsprecherchassis durchgeführt werden. Diese werden so dimensioniert, daß die Nennimpedanz von 4 oder 8 Ohm erhalten bleibt.

Da die optimale Abstimmung von mehreren Faktoren wie Hörraum, Aufstellungsort, Hörabstand und nicht zuletzt sehr stark vom persönlichen Hörempfinden abhängig ist, lassen eingebaute Festwiderstände hierbei nur wenig Spielraum. Durch den Einsatz von Pegelreglern hingegen hat man jederzeit die Möglichkeit, sich den äußeren Gegebenheiten immer wieder neu anzupassen, ohne jedesmal die Lautsprecherbox wieder auseinanderbauen zu müssen. Auch durch die Pegelregler darf selbstverständlich die Anschlußimpedanz nicht verändert werden. Deshalb kommen zwei Potentiometer, die einen sogenannten L-Regler bilden, zum

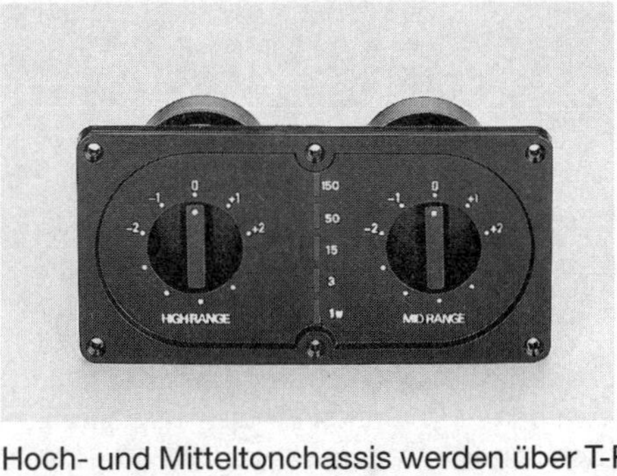

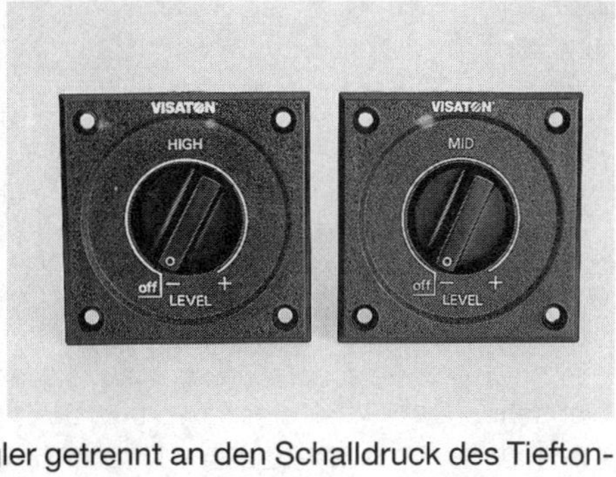

Hoch- und Mitteltonchassis werden über T-Regler getrennt an den Schalldruck des Tieftonchassis an den Hörraum angepaßt.

Einsatz. Dieser hat zwei voneinander unabhängige Widerstandswicklungen, die über zwei mechanisch miteinander gekoppelte Schleifer abgegriffen werden.

6.6 Auf zum Endspurt

Daß es keine Rolle spiele, welches Lautsprecherkabel zum Einsatz kommt, da diese alle gleich gut klingen, wird schon dadurch in Frage gestellt, daß Kabel überhaupt nicht klingen, sondern lediglich als Transportmedium dienen sollen. Das ideale Kabel verändert die vom Verstärker kommenden Tonsignale nicht. Da aber Kabel elektrische Widerstände, Induktivitäten und Kapazitäten aufweisen, besitzen auch Kabel typische Klangeigenschaften. Nun allein darauf zu achten, Lautsprecherkabel mit einem großen Querschnitt einzusetzen, genügt nicht in jedem Fall. Lautsprecherkabel mit einer hohen Kapazität können die Ursache eines harten und hellen Klangverhaltens der Box sein. Im Extremfall kann die hohe Kapazität dazu führen, daß der Verstärker instabil wird, zu schwingen beginnt und unter Umständen den Hochtonlautsprecher zerstört.

Doch keine Angst, wenn die Werte der Kabel im normalen Rahmen liegen, und dies tun sie im Regelfall bei herkömmlichen Lautsprecherkabeln, die über den Handel vertrieben werden, so können Sie bedenkenlos Ihre Lautsprecherboxen anschließen.

Wer allerdings seine hochwertigen Lautsprecherboxen mit Billig-Strippen an seiner hochwertigen HiFi-Anlage betreibt und erwartet, daß der Superklang dabei rüberkommt, ist selbst schuld. Nur gute Lautsprecherkabel können das übertragen, was in der Hifi-Anlage drinsteckt und dafür sorgen, daß es an der Lautsprecherbox auch ankommt.

Das Ergebnis kann sich sehen lassen

7

Auf den folgenden Seiten werden die Ergebnisse des Selbstbaues vorgestellt

Abb. 7.1: Viel Baßfläche und eine gute Tiefbaßwiedergabe bietet diese Baßreflexbox.

Abb. 7.2: Mittel- und Hochtonhorn sorgen für eine druck- und kraftvolle Wiedergabe.

Abb. 7.3: Eine Drei-Wege-Baßreflexbox mit kraftvoller und dynamischer Wiedergabe.

Abb. 7.4: Eine geschlossene Drei-Wege-Box aus Granit für Liebhaber.

Abb. 7.5: Die Baßreflexbox mit der großen Baßfläche und dem Druckkammer-Hornlautsprecher ist fast eineinhalb Meter hoch und bringt Disco-Sound in das Wohnzimmer.

7.1 Aber wie klingt es?

Schade dabei ist, daß in dieser Form die klanglichen Eigenschaften nicht zu übermitteln und wiederzugeben sind.
Wen es nun immer noch nicht in den Fingern juckt, für den ist es wohl besser, wenn er in ein nahegelegenes Fachgeschäft geht und sich dort fertige Lautsprecherboxen kauft.

Abb. 7.6: Die Zwei-Wege-Baßreflex-Regalbox in hellem Holzfunier läßt trotz der kleinen Abmessung nahezu keine Wünsche offen.

Abb. 7.7: Die Centerbox im formschönen, schwarz lackierten Gehäuse mit magnetisch abgeschirmtem Lautsprecherchassis ist nicht nur für Surround-Systeme geeignet.

Abb. 7.8: Ziergitter eingeschnappt und fertig ist der rückwärtige Lautsprecher für die surround-Anlage.

Abb. 7.10: Kleine Satellitenboxen in geschlossener Zwei-Wege-Ausführung mit edlem scharzen Furnier ergänzen den Subwoofer.

Abb. 7.9: Die weiß lackierte, geschlossene Drei-Wege-Box besticht durch ihre geringe Tiefe.

7.2 Meßprogramme helfen bei der technischen Beurteilung

Lautsprecher- und Boxenhersteller treiben einen enormen meßtechnischen Aufwand, um die Lautsprecherchassis und auch die fertigen Lautsprecherboxen zu messen. Reflexionsfreie Räume und ein enormer Meßpark stehen dem Hobbybastler allerdings nicht zur Verfügung.

Abb. 7.11: Ein schalltoter Meßraum steht den Hobbyisten leider ebensowenig zur Verfügung wie ein derartiger Meßpark.

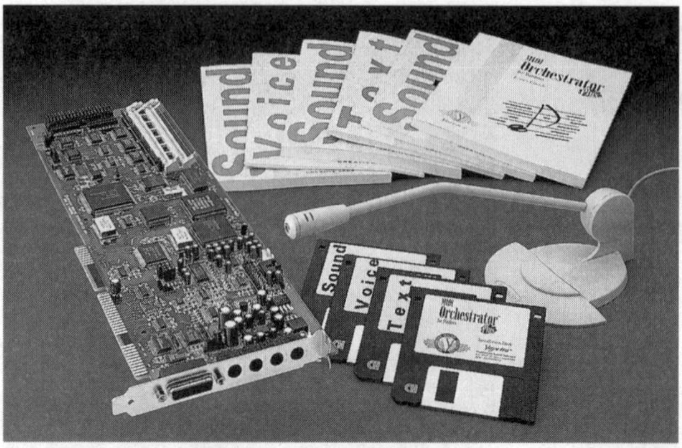

Abb. 7.12: Eine Sound-Karte (16/32 bit-Karte) und mindestens ein 386-PC sind die Voraussetzungen für den Einsatz des Audio Impulsmeßsystems LASIPMSS.

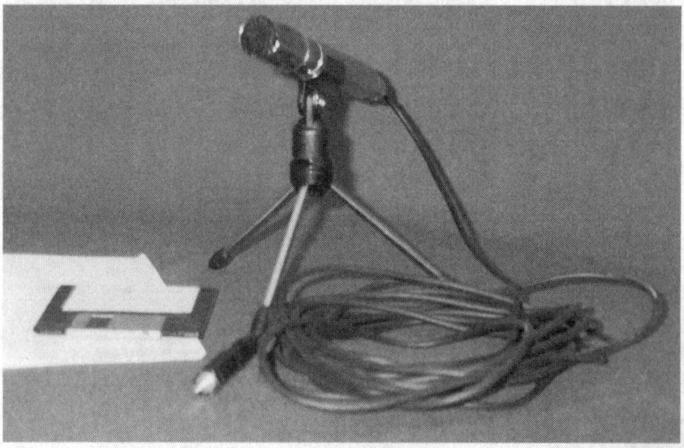

Abb. 7.13: Obwohl es sich um kein professionelles Meßsystem handelt und die Qualität unmittelbar von der Soundkarte abhängt, lassen sich sehr gute Ergebnisse erzielen.

Eine Möglichkeit, die selbstgebaute Lautsprecherbox auch in ihren technischen Daten messen und beurteilen zu können, bieten preiswerte computergestützte, akustische Meß-Systeme. Der PC wird mit einer Sound-Blaster-Karte nachgerüstet und mit Hilfe eines speziellen Computerprogramms und des mitgelieferten Meßmikrofons lassen sich auf einfache Weise Lautsprecherboxen unter Wohnraumbedingungen durch das Impulsmeßverfahren reflexionsfrei messen und beurteilen. Ein schalltoter Raum, wie bei den Profis, ist nicht erforderlich. Die Programme messen Schallpegelfrequenzgänge und aku-

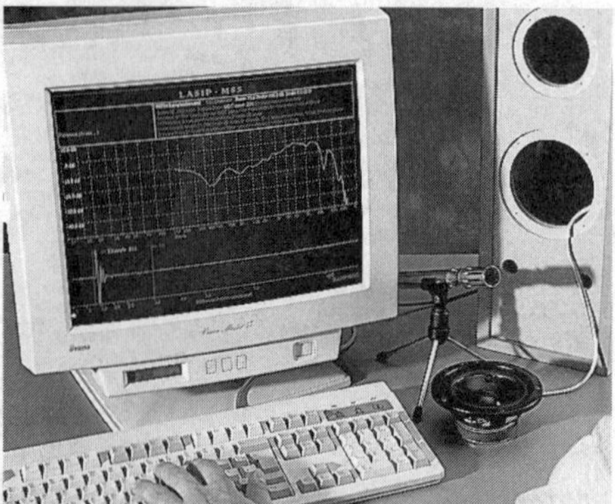

Abb. 7.14: Auch einzelne Lautsprecherchassis können mit dem Meßssystem gemessen werden

stische Phasengänge. Sogar kumulative Zerfallsspektren, sogenannte Wasserfalldiagramme können ermittelt und graphisch dargestellt werden. Ein Exportieren der gemessenen Daten in Lautsprecher-Simulationsprogramme, zum Beispiel von Lautsprecherchassis, vereinfacht die Optimierung und Entwicklung der eigenen Lautsprecherboxen.

Abb. 7.15: Gemessen wird aufgrund des Impulsmeßverfahrens im Hörraum und unter realen Hörbedingungen.

7.3 Nur das eigene Hörempfinden zählt wirklich

Was auch immer bei der meßtechnischen Beurteilung herauskommt, stellen Sie die Lautsprecherboxen in Ihrem Hörraum an den vorgesehen Platz, legen Sie Ihre Lieblingsmusik auf, setzen Sie sich in den Sessel, lehnen Sie sich entspannt zurück, schließen Sie Ihre Augen und lauschen Sie auf das, was ihre selbstgebaute Lautsprecherbox wiedergibt.

Sind Sie mit Ihrem Hörerlebnis zufrieden, dann seien Sie stolz auf Ihr Werk.

Bezugsquellenverzeichnis

A Capella
Koloniestraße 203
47057 Duisburg

ACR, Bohrturmweg 1
CH-8437 Zurzach

Audio Exclusiv
Stephanstraße 18
41515 Gravenbroich

Bose
Max-Planck-Straße 36
61381 Friedrichsdorf

B&W Loudspeakers
Kleine Heide 12
33790 Halle/Westf.

Canton
Postfach 61
61274 Weilrad

Conrad Electronic
Klaus-Conrad-Straße 1
92240 Hirschau

HECO
Seelenberger Straße 1
61389 Schmitten

I.Q. HiFi-Technik
Postfach
45141 Essen

Klipsch Home Products
Peter Ulsch Str. 57
90411 Nürnberg

Mega Globe
Steffensweg 80
37120 Bovenden

Oberhage Axel
Postfach 1515
82305 Starnberg

Physikal Art
Postfach
45277 Essen

Revox
Obere Hauptstraße 30-32
79843 Löffingen

Sony Deutschland
Hugo-Eckener-Straße 20
5000 Köln

Visaton
Ohligser Straße 29-31
42781 Haan

Völkner Electronic
Marienberger Straße 10
38095 Braunschweig

Stichwortverzeichnis zu Teil 6

Stichwortverzeichnis zu Teil 6